Dei gesta per Francos

M. le Professeur Jean Richard

Dei gesta per Francos

Etudes sur les croisades dédiées à Jean Richard

Crusade Studies in Honour of Jean Richard

Edited by
Michel Balard
Benjamin Z. Kedar
Jonathan Riley-Smith

Ashgate
Aldershot • Burlington USA • Singapore • Sydney

Published by Ashgate Publishing Limited
Gower House, Croft Road
Aldershot, Hampshire GU11 3HR
Great Britain

Ashgate Publishing Company
131 Main Street
Burlington, Vermont 05401–5600
USA

Ashgate website: http://www.ashgate.com

0–7546–0407–1

British Library Cataloguing-in-Publication Data
Dei gesta per Francos: etudes sur les croisades dédiées à Jean Richard: Crusade Studies in Honour of Jean Richard
1. Crusades. I. Balard, Michel. II. Kedar, Benjamin Z. III. Riley-Smith, Jonathan, 1938–
909'.07

US Library of Congress Cataloging-in-Publication Data
The Library of Congress Control Number was pre-assigned as:
00–111419

Printed on acid free paper.

Typeset by Marek Lasman, Jerusalem

Printed and bound in Great Britain by
MPG Books Ltd, Bodmin, Cornwall

Cover Illustration: Inscription of Bohemond VI, Prince of Antioch and Count of Tripoli, commemorating the erection of the Tower of the Mint in Tripoli in 1260 (?). (Original in the Musèe des Monuments français, Paris)

Table of Contents

Militia Nova

Terra Sancta

Cyprus

Préface

Rien ne prédestinait Jean Richard, fils d'industriel, élevé dans les campagnes du Hurepoix, à devenir le maître internationalement reconnu des études sur l'Orient latin. Rien, sinon des lectures de jeunesse et la rencontre de professeurs prestigieux, au cours de ses études.

On imagine mal aujourd'hui la fascination exercée par les écrits de René Grousset, et, en particulier, par ses trois gros volumes de l'*Histoire des Croisades et du royaume franc de Jérusalem.* En une époque de colonisation triomphante, l'auteur exaltait l'épopée des croisades, première phase d'une expansion européenne qui devait se prolonger jusqu'au XXe siècle. Doué d'un style éblouissant, il faisait de la prise de Jérusalem l'apothéose d'une marche invincible, marquée toutefois par tant de souffrances, de famines et de morts. Les revers subis par les Occidentaux — Hattīn, par exemple — se transformaient en manifestations éclatantes de vaillance et d'honneur. Comment, jeune adolescent, ne pas être ébloui par de tels écrits ?

Jean Richard le fut, et sa vocation naissante pour l'étude des croisades et de l'Orient fut confirmée par la rencontre de grands maîtres. Rodolphe Guilland lui fit découvrir Byzance, ses intrigues de palais, mais aussi l'hiératisme de ses fresques et l'or de ses mosaïques. Jean Sauvaget l'intéressa à Tripoli et à son comté, quelque peu négligé par Grousset. Les archivistes romains, rencontrés à l'occasion d'un trop court séjour à l'Ecole Française, lui montrèrent les richesses des archives vaticanes qui pouvaient tant apporter à l'étude des missions et à celle de Chypre, injustement délaissée par l'historiographie française, après les travaux de Mas-Latrie. Paul Pelliot, enfin, peu de temps avant sa mort, orientait Jean Richard vers Simon de Saint-Quentin, l'introduisant ainsi aux études altaïques, qu'il n'a cessé de cultiver depuis. Si l'on ajoute l'influence de Louis Halphen, incitant le jeune élève de l'Ecole des Chartes à s'intéresser à la genèse du duché de Bourgogne, on a là les divers champs de recherche où Jean Richard allait déployer en un demi-siècle les ressources d'une érudition ample, mais toujours maîtrisée.

A l'issue de son séjour romain, le jeune chartiste trouva naturellement place aux archives départementales de la Côte d'Or, qui allaient lui fournir une bonne part de la documentation utile à sa thèse de doctorat d'Etat, *Les ducs de Bourgogne et la formation du duché*, soutenue en 1953. A cette date, depuis cinq ans déjà, il était chargé de cours à l'Université de Dijon qui l'appela en 1955 pour occuper la chaire d'histoire de la Bourgogne. Ainsi commençait une carrière universitaire féconde qui, par l'intermédiaire du décanat, exercé lors des événements de 1968, allait le conduire à diriger le Centre d'Etudes bourguignonnes et de nombreuses sociétés savantes de sa région et à accéder en 1987 à l'Académie des Inscriptions et Belles-Lettres. Un parcours d'autant plus remarquable que de lourdes charges de famille s'ajoutaient aux occupations académiques ; mais sans doute la joie des enfants et du couple aidait-elle à mieux assumer celles-ci.

La Bourgogne, d'une part, le Proche-Orient médiéval, de l'autre : tout au long d'une carrière bien remplie, Jean Richard a labouré simultanément ces deux champs de la recherche. Dans les pages qui suivent, seul le second est représenté. Dès sa sortie de l'Ecole des Chartes, Jean Richard devenait le jeune spécialiste français de l'Orient latin, avec son livre sur *Le comté de Tripoli sous la dynastie toulousaine*, et, quelques années plus tard, avec son *Royaume latin de Jérusalem*, qui reste aujourd'hui encore la meilleure synthèse accessible sur le sujet. Héritiers de ses recherches, les membres de la Society for the Study of the Crusades and the Latin East ont tenu à exprimer leur admiration et leur affection à celui qui a été le premier président de cette société savante, distinction rendant hommage à Rey, Deschamps et Grousset, illustres "croisadistes" français du passé.

A leur suite, avec ses quatre volumes des Variorum Reprints, son *Saint Louis* et son *Histoire des Croisades*, Jean Richard est vraiment ce "cavalier français qui partit d'un bon pas," sur la route d'une Jérusalem éternelle.

Dei gesta per Francos : le titre de ce volume ne saurait surprendre le lecteur. C'est celui de la chronique de Guibert de Nogent, heureusement rééditée ces dernières années par Robert Huygens et traduite en français par Monique-Cécile Garand.[1] L'abbé de Nogent-sous-Coucy, enthousiasmé par le formidable élan de la Première Croisade, à laquelle il n'avait pas participé, voulut exprimer en un style soutenu et en une langue irréprochable le pauvre récit d'un participant anonyme, auteur des *Gesta Francorum*. Tout en comparant, vérifiant et complétant l'exposé sur lequel il travaillait, il donnait à l'événement de 1095-1099 une tonalité épique, digne de son sujet. Au XVIIe siècle, Jacques Bongars inaugurait sous ce titre la plus ancienne collection des sources de la croisade.[2] Comment ne pas reprendre ce nom dans cet ouvrage offert par ses amis à Jean Richard, à l'occasion de son quatre-vingtième anniversaire ? Les études sur les sources et sur les acteurs de la croisade nous mènent en effet sur les chemins décrits par Guibert de Nogent et si talentueusement dépeints par le maître que nous honorons aujourd'hui.

Michel Balard, Benjamin Z. Kedar, Jonathan S. C. Riley-Smith

[1] Guibert de Nogent, *Dei gesta per Francos*, éd. Robert B.C. Huygens, CCCM 127A (Turnhout, 1996); idem, *Geste de Dieu par les Francs. Histoire de la Première Croisade*, trad. Monique-Cécile Garand (Turnhout, 1998).

[2] Jacques Bongars, *Gesta Dei per Francos sive orientalium expeditionum et regni Francorum Hierosolymitani historia a variis sed illius aevi scriptoribus litteris commendata* (Hanau, 1611).

Bibliographie de Monsieur le Professeur Jean Richard[1]

1° Histoire des croisades et des Etats Latins d'Orient

1. *Le comté de Tripoli sous la dynastie toulousaine (1102–1187),* Bibliothèque archéologique et historique, 39. Paris, 1945. viii — 95 pages. Réimprimé avec quelques modifications, Paris, 1999.
2. "Note sur l'archidiocèse d'Apamée et les conquêtes de Raymond de Saint-Gilles en Syrie du Nord," *Syria* 25 (1946–48), 102–08 [réimprimé dans n° 185].
3. "Le casal de Psimolofo et la vie rurale en Chypre au XIVe siècle," *Mélanges d'archéologie et d'histoire de l'Ecole française de Rome* 59 (1947), 121–53 [réimprimé dans n° 186].
4. "Questions de topographie tripolitaine," *Journal asiatique* 236 (1948), 53–59 [réimprimé dans n° 185].
5. "De nouveaux documents des archives italiennes concernant l'Orient latin," *Comptes-rendus de l'Académie des Inscriptions* (1948), 258–65.
6. "Pairie d'Orient latin. Les quatre baronnies des royaumes de Jérusalem et de Chypre," *Revue historique de droit français et étranger* (1950), 67–88 [réimprimé dans n° 185].
7. "Un évêque d'Orient latin au XIVe siècle : Guy d'Ibelin, O.P., évêque de Limassol, et l'inventaire de ses biens (1367)," *Bulletin de correspondance hellénique* 74 (1950), 98–133 [réimprimé dans n° 186].
8. "Le chartrier de Sainte-Marie-Latine et l'établissement de Raymond de Saint-Gilles à Mont-Pèlerin," dans *Mélanges d'histoire du Moyen Age dédiés à la mémoire de Louis Halphen* (Paris, 1951), pp. 605–12 [réimprimé dans n° 185].
9. (en collaboration avec le P. M.-H. Laurent), "La bibliothèque d'un évêque dominicain de Chypre en 1367," *Archivum fratrum praedicatorum* 21 (1951), 447 [réimprimé dans n° 186].
10. "An Account of the Battle of Hattin Referring to the Frankish Mercenaries in Oriental Moslem States," *Speculum* 27 (1952), 168–77 [réimprimé dans n° 185].
11. "La révolution de 1369 dans le royaume de Chypre," *BEC* 110 (1952), 108–23 [réimprimé dans n° 185].
12. "Un partage de seigneurie entre Francs et Mameluks : les 'casaux de Sur,' " *Syria* 30 (1953), 72–82 [réimprimé dans n° 185].
13. *Le royaume latin de Jérusalem*, préface de René Grousset. Paris, 1953. 367 pages. Traduction anglaise par Janet Shirley, *The Latin Kingdom of Jerusalem,* Europe in the Middle Ages. Selected Studies 11 (Amsterdam, 1979), xxvi–514 pages en 2 volumes.
14. "Colonies marchandes privilégiées et marché seigneurial : la fonde d'Acre et ses 'droitures,' " *Le Moyen Age* (1953), 325–40 [réimprimé dans n° 185].
15. "Les listes de fiefs dans Jean d'Ibelin. Recherches sur l'Assebèbe et Mimars," *Revue historique de droit français et étranger* (1954), 563–77 [réimprimé dans n° 186].

---

[1] Cette liste ne contient pas les études sur l'histoire de la Bourgogne.

16. "Quelques textes sur les premiers temps de l'Eglise latine de Jérusalem," dans *Recueil de travaux offerts à M. Clovis Brunel* (Paris, 1955), 2:420–30 [réimprimé dans n° 185].
17. "Observations sur le rapport 'L'idée de croisade,' " dans *Atti del X. Congresso internazionale di scienze storiche* (Rome, 1955), pp. 375–76.
18. "Une 'Histoire des Croisades' collective," *Journal des Savants* (1957), 119–31.
19. "La papauté et la direction de la Première Croisade," *Journal des Savants* (1960), 49–58 [réimprimé dans n° 185].
20. "Un recueil de lettres sur la huitième croisade," *Bulletin de la Société nationale des Antiquaires de France* (1960), 182–86 [réimprimé dans n° 185].
21. "Le statut de la femme dans l'Orient latin," dans *Recueils de la Société Jean Bodin* 12: *La femme* (Bruxelles, 1962), pp. 377–88 [réimprimé dans n° 185].
22. *Chypre sous les Lusignans. Documents chypriotes des archives du Vatican (XIVe et XVe siècles),* Bibliothèque archéologique et historique 73. Paris, 1962. 183 pages.
23. "La fondation d'une église latine en Orient par saint Louis : Damiette," *BEC* 120 (1962), 39–54 [réimprimé dans n° 185].
24. "La Fauconnerie de Jean de Francières et ses sources," *Le Moyen Age. Livre jubilaire* (1963), 893–902 [réimprimé dans n° 186].
25. "Sur un passage du 'Pélerinage de Charlemagne' : le marché de Jérusalem," *Revue belge de philologie et d'histoire* 43 (1965), 552–55 [[réimprimé dans n° 185].
26. "Le royaume de Chypre et le Grand Schisme, à propos d'un document récemment découvert," *Comptes-rendus de l'Académie des Inscriptions et Belles-Lettres* (1965), 498–507 [réimprimé dans n° 185].
27. "La confrérie des Mosserins d'Acre et les marchands de Mossoul au XIIIe siècle," *L'Orient syrien* 11 (1966), 451–60 [réimprimé dans n° 185].
28. "Le contact de l'orient," dans *Civilisations, peuples et mondes, 3: Le Moyen Age* (Paris, 1967), pp. 185-241.
29. "L'ordonnance de décembre 1296 sur le prix du pain à Chypre," *Επετερίς τοῦ κέντρου επιστημονικῶν* (abrégé ci-après *Epetiris*) 1 (1967–68), 45–51 [réimprimé dans n° 185].
30. "La croisade bourguignonne dans la politique européenne," *Publication du centre européen d'études burgondo-médianes* 10 (1968), 169–76.
31. *L'Esprit de la Croisade. Textes recueillis et présentés par Jean Richard*, Chrétiens de tous les temps 37 (Paris, 1969), 203 pages. Traduction japonaise par Hironori Miyamatsu, dans *Sangyo Keizai Kenkyu*, vol. 30 (1989–90), pp. 124–76, 322–64, 455–518, 642–98.
32. "L'abbaye cistercienne de Jubin et le prieuré Saint-Blaise de Nicosie," *Epetiris* 3 (1969–70), 63–74 [réimprimé dans n° 185].
33. "Saint Louis dans l'histoire des Croisades," *Bulletin de la Société d'Emulation du Bourbonnais* 55 (1970), 229–44 [réimprimé dans n° 185].
34. "Raymond d'Aguilers, historien de la Première Croisade," *Journal des Savants* (1971), 231–42 [réimprimé dans n° 186].
35. "Une lettre de Benjamin Guérard et l'édition des Assises de Jérusalem," *BEC* 129 (1971), 129–33 [réimprimé dans n° 186].
36. " 'Laurum,' une abbaye cistercienne fantôme," *BEC* 129 (1971), 409–10 [réimprimé dans n° 186].
37. "Le comté de Tripoli dans les chartes du fonds des Porcellet," *BEC* 130 (1972), 339– [réimprimé dans n° 186].

38. "La situation juridique de Famagouste dans le royaume des Lusignans," *Praktikon* (du 1er congrès international d'études chypriotes) (Nicosie, 1972), 2:221–29 [réimprimé dans n° 185].

39. "Chypre du protectorat à la domination vénitienne," dans *Venezia e il Levante fino al secolo XV*, ed. Agostino Pertusi (Florence, 1973), 2:657–77 [réimprimé dans n° 186].

40. "La confrérie de la croisade : à propos d'un épisode de la Première Croisade," dans *Mélanges E.R. Labande* (Poitiers, 1974), pp. 617–22 [réimprimé dans n° 186].

41. "Quelques éléments pour l'histoire du vin de Chypre," *Annales cisalpines d'histoire cisalpine* 3 (1972) [paru en 1974], 229–30.

42. "La politique orientale de saint Louis : la Croisade de 1248," dans *Septième centenaire de la mort de saint Louis. Actes des colloques de Royaumont et de Paris 1970* (Paris, 1976), pp. 197–207 [réimprimé dans n° 186].

43. "Une économie coloniale ? Chypre et ses ressources agricoles au Moyen Age," *Byzantinische Forschungen* 5 (1977), 331–52 [réimprimé dans n° 187].

44. "Eglise latine et églises orientales dans les états des croisés : la destinée d'un prieuré de Josaphat," dans *Mélanges offerts à Jean Dauvillier* (Toulouse, 1979), pp. 743–52 [réimprimé dans n° 187].

45. "Le peuplement latin et syrien en Chypre au XIIIe siècle," *Byzantinische Forschungen* 7 (1979), 157–73 [réimprimé dans n° 187].

46. "La féodalité de l'Orient latin et le mouvement communal : un état des questions," dans *Structures féodales et féodalisme dans l'Occident méditerranéen (Xe–XIIIe siècles)* (Rome, 1980), pp. 651–65 [réimprimé dans n° 187].

47. "Les Templiers et les Hospitaliers en Bourgogne et en Champagne méridionale, XIIe–XIIIe siècles," dans *Die geistlichen Ritterorden Europas*, ed. Josef Fleckenstein et Manfred Hellmann, Vorträge und Forschungen 26 (Sigmaringen, 1980), pp. 231–42 [réimprimé dans n° 187].

48. "Une famille de 'Vénitiens blancs' dans le royaume de Chypre au milieu du XVe siècle : les Audeth et la seigneurie du Marethasse," *Rivista di studi bizantini e slavi* 1 (1981), 89–129 [réimprimé dans n° 187].

49. "Huon de Tabarié. La naissance d'une figure épique," dans *La chanson de geste et le mythe carolingien. Mélanges René Louis* (Saint-Père-sous-Vézelay, 1982), 2:1073–78 [réimprimé dans n° 187].

50. "Hospitals and Hospital Congregations in the Latin Kingdom in the Early Days of the Frankish Conquest," dans *Outremer. Studies in the History of the Crusading Kingdom of Jerusalem Presented to Joshua Prawer*, ed. Benjamin Z. Kedar, Hans E. Mayer, R.C. Smail (Jérusalem, 1982), pp. 89–100 [réimprimé dans n° 187].

51. "Philippe Auguste, la croisade et le royaume," dans *La France de Philippe Auguste. Le temps des mutations*, ed. R.-H. Bautier (Paris, 1982), pp. 411–24 [réimprimé dans n° 187].

52. "Le droit et les institutions franques dans le royaume de Chypre," (15e congrès d'études byzantines, Athènes 1976, non paru), imprimé dans n° 187, IX, pp. 3–20.

53. *Saint Louis, roi d'une France féodale, soutien de la Terre Sainte,* Marabout-histoire 14. Paris, 1983. 638 pages. Réimprimé Bruxelles 1986. Traduction anglaise par Jean Birell, abrégée par Simon Lloyd, *Saint Louis, Crusader King of France.* Cambridge, 1992. xxiv–354 pages.

54. "Les chemins de l'Orient,"dans *La France médiévale*, sous la dir. de Jean Favier [Paris, 1983), pp. 449–63.

55. *Le livre des remembrances de la secrète du royaume de Chypre (1468–1469)* avec la collaboration de Th. Papadopoullos, Centre de recherches scientifiques. Sources et études de l'histoire de Chypre 10. Nicosie, 1983. xxv–256 pages.

56. "Les Saint-Gilles et le comté de Tripoli," *Islam et Chrétiens du Midi = Cahiers de Fanjeaux* 18 (1983), 65–75 [réimprimé dans n° 188].

57. "Le royaume de Chypre et l'embargo sur le commerce avec l'Egypte (fin XIIIe-début XIVe siècle)," *Comptes-rendus de l'Académie des Inscriptions et Belles Lettres* (1984), 120–34 [réimprimé dans n° 188].

58. "The *Société de l'Orient latin* Described by its Founder," *Bulletin of the Society for the Study of the Crusades and the Latin East* 4 (1984), 19–22. Version française imprimée dans n° 188.

59. "Croisade et mission en terre d'orient : la participation française (XIIe–XVe siècles), " dans *Réveils missionnaires en France du Moyen Age à nos jours (XIIe–XXe siècles). Actes du colloque de Lyon, 29-31 mai 1980* (Paris, 1985), pp. 9–35.

60. "Les comtes de Tripoli et leurs vassaux sous la dynastie antiochénienne," dans *Crusade and Settlement. Papers read at the First Conference of the Society for the Study of the Crusades and the Latin East,* ed. Peter Edbury (Cardiff, 1985), pp. 213–24 [réimprimé dans n° 188].

61. "The Political and Ecclesiastical Organization of the Crusader States," dans *A History of the Crusades* (ed.-in-chief Kenneth M. Setton) vol. 5, ed. Harry W. Hazard, Norman P. Zacour (Madison, 1985), pp. 193–250.

62. "Agricultural Conditions in the Crusader States," dans *A History of the Crusades* (ed.-in-chief Kenneth M. Setton) vol. 5, ed. Harry W. Hazard, Norman P. Zacour (Madison, 1985), pp. 251–94.

63. "La diplomatique royale dans les royaumes d'Arménie et de Chypre, XIIe–XVe siècles," *BEC* 144 (1986), 69–86 [réimprimé dans n° 188].

64. "Un monastère grec de Palestine et son domaine chypriote : le monachisme orthodoxe et l'établissement de la domination franque," *Praktika* (du 2e congrès international d'études chypriotes, Nicosie 1982) 2 (Nicosie, 1986), pp. 61–75 [réimprimé dans n° 188].

65. "Les Turcoples au service des royaumes de Jérusalem et de Chypre : musulmans convertis ou chrétiens orientaux ? " *Mélanges Dominique Sourdel = Revue des études islamiques* 55 (1986) 259–70 [réimprimé dans n° 188].

66. "L'arrière-plan historique des deux cycles de la croisade," dans *Les épopées de la croisade. Premier colloque international (Trèves, 6–11 août 1984),* ed. K.H. Bender , Zeitschrift für französische Sprache und Literatur, Beiheft 11 (Stuttgart, 1987), pp. 6–16 [réimprimé dans n° 188].

67. "Urbain II, la prédication de la croisade et la définition de l'indulgence," dans *Deus qui mutat tempora. Festschrift für Alfons Becker zu seinem 65. Geburtstag*, ed. Ernst-Dieter Hehl, H. Seibert, F. Staab (Sigmaringen, 1987), pp. 129–35 [réimprimé dans n° 188].

68. "Culture franque et culture grecque dans le royaume de Chypre au XVe siècle," *Byzantinische Forschungen* 11 (1987), 399–415 [réimprimé dans n° 188].

69. "La cour des Syriens de Famagouste d'après un texte de 1448," *Byzantinische Forschungen* 12 (1987), 383–98 [réimprimé dans n° 188].

70. "Frankish Power in the Eastern Mediterranean," *Mediterranean Historical Review* 2 (1987), 168–87. Version française : "Le pouvoir franc dans la Méditerranée orientale," dans *La France et la Méditerranée. 27 siècles d'interdépendance*, ed.

Irad Malkin (Leiden, 1990), pp. 77–97 [la version française est réimprimée dans n° 188].

71. "Les comptes du collecteur de la Chambre apostolique dans le royaume de Chypre (1357–1363)," *Epetiris* 13–16 (1983–87), 1–47 [réimprimé dans n° 188].
72. "A propos d'un privilège de Jean II de Lusignan. Une enquête sur les modalités de la mise en forme des actes royaux," *Kypriakai Spoudai* 50 (1986), 125–33 [réimprimé dans n° 188].
73. "Les états féodaux et les conséquences de la croisade," dans *Etat et colonisation au Moyen Age et à la Renaissance*, sous la dir. de Michel Balard (Lyon, 1989), pp. 181–92.
74. "The Establishment of the Latin Church in the Empire of Constantinople (1204–1227)," *Mediterranean Historical Review* 4 (1989), pp. 45–62, et dans *Latins and Greeks in the Eastern Mediterranean after 1204*, ed. Benjamin Arbel, Bernard Hamilton, David Jacoby (London, 1989), pp. 45–62 [réimprimé dans n° 188].
75. "La croisade de 1270, premier 'passage général' ? " *Comptes-rendus de l'Académie des Inscriptions et Belles-Lettres* (1989), 510–23 [réimprimé dans n° 188].
76. "La noblesse de Terre Sainte (1097–1187)," *Arquivos do Centro cultural português* 26 (1989), 321–36, et dans *La noblesse dans l'Europe méridionale du Moyen Age. Accès et renouvellement. Actes du Colloque* (Paris, 1989), pp. 63–84 [réimprimé dans n° 188].
77. "The Institutions of the Kingdom of Cyprus," dans *A History of the Crusades* (ed.-in-chief Kenneth M. Setton) vol. 6, ed. Harry W. Hazard, Norman P. Zacour (Madison, 1989), pp. 150–74.
78. "La campagne de Saint Louis en Egypte; les rançons," dans *The Crusader Chronicles*, ed. Elizabeth Hallam (Londres, 1989).
79. "La conquête de Chypre par Richard Coeur de Lion et la formation du royaume des Lusignans," dans *La France aux portes de l'Orient. Chypre XIIe–XVe siècles*, sous la dir. de J. Charles-Gaffiot (Paris, 1991), pp. 29–31.
80. "The Cistercians in Cyprus," dans *The Second Crusade and the Cistercians*, ed. Michael Gervers (New York, 1992), pp. 199–209.
81. "1187, point de départ pour une nouvelle forme de la croisade," dans *The Horns of Hattin. Proceedings of the Second Conference of the Society for the Study of the Crusades and the Latin East, Jerusalem-Haifa 2–6 July 1987*, ed. Benjamin Z. Kedar (Jérusalem-Londres, 1992), pp. 250–60.
82. "Le paiement des dîmes dans les états des croisés," *BEC* 150 (1992), 71–83, et dans *17° Congreso nacional de ciencias históricas* 2 : *Sección cronologica* (Madrid, 1992), pp. 990–99.
83. "Une bulle inédite du monastère de la Table Notre-Seigneur (XIIe siècle?)," *Revue numismatique* 6.34 (1992), 233–36.
84. "La chrétienté latine et l'Orient aux XIe et XIIe siècles," dans *Université de Saint-Etienne. Etudes d'histoire* (1991–92), pp. 19–33.
85. "Formation et structure du royaume latin de Jérusalem" (en arabe), dans *Al-Sira al-Islâm al-Faranjî al'a Filastîn fi al-qurân al-wusta (The Islamic-Frankish Conflict over Palestine during the Middle Ages)*, ed. H. Dajani-Shakeel et Burhan Dajani (Beyrouth, 1993), pp. 147–78.
86. "La seigneurie franque en Syrie et à Chypre : modèle oriental ou modèle occidental?" dans *117ème Congrès national des sociétés savantes, Clermont-Ferrand, Histoire médiévale* (Paris, 1994), pp. 155–66.

87. "*Cum omni raisagio montanee*. A propos de la cession du Crac aux Hospitaliers," *Itinéraires d'Orient. Hommages à Claude Cahen = Res Orientales* 6 (1994), 187–94.

88. "Des Lusignans mythiques au mythe des Lusignans : un 'petit Lusignan' au XVe siècle," dans *Actes du colloque Les Lusignans et l'Outremer*, ed. C. Mutafian (Poitiers, 1995), pp. 251–59.

89. "L'établissement du royaume médiéval, 1192–1205; Le royaume médiéval de 1205 à 1324; Les institutions politiques et sociales du royaume médiéval; Le droit du royaume médiéval" (en grec), dans *Ἱστορία τῆς Κύπρου* , sous la dir. de Th. Papadopoullos, vol. 4.1 (Nicosie, 1995), pp. 1–20, 21–50, 333–74, 375–86.

90. "Le siège de Damas dans l'histoire et la légende," dans *Crosscultural Convergences in the Crusader Period. Essays Presented to Aryeh Graboïs*, ed. Michael Goodich, Sophia Menache, Sylvia Schein (New York, 1995), pp. 225–35.

91. "L'état de guerre avec l'Egypte et le royaume de Chypre," dans *Cyprus and the Crusades. Papers Given at the International Conference, Nicosia, 6–9 September 1994*, ed. Nicholas Coureas et Jonathan Riley-Smith (Nicosie, 1995), pp. 83–95.

92. "L'Occidente prima della crociata," dans *Piacenza e la prima crociata*, a cura di P. Racine, trad. Paola Olivi (Reggio Emilia, 1995), pp. 51–66.

93. "Freedom and Servitude in Cyprus and Rhodes: An Assize dating from 1396," trad. Judith Romani, dans *Intercultural Contacts in the Medieval Mediterranean. Studies in Honour of David Jacoby*, ed. Benjamin Arbel (London, 1996), pp. 272–83 = *Mediterranean Historical Review* 10 (1995), 272–83.

94. "A propos de la 'Bulla Cypria' de 1260," *Byzantinische Forschungen* 32 (1996), pp. 19–31 = 6e Symposion byzantin, Strasbourg, 1992.

95. "Culture franque, culture grecque, culture arabe dans le royaume de Chypre au XIIIe et au début du XIVe siècle," dans *In memoriam Professeur J.-M. Fiey . Université Saint-Joseph. Annales du département des Lettres arabes* 63, 1991–92 (Beyrouth, 1996), pp. 235–245.

96. "Les Etats latins de Terre Sainte," dans *La Croix et le Croissant. Actes de la IVe Université d'été de Renaissance catholique. Quarré-les-Tombes, août 1995* (Paris, 1996), pp. 75–100.

97. "La croisade, réveil religieux et ouverture au monde," dans *Les Nouvelles de l'Ordre du Saint-Sépulcre*, supplément au n° 42, janvier 1996, pp. 3–7.

98. *Histoire des croisades*. Paris, 1996. 544 pages. Traduction anglaise par Jean Birrell, *The Crusades, c.1071–c.1291,* Cambridge Medieval Text Books. Cambridge, 1999. xiv — 516 pages. Traduction italienne, *La grande storia delle crociate* (1999).

99. "Un palais à Beyrouth au début du XIIIe siècle," *Res Orientales* 8 (1996), 139–41.

100. "L'indulgence de croisade et les pèlerinages en Terre Sainte," dans *Il concilio di Piacenza e le crociate* (Plaisance, 1996), pp. 213–23.

101. "Les prisonniers et leur rachat au cours des croisades," dans *Fondations et œuvres charitables au Moyen Age. 121ème congrès national des sociétés savantes* (Nice, 1996), pp. 63–79.

102. "Le crociate e le fonti occidentali; Baldovino IV il leproso," dans *Le Crociate, l'Oriente e l'Occidente da Urbano II a san Luigi, 1096–1270* (Rome, 1997), a cura di Monique Rey-Delqué. Version française: *Les Croisades. L'Orient et l'Occident d'Urbain II à Saint Louis, 1096–1270* (Toulouse, 1997), pp. 39–47, 161–72.

103. "Les révoltes chypriotes de 1191–1192 et les inféodations de Guy de Lusignan," dans *Montjoie. Studies in Crusade History in Honour of Hans Eberhard Mayer*, ed.

Benjamin Z. Kedar, Jonathan Riley-Smith, Rudolf Hiestand (Aldershot, 1997), pp. 123–28.

104. "Les prisonniers de Nicopolis," dans *Nicopolis. 1396-1996. Actes du colloque international, Dijon, 18 octobre 1996* (*Annales de Bourgogne* 68, 1996), ed. J. Paviot, M. Chauney-Bouillot (Dijon, 1997), pp. 75–83.
105. "Les marchands génois de Famagouste et la défense de Smyrne," dans *Oriente e Occidente tra medioevo e età moderna. Studi in onore di Geo Pistarino*, a cura di Laura Balletto (Gênes, 1997), 2:1059–71.
106. "La Méditerranée des croisades," dans *Regards sur la Méditerranée. 7ème colloque de la Villa Kerylos, 4–5 octobre 1996* (Paris, 1997), pp. 135–50.
107. "Vassaux, tributaires ou alliés? Les chefferies montagnardes et les Ismaîliens dans l'orbite des Etats des croisés," dans *Die Kreuzfahrerstaaten als multikulturelle Gesellschaft,* Schriften des Historischen Kollegs. Kolloquium 37, ed. Hans E. Mayer (Munich, 1997), pp. 141–52.
108. "Le financement des croisades," dans *Pouvoir et gestion. 5èmes rencontres, 29–30 novembre 1996.* Collection Histoire. Gestion. Organisation 5 (Toulouse, 1997), pp. 63–71.
109. "Le départ de la croisade," dans *Universitat occitana d'estiu. Actes de l'université d'été 1996* (Nîmes, 1997), pp. 228–46.
110. "La culture juridique de la noblesse aux XIe, XIIe et XIIIe siècles," dans *Nobilitas. Funktion und Repräsentation des Adels in Alteuropa,* Veröffentlichungen des Max-Planck Institut für Geschichte 133, ed. O.G. Oexle, Werner Paravicini (Göttingen, 1997), pp. 53–66.
111. "Joinville à la croisade," dans *Le prince et son histoire. La vie de Saint Louis par Joinville*, ed. J. Dufournet, L. Harf (Paris, 1997), pp. 24–31.
112. "La croisade : l'évolution des conceptions et des stratégies," dans *From Clermont to Jerusalem. The Crusades and Crusader Societies, 1095–1500. Selected Proceedings of the International Medieval Congress, Leeds 1995*, ed. Alan V. Murray (Turnhout, 1998), pp. 3–25.
113. "Les évêques de Chypre et la Chambre apostolique: un arrêt de compte de 1369," dans *The Crusades and their Sources. Essays Presented to Bernard Hamilton*, ed. John France et William G. Zajac (Aldershot, 1998), pp. 181–94.
114. "Les bases maritimes des Fatimides, leurs corsaires et l'occupation franque en Syrie," dans *Egypt and Syria in the Fatimid, Ayyubid and Mamluk Eras* 2, Orientalia Lovanensia analecta 83, ed. Urbain Vermeulen et D. De Smet (Louvain, 1998), pp. 115–29.
115. "Affrontement ou confrontation? Les contacts entre deux mondes au pays de Tripoli au temps des croisades," *Chronos. Revue d'histoire de l'Université de Balamand* 2 (1999), 7–28.
116. "La levée des décimes sur l'Eglise latine de Chypre. Documents comptables de 1363–1371," *Epeterida* (Nicosie) 25 (1999), 11–18.
117. "Le Midi italien vu par les pèlerins et les chroniqueurs de Terre Sainte," dans *Il Mezzogiorno normanno-svevo visto dall'Europa e dal mondo mediterraneo. Atti delle tredicesime giornate normanno-sveve*, a cura di Giosuè Musca (Bari, 1999), pp. 341–58.

2° Missions, voyages, littérature. L'Asie mongole

118. "La papauté et les missions catholiques en Orient au Moyen Age," *Mélanges d'archéologie et d'histoire publiés par l'Ecole française de Rome* 58 (1941–46), 248–66 [réimprimé dans n° 186].
119. "Un évêque bourguignon au Turkestan au XIVe siècle," dans *Mémoires de l'Académie de Dijon* (1943–46), pp. 329–36.
120. "Evêchés titulaires et missionnaires dans le 'Provinciale Romane Ecclesiae,' " *Mélanges d'archéologie et d'histoire* 60 (1948), 227–36 [réimprimé dans n° 186].
121. "Un texte latin du XIVe siècle concernant la Corée," dans *Actes du XXIe congrès des Orientalistes* (Paris, 1948), pp. 349–50.
122. "La chanson de Syracon et la légende de Saladin," *Journal asiatique* 237 (1949), 155–58 [réimprimé dans n° 186].
123. "Le début des relations entre la Papauté et les Mongols de Perse," *Journal asiatique* 237 (1949), 287–93 [réimprimé dans n° 186].
124. "Deux évêques dominicains, agents de l'Union arménienne au Moyen Age," *Archivum fratrum praedicatorum* 19 (1949), 255–65 [réimprimé dans n° 185].
125. "La limite occidentale de l'expansion de l'alphabet ouigours," *Journal asiatique* 239 (1951), 71–75 [réimprimé dans n° 186].
126. "Les missions chez les Mongols aux XIIIe et XlVe siècles," dans *L'Histoire universelle des missions catholiques,* dirigée par Mgr Delacroix (Monaco, 1957), 1:173–95.
127. "La mission en Europe de Rabban Çauma et l'Union des Eglises," dans *XII° Convegno Volta. Oriente et Occidente nel medioevo* (Rome, 1957), pp. 162–67 [réimprimé dans n° 185].
128. "L'Extreme-Orient légendaire au Moyen Age : roi David et Prêtre Jean," *Annales d'Ethiopie* 2 (1957), 225–42 [réimprimé dans n° 185].
129. "Essor et déclin de l'Eglise catholique de Chine au XIVe siècle," *Bulletin de la Société des Missions Étrangères de Paris* 2.134 (1960), 285–95 [réimprimé dans n° 185].
130. "Les premiers missionnaires latins en Ethiopie (XIIe–XIVe siècles)," dans *Atti del Convegno internazionale di studi etiopici.* Accademia nazionale dei Lincei, Problemi attuali di scienza e cultura 48 (Rome, 1960), pp. 323–29 [réimprimé dans n° 185].
131. "Une lettre concernant l'invasion mongole?" *BEC* 119 (1961), 243–45.
132. "Les missionnaires latins chez les Kaïtak du Daghestan (XIVe–XVe siècles)," dans *Trudi XXV. Medzdunarodnogo Kongressa Vostokovedov* (Moscou, 1962), 3:606–11 [réimprimé dans n° 186].
133. *Simon de Saint-Quentin, Histoire des Tartares*, Documents relatifs à l'histoire des croisades publiés par l'Académie des Inscriptions et Belles Lettres 8. Paris, 1965. 132 pages.
134. "La vogue de l'Orient dans la littérature occidentale du Moyen Age," dans *Mélanges offerts à René Crozet* (Poitiers, 1966), pp. 557–61 [réimprimé dans n° 186]. Résumé sous le même titre dans *Trudi XXV. Medzdunarodnogo Kongressa Vostokovedov* 1:458–459. Traduction arabe dans *al-Tsirat a-saibi (L'héritage populaire)* (Bagdad, 1985), pp. 95–101.
135. "La conversion de Berke et les débuts de l'islamisation de la Horde d'Or," *Revue des études islamiques* (1967), 173–84 [réimprimé dans n° 185].

136. "The Mongols and the Franks," *Journal of Asian History* 3 (1969), 45–57 [réimprimé dans n° 185].
137. "Les navigations des Occidentaux sur l'Océan Indien et la mer Caspienne (XIIIe–XVe siècles)," dans *Sociétés et compagnies de commerce en Orient et dans l'Océan Indien,* Bibliothèque générale de l'Ecole pratique des Hautes Etudes, 6e section (Paris, 1970), pp. 353–363 [réimprimé dans n° 185]. Également paru en anglais, "European Voyages in the Indian Ocean and Caspian Sea, 12th–15th centuries," *Iran. Journal of the British Institute of Persian Studies* 6 (1968), 45–52.
138. "Isol le Pisan : un aventurier franc gouverneur d'une province mongole ?" *Rashid al-Din Commemoration Volume = Central Asiatic Journal* 14 (1970), 186–94 [réimprimé dans n° 185].
139. "Les missionnaires latins dans l'Inde au XIVe siècle, " *Mélanges Loenertz = Studi veneziani* 12 (1970), 231–42 [réimprimé dans n° 185].
140. "Ultimatums mongols et lettres apocryphes : l'Occident et les motifs de guerre des Tartares," *Central Asiatic Journal* 17 (1973), 212–22 [réimprimé dans n° 185].
141. "Robinson Crusoé, voyageur imaginaire, témoin de la pénétration du christianisme en Chine et en Haute Asie au début du dix-huitième siècle," *Revue d'histoire des religions* 187 (1975), 71–83 [réimprimé dans n° 186].
142. "Recherches sur la propagation du christianisme dans l'Asie centrale médiévale et moderne," dans *Altaica collecta. Berichte und Vorträge der XVII. Permanent International Altaistic Conference* (Wiesbaden, 1976), pp. 199–207 [réimprimé dans n° 186].
143. "Sur les pas de Plancarpin et de Rubrouck : la lettre de saint Louis à Sartaq," *Journal des Savants* (1977), 49–61 [réimprimé dans n° 187].
144. "Chrétiens et Mongols au concile. La Papauté et les Mongols de Perse dans la seconde moitié du XIIIe siècle," dans *1274, année charnière. Mutations et continuités* (Paris, 1977), pp. 31–44 [réimprimé dans n° 187].
145. "Les Mongols et l'Occident : deux siècles de contacts," dans *1274, année charnière. Mutations et continuités* (Paris, 1977), pp. 85–96 [réimprimé dans n° 187].
146. *La Papauté et les missions d'Orient au Moyen Age (XIIIe–XVe siècles),* Collection de l'Ecole de Rome 33 (Rome, 1977), xxxiv–325 pages. 2e édition revue, Rome, 1998, xxxiv–331 pages.
147. "L'enseignement des langues orientales en Occident au Moyen Age," *L'enseignement en Islam et en Occident au Moyen Age (Colloques internationaux de la Napoule, 1976) = Revue des études islamiques* 44 (1976), 149–64 [réimprimé dans n° 187].
148. "Les causes des victoires mongoles d'après les historiens occidentaux du XIIIe siècle," *Central Asiatic Journal* 23 (1979), 104–17 [réimprimé dans n° 187].
149. "Une ambassade mongole à Paris en 1262," *Journal des Savants* (1979), 295–303 [réimprimé dans n° 187].
150. "Louis de Bologne, patriarche d'Antioche, et la politique bourguignonne envers les Etats de la Méditerranée orientale," dans *Publication du Centre européen d'études Burgondo-médianes* 20 (Bâle, 1980), pp. 63–69 [réimprimé dans n° 187].
151. "Les papes d'Avignon et l'évangélisation du monde non-latin à la veille du Grand Schisme," dans *Genèse et débuts du Grand Schisme d'Occident. Avignon, 1978* (Paris, 1980), pp. 305–15 [réimprimé dans n° 187].

152. *Les récits de voyages et de pèlerinages,* Typologie des sources du Moyen Age occidental 38 (Turnhout, 1981), 84 pages. Mise à jour, Turnhout, 1985, 4 pages. Traduction italienne revue en préparation.
153. "Voyages réels et voyages imaginaires, instruments de la connaissance géographique au Moyen Age," dans *Culture et travail intellectuel dans l'Occident médiéval* (Paris, 1981), pp. 211–20 [réimprimé dans n° 187].
154. "Les gens de mer vus par les Croisés et par les pèlerins occidentaux au Moyen Age," dans *Le genti del Mare Mediterraneo*, ed. Rosalba Ragosta (Naples, 1981), pp. 341–55 [réimprimé dans n° 187].
155. "Latran III et l'Orient," dans *Le troisième concile du Latran (1179)*, Etudes Augustiniennes (Paris, 1982), pp. 41–44.
156. "Le christianisme dans l'Asie centrale," *Journal of Asian History* 16 (1982), 101–24.
157. "Le discours missionnaire : l'exposition de la foi chrétienne dans les lettres des papes aux Mongols," dans *Prédication et propagande au Moyen Age. Islam, Byzance, Occident,* Penn-Paris-Dumbarton Oaks Colloquia 3 (Paris, 1983), pp. 257–68 [réimprimé dans n° 187].
158. "La Méditerranée et ses relations avec son arrière-pays oriental (XIe-XVe siècles)," dans *Navigazioni mediterranee et connessioni continentali (sec. XI–XVI),* Congresso di storia marittima, 1969, a cura di Rosalba Ragosta (Naples, 1983), pp. 265–99 (en version anglaise dans n° 186).
159. "Les relations de pèlerinages au Moyen Age et les motivations de leurs auteurs," dans *Wallfahrt kennt keine Grenzen* (Munich, 1984), pp. 143–54.
160. "La lettre du connétable Smbat et les rapports entre Chrétiens et Mongols au milieu du XIIIe siècle," dans *Armenian Studies — Etudes Arméniennes. In memoriam Haig Berberian*, ed. Dickran Kouymjian (Lisbonne, 1986), pp. 683–96 [réimprimé dans n° 188].
161. "Križari i putnici u serdnjovjekovnoi Slavonii (Croisés et pèlerins dans l'Esclavonie médiévale)," trad. Mgr. F.Sanjek, *Croatica christiana* 10 (1986), 27–39.
162. "Le transport outremer des croisés et des pèlerins (XIIe–XVe siècles)," dans *Maritime Aspects of Migration = Quellen und Darstellungen zur Hansischen Geschichte* NF 34, ed. K. Friedland (Cologne, 1989), pp. 29–44 [réimprimé dans n° 188].
163. "Le soutien de l'Eglise latine aux chrétiens d'Orient durant le Moyen Age," dans *Conversion and Continuity. Indigenous Christian Communities in Islamic Lands, 8th–15th Centuries*, ed. Michael Gervers et R.J. Bikhazi (Toronto, 1990), pp. 389–405.
164. "Les églises orientales d'Asie et d'Afrique; les états latins d'Orient; la recherche de l'union avec les autres Orientaux; l'Eglise latine et les non-chrétiens hors de la chrétienté," dans *Histoire du christianisme, 6: Un temps d'épreuves. 1274–1449*, sous la dir. de M. Mollat du Jourdin, André Vauchez (Paris, 1990), pp. 209–49, 770–77, 840–48, 883–900 (traduit en plusieurs langues).
165. "A propos de la mission de Baudouin de Hainaut : l'empire latin de Constantinople et les Mongols," *Journal des Savants* (1992), 115–21.
166. "Les Arméniens à Avignon au XIVe siècle," *Mémorial Sirarpié Der Nersessian =Revue des études arméniennes* 33 (1992), 253–64.

167. "'Manières de crestiens:' les chrétiens orientaux dans les relations de pèlerinages aux Lieux Saints (XIIe–XVe siècles)," dans *Relazioni di viaggio e conoscenza del mondo fra medioevo e umanesimo. Atti del V convegno dell' A.M.U.L., Genova 1991*, a cura di St. Pittalunga (*Columbeis* V), (Gènes, 1993), pp. 89–110.

168. "La *Relatio de Davide* : une source de l'histoire des Mongols," dans *Proceedings of the 35th Permanent International Altaistic Conference, September 1992, Taipei*, ed. Chieh hsien Ch'en (Taipeï, 1993), pp. 417–429. Repris en nouvelle version sous le titre : "The *Relatio de Davide* as a Source for Mongol History and the Legend of Prester John," *Prester John, the Mongols and the Lost Tribes*, ed. Ch. F. Beckingham et Bernard Hamilton (Aldershot, 1996), pp. 139–58.

169. "L'Orient latin et le monde des missions," dans *Hagiographies*, sous la dir. de G. Philippart, Corpus christianorum 1 (Turnhout, 1994), pp. 189–98.

170. "Les sources latines et l'Iran médiéval," dans *Sociétés et cultures d'hier et d'aujourd'hui (Les chantiers de la recherche, Strasbourg, 1994)* (Paris, 1996), pp.TT317–19.

171. "La Papauté en Avignon et l'Arménie," dans *Arménie entre Orient et Occident. 3.000 ans de civilisation*, sous la dir. de R. Kevorkian (Paris, 1996), pp. 184–87.

172. "Les explorateurs du Moyen Age et l'Extrême-Orient; Marco Polo: le voyageur et son oeuvre; les lieux cités par Marco Polo," dans *Marco Polo: le livre des Merveilles, manuscrit français 2810 de La Bibliothèque Nationale de France.* Commentaire, avec traduction allemande de Jörg Trobitius (Lucerne, 1996), pp. 11–18, 55–68, 283–89, 325–36, 501–07.

173. "Travel Literature (trans. George E. Gingras)," dans *Medieval Latin. An Introduction and Bibliographical Guide*, ed. F. Mantello et A.G. Rigg (Washington, 1996), pp. 682–87.

174. "Sur un passage de Simon de Saint-Quentin: le costume, signe de soumission dans le monde mongol," dans *Actes de la 37ème Permanent International Altaistic Conference, Chantilly, 1994* (*Etudes mongoles et sibériennes*, cahier 27, 1996), pp. 229–34.

175. "D'Älgigidäi à Gazan: la continuité d'une politique franque chez les Mongols,"dans *L'Iran face à la domination mongole.* Etudes réunies et présentées par Denise Aigle, Institut français de recherche en Iran, Bibliothèque iranienne 45 (Téhéran, 1997), pp. 57–69.

176. "Byzance et les Mongols," *Byzantinische Forschungen* 25 (1999), 83–100.

3° Divers

177. Introduction à Etienne Delaruelle, *L'idée de croisade au Moyen Age*, ed. André Vauchez (Turin, 1980), pp. vi–xi.

178. "Jean Longnon (1887-1979)," *BEC* 139 (1981), 357–59.

179. "La contribution de Denis Sinor aux études médiévales," dans *Denis Sinor Bibliography*, compiled by R. Meserve (Bloomington, 1986), pp. 46–48.

180. Préface à René Grousset, *Histoire des croisades et du royaume franc de Jérusalem*, nouv. éd. (Paris, 1991), pp. 7–13.

181. Notice sur la vie et les travaux de Paul Deschamps, *Comptes-rendus de l'Académie des Inscriptions et Belles-Lettres* (1991), 337–46.

182. Introduction à *The Military Orders : Fighting for the Faith and Caring for the Sick*, ed. Malcolm Barber (Aldershot, 1994), pp. xxi–xxvii.

183. Préface à *Correspondance et écrits de Louis de Mas-Latrie sur Chypre*, ed. H. de Dianous (s.l., 1997), pp. 9–14.
184. Contribution au catalogue de l'exposition *Liban. L'autre rive* (Paris, 1998), pp. 228–40.

4° Recueils de réimpressions

Les Variorum Reprints ont fait paraître quatre volumes réunissant des articles concernant l'Orient latin, les croisades, les voyages et les missions :

185. *Orient et Occident au Moyen Age : contacts et relations (XIIe-XVe siècles)* (Londres, 1976), iv–392 pages.
186. *Les relations entre Orient et Occident au Moyen Age : Etudes et documents.* Préface de J. Glénisson (Londres, 1977), iv–356 pages.
187. *Croisés, missionnaires et voyageurs : les perspectives orientales du monde latin médiéval* (Londres, 1983), 340 pages.
188. *Croisades et Etats latins d'Orient. Points de vue et documents* (Aldershot, 1992), x–316 pages.

A paraître :

189. "Les chrétiens d'Orient dans la perspective de l'établissement des croisés," Colloque *Arméniens et autres chrétiens d'Orient face à l'empire byzantin*, Montpellier 1999.
190. "Le temps des croisades," *Histoire du Liban*, sous la direction de B. Dib.
191. "L'acheminement par mer des croisades," *Journée d'archéologie maritime*, Paris 1995.
192. "Frédéric II, roi de Jérusalem," *Federico II e le cinque corone,* Convegno di Cosenza, 1996.
193. "Le régime des fiefs à Chypre, entre service armé et contribution fiscale, à propos de quelques documents inédits," Actes du congrès de Nicosie, 1996.
194. "René Grousset : de l'histoire des croisades à l'empire des steppes," *Colloque René Grousset*, Montpellier 1996.
195. "Saint Louis et la Terre Sainte," Colloque d'Aigues-Mortes, 1997.
196. "Les transformations de l'image de Saladin dans les sources occidentales," *Revue des études du monde musulman*, 1997.
197. "Jean-Baptiste Mailly et l'Esprit des croisades," *Mémoires de l'Académie de Dijon*, 1998–1999.
198. "De J.-B. Mailly à J.-F. Michaud. Un moment de l'historiographie des croisades," présenté à la conférence de la *Society for the Study of the Crusades and the Latin East*, Jérusalem, 1999.
199. "Pouvoir royal et patriarcat au temps de la cinquième croisade. A propos du rapport du patriarche Raoul," présenté au colloque sur la féodalité dans le royaume de Jérusalem, Jérusalem, 1999.
200. "The Eastern Churches," *The New Cambridge Medieval History* 4.1, ed. David Luscombe.
201. "La relation de pèlerinage, instrument de dévotion," *Jerusalem in der christlichen Spiritualität des Mittelalters*, Jerusalem, 1999.

List of Abbreviations

AOL	*Archives de l'Orient latin*
BEC	Bibliothèque de l'Ecole des chartes
Cart Hosp	*Cartulaire général de l'Ordre des Hospitaliers de Saint-Jean de Jérusalem, 1100–1310*, ed. Joseph Delaville Le Roulx, 4 vols. Paris, 1894–1906.
Cart St Sep	*Le Cartulaire du chapitre du Saint-Sépulcre de Jérusalem*, ed. Geneviève Bresc-Bautier, Documents relatifs à l'histoire des croisades 15. Paris, 1984.
Chartes Josaphat	Chartes de la Terre Sainte provenant de l'abbaye de Notre-*Dame de Josaphat*, ed. Henri F. Delaborde, Bibliothèque des Ecoles françaises d'Athènes et de Rome 19. Paris, 1880.
Cont. WT	*La Continuation de Guillaume de Tyr (1184–1197)*, ed. Margaret Ruth Morgan, Documents relatifs à l'histoire des croisades 14. Paris, 1982.
CCCM	Corpus Christianorum. Continuatio Mediaeualis
DA	Deutsches Archiv für Erforschung des Mittelalters
DOP	Dumbarton Oaks Papers
"Eracles"	'Le estoire de Eracles empereur', *RHC Oc* 2.
Ernoul	*Chronique d'Ernoul et de Bernard le Trésorier*, ed. Louis de Mas-Matrie. Paris, 1871.
FC	Fulcher of Chartres, *Historia Hierosolymitana*, ed. Heinrich Hagenmeyer. Heidelberg, 1913.
JL	*Regesta pontificum Romanorum ab condita ecclesia ad annum p. Chr. natum 1198*, 2nd ed., ed. Philipp Jaffé, Wilhelm Wattenbach, Samuel Löwenfeld *et al.*, 2 vols. Leipzig, 1885–88.
Mansi, *Concilia*	Giovanni Domenico Mansi, ed., *Sacrorum conciliorum nova et amplissima Collectio*
MGH	Monumenta Germaniae Historica
MGHS	MGH Scriptores
PCRCICO	Fontes pontificiae commissionis ad redigendum Codicem iuris canonici orientalis
PG	Patrologia Graeca
PL	Patrologia Latina
PPTS	Palestine Pilgrims' Text Society
RHC	*Recueil des Historiens des Croisades*, ed. Académie des inscriptions et belles-lettres, 15 vols. Paris, 1844–95.
Arm	Documents arméniens
Lois	Lois. Les Assises de Jérusalem
Oc	Historiens occidentaux

Or	Historiens orientaux
RHGF	Recueil des historiens des Gaules et de la France, ed. Martin Bouquet et al., 24 vols. Paris, 1738–1904.
RRH	Reinhold Röhricht (comp.), *Regesta regni Hierosolymitani*. Innsbruck, 1893. *Additamentum*. Innsbruck, 1904.
RIS	Rerum Italicarum Scriptores
NS	Nova Series
RS	Rolls Series
WT	William of Tyre, *Chronicon*, ed. Robert B.C. Huygens, CCCM 63–63A. Turnhout, 1986.
ZDPV	Zeitschrift des Deutschen Palästina-Vereins

Bella Sacra

Pope Gregory VII and Martyrdom

H. E. J. Cowdrey

> Quam gloriosi revertuntur victores de proelio! Quam beati moriuntur martyres in proelio! Gaude, fortis athleta, si vivis et vincis in Domino; sed magis exsulta et gloriare, si moreris et iungeris Domino. Vita quidem fructuosa, et victoria gloriosa; sed utrique mors sacra iure praeponitur.

Thus St Bernard of Clairvaux, in his *sermo exhortatorius* to the Knights Templar, encouraged the monks of war who would campaign for the faith in the Holy Land.[1] The theme of martyrdom to which Bernard gave classic expression has been recognized to have been prominent in early crusade preaching, while this preaching drew upon a tradition of holy warfare which had progressively gained strength since Carolingian times.[2] In the development of this tradition, especial interest attaches to the letters of Pope Gregory VII (1073–85), on account of the moral intensity of his expression and of the dissemination that some of his letters received.[3] The purpose of this study is to consider the place of martyrdom in his thought, especially in so far as it may have prepared the way for the crusade preaching of Pope Urban II and of St Bernard.

In this connection, martyrdom was the bearing of witness to Christ by accepting death or injury for his sake, as the outcome and proof of a self-dedication to this end. The breadth of the self-dedication was such that Gregory was far from limiting it to the military campaigns, like those of 1074 to help the oppressed eastern Christians, that he from time to time proposed; it was an integral part of Christianity as he presented it to all sorts and conditions of men who found themselves in circumstances of decision. The urgency of his challenge had much to do with his concern that the church in his day should "return to her true glory."[4] This was to be seen in the faith and witness of the earliest centuries, when for long years both pagan emperors and also Christians had elicited the strength and

---

[1] Bernard of Clairvaux, *De laude novae militiae* 1.1, in *Sancti Bernardi Opera*, ed. Jean Leclercq, Charles H. Talbot, and Henricus M. Rochais, 8 vols. (Rome, 1957–77), 3:214–15.

[2] See, e.g., Penny J. Cole, *The Preaching of the Crusades to the Holy Land, 1095–1270* (Cambridge Mass., 1991), pp. 24–31.

[3] Gregory's letters are cited as follows: *Gregorii VII Registrum*, ed. Erich Caspar (MGH, Epistolae selectae 2, Berlin, 1920–23) (hereafter *Reg.*); *The Epistolae vagantes of Pope Gregory VII*, ed. and tr. H. E. J. Cowdrey (Oxford, 1972) (hereafter *Epp. vag.*); *Quellen und Forschungen zum Urkunden- und Kanzleiwesen Papst Gregors VII.* 1: *Quellen: Urkunden. Regesten. Facsimilia*, ed. Leo Santifaller, Studi e Testi 190 (Vatican City, 1957) (hereafter *QF*).

[4] *Epp. vag.* no. 54, pp. 132–33; cf. *Reg.* 4.1, 5.10, pp. 292, 363.

fortitude of holy martyrs which provided examples of patience and perseverance for Gregory's own age to imitate.[5]

First and foremost, Gregory regarded the challenge as being addressed in the most literal sense to himself as pope. St Paul asserted that all who would live a godly life in Christ Jesus suffer persecution (2 Tim. 3.12); this assertion had been handed down to Gregory along with the apostolic see itself as by hereditary right.[6] The succession of early popes — according to Gregory almost a hundred in number—who from the time of St Peter had been amongst the holiest of men, must be remembered by proper liturgical commemoration, which especially honoured the martyrs.[7] Gregory's sense of solidarity with them was increased by his confidence that popes ancient or recent who were rightly elected were endowed with the merits of St Peter.[8] He was, therefore, driven by a desire to serve even unto death and to prefer death to falling into impiety or deviating from righteousness.[9] From the outset of his pontificate, Gregory recognized that, if he would himself escape divine judgement, he must needs rise up against many and provoke them to the peril of his life.[10] Throughout his dealings with King Henry IV of Germany, he made general proclamation that he was prepared for his own death. At the end of 1076, he told the German public that, on the model of Christ who laid down his life for men, he would not hesitate to undergo any hardships and if need be even the shedding of his own blood for the liberty of holy church and the salvation of the empire.[11] Thereafter, the words and examples of his papal predecessors constrained him to resist tyrants to the point of death lest he become, in effect, the accomplices of their impiety.[12] Similarly, in his plans of 1074 to help eastern Christians under Seljuk attack, Gregory had appealed to the classical theme of the nobility of dying for one's country, but still more to the Christian motives of men's giving their corruptible flesh for Christ and of proving love by laying down their lives for their brothers (1 John 5.16). With such motives, Gregory was resolved himself to lead the expedition and even to desire his own death, "for I would rather lay down my life for them than, to their neglect, to rule the whole world according to the will of the flesh."[13] Within and beyond western Christendom, martyrdom was thus, in Gregory's eyes, part and parcel of the pope's office; he must himself set an example of steadfastness in all adversity, to death if necessary.

---

5 *Reg*. 2.18, 8.4, pp. 151, 520–21.

6 *Reg*. 4.7, p. 305.

7 *Reg*. 6.5b, p. 401; see also the record in the Volterra *ordo officiorum: De sancti Hugonis actis liturgicis*, ed. Mario Bocci (Florence, 1984), no. 262, p. 221. For the number of saintly popes, see *Reg*. 8.21, p. 560.

8 *Reg*. 2.55a, 8.21, pp. 207, 561.

9 *Reg*. 2.31, 9.11, pp. 165, 167, 588.

10 *Epp. vag*. no. 1, pp. 2–3.

11 *Epp. vag*. nos. 17–18, pp. 46–51.

12 *Reg*. 4.1, 24, 7.14a, pp. 291–22, 338, 483–84.

13 *Reg*. 2.31, 37, pp. 166–67, 173, *Epp. vag*. no. 5, pp. 10–11.

He was active in requiring of all clergy the same commitment, and also in praising those in whom he deemed it to have been fulfilled. In 1081, he told King Alfonso VI of León-Castile that the times were such that no one could be more truly a bishop than he who had suffered persecution for righteousness' sake (cf. Matt. 5.10).[14] Next year he reminded Bishop Herman of Brescia, cardinal-priest of SS. Quattro Coronati, of the scriptural maxim that "The kiln proves vessels of clay" (Ecclus. 27.6), and of Pope Gregory I's repeated comment that Abel cannot possess innocence when Cain does not afflict him by his wickedness.[15] These comments were foreshadowed when, in 1075, Gregory found a prime example of martyrdom amongst the clergy in Liprand who in the savage Patarene riots of that year in Milan suffered mutilation by the cutting off of his nose and ears. In Gregory's estimation, Liprand, so long as he persevered to the end, renewed the memory of those in the early church who suffered death or mutilation. If, as Gregory implied, the intention of Liprand's assailants had been to disqualify him for the exercise of the priesthood, they had achieved the reverse. His outward and visible form was diminished, but the inner man was renewed (cf. 2 Cor. 4.16), since the image of God within was made the fairer according to the form of righteousness. The example of the martyrs of old taught clearly that the sacred office of martyrs was not taken away by such mutilation.

> Therefore, martyr of Christ, be strong in the Lord. Believe that the office of priesthood is now the more present in you, for what was once committed to you by the oil of anointing is now verily yours by the sprinkling of blood. The less you possess of what can be taken away from you, the less you should fear to preach the things that are right and to sow the things that are returned a hundredfold. For we know that you are ever assailed and afflicted by the enemies of holy church; but do not fear them or be dismayed, since we are keeping both you and yours with great charity under our own and apostolic protection.[16]

For Gregory, the blood of the martyrs was, now as of old, the seed of the church; both he and the apostle St Peter whom he represented made the protection of martyrs their especial responsibility.

Although the words "martyr" and "martyrdom" do not occur in the letters concerned, Gregory had written similarly in September 1073 to the clergy and people of Carthage, in Muslim North Africa, and to their archbishop, Cyriacus. False brethren within the church had brought Cyriacus before the emir, whose order to perform uncanonical ordinations the archbishop had resisted despite beatings and other torments. Like Liprand, he held out "usque ad detruncationem membrorum;" in him, Christ was again captured, condemned by false accusers and witnesses, numbered amongst robbers, and beaten by blows. Exercising apostolic authority, Gregory came to his rescue by letters that were heavy with

---

14 *Reg.* 9.2, p. 570.

15 *Reg.* 9.21, p. 611; for the citation of Gregory I, see, e.g., *Moralia in Iob*, 20.39.75, ed. Marcus Adriaen, vol. 2, CCCM 143A (Turnhout, 1979), pp. 1058–59.

16 *QF* no. 106, pp. 94–95.

biblical citations about the duty and the glory of death in imitation of Christ. To the archbishop in particular, he enlarged upon the value of such trials as he was suffering. By such means the church of old had grown; by such means it was now being renewed. Yet Gregory also declared that Cyriacus's witness would have been more commendable still if he had made the supreme sacrifice: "how much more precious would have been the confession of your faith (*religio*) if after the stripes that you suffered you had by showing [the Muslims] their error and by preaching the Christian faith come to the pouring out of life itself!"[17] For Gregory, martyrdom to the point of death was the defining test of Christian aspiration and witness.

This message was one that Gregory also addressed to the clergy in many parts of Latin Europe. He did so particularly to archbishops — no doubt because, as the conferring upon them of the *pallium* signified, they were in a special sense participants in the apostolic office that was primarily vested in the pope. In Germany, Archbishop Siegfried of Mainz, who was not made of the stuff of martyrs, in September 1075 made excuses to Gregory for not pursuing the reform of the church in respect of simony and clerical unchastity in a land ravaged by division and civil war. Gregory sent him a long exhortation to zeal. He reminded him that, in the Lord's own words, the difference between a shepherd and a hireling was that the former did not hesitate to sacrifice his life for his sheep (John 10.11–13). Furthermore, the clergy were put to shame by the fidelity of knights:

> It should appear to us most shameful that any secular knights daily stand in battle for their earthly chief and scarcely fear the testing of death, and we who are called priests of the Lord do not fight for our own King, who made all things from nothing and who did not abhor to undergo for us the penalty of death while promising us an eternal reward.[18]

On the other hand, during his legatine activity of 1077–78 in Germany, Abbot Bernard of Saint-Victor at Marseilles had (as Gregory told his monks) shown a right disposition in the service of the pope and of St Peter. He had come to the pope and, from love of St Peter, had been obedient in Germany to the point of bodily captivity (cf. Phil. 2.8). Because he had been prepared to die if necessary, for this, too, he would receive his due reward.[19]

So far as France is concerned, when, in 1074, Gregory was at loggerheads with King Philip I and deplored the anarchy of the kingdom together with the consequent vexation of Italian merchants, he wrote to Archbishop Manasses I of Rheims and to all French bishops urging them to fearless witness and resistance. Whatever fear or peril of death might threaten them, it did not become them to refrain from the boldness of their priestly office (*a libertate vestri sacerdotalis officii*). They should be strong in the Lord and the power of his might (cf. Eph.

---

17 *Reg.* 1.22–23, pp. 36–40. In 1076, Gregory similarly commended witness to death, referring to John 15.12–13, 1 John 3.16, and 1 Tim. 2.6, when writing to a Christian church in the more peaceful rule of the Hammadite emir of Bougie: *Reg.* 3.20, p. 287.

18 *Reg.* 3.4, pp. 248–50.

19 *Reg.* 6.25, p. 419.

6.10) and they would be helped to advance as zealous knights of Christ (*sicut strennui milites Christi*) towards the heights of present and future glory.[20] Gregory duly acknowledged the witness of French clerks who thus acted. When in 1082/83 Archbishop Ralph of Tours rightly opposed Count Fulk IV of Anjou, Gregory told the clergy and people of Tours and Angers to help him as one who was expelled and suffered persecution for righteousness' sake (cf. Matt. 5.4).[21] In 1080, a group of right-minded clerks at Rheims was driven out; they, too, were exiled for righteousness' sake, as were Flemish clerks who in 1083 had been likewise treated by Duke Robert.[22]

In the different contingencies of life in Spain and Norman South Italy, Gregory brought home to bishops the duty of their order to resist strongly whatever evils confronted them. In 1078 and in connection with the conflict in Christian Spain between upholders of the Hispanic and the Roman liturgical rites, Gregory urged Bishop Simeon of Oca-Burgos to beware of the ravening wolves that did not spare the flock of Christ but to resist steadfastly in the faith (cf. Acts 20.29, 1 Pet. 5.9); Simeon should fight and labour, if necessary to the shedding of his blood.[23] In 1082, Archbishop Herveus of Capua and other bishops who had not consented to Prince Jordan when he defected to King Henry IV of Germany were congratulated by Gregory because they had been found worthy to suffer enmities, hatred and insults for vindicating the integrity and endurance of the Christian religion. As an example to others, the worthiest of the bishops would persevere with fortitude in the midst of the ungodly; they would undoubtedly receive from the Lord a better crown for their valour and a triumph to recognize their glory.[24]

It is not surprising that kings and princes, to whom Gregory looked for obedience and for the implementation of his apostolic purposes, should also upon occasion have been encouraged by him in service that might culminate in injury and death. Early in 1079, during the contest in Germany between the rival kings Henry IV and Rudolf of Swabia, Gregory reminded the latter and his clerical and lay followers in Saxony of St Paul's saying that no one can be crowned unless he strives lawfully (2 Tim. 2.5). They should defend Christian truth and the liberty of their race by a labour that would very soon have an end; rising superior to their misfortunes, they should zealously set themselves and their bodies as a wall for the house of God (cf. Ezek. 13.5).[25] Soon afterwards, Gregory reminded King Harold Hein of Denmark of the wicked men and members of the devil who

---

20 *Reg*. 2.5, pp. 132–33.

21 *Reg*. 9.24, pp. 605–06.

22 *Reg*. 7.20, 9.35, pp. 496, 624.

23 *Reg*. 3.18, p. 284.

24 *Reg*. 9.16, p. 609.

25 *Epp. vag*. no. 26, pp. 66–69. It was perhaps in the light of such papal language that, after Rudolf was killed in battle in 1080, the inscription on his tomb in Merseburg cathedral ended with the words "Qua vicere sui, ruit hic sacra victima belli: mors sibi vita fuit; ecclesiae cecidit:" H. E. J. Cowdrey, *Pope Gregory VII, 1073–1085* (Oxford, 1998), p. 207.

opposed, rather than protected and honoured, the church of God in Denmark as in other lands. Not to resist such men was tantamount to denying the faith.

> Wherefore we warn and beseech that, disregarding all human hatred and envy, disregarding also, should it come to that, even death itself, you should labour to deliver, protect, foster, and safeguard her, and seize her from the jaws of marauding wolves, knowing surely that you will be able to offer no prayer and no sacrifice that is more pleasing in the eyes of the supreme Judge.[26]

Not long before, when Duke Hugh I of Burgundy became a monk at Cluny without, in Gregory's estimation, making provision for the peace and security of his subjects, Gregory indignantly reminded him how few were those who, for love of God, willingly exposed themselves to danger, resisted the wicked and did not fear to submit to death in the cause of righteousness and truth.[27]

The fewness of those who were thus of a right mind was a repeated matter for complaint in Gregory's letters; it was especially apparent among the greatest in the world.[28] He therefore looked to the general body of knights for the formation, under papal direction, of a *militia* ("service, knighthood") of St Peter and of Christ. A prime exemplar of such service, motivated by loyalty to the apostolic see, exercised unremittingly during life and completed by what could be represented as a martyr's death, was Erlembald, the knight who led the Patarenes of Milan and who was the lay counterpart of the priest Liprand; both suffered in the civil disturbances of 1075. In 1073, Gregory acclaimed Erlembald as a *strenuissimus Christi miles*, and he encouraged him in active service:

> Do you, therefore, altogether trust in the Lord and in your mother the Roman church; play the man, being strengthened in the Lord and in the power of his might (cf. 1 Cor. 16.13, Eph. 6.10), in the knowledge that the more fiercely the tempest of strife assails you, so much more agreeably, by God's agency, tranquillity will smile.[29]

At his Lent synod of 1078, Gregory virtually canonized Erlembald, together with the Roman city prefect Cencius, Gregory's faithful lay lieutenant who had also met a violent end. Having enlarged upon their deaths and miracles, the South German chronicler Berthold of Reichenau extolled Erlembald as a model of Christian knighthood:

> Let every knight of the highest King and defender of the holy faith not be slow to press ahead strongly and exultantly in Christ with Erlembald's industry and purpose, if, having accomplished his lawful strife, he would rejoice to be crowned eternally with so honourable a triumph of heavenly glory (cf. 2 Tim. 2.5, Wisd. 4.2).[30]

Such was the memory of Erlembald that Gregory sought to perpetuate.

---

26 *Reg*. 5.10, p. 363.
27 *Reg*. 6.11, p. 423.
28 *Reg*. 3.18, 7.11, 9.21, pp. 284, 474, 602; *Epp. vag*. nos. 51, 54, pp. 122–23, 132–33.
29 *Reg*. 1.25–28, pp. 41–46.
30 Berthold, *Annales*, a. 1077, *MGHS* 5:304–06.

It was, however, Gregory's plans of 1074 for a military expedition to the east that called for his most focused and eloquent summonses to the military classes of the west, greater but especially lesser, to be prepared to lay down their lives in the service of Christ. For first among Gregory's purposes was that of bringing effective aid to Christians whom the pagan race of the Seljuks was slaughtering in their thousands as though they were cattle. He called for a response from all who were prepared to defend the Christian faith. They should imitate Christ their Redeemer, who had set an example of charity: as he had laid down his life for mankind, so men should lay down their lives for their brothers. They would be fighting against the enemies of God in a warfare that distinguished the members of Christ from those of the devil:

> Therefore, dearly beloved brothers, be very strong to fight for the praise and glory which surpass all desire — you who hitherto were strong to fight for what you would neither hold on to nor possess without sorrow. For through a labour that is for a moment you can gain an eternal reward (cf. 2 Cor. 4.17).[31]

The plans of 1074, which were thus announced, came to nothing. But the motives for fighting that Gregory proposed to the knights of Christendom were repeated with increasing intensity when Gregory after 1076 called for support in his dealings with Henry IV of Germany on both sides of the Alps. These dealings, too, called for knights who would serve as members of Christ against members of the devil or of Antichrist. In the summer of 1076 at the conclusion of a letter that circulated widely to justify his excommunication of the king, Gregory appealed to his own supporters to stand fast and to be strong in the Lord, and to champion the cause of the invincible King and ever-glorious conqueror who would come to judge the quick and the dead.[32] Such appeals became more eloquent still in the 1080s, and they were addressed to Christians everywhere. In the most fervent of them, a martyr's death in the service of Christ was to be not only accepted but also desired:

> And if with divine grace helping us we would quickly and bravely destroy the ancient enemy and despise all his wiles, let us aspire not only not to avoid the persecutions that come from him and death for the sake of righteousness, but also for love of God and for the defence of the Christian religion to desire them. . . . For our master cries, "If we suffer with him, we shall also reign with him" (cf. 2 Tim. 2.12).[33]

There can be little doubt that, especially as he formulated his appeal to kings, lay princes, and knights to undertake the military service of Christ or St Peter to the point of death if necessary, and to do so for an eternal reward in causes proclaimed by the papacy, Gregory made a distinctive contribution to the themes of early crusade preaching. He probably did so the more effectively by already adding to the currency of the biblical texts which were most used in this

---

31 *Reg.* 1.49, 2.31, 37, pp. 75–76, 166, 173.

32 *Epp. vag.* no. 14, pp. 40–41.

33 *Reg.* 9.21, pp. 601–03; cf. *Epp. vag.* no. 54, pp. 130–35.

preaching. Gregory's letters in which he spoke of martyrdom were widely distributed in time throughout his pontificate and they were addressed to the clergy and laity of many lands. Some are known to have circulated widely; most of them were available at Rome for those who, like Bernold of Constance, studied Gregory's letters there.[34]

In at least one important respect, Gregory's presentation of martyrdom was distinctive: it was, for him, addressed in a largely undifferentiated way to popes, clergy and especially archbishops and bishops, kings, and knights. Indeed, it was spread through society in this descending order. Conversely, in his plans of 1074 for an eastern expedition, being accepted "pro duce ac pontifice" he must be ready to face death as the head of a military campaign. Urban II did not similarly envisage himself as a military head but wisely left military leadership with those lay magnates whom the knights regarded as their natural leaders in warfare; when Bohemond and the other crusading leaders in 1098 invited Urban to come to Antioch, he was to supply the gap left by the death of his legate Adhémar of Le Puy and to claim his rightful spiritual position in the city of which St Peter had been bishop.[35] Urban also expressly excluded monks from indiscriminate participation in the crusade.[36] He thus foreshadowed St Bernard's remark after the Cistercian abbot of Morimond, Arnold, left with the intention of travelling to the Holy Land: that land stood in need of fighting knights, not of chanting or weeping monks.[37]

In other respects, however, Gregory was the forerunner of Urban and of Bernard. According to the credible report of the *Liber pontificalis*, Gregory's plans of 1074 were in Urban's mind when he preached the Crusade twenty-one years later.[38] Importance may also be attached to the decrees in which Gregory embodied developing ideas about penance, which left secular warfare with the stigma of inevitable sinfulness but prepared the way for a warfare that was morally good because redeemed by the motives of charity and self-sacrifice in imitation of Christ. Gregory pointed towards Bernard's contrast between the *malitia* of predatory knights' accustomed warfare and the salutary *militia* which was exemplified by the Knights Templar who fought in the Holy Land to conquer or to die,[39] but which was also the acceptable service of all dedicated

---

34 Bernold, *Chronicon*, a. 1085, *MGHS* 5:444.

35 *Die Kreuzzugsbriefe aus den Jahren 1088–1100*, ed. Heinrich Hagenmeyer (Innsbruck, 1901), no. 16, pp. 164–65.

36 E.g. Urban's letter to the monks of Vallombrosa: Wilhelm Wiederhold, "Papsturkunden in Florenz," *Nachrichten von der Königl. Gesellschaft der Wissenschaften zu Göttingen, ph.-hist. Klasse* (1901), Heft 3, no. 6, pp. 313–14.

37 Bernard of Clairvaux, Ep. 359, in *Opera*, 8:305.

38 *Le Liber Pontificalis*, ed. Louis Duchesne and Cyrille Vogel, 3 vols. (Paris, 1886–1957), 2:293.

39 Bernard of Clairvaux, *De laude novae militiae* 2.3–4, in *Sancti Bernardi Opera*, 3:216–17.

crusaders.[40] He no doubt did so the more effectively because, like Urban and Bernard, he was attuned to the daily liturgical and edificatory public readings from martyrologies that impressed the glory of martyrdom upon the minds of monks and of leading clergy. How lay crusaders may have felt is, of course, a different question.[41]

---

[40] See H. E. J. Cowdrey, "Pope Gregory VII and the Bearing of Arms," in *Montjoie: Studies in Crusade History in Honour of Hans Eberhard Mayer*, ed. Benjamin Z. Kedar, Jonathan S. C. Riley-Smith, and Rudolf Hiestand (Aldershot, 1997), pp. 21–35.

[41] See H. E. J. Cowdrey, "Martyrdom and the First Crusade," in *Crusade and Settlement*, ed. Peter W. Edbury (Cardiff, 1985), pp. 46–56.

The Fall of Antioch during the First Crusade

John France

The capture of Antioch on the night of 2–3 June 1098 was an event of the highest importance for the First Crusade. The crusaders had been besieging the city since October 1997, enduring terrible hardships. During these months there was continual fighting in the immediate environs of the city. This periodically spilled over into the whole surrounding region, partly because of the problem of feeding such a large army. This was greatly ameliorated by supply of food through Byzantine Cyprus, by trade with the Armenians and by the establishment of a base at Ruj in the valley of the Orontes from which Syria could be raided. Two major relief expeditions, from Damascus and Aleppo, were defeated in battle. This was war on a scale hardly known in western Europe in the eleventh century, where urban development was extremely limited, but entirely commensurate with the objective of seizing one of the great cities of the Near East. A fair standard of comparison would be Barbarossa's siege of Milan, which was begun in May 1161 and brought to a successful end only in March 1162: this set-piece siege was itself the culmination of a campaign which extended back to 1159 and involved the siege of Crema (July 1159–January1160) and the battle of Carcano (9 August 1160). This capture of the Antioch was not decisive because Kerbogah's great relief army arrived the very next day and because until its defeat on 28 June the crusaders' hold on the city was provisional. But the fall of Antioch was a great victory, while the manner of it threatened to divide the leaders and to separate them from their ally, the Emperor Alexius Comnenus.[1]

The story of the capture of Antioch on the night of 2–3 June 1098 is one of the most dramatic in crusading history. As the Anonymous author of the Gesta Francorum tells it, Bohemond had persuaded the guardian of a group of towers, Firuz, to betray his section of the wall. He then approached the other leaders and suggested that whoever found a way into the city should be allowed to hold it after its fall. The leaders indignantly rejected this idea, "we will all share it alike; as we have had equal toil, so let us have equal honour." However, when news arrived of the approach of Kerbogah's relief army, they had little choice but to agree to Bohemond's offer. A plan was devised to lull the garrison of Antioch into complacency; major Frankish forces marched south-east in full view of the city, as

[1] For an account of the siege of Antioch see John France, *Victory in the East: a Military History of the First Crusade* (Cambridge, 1994), pp. 197–296; on sufferings see Jonathan Riley-Smith, *The First Crusade and the Idea of Crusading* (London, 1986), pp. 65–67; for Barbarossa's campaign in Italy see John France, *Western Warfare in the Age of the Crusades 1000–1300* (London, 1999), p. 110.

though embarking on a ravaging expedition into Syria, but turned back and approached the upper walls of the city under cover of night. After many incidents, they climbed into Firuz's towers and opened the way for the rest of the army. This is almost certainly a partial account, for, according to Albert of Aachen, Godfrey of Bouillon and Robert of Flanders led another assault further along the wall of Antioch in an effort to seize the citadel, but failed.[2]

It is interesting that the author of the *Gesta Francorum* details the reservations which the leaders felt about handing over the city to Bohemond. This was, on the face of it, a clear breach of the oath they had all made at Constantinople in the spring of 1097 to the Emperor Alexius Comnenus to hand back any former Byzantine territories which they captured. It is a mark of how well the Byzantine alliance had served the crusade that even in the desperate situation in which they found themselves, the leaders were reluctant to agree to Bohemond's demand and did so only with a very substantial reservation: that Antioch would be delivered over to the Emperor Alexius if he came to their aid. That this was a real reservation is evident, because after the victory over Kerbogah which delivered Antioch to them, they sent Hugh of Vermandois and Baldwin of Hainaut to Alexius at Constantinople and delayed their departure for Jerusalem until 1 November, which gave Alexius every opportunity to mount an imperial expedition to Antioch.[3]

It is possible that their consciences were somewhat salved by the suggestion that Bohemond in any case had come to an agreement with Alexius about the disposition of Antioch once it had been captured. In the *Gesta Francorum* we are told that at the time of the taking of the oaths at Constantinople in the spring of 1097, Alexius promised Bohemond lands "fifteen days journey in length and eight in width" in the vicinity of Antioch. This passage has been viewed with considerable scepticism by historians who have suspected that the text was doctored by Bohemond in his own interests. They do well to be suspicious, for the *Gesta* is not just the work of a simple knight. Moreover, there are indications that its text has been considerably edited and the report of the promise of Antiochene lands is clearly displaced, leading to the suggestion that it was an interpolation. However, the fact that this passage was displaced does not prove that it was an interpolation, and the textual evidence suggests that this passage was in the work from the earliest times because no manuscript tradition without it can be

---

2 Anonymous, *Gesta Francorum et aliorum Hierosolimitanorum*, ed. Rosalind Hill (Edinburgh, 1962) pp. 44–48; Albert of Aachen, *Historia Hierosolymitana* in *RHC Oc* 4:442–43; France, *Victory in the East*, pp. 262–65.

3 For the oath see Ralph-Johannes Lilie, *Byzantium and the Crusader States 1096–1204* (Oxford, 1994), pp. 8–28; France, *Victory in the East*, pp. 262, 297–98, 310–11; Jean Richard, *Histoire des Croisades* (Paris, 1996), pp. 66, 72–73.

established.[4] Moreover, this alleged promise of land near Antioch is not reported to have been used either in the discussions over the fate of the city, which took place at Antioch in November 1098, or on any other occasion. This has led historians to discount it. But there is an interesting passage in the *Historia Hierosolymitana* of Albert of Aachen bearing upon this matter. According to him, in May 1098, with Kerbogah's army known to be approaching, Bohemond informed the other leaders:

> Ciuitas Antiochia ex quo mihi promissum est quod in manu mea traderetur, iam septem transierunt menses, et sic firmata inter me et traditorem hec est conventio sub fidei illius alligatione, ut nequaquam solui aut mutari possit, quin in quacumque hora monuerim, una ex turribus que ducit in ciuitatem, et in qua idem traditor habitat, in manu mea reddatur.

This Latin in this passage is somewhat obscure, but the sentence in question seems to refer to two quite distinct matters: a promise that Bohemond should have some substantial section of Antioch made some seven months before and the negotiations with Firuz to betray the city. The suggestion that the promise had been made to him in November of 1097 makes it unlikely that it refers to negotiations with Firuz. It is much more likely to refer to arrangements with Tatikios, the imperial representative on the First Crusade. In February 1098 Tatikios granted the cities of Cilicia to Bohemond. Tatikios was Alexius's close confidant and in doing this he would have been pursuing his master's wishes. We tend to be influenced by the fact that Bohemond's seizure of Antioch opened a breach with the Byzantines, but he had done nothing before May 1098 which justifies this. Moreover, Alexius's policy was quite evidently to stay on good terms with this important leader. Anna Comnena tells us that at Constantinople Bohemond had demanded the office of Grand Domestic of the East, but had been put off in a rather equivocal way. It is possible, therefore, that Bohemond actually had some basis for his claim. This does not prove that Alexius had made any promise to Bohemond: merely it is quite likely that he claimed, with some appearance of truth, to have received some such promise. This would certainly have eased the consciences of the leaders when he demanded Antioch.[5]

---

4 *Gesta Francorum*, p. 12; August C. Krey, "A Neglected Passage in the *Gesta* and its Bearing on the Literature of the First Crusade," in *The Crusades and other Historical Essays presented to D.C. Munro*, ed. Louis J. Paetow (New York, 1928), pp. 57–79; Colin Morris, "The *Gesta Francorum* as Narrative History," *Reading Medieval Studies* 19 (1993), 55–71; John France, "The Use of the Anonymous *Gesta Francorum* in the Early Twelfth-Century Sources for the First Crusade," in *From Clermont to Jerusalem: the Crusades and Crusader Societies 1095–1500*, ed. Alan V. Murray (Turnhout, 1998), pp. 32–35.

5 Albert of Aachen, p. 399 (Dr. Susan B. Edgington is currently preparing an edition of Albert of Aachen's work for Oxford Medieval Texts and I have been privileged to have access to her text and translation, but the reference here is to the edition in *RHC Oc* 4); Anna Comnena, *The Alexiad*, trans. E.R.A.Sewter (Harmondsworth, 1969), p. 329; John France, "Anna Comnena, the Alexiad and the First Crusade," *Reading Medieval Studies* 10 (1983), 24–25 and "The Departure of Tatikios from the Army of the First Crusade," *Bulletin of the Institute of Historical Research* 44 (1971), 131–47.

The Anonymous author of the *Gesta Francorum* never explains how and when Bohemond made contact with Firuz, and gives no hint as to why the latter should have defected to the Franks at the very moment when relief was in sight. The story of the betrayal comes like a total bolt from the blue in the *Gesta* narrative, because the Anonymous, having recorded Tancred's establishment of a garrison outside the St George Gate in early April 1098, deliberately tells us that he is not going to record any more of what happened before the fall of the city. The result of this is to create a gap of over six weeks in his narrative. Such gaps in the narratives of the First Crusade are not unusual: no contemporary thought to record the date of the building of the bridge of boats in the early stages of the siege of Antioch and we have no real description of the battle against Duqaq of Damascus. Unfortunately, a number of early historians of the First Crusade virtually reproduced the text of the *Gesta Francorum*, amongst them Guibert of Nogent, Baldric of Dol, Robert the Monk and the anonymous author of the *Historia Belli Sacri*. Peter Tudebode went on the crusade, but he too made the same massive use of the Anonymous's account: these works may be collectively regarded as belonging to the *Gesta* family. In fact Tudebode, copied here by the anonymous compiler of the *Historia Belli Sacri*, partially fills in the gap: he records that the crusaders built a machine to try to break down the bridge across which the enemy were attacking — the enemy destroyed it while its operators slept — and he says that Rainald Porchet was martyred on the walls of Antioch when as a captive, he refused to apostatize. But many writers, even though themselves eyewitnesses and authors of substantial and often very different accounts, used the *Gesta Francorum*. As a result the story of the crusade as reported by the Anonymous has come to be seen as the whole story, and this curious black hole, six weeks long, has been echoed by modern historians. Albert of Aachen's account of the First Crusade is wholly independent of the *Gesta* tradition: he seems to have based it upon the recollections of crusaders who had returned to the west. However, his account of the later siege of Antioch leaves a much wider gap: he mentions nothing that happened at Antioch after the building of the Mahomerie tower in mid-March, but gives us a detailed and rather romantic account of the coming of Kerbogah's relief army which draws upon his close knowledge of events at Edessa.[6]

[6] *Gesta Francorum*, p. 44; France, *Victory in the East*, pp. 229, 237–41; Guibert of Nogent, *Dei gesta per Francos*, ed. R.B.C. Huygens, CCCM 127A (Turnhout, 1996) — see also the English translation of the *RHC Oc* edition by Robert Levine, *The Deeds of God through the Franks* (Woodbridge, 1997); Baldric of Dol, *Historia Jerosolomitana* in *RHC Oc* 4; Robert the Monk, *Historia Iherosolimitana* in *RHC Oc* 3; Peter Tudebode, *Historia de Hierosolymitano itinere*, ed. John H. and Laurita L. Hill (Paris, 1977), pp. 57–59; *Historia Belli Sacri* in *RHC Oc* 3:193–94. On the relationships between the crusader sources see Jhon France, "The use of the Anonymous *Gesta Francorum*," pp. 29–42 and on this black hole, pp. 36–37; Albert of Aachen, pp.378, 387–98. On Albert's connections with poetry and romantic stories, see Susan B. Edgington, "Albert of Aachen and the *Chansons de Geste*," in *The Crusades and their Sources: Essays presented to Bernard Hamilton*, ed. John France and Willam G. Zajac (Aldershot, 1998), pp. 23–38. On Albert and Edessa, see André A. Beaumont, "Albert of Aachen and the County of Edessa," in *The Crusades and other Historical Essays presented to D.C. Munro*, ed. Louis J. Paetow (New York, 1928), pp. 101–38.

Albert's account of the betrayal of the city is very like that of the Anonymous. He tells us, however, that a converted Turk called Bohemond, presumably identical to the godson of Bohemond of Antioch who later served as an intermediary in negotiations with Ascalon, made contact with Firuz. Albert also provides a possible context for the betrayal of the city to Bohemond because he tells us that some people had told him that Bohemond had captured Firuz's son. It is strange that so simple and direct an explanation is not reported by any other writer, but it should be noted that Albert reports it in a very tentative way: the idea is not contained in his account of Bohemond's negotiations with the other leaders, but is added in a later passage by way of an aside suggested later by unspecified persons. Bargaining with a hostage for the surrender of the city had been tried before: in February 1098, Peter-Raymond of Hautpoul captured an important enemy emir who offered betrayal of the city for his life, but the towers his family held were inaccessible, and so he was executed at the request of the Armenians whom he had persecuted. This emir may or may not be identical with the young man of high birth whom the southern French captured and, at much the same time, tried to bargain with for the betrayal of the city, executing him when the plot became known to Yaghisyan.[7]

A quite different context is provided by Guibert of Nogent. This author wrote a history of the First Crusade which is heavily based on the *Gesta*, but with the addition of other material, including much bearing on the early years of the crusader states in the Near East. It was written by 1109, but its elaborate style has never commended itself to historians, who have generally spurned its account. Just as he was finishing his work, the text of Fulcher of Chartres's history of the crusade came to his attention and served as the pretext for a long addendum. He rejects Fulcher's story that Firuz was persuaded to betray the city by a vision of God, because of what a letter of Anselm of Ribemont reports:

"Anselm makes no mention of Pyrrus, but reveals that it was betrayed by three men. According to the letter, before the three leaders engaged in serious discussions about handing over the city, they offered us a false peace, promising that they would soon thereafter give up the city. The mutual confidence that resulted was so great that they sometimes welcomed Franks within the walls of the city, and their men often mingled with ours. But when our army became less watchful and too comfortable, the Turks set ambushes and killed some Franks, and themselves suffered losses. There our men lost an excellent young man who had been constable for the King of the Franks, and his name was Gualo."[8]

This story is not mentioned by Guibert in his main account of the fall of Antioch, and it is a rather inaccurate rendition of the letter of Anselm who actually reports that enemy leaders offered a false peace and received some of the crusaders into the city then slew Gualo the Constable, but does not say that these leaders (number unspecified) were the same as the three men who betrayed the

---

7 Albert of Aachen, pp. 399–400; *Historia Belli Sacri*, p. 189.

8 Guibert of Nogent, pp. 8–9, 51–56 (Levine, pp. 2–5).

city. The death of Gualo is confirmed by another source, Robert the Monk, who used the Gesta extensively and wrote in the early twelfth century. Robert says that Gualo was lured to his death in Antioch by false promises of a surrender of the city: then, rather typically, there follows a romantic passage about the lamentations of Gualo's wife. There is no indication that Robert used either Guibert or Anselm's letter.[9]

Albert of Aachen makes no mention of a peace in May 1098. He reports that Gualo died in the great battle against Kerbogah, as does the *Chanson d'Antioche*; Albert is known to have drawn upon an early version of this great poem. It is interesting, however, that the *Chanson* does say that there was a peace, and indeed portrays this as the context of the accord between Bohemond and the betrayer of the city. It should be added that this poem suggests that there was a series of truces during the siege. Gilo of Paris, however, tells much the same story of Gualo treacherously killed during a truce as Robert the Monk, although apparently he did not use Robert.[10]

The authority of Anselm of Ribemont must surely be accepted for this story of a peace between the crusaders and the citizens of Antioch. It is a great pity he is very brief on the subject, but his statement is corroborated to a quite considerable degree, as we have noted. His passage seems to indicate a fairly tentative series of negotiations abruptly terminated by treachery. The extent of this truce is not really indicated by any authority, and the period of forty days of the *Chanson* seems somewhat stereotyped. Robert of Rheims wrote that this incident interrupted Bohemond's negotiations with Firuz, but that these were resumed and brought to a successful conclusion. It is puzzling that Firuz should have betrayed the city at the very moment when a relief army was known to be coming. However, it was of the nature of medieval armies that they were not monoliths, and the interests of individuals did not always coincide with those of commanders or a supposed public good. The case of the captured emir whose family were prepared to betray the city for his life makes the point. Both the Anonymous and Raymond of Aguilers say Firuz was a Turk, while Bar-Hebraeus describes him as a Persian. Ralph of Caen describes him as a rich Armenian whose wealth had been confiscated by Yaghisiyan and adds the circumstantial point that although he held towers on the side of Antioch away from Bohemond it was with him that he made contact because of his reputation. The *Damascus Chronicle* and Kamal ad-Din say he was an armourer, and the latter adds that he

---

[9] Guibert of Nogent, pp. 200–05 (Levine, pp. 90–92); Heinrich Hagenmeyer, *Die Kreuzzugsbriefe aus den Jahren 1088–1100* (Innsbruck,1902), p. 159; Robert the Monk, pp. 794–95. On Gualo or Walo see Jonathan Riley-Smith, *The First Crusaders 1095–1131* (Cambridge, 1997), pp. 88, 224.

[10] Albert of Aachen, p. 422; Suzanne Duparc-Quioc, ed., *La Chanson d'Antioche*, 2 vols. (Paris, 1977–78), 1:288–91 (vv. 5689–773) — and see also, as an example of a truce, pp.221–22 (vv. 4119–51); Edgington, "Albert of Aachen and the *Chansons de Geste*," pp. 23–38; Gilo of Paris, *Historia Vie Hierosolimitane*, ed. Christopher W. Grocock and Elizabeth Siberry (Oxford, 1997), pp. lx, 126–27.

was accused of hoarding by Yaghisiyan.[11] For a person who had incurred the enmity of his overlord, the approach of a relief army would be nothing less than a disaster. The suggestion here is that he used the opportunity of a temporary cessation of hostilities to open discussions with Bohemond.

The context of the capture of Antioch, therefore, was of frequent contact between the crusaders and the citizens which produced a truce of some sort in May 1098. If news of a relief army was in the air this might well have taken the form of the kind of arrangement so common in the west, by which the besieged promised to surrender if no help arrived within a specified time. If this did happen it would help explain a curious circumstance; that although Kerbogah began his siege of Edessa on 4 May, the crusaders made no serious military preparations until 21 May.[12]

A truce of this kind would not be altogether surprising: crusading posits a very direct confrontation between the orthodox believer and his enemy, and this was undoubtedly the logic of Urban II's expedition. But those who went on the First Crusade were not theorists, and while they may have had a great belief in their own righteousness, they were essentially pragmatic in their approach to achieving their ends. The arrangements with the Fatimids of Egypt were a major factor in the success of the First Crusade and have been much discussed recently: it was on the advice of Alexius that the crusader leaders assembled at Nicaea sent envoys to Egypt. The result was some kind of understanding between the crusade and the Egyptians, reached in February/March 1098, which had immense influence on the course of events and enormously assisted in the capture of Jerusalem in 1099: Stephen of Blois said peace and concord were then established and Anselm spoke of an agreement. At the very same time that the idea of an Egyptian alliance was mooted at Nicaea Stephen of Blois wrote to his wife and concluded by remarking that Antioch might not resist the Franks: this perhaps reflected knowledge of the polyglot population of Antioch which the chroniclers remarked upon. Albert of Aachen notes that by the time of his death at the start of the second siege of Antioch, Roger of Barneville was well-known and trusted by both sides as an intermediary between the crusaders and their enemies, notably in prisoner exchanges and the arrangement of truces. The march from Antioch to Jerusalem in 1099 was marked by frequent arrangements

---

11 *Gesta Francorum*, p. 44; Raymond of Aguilers, *Liber*, ed. John H. and Laurita L. Hill (Paris, 1969) p. 64; Bar-Hebraeus, *The Chronography of Gregory Abû'l Faraj, the son of Aaron, the Hebrew Physician commonly known as Bar-Hebraeus, being the First Part of his Political History of the World*, ed. Ernest A. Wallis Budge, 2 vols. (London, 1932, repr. 1976), 2:234; Ralph of Caen, *Gesta Tancredi* in *RHC Oc* 3:651–52; Ibn al-Qalanisi, *The Damascus Chronicle of the Crusades*, trans. Hamilton A.R. Gibb (London, 1932, repr. 1967), p.45; Kamal ad-Din, *Chronicle of Aleppo* in *RHC Or* 3:580.

12 France, *Victory in the East*, pp. 258–60.

with enemy cities and even during the siege of Antioch crusaders were received peacefully in Muslim cities.[13]

If the spirit of *jihad* amongst the Muslim cities was somewhat attenuated at this time, the fanaticism of crusade was somewhat more episodic than any simple view of crusader motivation would suggest. Bohemond's ambition and Baldwin's naked acquisitiveness were never deplored and were even applauded. Practicality made it difficult for the army to take a simple and unequivocally hostile view of its Islamic enemies. Even during the bitter siege of Antioch, there were relations between the two sides and at times the conventions of war were respected. Later, when accounts came to be written, it might have seemed inappropriate to recall such accomodations, but it would appear that one such provided opportunity for the betrayal of the city.[14]

---

[13] Lilie, *Byzantium and the Crusader States*, pp. 57–59; Jean Flori, *La première croisade: l'Occident Chrétien contre l'Islam* (Paris, 1992), pp. 87–88; Michael A. Köhler, *Allianzen und Verträge zwischen fränkischen und islamischen Herrschern im Vorderen Orient* (Berlin, 1991). The Fatimids seem to have regarded the crusaders as allies against the Seljuks and were totally surprised by their attack on Jerusalem in 1099, on which see France, *Victory in the East*, pp. 325–27; Hagenmeyer, *Kreuzzugsbriefe*, pp. 140, 156, 160; *Gesta Francorum*, p. 29; Albert of Aachen, p. 408. Raymond of Aguilers (pp. 103, 113–14, 135) refers to arrangements with Shaizar, Homs, Tripoli, Acre, Caesarea and on p. 119 to a crusader who went to Tripoli for food during the siege of Antioch.

[14] On crusader motivation see especially Riley-Smith, *First Crusade*, pp. 31–57; Flori, *La première croisade*, pp. 223–29; and France, *Victory in the East*, pp. 1–25. On the decline of the *jihad* at the time of the First Crusade, see Emmanuel Sivan, *L'Islam et la croisade: idéologie et propagande dans les réactions musulmanes aux Croisades* (Paris, 1968), pp. 18–20, 24–30.

"Water, water everywhere, Nor any drop to drink."[1] Water Supplies for the Fleets of the First Crusade

John H. Pryor

The First Crusade was preached by legates of Urban II in Genoa, and probably in Pisa and Venice also. All three Italian maritime republics responded, together with those who undertook the march overland to Jerusalem. Moreover, there were significant, if mysterious, fleets which sailed from Northern Europe via the Straits of Gibraltar to participate in the struggle.[2]

The evidence suggests that the logistics involved in these expeditions were formidable. To some degree at least armies could live off the land in hostile territory, but naval forces had to provide for water and provisions in advance or ensure that they could obtain them en route. Water, in particular, was a precious commodity in many parts of the Mediterranean during summer. Few ports were on large rivers and many had no river and were dependent upon wells. Moving into waters off enemy shores deprived fleets of water unless they could take it by force, which was usually not easy to do since most coastal water sources were incorporated into fortified habitations. "Foraging" for water from small streams in deserted coves or wells in isolated villages taken over by force might be possible for small flotillas, but such sources would be inadequate for large fleets.

Raymond of Aguilers reported that when the armies moved south from Antioch, a decision was taken to abandon the inland route to Jerusalem via the Orontes, the

---

1 Coleridge, *The Rime of the Ancient Mariner*.

2 John France, "The First Crusade as a Naval Enterprise," *Mariner's Mirror* 83 (1997), 389–97; Charles W. David, *Robert Curthose, Duke of Normandy* (Cambridge Mass., 1920), pp. 230–44; John France, *Victory in the East: A Military History of the First Crusade* (Cambridge, 1994), pp. 209–20; Steven Runciman, *A History of the Crusades* 1: *The First Crusade and the Foundation of the Kingdom of Jerusalem* (Harmondsworth, 1965 [1951]), pp. 219–35. The unpublished Oxford thesis of S. M. Foster, *Some Aspects of Maritime Activity and the Use of Sea Power in Relation to the Crusading States, 1096–1169* (1978), contains an exhaustive analysis of the western sources but demonstrates a complete lack of understanding of the technological, logistical, tactical and other aspects of medieval naval warfare. The northern fleets were most probably composed of ships of the type of the Scandinavian *knörr* and the English *buss,* itself developed from the *knörr,* both of which were primarily sailing transport ships, not oared warships. *Knörrs* carried some oars but these were used only in emergencies or for manoeuvring into and out of harbour. Such ships were not built for battle. The fleet of the "pirate" Guynemer of Boulogne may have included some warships of the Norse longship type, but there is no evidence one way or the other. There is too little evidence for the composition of the northern fleets and how they made their way to the Levant to include them here.

Litani, and the Jordan and to strike for the coast through the Beqaa valley to Tripoli so that they could be supplied from the sea. The ships did go as far south as ʿArqah, but because there was no port there, they were then forced to withdraw to Latakia and Tortosa, which had been abandoned by the Muslims.[3] Beyond Tripoli the crusaders were advised to follow the coastal route south by local Christians. William of Tyre wrote that this was so that the ships could assist the armies as they advanced.[4]

However, this did not happen! South of Tripoli all mention of the ships ceases. Why, apparently, did none of them accompany the crusaders on their march to Arsuf, from where they turned inland? Only after the siege of Jerusalem had begun did a small flotilla of six ships put in on 17 June to Jaffa, again abandoned by the Muslims. Two of the six were Genoese galleys commanded by William and Primo Embriaco,[5] and the other four were also probably Genoese. They were blockaded by an Egyptian squadron but one ship was away in search of plunder and when it saw the others surrounded it sailed for Latakia using both oars and sails.[6] Since it had oars, this ship was a galley and, since the ships of the Embriachi were also galleys, it is most probable that all six were Genoese galleys. Their arrival came unexpected to the crusaders besieging Jerusalem, who welcomed them with euphoria. Why was this so?

In August 1122 Venice sent a new crusade to the East,[7] for which the primary source is Fulcher of Chartres, an eye-witness to the crusade and foundation of the crusader states, familiar with the ways in which crusaders, pilgrims, and settlers arrived by sea during the Latin settlement. He described the fleet's voyage as follows:

> Who [the Venetians], having left their own land the year before, wintered on the island called Corfu, awaiting a favourable season. Their fleet was of 120 ships, not counting small boats or skiffs, of which [ships] some were beaked (*rostratae*) [i.e., galleys], some indeed were transport ships, and some were triremes [also galleys]. ... After the routes were opened to ships in the spring season, they did not delay in fulfilling what they had long vowed to God. ... In which [ships] were 15,000 armed men, Venetians as well as the pilgrims [crusaders] joined to them. In addition they conveyed 300 horses with them. ... And since it was necessary that they proceed together and not scatteredly, and because the winds also veered from time to time, they carefully controlled their voyage lest they quickly become separated from each other. Therefore, sailing by short stages, by day and

---

3 Raymond of Aguilers, *Liber*, ed. John H. and Laurita L. Hill (Paris, 1969), pp. 105, 108.

4 Raymond of Aguilers, pp. 111–12; WT 7.21, p. 371: "... et navium suarum, que proficiscentem subsequebantur exercitum, eis solatium non deesset."

5 Caffaro de Caschifellone, *De liberatione civitatum Orientis,* in *Annali genovesi di Caffaro e de' suoi continuatori dal MXCIX al* CCXCIII, ed. Luigi T. Belgrano and Cesare Imperiale di Sant' Angelo, 5 vols (Genoa, 1890–1929); here 1:110.

6 Raymond of Aguilers, pp. 141–42. Cf. WT 8.9, pp. 398–99.

7 Jonathan Riley-Smith, "The Venetian Crusade of 1122–1124," in Gabriella Airaldi and Benjamin Z. Kedar, eds., *I Comuni Italiani nel Regno Crociato di Gerusalemme* (Genoa, 1986), pp. 337–50.

not by night, by necessity they put in daily at the ports which they found frequently, lest both they and their horses, suffering lack of fresh water, be oppressed by thirst.[8]

The fleet was numbered by William of Tyre at forty galleys, twenty-eight large *gati*, and four large supply ships.[9] It left Corfu in late March and arrived off the Holy Land in early June 1123,[10] having taken more than two months. Even by the coastal routes which galley fleets followed, the voyage was only around 1400 miles. Its continuous cruising speed was a maximum of around 0.85 knots. Given that it was the best season and the prevailing winds should have been favourable, that was very slow. Later data suggest that a continuous cruising speed of around 1.5–2.0 knots was possible by the turn of the twelfth and thirteenth centuries.[11] Almost certainly Fulcher was right and the Venetians sailed only by day whenever possible and made port to water wherever possible.

No rivers anywhere en route were large enough for fleets to sail up them beyond the salt-water zone so that they could water by lowering buckets overboard. Fleets were dependent on ports for water but in the early twelfth century most of these were merely sheltered roadsteads and developed port facilities were few and far between. There is no evidence that any had docks capable of receiving seventy-two ships or more. A fleet as large as this would have had to anchor offshore or, at best, come in by turns in small numbers to whatever docks existed. Moreover, no ports would have had reticulated water supplies fed to any docks that did exist.[12]

---

8 FC, pp. 656–58: "qui [Veneticil anno precedenti de terra sua egressi, in insula, quae *Curpho* nuncupatur, tempus exspectantes opportunum hiemaverunt. classis quippe eorum CXX navium fuit, exceptis carinis et carabis, quarum aliae rostratae aliae quidem onerarie, aliae vero triremes fuerunt. ... Igitur postquam verno tempore patescunt viae ratibus, quod Deo diu devoverant explere non torpuerunt. ... quibus ter quina hominum armatorum milia tam de Veneticis quam peregrinis sibi adiunctis inerant. porro equos secum CCCos convehebant. ... et quia necesse erat, ut simul nec sparsim incederent, flabris etiam interdum alternantibus, nisi provide iter suum modificarent, aliis ab aliis cito discreparent, propterea dietis brevibus die non nocte velificantes, portibus frequenter inventis necessario cotidie applicabant, ne recentis aquae penuriam patientes tam ipsi quam eorum equi siti gravarentur." This text is as given in Hagenmeyer's notes for the manuscripts of the first redaction completed in 1124, not as printed in his text from those of the second redaction. There is a significant variant in the last sentence as printed from the manuscripts of the second redaction of *diebus* (which makes much less sense) for *dietis*.

9 WT 12.22, p. 573. *Gati* were emulated from the Muslim *qit'a (pl. aqtâ'),* itself derived from the Greek *akatos* or *akation,* Latin *actuaria,* for a small merchant galley. However, in western sources the word was invariably associated with galleys larger than the norm. John H. Pryor, "From dromon to galea: Mediterranean Bireme Galleys AD 500–1300," in Robert Gardiner and John Morrison, eds., *The Age of the Galley: Mediterranean Oared Vessels since Pre-Classical Times* (London, 1995), pp. 101–16, here pp. 107–09.

10 The sailing season, to which Fulcher referred by "when the routes were open," normally opened in the last two weeks of March.

11 John H. Pryor, *Geography, Technology, and War: Studies in the Maritime History of the Mediterranean 649–1571* (Cambridge, 1988), pp. 12–24, 73–75.

12 The earliest attempt to do this known to me was Genoa's building of an aqueduct along her quays during the thirteenth century.

Water would have had to be loaded by bucket from wells or streams into portable barrels and then transported by men, carts or boats to the ships to fill their casks. Watering a large fleet in this way would have been laborious and time-consuming.

Little is known of western galleys at the time of the crusade. They may still have been monoremes, as tenth-century Byzantine γαλεαι had been, or they may already have been biremes, as they were by the later twelfth century.[13] Evidence for crews comes from over 150 years either side of *c*.1100. Tenth-century Byzantine δρόμωνες had 100–108 oarsmen, as did galleys of the Kingdom of Sicily in the 1270s. The latter also carried officers, sailors, and marines, taking their crews to around 150. Only one piece of data refers to crews at the time of the First Crusade. Caffaro wrote that a second Genoese fleet in 1100 consisted of twenty-six galleys and either four or six sailing ships (*naves*), and that booty was divided among 8,000 men.[14] Assuming 150 men for each galley makes 3,900; the remaining 4,100 have to be assigned to the four or six sailing ships. Assuming six would make around 685 men per sailing ship. This is reasonable. Large ships could carry crews and passenger loads of this order.

Caffaro wrote that Urban II sent legates to Genoa, presumably during spring 1096. A very small fleet of only twelve war galleys and a transport galley (*sandanum*) left in July 1097 and arrived at Saint Simeon around 20 November.[15] Leaving in midsummer, the fleet barely made it before winter set in. The voyage of around 2,150 miles took some four months: a continuous speed of a mere 0.70 knots, even slower than that of the Venetians in 1123. These twelve Genoese galleys were the only crusader war galleys in the east until the arrival of the Pisans. There is no evidence that any northern ships were longships capable of engaging in battle.

Bernardo Maragone reported that the Pisan fleet was a massive 120 ships.[16] Even if this was an exaggeration, it was obviously large. But it did not set out until the year before the Feast of the Annunciation 1099, some time between 25 March 1098 and 24 March 1099. According to Anna Comnena it raided Corfu, Levkas, Cephalonia, and Zante en route. Maragone confirmed this for Levkas and Cephalonia with the curious explanation that they were "wont to obstruct the journey to Jerusalem."[17] There is no other evidence that Byzantine authorities in the Ionian islands were impeding western shipping, so why did the Pisans act against them so hostilely?

---

[13] Evidence for the early development of western galleys is discussed in chapter 5 ("The triumph of the *galea")* of my forthcoming book (with Elizabeth Jeffreys), *The δρόμων: Terminology and Reality.*

[14] Caffaro, *Annales Januenses, in Annali genovesi di Caffaro*, pp. 5, 13; idem, *De liberatione civitatum Orientis*, in *Annali genovesi di Caffaro*., p.112.

[15] Caffaro, *De liberatione civitatum Orientis*, pp. 101–02; Raymond of Aguilers, p.49.

[16] Bernardo Maragone, *Annales Pisani,* ed. M. L. Gentile in *RIS NS* 6.2 (Bologna, 1930), p. 7.

[17] Anna Comnena, *Alexiad,* ed. Bernard Leib, 3 vols. (1937-45), 3:41-5; Bernardo Maragone, p. 7.

They had reached the east by late summer 1099 since at that time they joined Bohemond in attacking the Byzantines in Latakia.[18] Anna Comnena also wrote that when news of their depredations reached him, Alexios I put a fleet together under the command of Tatikios and Landulph, a western corsair in his service. They left in April and won a victory off Lycia some time later. Even if the Pisans had sailed from Italy as soon as the sailing season opened in March 1099, there is no way that by April they could have reached and attacked the Ionian islands or that the news could have reached Constantinople, Alexios could have assembled a fleet and it could have left in search of them. The Pisans must have sailed in the summer of 1098 intending to winter en route, presumably in the Ionian islands. The clashes there must have been a consequence of the authorities refusing them permission to do so. Counting on wintering but not having obtained permission in advance, they would have been able neither to go on nor to go back because of the onset of winter and for lack of provisions.[19]

The Anonymous of the Lido was clear that the Venetians sailed in autumn 1099 and went to Zara and then on to Rhodes, where they wintered. They stayed there from 28 October to 27 May next year, eventually reaching Jaffa sometime before 24 June 1100, when they made an agreement with Godfrey of Bouillon to serve with the Franks until 15 August.[20]

Only the small Genoese fleet attempted the voyage east in a single sailing season and it just barely made it. The larger Pisan and Venetian fleets left in the autumn, intending to winter en route despite the considerable expense that would have involved. They apparently did not consider it possible for their fleets to make the voyage in one sailing season. Why not?

Estimates of the amount of water crews required have recently been revised upwards dramatically. During sea trials of the reconstructed Greek trireme *Olympias*, oarsmen needed a litre per hour, just for drinking, to prevent dehydration.[21] More would have been needed for the soupy stew of salt meat and legumes that was the staple diet of medieval crews.

The requirement can be lowered somewhat because the First Crusade fleets would have had the prevailing NW–NE winds astern or on the port beam and

---

[18] Albert of Aachen, *Historia Hierosolymitana* in *RHC Oc* 4:500.

[19] Either that or they did have prior permission to winter over but the size of their fleet was unexpected and strained the limited resources of the islands beyond their capacity.

[20] *Monachi anonymi Littorensis historia* in *RHC Oc* 5:254-72. Neither the Anonymous nor any other contemporary source specified the size of the Venetian fleet, although Albert of Aachen (p. 519) did say that it was *copiosus*. It was later numbered by Andrea Dandolo at 200 ships, which was no doubt an exaggeration. See Andrea Dandolo, *Chronica per extensum descripta aa. 46-1280 d. C.*, ed. E. Pastorello in *RIS NS* 12.1 (Bologna, 1938), pp. 221-23. Nevertheless, from consideration of the Venetians' actions in the Holy Land, especially their participation in the capture of Haifa, it is clear that the fleet was of a considerable size.

[21] Boris Rankov, "Reconstructing the Past: The Operation of the Trireme Reconstruction *Olympias* in the Light of Historical Sources," *Mariner's Mirror* 80 (1994), 131–46, here p. 138.

should have been able to use their sails, at least sometimes. Oarsmen's water requirement would be greatly reduced when not rowing. The galleys would not need to water so often or could reduce the quantity taken aboard each time, thus making the task less time-consuming.

That being said, a contract of 1318 between Marseilles and Louis of Clermont for a projected crusade specified 3.75 *millayrole* (238 litres) of water per man for sixty days: four litres per day.[22] This was for passengers, so that must have been a minimum. Around eight litres per day for galley crews is increasingly supported by a range of evidence from antiquity to the seventeenth century.[23] As a conservative estimate, the 150 men of galleys of the First Crusade would have needed around 1,200 litres of water per day: 1.20 tonnes.

Storage of water was not a problem but its weight was. Thirteenth-century Sicilian galleys had only around 50 cm freeboard amidships and a tonne of water would sink them by a centimetre or so. No more than a quarter or so of their forty tonnes of deadweight tonnage could have been used for water because of the weight of the crews, food, armaments, equipment, spare gear and myriad other essentials required. Later evidence from Genoa suggests that war galleys carried between four and eight tonnes of water. An inventory for a galley of Simone Leccavello in 1351 mentioned fifty-four water casks (*barili* = 79.5 litres): 4.3 tonnes. Three other inventories mention seventy casks (5.55 tonnes), seventy-two casks (5.7 tonnes), and forty-eight casks (3.8 tonnes). The highest figure known is for ten galleys of a fleet equipped at Savona in 1476 carrying 99.8 casks each: 7.9 tonnes.[24]

Making a generous assumption, the smaller galleys of the time of the crusade could carry up to 7.5 tonnes of water, of which around six tonnes may have been actual water. The rest would have been the weight of the barrels themselves.[25] This would last around five days at 1,200 litres per day. Beyond that they would be "out of fuel"! A cruising speed of two knots, which the evidence suggests was at the high end of the spectrum, gives a cruising range for galley fleets for five days

---

22 A. de Boislisle, "Projet de croisade du premier duc de Bourbon (1316–1333)," *Annuaire-Bulletin de la Société de l'histoire de France* 9 (1872), 231-38, 246–55; here pp. 253–54.

23 Earlier estimates of water requirements, as low as four pints (2.25 litres) per day, are now regarded as hopelessly conservative. See A. W. Sleeswyk and Fik Meijer, "The Water Supply of the Argo and other Cared Ships," *Mariner's Mirror* 84 (1998), 131–38; here pp. 133–35; John Dotson, "Economics and Logistics of Galley Warfare," in Morrison, ed., *The Age of the Galley*, pp. 217–23; Pryor, *Geography, Technology, and War*, pp. 75–85; idem, "From dromon to galea," p. 114; idem, "Geographical Conditions of Galley Navigation," p. 210.

24 Pryor, *Geography, Technology, and War*, pp. 77–79.

25 The weight of the barrels themselves would add another quarter of the weight of the water. Traditional oak wine barrels weigh between 50 and 65 kg for 225 litres capacity.

of around 250 miles.[26] Of course, all factors were variable. Weather and oceanographic conditions made all the difference, and human endurance, toughness and skill were also critical. But, in normal circumstances, galley fleets cannot have ranged much more than around 250 miles without watering.

Even the small Genoese fleet of 1097 would need to load around 80 tonnes of water each time it watered every five days or so. This would have to be loaded by manpower from wells or streams into portable barrels, transported by boats or carts to the fleet, and then emptied into the water casks in the holds.

No doubt there was an ergonomic optimum size for portable barrels. If too large, they would become difficult to manage when full and the watering would be slowed. If too small, more trips would be needed than necessary. It is tempting to associate an optimum size with barrels of the size of the Genoese *quartarolo* (39.75 litres) or the Neapolitan *barile* (43.625 litres). Barrels much bigger than forty litres would be too heavy and large to be handled by a single man in any case. Forty litres would weigh 40 kg (88 lbs), plus around 18 kg for the weight of the barrel[27], and, if 50 centimetres high, would be approximately a metre in circumference. A man could not get his arms around anything much bigger than that to lift it.

With portable barrels of forty litres, watering the thirteen Genoese galleys of 1097 would have needed around 2,000 barrel-manlifts. Admittedly, there were many men in the crews but that would only be useful if there was a large water source. Only one barrel at a time can be filled from a well. If William of Tyre was right about the number of galleys and *gati* in the Venetian fleet of 1122, it would have needed at least eighty-two tonnes of water *per day* for the men alone. A full water supply of over 410 tonnes would have needed some 10,250 man-barrel lifts to load.

Then there is the problem of wells. How big were well buckets? Again there would have been an ergonomic optimum. The bigger and heavier the full bucket, the more men needed, or the longer the time taken, to raise it by rope and windlass and empty it. I guess that an optimum size for a bucket may have been around twenty litres. A bucket with a diameter of 28 cm and a height of 32 cm would have a capacity of 19.7 litres and its size seems to be about right. If so, the number of well lifts required would be double that of the barrel lifts. How long would 20,500 well lifts take?

These figures are no more than educated guesses. However, they could be varied considerably without affecting the obvious conclusion: watering galley fleets must have been extremely time consuming and this helps explain why the voyages took so long. It also helps explain why the small Genoese fleet could

---

26 See Pryor, *Geography, Technology, and War*, pp. 71–75, 83–86. The calculations here revise dramatically those reached in 1987 on the basis of the evidence available then. Note that the data for voyage durations on which average continuous cruising speeds are calculated obviously included lay-overs by night for watering and other reasons and would have included use of sails whenever possible.

27 A traditional wine barrel of forty litres capacity weighs between 15.5 and 20 kg.

make the voyage in one season but the larger Pisan and Venetian ones could not. They would have taken much longer to water every time.

When the armies pushed on from Tripoli, the naval forces had to consider the opposition further south. Beyond Tripoli the coast was in the hands of the Fatimids and the Genoese would have known all about their navy because they had been sailing to Alexandria since the 1060s.[28] In 1099 the Fatimid navy certainly had over seventy or so warships, with fleet bases at Cairo, Alexandria, Damietta, and Tinnis. Palestinian ports such as Ascalon, Acre, Tyre and Beirut also had squadrons from time to time.[29] The force which blockaded the six ships in Jaffa came from Ascalon. The Fatimids could put to sea major battle fleets with secure supply lines back to Egypt and there is no evidence that the crusaders had more than the twelve isolated Genoese galleys to oppose them. South of Tripoli they would be hopelessly outnumbered and, equally importantly, unable to water unless they could capture a port or force an entry to a river and hold it. But they could do neither since the armies had decided to strike straight for Jerusalem, bypassing the fortified coastal ports, and the few rivers all flowed into the sea virtually under the walls of garrisoned ports: the Dog (Kalb) river near Beirut, the Litani near Tyre, the Qishon near Haifa and the Yarqon near Jaffa.

Beyond Tripoli the fleets could not accompany the armies. One is left with admiration for the Embriachi and their companions. They sailed 200 miles from the Cyprus-Tripoli line to Jaffa along an enemy-controlled coast, and in the face of vastly superior enemy forces, and gambled on finding somewhere to water. By the time they made Jaffa, they would have been beyond the limit of their range, beyond the point of no return, especially since the prevailing winds were adverse for a return. Luckily, they found Jaffa deserted, but they could not have known that when they set out. The strategic situation manifested itself when they were immediately blockaded and forced to abandon their ships. It is as though the commanders in the north realised that they could not engage the Fatimid navy off Palestine and therefore decided to try to slip a small squadron loaded with materials for the assault on Jerusalem south through the Fatimid naval lines, hoping to find somewhere to land. It was an act of great daring on the part of the Embriachi and their companions and it is no wonder that their arrival was received with such euphoria and remembered later with such gratitude!

---

28 Benjamin Z. Kedar, "Mercanti genovesi in Alessandria d'Egitto negli anni Sessanta del secolo XI," in *Miscellanea di studi storici* 2 (Genoa, 1983), pp. 19–30.

29 Ya`akov Lev, *State and Society in Fatimid Egypt* (Leiden, 1991), pp. 104–21; William J. Hamblin, "The Fatimid Navy during the Early Crusades, 1099–1124," *The American Neptune* 46 (1986), 77–83.

The Significance of a Twelfth-Century Sculptural Group: *Le Retour du Croisé*

Nurith Kenaan-Kedar and Benjamin Z. Kedar[1]

I

The medieval sculpture of an embracing couple, now in the Franciscan church of Nancy that forms part of the Musée Historique Lorrain, has been pressed into service over the past forty years to illustrate a number of historical works dealing with pilgrimage or crusading. In each book the sculpture has been identified quite differently. In 1959 Peter Bamm wrote that this stone sculpture of the twelfth century, formerly in the priory of Belval and now in l'Eglise des Cordeliers in Nancy, shows two pilgrims to Jerusalem, a husband and wife. He remarked that the couple's destination — Jerusalem — is recognizable by the cross on the man's robes and by his pouch.[2] In 1966 Wolfgang Müller-Wiener presented the sculpture as a sepulchral monument from the ruined monastery of Belval that allegedly shows Count *Hugh* of Vaudémont returning from the crusades and his spouse, Hedwig of Dagsburg, greeting him; he dated the sculpture to approximately the end of the twelfth century.[3] (As we shall see, the author erroneously presented Count Hugh's mother as his wife). In 1972 Joshua Prawer, too, regarded this "12th-century statue from the Eglise des Cordeliers in Nancy" as depicting a reunion, specifying that "the husband, lost in a crusade, returns after many years in Moslem captivity."[4] In 1977 Martin Erbstösser asserted that the tombstone of *Gerard* of Vandémont (*sic*) and his wife shows a scene from his life: the return of the crusader who had been believed dead. The theme, Erbstösser observed, "points to a mood little suggested by the official ideology of the crusades. Thousands of knights did not return [from the crusade]." (The author presents Count Gerard as the returning crusader; but, as we shall see, the hypothesis about the crusader's belated return was put forward with regard to his son Hugh).[5] In *The Atlas of the Crusades*, published in 1991,

[1] The first author is primarily responsible for the second part and the second mainly for the first.

[2] Peter Bamm, *Welten des Glaubens: Aus der Frühgeschichte des Christentums* (Munich, 1959), pp. 131–32, 354; idem, *The Kingdoms of Christ: The Story of the Early Church*, translated and adapted by Christopher Holme (London, 1961), pp. 131–32, 354.

[3] Wolfgang Müller-Wiener, *Burgen der Kreuzritter im Heiligen Land, auf Zypern und in der Ägäis* (Munich, 1966), p. 97 and plate 1; idem, *Castles of the Crusaders*, transl. J.M. Brownjohn (New York, 1966), p. 95 and plate 1.

[4] Joshua Prawer, *The World of the Crusaders* (London, 1972), illustration 66 (after p. 104); Hebrew translation (Jerusalem, 1984), pp. 154–55.

[5] Martin Erbstösser, *Die Kreuzzüge: Eine Kulturgeschichte* (Leipzig, 1977), p. 201.

the sculpture is said to present two twelfth-century pilgrims, a man and his wife.[6] In 1997, a picture of the sculpture appeared on the jacket, and was also the frontispiece, of Jonathan Riley-Smith's trailblazing study of early crusading. This time the sculpture was presented as depicting a crusader of the *early* twelfth century who is either departing or returning, and his wife as either attempting to prevent his departure or passionately welcoming him on his return. Readers were called on to note the cross, made of two-inch strips of cloth, on the crusader's chest, his pilgrim's staff and purse.[7]

These diverging references may be considered as further testimony to the tendency, common to many historians, to lavish on visual texts — in the present case, a work of art — far less attention than they do on the written sources, which they still consider to be the texts par excellence; indeed, one gets the impression that in many cases visual texts serve primarily as embellishment. But the diverging presentations of the Belval sculpture reflect also, however imprecisely, the various hypotheses put forward in the works that have specifically dealt with it over the past 270 years.

According to the presumably oldest view on record — mentioned in 1822 in a bill of expenditures on Nancy's Franciscan church and in 1837 in an official report on the historical monuments in the districts of Nancy and Toul — the sculpture depicts Gerard of Alsace, first duke of Lorraine (d. 1070), and his wife, Hadvide of Namur (d. 1072) (see Table). The author of the 1837 report, E. Grille de Beuzelin, who remarks that this opinion is commonly held, maintains however that the sculpture shows Duke Gerard's son, Count Gerard of Vaudémont, and his wife, Hadwidge of Hapsbourg.[8]

The identification Grille de Beuzelin espoused was originally propounded by Dom Augustin Calmet (1672–1757), abbot of St-Léopold of Nancy and later of Senones, a prolific writer on the history of Lorraine. In 1728 Calmet wrote — mainly on the authority of the fourteenth-century Dominican chronicler John of Bayon — that Gerard, the younger son of Duke Gerard of Lorraine, received in heritage the lands of Vaudémont, on which Emperor Henry IV in 1071 (or 1072) bestowed the status of a county so as to put an end to the strife between Gerard and his older brother, Duke Thierry of Lorraine. A young, aggressive lord, Count Gerard attacked neighbouring castles, violated churches and monasteries, and ravaged the countyside, until he made war on Duke Humbert of Burgundy, an

[6] *The Atlas of the Crusades*, ed. Jonathan Riley-Smith (New York, 1991), p. 21. Similarly, Agustín Gomez Gomez, *El Protagonismo de los otros. La imagen de los marginados en el Arte Románico* (Bilbao, 1997), p. 99.

[7] Jonathan Riley-Smith, *The First Crusaders, 1095–1131* (Cambridge, 1997), pp. iv, 11, 97. Cf. *The Oxford Illustrated History of the Crusades*, ed. Jonathan Riley-Smith (Oxford, 1995), p. 69.

[8] Bill printed in Michel François, *Histoire des comtes et du comté de Vaudémont* (Nancy, 1935), p. 355, n. 3; E. Grille de Beuzelin, *Statistique monumentale (Specimen): Rapport à M. le Ministre de l'Instruction Publique sur les monuments historiques des arrondissements de Nancy et de Toul (Département de la Meurthe)*, Collection de documents inédits sur l'histoire de France, 3e série: Archéologie (Paris, 1837), p. 27.

Table: The early counts of Vaudémont

Gerard, Duke of Lorraine = Hadvide of Namur
d. 1070 d. 1072

Thierry, Duke of Lorraine	GERARD I of VAUDÉMONT = Hadvide of Dasbourg 1071 – 1112 (or 1120)	Bertrice

HUGH I of VAUDÉMONT = Aigeline of Burgundy
1112 (or 1120)–1155

GERARD II
1155–1188

enemy of his late father. Captured and enchained, Gerard remained in prison until 1089, when Humbert agreed to free him in return for a large sum of money and the cession of a castle. Gerard emerged from his imprisonment a changed man. A saintly hermit by the name of Hugh, formerly of the abbey of Moyenmoutier, attracted his attention, and in 1107 he gave the hermit land in a valley called Belval. With Gerard's generous help Hugh established there a priory; its church was dedicated to the Holy Cross, the Virgin, and St Spinulus, whose remains had been transferred there in 1104. Gerard placed the priory under the authority of his brother Bertrice, abbot of Moyenmoutier. The church of Belval was completed and consecrated only in 1134 — that is, after Gerard's death more than a decade earlier. He and his wife, Hadvide of Dasbourg, a niece of Pope Leo IX, were buried in Belval's cloister, "and it is apparently this Prince, and the Princess his Spouse, whom one sees there represented. The Count holds the Princess in an embrace, as if bidding her farewell. His dress reaches only to the mid-calf and he holds in his right hand what looks like a pilgrim's staff, the cross is shown in relief on his chest; below hangs the traveller's purse. His hair and beard are long, the head covered by a very simple cap. The hair of the Princess is very long and braided; a kind of crown or a very small band is on her head; her lower garment reaches her feet, as does her overcoat; the sleeve of the dress is very wide." Calmet refers to the plate at the book's end, which shows a sketch of the sculpture with several distortions (see Fig. 1). The plate's caption unequivocally identifies the two as Count Gerard of Vaudémont and his spouse, Hadvide, founders of the priory of Belval, and states that the picture was drawn from their sepulchral monument, which could be formerly seen in the cloister of Belval.[9] In later years

9 Augustin Calmet, *Histoire ecclésiastique et civile de Lorraine*, 3 vols. (Nancy, 1728), 1:1110–14. Emperor Henry V's charter of 1114 for Moyenmoutier, which confirms that "cellam quae dicitur Bella-vallis cum suis appenditiis ea libertate habeant, qua comes Gerardus et uxor sua Hilwidis cum filiis suis donaverunt," is printed in vol. 1, Preuves, col. 536; excerpts from John of Bayon's crucial chapter 83 appear in vol. 2, Preuves, col. lxxvii–lxxxiii; the plate showing Gerard and Hadvide appears in vol. 3.

Calmet modified some of these statements. In 1748 he claimed that Gerard founded Belval in 1097 and was buried there in about 1120.[10] In 1756 he reverted to the view that Gerard founded Belval in 1107; dated the interment of Gerard and Hadvide in Belval's cloister to 1108; and reported that since Belval's cloister was in ruins, he, Calmet, in 1718 transferred Gerard's bones to the Benedictine abbey of St Léopold in Nancy.[11] Calmet does not say what happened to the sculpture; but since the caption in his *Histoire de Lorraine* of 1728 states that the sepulchral monument could *formerly* be seen in Belval's cloister, it stands to reason that by that date it was no longer there.

Fig. 1: The earliest sketch of the Belval sculpture: Augustin Calmet, 1728.

Grille de Beuzelin's remark suggests that by 1837 Calmet's identification had not yet displaced the older one, according to which the sculpture depicts Gerard of Alsace and Hadvide of Namur. In later years Calmet's view did prevail, though his account was not always given proper attention. Thus Grille de Beuzelin believed that the sculpture showing Gerard of Vaudémont and his young wife — the latter

[10] Augustin Calmet, *Histoire de Lorraine: Nouvelle édition*, 3 vols. (Nancy, 1745–48, repr. Paris, 1973), 2:iii; the excerpts from John of Bayon's chapter 83 appear in vol. 3: Preuves, col. ccxxxi–ccxxxviii.

[11] Augustin Calmet, *Notice de la Lorraine*, 2 vols. (Nancy, 1756; repr. Paris, 1973), 1:107–08, 2:733. In 1616 Belval was united with the Benedictine monastery of Nancy, which in 1701 became known as the abbey of St Léopold.

depicted as displaying a naïve and becoming tenderness, the like of which one seldom encounters in works of that age — was executed in the *eleventh* century and originally located at Belval, where the count was buried in 1071...In other words, he confused Count Gerard of Vaudemont with his father, Duke Gerard of Lorraine (see Table).[12] In 1851 Abbot Pierre-Étienne Guillaume reported that on 21 October 1826 the remains of Count Gerard of Vaudémont, which Calmet had brought in 1718 to St Léopold, were transferred to Nancy Cathedral, and thence to the Franciscan church; the sepulchral monument of the count and his wife, Hadwige of Dapsbourg (*sic*), was brought from Belval to Nancy's Franciscan church in 1822. Guillaume quoted Grille de Beuzelin's appraisal that the sculpture, despite a certain barbarism in its execution, is of a rather elevated style, but dispensed with his chronology, stating that Gerard of Vaudémont was interred in Belval in about 1120.[13] The plate preceding Section III of Guillaume's book shows our sculpture as part of the sepulchral monument of Gerard of Alsace, first duke of Lorraine — a further residue of the pre-Calmet view. In 1902 Christian Pfister claimed that the statue showing Count Gerard of Vaudémont and Hadwige of Dagsbourg (*sic*) was transported from Belval to Nancy in about 1818 together with five other pieces, all of which were then substantially restored by the statuary François Labroise. Pfister characterized the statue as one of the most curious specimens of twelfth-century sculpture, to be compared with that of St Odile and Etichon preserved in the cloister of Hohenbourg. Like Grille de Beuzelin, he remarked that the sculpture was barbarous, "but the posture of the persons is interesting; the artist endeavored to reveal on their faces the sentiments of their souls."[14] In 1913 Georges Durand, apparently the first to study the capitals and column bases of Belval Priory, regarded the sculpture as the funerary statue of Count Gerard and his wife, Hadvide, observing that the noses of the two figures had been restored. He also remarked on the similarity of their close embrace to that depicted on Gallo-Roman stelae, especially those of Lillebonne and Dijon.[15] Less accurately, Julius Baum in 1930 maintained, within the framework of an authoritative series, that the relief showing Gerard of Vaudémont (d. 1108) and his wife, Hedwig of Dagsburg, now in the Franciscan chapel at Nancy, originates from Gérardmer.[16] It is noteworthy that none of the above authors attempted to explain why Gerard is depicted holding a pilgrim's staff, and none made any connection whatsoever with crusading.

At the archaeological congress held in Nancy in 1933 Pierre Marot appraised the Belval sculpture as a Romanesque work of the end of the twelfth century. He

[12] Grille de Beuzelin, pp. 13, 27 n. 1, 28.

[13] Abbé [Pierre-Étienne] Guillaume, *Cordeliers et Chapelle ducale de Nancy* (Nancy, 1851), pp. 237–38, 270–71.

[14] Christian Pfister, *Histoire de Nancy*, 3 vols. (Paris-Nancy, 1903–09, repr. Paris, 1974), 1:631–32, 655, with the quotation appearing on p. 632.

[15] Georges Durand, *Églises romanes des Vosges* (Paris, 1913), pp. 42–45, 50, 55–56.

[16] Julius Baum, *Die Malerei und Plastik des Mittelalters*, vol. 2: *Deutschland, Frankreich und Britannien*, Handbuch der Kunstwissenschaft 6.2 (Potsdam, 1930), pp. 230, 233.

mentioned that it is believed to be the funerary statue of Gerard of Vaudémont (d. *c.*1120) and Hadwige of Dagsbourg; but he noted that no text proves it to be so and pointed out that the representation was very unusual and that he harbored grave reservations about its identification. Two years later Marot repeated this view in his guidebook of Nancy.[17] But neither Marot's scepticism nor later, more radical criticisms brought Calmet's hypothesis to rest. For instance, in 1942 Rita Moller-Racke — who referred also to Marot — wrote that the sculpture depicts Count Gerard of Vaudémont "who died in 1108 on a crusade" (*sic*) and his spouse; because of the sculpture's "stiffness and cubical hardening" she regarded it as a work of the later twelfth century.[18] And as recently as 1992 a booklet on Belval written by a local savant, Gaire, presents the sculpture as a tombstone depicting Count Gerard and his wife, Hedwige, and claims that in 1718 Calmet transferred both the bones and the "mausoleum" of the two to St Léopold.[19]

Calmet's identification was vigorously challenged by Michel François, author of the most detailed study of the counts of Vaudémont, which appeared first as a series of articles in 1932–34 and then in book form in 1935; five years later he presented a condensed version of his hypothesis about the Belval sculpture.[20] The work, argued François, comes from the cloister of the priory of Belval, founded in 1104 by Count Gerard, where it remained until its transfer in 1819 to the Franciscan church at Nancy.[21] Its style points to the second half of the twelfth century; therefore, if it represents Gerard and Hadwide, it was executed a long time after the count's death that occurred between 1108 and 1120. The man is recognizable as a pilgrim or crusader on account of his staff, purse and cross; the woman, who resembles the queens of Sheba of the royal portal of Chartres, is either taking leave of her husband or welcoming him on his return. YetGerard is not known to have gone on either a pilgrimage or a crusade; his son Hugh, on the other hand, went with King Louis VII in 1147 on the Second Crusade[22] and returned only sometime between 1161 and 1163; in the years between his

[17] Pierre Marot, "Nancy," *Congrès archéologique de France. XCVIe session tenue a Nancy et Verdun en 1933* (Paris, 1934), p. 31; idem, *Le vieux Nancy* (Nancy, 1935), pp. 66–67.

[18] Rita Moller-Racke, "Studien zur Bauskulptur um 1100 am Ober- und Mittelrhein," *Oberrheinische Kunst. Jahrbuch der oberrheinischen Museen* 10 (1942), 42.

[19] Abbé Gaire, curé de Portieux, *Belval* (Epinal, 1992), p. 3.

[20] Michel François, "Histoire des comtes et du comté de Vaudémont," *Mémoires de la Société d'Archéologie de Lorraine* 70 (1932), 181–408; 71 (1933), 209–354; 73 (1934), 1-137; idem, *Histoire des comtes et du comté de Vaudémont* (Nancy, 1935); *Bulletin de la Société Nationale des Antiquaires de France* 1939–1940, pp. 251–53.

[21] Whereas in the book (p. 349) François claims that the sculpture remained in the cloister of Belval until 1819, in the condensed version of 1939–40 (p. 252) he writes that it was there until the seventeenth century. As will be explained below, the sculpture remained in Belval until 1819, but not in the cloister. This explains also Calmet's above-mentioned remark in 1728 that the sculpture had been *formerly* in the cloister.

[22] Hugh's intention to go on the crusade is mentioned in a letter by Pope Eugenius III of 28 April 1147: *PL* 180:1206. His departure is attested to by Otto of Freising, *Gesta Friderici I imperatoris* in *MGHS* 20:375.

departure and return his son, Gerard II, styled himself count of Vaudémont, indicating the belief that his father was no longer alive. Count Hugh died a few years after his return, probably in 1165, and was buried at Belval; he is known to have confirmed his father's donations to the priory and to have bestowed on it donations of his own. Hence François proffered the hypothesis that the sculpture shows Count Hugh returning from the crusade in the guise of an old, poor and weary pilgrim and being reunited with his wife Anne (or Adeline) of Lorraine, who believed herself for years to be his widow. Thus, after Duke Gerard of Lorraine and his son Count Gerard of Vaudémont, the latter's heir was now presented as the male figure of the Belval sculpture. François left open the question whether the sculpture should be regarded as a gravestone in the Gallo-Roman tradition or as a piece that became part of a sepulchral monument.[23] He also quoted a letter of 1818 according to which the sculpture was always located in Belval's cloister; upon the cloister's demolition the sculpture was moved to Belval's new church, where it was overturned during the Revolution.[24] On 6 November 1819 it was placed in the Franciscan church at Nancy.[25]

The identification François proposed had considerable impact. For instance in 1958 Denise Jalabert, keeper at the Musée National des Monuments Français, unequivocally described the Belval sculpture in a catalogue as follows: "This is Count Hugh I of Vaudémont, returning — after sixteen years of absence — from the Second Crusade and meeting again his spouse, the daughter of a duke of Lorraine. He left with King Louis VII in 1147; a year later, the Lotharingian knights who had followed him returned home, saying that he had died."[26] Thus François's hypothesis hardened into fact. Günter Metken mentioned the identification with some reserve in 1964;[27] and, as we have seen, Müller-Wiener referred to it in 1966 (misrepresenting Hugh's mother as his wife), while Prawer in 1972 added that the crusader had returned after a long spell of captivity among the

---

23 François, *Histoire*, pp. 348–52; Gerard of Vaudémont's career is discussed on pp. 3–22 (the name of the duke of Burgundy who captured him is corrected to Eudes I). For Hugh's biography see pp. 23–33.

24 Letter of Gérardin, mayor of Neufchâteau, 1 November 1818, quoted by François, *Histoire*, p. 349 n. 1. (There is a discrepancy between this note and the main text, according to which the sculpture remained in the cloister until its transfer to Nancy in 1819). On the other hand, J.-F.-J. Trompette, priest of the parish of Vaudémont, wrote in a letter of 6 May 1818 that the sculpture had been brought from Vaudémont to Belval: ibid., p. 371.

25 Ibid., p. 356 with note 2.

26 Denise Jalabert, *La sculpture française*, 1 : *Haut moyen âge et époque romane* (Paris, 1958), p. 58. See also Yvonne Labande-Mailfert, "L'iconographie des laïcs dans la société religieuse aux XIe et XIIe siècles," in *I laici nella 'societas christiana' dei secoli XI e XII. Atti della terza Settimana internazionale di studio, Mendola, 21–27 agosto 1965* (Milan, 1972), p. 513 (Mme Labande knew of François's views only as summarized by René Louis [note 28 below]); eadem, "Pauvreté et paix dans l'iconographie romane (XIe–XIIe siècle)," in *Études sur l'histoire de la pauvreté*, ed. Michel Mollat (Paris, 1974), p. 328.

27 Günter Metken, *Liebe zu Lothringen. Horizonte und Hügel* (Karlsruhe, 1964), p. 31.

Muslims. In 1978 J.A. Schmoll presented the sculpture as depicting Count Hugh of Vaudémont returning from the crusade after having been presumed dead, and his wife Hedwig of Dagsburg (Müller-Wiener's mistake again!) greeting him. Schmoll points out that the gesture of embracing is noteworthy: "The couple constitutes a single block, the expression is elementary, the movement rigid." He too considers the sculpture a work of the late twelfth century.[28] Indeed, to this day the sculpture is known at the Musée Historique Lorrain in Nancy as *Le Retour du Croisé*.

The acceptance of François's hypothesis was however far from universal. Already in 1940 René Louis argued that the Belval sculpture was intended to be viewed in an upright position and therefore has nothing in common with the prone, immobile figures of Romanesque sepulchral monuments; neither is it conceivable that the intimate scene hypothesized by François was depicted on a twelfth-century sepulchral monument. Louis therefore proposed seeking a clue to the sculpture's meaning in the realm of fiction, rather than of history, and put forward the hypothesis that the sculpture depicts an episode of *Girart de Roussillon*, a chanson de geste of the late twelfth century — that is, a work pretty much contemporary with the sculpture.[29]

None of these explanations convinced Norbert Müller-Dietrich, an art historian who in 1968 dedicated a few dense pages to the Belval sculpture. He deemed Calmet's hypothesis unacceptable on chronological grounds; claimed that the three-dimensionality and subject matter preclude the possibility that the sculpture served a tomb; and remarked that if it were a stone marking a burial, one would expect to find it in the church rather than in the cloister. He rejected Louis's suggestion because the scene in the chanson — where the queen kisses Girart and Girart is talking to her — does not tie in with the scene depicted in the sculpture; nor is the woman in the sculpture dressed like the Queen of Sheba of the western portal of Chartres, as Louis — and François before him — supposed. Neither is it conceivable that the monks of Belval permitted the depiction, in their cloister, of an amorous scene from a recent piece of literature. As for François's hypothesis, Müller-Dietrich observed that the sculpture does not appear to show the husband greeting his wife, although one might claim that it shows him bidding her farewell. Also, Count Hugh's connection to Belval was limited to a few donations and he himself was buried at Toul (here Müller-Dietrich is wrong, for John of Bayon, the fourteenth-century chronicler, relates that Hugh was buried at Belval near his father),[30] and therefore it is improbable

---

28 J.A. Schmoll gen. Eisenwerth, *Die Mosel von der Quelle bis zum Rhein* (n.p., 1978), p. 20.

29 *Bulletin de la Société Nationale des Antiquaires de France*, 1939–40, pp. 268–82. For the passage Louis refers to, see *Girart de Roussillon. Chanson de geste*, ed. W. Mary Hackett (Paris, 1953), vv. 7834–55.

30 "Eo autem ab ergastulo carnis liberato, sepelitur cum fratre suo in Bella-valle." Calmet, *Histoire de Lorraine*, nouvelle édition, vol. 3, Preuves, col. ccxxxv. But Nancy, Bibliothèque Municipale, MS 537 (348), fol. 68rb, has "cum patre suo."

that the intimate scene of reunion or farewell should be represented in its cloister. Moreover, Müller-Dietrich wonders whether the fact that no deeds by Hugh from the years 1147–63 have come down to us may be taken as proof of his sojourn in the Holy Land throughout that period, and that it was a sojourn under duress. Finally, the man is depicted as a pilgrim, not as a crusader.

Müller-Dietrich's own interpretation is that both the man and the woman depicted in the sculpture are pilgrims — not to Santiago, since there is no conch in sight, nor to Jerusalem, since the cross on the man's chest does not necessarily point to the Holy Land. He believes that their goal was Belval, where the remains of St Spinulus were kept after 1104 and where many miracles were said to have taken place. The embrace between the two should be interpreted as a charitable gesture on the part of a female pilgrim toward an old and fragile male one, probably her husband. Müller-Dietrich attempts to place the sculpture in the mainstream of Romanesque art, adducing parallels to most facets of his interpretation.[31]

François's hypothesis suffered a further blow in the same year, 1968, when Georges Poull pointed out that Count Hugh figures in documents dating from 1149, 1151 and 1152, and that the act of 1163 that served as proof of his late return is a forgery. He supposed that Hugh died in 1155, the date given by John of Bayon. The name of Hugh's wife was Aigeline of Burgundy, not Anne (or Adeline) of Lorraine; in 1161 she was still alive. Hugh's son, Gerard II, is mentioned as count from 1157 onward.[32] If all these deeds — which Poull did not publish — are authentic, Hugh's belated return from the crusade may indeed be relegated to the realm of fiction.

Pierre Marot, who in the 1930s expressed, as we have seen, scepticism with regard to Calmet's view, was also doubtful in later years of François's hypothesis: "Il faut cependant reconnaître," he wrote, "que l'idée d'un tel monument commémoratif ne semble guère dans l'esprit du XIIe siècle," and concluded that "cette représentation insolite reste très mystérieuse."[33] The time has come to take a closer look at this puzzling work of art.

II

The Belval sculpture, 105×34 cm, depicts a standing couple (see Fig. 2). The man, taller than the woman, is depicted frontally. He is wearing a pilgrim's cap,

---

[31] Norbert Müller-Dietrich, *Die romanische Skulptur in Lothringen*, Kunstwissenschaftliche Studien 41 (Munich, 1968), pp. 114–19, 208.

[32] Georges Poull, *Les cahiers d'histoire, de biographie et de généalogie* 3: *La maison ducale de Lorraine* (Rupt-sur-Moselle, 1968), pp. 5–6.

[33] Pierre Marot and Jacques Choux, *Le vieux Nancy*, 4th ed. (Nancy, 1993), pp. 88, 93. The authors believe that Count Hugh died in 1154.

and his long hair falls in braids onto his shoulders. He has a full curly beard and

Fig. 2: The Belval sculpture (© Musée Historique Lorrain, Nancy / photo. G. Mangin).

moustache. On his cloak is sewn a cross, all four arms of which appear to be of equal length; a pilgrim's purse hangs beneath his surcoat. He wears a tunic reaching a little below the knees. His shoes are worn out, and rags are bound around his legs. He holds a pilgrim's staff in his right hand and with his left embraces the woman. The woman is shown in three-quarter view with her right shoulder set beneath the man's left shoulder. Her right arm embraces him while her left palm rests on the man's chest, underneath the cross, as if indicating his heart. She is wearing a long tunic and a long surcoat. Her oval-shaped head is wrapped in a kerchief, from which one long braid falls onto her shoulder and dress. The sculpture conveys an impression of intimacy. At the same time, however, the frontal stance of the male figure and his holding of the pilgrim's staff, as well as the gesture of the woman laying her hand on his chest, are ceremonial.

Who was the patron of this sculpture and what were his/her intentions when commissioning it?

Since the sculpture was originally located in Belval, a priory founded by the Vaudémonts and under their patronage, it is reasonable to assume that it is commemorative and was commissioned by one of the Vaudémont counts. The sculpture does not represent an image of a deceased couple; such couples were traditionally depicted as individual figures lying alongside each another. The Belval couple, on the contrary, is standing and embracing, and may therefore be regarded as an early example of the representation of noble founders, donors and benefactors. Such a depiction, unlike that of royal patrons, did not have a continuous pictorial tradition before the thirteenth century. By the mid-twelfth century, however, the outstanding sculptural program of the royal abbey of Andlau already provides an example of several pairs of princely donors represented on the church portal.[34] These figures are depicted in series on either side of the western portal, in low relief. Each panel in the two series comprises a man and a woman framed by a pair of columns supporting an arch on which the names of the benefactors are engraved. All the couples are shown in conversation with each other, with one exception: in this case the man is leading the woman by the hand from left to right. All the couple relationships appear formal and rigid. These benefactor reliefs are installed on the sides of the portal, but they actually form a continuation of the sculptural program of the portal's tympanum, where Adam and Eve and their expulsion from Paradise are represented in the lintel, under the image of the Majestas Domini of the tympanum. Thus the connection between Adam and Eve on the one hand and human redemption through donation to the church on the other is meaningfully connected, while clearly placing the donors in the lower part of the cosmic hierarchy.

From the beginning of the thirteenth century schemes for representing noble benefactors began to develop in both stained glass windows and sculptural programs. Some of the best-known examples are those of various donors depicted in the glass windows and in the sculptural program of the southern portal of Chartres Cathedral.[35] Peter of Dreux, his wife, Alix of Thouars; his daughter,

---

[34] E. Sommer, *Die romanischen Skulpturen der Abteikirche zu Andlau* (Andlau, 1989).

Yolande; and his son, John "le Roux," are all depicted kneeling on the lancets of the lower part of the glass window program under the rose of the southern portal. Alix of Thouars, who brought Brittany with her as her dowry, is portrayed to the left of her spouse, kneeling on the lower part of the lancet beneath the feet of the prophet Isaiah. Alix died in 1221, but her daughter, Yolande, who much later was to marry Hugh of Lusignan, is depicted as the last figure on the left of the lancet series; and John "le Roux," their youngest son, who would marry Blanche of Navarre, is depicted to the right, beneath the feet of the prophet Daniel, who is carrying St Mark on his shoulders. These images of the noble donors are characterized by their forming the lower part of the window and being subjugated to those of the prophets and apostles. The sculptural program of Naumburg Cathedral (dated *c.*1230) features the founders in six pairs in the cathedral's western choir. Whereas Peter of Dreux is represented kneeling — as are the other members of his family — in the windows of Chartres's southern facade, the sculpted pairs of the founders of Naumburg Cathedral are shown standing next to each other, looking directly at the observer.[36] In all cases the noble benefactors form part of a larger iconographical program and are installed in its lower part.

The Belval sculpture appears to be a product of the third quarter of the twelfth century. However, we do not believe it to be a Romanesque work, as was suggested in several earlier studies,[37] but that it reflects the early Gothic pictorial language of the royal abbey of St Denis, dated to the early 1140s, and of the sculptural programs of the western façade of Chartres Cathedral, dated to the late 1140s.[38] It was this pictorial language with its new formulations that made possible the creation of the Belval sculpture, and it would appear that patron and artist were aware of this new language emerging in the artistic centres connected with the royal domain of King Louis VII of France, as well as with the Second Crusade.[39] Awareness of the new pictorial forms, and their adaptation, was not peculiar to Lorraine but could be found in other princely territories such as Anjou and Burgundy.[40] The features and proportions of the Belval male figure demonstrate a close relationship to the figures of the Twenty-four Elders of the Apocalypse on the archivolt of the central portal of the western façade at St Denis. As is the case with some of these figures, the cap of the Belval pilgrim, too, is set high, showing his long hair lying along the sides of his face; also, the drape of his habit reveals a surface texture similar in style to that of the Elders.[41] Furthermore, the facial type, the modeling of the eyes, and the beard and moustache of the Belval male figure demonstrate great similarities with the figure of Joseph on the

[35] Emile Mâle, *Notre-Dame de Chartres* (Paris, 1948), pp. 70–74.

[36] Willibald Sauerländer, *Gothic Sculpture in France (1145–1275)* (London, 1972), Fig. 109.

[37] See notes 17, 25, 30 above.

[38] Sauerländer, *Gothic Sculpture,* Figs. 1–40.

[39] Otto von Simson, *The Gothic Cathedral* (New York, 1956), pp. 80–87.

[40] André Mussat, *L'architecture gothique dans l'Ouest de la France au douzième et treizième siècle* (Paris, 1963), pp. 184–90.

[41] Sauerländer, *Gothic Sculpture*, pp. 43–48, Figs. 1–3.

Virgin's tympanum, as well as with a peasant figure on the archivolt of the tympanum of the Ascension on Chartres Cathedral's western façade.[42]

The depiction of the Belval male figure is reminiscent of various visual sources depicting pilgrims. It can, for example, be compared to the painted image of the pilgrim in the crypt of the church of St Pierre in Tavant.[43] That figure, which is depicted on the crypt's western wall as if observing the painted cycle on the walls, wears a similar cap and also holds a pilgrim's staff. The Belval male figure calls to mind, in addition, the figure of Christ as a pilgrim in the Emmaus relief from San Domingo in Silos, whose hair is arranged in a similar manner. The Belval image demonstrates as well — in habit, hair and attributes — a close affinity with the pilgrims at Emmaus in the northern gallery of the cloister of St Trophim in Arles. This specific image of the pilgrim was reformulated, however, in the early Gothic language of Chartres.

The cross worn by the Belval figure suggests that he had taken part in an expedition to the Holy Land.[44] In the twelfth century, the concepts of crusade and pilgrimage were still largely overlapping, and it stands to reason that in real life, too, a crusader would don a pilgrim's habit most of the time.[45] Hence it is not surprising that the Belval figure, whose cross points to his participation in a crusade, wears a pilgrim's cap and carries a pilgrim's staff and purse.

The patronage of the Belval priory by the counts of Vaudémont and the representation of the male figure in the image of a cross-wearing pilgrim, support the hypothesis that he is in fact Count Hugh I of Vaudémont, who accompanied King Louis VII on the Second Crusade, probably returned in 1149, and predeceased his wife, most likely in 1155.

The rendering of the lady, whom we may now consider to be Hugh of Vaudémont's wife, Aigeline of Burgundy — who, as we have seen, was still alive in 1161 — appears to be derived from one of the seven female figures of the western façade of Chartres Cathedral, dated 1145–65.[46] The role and meaning of these seven jamb statues remain however problematic. Only one of them can be identified as the Queen of Sheba, while the rest have been interpreted as queens of France, queens of the Old Testament and personifications of the Virgin's virtues.[47] The seven jamb statues are the products of various masters and each presents an individual female image expressed through different dress, headdress and hairstyle. These statues also served as a prominent source of inspiration for the

---

42 Mâle, *Chartres*, Figs. 21, 33, 49.

43 Charles Lelong, *Touraine Romane* (3rd ed., La Pierre-qui-vire, 1977), pp. 215–22, Fig. 80.

44 Michael Markowski, "Crucesignatus: Its Origins and Early Usage," *Journal of Medieval History* 10 (1984), 157–65.

45 Riley-Smith, *The First Crusaders*, p. 97; Christopher Tyerman, *The Invention of the Crusades* (London, 1998), pp. 20–23. Among art historians see von Simson, *The Gothic Cathedral,* pp. 79–80.

46 Sauerländer, *Gothic Sculpture*, Figs. 8–40.

47 Adolf Katzenellenbogen, *The Sculptural Programs of Chartres Cathedral* (New York, 1964), p. 36 and nos. 45–49, pp. 118–19.

queen jamb statues of the portals of the cathedrals of Angers, Le Mans, and Bourges, and for churches such as St Loup-de-Naud.[48] In these early Gothic cathedrals and churches individual queen images were selected from the seven jamb statues of Chartres Cathedral and adapted according to local situations and tastes. Thus the Cathedral of St Maurice in Angers features two queens, each next to a king or a figure from the Old Testament, with new gestures and movements not found in the original Chartres models.

One should try to understand the intentions of the patron and of the master sculptor of Belval against the background of the new ideas that had originated in Chartres Cathedral and St Denis and their adaptation in regions outside the royal domain. It is plausible to assume that both patron and master were acquainted with the sculptural program of Chartres Cathedral and thus chose as a model for their monument the jamb statue of the Chartres queen installed between the central and the Ascension portals of the western façade. This elderly queen, who is wearing a headcovering over the two braids that rest on her shoulders, presents a model of righteousness and virtue that seems to have appealed to the Belval master or his patron more than the images of the younger Chartres queens, who completely reveal their crowns and long tresses.

The embrace of the Belval couple and their facial expressions — the most outstanding features of this sculpture — do not conform however to the new abstract and reserved canonic norms of early Gothic art in the royal domain. In distant Lorraine it was apparently possible to express the wishes of a patron whose taste deviated from the strict norms of his models. Two categories of embrace can be observed in the medieval pictorial tradition. The first is that of two figures meeting and facing each other, with their bodies shown partly in profile. Such are the representations of the Tetrarchs leaning on the northern wall of St Mark's in Venice and the widespread depictions of the encounter between the Virgin and Elisabeth in the Visitation scene.[49] The second is that of the Coronation of the Virgin, depicted continuously from the twelfth century onward; it shows frontally the Virgin and Christ enthroned, with Christ placing his hand on the Virgin's shoulder in a gesture of protection.[50] The same posture was already used in early Christian art — as for example in the mosaics of St George in Salonika, in which St Demetrius is shown placing one hand on the shoulder of Leontius, the church builder, on his left, and the other on the shoulder of Bishop John, the church restorer, on his right. An additional example is from a sixth-century icon from Sinai, which shows Christ's arm placed upon St Menas, standing to his right. This gesture of laying a hand on the shoulder seems to be ceremonial and to signify sublime protection.[51]

In the Belval sculpture, however, the embrace is close and intimate: the woman's right hand lies on the man's neck, while his left hand rests on her left

---

48 Sauerländer, *Gothic Sculpture*, p. 28.

49 Louis Réau, *L'iconographie de l'art chrétien* (Paris, 1957), 2:198–210. See The Coronation of the Virgin.

50 Katzenellenbogen, *Chartres*, pp. 59–62.

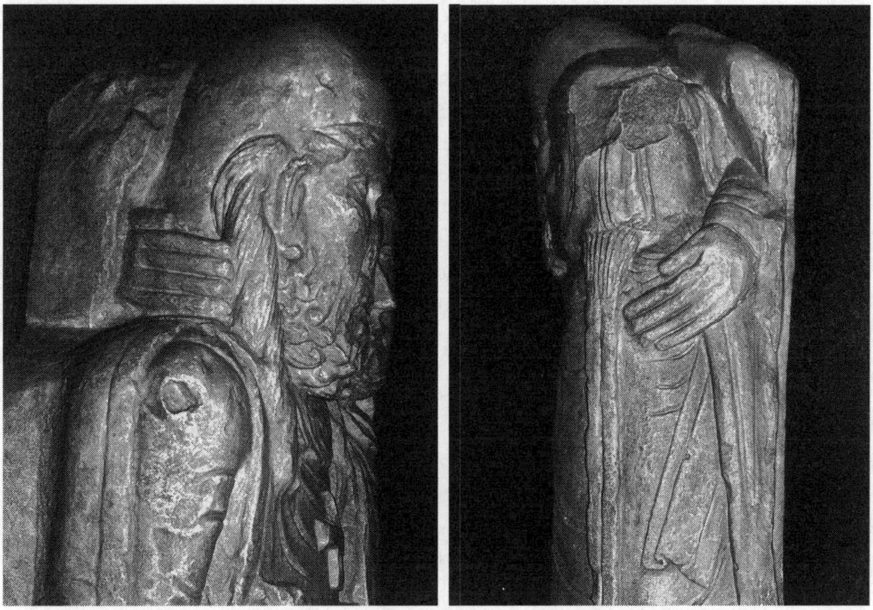

Figs. 3 and 4: Belval, chapel: details of the plaster cast (photos: B. Z. Kedar)

shoulder. These details are hardly visible today, as the sculpture is situated in a rounded niche; but they can be observed on a plaster cast of the sculpture, kept in Belval's nineteenth-century chapel (see Figs. 3 and 4).[52] This embrace recalls the Gallo-Roman tombstones so abundant in the region, on which a deceased couple (whether man and wife, brothers or friends) is depicted with one (or both) of the pair laying a hand on the shoulder of the other.[53] This gesture occurs in variations, such as the woman laying her hand on her husband's shoulders, or two brothers each standing with an arm around the other. However, all figures in this pictorial tradition remain facially expressionless.[54]

The Belval sculptor's turning toward Gallo-Roman art may reveal some knowledge of the approaches and intentions of the sculptors of Chartres Cathedral, who were aware of, and inspired by, Roman art. Yet while it is plausible that Gallo-Roman tombstones served as the original visual source for what we may now call the Vaudémont sculpture, the close embrace reflects a new

---

51 Fritz Volbach, *Early Christian Art* (London, 1961), Fig. 217. Volbach did not note "the laying of the hands," and merely remarked that St Demetrius is standing between Leontius and Bishop John.

52 Our measurements of the sculpture are based on this cast. Another plaster cast is owned by the Musée des Monuments Français, Paris: see Jalabert, *La sculpture française*, p. 58 and plate 24.

53 See above note 14. Chantal Nerzic, *La sculpture en Gaule romaine* (Paris, 1989), pp. 235, 264, 269, 320.

54 The sculpted piece showing Marguerite of Provence holding the arm of her husband, Louis IX of France, is now considered a forgery.

level of emotionalism and integrates, we believe, an additional pictorial source: that of marginal sculpture.

The marginal sculpture of the various corbel series features numerous pairs of lovers in close embrace. However, these series also include several images of noble couples. On a corbel over the Porte des Comtes of the church of St Sernin in Toulouse the busts of a knight and his lady are presented in a ceremonial posture. She is touching his chin with her left hand — a gesture expressing affection that will also appear in Gothic ivories of the thirteenth and fourteenth centuries depicting scenes of courtly love. The nobleman holds his sword in his right hand and places it across the lady's left arm, in a gesture of protection. Another couple appears on a corbel of the church of St Sulpice in Montils, where the busts of a man with a cross above his head and a woman wearing an elaborate headdress are presented frontally. They seem to represent a crusader and his wife, or possibly this is a memorial sculpture that the woman had erected for her deceased husband.[55] It is reasonable to assume that the master of the Belval sculpture was familiar with this pictorial tradition and used it to create a monumental work inspired by the new Gothic art.

The size and location of the Belval couple point to the possible patron of the work. The man, probably Count Hugh of Vaudémont, holds centre place. His long hair done in braids, his worn-out shoes, the rags bound around his legs, and his cross, mark him as a returning crusader. He is being embraced by his faithful wife, who is cast smaller — a modest noble figure fully covered by her habit and set partly under her husband's arm, probably expressing his protection and authority over her. Her gesture of placing her hand on his heart indicates his charity and humility. This relationship between the two may point to Countess Aigeline of Burgundy as the patroness of the sculpture, possibly having commissioned it after the death of her husband in about 1155, when the sculptural program of the royal portal at Chartres was at an advanced stage. As patroness she would be represented as the smaller figure of the two.

While the returning crusader is presented as the solemn image of a nobleman, his wife is depicted as the personification of fidelity and humility. Thus it is plausible to assume that the monument depicts the count and countess of Vaudémont not only as benefactors but also as exemplifying the ideal virtues of Christian nobility.

In conclusion, the Belval monument exhibits the impact of diverse pictorial traditions: the representation of donors, patrons and benefactors; the depiction of pilgrims; the language of early Gothic art; Gallo-Roman tombstones; and the candid parlance of marginal sculpture. It is this unusual amalgam that renders the Belval sculpture so unique.

---

55 Nurith Kenaan-Kedar, *Marginal Sculpture in Medieval France: Towards the Deciphering of an Enigmatic Pictorial Language* (Aldershot, 1995), pp. 22–24, Figs. 1.24–1.25, 1.27–1.30.

The Albigensian Crusades: Wars Like Any Other?

Malcolm Barber

There are three great clichés in our view of the Albigensian Crusades which most historians find hard to resist. These are, first, the words supposedly spoken by Arnaud Amalric, the papal legate, during the crusader attack upon Béziers on 22 July 1209, where, according to his fellow Cistercian Caesarius of Heisterbach, in response to a question from the soldiers, he was supposed to have replied, "Kill them. For God will know those who are his"; secondly, the hurling of Girauda, dame of Lavaur, down a well where she died under a barrage of stones, after the fall of her town to the crusaders on 3 May 1211; and, finally, the ironic gloss on the epitaph on Simon of Montfort, the leader of the crusade, killed besieging Toulouse on 25 June 1218, as set down by the anonymous continuator of William of Tudela's *Chanson*, which, in powerful rhetoric the original author could never have matched, culminates in the lines "if by kindling evil and quenching good, by killing women and slaughtering children, a man can in this world win Jesus Christ, certainly Count Simon wears a crown and shines in heaven above."[1]

Although only the second of these is of any real value for the historian attempting to reconstruct the events of the Albigensian crusades, the unavoidable collective impression is that this was a conflict in which all the normal conventions of warfare in the early thirteenth century were abandoned and that the prime responsibility for this belongs to northern crusaders whose brutal demeanour created a depth of bitterness between the Languedoïl and the Languedoc which still has echoes today. A typical consequence has been, for example, the treatment of Pierre Belperron's *La Croisade contre les Albigeois* (published in 1942), in which he argued that this was a war no more brutal or bitter than any other conquests of the kings of France and that it had been sentimentalised by certain persons for their own purposes.[2] In 1998 Pierre

[1] Caesarius of Heisterbach, *Dialogus Miraculorum*, ed. Joseph Strange, 1 (Cologne, 1851), p. 302; Peter of Les Vaux-de-Cernay, *Hystoria Albigensis*, ed. Pascal Guébin and Ernest Lyon, 3 vols. (Paris, 1926–39), 1, para. 227, pp. 227–28 (hereafter PVC) – trans. William A. and Michael D. Sibly, *The History of the Albigensian Crusade* (Woodbridge, 1998); *Chanson de la croisade albigeoise*, ed. and trans. Eugène Martin-Chabot, 3 vols. (Paris, 1931), 1, laisse 71, pp. 172–73; vol.3, laisse 208, pp. 228–29 (hereafter *Chanson*) – trans. Janet Shirley, *The Song of the Cathar Wars. A History of the Albigensian Crusade. William of Tudela and an Anonymous Successor* (Aldershot, 1996).

[2] Roger of Howden, *Chronica*, ed. William Stubbs, 4 vols. (London, 1871), 4:54. He describes how, in 1198, the king of France found what he calls "a new type of violent oppression" in that he "caused many of the men of the king of England whom he had captured to be blinded," with the result that he "thus provoked the king of England, although reluctant, to similar acts of impiety." However, the chronicler clearly thought these actions were reprehensible and not "normal."

Martel's sarcastic comment was that "we do not advise anyone who wishes to know about Catharism to read Belperron; but if they wish to understand how *l'idéologie pétainiste* functioned, his contribution seems to us fundamental."[3]

What, therefore, is the case for arguing that the Albigensian conflict transcended all norms of contemporary warfare in Latin Christendom? The basic evidence has to be drawn from four narrative accounts, that of the Cistercian Peter of Les Vaux-de-Cernay, heavily pro-crusader and a fervent admirer of Montfort, the two authors of the *Chanson de la croisade albigeoise*, William of Tudela and his anonymous continuator, the latter of whom was as devoted to Languedoc as Peter of Les Vaux-de-Cernay was to the cause of the crusaders, and William of Puylaurens, a clerk from the Toulousain, who, like the others, was a contemporary, but who wrote from the longer perspective of the third quarter of the thirteenth century. As the most detailed narrative, based on both his own observation and that of others close to the events, Peter of Les-Vaux-de-Cernay is the key witness. Setting aside the executions of the heretics at Minerve, Termes, Lavaur, and Les Cassés in 1210 and 1211 (where to a considerable extent the victims co-operated in their own destruction), he incorporates fifteen incidents in his narrative which might be described as "atrocities"; not surprisingly, all but three are attributed to the southerners. The exceptions are the massacre of the population of Béziers in July 1209; Montfort's blinding of the garrison at Bram in March 1210; and the execution of Aimery of Montréal, his sister, Girauda of Lavaur, and the knights who had defended Lavaur in May 1211. In Peter's view these were fully justified. At Béziers, the heretics had said that Mary Magdalene was Christ's concubine, they had killed their lord and assaulted their bishop, "so it was right that these shameless dogs should be captured and destroyed on the feast day of the woman they had so insulted." When Bram fell over a hundred of the defenders were blinded and their noses were cut off, apparently in retaliation for the killing and mutilation of Montfort's men at Puisserguier by a former ally of his, Giraud of Pépieux, in November 1209, while a clerk captured there to whom Montfort had entrusted the castle of Montréal, only for him to hand it back to its lord, Aimery, was degraded so that Montfort could punish him by having him dragged by a horse through Carcassonne and then hanged, a punishment which Peter sees as a fitting penalty. And at Lavaur, Aimery was a "foul traitor" who had "deserted God and the count" [i.e. Montfort], and Girauda was "a heretic of the worst sort."[4]

Peter of Les Vaux-de-Cernay's list of southern atrocities is of course much longer, showing a particular obsession with the actions of the count of Foix and his

---

3 Pierre Martel, "Qui n'a pas son albigeois? Le souvenir de la Croisade et ses utilisations politiques," in *Catharisme: L'Edifice Imaginaire. 7e Session d'histoire médiévale du 29 août au 2 septembre 1994, Rennes les Bains* (Villegly, 1998), pp. 341–42.

4 PVC, vol. 1, paras. 90–91, pp. 91–93; paras. 135 and 142, pp. 138–39, 147–49; para. 227, pp. 227–28 (trans. Sibly and Sibly, pp. 50–51, 73, 78–79, 117). This view of Girauda of Lavaur appears to have been propagated in the north, see *Chronica Albrici Monarchi Trium Fontium, MGHS* 23:892, where she is called *pessima Albigensis*.

son.[5] For Peter it was soon evident that no trust could be reposed in the southerners or their allies. Girard of Pépieux's betrayal at Puisserguier was emphasised by the murder of Montfort's sergeants – thrown in the fosse and covered with rubbish — and the blinding and mutilation of the two knights in command, followed by their expulsion naked in weather so severe that one died of exposure and the other was saved only by chance. For Peter it was a story which "cannot be heard without tears." In the winter of 1209, when over forty fortresses defected from Montfort's cause, this reaction became general: "most of those whom the count had left to guard the *castra* in the area were either killed or mutilated by local traitors." The next year, between July and November, while Montfort was besieging Termes, the men of Cabaret (just to the north of Carcassonne) harassed the crusaders and "whenever they came across any of our men either condemned them to a shameful death or, to show their contempt for God and our side, most cruelly put out their eyes and cut off their noses and other members, and sent them back to the army." They could not be trusted to deal decently with either prisoners or the dead: Raymond Roger, count of Foix, reneged on his promise to treat honourably with Lambert of Thury and Walter Langton, two crusader knights. Once they had surrendered, they were thrown into a dark dungeon, so small they could neither lie down nor stand up. In 1212, Roger Bernard, the count's son, captured some crusaders near Narbonne, took them back to Foix, where he and his men spent their time devising "new and original tortures" for them including suspension by their genitals. Forces from Toulouse acted similarly: in 1213 crusader knights "were dragged by horses about the city streets and then hanged from gibbets." During the siege of the city in 1217–18, captured crusaders could expect a similar fate: victims had their eyes put out, their tongues removed, were dragged behind horses, stoned, dropped from the ramparts, or drowned with mill-stones around their necks. Even corpses were not safe: at Moissac, in August 1212, dead crusaders were hacked with swords, for "it was not enough for them to see one of our number killed," while during the siege of Toulouse in 1218 captured knights were killed, their hands and feet were cut off, and the feet then hurled into the Château Narbonnais, still occupied by crusader forces.[6]

---

5 PVC (vol. 1, para. 218, pp. 217–19) was particularly incensed at what he believed was an outrage by Raymond Roger of Foix, his son, Roger Bernard, and the man he saw as the arch-traitor, Girard of Pépieux, upon a group of crusaders, at Montgey, near Puylaurens, in May 1211. Peter presents this as an ambush upon unprepared crusaders, although William of Tudela (vol.2, laisse 69, pp. 168–71) describes a hard battle in which the crusaders were defeated. To the modern observer it looks like a fairly ordinary engagement, typical of medieval warfare, but Catholic propagandists made considerable capital out of it in the north. See John H. Mundy, *The Repression of Catharism at Toulouse. The Royal Diploma of 1279* (Toronto, 1985), p. 22.

6 PVC, vol. 1, para. 127, pp. 131–32; para. 136, pp. 139–40; para. 173, pp. 175–76; para. 248, pp. 247–49; vol. 2, para. 361, pp. 60–61; para. 435, pp. 126–27; para. 606C, pp. 307–09; para. 582, p. 275 (trans. Sibly and Sibly, pp. 70, 74, 92, 127, 169, 198, 274–75, 261).

The other sources confirm the general circumstances described by Peter of Les Vaux-de-Cernay, even though they offer less detail and sometimes distribute blame differently. William of Tudela portrays the *ribauds* who began the attack in Béziers as "in a frenzy, quite unafraid of death, killing everyone they could find." The leaders were cooler, but no less bloody, agreeing in advance that "at every castle the army approached, a garrison that refused to surrender should be slaughtered wholesale, once the castle had been taken by storm. They would then meet with no resistance anywhere, as men would be so terrified at what had already happened." The crusader seizure of St Marcel (in the Albigeois, north of the Tarn) on 20 May 1212 cost the citizens twenty-eight killed or drowned, while the men and women who had fled into the church were stripped naked and robbed.[7] Peter of Les Vaux-de-Cernay says nothing of this, but it is clear from his narrative that St Marcel suffered because of past disloyalty and because at one point it had been entrusted to Giraud of Pépieux.[8] William of Tudela's continuator begins his account in 1213. By this time Montfort had already been campaigning for four years although in fact he offers no specific instance of the general indictment he made of Montfort at his death. However, Montfort's removal seems to have done nothing to diminish the ferocity of the conflict. When Marmande fell to the forces of Louis of France and Amaury of Montfort in June 1219, the crusaders indulged in a general massacre of the population.

> Lords, ladies and their little children, women and men stripped naked, all these men slashed and cut to pieces with keen-edged swords. Flesh, blood and brains, trunks, limbs and faces hacked in two, lungs, livers and guts torn out and tossed aside on the open ground as if they had rained down from the sky. Marshland and good ground, all was red with blood. Not a man or a woman was left alive, neither old nor young, no living creature, unless any had managed to hide. Marmande was razed and set alight.[9]

The perspective offered by William of Puylaurens is quite different because he was writing a generation or more later. He lacks the immediacy and passionate partisanship of Peter of Les Vaux-de-Cernay and the anonymous author of the *Chanson*, yet he is both anti-heretical and pro-northern.[10] However, he does describe two incidents which confirm that after 1218 the warfare continued at the same pitch as it had done in the days of Montfort's campaigning. In 1220 Raymond, son of Raymond VI of Toulouse and the future count, captured Foucaud of Berzy, and his brother John, two crusaders whose reputations had been established in the region since at least 1212. Raymond had them decapitated and the severed heads placed on poles as a public spectacle. For William of Puylaurens it was no more than they deserved because of their cruelty and arrogance.

---

[7] *Chanson*, vol.1, laisse 20, pp. 56–57; laisse 21, pp. 56–59; laisse 113, pp. 252–53 (trans. Shirley, pp. 20–1,57).

[8] PVC, vol.2, paras. 312–16, pp. 11–16 (trans Sibly and Sibly, pp. 151–53).

[9] *Chanson*, vol. 3, laisse 212, pp. 290–91(trans. Shirley, pp. 188–89).

[10] See Yves Dossat, "La Croisade vue par les chroniqueurs," in *Cahiers de Fanjeaux* 4 (1969), 242. "Tour à tour le prêtre et la patriote peuvent s'exprimer."

> He [Foucaud] held himself to this law, it was said, that all prisoners-of-war, unless they could give him 100 sous, would be killed. He tortured his captives with hunger in an underground prison, and when he let them out, dead or half dead, he threw them on a dung heap. It was said, and is still said today, that, leaving for the recent conflict, which was the last, he had two wretches hung, father and son, who were prisoners, and forced the father to hang the son, then departed for this matter, from which he did not return.

As for his entourage, they not only kept concubines but "some took the wives of others." Royal forces which followed up the crusade of Louis VIII after the king's death in October 1226 were equally ruthless in their ravaging of the populace and the pays. Led by the royal seneschal, Humbert of Beaujeu, in 1228 they massacred the population of Labécède which, as most of the fighting men had fled, consisted mainly of non-combatants, and in the same year, reduced the inhabitants of Toulouse to near starvation by the systematic and daily devastation of the crops upon which they depended.[11] More than anything else, this brought Count Raymond of Toulouse to the negotiations which ended in the heavily one-sided Treaty of Paris in 1229.

This litany of violence has not been presented gratutitously. It is necessary to provide perspective upon Belperron's attempt to desentimentalize the conflict or upon a more recent comment by Yves Dossat that "perhaps this brutality was less striking to the men of the thirteenth century than to ourselves."[12] Both Belperron and Dossat imply that contemporaries had no standards by which to judge the actions of the combatants in the Albigensian crusades, that in fact they were wars just like any other. Michel Roquebert disagrees. When Girauda of Lavaur was thrown down the well, William of Tudela goes on to say that "the other noblewomen were all set free by a kind and courteous Frenchman, who behaved most honourably."[13] For Roquebert this is proof that some were cruel and that some were not, and that "the mentality of the times" cannot be used to explain the conduct of Simon of Montfort or, for that matter, of Raymond Roger, count of Foix.[14]

Roquebert's comment points the way to a solution. How did the chroniclers and poets who describe these incidents view them within the mores of their own time? The very fact that Peter of Les Vaux-de-Cernay felt it necessary to follow his account of the mutilation of the garrison at Bram with a peroration on Montfort's qualities is indicative, since he clearly did not think that this was "normal" behaviour, despite his blinkered support for "the count."

> The count had this punishment carried out, not because such mutilation gave him any pleasure but because his opponents had been the first to indulge in atrocities [*set quia adversarii sui hoc inceperant*] and, cruel executioners that they were, were given to

---

[11] *Chronica magistri Guillelmi de Podio Laurentii*, ed. and trans. Jean Duvernoy (Paris, 1976), XXXI, pp. 108–11; XXXV, pp. 126–27; XXXVI, pp. 128–31.

[12] Yves Dossat, "Simon de Montfort," *Cahiers de Fanjeaux* 4 (1969), 286.

[13] *Chanson*, vol. 1, laisse 71, pp. 172–73 (trans. Shirley, pp. 42–43).

[14] Michel Roquebert, *L'Épopée Cathare, 1198–1212:* 1: *L'invasion* (Paris, 1970), p. 397.

> butchering any of our men that they might capture by dismembering them. It was right that they should fall into the pit they had dug themselves and drink from time to time of the cup they so often administered to others. The count never took delight in cruelty or in the torture of his enemies. He was the kindest of men and the saying of the poet fitted him most aptly: "a prince slow to punish, and quick to reward, who grieved when driven to be hard."[15]

Even allowing for the slightly creative translation of *set quia adversarii sui hoc inceperant*, Peter's unease is nevertheless clear. His comments on the massacre at Béziers confirm this impression. Although he does not condemn it, nevertheless he presents it as the work of the *ribauds*, "without the knowledge of the chiefs of the army and quite without consulting them."[16] Atrocities by the enemy naturally present him with no such problems, but again his comments suggest that he had a perception of what constituted "proper conduct." Thus Giraud of Pépieux's mutilation of Montfort's knights in 1209 was "unheard of cruelty"; the violation of the bodies at Moissac in 1212 was "a despicable form of battle"; the treatment of captured crusader knights near Toulouse in 1213 showed that the Toulousans were "worse than infidels"; when, in 1218, the citizens of Toulouse used a mangonel to throw the dismembered limbs of captured crusaders into the Château Narbonnais, it was "a shameful mode of warfare, a victory without honour." Indeed, for Peter, deaths in these conflicts took on the aspect of Christian martyrdom, for he claims that Roger Bernard, the son of the count of Foix, acted in such a way in 1212 that his tortures "could claim equality in their iniquity with Diocletian and Domitian." In 1218 Bernard Escrivan, a priest from Toulouse who supported the crusaders, "was in every respect a martyr," in that he was buried up to his shoulders, stoned and attacked with arrows, and then set alight, the parallels with the early Christians being all too obvious.[17]

William of Tudela, although pro-Catholic, is much less partisan than Peter of Les Vaux-de-Cernay, but he too has a concept of honourable behaviour in warfare which he clearly expects to carry resonance with his intended audience.[18] He is therefore indignant at the suggestion that the early death of Raymond Roger Trencavel, the young viscount of Carcassonne and Béziers, in November 1209, while in captivity at Carcassonne, was in some way the consequence of the foul play about which there must evidently have been rumours. He died, he says, from dysentery, not by murder. "Not for anything in the world, by Jesus in heaven!

[15] PVC, vol. 1, para. 142, pp. 148–49 (trans. Sibly and Sibly, pp. 78–79).

[16] PVC, vol. 1, para. 90, p. 91 (trans. Sibly and Sibly, p. 50).

[17] PVC, vol. 2, para. 582, p. 275; para. 361, pp. 60–61; para. 606C, pp. 307–09 (trans. Sibly and Sibly, pp. 261, 169, 274).

[18] Both authors of the *Chanson* wrote within a genre which used real events as a means not only of information but of instruction and entertainment as well, so their selection and presentation of material and their judgements upon it must have been related to the attitudes which they expected to find in their listeners. See Nancy F. Partner, *Serious Entertainments: The Writing of History in Twelfth-Century England* (Chicago and London, 1977), for comparison.

would Count Simon ever have allowed such a thing." When Termes fell to the crusaders in November 1210 and some of its inhabitants were captured in flight and brought to Montfort, he "behaved very well and took nothing from the ladies, not even the value of a penny coin or a Le Puy farthing." The following March, when Peter Roger of Cabaret decided that he could resist no longer, he first released his prisoner, Bouchard of Marly, whom until then he had kept in irons. He told Bouchard that he would take the risk that he would treat him fairly if he released him, to which Bouchard replied that he had "never done or commanded anything dishonourable," a boast which his later actions confirmed. Peter Roger had him properly bathed and his hair cut, he had new clothes given to him and "a pacing palfrey," and an escort of three nobles as he left Cabaret.[19] This strong feeling for the sensibilities of the noble class makes William's strictures more convincing than those of Peter of Les Vaux-de-Cernay. There had, he said, not been "so terrible a slaughter" since the time of the Saracens as there was at Béziers, while at Lavaur "there was so great a killing that I believe it will be talked of till the end of the world." Moreover, the execution of a man of the stature of Aimery of Montréal was unprecedented. "Never so far as I know has so great a lord been hanged in all Christendom, nor with so many knights hanged at his side." Indeed, the willingness of the crusaders to go beyond the accepted norms pervades William of Tudela's whole narrative, for the plan to massacre garrisons which had refused to surrender was intended to frighten defenders into submission.[20] By definition, such tactics would have been pointless had they not had the power to strike terror into the hearts of men.

While events of this kind were not exclusive to the crusades — the deaths of 1,500 people in the church at Vitry, burnt down by the troops of King Louis VII in 1143 springs to mind — it is perhaps significant that the most famous recent massacre was also perpetrated by crusaders, although in this case against Muslims, not heretics. In August 1191 Richard I ordered 2,700 Muslim prisoners to be beheaded at Acre when he believed that Saladin was refusing serious negotiation. Despite the attempts which have been made to explain Richard's action by placing it in a realistic context,[21] it is evident that contemporaries saw

---

[19] *Chanson*, vol. 1, laisse 37, pp. 94–95; laisse 57, pp. 140–41; laisses 63 and 64, pp. 154–59 (trans. Shirley, pp. 28, 36–37, 40).

[20] *Chanson*, vol. 1, laisse 21, pp. 56–59; laisse 68, pp. 166–67 (trans. Shirley, pp. 21, 41). The point is not that this tactic was unique to the Albigensian crusades, but that it was seen as a method of terrorising the enemy qualitatively different from contemporary norms. Thus, in 1108, Suger of Saint-Denis presented the future Louis VI campaigning against the castle of Sainte-Sévère in Berry, as threatening that he would not desist until he had completely destroyed the castle, when he "would either fix its noble men to a gibbet or rip our their eyes.". Suger, *Vie de Louis VI le Gros*, ed. and trans. Henri Waquet (Paris, 1929), p. 59; English trans. Richard C. Cusimano and John Moorhead, *The Deeds of Louis the Fat* (Washington, 1992), p. 60.

[21] e.g. John Gillingham, *Richard I* (New Haven and London, 1999), pp. 167–71. See, too, John Keegan, *The Face of Battle* (London, 1976), pp. 107–12, on the reasons why Henry V ordered the prisoners to be killed at Agincourt in 1415.

the event as quite exceptional. It is recorded in similar terms by both the main narrative sources, the poet, Ambroise, and the anonymous author of the *Itinerarium*.[22] Here is the version in Ambroise:

> And when he [Richard] knew that he [Saladin] would do nothing for him and that he had no care for those who had defended Acre for him, then the matter was examined at a council, where the great men gathered and decided that they would kill most of the Saracens and keep the others, those of high birth, in order to redeem their own hostages.

In Ambroise's poem, deaths occur every few lines, but it is evident that the author is distinctly uneasy about these, despite a display of insouciance, since he finds it necessary to include a special passage justifying it. It was appropriate vengeance.

> The army had been at Acre for two winters and a summer at great cost and loss, until the middle of August when the king carried out the killings of those who had merited death for what they did to God and his pilgrims, because of whom there were left behind so many orphans, so many unprotected girls, so many widowed wives, so many abandoned inheritances, so many families brought down, so many bishoprics and so many churches left alone.

Although Ambroise and the *Itinerarium* cover much of the same ground, including the massacre of the prisoners, it is noticeable that a reference by the author of the *Itinerarium* to the defenders of Acre as "outstanding and memorable warriors who were men of admirable prowess, exceptional valour, very energetic in the practice of war and renowned for their great deeds"[23] is not to be found in Ambroise. These were the same men killed on Richard's orders. Ambroise knew very well how this would be seen by the Muslims. When Richard finally decided to settle for what he had already conquered in the Treaty of Jaffa (September 1192), provision was made for the parties of pilgrims to visit Jerusalem. Their nervousness is quite palpable. Unarmed and close to the Muslim forces at Jerusalem, Ambroise can clearly imagine his own reaction if the situation were reversed.

> The next day the Saracens came before Saladin and knelt at his feet, begging and beseeching him, saying, "Oh, true Sultan, now it is right and it is time for us to take vengeance for the massacre which they did to us before Acre. My lord, let us avenge our fathers, our kinsmen, our sons and our brothers, whom these men killed and hacked. Now each man can wreak his vengeance."[24]

---

[22] Ambroise, *L'Estoire de la Guerre Sainte*, ed. Gaston Paris (Paris, 1897), pp. 144–48; *Itinerarium Peregrinorum et Gesta Regis Ricardi*, ed. William Stubbs (London, 1864), pp. 240–43. The quotation from Ambroise is from a new translation by Marianne Ailes to be published in 2001. Cf. Ambroise, p. 53, on the atrocities committed by Isaac Comnenus, "emperor" of Cyprus, against Richard I's men, whom he had captured.

[23] *Itinerarium*, p. 233; trans. Helen J. Nicholson, *Chronicle of the Third Crusade. A Translation of the Itinerarium Peregrinorum et Gesta Regis Ricardi* (Aldershot, 1997), p. 220. See, too, Nicholson's comments on the massacre, p. 231.

[24] Ambroise, p. 321 (trans. Ailes).

It has been strongly argued by both Strickland and Gillingham that there was a fundamental difference between the Vikings and the Anglo-Saxons on the one hand, and the Normans and the French, on the other, in their perception of the way warfare should be conducted; indeed, Gillingham goes so far as to argue that "there is much to be said for the view that he [William the Conqueror] was the first chivalrous ruler in English history." By chivalry he means "a secular code of values" in which "the compassionate treatment of defeated high-status enemies is a defining characteristic." None of this of course ever applied to those perceived to be of low status or who were seen as mercenaries.[25] Although in no way claiming that such conventions were invariably applied, Strickland believes that in the world of the Anglo-Norman and French aristocracy (which was the world from which Simon of Montfort and most of his fellow crusaders were drawn) certain constraints operated which had the effect of mitigating extremes of brutality which might otherwise have occurred and, indeed, had occurred, in the Viking and Anglo-Saxon era. These included the high value placed upon a reputation for honour; a sense of professional solidarity with other knights, even if they were fighting on the other side; the search for profit in the form of ransoms; and the need to reduce the expense and damage of prolonged sieges by reaching a negotiated surrender. Certain circumstances could override these constraints, most commonly in the case of rebellion, especially when perceived as treason, and when dealing with peoples considered to be in some way outside the social and racial élite of northern European aristocracy.[26] In the latter case mutual cultural incomprehension — as shown for example, in the contrasting attitudes towards the decapitation of defeated opponents displayed by the English and the Welsh in the twelfth and thirteenth centuries[27] –exacerbated the bitterness of such conflicts, so that no quarter was likely to be given to those seen as belonging to barbarous nations.

Viewed within this context, it can be seen that the Albigensian crusades went far beyond the normal conventions of early thirteenth-century warfare, in the scale of the slaughter, in the execution of high-status opponents, male and female, in the mutilation of prisoners, in the humiliation and shaming of the defeated, and in the quite overt use of terror as a method of achieving one's goals. Simon of Montfort was not a man without honour, as can be seen by his famous refusal to attack the Christians of Zara during the Fourth Crusade in 1202, but he either believed from the beginning, or quickly became convinced, that "chivalric" standards had no

[25] Matthew Strickland, "Slaughter, Slavery or Ransom: the Impact of the Conquest on Conduct in Warfare," in *England in the Eleventh Century. Proceedings of the 1990 Harlaxton Symposium*, ed. Carola Hicks (Stanford, 1992), pp. 41–59; John Gillingham, "1066 and the Introduction of Chivalry into England," in *Law and Government in Medieval England and Normandy*, ed. George Garnett and John Hudson (Cambridge, 1994), pp. 31–55, esp. pp. 54, 32.

[26] Matthew Strickland, *War and Chivalry. The Conduct and Perception of War in England and Normandy, 1066–1217* (Cambridge, 1996).

[27] Frederick Suppe, "The Cultural Significance of Decapitation in High Medieval Wales and the Marches," *The Bulletin of the Board of Celtic Studies* 36 (1989), 147–60.

place in the type of war in which he was involved in Languedoc. Mutual respect for knightly values did not exist in a world so divided by religious, cultural and linguistic differences. In northern convention "treacherous" behaviour clearly forfeited the right to humane treatment, a conception strengthened by Innocent III's definition of heresy as treason,[28] while for southerners concerned to defend their *patria* against those whom they saw as "foreigners," their retaliatory "atrocities" were fully justified.[29] Indeed, the tactics used by Peter Roger of Cabaret during the siege of Termes were not dissimilar from modern guerilla warfare against occupying forces. For Montfort, killing prisoners may have seemed the only way of gaining revenge upon an enemy that would not confront the crusaders directly.[30] For the crusaders, heretics and their defenders evidently fell into the same category as "Saracens," a conviction hardened by the belief that the southerners habitually employed *routiers*, condemned by the Third Lateran Council of 1179 in the same decree which called for the elimination of heresy.[31] As Strickland shows, the image of *routiers* as "the epitome of cruelty and brutality," along with the Scots and the Galwegians, was firmly embedded in the minds of Anglo-Norman and French knights.[32] When the opportunity arose therefore, treatment of those employed by the enemy was accordingly merciless.

In one way the crusades made a powerful contribution to the concept of chivalry, imbuing their Christian participants with what they believed to be a noble cause, for which they fought in a spirit of self-sacrifice. However, in another sense, they marked a qualitative degeneration in behaviour for those involved, for

---

28 See Walter Ullmann, "The Significance of Innocent III's Decretal Vergentis," in *Etudes d'histoire du droit canonique dédiées à Gabriel Le Bras* (Paris, 1965), pp. 729–41. This decretal was issued in 1199.

29 On treachery in these campaigns, see Claire Dutton, *Aspects of the Institutional History of the Albigensian Crusades, 1198–1229* (Ph.D., 1993, Royal Holloway and Bedford New College, University of London), pp. 284–86. The chronicler of Saint-Evroul, Orderic Vitalis, describes the blinding of three nobles by Henry I in 1124 on the grounds of treason, a punishment which in other circumstances would have been regarded as contrary to Norman and Flemish custom: *The Ecclesiastical History of Orderic Vitalis*, ed. and trans. Marjorie Chibnall (Oxford, 1978), 6:352–53. On the idea of defence of *patria*, see Strickland, "Slaughter, Slavery and Ransom," pp. 53–54. Suger of Saint-Denis, who was a powerful propagandist for the Capetian house, apparently believed (p. 222) that defence of the dynasty's lands from an outsider invader justified treating them "as if they had been Saracens," that is subjecting them to wholesale slaughter. "The unburied bodies of the barbarians [the Germans] would be abandoned to wolves and ravens, to their everlasting shame; and great slaughter and cruelty would be justified because the land was being defended." (trans. Cusimano and Moorhead, p. 129). The anonymous author of the *Chanson* presents (laisse 196, p.104, trans. Shirley, p. 150) the Toulousans as complaining about a pope who orders their deaths at the hands of "foreigners" (*per una gente estranha*).

30 See Strickland, *War and Chivalry*, p. 310.

31 Norman J. Tanner, ed., *Decrees of the Ecumenical Councils*, 1, *Nicaea I to Lateran V* (London, 1990), p. 224. Montfort, of course, like other contemporary Christian rulers, also made use of mercenaries.

32 Strickland, *War and Chivalry*, p. 291.

they engendered and strengthened hostile attitudes towards those who were different from the perceived norm and opened the way for the development of an ingrained superiority towards those who did not follow the banner of Christ as interpreted in the Latin West. These enemies find their lineal descent in the demonised peoples of the New World, whose behaviour showed that they were not of the same species as their conquerors and therefore need not be treated as human beings at all. As the anthropologist, Inga Clendinnen, shows, this appears in its starkest form in the conflict between Cortés and the Mexica or Aztecs, in which "the sustained act of cooperation" necessary to create conditions in which two opponents could operate, was conspicuously absent, so that the Mexica fought Cortés to the point of their own destruction, while the uncomprehending Spaniards "denied them the way to acquiesce in their own defeat."[33]

[33] Inga Clendinnen, "Cortés, Signs and the Conquest of Mexico," in *The Transmission of Culture in Early Modern Europe*, ed. Anthony Grafton and Ann Blair (Philadelphia, 1990), pp. 87–130. See also the comments of Keegan, *The Face of Battle*, p. 296.

Civilis ac pia regis Francorum deceptio: Louis IX as Crusade Preacher

Christoph T. Maier

Matthew Paris's *Chronica Majora* is one of the most valuable narrative accounts of the thirteenth century both in terms of the quantity and the quality of information it holds.[1] Well known for its shrewd, often partisan comments on contemporary politics, it is also a mine of facts reported and lively anecdotes told, in which Paris displays an acute awareness of the details of human behaviour and an attentive interest in the physical world. But for the breadth of reporting and attention to detail of Matthew Paris's *Chronica Majora*, thirteenth century history would be poorer and also less entertaining today.[2]

At times, political comment and the telling of a quirky anecdote go hand in hand in the *Chronica Majora*. This is the case in a little known passage relating to the Christmas celebrations at the French court in 1245. Matthew Paris entitled it "the stately and pious deception of the king of the French." In this anecdote, Matthew tells the story of how King Louis IX, by then already a crusader, surreptitiously signed some of his unsuspecting knights with the cross:

> As the great feast of the Nativity of the Lord was near, when it was the custom that great lords gave new coats, which we call robes in the vernacular, to the members of their household, the king of the French, wearing the sign of the cross, took on for himself the task of a preacher and procurator of the business of the Crucified in a new manner; he had cloaks with all that belongs to them prepared from the most precious cloth adorned with various furs far beyond what was the custom. In addition, he discreetly ordered crosses made from fine gold thread to be sewn onto the shoulders of the cloaks in secret during the night. In the morning when the sun had not yet risen, he demanded the knights join the king in church to attend mass wearing their royal cloaks. They did this lest they be accused of sleepiness and gathered early in church for the celebration of mass. [...] When each saw the sign of the cross sewn to the shoulders of the others, there was mirthful astonishment; but they realised that, having been tricked in this pious manner, the king had cheated them by taking on the new task of preacher, indeed a preacher in fact rather than word. Because it seemed shameful to them to put down the

1 Matthew Paris, *Chronica Majora*, ed. Henry R. Luard, 7 vols. (London, 1872–83).

2 For Matthew Paris and his work see Richard Vaughan, *Matthew Paris* (Cambridge, 1958).

> crosses, they laughed, but not out of mockery, with joyful tears and called the king a hunter of pilgrims and a new fisherman of men.[3]

It is difficult to say if this anecdote is based on fact or fiction since no other source tells this story, but it is unlikely that Matthew Paris altogether invented it. He probably heard it from one of his many informants and, as was his usual manner, took it over without greatly caring whether it was true or not.[4] In any case, it is a fine example of Matthew's admiration for Louis IX, the man and the king, as well as a comment on the subtleties of coercive royal authority. Louis's behaviour as told in this episode was surely not out of character; he was well capable of staging an act of humorous trickery while exercising his royal power. William Jordan, for one, described this story as a sign of "adolescent exuberance" telling of the young king's "joy and eagerness," which after all was most apparent in his crusading project.[5] Louis had taken the cross in December 1244 and pursued his crusade with energy and dedication. As king he expected his subjects to lend him all necessary support, but his youthful enthusiasm and personal commitment, as displayed in this anecdote, may well have caused as many people to join or support Louis's crusade as did his royal authority.[6]

Matthew Paris clearly approved of Louis IX's "pious deception." In the marginal rubric to this passage he called it "a jolly act by the king of the French, an

---

[3] Matthew Paris, *Chronica Majora* 4:502–103: "De quadam civili ac pia regis Francorum deceptione. Imminente vero preclara Dominicae Nativitatis festivitate, qua mutatoria recentia, quæ vulgariter robas appellamus, magnates suis domesticis distribuere consueverant, rex Francorum crucis signifer officium praedicatoris procuratorisques negotii Crucifixi novo modo sibi assumens, capas cum suis pertinentiis de pretiosissimo panno multo plures quam moris habuit, cum pellibus variis imponendis, jussit comparari; et de subtili aurifrigio factas in locis caparum humeralibus cruces insui opere furtivo ac nocturno prudenter imperavit. Et mane cum adhuc sol nondum oriretur, milites capatos capis regiis jussit cum ipso rege missam audituros in ecclesiam comparare. Quod cum fecissent, et mane, ne sompnolentiae redarguerentur, in ecclesia missis celebrandis interessent. [...] quilibet in alterius humeris crucis insutum signaculum intuetur, fit jocunda admiratio; tandem comperiunt, quod pie sophisticatos sic decepit eos rex, novum induens praedicatoris officium, factus potius realis praedicator quam vocalis. Cumque eis indignum videretur ipsas cruces deponere, risum, nec tamen derisum, cum jocunda lacrimarum effusione facientes, regem peregrinatorum venatorem et hominum novum vocaverunt piscatorem."

[4] For Matthew Paris's trustworthiness as a chronicler, see Vaughan, *Matthew Paris*, pp. 129–40.

[5] William C. Jordan, *Louis IX and the Challenge of the Crusade. A Study in Rulership* (Princeton, 1979), p. 13.

[6] For Louis's crusade, see Joseph R. Strayer, "The Crusades of Louis IX," in *A History of the Crusades,* gen. Ed. Kenneth M. Setton, vol. 2, ed. Robert L. Wolff and Harry W. Hazard (Madison, 1969), pp. 487–518; Jean Richard, *Histoire des Croisades* (Paris, 1996), pp. 349–98; idem, *Saint Louis, roi d'une France féodale, soutien de la Terre Sainte* (Paris, 1983), pp. 159–272; Jacques Le Goff, *Saint Louis* (Paris, 1996), *passim*; Jordan, *Louis IX, passim.*

act both laudable and memorable."[7] The epithet "deception" should not be taken too literally. In technical terms Louis IX could not make crusaders. Generally speaking, there were two ways of becoming a crusader: either by a vow made before a cleric, usually a bishop or an authorised crusade preacher, in a personal act which had to be voluntary, or by a vow imposed by a cleric upon an individual as penance.[8] The French king's signing his knights with the cross therefore by no means produced a binding obligation. This was clear to Matthew as well as to the knights concerned, who in the story briefly considered putting down their crosses as it would have been their right to do. The "deception" much rather lay in the cunning with which Louis cornered these knights into a situation in which they found it almost impossible to refuse the king's invitation to become crusaders. Their honour demanded that they did not create a fuss over the involuntary signing with the cross in the midst of a solemn church service. Their dependence on the king's grace and favour made it moreover seem opportune to follow Louis's will. However, we do not know whether all these knights did take an active part in the king's crusade.

Taken at face value, the little episode of Louis IX signing his knights with the cross is but one of the many anecdotes with which Matthew Paris spiced up his account of the *Chronica Majora*. Despite, or probably because of, the quirky nature of the story told, it has not attracted much comment from historians. For the history of Louis IX and the crusade it certainly seems only a minor humorous detail. But if we read this passage in the context of the *Chronica Majora* it suddenly becomes an unsuspectedly rich text with several layers of meaning and a number of references to other parts of the *Chronica*. In addition to reporting an episode of Louis IX's first crusade, this passage has two other aspects. First, Matthew made an interesting comment about preaching in telling this story. Secondly, he used it later on in the *Chronica Majora* as a means of criticising his own King Henry III's attitude to the crusade.

Let us first consider Matthew's comments on preaching and especially the preaching of the crusade. Probably the most striking remark in the whole of this passage is the description of Louis IX as assuming "the task of preacher and procurator of the business of the Crucified" (*officium praedicatoris procuratorisque negotii Crucifixi*). To start with the less important part of this phrase, the term of *procurator* was used infrequently in the context of crusading; it designated someone officially involved in the organisation of a crusade and was used here by Matthew to describe Louis's active personal role in promoting his own crusading project. The emphasis of this phrase, however, lies on the term "preacher," on which Matthew Paris had more to say. In fact, he had already

[7] Matthew Paris, *Chronica Majora* 4:502: "Factum regis Francorum jocosum et laudabile factum et memorabile."

[8] For the crusade vow see James A. Brundage, *Medieval Canon Law and the Crusader* (Madison, 1969), esp. pp. 30–114. Under certain circumstances people could also inherit an unfulfilled crusade vow; see ibid., pp. 78–81, 87, 98.

introduced the idea of Louis IX as a crusade preacher a few folios earlier when he gave a list of eminent barons and bishops who had vowed to join the French king on crusade.[9] According to Matthew, they had done this "because the king of the French had earlier given an example" (*rex Francorum dederat exemplum praevius*) and other noblemen followed their example, "because the king himself acting in the place of a preacher incited them" (*quia ipse jam rex vices agens praedicatoris stimulavit*). The idea of a king preaching was not altogether unknown, although it was no doubt unusual.[10] In the context of the crusade, kings were also known to have preached occasionally. Thus, King Louis VII of France, one of Louis IX's famous crusading ancestors, was said to have delivered a sermon to his barons in the run up to the Second Crusade.[11]

Matthew Paris clearly knew that using the word preaching in this context was a little odd. This is why, in the story about Louis IX's Christmas celebration in 1245, he qualified his statement by saying that the king was performing the task of preacher "in a novel way" (*novo modo*). Later in the same passage Matthew explained what he meant: by staging his little trickery Louis IX made himself a "preacher in fact rather than word" (*potius realis praedicator quam vocalis*). This phrase is reminiscent of a much more general contemporary discourse on preaching. One of the principal qualities required of a successful preacher was that his words be matched by his deeds. This was a recurring theme in the didactic literature on preaching of the thirteenth century.[12] Thomas of Chobham, for example, called it "two-fold preaching, meaning by life and by word" (*duplex praedicatio, scilicet in vita et in verbo*) and went on to explain that preaching consisted in both teaching "by example in life" (*exemplo vite*) and "by word of doctrine" (*verbo doctrine*).[13] This particular aspect of the discourse of the time on preaching grew out of the discussions on the general pastoral duties of the clergy which accompanied the growth of the canonical movement and the new monastic orders in the twelfth century.[14] The idea that preaching was done "by word and example" (*verbo et exemplo*) also cropped up in specific literature on crusade preaching. James of Vitry used exactly this expression in the protheme of one of his *ad crucesignatos* model sermons; later on in the text, James elaborated:

---

9 Matthew Paris, *Chronica Majora* 4:489–90.

10 On the phenomenon of the preaching kings, see Darleen Pryds, "R*ex praedicans*: Robert d'Anjou and the Politics of Preaching," in *De l'homélie au sermon. Histoire de la prédication médiévale*, ed. Jacqueline Hamesse and Xavier Hermand (Louvain-la-Neuve, 1993), pp. 239–62, here pp. 242–45.

11 See *La Chronique de Morigny (1095–1152)*, ed. Léon Mirot (Paris, 1909), p. 83. I should like to thank Jonathan Phillips for making me aware of this passage.

12 See Franco Morenzoni, *Des écoles aux paroisses. Thomas de Chobham et la promotion de la prédication au début du XIIIe siècle* (Paris, 1995), pp. 42–43.

13 Thomas of Chobham, *Summa de Arte Praedicandi*, ed. Franco Morenzoni, CCCM 87 (Turnhout, 1988), p. 24.

14 For this see Caroline W. Bynum, *Docere Verbo et Exemplo. An Aspect of Twelfth Century Spirituality* (Missoula, Montana, 1979) and eadem, *Jesus as Mother. Studies in the Spirituality of the High Middle Ages* (Berkeley, 1982), pp. 36–40.

> Those who want to preach the glory of the cross to others must not only raise their "voice" but also their "hand," so that the exhortatory sermon may enter the "gates" of [people's] ears and hearts. What good is it if the voice is raised and the hand stays down? As Ecclesiasticus says: "Do not be bold of tongue and idle and slack in your deeds!" Those who must be the standard-bearers of the highest emperor can rightly be accused of treason if, by living badly, they keep down the sign which they were given to exalt, just as the standard-bearer of an earthly king is charged with treason if he holds down the banner in battle out of negligence or fear.[15]

Humbert of Romans, in his *De praedicatione S. Crucis*, even went as far as demanding from crusade preachers that, if possible, they should take the cross themselves "so that they do what they tell [others] to do" (*ut faciant quod dicunt faciendum*).[16] The idea that the preacher's words alone were not enough and that his words ideally should be supported by his deeds was the norm against which Matthew Paris used the concept of preaching with regard to Louis IX's crusade recruitment efforts. Matthew simply took this idea to its extreme: King Louis was a preacher who could do away with words altogether and managed "to preach" successfully by his acts alone. This little play of words allowed Matthew to express his admiration for the French king in what he probably considered an intellectually pleasing manner.

This brings me to my second point. There are some striking parallels between the passage about Louis IX's "pious deception" at Christmas 1245 and later comments in Matthew Paris's *Chronica Majora* about the English King Henry III and his crusade plans. In fact, Matthew's description of Henry's Christmas celebration at Winchester in 1250 seems to reflect his earlier story about Louis's in 1245.[17] The first parallel is one of chronology. Christmas 1245 was Louis's first Christmas celebration as a crusader;[18] Henry took the cross (for the second time) in March 1250 and celebrated his first Christmas as (new) crusader in that year. Since Matthew Paris regularly commented on the English king's Christmas court, this seemed an obvious point for introducing a comparison with the French king. Matthew's story of Louis's Christmas celebration consists of nothing but high

---

15 MS Troyes, Bibliothèque Municipale, 228, ff. 149va–b: "Non solum autem 'vocem' sed et 'manum' debent levare qui crucis gloriam aliis volunt predicare, ut 'portas' [Is. xi, 12] aurium et cordium exhortationis sermo valeat penetrare. Quid enim prodest si vox fuerit exaltata et manus depressa? Cum dicat Ecclesiasticus [iv, 34]: 'Noli esse citatus in lingua tua et inutilis et remissus in operibus tuis!' Qui igitur summi imperatoris signiferi esse debent, si signum quod exaltandum susceperunt male vivendo deprimunt, merito proditionis argui possunt sicut terreni regis signifer, si in conflictu vexillum negligentia vel timore depresserit, proditionis reatum incurrit." See also *Analecta Novissima Spicilegii Solesmensis altera continuatio*, ed. Jean-Baptiste Pitra, 2 vols. ([Paris], 1885, 1888), 2:422–23.

16 Humbert of Romans, *De praedicatione Sanctae crucis* ([Nürnberg], 1495), ch. 28.

17 Matthew Paris, *Chronica Majora* 5:198–99.

18 The exact date of Louis's taking the cross at the end of December 1244 is not known. But given the king's preceding serious illness, his first proper Christmas celebrations as crusader were in 1245.

praise for the French king's enthusiasm and personal commitment for the crusade, whereas the chronicler's comments on Henry's first Christmas as crusader is a damning indictment of the English king's lukewarm, if not downright hypocritical, approach to the crusade, as Matthew Paris saw it. In Louis's case, Matthew praised the French king's personal efforts in recruiting participants for the crusade, while at the same time honouring them with precious gifts far beyond the usual, and this despite the huge costs of the impending crusade. It is at this point that the second parallel with Henry sets in. Matthew Paris pointed out that Henry, pleading poverty on account the financial burdens of the crusade, refused to give away any gifts at all, in stark contravention to custom and the king's usual generosity at Christmas.[19] Matthew complemented this portrayal of a mean king with that of a greedy crusader. In the same context he criticised Henry for unlawfully cutting down woods belonging to the vacant episcopal see of Winchester; as Matthew remarked, such behaviour was not fitting for a crusader.[20]

The descriptions of the two crusader kings' Christmas celebrations could not be more different. Here the French *rex Christianissimus*, pious, playful, generous, authoritative and above all personally committed to the crusade; there the English king, rapacious, mean and all but intent on abusing his status as crusader for his own financial gain. We know well that Matthew Paris's harsh criticism of Henry III's crusade policy cannot be taken at face value; it was tinted by Matthew's own partisan stance and aided by hindsight.[21] But it is interesting to see how the chronicler constructed his criticism of Henry's attitude towards the crusade within the wider context of the *Chronica Majora*. For anyone reading through the years 1245–1252 the parallels between the treatment of the two kings' attitudes towards the crusade would have sprung to mind. Thus, there is also a description of Henry III's attempt to promote his crusade in person; in both manner and result this could not have been more different from Louis IX's "preaching" of the cross in 1245.[22] The passage in question concerns a recruitment event in London in April 1252 when the king summoned the inhabitants of the city to listen to crusade sermons by the bishops of Worcester and Chichester and the abbot of Westminster. When people did not respond to their call despite what looks like a pre-arranged taking of the cross by a number of knights, Henry reacted by personally insulting the audience. So much, according to Matthew Paris, for the English king's recruitment efforts.

---

19 Matthew Paris, *Chronica Majora* 5:199: "Eodemque celeberrimo festo, licet omnes praedecessores sui indumenta regalia et jocalia pretiosa consuevissent ab antiquo distribuere, ipse tamen rex, de sua forte peregrinatione sollicitus et parcus, nulla penitus militibus distribuit vel familiaribus."

20 Matthew Paris, *Chronica Majora* 5:198.

21 For this see Simon Lloyd, *English Society and the Crusade 1216–1307* (Oxford, 1988), pp. 207–43, esp. pp. 213–35; Christopher Tyerman, *England and the Crusades 1095–1588* (Chicago, 1988), pp. 111–23, esp. pp. 112–13.

22 Matthew Paris, *Chronica Majora* 5:281–82.

Analysing Matthew Paris's characterisation of the French king, Jacques Le Goff recently commented that, "when he talks about Louis IX, he rather seems to be thinking of Henry III."[23] This is certainly true in many instances, but in the case discussed here it rather appears to be the other way around. The above-mentioned passages about Henry and the crusade of 1250 and 1252 belong to the continuation of the *Chronica Majora* and were clearly written after the part which includes the "pious deception" of Louis IX.[24] For the matters discussed here, it rather seems that Matthew was thinking of Louis IX when writing about Henry III, to turn Le Goff's phrase round.

Matthew Paris's short episode has little to contribute to the history of Louis IX's first crusade, although it adds a spot of lightness and colour to the story of an otherwise serious military enterprise which had an ultimately sad outcome for many of the people involved. On the other hand, this passage of the *Chronica Majora* is a good example of the character of the writing of Matthew Paris, and indeed of many other medieval chroniclers. It is a dense text which borrows from, and contributes to, a number of discourses which, depending on the reading process, are more or less obvious and explicit.

---

23 Le Goff, *Saint Louis*, p. 450: "Il semble, en parlant de Louis IX, penser davantage à Henri III."

24 For the chronology of the writing of the *Chronica Majora*, see Vaughan, *Matthew Paris*, pp. 52–66.

Matthew Paris, the Lives of Muhammad, and the Dominicans

James Powell

Jean Richard has long been identified with the study of Christian missions to the East. This brief essay may be more meaningful by reason of its inclusion in a festschrift dedicated to this distinguished French historian and valued colleague in the study of the crusades, whose contributions go far beyond anything I could say here.

The lives of Muhammad included in Matthew Paris's *Chronica majora* are well known to historians.[1] Recently, John Tolan turned to this text for a comparison with Guibert of Nogent, remarking that Matthew "in the tradition of medieval chroniclers included diverse and often contradictory information in his *Chronica majora*."[2] Indeed, this statement merely affirms what Richard Vaughan wrote in his still valuable study forty years ago.[3] But neither Vaughan nor Hans-Eberhard Hilpert discuss the lives of Muhammad.[4] Understandably, interest in these works has been confined chiefly to specialists in Islamic history. Ugo Monneret de Villard devoted a brief passage to Matthew Paris, noting that these lives were part of materials sent by the Dominicans to Pope Gregory IX, as Matthew himself tells us. Villard held a low opinion of the material, saying that the section *De fide Sarracenorum* was "una povera esposizione."[5] He also noted, in agreement with Berthold Altaner, that Röhricht was incorrect in his attribution of authorship to William of Tripoli.[6] Norman Daniel provides a more satisfactory explanation of the source for this material, relating it to the *Risālat ʼAbdilāh ibn-Ismāʻīl al-*

1 Matthew Paris, *Chronica majora*, ed. Henry R. Luard, 7 vols. (London, 1872–83), 3: 343–61.

2 John Tolan, "Un cadavre mutilé: le déchirement polémique de Mahomet," *Le Moyen Age* 104 (1998), 53–72. This essay deals chiefly with the history of the myth that Muhammad's iron tomb was suspended in the air at Mecca.

3 Richard Vaughan, *Matthew Paris* (Cambridge, 1958), p. 143.

4 Hans-E. Hilpert, *Kaiser- und Papstbriefe in den Chronica Majora des Matthaeus Paris* (Stuttgart, 1981).

5 Ugo Monneret de Villard, *Lo studio dell'Islam in Europa nel XII e nel XIII secolo* (Città del Vaticano, 1944), p. 60.

6 Monneret de Villard, *Lo studio*, p. 60; Berthold Altaner, *Die Dominikanermissionen des 13. Jahrhunderts* (Habelschwerdt, 1924), p. 87, n. 90. Altaner also doubted that these materials had a Dominican source, arguing that the "praedicatores partes illas peragrantes" did not refer to "fratres praedicatores." But he did not seem to have been aware of the letter of Patriarch Gerold cited below that refers to the Dominican Walter, his confessor. He cited only the supposed letter of Gerold from Matthew Paris, but said that it was sent to Gregory IX rather than "to all the faithful." Altaner, *Dominikanermissionen*, p. 22.

Hāshimi ila Abd-al-Masīh ibn-Isḥāq al-Kindi wa-risālat al-Kindi ila al-Hāshimi, an early Christian Arab apologetical work, which had been found in Toledo by Peter the Venerable and used by him.[7] While this line of enquiry will, I am sure, provide additional information regarding the transmission of these texts, the present article focuses on the way in which this material came into the hands of Matthew Paris and its relationship to other materials he used in his revision of the chronicle of Roger Wendover. In order to pursue this question, we need first of all to examine briefly its content.

In his introduction to this material, Matthew informs his readers that this "writing" was sent to Pope Gregory IX from the east by *praedicatores partes illas peragrantes,* that is, Dominicans.[8] He reports that when these texts were understood, the audience received them with hissing and derision. These words set the tone for the life of Muhammad that follows. It is, as others have noted, a polemical work. There is a kernel of factual information wrapped in gossip and legend, along with much misinformation. The second piece is entitled *De fide Sarracenorum secundum Machomet*. It is also polemical, but of a rather different tone and content, as we shall see. There is a third piece, which is headed: "Explicit scriptum ad dominum Papam de pseudo-prophetia Machometh. Incipit aliud de eodem." We learn that this work had its origin with a renowned preacher who *ejusdem Machometh legem praedicando reprobavit.*[9] This statement thus identifies Matthew's source as a member of the Dominican Order, who had made clear to Matthew that this account of Muhammad came from himself and was not part of the material sent to the pope. Whether he did this in person or through an intermediary is unclear. A major part of this account is taken up by the legend of Muhammad's discussion of the ark of Noah.[10] Immediately following the Islamic material, Matthew turns to the subject of the heretical depravity of the Patarenes and Bulgarians. This section is also valuable for understanding the preceding material.[11]

The first life of Muhammad opens with a genealogy tracing the descent of the Saracens, and more especially Muhammad, from Agar, the slave woman who bore a son to Abraham, for which reason they are called Agarenes. They are also called Ishmaelites from Ishmael, this son. There is one interesting note in that the author makes special mention of the fact that, during the caliphate of Omar, the Emperor Heraclius killed the Persian Emperor Chosroes.[12] Although this life

---

[7] Norman Daniel, *Islam and the West: The Making of an Image* (Oxford, 1993; first published, Edinburgh, 1960), p. 30; James Kritzeck, *Peter the Venerable and Islam* (Princeton, 1964), pp. 31–32. Daniel did not claim that the Matthew Paris material was from the *Risāla*, but only that it showed similarities to it.

[8] Matthew Paris, *Chronica majora* 3:343. See above, n. 5.

[9] Matthew Paris, *Chronica majora* 3:356.

[10] Matthew Paris, *Chronica majora* 3:357–60.

[11] Matthew Paris, *Chronica majora* 3:361.

[12] Matthew Paris, *Chronica majora* 3:344–45.

was originally written in Arabic, this passage suggests that the author may have been a Byzantine subject. We may well wonder whether this work had its origin in Byzantine propaganda.[13] The points that are emphasized in the remainder of the work are consistent with this conjecture. Muhammad is characterized as one who preys on merchants. The section on Muhammad as an adulterer and on his lust is also consistent with this tradition. The author is at considerable pains to demonstrate that Muhammad was not a Christ figure. He did not work miracles, nor did he rise from the dead.[14] Islam was spread by a renegade Nestorian monk, Sergius by name. This also suggests a possible Orthodox bias. While this life contains little that would commend it as a source for the study of Muhammad, it is not without value. Behind the polemic there was, as we have noted, a certain factual base that provided a foundation of plausibility to the whole.

The *De fide Sarracenorum secundum Machomet* is a work of a different character.[15] While polemical, it provides a more straightforward comparison between Christian and Islamic teachings. It may well bear comparison with the later work by the Dominican, William of Tripoli, discussed by Altaner.[16] The work begins with the issue of the Trinity, which is certainly the greatest difference between Christianity and Islam. On Christ's birth, Muslims teach that Christ was born of the Virgin Mary through the Holy Spirit, but they maintain that he was created by the power of God in the same manner as Adam.[17] The author also points out that Muslims deny the passion and death of Christ on the cross. He says that Muslims believe that the name of Muhammad was erased from the Gospel. He stresses Muslim belief in polygamy and describes their fast during the month of Ramadan and their abstention of coitus during the pregnancy of their wives. The degree of accuracy in this account is much greater than that found in the life of Muhammad. It may have served as a basis for works such as that by William of Tripoli. The theological purpose of this short tract seems clear and suggests that this was not a work of propaganda so much as a tract aimed at informing those egaged in disputes with Muslims.

The "account" of Muhammad that Matthew received from the celebrated "preacher" has a special interest for us. It is not biographical, but a refutation of the teachings of Muhammad. There is considerable attention paid to marriage and sexual practices. The attacks on the prophet are stronger than in the previous texts, leaving little doubt that this work was intended for a polemical purpose. It also contains a lengthy quotation of the legend of Muhammad's response concerning the flood and the ark of Noah. But, of particular interest here is a passage in which Muhammad spoke of three prophets:

---

13 Kritzeck, *Peter the Venerable*, pp. 17–18.

14 Daniel, *Islam and the West*, pp. 94–95.

15 Matthew Paris, *Chronica majora* 3:352–55.

16 Altaner, *Dominikanermissionen*, pp. 85–87. See also Wilhelm von Tripolis, *Notitia de Machometo. De statu saracenorum*, ed. Peter Engels (Würzburg, 1992), p. 24.

17 Matthew Paris, *Chronica majora* 3:353.

> tres fuisse tantum prophetas, nec plures esse futuros, Moysen qui ex hominibus, Jesum qui et de celo, et Machomet qui ex terra legale sumpsit testamentum; Moyses quae suo tempori competebant per legem sibi a Deo datam instituit; Jesus autem quae suo tempore facienda fuerant per Evangelium praedicavit et tradidit; similiter et ipse Machomet apta suo tempore stabilivit. Evacuato igitur tempore legis successit Evangelium; evacuato etiam [tempore] Evangelii, succesit lex Machometh, quasi defectum supplens praedictorum et praeteritorum.[18]

The author says that Muhammad preached this view in order to please the followers of the two Testaments, accusing him in effect of cutting his cloth to please potential purchasers. Although this grouping of Moses, Christ, and Muhammad is not unusual, it occurs only here in this collection. As we will see, however, it is related to another text used by Matthew that was almost certainly part of this same group of materials.

The final passage that I wish to discuss does not deal with Islam at all, but with the heresy of the Patarenes and the Bulgarians. It follows, as I noted above, immediately after the account of Muhammad's teachings. Interestingly, Matthew, having begun as though he was about to treat this heresy in detail goes on to say the he prefers to be silent rather than to speak of it. Instead, his passage provides an uncharacteristic boost for the work of the Franciscans and the Dominicans, especially of Brother Robert of the Order of Preachers, surnamed Bugre. "Quia ab illo conversus habitum suscepit Praedicatoris, qui malleus haereticorum dicebatur, confusus est eorum superstitio et error deprehensus."[19] Given Matthew's criticism of Robert Bugre elsewhere in the *Chronica* and his well-known attitude toward the mendicants, it is surprising that this passage appears at this point.[20] I suggest that it was originally a part of the Dominican materials that Matthew incorporated at various places in his revision of the chronicle of Roger Wendover, much of it having an eastern origin and related to the crusades and the Dominican missions in the east. Reference to the Bulgarians in particular suggests that this is likely.

Possibly what Matthew Paris incorporated into his chronicle was part of a dossier of Dominican missionary work in the east.[21] He tells us that some of this material was sent to the papal court, but that it did not include the account of the faith of Muhammad, which came from a "celebrated Preacher." It may even be the case that Matthew had direct contact with this Dominican, who was returning from the east via the papal court and was able to provide Matthew with a copy of the dossier. But this was not the only material Matthew received. In previous

---

18 Matthew Paris, *Chronica majora* 3:357.

19 Matthew Paris, *Chronica majora* 3:361.

20 Matthew Paris, *Chronica majora* 3:520; Vaughan, *Matthew Paris*, p. 151.

21 On the study of eastern languages by the Dominicans in the thirteenth century, cf. Altaner, *Dominikanermissionen*, p. 47, n. 31, where he cites a passage from Matthew Paris, *Chronica majora* 3:398. This passage refers a to later period. Altaner, consistently argues that Dominican activity in the Holy Land dates from the 1230s at the earliest. See, however, n. 5 above.

articles, I have shown the likelihood that Matthew had also obtained information about the blasphemous reference to Moses, Jesus, and Muhammad imputed to the Emperor Frederick II and a copy of a supposed encyclical letter by Gerold of Lausanne, patriarch of Jerusalem, concerning the surrender of Jerusalem to Frederick as a result of his treaty with al-Kamil, from Dominican sources, either directly or indirectly.[22] In the first of these, I noted that Matthew, under the year 1238, had provided a version of Frederick's supposed blasphemies that differed from that which he found in the letter of Pope Gregory IX, which he published under the year 1239. Frederick was supposed to have labelled Moses, Jesus, and Muhammad as imposters. In the two versions, however, there are significant differences in the description of Frederick's supposed heresy. Examination of these suggested that their authors were familiar with the Cathar heresy and led me to suggest that Dominicans may have been responsible for both versions, that in the pope's letter and that found under the year 1238.[23] As we know, these revisions to the account of Roger Wendover by Matthew were made at about the same time in the mid–1240s.[24] I would now suggest that the 1238 version of the accusation of blasphemy against Frederick should be viewed in the context of the Dominican dossier.

In the case of Patriarch Gerold's letters, the references to the Dominicans are clear. In the forged encyclical, there is a reference to Frederick's mistreatment of Franciscans and Dominicans in Jerusalem. The question is not whether or not such mistreatments occurred, but whether Patriarch Gerold dealt with them. There is no evidence outside of this forged letter that he did.[25] We do know, however, that Gerold's confessor was an English Dominican named Walter, who acted as an intermediary between him and Hermann von Salza, the master of the Teutonic Order, to secure a copy of Frederick's treaty with al-Kamil.[26] From this evidence, it seems clear that Matthew Paris, despite his critical views of the mendicants, drew on members of Dominican order as a source for information about the East. The extent of that information suggests that the Dominicans were already actively involved in a programme of study of Islam in the 1230s or early 1240s. Perhaps further study of this material in this light may help us to move beyond mere commentary on its deficiencies to a recognition of its value as a stage in the growing interest of the west in the east.

---

22 James M. Powell, "Frederick II and the Muslims: The Making of an Historiographical Tradition," in *Iberia and the Mediterranean World of the Middle Ages*, ed. Larry J. Simon, 2 vols. (Leiden, 1995), 1: 261–69. Also, James M. Powell, "Patriarch Gerold and Frederick II: The Matthew Paris Letter," *Journal of Medieval History* 25 (1999), 19–26.

23 Powell, "Frederick II," pp. 262–63.

24 Powell, "Patriarch Gerold," p. 25; Vaughan, *Matthew Paris*, pp. 21–34.

25 Powell, "Patriarch Gerold," p. 26.

26 Ibid., p. 25; William A. Hinnebusch, *The Early English Friars Preachers* (Rome, 1951), p. 435. Did Walter continue to act as a conduit for information after his return to to England?

Sur les traces de Buscarello de' Ghisolfi

Michel Balard

Pendant la dernière décennie du XIIIe siècle et la première du XIVe siècle, les projets de coopération entre l'Il-khanat de Perse et l'Occident chrétien ont donné lieu à de multiples échanges de lettres et d'ambassades entre les deux parties concernées : il s'agissait de mettre au point des opérations communes contre les Mamlûks, afin de sauver les Etats francs de Terre sainte ou, après 1291, d'en permettre la reconquête.[1] Sous l'égide de la papauté et avec le concours des deux plus puissants souverains d'Europe, les rois de France et d'Angleterre, une croisade devait être organisée et se joindre en Syrie du Nord aux troupes mongoles. La restitution de Jérusalem aux chrétiens d'Occident serait le prix de la victoire espérée sur les armées du Caire.

Les distances séparant l'Il-khanat de Rome, de Paris et de Londres, les difficultés de communication linguistique impliquaient que l'on eût recours à des intermédiaires connaissant bien les itinéraires reliant l'Occident au khanat mongol et ayant acquis, à l'exemple de l'auteur du *Codex cumanicus*,[2] des rudiments de la langue en usage à la cour de Tabriz. Nul mieux que les marchands italiens, qui depuis les années 1260 fréquentaient les rives de la mer Noire,[3] ouvertes à leur commerce, ne pouvait remplir ces fonctions. Génois, Vénitiens et Toscans s'illustrèrent tour à tour comme envoyés des khans auprès de la cour pontificale ou comme porteurs des missives royales ou papales à Tabriz, capitale des Il-khans de Perse. L'interprète Ughetto et le Génois Tommaso degli Anfossi, Giovanni Barlaria et Balaba de Gênes, les Vénitiens Pietro Viadro et Simeone Avintaturo, le Pisan Isol et le Florentin Guicciardo de' Bastari furent quelques-uns de ces intermédiaires. Pour beaucoup d'entre eux, ils ne sont que des noms parvenus jusqu'à nous, au hasard de documents isolés.[4]

---

[1] David Morgan, *The Mongols* (Oxford, 1986), pp. 175–87 ; Sylvia Schein, *Fideles Crucis. Europe, the Papacy and the Crusade 1274–1314* (Oxford, 1990) ; Norman Housley, *The Later Crusades. From Lyons to Alcazar 1274–1580* (Oxford, 1992), pp. 7–29.

[2] G. Kuun, éd., *Codex cumanicus* (Budapest, 1880) ; G. Grønbech, *Monumenta linguarum Asiae Minoris 1 : Codex Cumanicus* (Copenhague, 1936) ; idem, *Komanisches Wörterbuch. Türkischer Wortindex zu Codex Cumanicus* (Copenhague, 1942) ; D. Drüll, *Der Codex Cumanicus. Entstehung und Bedeutung* (Stuttgart, 1979).

[3] Georges I. Bratianu, *La mer Noire, des origines à la conquête ottomane* (Munich, 1969), pp. 204–49 ; Dimitri Obolensky, *The Byzantine Commonwealth. Eastern Europe 500–1453*, 2e éd. (Londres, 1974), pp. 50–51, 335–37 ; Michel Balard, *La Romanie génoise (XIIe–début du XVe siècle)*, 2 vol., BEFAR 235 (Rome, 1978).

[4] Luciano Petech, "Les marchands italiens dans l'empire mongol," *Journal asiatique* 250 (1962), 549–74 ; Jean Richard, "Isol le Pisan : un aventurier franc gouverneur d'une province mongole," *Central Asiatic Journal* 14 (1970), 186–94.

Buscarello de' Ghisolfi est un peu mieux connu, ne serait-ce qu'au travers des comptes de l'ambassade anglaise de Geoffroy de Langley, qu'il guida en 1292 vers Trébizonde et Tabriz.[5] Rappelons, avec Jacques Paviot, le peu que l'on sait de son activité au service de l'Il-khan mongol, de la papauté et du roi d'Angleterre, Edouard 1er. Le Génois apparaît dans nos documents en 1274 : il participe alors financièrement au voyage d'une galée, ce qui implique qu'à cette date il avait au moins atteint sa majorité. Cinq ans plus tard, par un acte instrumenté à L'Aïas (Petite-Arménie), l'un de ses frères, Pietro, le charge de le représenter dans ses affaires.[6] Buscarello est à Gênes en 1280–81 : deux actes nous apprennent les noms de ses parents, Giovanni et Alda de' Ghisolfi, de son frère Percivalle et de son neveu Corradino, fils de Lanfranco. Il entre ensuite au service de l'Il–Khan Argoun qui lui confère le titre de porte-carquois et l'envoie en avril 1289 en mission en Occident. Il passe par Caffa où, le 4 juillet de cette même année, il charge son parent Giacomo de s'occuper de toutes ses affaires ; de fait, une semaine plus tard, son procurateur reçoit en son nom une somme de 2.266 aspres qu'il promet de rembourser à Gênes avec les intérêts que rapporterait cette somme, si elle avait été investie en cuirs transportés de Caffa en Occident.[7] L'envoyé du khan mongol ne néglige pas les affaires commerciales.

Après avoir rencontré le pape à Rieti en septembre 1289, Buscarello se rend à Londres où il présente à Edouard 1er en janvier 1290 une lettre d'Argoun, qu'il remet ensuite à Philippe le Bel. Cette missive est accompagnée d'un document en français qu'il a rédigé lui-même pour faire connaître au souverain les intentions de l'Il-khan : organiser une expédition conjointe contre l'Egypte en 1290–91. La réponse de l'Occident tardant à venir, Argoun dépêche à Rome de nouveaux envoyés, Zaganus et Gorgi, qui acceptent le baptême et accompagnent Buscarello auprès du roi d'Angleterre en décembre 1290. Le Génois dut rentrer ensuite dans sa patrie ; c'est là en effet que le rejoint au cours de l'été 1291 l'ambassade de Geoffroy de Langley, partie de Londres vers le 23 juin 1291. Buscarello, en effet, emprunte en août 1291 919 livres génoises pour un voyage vers la Romanie, qui l'amène à passer l'hiver à Péra, avec l'ambassade anglaise, son frère Percivalle et son neveu Corrado. Les comptes de l'ambassade signalent Buscarello à

---

[5] Sources : Luigi -T. Belgrano, "Rendiconto dei lavori fatti dalla Società ligure di Storia patria negli anni accademici 1865–1866," *Atti della Società ligure di Storia patria* (abrégé *ASLi*) 4 (1866), cxxvii–cxxix et cc–ccvi ; Cornelio Desimoni, "I conti dell'ambasciata al Chan di Persia nel MCCXCII," *ASLi* 13 (1879), 554–56. Travaux : Luciano Petech, "Les marchands italiens," 562–65 ; Jean Richard, "Buscarello de Ghizolfi," *Encyclopaedia iranica* 4/6 (1990), p. 569 ; Jacques Paviot, "Buscarello de' Ghisolfi marchand génois intermédiaire entre la Perse mongole et la chrétienté latine (fin du XIIIe–début du XIVe s.)," dans *La Storia dei Genovesi* 11 (Gênes, 1991), pp. 107–17.

[6] Desimoni, "I conti," pp. 554–55 ; Laura Balletto, *Notai genovesi in Oltremare. Atti rogati a Laiazzo da Federico di Piazzalunga (1274) e Pietro di Bargone (1277, 1279),* Collana storica di Fonti e Studi diretta da Geo Pistarino 53 (Gênes, 1989), 2:356–57, n° 118.

[7] Michel Balard, *Gênes et l'Outre-Mer.* 1 : *Les actes de Caffa du notaire Lamberto di Sambuceto 1289–1290* (Paris-La Haye, 1973), doc. n° 255 et 263, pp. 115 et 117.

Trébizonde en mai 1292, à Tabriz entre la fin juillet et la mi-septembre, de retour à Trébizonde le 13 octobre. L'ambassade y loue une galée qui fait escale à Constantinople en novembre et arrive à Otrante à la fin de ce même mois. Par voie de terre elle gagne Rome, où elle passe Noël, puis Gênes, où Buscarello se sépare des Anglais le 23 janvier 1293.[8]

Pendant neuf années, Buscarello disparaît de la scène : il n'est pas question de lui en Chypre où sont présents quelques membres de sa famille, dont un certain Balianus. Il faut attendre l'année 1302 pour le voir à nouveau envoyé par l'Il-khan Ghazan à Rome, en réponse à une lettre que Boniface VIII avait fait porter à Tabriz par notre Génois. Il s'agissait toujours d'un plan d'opérations conjointes en Terre sainte contre les Mamlûks. Le pape fit poursuivre l'ambassade jusqu'à Londres, où Edouard 1er répondit à l'Il-khan par lettre du 12 mars 1303 : il demandait un report des opérations désirées par le souverain mongol.[9]

Si l'on distingue bien le rôle de Buscarello à travers toutes ces ambassades, il était jusqu'ici plus difficile de savoir qui il était. La découverte de son testament dans les archives de Gênes[10] permet de lever un coin du voile et de situer le personnage au sein d'une famille élargie. Le testament a été instrumenté le 20 juin 1303, c'est-à-dire au retour du dernier voyage effectué par Buscarello auprès du roi d'Angleterre. De passage à Gênes, notre homme était sans doute encore en bonne santé, puisqu'il envisage la possibilité d'une mort en mer, donc l'imminence d'un nouveau voyage. En ce cas, il s'apprêtait sans doute à repartir pour la Perse, porteur de la dernière lettre d'Edouard 1er à l'Il-khan, datée du 12 mars précédent.

Le testament révèle l'origine de Buscarello et la composition de sa famille. On peut voir dans son désir d'être inhumé dans l'église du monastère Saint-André de Sestri Ponente, seul établissement ecclésiastique cité dans le texte, son attachement à un petit bourg de la banlieue génoise, sans doute à l'origine géographique de sa famille. Celle-ci comporte son épouse, Grimaldina, et ses sept enfants : trois filles et quatre garçons. Le surnom affectueux attribué à la seule fille mariée et déjà veuve, Spreciosa, en fait sans doute l'aînée de la famille, ses deux soeurs ayant moins de seize ans. Les quatre fils, encore célibataires, ont moins de vingt ans : leur naissance doit donc se situer à la fin des années 1280 et au début de la décennie suivante. On remarque en effet que l'un se nomme Argonus, en souvenir des services rendus au khan Argoun, et qu'un autre porte le prénom d'Odoardus, réminiscence de la familiarité de Buscarello avec le roi d'Angleterre, Edouard 1er. La mention de sept enfants par un testateur est peu ordinaire, si l'on en croit l'étude des généalogies réalisée par Steven Epstein à partir des testaments

---

8 Paviot, "Buscarello," pp. 110–12 ; idem, "Le séjour de l'ambassade de Geoffroy de Langley à Trébizonde et à Constantinople en 1292," *Médiévales* 12 (printemps 1987), 47–54.

9 Paviot, "Buscarello," p. 112.

10 Archives d'Etat de Gênes, *Notai ignoti*, Busta 8, fragment 93, fols. 127v–128v. Je remercie Laura Balletto d'avoir bien voulu collationner ce document que nous publions en annexe.

génois :[11] elle situerait Buscarello dans la tranche supérieure des testateurs les plus féconds.

Notre Génois appartient par ailleurs à une famille très large. Les documents notariés qui le concernent mettent en évidence quatre et peut-être cinq de ses frères : Guglielmo et Pietro cités à L'Aïas en 1279, Percivalle qui l'accompagne au cours de son ambassade de 1291–92, Lanfranco, père de son neveu Corrado, autre membre de la même ambassade, et peut-être Giacomo, le procurateur de Buscarello à Caffa en 1289. Le comptoir génois de Crimée accueille un grand nombre de membres de la famille Ghisolfi qui, avec onze représentants, se situe dans les tout premiers rangs de l'aristocratie marchande génoise expatriée en 1289–90.[12] Possédant de solides intérêts économiques à Caffa, les Ghisolfi ont cherché très tôt à pénétrer vers le coeur de l'Asie, et plus particulièrement vers la capitale de l'Il-khanat de Perse qui commandait l'une des routes menant vers l'Inde et la Chine.[13] Buscarello, marchand et aventurier, s'est mis au service du prince, tout comme Marco Polo, devenu officier du Grand Khan.[14]

Gagna-t-il dans ces ambassades une coquette fortune ? Le détail des legs testamentaires illustre une aisance dont l'origine n'est pas uniquement le fruit de l'activité du testateur. Celui-ci possède une maison à Gênes et une villa hors les murs, au lieu-dit Gaiano, que nous n'avons pu identifier : deux éléments d'une richesse foncière assez communs dans l'aristocratie génoise. En revanche, l'argent liquide disponible situe Buscarello parmi les privilégiés. Notre Génois a fait un beau mariage : son épouse Grimaldina lui a apporté 700 livres de dot, une somme énorme qui dépasse les dots obtenues par le très puissant Fulco de Castello, consul de Gênes en 1175 et 1188, puis podestat en 1205,[15] qui reconnaît avoir touché une dot de 500 livres, ou par Oberto Lomellino qui a reçu la même somme de Simona Grillo.[16]

A cette belle dot, s'ajoute une *extrados* de 400 livres, provenant soit d'une part d'héritage reçue par sa femme de sa propre famille, soit d'une augmentation de la dot avant le mariage.[17] Grimaldina devait appartenir à l'une des plus riches familles de Gênes, qu'il est jusqu'à présent impossible d'identifier (peut-être une Grimaldi ?). Sur ces 400 livres, 300 ont été confiées en commande aux fils de Buscarello, seule mention d'un investissement commercial dans le testament.

---

[11] Steven Epstein, *Wills and Wealth in Medieval Genoa, 1150–1250* (Cambridge, Mass., 1984), p. 73.

[12] Balard, *La Romanie génoise* 1:236.

[13] Robert-Henri Bautier, "Les relations économiques des Occidentaux avec les pays d'Orient au Moyen Age. Points de vue et documents," dans *Sociétés et compagnies de commerce en Orient et dans l'Océan Indien. Actes du 8e colloque international d'Histoire maritime (Beyrouth 5–10 septembre 1966),* éd. Michel Mollat (Paris, 1970), pp. 263–331.

[14] Jacques Heers, *Marco Polo* (Paris, 1983), pp. 225–72.

[15] Giovanna Petti-Balbi, éd., *Georgii et Iohannis Stellae Annales Genuenses, RIS NS* 17.2 (Bologne, 1975), pp. 60–62.

[16] Epstein, *Wills and Wealth*, pp. 106 et 111.

[17] Ibid., p.106.

Grimaldina, selon la tradition génoise, a la propriété de sa *parapherna*, constituée par ses vêtements et son linge de maison, et de sa *massaricia*, formée des bijoux et bagues qu'elle a pu recevoir.[18] Contrastant avec l'importance de la dot, le douaire (*antefactum*) accordé par Buscarello paraît bien modeste : 100 livres, soit l'équivalent de ce que Fulco di Castello a consenti à son épouse. Alors que le douaire représente généralement la moitié de la dot, il tend à diminuer quand celle-ci est élevée.[19] L'aisance de Buscarello est encore illustrée par le montant de la dot et du douaire de sa fille Spreciosa, soit 800 livres. La famille dispose donc de près de 2.000 livres d'argent liquide au moment de la rédaction du testament.

La propriété de deux esclaves n'est pas exceptionnelle dans les couches supérieures de la société génoise.[20] Cependant le fait que ces deux femmes portent encore un nom païen, Camosa et Mana, paraît attester une importation récente, puisqu'une des premières préoccupations des maîtres est de faire baptiser leur esclave. Il est vraisemblable que les deux servantes ont été acquises lors du dernier voyage de Buscarello dans les régions pontiques.

Le testament met enfin en relief l'attachement particulier que notre Génois porte à son épouse, Grimaldina. Elle est la seule tutrice de ses enfants, ce qui est très rare à Gênes où d'ordinaire la veuve est assistée de parents ou de proches pour la bonne exécution des clauses testamentaires et pour l'assistance à apporter aux enfants mineurs.[21] Ce n'est pas le cas ici. Non seulement Grimaldina recouvre sa dot, son douaire et ses affaires personnelles, mais seule elle a la responsabilité du devenir de ses enfants : choix du mariage ou de l'entrée au monastère pour les filles, gestion des biens du couple au mieux des intérêts de ses fils tenus de la croire sur simple parole et non d'après des témoignages écrits. Buscarello accorde ainsi à son épouse un pouvoir considérable, qui dépasse de loin le rôle économique que peut assumer la femme dans la société génoise.[22] Une réserve cependant : comme dans l'ensemble des testaments de chefs de famille, le texte contient un encouragement pour la femme à ne point se remarier : le veuvage lui permet d'être maîtresse des biens, des comptes et de la tutelle des enfants.

En ce sens, le testament de Buscarello, si original par la place, l'attention et sans doute l'affection manifestée à l'égard de l'épouse, affiche la préoccupation constante des chefs de famille : assurer la continuité familiale, en donnant une préférence aux enfants mâles dans l'héritage, en désignant ensuite les neveux en

---

18 Sur ces termes, voir Epstein, *Wills and Wealth*, p. 107.

19 M. Bellomo, *Profili della famiglia italiana nell'età dei comuni* (Catane, 1966), pp. 135–45 ; Laura Balletto, "Per la storia del matrimonio nella Liguria del Duecento (Sarzana, 1293)," *Atti dell'Accademia ligure di scienze e lettere* 32 (1975), 3–13 ; Epstein, *Wills and Wealth*, p. 104.

20 Balard, *La Romanie génoise* 2:818.

21 Epstein, *Wills and Wealth*, p. 90.

22 Georges Jehel, "Le rôle des femmes et du milieu familial à Gênes dans les activités commerciales," *Revue d'histoire économique et sociale* 53 (1975), 193–215 ; Geo Pistarino, "La donna d'affari a Genova nel secolo XIII," dans *Miscellanea di storia italiana e mediterranea per Nino Lamboglia* (Gênes, 1982), pp. 157–69.

ligne masculine comme héritiers potentiels, en cas de mort prématurée des fils. La continuité fut-elle assurée ? Le testament est l'ultime document qui nous mentionne Buscarello vivant. En 1317, il n'était plus de ce monde, puisqu'un acte notarié mentionne Argonus de Ghisolfi, fils de feu Buscarellus.[23] Ce même Argonus obtient du pape Jean XXII en 1329 une dispense de mariage pour sa fille.[24] Les Ghisolfi se créèrent à la fin du XIVe siècle une seigneurie à Matrega ; ils se maintinrent jusqu'en 1482 dans cette ville de la péninsule de Taman, sur la route des khanats mongols, où s'était illustré deux siècles plus tôt leur ancêtre, Buscarello de' Ghisolfi.

Annexe

Testament de Buscarello de' Ghisolfi

20 juin 1303. Buscarello de' Ghisolfi fait faire son testament. Il désire être enterré en l'église du monastère Saint-André de Sestri Ponente. Il fait de sa femme Grimaldina son exécutrice testamentaire et lui confère la tutelle de ses sept enfants.

In nomine domini amen. Ego Buscarellus[25] de Guisulfo, Dei gratia sanus mente et corpore, divinum timens iudicium cuius hora nescitur, contemplacione mee ultime voluntatis, volens testari ne intestatus decederem,[26] de me et rebus meis per presens noncupativum testamentum ut infra ordino et dispono. In primis si me mori contingerit in civitate Janue, eligo sepulturam meam apud ecclesiam monasterii sancti Andree de Sexto. Item lego pro exequis funeris et sepulture mee libras quindecim ianuinorum ; et si forte, quod absit, decederem in mari, ita quod dicte expense non possent fieri pro sepultura mea, volo quod dicte libre quindecim dentur pro anima mea in distribucione[27] Grimaldine uxoris mee. Item lego pro anima mea libras centum ianuinorum, dandas et distribuendas orphanis, viduis, infirmis hospitalium et aliis egenis et miserabilibus personis et religiosis et pro missis canendis, in distribucione dicte[28] Grimaldine uxoris mee, et ad ipsas dandas et distribuendas pro anima mea facio, dimitto, constituo et ordino dictam Grimaldinam, uxorem meam, distributricem, solutricem[29] et executricem et in voluntate ipsius et secundum quod eidem videbitur.[30] Item lego pro anima mea omnes vestes meas in distribucione dicte Grimaldine, uxoris mee. Item lego dicte Grimaldine, uxori mee, dotes et raciones suas, que dotes sunt libre septingente[31]

---

[23] Paviot, "Buscarello," pp. 112–13.

[24] Guillaume Mollat - G. de Lesquen, *Jean XXII (1316–1334) : Lettres communes*, 16 vol., BEFAR (Paris, 1904–47), doc. n° 45331, cité par Jean Richard, *La papauté et les missions d'Orient au Moyen Age (XIIIe–XVe siècles)* (Rome, 1977), p. 248, n. 75.

[25] *L : cancellé.*

[26] Contemplacione mee ultime : *cancellé.*

[27] Dicte : *cancellé.*

[28] Dicte : *ajouté au-dessus de la ligne.*

[29] Et solutricem : *ajouté au-dessus de la ligne.*

[30] Et secundum quod eidem videbitur : *ajouté au-dessus de la ligne.*

[31] Septigente : *le* e *final est corrigé sur* as.

ianuinorum, et libras centum antefacti. Item lego ei libras centum, quas habeo de suis extradotibus. Item dico et protestor et confiteor quod dicta uxor mea habet ultra predicta de suis extradotibus libras trescentas ianuinorum, quas filii mei ab ea habent in accomendacione et quas volo quod ipsa possit habere semper, ad suam voluntatem. Item lego eidem Grimaldine, uxori mee, omnes vestes suas de dorso, quas ipsa habet pro suo vestire et dorso persone sue[32] et annulla et joias suas. Item lego dicte uxori mee totum lectum meum, furnitum cum omnibus pannis et paramentis ipsius lecti et pro ipso lecto. Item lego dicte uxori mee terram meam de Gaiano, cum domo superposita ad usufructandum et[33] tenendum et gaudendum[34] in vita sua tantum. Item relinquo[35] Argentine et Manfreine, filiabus meis, et cuilibet earum, iure institucionis et falcidie[36] tantum quantum videbitur dicte[37] Grimaldine, uxori mee, et volo quod ipse et quelibet earum debebeant[38] dedicari, monachari vel maritari secundum quod videbitur dicte Grimaldine, uxori mee, et de[39] in eo quod cuilibet earum dicta uxor mea dederit et solverit ad earum maritare vel dedicare, nec aliquid ultra in bonis meis petere possint ipse vel aliqua earum, et volo quod de eo quod ipsa Grimaldina expenderit vel errogaverit in ipsis filiabus meis seu pro ipsis vel aliqua earum maritandis seu monachandis credatur soli verbo dicte uxoris mee, sine testibus et absque aliqua probacione. Et id quod expenderit vel errogaverit possit accipere auctoritate sua propria de bonis meis, absque contradicione heredum meorum et cuiuscumque alterius persone. Item confiteor quod habui et recuperavi dotes[40] Spreciose, filie mee, de bonis quondam Lanfranci Cantelli, olim viri sui, et libras centum pro antefacto, et que dotes et antefactum sunt libre DCCC ianuinorum, quas volo quod ipsa habeat et habere possit semper, ad suam voluntatem, de bonis meis[41] absque condicione heredum meorum. Reliquorum bonorum meorum, mobilium et immobilium, mihi heredes equaliter instituo Raphetum, Argonum, Odoardum et Vivaldinum filios meos, quibus filiis et filiabus meis do et constituo tutricem et curatricem dictam Grimaldinam, uxorem meam. Et volo et ordino quod, si dicta Grimaldina steterit et stare voluerit cum filiis meis predictis absque viro, quod ipsa sit dona et domina omnium bonorum meorum et predictorum filiorum meorum, et quod ipsa utatur camera domus mee, in qua iaceo cum ea, tam illa[42] de civitate quam de villa, et omnibus aliis rebus, sicut faciebat mecum ; et volo quod non teneatur nec cogi possit per heredes meos seu per aliquam aliam personam ad aliquam racionem reddendam de tutella predicta seu de eo quod gesserit seu administraverit seu gerere vel administrare debuerit occaxione ipsius tutelle, set soli verbo dicte Grimaldine stetur et credatur de predictis. Et volo et ordino quod, si predicte filie mee decesserint, vel aliqua earum decesserit, infra etatem annorum sexdecim

---

32 Et dorso persone sue : *ajouté au-dessus de la ligne.*
33 *Signe tachygraphique pour* et *corrigé sur un signe précédent.*
34 Et gaudendum : *ajouté au-dessus de la ligne.*
35 *Suit* iure institucionis, *cancellé.*
36 Iure instucionis et falcidie : *ajouté au-dessus de la ligne.*
37 Dicte : *ajouté dans un second temps entre* videbitur *et* Grimaldine.
38 *Sic dans le texte.*
39 *Suit, cancellé :* ea…tellio ultra…. Et habere possit semper ad suam voluntatem ab…meorum.
40 *Suit, cancellé :* Sple.
41 De bonis meis : *ajouté au-dessus de la ligne.*
42 Illa : *ajouté au-dessus de la ligne.*

absque herede legitimo de se nato, volo quod filii masculi, qui tunc vivent, ei et eis succedant, et ipsos[43] dictis filiabus meis sic decedentibus, substituo, et si aliqui vel aliquis ex dictis filiis meis decesserit seu decesserint infra etatem annorum XX, absque herede legitimo et de legitimo matrimonio de se nato, volo quod superstes vel superstites ei et eis succedant, et ipsos ad invicem usque ad dictum tempus in dictam formam et modum[44] substituo, prout melius possum. Et si omnes predicti filii mei decesserent infra dictam etatem annorum XX, absque herede legitimo et de legitimo matrimonio de se nato, substituo ultimo, sic decedenti, fratres meos seu heredes ipsorum masculos in stirpem et non in capita. Item volo et ordino quod sclave mee, videlicet Camosa et Mana, debeant servire dicte Grimaldine, uxori mee, et stare cum ea ad suam voluntatem et quandocumque fuerit de voluntate dicte Grimal(dine)[45] … de bonis meis prestandis, ita quod heredes mei dominium vel possessionem alicuius rei immobilis per me eis… relicte habere non possint nisi prius quam super se scribi fecerint in cartulario dispendi Comunis Janue ad expendendum de ea quantitate pro qua expendere consuevi. Et casso et irrito per presens testamentum omnia alia testamenta et quascumque alias ultimas voluntates hinc retro a me facta seu factas[46] et cassa et irrita et nullius valoris esse volo, isto semper firmo manente. Hec est mea ultima[47] voluntas, quam valere volo iure testamenti, que si non valet, saltim valeat iure codicillorum vel iure alicuius alterius ultime voluntatis, prout melius valere et tenere potest. Actum Janue, in porticu domus domini Egidii Lercarii,[48] anno dominice nativitatis M° CCC° tertio, indictione quintadecima, die XX iunii, inter nonam et vesperas. Testes vocati et rogati Obertus Tregia de Nervio, Manuel Durantis, Gotifredus de Guisulfo, Johanes Tavayronus de Albario, Franceschinus Lercarius filius domini Egidii, Ardoinus de Lavania et Georgius Fenogius faber.

(Archives d'Etat de Gênes, *Notai ignoti*, Busta 8, fram. 93, ff. 127v–128v).

---

[43] Ipsos o *corrigé sur* i.

[44] In dictam formam et modum : *ajouté au-dessus de la ligne*.

[45] *Suit une ligne illisible en raison de la dégradation du papier en haut de page*.

[46] *Suit* fca seu, *cancellé*.

[47] *Suit* mea, *cancellé*.

[48] Porticu domus dicti Egidii Lercarii *écrit dans l''interligne au-dessus de* domo dicti Buscarelli quam ipse habitat, *cancellé*.

Comment reconquérir la Terre sainte et vaincre les Sarrasins ?

Jacques Paviot

Les auteurs de projets de croisade pensaient avoir la réponse à cette question, sinon ils n'auraient pas écrit leurs traités. Parmi ceux-ci, il en est deux qui se montrent plus intéressants, car ils ont eu une expérience militaire. Celle du frère mineur Fidence de Padoue qui a remis son *Liber recuperationis terre sancte*[1] au pape Nicolas IV au début de l'année 1291 se déduit de sa propre relation ; de son côté, Roger de Stanegrave qui a dédié son *Escarboucle d'armes de la conquête précieuse de la Terre sainte de promission* au roi d'Angleterre Édouard III vers 1330,[2] était un frère de l'Hôpital fait prisonnier par les Mamelouks sans doute en 1281 et libéré vers 1315. Le *Liber recuperationis terre sancte* est un exposé méthodique, historique, moral, militaire, tandis que l'*Escarboucle d'armes de la conquête précieuse de la Terre sainte de promission* se présente comme une œuvre allégorique.

Quelle connaissance ces auteurs avaient-ils de l'adversaire ? Dans l'exposé historique qu'il dresse, Fidence de Padoue présente, en mélangeant domination politique et religion dominante, les Sarrasins comme les sixièmes occupants de la Terre sainte après les Gentils, les Juifs, les Assyriens et Chaldéens, les Romains, les Chrétiens. Après un développement sur Mahomet, l'auteur décrit les Sarrasins comme infidèles, luxurieux, cruels, cupides, subtils et malicieux pour faire le mal, mais stupides et inconstants. Roger de Stanegrave n'a pas la culture du frère mineur, mais, selon son expérience personnelle, il reconnaît que les Sarrasins possèdent la "jalousie de la foi" qui leur permet de dépasser leurs propres querelles et combattre contre leurs ennemis chrétiens ; il regrette amèrement que

[1] Éd. Girolamo Golubovich, *Biblioteca bio-bibliografica della Terra Santa e dell'Oriente francescano* 2 (Florence, 1913), pp. 9–60 ; nous préparons une nouvelle édition de ce traité dans la collection *Documents inédits relatifs à l'histoire des croisades*. Sur l'auteur, cf. *Dictionnaire d'histoire et de géographie ecclésiastiques* 16 (Paris, 1967), col. 1422–23 (par Cl. Schmitt). L'aspect militaire de son projet a été présenté par J. F. Verbruggen, *The Art of Warfare in Western Europe during the Middle Ages from the Eighth Century to 1340*, Europe in the Middle Ages. Selected Studies 1 (Amsterdam, 1977), pp. 264–70 ; Sylvia Schein, *Fideles Crucis. the Papacy, the West and the Recovery of the Holy Land, 1274–1314* (Oxford, 1991), pp. 93–101; Christopher Marshall, *Warfare in the Latin East, 1192–1291* (Cambridge, 1992).

[2] En ce qui concerne ce traité, contenu dans le manuscrit Cotton Otho D.V. (f° 9a–15a) de la *British Library* à Londres, nous nous permettons de renvoyer à notre édition qui paraîtra dans le même volume mentionné dans la note précédente. Cf, en attendant, Christopher Tyerman, *England and the Crusades, 1095–1588* (Chicago, 1988), pp. 251–52.

les Chrétiens ne partagent pas cette vertu. Il a aussi l'avantage de connaître le gouvernement égyptien et le renouvellement du corps des Mamelouks par de jeunes esclaves venant de régions froides, car les personnes nées sur place deviennent incapables de porter les armes à cause de la chaleur. Le nombre des jeunes gens de l'âge de huit à dix-huit ans élevés par le soudan s'élève à vingt mille. Il y a aussi vingt mille hommes de guerre, de l'âge de dix-huit à trente ans. La succession du soudan se fait souvent de manière violente.

Quelles sont donc les faiblesses des Chrétiens ? Selon Fidence de Padoue, l'infection (la multiplication des péchés), la diversité des nations, le caractère efféminé des Latins, l'indiscrétion, la division, l'absence de chef, l'éloignement de l'aide et, selon Roger de Stanegrave, la félonie, le manque de foi, et la vergogne déshonnête de ne pas respecter la religion. Pour reconquérir la Terre de promission, le combattant chrétien doit faire preuve de qualités morales et le courage qui empêche de craindre l'ennemi est la première de celles-ci. Il est fondé sur la cause juste de la guerre, sur le devoir d'ôter la honte qu'est la domination sarrasine en Terre sainte, sur une situation de défaite ou de sujétion à éviter, enfin sur le désir de la couronne du martyre. D'autre part, les combattants du Christ devront faire montre de vertus qui sont l'amour réciproque, la chasteté, l'humilité, la piété mutuelle, l'unité, la tempérance, la fidélité, la patience, le mépris des biens terrestres, la prière. De son côté, le chef unique désiré par Fidence de Padoue doit faire preuve de puissance, d'une vie honnête, de sagesse, de justice, de grandeur d'âme, de largesse, de sollicitude, de calme et de fermeté. Son choix, selon Roger de Stanegrave, doit être fait par le pape, puisqu'il devra commander une armée composée d'un ordre militaire unique. Enfin, Fidence de Padoue et encore plus Roger de Stanegrave insistent sur le rôle du conseil. Doivent le composer, selon le frère mineur, des hommes sages et craignant Dieu, selon le frère hospitalier, de nobles et sages vieillards qu'il appelle des barbes fleuries.

Les qualités morales exposées, se pose le problème de l'armée. Fidence de Padoue en prévoit deux : une par mer et une par terre qui combattent sur des champs d'opérations éloignés. En ce qui concerne la mer, Fidence de Padoue propose l'interdiction totale du commerce entre Chrétiens et Sarrasins et, pour faire respecter cette interdiction, une flotte de guerre. Cette flotte, forte de trente, quarante ou cinquante galées (cette impréci-sion montre le peu de connaissances de Fidence de Padoue en cette matière), devrait aussi courir contre les Sarrasins et leur empêcher tout commerce maritime. Dans ce but, sa base sera à Chypre, à Acre qui était encore aux mains des Latins, à Rouad, ou à Rhodes, dans un point proche de l'Égypte. Il ne sera pas nécessaire d'embarquer des cavaliers, car les combats ne devront se dérouler que sur mer. Il faudra protéger les bâtiments contre le feu grégeois avec des peaux d'animaux. L'impact de cette flotte sera psychologique, économique et militaire.

Psychologiquement, les Chrétiens de Terre sainte seront dans un état de sécurité. Économiquement, l'Égypte, soumise à un blocus, ne sera plus fournie en biens qu'elle ne peut produire comme le fer, le cuivre, l'étain, le bois et même l'huile et le miel ; elle perdra les taxes qui sont levées sur les marchandises chrétiennes et qui se montent à un tiers de leur valeur, perdra le profit de ses propres productions, comme le sucre, le lin, les étoffes mélangées, également celui tiré du commerce des épices avec les Indes, qui sera détourné vers l'Arménie, se verra enfin privée de la source d'approvisionnement des esclaves qui font la force de l'empire mamelouk.

Militairement, cette flotte ravagera les côtes des pays sarrasins, mais les Latins devront prendre garde à ne pas porter préjudice aux Chrétiens orientaux. D'autre part, la présence de cette flotte évitera au soudan de rassembler une trop grande armée par terre contre les Chrétiens, car il hésitera à dégarnir ses États avant de se porter vers les Chrétiens.

Ceux-ci rassembleront également une armée par terre, qui doit être nombreuse : le soudan pouvant rassembler quarante mille cavaliers, Fidence de Padoue pense que trente mille cavaliers sont suffisants pour l'armée chrétienne, ou vingt mille cavaliers et un corps de soutien. De son côté, Roger de Stanegrave croit que l'armée du soudan se monte à cent cinquante mille cavaliers, mais, rejoignant Fidence de Padoue, il estime que trente mille cavaliers éprouvés (quinze mille arbalétriers et quinze mille lanciers) suffiront à en venir à bout. Toutes ces forces doivent être rassemblées en une seule religion, sous un seul chef. Pour le nombre des fantassins, il est simplement indiqué par Fidence de Padoue qu'il doit être grand. Pour les deux auteurs, ces forces doivent être rassemblées en Occident. Pour le passage en Orient, Fidence de Padoue prévoit trois routes : une par terre, par Constantinople et l'Asie Mineure ; une par mer, à partir de Venise ou de Gênes ; une par terre jusqu'à Brindisi, par mer jusqu'à Durazzo, par terre jusqu'à Constantinople où elle rejoint la première. Toutes ces routes ont été empruntées par diverses croisades, mais, bien qu'Italien, c'est la première qui semble avoir ses faveurs : il préconise l'envoi de messagers pour prévenir du passage des troupes et se mettre d'accord sur le prix des denrées, l'adjonction d'interprètes, une marche lente pour conserver la bonne forme physique et morale des hommes, le respect de l'itinéraire, l'équipement en meules et en fours portatifs de manière à avoir du pain frais quotidiennement, comme les Sarrasins. Fidence de Padoue voit les choses de manière optimiste, car il ne s'inquiète pas de la longueur ni de la durée du trajet et il semble croire que la traversée des régions turques ne posera pas de problème grâce à la sauvegarde accordée par le souverain mongol aux pèlerins chrétiens. Roger de Stanegrave est plus prudent : il faut se méfier des Turcomans, des Grecs et des Syriens. Il semble qu'il préconise un passage par terre jusqu'à Constantinople. À la suite d'un appel aux marchands de tous les ports de la Méditerranée occidentale, l'armée sera transportée à Rhodes, au climat sain et tempéré, plutôt qu'à Chypre.

Fidence de Padoue propose cinq points d'entrée à l'armée chrétienne dans les pays à conquérir : l'Égypte, Acre, Tripoli, le port du Soudin et le Port des Paux — lui-même préférant le dernier —, une des conditions étant que l'armée de terre ne se trouve jamais loin de la flotte. Logique avec lui-même, avec son projet d'une flotte et d'une armée dans le but de séparer les forces de l'adversaire, il réfute l'idée d'une invasion de l'Égypte qui est pourtant un thème récurrent de l'histoire des États latins d'Orient : un tel plan l'obligerait à faire combattre ensemble, sur le même théâtre d'opérations, la flotte et l'armée. L'Égypte est à déconseiller, car le climat est débilitant pour les hommes du Nord — il suffit de rappeler l'expédition malheureuse du roi de France Louis IX —, les Sarrasins combattraient avec plus d'ardeur car ils seraient plus proches de leurs maisons, le pays est populeux, il est loin de la Terre sainte, seul objet de la conquête, loin aussi de l'atteinte des Arméniens et des Mongols dont on espère l'aide. Le port d'Acre est rejeté à cause de l'absence de plaines étendues autour de la ville, où une armée nombreuse pourrait établir son camp. D'autre part, les Chrétiens ont gardé des Sarrasins pour exploiter les terres : les campagnes se trouvent ainsi peuplées d'ennemis. Enfin, la situation d'Acre empêchera le ravitaillement d'une forte armée, car les Sarrasins tiendront les routes. L'avantage de Tripoli est d'avoir un bon port, d'être facile à prendre car elle a été ravagée par le soudan, et d'être protégée par les monts du Liban, mais son défaut est que les Chrétiens ne feront la conquête que d'un littoral, alors que leur but est Jérusalem. L'île de Rouad possède aussi un bon port et la terre ferme est peuplée de Chrétiens, mais les châteaux du Crac et de Margat font peser une grave menace sur une armée qui débarquerait en ce lieu. Le port du Soudin qui dessert Antioche n'est pas bon pour les gros navires. Le Port des Paux, proche de L'Ayas, offre tous les avantages selon Fidence de Padoue.

L'armée désirée par Fidence de Padoue étant arrivée au Port des Paux, il la fait avancer vers Antioche, soit par voie de terre par la Montagne Noire, soit par mer jusqu'au Soudin. L'avantage stratégique d'Antioche est que la ville se trouve à une extrémité des États du soudan, à quarante journées de marche de l'Égypte, et est proche des États du roi mongol : si ce dernier voit l'armée chrétienne près de son royaume, il sera d'autant plus incliné à lui apporter son aide, ainsi qu'il l'a promis. D'autre part, la région est abondante en eaux et en nourriture et le climat est sain et agréable. De là, l'armée chrétienne pourra conquérir Alep, Damas, puis Jérusalem, le terme de l'expédition, mais sans jamais diviser ses forces sous peine d'être vaincue comme l'ont été les Mongols en 1260.

Le premier cas de figure présenté par Roger de Stanegrave est que "son" armée se retrouve avec "celle" de Fidence de Padoue pour la conquête de la Syrie, mais pour le frère hospitalier cette conquête doit se poursuivre par celle de l'Égypte, qui est, grâce à l'abondance des eaux du Nil et à la fertilité de la terre, le paradis sur terre et la base du pouvoir mamelouk. Roger de Stanegrave déconseille la route de terre qui fait traverser le désert et rappelle à ce sujet le sort de l'expédition du roi de Jérusalem Amaury en 1168–69. La seule possibilité est alors de déjouer les espions du soudan en leur faisant croire à un débarquement à Tripoli où la flotte se rendra effectivement (et donc à une conquête de la Syrie), ainsi le soudan mènera ses forces dans cette région, mais au dernier moment, les capitaines mettront le cap vers Alexandrie et l'Égypte, dégarnie de défense. La ville d'Alexandrie prise, il faudra remonter le Nil pour s'emparer du Caire où se trouve le "trésor de Mahomet" amassé depuis des siècles.

Bien qu'il soit entré dans le plus grand nombre de détails possible, Fidence de Padoue ne propose pas de lieu propice à une rencontre avec les Sarrasins. Il en est de même avec Roger de Stanegrave. Quand il était au Caire, il avait questionné un émir emprisonné avec lui sur ce qui se passerait si toutes les forces de l'Occident jetaient toute leur puissance contre le soudan d'Égypte. Celui-ci lui avait répondu que le soudan déplacerait tout son peuple et leurs biens loin dans le désert. Ainsi les Chrétiens ne sauraient pas où les Sarrasins se trouveraient. Le soudan surgirait ensuite du désert pour mener une reconquête méthodique de ses États. Mais le frère hospitalier ne s'attarde pas à cette possibilité. Les deux auteurs ne peuvent alors que donner en général des consignes sur le camp chrétien et des informations sur la manière de combattre.

Pour l'établissement de leur camp, les Chrétiens doivent prendre exemple sur leurs adversaires. En effet, ceux-ci ont un camp bien organisé, ainsi que Fidence de Padoue a pu s'en rendre compte lorsqu'il alla au milieu de l'armée de Baybars lors du siège d'Antioche en 1268. La tente du soudan était établie au centre. Autour d'elle, se trouvait le "cercle du soudan," composé des tentes de deux mille Sarrasins nobles ou braves. Enfin, le second cercle rassemble les tentes du reste de l'armée. À l'intérieur de chaque cercle, chaque combattant sait où il doit se trouver. Le choix du site est important à cause du ravitaillement. Ainsi, une installation près d'un fleuve permet l'approvisionnement en eau. Ce camp doit d'autre part être établi dans une région où les villes, châteaux et fermes des Sarrasins auront été soumis, et les habitants eux-mêmes désarmés. Il ne peut être déplacé que si l'on ne craint pas une attaque par l'arrière : ainsi ont agi les Tartares. La garde du camp doit être faite de manière vigilante. Pour empêcher les ennemis d'y pénétrer, on doit creuser un petit fossé autour ou y établir quelque autre défense — un rempart sans doute de bois pour Roger de Stanegrave — et poster des gardes assez loin à l'extérieur du camp, jour et nuit. Ainsi agissent les Tartares. En plus, pour prévoir leurs actions, les Chrétiens doivent être informés de ce qui se passe chez les Sarrasins, aussi doivent-ils disposer d'un bon réseau d'espions, de même que leurs ennemis. Mais Fidence de Padoue ne s'intéresse pas aux personnes qu'il faudrait choisir (des Latins, des Chrétiens orientaux ?), ni à leurs qualités linguistiques ou d'observation. Enfin, que les Chrétiens ne fassent jamais confiance aux Infidèles qui ne comprennent que la force, qu'ils ne se croient jamais en sécurité en Terre sainte et ne se montrent pas intéressés par le butin. De même, Roger de Stanegrave montre une hantise de la trahison qui ne peut être écrasée que par la force et la prouesse.

Jusqu'à présent, les Chrétiens n'ont pas encore rencontré les Sarrasins. Sur quel terrain devront-ils s'affronter ? Fidence de Padoue indique seulement que cette rencontre devrait avoir lieu en rase campagne. Roger de Stanegrave est de l'avis contraire et trouve une plaine resserrée plus à l'avantage des Chrétiens qu'une large plaine. Au moment où les deux masses s'affronteront, le frère hospitalier est sensible à l'impression effrayante que font sur les Chrétiens les sonneries d'oliphant, les roulements des tambours, la vue des gonfanons et des bannières déployées, mais ceux-ci ne doivent pas prêter attention à ces vanités.

A quels guerriers les Chrétiens devront-ils s'affronter ? Selon Fidence de Padoue, l'armement du cavalier sarrasin se compose d'un sabre avec lequel il frappe l'ennemi avec force, d'une masse de fer qu'il utilise pour ôter le casque de son adversaire, et d'un arc. Tous les jours, les hommes s'exercent à ces armes. La lance est peu utilisée. La cuirasse est légère, de cuir, et les hommes se défont facilement de leurs brassards afin de mieux tirer à l'arc. Leurs jambes ne sont pas non plus protégées. Les chevaux sont plus petits et moins vigoureux que ceux des Latins et ne sont pas équipés de harnais, de manière à leur permettre de galoper plus aisément. Le fantassin sarrasin, de même que le cavalier, est un archer. Nombreux sont ceux qui ont un sabre. Puisque les Sarrasins ont vaincu les Chrétiens, ceux-ci doivent adopter les armes des premiers, même l'arc pour les cavaliers, auxquelles Fidence de Padoue ajoute l'arbalète, et surtout s'entraîner à combattre avec elles. En ce qui concerne l'arbalète, Roger de Stanegrave en désire un usage beaucoup plus répandu, car il prévoit une cavalerie composée d'autant d'arbalétriers que de lanciers. D'autre part, selon Fidence de Padoue, les Sarrasins utilisant peu la lance et la craignant, les Chrétiens ne doivent pas hésiter à s'en servir et à aller à l'assaut contre les Sarrasins. Si Roger de Stanegrave aboutit à la même conclusion, pour lui, les Sarrasins connaissent au contraire bien l'utilisation de la lance, mais ne s'en servent pas car les Chrétiens sont meilleurs qu'eux avec cette arme, aussi utilisent-ils l'arc. Semblablement, contre les Mongols qui sont meilleurs archers qu'eux, ils se servent de la lance. En conclusion, Roger de Stanegrave fait dire à un Sarrasin que les chevaliers latins sont les plus nobles chevaliers de haute valeur et de souveraine prouesse du monde.

Pour le combat lui-même, Fidence de Padoue conseille aux cavaliers chrétiens de s'entourer d'archers ou d'arbalétriers de manière à se protéger de la pluie de flèches des Sarrasins et de l'assaut des cavaliers sarrasins, et de ne jamais s'en séparer. Les arbalétriers chrétiens devront veiller à viser les montures de ceux-ci, qui ne sont pas protégées. Ainsi les Sarrasins, qui ne sont pas de bons fantassins, seront affaiblis. Au cas où le nombre des fantassins serait trop important, ils doivent se regrouper en formations compactes (et l'auteur retrouve le principe de la phalange macédonienne) pour empêcher un assaut de la cavalerie ennemie contre eux. À ce moment, l'arme la plus efficace est la longue lance. Pour leur défense, les porteurs de lance doivent être protégés par des porteurs de boucliers. À l'intérieur de ces "carrés" de lanciers, doivent prendre place les archers et les arbalétriers. Dans leur intérêt, les fantassins doivent aussi tous apprendre à tirer à l'arc et à l'arbalète.

Dans le dispositif qu'il présente, Fidence de Padoue, quand il indique que les Sarrasins craignent la lance, n'explique pas comment les cavaliers chrétiens peuvent donner l'assaut, encombrés qu'ils sont au milieu d'hommes de trait à pied. Pourtant il présente le cas de figure d'un assaut de cavaliers chrétiens contre des cavaliers sarrasins et l'on assiste à un combat déséquilibré de cavalerie lourde et de cavalerie légère. Dans ce cas-là, les Sarrasins se retirent en se dispersant. Ils se rassemblent au son d'un cor et reviennent attaquer les cavaliers chrétiens au moyen de leurs arcs. Ceux-ci, avec leurs chevaux lourdement harnachés, sont incapables en premier lieu de poursuivre les cavaliers sarrasins en fuite et ils épuisent leurs montures. Selon ce fin observateur qu'est Fidence de Padoue, un autre défaut des cavaliers chrétiens est leur incapacité à se rassembler une fois que les Sarrasins ont brisé leurs rangs. Là encore ils doivent apprendre la leçon de leurs adversaires. Un avantage des Chrétiens est qu'une grande partie de l'armée du soudan est formée de jeunes Chrétiens islamisés qui accepteraient volontiers de revenir à la religion de leurs pères si on leur offrait une solde et des terres. De son côté, Roger de Stanegrave préconise le regroupement des troupes en "échelles," des corps d'armées, avec une arrière-garde au moment de la bataille, ainsi que cela s'est fait à la bataille d'Homs en 1281.

Finalement, avec un cœur valeureux et un courage viril qui leur fait refuser la fuite, selon Fidence de Padoue, la hardiesse du cœur et la volonté de prouesse qui s'opposent à la couardise, selon Roger de Stanegrave, les Chrétiens peuvent vaincre les Sarrasins. La Terre sainte conquise, il faudra la garder à l'aide de l'envoi de chaque évêché, abbaye ou cité d'Europe d'un, deux, trois ou plusieurs hommes. On pourra réduire à dix le nombre des galées qui devront alors garder la mer et leur butin couvrira largement leurs dépenses. La Terre sainte devra être fortifiée, notamment entre Jaffa et Jérusalem, pour, ce qu'il ne dit pas, favoriser le pèlerinage. Si les Syriens ne reçoivent pas d'aide d'Égypte, il n'y a rien à craindre d'eux. D'autre part, le blocus naval affaiblira tellement l'Égypte que le pays ne pourra se relever, et que, *Deo volente*, la croix y sera de nouveau dressée (ce qui était déjà le projet du roi Amaury). Pour Roger de Stanegrave, la puissance des Sarrasins diminuera au fur et à mesure que celle des Chrétiens croîtra.

Il fallait beaucoup d'optimisme à Fidence de Padoue pour écrire son projet au moment où les derniers établissements latins de Terre sainte s'écroulaient sous les coups des Mamelouks, et encore plus à Roger de Stanegrave qui a écrit le sien quand tout était perdu, mais qu'on espérait encore reconquérir avant que la guerre de Cent Ans éclatât. On peut accuser chacun de prêcher pour sa paroisse : la principauté d'Antioche qu'il avait souvent parcourue pour Fidence de Padoue, l'Égypte où il était longtemps resté prisonnier pour Roger de Stanegrave. La conquête de la Terre sainte était réalisable selon les plans du frère mineur, mais ne pouvait être conservée sans une conquête de l'Égypte, base de la puissance mamelouke, ainsi que l'a bien vu le frère hospitalier. Ce projet fut développé parallèlement à Roger de Stanegrave par Marino Sanudo Torcello, repris au siècle suivant par Emmanuel Piloti, et encore au XVIIe siècle par Leibniz. Mais quand l'Égypte fut enfin conquise par les Occidentaux, ceux-ci n'étaient plus intéressés par Jérusalem.

Explaining Defeat: Andrew of Regensburg and the Hussite Crusades

Norman Housley

The failure of a crusade, the *negotium Christi*, placed a heavy theological burden on the shoulders of contemporaries. The weight of the burden varied according to the scale of the campaign, the extent of the preaching carried out for it, the gravity of the defeat and, not least, the ability of the victorious enemy to capitalise on events by questioning the validity of the enterprise. Popes and preachers might imagine the Muslims casting the words of Psalm 115:2 into the teeth of their Christian opponents,[1] but for obvious reasons it was Christian opponents of crusading — heretics and lay opponents of the papacy — who were in the better position to follow up military success by undermining morale and subverting consensus. In the case of the Hussite crusades of 1420–31 circumstances conspired to make the burden of defeat especially onerous for Catholics. Five highly conspicuous expeditions, representing a newly united western church and directed by or in the name of the emperor-elect, came to grief in campaigns which became more humiliating as the years passed. Their failure elicited from Andrew of Regensburg an attempt to explain what was happening which offers an interesting comparison with Humbert of Romans's remarkable defence of crusading in the early 1270s.[2]

Andrew of Regensburg lacked the sophistication and fame of the Dominican general. Born around 1380, he entered the Augustinian order and spent most of his life in its convent at Regensburg, dedicated to St Mang or Magnus. He wrote accounts of the history of his times, notably of the Council of Constance, and a lengthy history of the Hussite wars up until 1429. He died in 1438 or slightly thereafter.[3] Andrew's *Chronica Husitarum* is of interest chiefly for the many documents which he included in their entirety, but at times he allows his view of

---

1 "Wherefore should the heathen say, 'Where is now their God?'" Louise and Jonathan Riley-Smith, eds., *The Crusades. Idea and Reality, 1095–1274* (London, 1981), no. 7, p. 62 (St Bernard); Norman Housley, ed., *Documents on the Later Crusades, 1274–1580* (Basingstoke, 1996), no. 1, p. 16 (Gregory X).

2 L. and J. Riley-Smith, *The Crusades*, no. 25, pp. 103–17, described by Jonathan Riley-Smith as "a closely argued *tour de force*."

3 See entries in *Neue deutsche Biographie* 1:283; *Lexikon des Mittelalters* 1:610.

events to become clear.[4] In 1430, moreover, Andrew composed a condensed version of the origins of the Hussite heresy and the conflict it engendered, the *Dialogus de haeresi bohemica*.[5] The *Dialogus* is a significant source because it takes the form of a commentary on events, a dialogue between Reason (*ratio*) and Spirit (*animus*). Together they review the failures of 1420–27, largely by Spirit asking questions which Reason answers. At times Reason's replies are somewhat irascible, and the overall tone of the dialogue is one of frustration and anguish. This was probably an accurate reflection of public opinion in the lands surrounding Bohemia, where the failure of the crusades was aggravated by the experience of punitive Hussite raids. "Not just you, but almost everybody," Reason commented, was at a loss to understand why the good suffered and the evil prospered in this way. Spirit's reply was gloomy: some people were suggesting that Hussite successes showed that their doctrines were just.[6]

Andrew was too good a historian to overlook the material causes of Catholic failure. A generation later Pius II, in his *Historia bohemica*, would show his appreciation of Czech military prowess, and in particular of the genius of John Žižka, "a mighty demonic warrior, fascinating in his invincibility and *virtù*."[7] Such objectivity required distance from the traumatic events of the 1420s, and it was coloured by hopes that the renowned fighting skills of the Hussites might be turned to good purpose in fighting the Turks. By contrast, Andrew was writing in the thick of the struggle, and facing an enemy whom he accused of being determined forcibly to convert everybody to their faith.[8] He therefore gave the enemy no such praise. Their great blind commander he wrote off as no more than a common cutthroat, "a one-horse-man."[9] As Andrew's editor pointed out, he showed no grasp of the social or national complexity of Hussitism. The Hussites were heretics pure and simple, and their perversity was the worse in so far as the Bohemians had been a Chosen People of God.[10] They owed their successes to two considerations. One was the fact that they attracted criminals (*scelerati*) from all the surrounding lands, allowing them to replenish the ranks depleted by

---

4 Georg Leidinger, ed., *Andreas von Regensburg, Sämtliche Werke*, Quellen und Erörterungen zur bayerischen und deutschen Geschichte, NF 1 (Munich, 1903; repr. 1969), pp. 343–459 (hereafter cited as AoRC). Leidinger (p. vii) described it as Andrew's "most mature and finest work." Events between 1429 and 1438 are dealt with in a more cursory fashion in Andrew's continuation of his general history, "Fortsetzung der Chronica pontificum et imperatorum Romanorum", ibid., pp. 461–501, at pp. 471ff. (hereafter cited as AoRF).

5 Ibid., pp. 657–91 (hereafter cited as AoRD).

6 AoRD, p. 681.

7 The phrase is Howard Kaminsky's, in his "Pius Aeneas among the Taborites," *Church History* 28 (1959), 281–309, at p. 284.

8 AoRD, p. 677, but the claim expressed here that the Hussites followed a policy of conversion by force is at odds with remarks on p. 674.

9 AoRC, p. 349: "volgariter ein ainrüssär."

10 AoRD, p. 660: "olim essent populus dei electus," and see Leidinger's remarks on p. xvii.

casualties. The latter had supposedly been heavy. Andrew recycled an anecdote, already third-hand when he read it, that the Hussites reckoned their losses up to 1421 as 120,000 people. Like his anecdote that dying Hussite warriors lowered their eyes rather than look on Heaven, this was desperate stuff, but it was hard to be gracious in 1430.[11]

The other material reason for Hussite success was the blunders committed by the Catholics. Overall, Andrew was quite well-disposed towards Sigismund. When the dialogue reaches 1420, Spirit voices the common belief that Sigismund mismanaged the siege of Prague. At this point, when he was overwhelmingly strong, he could have put an end to the heresy. Reason disagrees, placing the blame on the Catholic Czech nobles who persuaded the emperor-elect to rein back his forces while they regained Bohemia for him peacefully. These nobles lost heavily in pitched battle outside Prague on 1 November 1420 and Sigismund ended up taking the blame.[12] After 1420 Sigismund was unable to lead the Catholic armies in person, and Andrew blamed discord within the army, caused by the absence of a single leader, for the failure of the 1421 crusade.[13] Andrew passed quite rapidly over the 1422 expedition, which he did not regard as a separate crusade.[14] The great invasion of 1427, however, received detailed comment both in the *Chronica* and in the *Dialogus*. The preceding years had witnessed broken promises and inactivity on the part of Sigismund which Andrew did not conceal (although he remained fairly reticent on it).[15] None the less, an invasion of Bohemia from four different directions was planned. It would have been better, Reason grimly remarks, if these plans had never left the drawing board. The Silesians and Duke Albert of Austria failed to make an appearance, the latter in particular being rebuked because he had received assistance from Sigismund.[16] Only one army materialised, and it melted away in the face of a Hussite force. The crusade of 1427 had been the most fruitless and humiliating failure to date.[17]

Like many others, Andrew believed that this military incompetence could be remedied. He inserted in his *Chronica* the text of an anonymous letter of advice written in March 1427 to the knights of Franconia, which he clearly penned himself. He was responding to a curious attempt by a group of nobles and knights to overcome the inactivity of Sigismund and the German princes by themselves initiating a new crusade. Borrowing from Conrad of Megenberg the idea that the Franconians were descended from the Trojans, Andrew praised their noble

11 AoRD, pp. 660, 677, 682–83.

12 Ibid., p. 664, and cf. AoRC, pp. 367–68.

13 AoRD, p. 666, and cf. AoRC, pp. 368–70.

14 AoRD, pp. 666–67, and cf. AoRC, pp. 404–07 (with interesting comments on the Regensburg contingent). On Andrew's numbering, see ibid., pp. 412, 448, 457.

15 AoRC, pp. 413, 422. Note his inclusion of a bitter polemic against Sigismund, probably written by a Czech Catholic, ibid., pp. 379–84.

16 Duke Albert later compensated for this by his distinguished service in the 1431 crusade: AoRF, p. 477.

17 AoRC, pp. 432–51; AoRD, pp. 671–73.

ancestry and valour, but pointed out that the defeat of the Hussites called for intellect and will to work in harmony. The failure of the siege of Žatec (Saaz) in 1421 was a classic example of these "two principles of human actions" being in conflict, so that the efforts of the many thousands who were present were not properly directed. There must be unified leadership, established structures of command, a plan of campaign, and discipline.[18]

But as Andrew made clear in this letter, there must also be active compassion for the weak and afflicted, and purity of heart.[19] In all the crusades which he was reviewing, purely military failings were compounded by sinful behaviour. Andrew could not escape the legacy of *peccatis exigentibus* in explaining why crusades failed.[20] Twice in his *Dialogus* he made Reason refer to Otto of Freising's famous explanation of the failure of the Second Crusade in terms of the "pride and licentiousness" of the unworthy executors of God's will; and in his *Chronica* he inserted the whole of book 1, chapter 60, from the *Gesta Friderici*.[21] *Peccatis exigentibus* was unavoidable in the light of the behaviour on campaign of the crusaders and their leaders. They had behaved badly even towards their fellow-Catholics. In narrating the events of autumn 1422, for example, Andrew wrote that the troops of Frederick of Brandenburg had pillaged the people around the border town of Eger while waiting to invade Bohemia, inflicting particular harm on the dependents of the monastery of Waltsassen.[22] Isaiah had prophesied that those who destroyed would themselves be destroyed, and in 1427 the Lord had poured the spirit of confusion amongst them to bring this about.[23]

In the previous year there occurred a particularly interesting example of God punishing the wicked by withdrawing his favour. In June the Hussites laid siege to Ústí (Aussig) and rebuffed an attempt to relieve the town by Frederick, the marquis of Meissen. The defeat was severe and provoked much discussion, two explanations based on divine retribution being advanced for it. The first was that Sigismund had behaved contrary to justice in bestowing the electoral duchy of Saxony on Frederick despite the stronger claim of Eric of Saxony; the second that the Misnians had done hard to the poor, including Catholics, and had committed outrages in the monastery of Töppel. Andrew had heard stories about images of the saints and the host itself being trampled underfoot, and there was a veiled reference to the rape of nuns. The Misnian defence was that the monastery laid itself open to such treatment by agreeing to truces with the Hussites. As Andrew remarked, there were disputes which were of long standing between Meissen and Bohemia, so some people remarked that "once the Czechs had fallen into heresy,

---

18 AoRC, pp. 439–46.

19 Ibid., p. 444.

20 For *peccatis exigentibus*, see Elizabeth Siberry, *Criticism of Crusading, 1095–1274* (Oxford, 1985), pp. 69–108.

21 AoRD, pp. 673–74, 682; AoRC, pp. 451–52.

22 AoRC, p. 404.

23 Isa. 19:14, 33:1; AoRD, p. 673, and cf. AoRC, pp. 450–51.

the Misnians were the more ready to do them harm." The Catholic cause was just, but those pursuing it were fighting for the wrong reason.[24]

How could this be put right? In the first place, through a reform of behaviour and attitude along the lines briefly referred to in the open letter to the knights of Franconia. Andrew was far from being alone in his ideas on this. Amongst the documents which he inserted in his *Chronica* is the full text of an ordinance issued by the bishop of Regensburg in September 1426 decreeing penitential activity which was remarkable in its range. There should be a monthly procession by the city's secular clergy, carrying relics, from the cathedral to another church; on arrival a short mass would be celebrated, the crusade preached, and the penitential psalms sung. Similar processions should be held once a month by the city's religious and mendicants, and by the secular clergy and religious throughout the diocese. Those who fasted on these processional days would receive a forty day indulgence. At all the diocese's parish churches there should be a monthly procession, circling the church three times. The penitential psalms should be sung and prayers offered up "that the Lord God would grant his faithful people victory over the perverse heretics, and recall them from their errors." The seven penitential psalms should also be recited each week in all collegiate and monastic churches, with forty days indulgences for those who attended. This attempt to mobilise the fervour of all, whether clerical or lay, was accompanied by a drive to curtail clerical concubinage, as well as clerical dancing and gambling with women.[25] The bishop's goal was a synchronised programme of communal propitiation which had its roots deep in crusading history.[26]

This belief that God's favour could be won back by procession, prayer and penitence presupposed that the Catholic church was indeed the earthly manifestation of the divine purpose for mankind. It was necessary to show that the Hussite wars were part of a pattern in sacred history, in which suffering was followed by triumph. In this respect Andrew admitted to feeling disappointment that a period of such severe tribulation as the Great Schism could be followed so quickly by another time of trial. None the less, he had the requisite parallels to hand. In the Old Testament, the Egyptian captivity was followed by the entry into the Land of Promise, and the "harsh captivity" at Babylon by the immortal glory won by the Maccabees. In the New Testament Christ's torments on the cross led to his resurrection, and the sufferings of the apostles and martyrs brought them immortality. In patristic times the heresies of Sabellius and the Arians had the effect of consolidating the true faith. "It has always been the practice of divine justice to test his chosen ones like gold in the furnace, for nobody is worthy of the crown who has not struggled righteously." The message was clear: those

24 AoRC, pp. 424–25. AoRD, p. 671, loses the thread of the argument by being too condensed. The rape of nuns at Töppel is spelled out in an addition to AoRF, p. 466.

25 AoRC, pp. 426–29.

26 See in particular Christoph T. Maier, "Crisis, Liturgy and the Crusade in the Twelfth and Thirteenth Centuries," *Journal of Ecclesiastical History* 48 (1997), 628–57.

Catholics who were being tormented by the Hussites were establishing their claim to be ranked among God's Chosen.[27]

Andrew accepted that the general thesis that believers were tested and the church purified by prolonged times of trial offered little immediate comfort to those suffering from Hussite raids, either within Bohemia or outside it. He therefore took pains to show that the Catholic cause was not simply incurring one setback after another. At one point Andrew quoted a fine passage of St Hilary: "It is characteristic of the church, that when it is injured it conquers, when it suffers persecution it flourishes, when it is suppressed it makes progress, when it is challenged it prevails, when it is deserted it converts, when it seems to be overcome it survives."[28] This could be illustrated in the case of Bohemia, though there is no denying that it called for some ingenuity. In the first place, Andrew asserted that while the great expeditions had uniformly come to grief, there had been a number of Catholic successes in smaller encounters, what he termed "private conflicts."[29] These small-scale Catholic victories included one in September 1426, little more than a skirmish, which Andrew noted with particular pride because the Catholic leader was Erasmus Satelpoger, captain of Regensburg's men-at-arms. "The true sun of justice" had shone on that day, and it was to shine more frequently after 1429, when such successes grew in number.[30] Then there was the fact that the defeat of the 1421 expedition was followed by the rout of the Hussite cause in Moravia.[31] One argument deployed by Andrew was singularly convoluted. It arose in the light of a supposed switch in Hussite policy towards Catholic communities which they subjugated, when they stopped demanding religious conversion and simply exacted money to fill their war chests. This, Andrew declared, enabled Catholics to avoid falling into the patristic heresy of the *Elchescitae*, who flourished in the East at the time of Origen, and made an unacceptable distinction between verbal adherence and actual belief.[32]

The stunning defeats of 1420–27 were of course infinitely more impressive than any of these somewhat obscure gains. All Andrew could do was to refer to other occasions in sacred history when God had tested his people to the limit in terms of military defeat. The first, which I have already mentioned, was the Second Crusade, and it is perhaps not surprising that as a German Andrew referred to this rather than, say, to the two disastrous crusades of St Louis. The second is the story of Eraclius's release of the tribes of Gog and Magog. Lifted from Ekkehard of Aura, this told how the Roman emperor lost 150,000 men trying to defend Palestine against Muslim attack. The desperate Eraclius opened the Caspian gates which Alexander had constructed to contain the wild tribes of Gog and Magog. It

27 AoRD, p. 665.
28 Ibid., p. 685.
29 Ibid., p. 682.
30 AoRC, pp. 430–31; AoRF, 472, 478, 482–85.
31 AoRC, p. 371.
32 AoRD, p. 674.

did him no good: on the eve of battle God sent an angel who struck down 52,000 of Eraclius's own troops. Abandoned by God, the emperor took to drink and died of dropsy.[33]

Peccatis exigentibus could of course be brought to bear to explain both the failure of the Second Crusade and the downfall of Eraclius, although on both occasions the blow inflicted by God seemed out of all proportion to the sinfulness of his people. But the most apposite precedent for Andrew to draw on was Judges 19 and 20. These chapters had featured prominently in crusading apologetics: not just in Humbert of Romans's *Opus tripartitum,* but also in St Bernard's *De consideratione,* written in the wake of the Second Crusade, and in a sermon by John of Abbeville composed during the Fifth Crusade.[34] This popularity is readily explained, for it is hard to imagine a better scriptural precedent for a failed crusade. In chapter 19 one of the most horrific crimes imaginable is committed by the Benjamites of Gibeah, who gang-rape the concubine of a Levite enjoying overnight hospitality in their town. The woman dies of the assault and her husband cuts her body into twelve pieces which he despatches throughout Israel accompanied by a demand that the crime be punished. In chapter 20 the Israelite assembly at Mizpah resolves to raise an army to punish the offenders by death. The Benjamites rally to the defence of their fellow tribesmen of Gibeah and, at God's direction, the men of Judah are selected for the first day's combat.

No cause more just than the punishment of the wicked men of Gibeah could be conceived: for that reason the conflict was the direct equivalent, in Old Testament terms, of a crusade. It was even more apposite for Andrew than it had been for any of his predecessors, since the Hussites could be likened to the Benjamites, "lapsed Israelites," more readily than the Saracens could.[35] Yet the first day's battle brings victory for the Benjamites, with 22,000 Israelites dead. Instructed by God to do battle again on the following day, the Israelites are defeated once more, this time losing 18,000 men. A night of fasting and sacrificing follows, and God decrees a third encounter, this time assuring the Israelites that they would be victorious. So indeed they are, cutting down 25,000 Benjamites. But no explanation is offered as to why God withholds his support on the first and second days of the fighting. In particular, there is no reference to sinfulness on the part of the 40,000 Israelites cut down by the Benjamites before the divine will changes. His mind is inscrutable. In the Psalmist's words, "He hath done whatsoever he hath pleased."[36]

As we have seen in the case of Regensburg, Catholics faced with defeat in Bohemia could, and did, fast and offer up their equivalent of Israelite sacrifices in

---

33 AoRD, p. 684. The standard study is Andrew R. Anderson, *Alexander's Gate, Gog and Magog, and the Inclosed Nations* (Cambridge, Mass., 1932).

34 For St Bernard and Humbert see L. and J. Riley-Smith, *The Crusades*, no 7, p. 63, no 25, pp. 107, 116–17. For John of Abbeville see Penny J. Cole, *The Preaching of the Crusades to the Holy Land, 1095–1270* (Cambridge, Mass., 1991), pp. 150–56, at p. 155.

35 Judg. 21 narrates the measures taken to find Israelite wives for the 600 surviving Benjamites, so that the tribe would not die out.

36 Ps 115:3.

the form of prayers and penitential psalms.[37] But unlike the Israelites they could not assemble to hear God's words, and could expect no spoken guarantee of a divine change of mind.[38] Instead they had to refer to precedents, historical, legendary and scriptural, which demonstrated how hopeless it was to attempt to understand God's actions; and to the history of the church for consoling proof that in the end all would turn out well. St Hilary could give them assurance that even at what appeared to be the nadir of their fortunes, good was germinating. Alternatively they could try to predict how things would turn out through prophecy. Andrew gives one such example in his *Chronica*. Circulated in 1422, it foretold terrible losses as Christians battled against heretics or unbelievers, but "at the end the unbelievers would return to the Catholic faith." Andrew's own feelings about the respectability and worth of such prophecies were distinctly ambivalent.[39]

But in the last resort faith stood alone, and it was sorely tried by the disasters of the 1420s. "The depth of God's wisdom and knowledge has been revealed in our times to be marvellous, marvellous indeed beyond measure, for he is terrible in his judgements on the sons of men, and his ways are inscrutable." These depressed phrases were recorded by Andrew but were written to Pope Martin V in January 1427 by Frederick of Brandenburg and the bishops of Bamberg and Würzburg. They were commending to the pope the knightly initiative which a few weeks later was to elicit Andrew's own advice on how to avoid repeating past mistakes, and their letter was candid about the blunders which had brought shame to the leaders and participants of earlier crusades. They were not optimistic. But given the failure of legates, Sigismund, and the imperial princes and other powers, perhaps it was time for the ordinary nobles and knights to organise a crusade. Like Judith or David, they might succeed where the mighty had failed."God's counsels are terrible … [and] sometimes they follow an extraordinary route, choosing the weaker to confound the stronger, and using them as the means to victory." There is more than a hint of concern about the repercussions which this form of crusade might have on traditional authority in Germany, which found an echo in Andrew's advice to the knights ("the princes won't like it"), and it may in part explain the downbeat tone of the letter to Martin V.[40]

When Andrew wrote his dialogue three years later not only had this crusade, in the much more ambitious form it came to assume, collapsed in humiliating fashion, but the extraordinary efforts of Cardinal Henry Beaufort to stimulate the

[37] See Cole, *The Preaching*, p. 155, for John of Abbeville's exegesis of the three battles and the penitential process which secured eventual victory for the Israelites.

[38] St Bernard had faced up to this problem. See L. and J. Riley-Smith, *The Crusades*, no 7, p. 63.

[39] AoRC, pp. 384–86.

[40] AoRC, pp. 433–35, 444.

Germans to renewed activity had also come to nothing.[41] Andrew quoted St Paul's promise that God would not test his faithful beyond their strength,[42] but there seemed no clear way forward. The *Dialogus* concludes on a low note. It seemed that the Hussites could not be defeated except in small-scale actions. Nor could the dispute be settled peaceably, because the Hussites had shown that they did not feel bound to keep their promises.[43] In any case, given the internal divisions between the people of Prague, the nobles, the Taborites, and the "Orphans" (Orebites), with whom was one to negotiate? Spirit throws up his hands in despair. Reason has only faith to fall back on: "May the eternal wisdom of God … place the love of his spirit in our hearts and unite us in his praise and glory."[44] In his last years, Andrew was to have the satisfaction of describing the defeat of the radicals at Prague and Lipany (1434), as well as the tortuous negotiations at Basle (1433) and Jihlava (1436) which finally brought the war to a close. Before that happy time, however, he had to record yet another crusading debacle, that of 1431. He found this too depressing for detailed comment: "What more should I write on that subject? What happened that was worth recording? All was sadness and pain."[45] We are fortunate that Andrew did not take this attitude towards the earlier crusades, for which the writings of this otherwise obscure monk provide us not just with some of the most important documentary evidence, but with an interpretative commentary of considerable value.

---

[41] George A. Holmes, "Cardinal Beaufort and the Crusade against the Hussites," *English Historical Review* 88 (1973), 721–50; Steven Rowan, "Imperial Taxes and German Politics in the Fifteenth Century: an Outline," *Central European History* 13 (1980), 203–17.

[42] 1 Cor. 10:13, quoted in AoRC, p. 451.

[43] AoRD, p. 667.

[44] Ibid., p. 691.

[45] AoRF, pp. 476–77, 479–80, 484–87, 490, 495, with quote at pp. 476–77.

Militia Nova

Le fondateur de l'ordre du Temple à ses frères : Hugues de Payns et le *Sermo Christi militibus*

Simonetta Cerrini

Hugues de Payns : qui était-il ?[1]

On sait peu de choses sur Hugues de Payns, fondateur et premier *magister militum* de l'ordre du Temple.[2] Champenois de la petite noblesse, il avait peut-être même des liens de parenté avec saint Bernard, ou plus exactement avec la mère de Bernard, de la famille des Montbard. Nous ignorons son âge au moment de la naissance de l'ordre, en 1120, mais on suppose qu'il ne devait plus être un jeune garçon puisqu'il était déjà père ; quant à son fils Thibaud, il n'a pas suivi son aventure puisque, plus traditionnellement, il se fit moine et devint plus tard abbé de Sainte-Colombe à Troyes.

Aucun indice ne nous suggère sa participation à la prise de Jérusalem en 1099 ; en revanche, on sait qu'en 1104 il a accompagné en Terre sainte le comte Hugues

---

1 Les notices biographiques que j'utilise sont tirées de : Charles Lalore, *Collection des principaux cartulaires du diocèse de Troyes* 7 (Troyes, 1890), p. 24, n°18 et p. 31, n°18 ; Jean B. Chabot, *Chronique de Michel le Syrien, patriarche jacobite d'Antioche (1166–1199),* 3 (Paris, 1905), p. 201 ; Alphonse Roserot, *Dictionnaire historique de la Champagne méridionale* 2 (Langres, 1945), p. 1094 ; Jean Richard, "Le milieu familial," dans *Bernard de Clairvaux* (Paris, 1953), pp. 1–15 ; Marie-Luise Bulst-Thiele, *Sacrae domus militiae templi hierosolymitani magistri. Untersuchungen zur Geschichte des Templerordens* (Göttingen, 1974), pp. 19–29 ; V. Carrière, "Les débuts de l'ordre du Temple en France," *Le Moyen Age* 27 (1914), 308–35 ; Michel Bur, *La formation du comté de Champagne v. 950- v. 1150*, Thèse presentée devant l'Université de Nancy II le 11 mai 1974 (Lille, 1977), p. 260 not. 96 ; Jean Richard, "Les Templiers et les Hospitaliers en Bourgogne et en Champagne méridionale," dans *Die geistlichen Ritterorden Europas*, éd. Josef Fleckenstein et Manfred Hellmann (Sigmaringen, 1980), pp. 233-34; Jonathan Riley-Smith, *The First Crusaders, 1095–1131* (Cambridge, 1997), pp. 79, 160, 162, 165, 184–85 ; T. de Morembert, s.v., *Dictionnaire de biographie française*, 17:1498–99, mais sa notice contient beaucoup d'imprécisions ; J.C. Didier, "Hugues de Payns," *Catholicisme*, 5:1037 ; Guigue A.M.J.A., marquis d'Albon, *Cartulaire général de l'Ordre du Temple (1119 ?–1150). Recueil des chartes et des bulles relatives à l'Ordre du Temple* (Paris, 1913), doc. 8, 12, 13, 15, 16, 20, 22, 30, 32, 59. Denis de Sainte-Marthe, *Gallia Christiana in provincias ecclesiasticas distributa... opera et studio D. Dionysii Sammarthani...*, 16 vols. (Paris 1715–1865), 12:149.

2 Plusieurs sources, parmi lesquelles le prologue même de la règle, parlent de Hugues de Payns comme étant le fondateur de l'ordre du Temple. La chronique de Michel le Syrien place à l'origine de l'idée même d'un ordre à la fois religieux et militaire les conseils que le roi Baudouin II donna à Hugues de Payns. Pour les origines du Temple, on peut voir l'article de A. Luttrell et le mien dans *I templari, la guerra e la santità*, éd. Simonetta Cerrini (Rimini, 2000).

de Champagne, auquel il était lié au moins à partir de 1100, et une seconde fois en 1114 ; en 1113 il porte le titre de "dominus de Peanz."

Hugues de Payns se trouvait à Jérusalem en 1120 et participa à la fondation du futur ordre du Temple. Son idée a dû paraître juste et fascinante et aux alentours de 1125 le comte Hugues de Champagne est devenu Templier, "causa Dei factus es ex comite miles et pauper ex divite," comme lui écrivait saint Bernard, qui n'approuvait pas particulièrement le choix de Hugues (Ep. 31).

Hugues de Payns et Bernard de Clairvaux : une alliance décisive.

Dans une lettre, le roi de Jérusalem Baudouin II demandait entre autres à l'abbé de Clairvaux[3] de donner une règle aux Templiers. Même si l'authenticité de ce document est mise en cause,[4] nous savons par Guillaume de Tyr, qui ne mentionne pas la lettre, que Hugues de Payns avait effectivement été envoyé par le roi en Occident :

> Anno sequenti Hugo de Paganis, magister militie Templi primus, et quidam alii viri religiosi, qui a domino rege et aliis regni principibus ad Occidentales missi fuerant principes ut in nostrum subsidium populos excitarent et ad obsidionem Damascene urbis potentes specialiter invitarent, reversi sunt plurimaque nobilium turba, verborum illorum fidem sequuti, in regnum venerat.[5]

Ce qui laisse à penser que le tour d'Europe de Hugues de Payns, commencé en 1127 ou en 1128, avait pour but officiel de recruter des croisés et comme mission plus personnelle de poser des bases occidentales solides pour la nouvelle fraternité militaire.[6] Pour mener à bien sa tâche, Hugues savait qu'il lui fallait gagner l'appui du jeune mais puissant abbé cistercien.

---

[3] La lettre a été publiée dans : *Menologium Cistertiense notationibus illustratum*, auctore R. P. Chrysostomo Henriquez Hortensi s. th. magistro, ordinis cistertiensis historiographo generali. Accedunt seorsim regula, constitutiones et privilegia eiusdem ordinis ac congregationum monasticarum et militarium quae cistertiense institutum observant, Antverpiae, ex officina Plantiniana Balthasaris Moreti, MDCXXX, I, p. 477.

[4] Alain Demurger, *Vie et mort de l'ordre du Temple* (Paris, 1989), p. 27 et not. 11–12, où l'auteur cite l'opinion de différents historiens à ce sujet.

[5] WT 13.26, p. 620.

[6] Ce tour le portera d'abord, peut-être à Rome, puis de Tours et du Mans jusqu'en Angleterre et en Ecosse. Nous avons des chroniques qui, par exemple, rappellent le succès d'Hugues dans les îles : "[venit... Hugo] cum duobus militibus et duobus clericis et ivit per totam terram istam [sc. Angliam] et usque in Scotiam, summonendo viam Ierusalem, et multi ceperunt cruces qui eodem anno et sequenti Hierosolimam petierunt." *Annales monasterii de Waverleia*, éd. Henry R. Luard dans *Annales monastici* 2 (Londres, 1865), p. 221, texte cité par Gustav Schnürer, *Die ursprüngliche Templerregel, kritisch untersucht und herausgegeben* (Freiburg im Breisgau, 1903), p. 110. Robert de Torigny (†1186), abbé du Mont-Saint-Michel, pour l'an 1128 note : "Hugo de Paens, magister militum Templi Jerusalem, veniens in Angliam, secum multos duxit Jerusalem. Inter quos Fulco Andegavensis comes, rex futurus, perrexit." Robert de Torigny, *Chronique et opuscules religieux*, éd. Léopold Délisle, 2 vols. (Rouen, 1872–73), 1:176.

Quelle était finalement l'attitude de Bernard vis-à-vis du Temple ? Selon moi, la méfiance manifestée par Bernard en 1125 ou en 1126 lors de l'entrée au Temple de Hugues, comte de Champagne,[7] a dû tomber subséquemment à la rencontre entre les deux hommes, qui ne se connaîtront personnellement probablement qu'en 1127 ou en 1128, bien qu'étant tous deux proches de la famille des Montbard.[8] Cette rencontre revêtait une grande importance pour l'avenir de la jeune communauté : la grande assemblée conciliaire de Troyes ne peut s'expliquer selon moi que comme l'expression de la volonté du jeune abbé de Clairvaux, auquel Hugues de Payns avait confié officiellement le sort de la fraternité. Si Bernard avait eu des doutes quant à la légitimité du nouvel ordre, pourquoi ne les aurait-il pas manifestés au concile, alors qu'il a été le seul, en dehors de Hugues, à y tenir un véritable discours ? Et pourquoi encore le concile l'aurait-il chargé de rédiger les actes, donc la règle de la nouvelle communauté religieuse, s'il avait manifesté la moindre réticence ? Il est vrai qu'il s'en décharge, avec l'accord du concile, mais selon nous pour des raisons pratiques et non sans laisser dans le texte de la règle des traces facilement détectables de sa présence. Et pourquoi, finalement, aurait-il accepté d'écrire, à la demande de Hugues, la lettre-traité *De laude novae militiae* ? Ainsi le couple 'Bernard– Hugues de Payns' a permis à la fraternité des chevaliers du Christ de franchir le cap et d'être reconnue et approuvée par l'Eglise. D'autre part, le fait que la Champagne et la Bourgogne aient été le théâtre de ces enjeux a également accentué, et de façon durable, le caractère français du Temple.[9]

Le 13 janvier 1129 Hugues de Payns se présentait au concile provincial de Troyes, concile au cours duquel, en accord avec saint Bernard, il demandait l'approbation en regard de leur vie religieuse.

Hugues, fondateur d'une communauté vieille de neuf ans, prend la parole devant l'assemblée pour exposer, chapitre après chapitre, les coutumes suivies jusqu'alors par les Templiers et qu'il soumet à l'autorité du concile : "Et modum et observantiam equestris ordinis per singula capitula ex ore ipsius predicti magistri Hugonis audire meruimus."[10]

Il importe de souligner que la relation de maître Hugues au concile était déjà organisée en chapitres (*per singula capitula*), ce qui nous permet de conclure que la trace de son discours a pu constituer un matériel employé au cours de la rédaction de la règle et l'on peut avancer une hypothèse complémentaire, selon

---

7 *S. Bernardi Opera, Epistolae*, I, éd. Jean Leclercq, Henricus M. Rochais (Rome, 1974), Ep. 31.

8 Richard, "Le milieu familial," pp. 1–15, ici p. 13.

9 Déjà Jean Richard avait souligné l'importance des rapports de 'voisinage' entre saint Bernard et Hugues de Payns pour l'approbation de la règle : Richard, "Les Templiers," pp. 233–34.

10 La nouvelle édition de la règle du Temple, en latin et en ancien français, qui a été le coeur de ma thèse de doctorat (*Une expérience neuve au sein de la spiritualité médiévale : l'ordre du Temple, 1120–1314*), soutenue à Paris IV — Sorbonne en 1998 sous la direction de Geneviève Hasenohr, sera publiée dans le CCCM.

laquelle l'ordre même des chapitres de la version française de la règle pouvait correspondre à celui de l'exposé de Hugues de Payns.[11] Après le succès du concile, qui leur donna une règle, le maître de la jeune milice du Temple continua à recevoir des donations et de susciter des vocations avant de revenir en Terre sainte.[12] En décembre 1129, le baptême du sang à Damas fera débuter par une terrible défaite les gestes de la milice du Temple.

Par la suite, l'ordre du Temple connut d'autres étapes importantes, tel le concile de Pise de 1135 au cours duquel le pape Innocent II présenta la nouvelle religion aux Pères et donna aux Templiers une liste des fêtes et des jeûnes à observer.[13] En 1139, après la mort de Hugues que l'on peut situer en mai 1136 ou en mai 1137, avec la bulle *Omne datum optimum*, le pape Innocent II prenait l'ordre du Temple sous sa protection directe.

Hugues de Payns, *Magister Hugo, Hugo peccator* et Hugues de Saint-Victor

Quarante années se sont écoulées depuis que Jean Leclercq a découvert et édité le texte d'une lettre-sermon adressée aux Templiers par un certain *Hugo peccator*, qu'il a attribuée à Hugues de Payns.[14] Depuis, la paternité de cette lettre passionne et partage les savants : le père Sclafert l'attribue à Hugues de Saint-Victor, s'appuyant sur la désignation de la rubrique dans le seul manuscrit qui contient ce texte ;[15] Dom Leclercq semble avoir accepté la théorie du père Sclafert, alors que, exception faite pour R. Baron qui reprend l'hypothèse selon

---

[11] Je me permets de renvoyer à mon article : Simonetta Cerrini, "A New Edition of the Latin and French Rule of the Temple" dans *The Military Orders 2. Welfare and Warfare*, éd. Helen Nicholson (Aldershot, 1998), p. 212.

[12] Quelques jours après le concile, toujours à Troyes, les Templiers reçurent une donation, en présence de "magistri Hugonis et fratrum Godefridi, Pagani, Radulfi, Iohannis" (d'Albon, *Cartulaire* 22). Cette liste de frères du Temple prouve que les Templiers dont le nom est rappelé dans le prologue de la règle ne comprenait même pas tous ceux qui étaient en France à l'époque, ce qui rend invraisemblable la déclaration de Guillaume de Tyr selon laquelle les Templiers à l'époque étaient au nombre de neuf, comme au moment de leur fondation.

[13] Dont on garde une tradition bilingue, en latin (3 manuscrits) et en langue d'oïl (4 manuscrits).

[14] Jean Leclercq, "Un document sur les débuts des Templiers," *Revue d'histoire ecclésiastique* 52 (1957), 81–91, rééd. dans *Recueil d'études sur Saint Bernard et ses écrits* (Rome, 1966), 2:87–99.

[15] Charles Sclafert, "Lettre inédite de Hugues Saint-Victor aux Chevaliers du Temple," *Revue d'ascétique et de mystique* 34 (1958), 275–99.

laquelle Hugues de Payns[16] en est l'auteur, tous les autres historiens laissent la question ouverte.[17]

Pourtant, un article récent de Dominic Selwood relance le débat et donne des raisons plausibles en faveur de l'attribution de la lettre-sermon *Christi militibus* à Hugues de Payns.[18]

Je penche personnellement en faveur de cette théorie et pense pouvoir ajouter que ce texte, composé avant le concile de Troyes, comme déjà le soutient Selwood, a certainement été connu de saint Bernard et peut-être gardé dans l'entourage du cistercien sans jamais rejoindre ses destinataires, c'est-à-dire les Templiers restés à Jérusalem.

Trois raisons tendent à attribuer le texte à Hugues :

«Magister Hugo»

La lettre *Christi militibus* est connue grâce à un manuscrit de Nîmes du XIIe siècle qui contient la règle du Temple et le *De laude* de saint Bernard, à la suite d'un important *corpus* augustinien[19] Dans ma thèse, j'ai pu établir que le manuscrit n'est pas originaire d'une commanderie du Temple, comme on l'a souvent avancé, mais qu'il est plutôt issu du sein d'un milieu monastique, voire cistercien. Jusqu'à présent, on renvoyait, sans preuves, au grand prieuré des

---

16 R. Baron, "Hugues de Saint-Victor. Contribution à un nouvel examen de son oeuvre" *Traditio* 15 (1959), 296 97.

17 Entre autres, nous signalons : Rudolf Goy, *Die Überlieferung der Werke Hugos von St. Viktor. Ein Beitrag zur Kommunikationsgeschichte des Mittelalters* (Stuttgart, 1976), p. 483, avec le compte-rendu de J. Châtillon, "'La transmission de l'oeuvre de Hugues de S. Victor.' A propos d'un livre récent de Rudolf Goy," *Mittelateinisches Jahrbuch* 15 (1980), 57–62 ; Josef Fleckenstein, "Die Rechtfertigung der geistlichen Ritterorden nach der Schrift 'De laude novae militiae' Bernards von Clairvaux," dans *Die geistlichen Ritterorden Europas*, pp. 9–22, ici p. 10 et n. 9. Dans les années 90 on rappelle les interventions de Franco Cardini, *I poveri cavalieri del Cristo. Bernardo di Clairvaux e la fondazione dell'ordine templare* (Rimini, 1992), pp. 89–94, à qui nous renvoyons également pour le commentaire que l'auteur donne de la lettre de *Hugo peccator* ; Alan Forey, *The Military Orders* (Basingstoke, 1992), p. 15 ; Malcolm Barber, *The New Knighthood* (Cambridge, 1994), p. 35. On verra également la bibliographie concernant le *De laude* de saint Bernard. Dans l'article "Nuovi percorsi templari tra i manoscritti latini e francesi della Regola," dans *Regione Piemonte, Atti del convegno I Templari in Piemonte, dalla storia al mito. Torino 20 ottobre 1994*, éd. R. Bordone, (Turin, s.d. [1995]), pp. 35–56, ici p. 38, notre opinion était plutôt que l'auteur devait bien être Hugues de Saint-Victor.

18 Dominic Selwood, "*Quidam autem dubitaverunt*: The Saint, the Sinner, the Temple and a Possible Chronology," dans *Autour de la première croisade. Actes du Colloque de la Society for the Study of the Crusades and the Latin East (Clermont-Ferrand, 22–25 juin 1995)*, éd. Michel Balard (Paris, 1996), pp. 221–30.

19 Nîmes, Bibl. municipale, Ms. 37. Parch., 290 × 192 mm. (justification : 194 × 130), 23 longues lignes, quatrième quart du XIIe s. C'est le témoin de la règle du plus grand format, écrit à longues lignes dans une très belle caroline gothicisante.

hospitaliers de Saint-Gilles-du-Gard près de Nîmes.[20] Cependant, si ce manuscrit avait été composé pour une communauté du Temple et n'était parvenu qu'ensuite à l'Hôpital, la première place aurait été laissée à la règle. En outre, la tradition manuscrite des *Quaestiones* d'Augustin fournit un indice important : notre volume, pour les *Quaestiones Evangeliorum* et les *Quaestiones XVI in Matthaeum*, appartient en effet à la même famille qu'un manuscrit faisant partie du recueil des Oeuvres d'Augustin établi à Clairvaux au temps de l'abbatiat de Bernard (†1153).[21]

La rubrique, rédigée dans la même écriture que celle de la lettre, attribue le texte à Hugues de Saint-Victor : "Incipit prologus magistri Hugonis de Sancto Victore" et, peu après : "Incipit sermo eiusdem ad milites Templi." Dans le manuscrit, l'attribution au victorin n'est soutenue que par cette rubrique. Par ailleurs, les savants ont maintes fois remarqué qu'il n'y a pas de références, ni dans les oeuvres de Hugues de Saint-Victor, ni dans l'ancien répertoire de ses oeuvres, ni même ailleurs, qui puissent établir un rapport entre ce dernier et la lettre aux Templiers.

Cependant, et conformément aux lois de la critique des textes, pour pouvoir affirmer que Hugues de Saint-Victor n'est pas l'auteur de ce *sermo*, il faudrait expliquer pourquoi le copiste s'est trompé. A mon avis, l'exemplaire que ce copiste — probablement un cistercien — avait sous les yeux, devait porter une rubrique attribuant la lettre à un certain *magister Hugo*. Or, pour un cistercien probablement proche de saint Bernard ou en tout cas pour un moine, ces mots renvoyaient plus facilement au théologien bien connu Hugues de Saint-Victor, ami et interlocuteur de saint Bernard, qu'au maître de la milice du Temple.

Le passage du moins connu au plus connu est un mécanisme étudié des fautes[22] et, dans le cas d'erreurs textuelles, on parlerait de *lectio facilior*.

Le titre de *magister* renvoyant à Hugues de Payns nous donne un élément en faveur de l'attribution de la lettre *Christi militibus* au maître du Temple.

Intitulatio

Selwood avait fait remarquer qu'à la différence de saint Bernard, qui s'adressait d'abord à Hugues de Payns puis aux Templiers, la lettre *Christi militibus* était simplement adressée aux Templiers, sans jamais mentionner leur maître, attitude très impolie de la part d'Hugues de Saint-Victor s'il en était l'auteur. Un autre texte envoyé aux Templiers à cette époque peut confirmer combien l'*intitulatio*

20 Sancti Bernardi *Opera*, éd. Jean Leclercq, Henricus M. Rochais, 3:212–39 : "Le manuscrit, qui appartenait aux Jésuites de Nîmes au XVIIIe s. vient peut-être du Grand-Prieuré d'Hospitaliers de Saint-Gilles, près de Nîmes."

21 Sancti Aurelii Augustini, *Questiones Evangeliorum cum appendice Quaestionum XVI in Matthaeum*, éd. A. Mutzenbecher, Corpus Christianorum, Series Latina 44 B (Turnhout, 1980), p. xlvi.

22 On peut voir, par exemple, le problème des attributions tel qu'il est traité dans : F. Brambilla Ageno, *L'edizione critica dei testi volgari*, (Padoue, 1984), p. 298.

de la lettre *Christi militibus* serait maladroite si elle provenait du maître victorin, à savoir la lettre que Guigues Ier de la Grande Chartreuse adressa à Hugues de Payns et à ses frères ;[23] Guigues Ier lui demandait de la lire à tous les frères et les invitait à combattre d'abord le mal intérieur afin d'être purs et humbles, conditions essentielles pour vaincre l'ennemi extérieur.

Ci-dessous, un tableau donne les adresses des trois textes envoyés aux Templiers.

Incipit de la lettre *Christi militibus*, du *De laude* de saint Bernard et de la lettre aux Templiers de Guigues Ier :

Hugo peccator	saint Bernard, *De laude*[24]	Guigues Ier
Christi militibus in Templo Iehrosolimitano religiosa conversatione studium suae devotionis sanctificantibus, Hugo peccator : pugnare et vincere et coronari in Christo Ihesu Domino nostro.	*Hugoni, militi Christi et magistro militiae Christi*, Bernardus Claraevallis solo nomine abbas : bonum certamen certare.	Dominis et amicis in Christo carissimis ac reverendissimi, *Hugoni, sanctae militiae priori, et omnibus qui reguntur eius consilio*, servi et amici Cartusiae fratres spiritualium simul et corporalium christianae religionis hostium victoriam plenariam et pacem per Christum Dominum nostrum.

Il paraît évident que la seule raison pouvant être avancée pour expliquer pourquoi, en s'adressant à un ordre tout frais, *Hugo peccator* n'a pas mentionné le responsable, ce que font Guigues Ier et Bernard, est que Hugues était lui-même le supérieur de l'ordre.

Pourquoi Guigues et saint Bernard, en s'adressant aux Templiers, auraient-ils bien précisé leur identité alors que *Hugo peccator* n'a pas éprouvé la nécessité de le faire ? Car il était sûr d'être reconnu par ses frères comme leur maître ; alors que — si *Hugo peccator* était Hugues de Saint-Victor — il aurait été obligé de donner plus de précisions le concernant.

Le contenu et le style

Le contenu même de la lettre s'expliquerait très bien si elle avait été écrite par Hugues de Payns : il y a en effet une série de similitudes entre la lettre *Christi militibus* et la règle. Les deux textes sont d'ailleurs en syntonie, presque plus que le *De laude* avec la règle. En outre, l'*expositio* de la règle "chapitre par chapitre"

[23] *Lettres des premiers chartreux, I. S. Bruno, Guigues, S. Anthelme*, par Un Chartreux, SC 88 (Paris, 1962), pp. 151–61, ici p. 154.

[24] Les citations du *De laude* sont tirées de l'édition critique établie par J. Leclercq, H.M. Rochais (*Sancti Bernardi Opera*, 3:212–39), qui est utilisée dans le *Liber ad milites Templi. De laude novae militiae. Per i cavalieri del Tempio. Elogio della nuova cavalleria*, intr. & tr. C. D. Fonseca, dans *Opere di san Bernardo*, éd. F. Gastaldelli, 1. *Trattati* (Milan, 1984), p. 438. Voir aussi l'édition de Pierre-Yves Emery dans SC 367 (Paris, 1990): Bernard de Clairvaux, Éloge de la nouvelle chevalerie.

que Hugues a faite au concile de Troyes montre qu'il sait préparer des discours élaborés au sujet de sa confrérie : il est ainsi en mesure de composer une lettre-traité pour ses frères. Le style simple de la lettre ne coïncide d'ailleurs pas avec le style recherché de Hugues de Saint-Victor.

Une chronologie possible

A propos de la chronologie du sermo de *Hugo peccator*, du *De laude* de saint Bernard, et de la règle du Temple, j'approuve l'hypothèse avancée par Selwood selon laquelle le *De laude* et la lettre *Christi militibus* seraient antérieurs au concile de Troyes (1129).[25] Cette chronologie expliquerait mieux pourquoi, lorsqu'il s'agit des Templiers, Bernard ne fait jamais référence à la nouveauté d'un ordre religieux et militaire mais se borne à annoncer la naissance d'une nouvelle chevalerie : "Novum militiae genus ortum nuper auditur in terris" (*De laude*, 1.1). Il ne le fait pas, parce que le nouvel ordre du Temple n'existait pas encore. Même le titre de *magister militie* qu'il réserve à Hugues n'a pas une valeur ecclésiastique, alors que Guigues appelle Hugues *sanctae militiae prior*.

De son côté, le texte de la règle semble parfois 'réagir' aux propositions de la lettre de Hugues ; c'est le cas du chapitre 63 (numérotation selon la nouvelle édition) où il est question des dîmes, que le concile considère comme un droit des Templiers, puisqu'ils ont fait vœu de pauvreté. Hugues de Payns applique aux chevaliers du Christ le texte de saint Paul (I Tim. 5.18) où l'Apôtre reconnaît aux clercs le droit de vivre de l'autel : de la même manière, les Templiers vivront du butin de guerre ! Il me semble évident que cette affirmation de Hugues précède la disposition du concile qui donne une solution plus traditionnelle mais également plus sûre à la survie des Templiers.

Il y a ensuite des raisons fonctionnelles : ni le *De laude* de Bernard, et moins encore le *Sermo Christi militibus* de Hugues de Payns n'avaient la valeur d'un texte officiel de l'Eglise, contrairement aux décisions du concile de Troyes.

Une analyse du texte latin de la règle et du *De laude* montre qu'il y a des correspondances,[26] mais également de fortes différences. L'esprit qui anime la règle est plus proche de celui qui inspire la lettre *Christi militibus*. Quand Bernard se limite à une description externe, Hugues de Payns, comme beaucoup d'articles de la règle, entre dans le coeur de la question, avec un point de vue souvent inattendu.

Cependant, le *De laude* et la lettre *Christi militibus* se rejoignent lorsqu'on y affronte ouvertement le cœur du problème, obstacle majeur à la formation d'un ordre religieux et militaire : le fait qu'un religieux puisse tuer un ennemi sans

---

25 Selwood, "*Quidam autem dubitaverunt*," pp. 221–30.

26 On commence ainsi, lentement, à répondre aux questions posées par Elphège Vacandard, *Vie de saint Bernard, abbé de Clairvaux* 1:233 : "Quels articles remontent au concile, et quelle part revient à l'abbé de Clairvaux dans leur rédaction ? Il est impossible de le déterminer."

pécher. A mon avis, le concile de Troyes peut se permettre de glisser cette affirmation dans des contextes plus neutres, uniquement parce que Hugues de Payns, tout comme saint Bernard, s'en était déjà chargé.

La corrélation des deux textes apparaît ensuite dans la structure même de l'adresse, que l'on a citée plus haut, et dans les rapports historiques qui les lient. Il est possible que Hugues de Payns, une fois arrivé en Europe, ait d'abord adressé sa lettre aux Templiers restés à Jérusalem, qu'il l'ait ensuite montrée à saint Bernard et lui ait demandé de donner par écrit son opinion sur leur expérience afin que les Templiers soient confortés directement par quelqu'un dont l'autorité spirituelle était reconnue. Mais il est tout autant probable que Hugues avait d'abord reçu la lettre de Bernard et qu'ensuite il ait voulu préciser son point de vue, bien différent de celui de Bernard, dans une autre lettre, plus 'pratique.'

Le *Sermo Christi militibus*

La figure de saint Bernard, et surtout son *De laude*, ont occulté jusqu'à présent l'essentiel de la vision spirituelle de la première génération des pauvres chevaliers du Christ telle qu'elle nous est parvenue par la lettre de Hugues de Payns et par le texte latin de la règle du Temple, approuvé à Troyes en 1129.

La lutte contre le diable et ses tentations est l'essence de la lettre *Christi militibus*. En chef véritable, Hugues explique aux siens le premier combat, de type eschatologique, entre les forces du bien et du mal, les tactiques utilisées par l'ennemi pour le vaincre : ils ont gagné le premier combat car ils savent éviter le péché. Les deux autres tactiques du diable s'inscrivent dans la corruption de l'intention originaire de l'action et dans l'interruption, sous prétexte de l'action même. Ils pourront gagner s'ils sont pleinement conscients que le seul critère du bien est de suivre la volonté de Dieu. L'humilité est obéissance à Dieu, l'orgueil est désobéissance : tel est le pilier des pensées de Hugues.

Dans le contexte de Terre Sainte l'attitude contemplative est, *de facto*, un mal pour les chevaliers, même si elle garde l'apparence d'une supériorité spirituelle. Souvent, dit encore Hugues, il arrive qu'un bien soit en réalité une tricherie du diable, le camouflage du mal. Pour les frères du Temple, le bien est celui de l'action apostolique et de la *sequela Christi*. Le problème, selon Hugues, est que l'action apostolique et le combat contre "les ennemis de la foi" ne font qu'un, et c'est là le cœur des débats : il est probable que Hugues de Payns lui-même avait sollicité Bernard et les Pères du concile afin qu'ils s'expriment explicitement sur ce point, parce qu'il se montrait préoccupé par les troubles de certains frères devant ceux qui soutenaient qu'ils étaient dans le péché en embrassant les armes ou, qu'en tout cas, que les armes les auraient empêchés de progresser dans la voie de la sainteté.[27]

---

27 Leclercq, "Un document sur les débuts des Templiers," p. 87.

> Audivimus quosdam vestrum a quibusdam minus discretis perturbari, quasi professio vestra, qua vitam vestram ad portanda arma contra inimicos fidei et pacis pro defensione christianorum dedicastis, quasi, inquam, illa professio vel inlicita sit vel pernitiosa, id est vel peccatum vel maioris profectionis impedimentum.

Cela aura sans doute poussé Hugues à rédiger sa lettre, lui dont la position est très originale dans l'univers chrétien, ce dont il est d'ailleurs probablement conscient ; il cherche ainsi à justifier son idée par la certitude que "*Deus lo vult*," d'abord, et en créant un parallèle entre la lutte spirituelle et la lutte matérielle. A ses frères, il dit qu'ils battent l'adversaire lorsqu'ils luttent, en temps de paix par le jeûne et l'abstinence, contre l'orgueil, et en temps de guerre avec les armes, contre les ennemis de la paix :

> in pace enim cum carne propria ieiuniis et abstinentia pugnatis, et cum in opere virtutis superbiam suggerit, resistitis et vincitis ; in bello autem contra inimicos pacis, qui ledunt vel ledere volunt, armis pugnatis.[28]

Mais selon Hugues, ce qui décide si une action est bonne ou mauvaise est l'intention : l'ennemi invisible essaie toujours de corrompre les motifs qui poussent à agir, et l'on prendra garde de ne pas haïr tandis qu'on tue ni à être pris par l'avarice pendant les pillages:

> quia causarum accionem corrumpere laborat [= le diable] intentione, suggerit odium et furorem[29] dum occiditis, suggerit cupiditatem dum spoliatis ; vos ubique insidiantem repellitis, quia occidendo non inique oditis, et spoliando non iniuste concupiscitis. Ideo enim dico : "Non inique oditis," quia non oditis hominem, sed iniquitatem.[30] Ideo vero dico : "Non iniuste concupiscitis," quia hoc aufertis quod pro peccatis eorum iuste tollitur, et vobis pro labore vestro iuste debetur.[31]

Il faut souligner que cette vision, dans la pensée occidentale, se rapproche de la théologie de l'intention théorisée à la même époque par Abélard, le 'chevalier de la dialectique' et le grand ennemi de Bernard.

---

28 Leclercq, "Un document sur les débuts des Templiers," p. 87.

29 On remarque que pour Hugues de Payns, le *furor* guerrier, qui traduisait le germanique W*ut*, comme nous l'enseigne Franco Cardini, *Alle radici della cavalleria medievale* (Florence, rééd. 1991), pp. 75–86, appartient au diable. La vision spirituelle du chevalier selon Hugues, était tellement originale et 'impossible' qu'elle en venait à nier l'une des racines du culte du guerrier.

30 Faut-il souligner à quel point cette phrase se rapproche de la théorie du *malicida non homicida* du *De laude* de saint Bernard ? Cela laisse supposer qu'entre les deux hommes, il dut y avoir des échanges personnels sur ce thème.

31 Leclercq, "Un document sur les débuts des Templiers," p. 87.

Sur ce sujet crucial, la réponse du concile à Hugues est dans le premier verset du chapitre 48 de la règle, qui constitue ainsi un véritable tournant dans l'histoire des rapports entre le christianisme et la guerre.[32]

48.1 Divina, ut credimus, providentia a vobis in sanctis locis sumpsit initium hoc genus novum religionis, ut videlicet religioni militiam admisceretis, et sic religio per militiam armata procedat, hostem sine culpa feriat.

Pour la première fois dans son histoire, l'Eglise affirme officiellement qu'il est permis à des religieux soumis à une règle de tuer les ennemis (les ennemis publics, les *hostes*, bien entendu, et non les ennemis privés, les *inimici*), sans que cela puisse constituer un péché, ni exiger une pénitence plus ou moins formelle.

En raison de son caractère officiel, ce bref verset de la règle du Temple est d'un certain point de vue plus important que la lamentable théorie du *malicida–homicida* illustrée par Bernard dans son *De laude*,[33] qui n'est somme toute qu'une opinion personnelle, dépourvue de toute autorité juridique. Le Templier auquel il fait référence n'est ni celui de Hugues de Payns ni le Templier qui ressort du concile. Saint Bernard — cela semble être un paradoxe — a une vision plus laïque du chevalier, alors que Hugues de Payns milite pour une conception du guerrier sacré, pratiquement inconnue dans la Chrétienté. Le concile accepte, au fond, la vision de Hugues de Payns, mais avec un certain embarras. Les contemporains, quant à eux, réagissent de manière différente : il y a ceux qui louent, tel Pierre le Vénérable qui avait vu jaillir le Temple "velut rutilum novi syderis,"[34] avec la splendeur d'une nouvelle étoile, et il y a ceux qui critiquent. Au rang de ces derniers, on peut accorder une place spéciale au cistercien Isaac de l'Etoile ;[35] grand admirateur de saint Bernard, Isaac adopte un point de vue résolument original : en premier lieu il évoque, en matière d'exégèse, le danger des

[32] La bibliographie sur les chrétiens face à la guerre est très vaste ; nous signalons ici les études qui concernent de plus près la période médiévale, avec une attention spéciale aux idées qui précédent la fondation de l'ordre du Temple : Franco Cardini, *Alle radici della cavalleria medievale*, deuxième partie, *Cristianità e cristianesimo dinanzi alla guerra*, pp. 171–243 ; idem, "La guerra santa nella cristianità," pp. 387–99 ; idem, "I cristiani, la guerra e la santità" dans *I Templari, la guerra e la santità*, éd. Simonetta Cerrini (Rimini, 2000) pp. 9–17; Jean Flori, "De la chevalerie féodale à la chevalerie chrétienne ?" dans *'Militia Christi' e Crociata nei secoli XI–XIII. Atti della undecima Settimana internazionale di studio. Mendola, 28 agosto-1 settembre 1989* (Milan, 1992), pp. 67–99. Une synthèse du sujet est présente dans : André Vauchez, *Les laïcs au Moyen Age. Pratiques et expériences religieuses* (Paris, 1987) au chapitre V, *Les chrétiens face à la guerre de l'antiquité à la renaissance*, pp. 61–75.

[33] *De laude*, 3 : "Sane cum occidit malefactorem, non homicida, sed, ut ita dixerim, malicida, et plane Christi vindex in his qui male agunt, et defensor christianorum reputator."

[34] Petrus Venerabilis, *The Letters of Peter the Venerable*, éd. Giles Constable (Cambridge, Mass., 1967), 1:407, n° 172.

[35] On trouvera des reflexions stimulantes à propos d'Isaac et d'autres adversaires chrétiens des croisades dans Benjamin Z. Kedar, *Crusade and Mission. European Approaches toward the Muslims* (Princeton, 1984), pp. 104-12.

nouveautés que l'on préfère aux anciennes explications des Pères ; il compare ensuite l'essor de cette nouveauté — qui pourrait peut-être faire penser au climat intellectuel suscité par Pierre Abélard et par l'école de Chartres — à la nouvelle milice, avec des termes qui reprennent à la lettre et ironiquement le *De laude* de saint Bernard, mais qui semblent également réagir à la lettre de Hugues de Payns.[36]

> Huic simile et eadem ferme tempestate, cuiusdam *novae militiae obortum est monstrum novum* — cuius, ut lepide ait quidam -ordo de quinto evangelio est-, ut lanceis et fustibus incredulos cogat ad fidem, et eos qui Christi nomen non habent, *licenter exspoliet et religiose trucidet* ; si qui autem de eo in depopulatione talium ceciderint, Christi martyres nuncupent. Nonne et isti futuro illi perditionis filio contra christianos crudelitatis suae auctoritatem nutriunt ? Quomodo ei obicietur Christi mansuetudo et patientia et forma praedicandi ? Quare non faciet libenter quod factum reperiet licenter ? Quomodo non dicet : Qualia fecit Ecclesia, talia facite illi ?

Hormis la peur de la nouveauté, bien compréhensible dans un siècle qui n'a connu presque que des nouveautés, il nous suffit de signaler ici le parallèle qu'il propose entre une expérience intellectuelle et une nouvelle institution religieuse qu'on a tendance à imaginer ordinairement comme étant bien éloignée du 'monde des idées.' Grâce à leur fondateur, quelle que fût leur réputation — bonne ou mauvaise —, les Templiers n'avaient en tous cas pas encore été expulsés de la vision spirituelle et culturelle du XIIe siècle. Au contraire, ils occupaient souvent le devant de la scène et étaient associés, directement ou indirectement, à des personnages qui étaient censés représenter ce siècle, tels saint Bernard, Pierre le Vénérable ou Abélard.

Parmi tous les ordres militaires, et grâce à Hugues de Payns, les Templiers furent les premiers et les seuls à trouver le courage d'affronter ouvertement sur le terrain de la théologie et du droit un problème que la vie en Terre Sainte posait pour des milliers de personnes : celui de la licence de tuer l'ennemi. Il en résulte une alchimie complexe, car le Templier ne ressemble finalement pas au chevalier, ni au moine, ni au croisé. En outre, et malgré tous ses efforts, le Templier ne deviendra jamais un saint.

---

[36] Isaac de l'Etoile, *Sermons* 3, éd. A. Hoste, G. Raciti (Paris, 1987), sermon 48, 8 et, pour Abélard et l'école de Chartres, p. 156 n. 1.

Guy of Lusignan, the Hospitallers and the Gates of Acre

Jonathan Riley-Smith

The Hospitallers had been granted property in the city of Acre soon after it had fallen to the Christians in 1104, because donations to them there were confirmed by King Baldwin I of Jerusalem in 1110.[1] Their original convent had been situated close to the cathedral of the Holy Cross, which, it has now been shown, was in the eastern part of the old city, beyond the present line of the Ottoman walls.[2] By 1135, however, they had had to move, because the building of a north portal of the cathedral had demolished their conventual building,[3] and before 1149 they must have settled on the site which was to be thenceforward associated with them, further to the west, and just to the south of the walls of the old city, because in that year a reference was made to their church in a charter of Queen Melisende.[4] The ruined walls of the church were still standing in the seventeenth century. Its undercroft has been excavated and has been dated to the thirteenth century, but it must rest on the foundations of the church of the first half of the twelfth. The famous hall known as the *crypt of St John* nearby is likely to date from before the fall of Acre to Saladin in 1187. It appears to sit awkwardly in relation to the structures beside it, which suggests that it was part of the twelfth-century convent left standing when the compound was extended in the thirteenth century.

The sensational results of recent excavations have revealed that an extravagant building campaign was begun on this site around 1200, creating a large courtyard to the north of the *crypt of St John*, with impressive structures to the east and west and huge storehouses along the northern side, close to the original city wall. Two charters, issued to the Hospitallers by the rulers of the kingdom, Guy of Lusignan and Henry of Champagne, on 31 January 1192 and on 5 January 1194 respectively, paved the way for this extension and for the creation of a new and magnificent international headquarters. Both charters were framed as eleemosynary grants. The first, recognizing the "districtionem et parvitatem platee domorum hospitalis acconensis," gave the Hospitallers the "stratam et viam" which ran parallel to the northern wall, enabling the brothers to extend their property northwards towards it.[5] The second gave them part of the wall itself, now

1 *Cart Hosp* 1:21, no. 20; *RRH* no. 57.

2 See Benjamin Z. Kedar, "The Outer Walls of Frankish Acre," *'Atiqot* 31 (1997), 159, 166, 169–71.

3 *Cart Hosp* 1:94, no. 112; *RRH* no. 155.

4 *Cart Hosp 1:*140, no. 180; *RRH* no. 256.

5 *Cart Hosp* 1:582, no. 917; *RRH* no. 698.

of course enclosed by the suburb of Montmusard growing up beyond it, with rights of entering and leaving freely by a *porta s. johannis*, already referred to in the charter of 1192, although Henry of Champagne retained control of the gate itself.[6] Incidentally, this suggests that Montmusard had already been walled — earlier than the period 1198–1212 suggested by Professor Jacoby[7] — because otherwise no ruler would have given a stretch of the wall away so insouciantly. Of the early fourteenth-century maps of Acre that survive, the redactions of that of Paolino Veneto (or Paulinus of Pozzuoli), which shows clearly the arrangement of the Hospitaller compound — from north to south: *hospitale*, *ecclesia* and *domus infirmorum* — also portrays two gates through the old city wall which adjoined its north-western and north-eastern corners and defined the length of wall which was its northern boundary, a *porta hospitalis*, which must be the same as the *porta s. johannis*, in the west and a *porta domine nostre* in the east.[8]

Paolino Veneto's arrangement has been followed by most writers on Acre's topography,[9] but maps reconstructing the thirteenth-century city drawn by David Jacoby and Denys Pringle envisage a different one, with the Gate of the Hospital (*porta hospitalis* or *porta s. johannis*), together with the tower referred to in Guy of Lusignan's charter which is identified with the existing Burj al-Khazna,[10] abutting the extreme north-east corner of the Hospitaller compound, and the Gate of Our Lady (*porta domine nostre*) detached from the compound and some way to the east.[11] Although Jacoby justifies his conclusion with reference to the street alignments in another fourteenth-century map of Acre, that of Pietro Vesconte,[12] it looks as though he and Pringle have also tried to take into account Guy of Lusignan's charter, in which a passage, correctly transcribed by Delaville le Roulx (in spite of one or two minor errors elsewhere), goes as follows:

> dono, trado, concedo et confirmo tibi...stratam et viam, que portenditur a porta s. johannis ad parvum mare, juxta turrim hospitalis, et subtus volta scale ipsius turris, ut eam [...] porta s. johannis usque ad introitum prefate volte, a parte maris [...] plateam curie vestre amplietis.[13]

The words *mare* and *maris* seem to have led Jacoby and Pringle to shift the Hospitaller compound seawards, that is westwards from the Gate of St John, and

[6] *Cart Hosp* 1:617, no. 972; *RRH* no. 717.

[7] David Jacoby, "Montmusard, Suburb of Acre: The First Stage of its Development," in *Outremer: Studies in the History of the Crusading Kingdom of Jerusalem presented to Joshua Prawer*, ed. Benjamin Z. Kedar, Hans E. Mayer and Raymond C.Smail (Jerusalem, 1982), pp. 211–13.

[8] For Paolino Veneto, see David Jacoby, "Crusader Acre in the Thirteenth Century: Urban Layout and Topography," *Studi Medievali* 3. 20 (1979), 3–5.

[9] For example, Zeev Goldmann, "Le couvent des Hospitalliers à Saint Jean d'Acre," *Bible etTerre Sainte* 160 (1974), 12, 14.

[10] Denys Pringle, *Secular Buildings in the Crusader Kingdom of Jerusalem. An Archaeological Gazetteer* (Cambridge, 1997), p. 16.

[11] Jacoby, "Crusader Acre," p. 41 n. 212 and map; Pringle, *Secular Buildings*, p. 16.

[12] Jacoby, "Crusader Acre," p. 41 n. 212. For PietroVesconte, see ibid., pp. 2–6.

[13] *Cart Hosp* 1:582, no. 917; *RRH* no. 698.

to ignore the Gate of Our Lady. But *ad parvum mare* is gibberish, while *a parte maris* makes little sense, given the location of the Hospital some way from the sea.

Guy of Lusignan's charter, which is original and sealed, survives in the National Malta Library as Malta Arch 4 no.36. Professor Hans Mayer has pointed out that it is written in a beautiful late twelfth-century hand, with similarities to papal chancery script.[14] There can be no doubt whatever as to its authenticity, but I am sure that we are confronted by serious scribal errors in it. Correcting them provides a solution to the topographical problem to which I have drawn attention. *Ad parvum mare* ought surely to read *ad portam marie* and *a parte maris* should read *a porta marie*. We can then place the two gates — of St John (or the Hospital) and of Mary (or Our Lady) — on sites which agree with those on Paolino Veneto's map. The gate at the north-east corner of the Hospitaller compound next to a Hospitaller tower would be that of Mary or Our Lady, with the gate at the north-west corner being that of St John or the Hospital. The identification of the *turris hospitalis* of 1192 with the Burj al-Khazna would now make sense, because, according to the charter, it was next to the *parvum mare,* or rather *portam marie*.

Mistakes of such magnitude in a governmental document of this significance are rare, but in this case they can be explained. The charter was supposedly drawn up in Acre, but the city was in chaos. After its recapture in the previous July its rents had been divided on Philip II of France's insistence between Guy of Lusignan and his rival for the throne, Conrad of Montferrat. In February 1192, within a week or so of the date of the charter, there was an attempt by the Genoese and the French crusaders left by Philip in Palestine to seize the city on Conrad's behalf.[15] Although the viscount of Acre, who was among the witnesses to Guy's donation, was an established figure, a knight in the city territory,[16] and had apparently been resident in the city before 1187,[17] one must wonder whether he had any real authority in the town at the time; my guess is that the only persons with any standing there were the representatives of its remaining conqueror, Richard of England. The charter purports to have been drawn up by Guy's chancellor, Peter of Lydda or of Angoulême, but Peter was absent, because he had been appointed bishop of Tripoli, and responsibility for Guy's charters seems to have rested with his vice-chancellor, William of Antioch.[18] Mayer has drawn attention to William's carelessness as an ingrossator; in this

[14] Hans E. Mayer, *Die Kanzlei der lateinischen Könige von Jerusalem,* 2 vols. (Hanover, 1996), 2:527–28.

[15] Jonathan S.C. Riley-Smith, *The Feudal Nobility and the Kingdom of Jerusalem* (London, 1973), pp. 117–18.

[16] John of Jaffa, "Le Livre des Assises," extr. ed. Peter W. Edbury, *John of Ibelin and the Kingdom of Jerusalem* (Woodbridge, 1997), p. 122; *RRH* nos. 683, 690, 697–98, 701, 703a.

[17] See "Inventaire de pièces de Terre Sainte de l'ordre de l'Hôpital," ed. Joseph Delaville Le Roulx, *Revue de l'Orient latin* 3 (1895), 71, no. 176.

[18] Mayer, *Die Kanzlei* 1:264–67; 2:530–57.

charter, for instance, he has allowed *portenditur* to slip by for *protenditur*, and there are mistakes in other charters as well.[19]

It is much harder to explain why the Hospitallers missed the errors. Here is a document relating to an extension of land on which they were to spend a fortune constructing a new headquarters. Although they must still have been hoping in the 1190s that they would return to Jerusalem, the fact of the grants of Guy of Lusignan and Henry of Champagne suggests that they were already supposing that Acre was going to be their centre for a long time, and the administrators of their convent there surface three days after Guy's donation in a charter of 2 February 1192: a commander (*baiulus*), a conventual prior and probably a treasurer.[20] As a conveyance to them, however, Guy's charter was worthless, since their title to the space between their old conventual buildings and the city wall could not have been established by it. As the record of an eleemosynary grant, moreover, it should have provided the basis in law for their property in this location being subject only to ecclesiastical jurisdiction; and, as an exempt order, that could have meant in the end the judgement of Rome.[21] But the bishops of Acre were often quick to challenge what they considered to be over-exploitation of the privilege of exemption[22] and a legally-minded king — as Aimery of Lusignan (1197–1205) was to prove to be — would have had little difficulty in demonstrating that a charter of this sort had no validity if he had wanted to exercise his own rights of jurisdiction over a site so close to a city wall which, it is true, was being made redundant by the growth of Montmusard to the north, but might be needed defensively one day.

We have to remember the state in which the Hospitallers found themselves in 1192. They had suffered severe casualties in the battles of Saffuriyah and Hattin and their aftermath, including the losses of the castles of Belmont, Bait Jibrin, Belvoir and many smaller ones.[23] We do not know how new or inexperienced the commander in Acre was. Did he even know the details of the city's topography? When the Hospitallers had been ejected from their headquarters in Jerusalem in 1187 the rump of their central administration had settled first in Tyre, but it seems to have left by late 1191[24] — it would have been impolitic to have stayed longer in a city under Conrad of Montferrat's control — and there is no means of knowing where the order's archives were being housed at this time; perhaps they had been

---

19 Mayer, *Die Kanzlei* 2:529.

20 *Tabulae ordinis Theutonici*, ed. Ernst Strehlke (Berlin, 1869), p. 23, no 26; *RRH* no. 699.

21 See Jonathan S.C. Riley-Smith, *The Knights of St John in Jerusalem and Cyprus c.1050–1310* (London, 1967), pp. 375–420.

22 Ibid., pp. 405–10.

23 Ibid., pp. 106–12. Judith Bronstein is studying the effects of these and other catastrophes on the order.

24 Ibid., pp. 106,109.

taken north to the castle of Marqab.[25] A new master, Garnier of Nablus, had arrived in May 1191 and was almost certainly present in Acre when Guy's donation was made, because he is to be found settling a dispute with the master of the German hospital there on 2 February.[26] Garnier may have been a member of the important local Frankish family of Milly, which had held the lordships of Nablus and Oultrejourdain, and he was anyway experienced in Hospitaller administration in Palestine, having been castellan of Bait Jibrin and grand commander in Jerusalem. But he had been in the west as prior of England since at least 1185,[27] and he now had a lot on his mind. He was being used by Richard of England as a negotiator with Saladin and as a sub-commander in the crusading army. He had been on the march from Acre to Arsuf in August and September 1191 and in late January 1192 he had probably just hurried back from Richard's forces in the Judaean hills. He was to die later in the year.[28] Perhaps we should not be surprised that no one read the charter carefully.

---

25 Since ten brothers had been permitted to stay in the hospital in Jerusalem for a year after the city's fall to Saladin, the archives need not have been moved until 1188. Ibid., p. 108.

26 *Tabulae ordinis Theutonici*, p. 23, no. 26; *RRH* no. 699.

27 Riley-Smith, *The Knights of St John*, pp. 107–08.

28 Ibid., pp. 112–17.

Les ordres militaires et la croisade au début du XIVe siècle : Quelques remarques sur les traités de croisade de Jacques de Molay et de Foulques de Villaret

Alain Demurger

L'historiographie n'a pas été tendre pour Jacques de Molay, le dernier maître du Temple. Son attitude durant le procès de l'ordre — hésitante, incohérente, lâche parfois — n'a pas été compensée par le courageux mais vain sursaut final. Le portrait de Molay a été construit tout entier à partir de cette attitude et du coup, son "autre vie," sa longue carrière dans l'ordre avant le procès — mal connue il est vrai — a été jugée à la même aune.[1] Ses écrits aussi : des deux mémoires composés à la demande du pape Clément V, le premier, qui porte sur la croisade, est généralement jugé conservateur et le second, qui traite du problème de l'union des ordres, ridicule. On oppose volontiers au "conservateur" Molay "l'astucieux" Foulques de Villaret, le maître de l'ordre de l'Hôpital, le conquérant de Rhodes, auteur lui aussi d'un traité sur la croisade contemporain de celui de Molay et d'un autre un ou deux ans après.[2]

Les historiens qui ont étudié l'ensemble de ces traités "pour la récupération de la Terre sainte" ont naturellement porté leur attention sur les textes de Molay et de Villaret.[3] Tout pourtant, ne me semble pas avoir été dit sur ces textes et je voudrais présenter quelques remarques à leur sujet.

---

[1] Voir cependant, Alain Demurger, "Jacques de Molay," *Dictionnaire d'Histoire et de Géographie ecclésiastique*, 26:698–701 ; Malcolm Barber, "J. de Molay, the Last Grand Master of the Order of the Templars," *Studia Monastica* 14 (1972), 91–124 ; Marie-Luise Bulst-Thiele, *Sacrae domus militiae templi hierosolymitani magistri. Untersuchungen zur Geschichte des Templerordens 1118/19–1314* (Göttingen, 1974), pp. 295–359.

[2] Norman Housley, *The Avignon Papacy and the Crusades, 1305–1378* (Oxford, 1986), pp. 25, 27.

[3] Joseph Delaville Le Roulx, *La France en Orient. Les expéditions du maréchal Boucicaut*, 1 (Paris, 1885–86), pp. 55–58 ; Ludger Thier, *Kreuzzugsbemühungen unter Papst Clement V* (Düsseldorf, 1973) pp. 50–58 ; Sylvia Schein, *Fideles Crucis. The Papacy, the West and the Recovery of the Holy Land, 1274–1314* (Oxford, 1991). Ces auteurs présentent des analyses généralement fournies de ces traités. Certains de ceux-ci ont fait l'objet de publications mais, pour ne pas alourdir les annotations, je renvoie à la bibliographie du livre de Schein.

Les traités de recouvrement de la Terre sainte : la coupure de 1291

Au préalable je voudrais attirer l'attention sur la chronologie et donc sur le contexte de cette production de traités échelonnée entre 1274 et 1320 environ. Quatre traités, rédigés par des clercs, ont été commandés par le pape Grégoire X pour éclairer les pères du concile de Lyon II en 1274 : les traités d'Humbert de Romans, de Gilbert de Tournai, de Guillaume de Tripoli et de Bruno d'Olomouc. Le pape n'avait demandé un avis écrit qu'aux seuls clercs. Ces avis sont composés à un moment où les Etats latins d'Orient — le royaume d'Acre, le comté de Tripoli — existent encore. Aussi les problèmes que se posent les auteurs de traités sont moins ceux de l'organisation d'une croisade pour reprendre Jérusalem, que ceux du secours et de l'aide à apporter à ces états. Ils choisissent ce que j'appellerai la "solution Saint Louis," à savoir l'envoi de contingents de chevaliers soldés par les soins du Trésor royal, et dont la présence en Orient doit être permanente ; le modèle en est le "régiment français" de cent chevaliers laissé par Louis IX lorsqu'il quitta la Terre sainte en 1254.[4]

Les auteurs des traités de 1274 sont en outre sensibles à la question de la conversion des infidèles et ils critiquent avec d'autres, comme Roger Bacon, l'absence de perspectives missionnaires dans la croisade. Non qu'ils opposent croisade et mission ! Mais ils demandent que ces deux moyens soient utilisés de façon complémentaire pour gagner les musulmans à la foi chrétienne.[5]

Après 1291 le problème est autre : les Latins ont été chassés de Syrie-Palestine. Certes ils sont toujours à Chypre, certes ils peuvent encore compter sur le royaume arménien de Cilicie. Mais la Terre sainte est à reconquérir et il faut repartir à zéro, comme au moment de la première croisade. Les traités postérieurs à cette date sont donc forcément différents de ceux de 1274 et cette différence n'a pas été assez marquée.[6]

Signe de cette différence d'approche dans un contexte modifié, l'évolution de la notion de passage particulier (*passagium particulare*). L'expression a été employée pour la première fois par Boniface VIII ;[7] mais la chose existait. Il s'est agi d'abord des petites croisades toujours organisées avec le concours de la papauté, mais par un prince, une ville, voire un roi : la croisade de Thibaut de Champagne en 1239 par exemple ou encore celle des Lombards en 1290. Il n'y a

---

[4] Christopher Marshall, "The French Régiment in the Latin East, 1254–1291," *Journal of Medieval History* 15 (1989), 301–07.

[5] Benjamin Z. Kedar, *Crusade and Mission. European Approaches to the Muslims* (Princeton, 1984).

[6] Schein, *Fideles Crucis*, p. 50. L'auteur sous-estime ce fait en faisant de 1274 la césure essentielle dans la formation d'une nouvelle stratégie de la croisade. L'année 1291 conserve à mes yeux toute son importance.

[7] *Les Registres de Boniface VIII*, éd. Georges Digard, 3 vol. (Paris 1884–1935), n° 4380–82 ; cité par Schein, *Fideles Crucis.*, p. 16.

donc qu'une différence de degré avec les grandes croisades.[8] Puis s'introduit l'idée d'expéditions de secours aux Etats latins ou à la Cilicie, limitées mais constamment renouvelées (sorte de croisade permanente) et menées par des professionnels, des mercenaires. Le "régiment français" de Saint Louis s'inscrit parfaitement dans cette nouvelle approche du passage particulier, qui fut prônée par tous lors du concile de Lyon II.

Après 1291 le passage particulier demeure une opération limitée menée par des professionnels, mais il devient la phase préliminaire d'un passage général (*passagium generale*), c'est-à-dire de la grande croisade traditionnelle ;[9] ses objectifs sont de harceler les territoires de l'ennemi et d'y établir une tête de pont. Il faut insister sur ce lien entre passage particulier et passage général : non suivi du second, le premier ne serait qu'un coup d'épée dans l'eau, du moins tant que l'objectif demeure celui de reprendre Jérusalem et la Terre sainte.

Aussi ne me semble-t-il pas pertinent de fonder sur le seul passage particulier, l'idée d'une nouvelle orientation, d'une nouvelle stratégie de la croisade, au tournant des XIIIe et XIVe siècles.

Quelles dates pour les mémoires de Jacques de Molay et de Foulques de Villaret ?

1305–1308 : c'est entre ces dates que les historiens placent la rédaction des mémoires de Jacques de Molay et de Foulques de Villaret. C'est exact, mais c'est vague et il me paraît possible d'affiner quelque peu la chronologie.

Le *Consilium magistri Templi super negotio Terre sancte* a vraisemblablement été écrit simultanément au *De unione Templi et Hospitalis Ordinum ad Clementis papam Jacobi de Molayo relatio.*[10] On ne dispose d'aucun texte émanant de l'Hôpital sur l'union des ordres. En revanche, les hospitaliers ont produit deux mémoires successifs sur la croisade. La rubrique du premier est la suivante : *Haec est informatio et instructio nostri magistri Hospitalis super faciendo generali passagio pro recuperatione Terre Sancte ;*[11] le second est intitulé, *Tractatus dudum habitus ultramare per magistrum et conventum Hospitalis et per alios*

---

[8] Jean Richard, "La croisade de Saint Louis de 1270, premier 'passage général' ?" *Comptes-rendus de l'Académie des Inscriptions et Belles-Lettres* (1989), 510–24. L'auteur insiste sur le caractère international de cette croisade de Tunis ; pour lui en revanche, la croisade de 1248, très "franco-française," serait plus proche du passage particulier. N'est-ce-pas trop paradoxal?

[9] L'expression de *passagium generale* fut utilisée avant celle de *passagium particulare*, puisqu'on l'a trouve employée par Jacques de Vitry pour qui la cinquième croisade est *primo passagio generale post concilio lateranense,* Cf. Richard, "La croisade de Saint Louis," p. 511.

[10] Les deux textes de Jacques de Molay sont publiés par Etienne Baluze, *Vitae paparum Avinionensis* (Paris, 1683), éd. Guillaume Mollat, 4 vols. (Paris, 1914–27), 3:145–54.

[11] Joseph Petit, "Mémoire de Foulques de Villaret sur la croisade," *BEC* 60 (1899), 602–10.

probos viros que diu steterunt ultramare: Qualiter Terra Sancta possit per Christianos recuperari; il est écrit en français et son incipit est : *Question est sur la maner de recoverer la Terre saint.*[12]

Les plus récents exégètes datent le mémoire de Molay de 1305–1306, le premier traité de Villaret de 1305 et le second de 1306–1307.[13] Sur quoi se fonde-t'on ?

Villaret indique dans son premier traité que 118 années se sont écoulées depuis la perte la plus récente de Jérusalem, soit 1187. Cela justifierait donc la date de 1305. Mais J. Petit ajoute prudemment "au plus tôt," tandis qu'Heinrich Finke, calculant autrement sans doute, dit 1306. Quant au deuxième traité, ses récents éditeurs — Benjamin Z. Kedar et Sylvia Schein — en situent la rédaction entre le 3 novembre 1306 (date à laquelle Villaret, ayant quitté Rhodes que ses troupes assiègent, tient un chapitre de son ordre à Limassol, à Chypre) et la fin août 1307, où pour la première fois un document atteste de sa présence en Occident. Pour eux en effet ce texte a été rédigé en Orient, *ultramare* (dans la rubrique), ne pouvant s'entendre ici que pour désigner l'Orient.[14] Comme il est quasiment certain que Villaret est arrivé en Occident au début 1307 (voir plus loin), on peut, en vertu du critère adopté par les auteurs, resserrer la fourchette à novembre 1306–février 1307. Quant à la date avancée pour le mémoire de Molay, 1305–06, elle n'est fondée sur aucun argument particulier.

Il existe pourtant quelques repères datés par rapport auxquels on peut situer plus précisément ces documents.

Le 6 juin 1306 Clément V écrit au maître de l'Hôpital pour lui indiquer qu'il souhaite s'entretenir avec lui et avec le maître du Temple des affaires de Terre sainte, aussi bien de l'aide à fournir aux royaumes de Chypre et d'Arménie que de la délivrance de Jérusalem. Il lui demande de venir s'en entretenir avec lui à la prochaine fête de Toussaint et l'invite à lui donner préalablement ses conseils.[15] On ne possède pas le texte adressé par le pape au maître du Temple, mais la formulation de la lettre envoyée à Foulques de Villaret est claire : Molay a reçu une lettre identique. Un document aragonais le confirme : le 20 juin 1306, Pere de Casteyllo écrit au commandeur templier d'Alfambra Pere de San Just pour l'informer que le maître du Temple d'Aragon a su, de la cour de Rome que "El maistre magor" (du Temple) et "Lo maistre del Espital magor" sont convoqués

---

[12] Benjamin Z. Kedar, Sylvia Schein, "Un projet de 'passage particulier' proposé par l'ordre de l'Hôpital, 1306–1307," *BEC* 137 (1979), 211–26 (texte, pp. 220–26).

[13] Voir tableau dans Schein, *Fideles Crucis*, Appendice 1, pp. 268–69.

[14] Dans le vocabulaire des ordres militaires pourtant, *ultramare*, "outremer" désigne souvent l'Occident.

[15] *Regestum Clementis papae V, ... nunc prima editum cura et studio monachorum ordinis S. Benedicti* (abrégé ensuite Clément V, *Registres*) (Rome, 1885–92), t. 1, n° 1033 : "Super quibus tecum et cum dilecto filio magistro domus milicie Templi...; quatinus ad veniendum ad presentiam nostram pro peculiaris Terre Redemptoris nostri redemptione, pro salutari super predictis deliberatione...; quod infra instans festum Omnium Sanctorum, vel ad longius infra quindenam festivitatis ejusdem absque terre dispendio in qua es, tuum nobis daturus consilium in premessis, apostolico conspectui te personaliter represente."

pour la Toussaint.[16] Un autre texte aragonais semble indiquer que le pape a, avant même cette date du 6 juin 1306, fait quelques démarches. Il s'agit d'une lettre adressée par le maître d'Aragon et visiteur d'Espagne, Berenguer de Cardona, au commandeur de Peniscola pour lui faire savoir que le maître général de l'ordre [Jacques de Molay], "pour raison d'une lettre reçue du pape sur le passage général" le convoque en août à Chypre pour avoir son avis ainsi que celui d'autres prud'hommes. Cette lettre est datée du dimanche de Laetare, soit de mars 1306.[17]

Donc, si l'on acceptait les dates habituellement proposées pour la rédaction des mémoires des chefs des deux ordres, cela signifierait qu'ils ont été rédigés avant cette convocation. Ce qui est en contradiction avec les données que je viens d'indiquer, mais aussi avec les indications que l'on peut tirer du mémoire de Molay. Ce dernier, qui donne un ton plus personnel à son texte, commence par la phrase : "Saint Père, vous me demandez ce qui, à mon avis, est le mieux…,"[18] et termine en disant qu'il s'exprimera plus clairement, de vive voix devant le pape.[19] Molay répond, par cet écrit, à une demande du pape, qu'il sait devoir rencontrer bientôt. Une autre indication est précieuse : Molay demande au pape de faire préparer sans attendre dix galères dès cet hiver pour qu'elles soient opérationnelles au printemps suivant.[20] Maintenir la date traditionnelle du mémoire à 1305–06 impliquerait donc, compte tenu de ce détail, une rédaction, au plus tard à l'automne 1305 pour que le pape ait ce document en main au début de l'hiver 1306. C'est invraisemblable.

Je propose donc l'enchaînement de dates suivant : Le 6 juin le pape convoque les maîtres des deux ordres et leur demande un avis écrit préalable. Villaret et Molay s'acquittent de ce pensum durant l'été et le font parvenir au pape. Mais ils ont bénéficié d'un délai car, dès le mois d'août 1306, le pape tombe très malade et refuse de recevoir quiconque. La rencontre prévue pour la Toussaint est donc reportée. Du coup les maîtres ajournent aussi leur voyage. On sait que Villaret a quitté Rhodes pour tenir un chapitre à Limassol le 3 novembre 1306. Quant à Molay il est encore à Chypre en novembre : dans une lettre datée du 15 novembre, Clément V demande à Hugues de Pairaud, visiteur général de l'ordre en France et maître de France de renoncer au voyage par mer, qu'il était prêt à entreprendre à la demande du maître et du couvent de l'ordre du Temple, afin de rester à la

---

16 Heinrich Finke, *Papsttum und Untergang des Templerordens (*Münster, 1907), 2:13–14, n° 11.

17 Barcelone, Archives de la Couronne d'Aragon, Canc., C.R.D. (Jaime II) caja 138 n° 42. Arnau de Banyuls a été commandeur de Peniscola de 1298 à février 1307 : Alan Forey, *The Templars in the Corona de Aragon* (Oxford, 1973), p. 439.

18 Pater sancte, quaeritis quid michi videtur melius faciendum…

19 Noscat igitur, Vestra Sanctitas...quod vobis melius et clarius ore proprio exponemus praedicta quam per aliqua scripta.

20 ...decem galeas, et apparentur hac hieme, ita quod in primo vere possint transire a defensionem regni Cipri et ad custodiendum mare...etc.

disposition du pape.[21] Un voyage à Chypre du Visiteur de France était en effet prévu : dans sa lettre déjà citée, du 20 juin 1306, Pere de Casteyllo fait savoir que le maître du Temple en Aragon a appris que le visiteur de France et le commandeur de Portugal, ainsi que lui-même, maître d'Aragon, sont convoqués, avec Molay et Villaret à se rendre auprès du pape à la Toussaint 1306 ; aussi le pape a-t-il demandé au visiteur et au commandeur de Portugal de ne pas aller à Chypre.[22] Le rendez-vous de la Toussaint étant repoussé, Pairaud pouvait aller à Chypre. D'où cette nouvelle lettre du pape le 15 novembre.

Molay et Villaret en France

Nous ne disposons d'aucun renseignement précis concernant la transmission des mémoires de Molay et de Villaret au pape. Sylvia Schein écrit que le pape a reçu les mémoires des maîtres des ordres vers décembre 1306.[23] Marion Melville affirme que le projet de Molay fut expliqué de vive voix au pape par frère Humbert Blanc, commandeur d'Auvergne et son ami Pierre de Lengres armateur marseillais (je vais revenir sur ces personnages).[24] Ludger Thier écrit que le mémoire de Molay parvint au pape en décembre et qu'il est la réponse à une demande du pape.[25] Mais aucun de ces auteurs ne donne de références à ses dires, ce qui est ennuyeux ! Si l'on admet une rédaction dans les semaines ou les mois qui ont suivi la convocation du 6 juin, on peut aussi admettre qu'ils soient parvenus à Clément V avant l'hiver.[26]

Une réserve cependant demeure. Une semaine après avoir convoqué Villaret et Molay, le 13 juin, Clément VI expédiait trois lettres portant sur le même sujet, et dont le préambule est identique, la première aux princes et évêques d'Occident, les deux autres à Humbert Blanc, maître du Temple en Auvergne et à Pierre de Lengres, citoyen marseillais et "amiral des galères dépêchées pour le secours à la Terre sainte".[27] La première recommandait à ses destinataires Humbert Blanc et Pierre de Lengres et leur demandait de les aider dans leur entreprise d'aide à la Terre sainte. Cette entreprise avait été présentée par les deux hommes en personne au pape. La première des deux lettres à eux adressées, indique qu'il s'agit de lutter contre les infidèles et surtout contre les "chrétiens impies" qui commercent avec

---

[21] Clément V, *Registres*, 2, n° 1540 : "... Hugoni, qui de mandato magistri et fratrum sui ordinis transfretare paratus erat..." Cela ne peut s'entendre que d'un voyage à Chypre, au siège de l'ordre.

[22] Finke, *Papsttum* 2:13–14, n° 11.

[23] Schein, *Fideles Crucis*, p. 200 : "The opinions of the masters-general regarding the crusade and theirs plans of the unification of the orders reached Clement (*c.*December 1306) in the form of treatises."

[24] Marion Melville, *La vie des Templiers*, 2e éd. (Paris, 1974), p. 289.

[25] Thier, *Kreuzzugsbemühungen*, pp. 50–51.

[26] Finke, *Papsttum* 1:125.

[27] Clément V, *Registres*, 1, n° 1034–36. La deuxième lettre reprend le préambule et les considérants de la première, la troisième le préambule et les considérants des deux précédentes.

les infidèles : ils pourront attaquer leurs bateaux et s'emparer des marchandises transportées. La deuxième lettre concède aux deux hommes le privilège d'embarquer avec eux un prêtre autorisé par le pape à recevoir les confessions et à absoudre les pécheurs repentants que leurs activités commerciales prohibées rendaient passibles d'excommunication.

On peut s'interroger sur la genèse et la nature de cette expédition. Faut-il la mettre en rapport avec la proposition faite par Molay — mentionnée ci-dessus — de préparer dès l'hiver dix galères ? Serait-ce la mise en route de ce que demandait Molay ? Le maître fait bien du mystère à ce sujet : il pourvoira secrètement au financement et il n'expose pas son projet par écrit parce qu'il est de ceux qu'on ne doit pas écrire ![28] Si tel était le cas il faudrait se résoudre à revenir à une date antérieure à la convocation du pape pour le mémoire, ce que contredisent, je l'ai dit, les autres données tirées du même texte de Molay. Il est plus vraisemblable d'y voir une initiative locale, partie du royaume de France, peut-être même de la cour pontificale (il faut bien que ce Pierre de Lengres tire son titre d'amiral de quelque part !), sans lien avec le schéma proposé par Molay. Le pape a des relations directes avec des Templiers du royaume comme Hugues de Pairaud ; pourquoi pas avec Humbert Blanc ? Finke, qui cite sans s'y attarder ces lettres à Humbert Blanc, ne voit dans l'entreprise annoncée qu'une opération de piraterie, assez semblable à celles auxquelles se livrait, quelques vingt ans auparavant, Roger de Flor.[29]

Villaret et Molay étaient encore à Chypre en novembre 1306. Quand sont-ils arrivés en France ? Fin 1306, début 1307 pour Molay, plus tard pour Villaret dit-on.[30] Ont-ils navigué durant l'hiver ? Le fait est encore rare mais vraisemblable car le roi d'Angleterre, Edouard 1er, adresse à Foulque de Villaret une lettre datée du février 1307 pour l'informer qu'il envoie Guillaume de Tothale, grand prieur des hospitalliers d'Angleterre devant lui, Villaret, en cour de Rome, ce qui, à cette date ne peut s'entendre que de Poitiers ;[31] de toute façon, cela tend à prouver qu'à cette date, Villaret est en Occident. On sait que le pape, guéri, a repris ses audiences depuis janvier. Le 14 mai 1307 Jean Bourguignon, informateur de Jacques II d'Aragon, en poste à la curie, prévient le roi que le maître du Temple doit bientôt être ici (à Poitiers) et que les deux maîtres sont arrivés en France et sont attendus par le pape pour discuter de l'union des ordres.[32] De fait Molay a vu

---

[28] Tamen consilium istud non scribo, quod non est ponendum in scriptis.

[29] Finke, *Papsttum* 1:123.

[30] Schein, *Fideles Crucis*, p. 199.

[31] *Cart Hosp* n° 4738: ad vestram presenciam in curia romana.

[32] Finke, *Papsttum* 2:36, n° 23 : "Magister militie Templi debet hic esse cito ; venturus est et magister hospitalis s. Johannis Iherosolimitani ; et papa tractat, ut pro constanti dicitur, et intendat facere, cum eis, quod uniantur dicti ordines." Ce mémoire est daté de Poitiers le jour de la Pentecôte (14 mai). Bulst-Thiele cite deux fois ce document d'après Finke, une première fois en le datant du 3 janvier 1307 (*Sacrae domus...magistri*, p. 315, n. 18), et la deuxième fois du 14 mai (ibid., p. 318, n. 111), ce qui est conforme à la date du texte.

le pape en mai. Villaret l'a-t-il vu aussi à cette période ou déjà avant, en fé vrier? Quoi qu'il en soit, Villaret était en France bien avant le 31 août 1307, date d'une lettre qu'il écrit de Poitiers (et qui reste le premier texte attestant formellement et directement de sa présence en France).[33] Il semble bien que Molay et Villaret ont suivi, à peu près dans le même temps, un itinéraire voisin. Villaret ne s'est pas servi des débuts de la conquête de Rhodes comme d'un prétexte pour retarder son voyage en Occident. Les deux maîtres ont répondu aux demandes du pape, accepté sa convocation et fait le voyage en Occident quasiment en même temps. Ni l'un ni l'autre ne pouvaient alors savoir à quel point la maladie du pape et le report de la réunion prévue pour la Toussaint 1306, ainsi que la conquête de Rhodes bouleverseraient le contexte. Une fois l'affaire du Temple lancée, évidemment, les choses prirent un autre tour. C'est alors que l'on retrouve les projets de croisade de l'Hôpital.

Les deux mémoires de l'Hôpital : complémentaires ou indépendants ?

Les hospitaliers ont rédigé, je l'ai dit, deux mémoires sur la croisade, le premier sur le passage général, le second sur un passage particulier. Par commodité je parlerai de mémoire 1 et de mémoire 2. La comparaison entre ces deux textes se révèle riche d'enseignement. Dans le mémoire 1, Foulques de Villaret propose de faire précéder le passage général d'un passage particulier (ce en quoi, on le verra, il diffère de Molay), sur les moyens et les objectifs duquel il donne quelques indications. Kedar et Schein, qui ont édité le texte du mémoire 2 ont souligné la complémentarité des deux textes, présentant le second comme un développement détaillé des grandes lignes du premier sur le passage particulier.[34] Je ne le pense pas et, du coup, la date proposée par les deux éditeurs pour la rédaction du second pose problème.

Les deux textes ont en commun une première partie historique essentiellement centrée sur la première croisade. Pour le mémoire 1 la première croisade est le modèle à suivre à cause de la prudence avec laquelle elle a été conduite et organisée. A l'inverse le mémoire 2 est très critique : il fait de la première croisade l'exemple d'une des deux voies — la voie terrestre — du passage général qu'il n'est pas souhaitable de suivre et qui d'ailleurs est impossible à suivre ; l'autre voie du passage général — la voie maritime — est rejetée avec des arguments bien peu convaincants pour ne pas dire ridicules par les auteurs du projet. Ensuite le mémoire 1 présente le blocus maritime et le passage particulier. C'est cette partie là, et uniquement elle, qui est explicitée et largement modifiée, je vais y revenir, dans le mémoire 2. Enfin la troisième partie du mémoire 1 revient au passage général et traite de son organisation et de son financement.

Loin d'être complémentaires, ces deux mémoires sont contradictoires.

---

33 *Cart Hosp* n° 4749.
34 Kedar et Schein, "Un projet," p. 216.

Le mémoire 2 ne s'inscrit pas dans la préparation d'un passage général, au contraire. Il commence par en rejeter l'idée, puis il l'évoque seulement comme une espérance ("si comme nous avons l'espérance que le passage général soit empris") ;[35] enfin il l'évacue totalement puisque les auteurs du traité espèrent parvenir à leurs fins sans recourir à lui. A leurs yeux le passage particulier causera de tels dommages aux infidèles "si que voluntiers rendront la Terre saint et pluseurs autres lieux pour paiz avoir".[36] Bel optimisme !

Il apparaît donc que la conception même du passage particulier hospitalier a évolué entre les deux projets ; non dans ses moyens et modes d'action — harcèlement, raids, tête de pont — mais dans ses objectifs et sa durée.

Dans le mémoire 1, le passage particulier devait impliquer des navires et des hommes d'armes dans l'année précédant le passage général : "il importe de former une flotte plus importante pour affaiblir les Sarrasins et dévaster leurs côtes, de façon à ce que le passage [général] envoyé puisse arriver sur une terre libre et plus facilement et tranquillement débarquer... Laquelle flotte, pendant toute l'année précédant l'arrivée du passage, devrait opérer le long des côtes de la terre du sultan."[37] Dans le mémoire 2 le passage particulier doit mobiliser, durant cinq ans, mille hommes d'armes et 4000 arbalétriers, tous soldés, ainsi que 60 galères qui opéreront huit mois chaque année, à partir de leurs bases de Chypre et de Rhodes.[38] Le passage particulier en revient à la croisade permanente des auteurs de projets des années 1274. Surtout, il devient complètement indépendant d'un passage général. Il a sa propre fin puisque, s'il réussit, l'adversaire effondré cèdera et rendra Jérusalem aux chrétiens.

Le mémoire 1 faisait leur place, dans le processus de passage général précédé d'un passage particulier, aux Hospitaliers et aux Templiers, ainsi qu'aux chypriotes : la flotte chargée de faire respecter le blocus des ports égyptiens leur était confiée. Villaret demandait au pape d'intervenir auprès des princes laïcs d'Occident afin que les ordres militaires puissent exporter armes, chevaux et vivres qu'ils finançaient avec les revenus de leurs commanderies.[39] Le mémoire 2 ne cite pas les Templiers, ni les Hospitaliers d'ailleurs, comme acteurs du passage particulier. Le mémoire ne fait référence aux deux ordres qu'à propos de leur intervention commune sur l'ilôt de Rouad en 1301–1302. Or il est évident que les Hospitaliers, auteurs du projet, devaient en être la cheville ouvrière.

A partir de ces éléments j'inclinerai donc à penser que la date du projet de passage particulier, dans la forme écrite qu'il a dans le manuscrit 7470 de la Bibliothèque Nationale de France, doit être reportée après le début de l'affaire des Templiers, en novembre 1307 au plus tôt, voire 1308 : cela expliquerait le silence fait sur le Temple (et la prudente modestie sur l'Hôpital).

---

35 Ibid., p. 223.
36 Ibid., p. 224.
37 Petit, "Mémoire," p. 606.
38 Kedar et Schein, "Un projet," p. 224.
39 Petit, "Mémoire," p. 608.

Par rapport à ce qui était envisagé dans le mémoire 1, c'est un projet nouveau, indépendant, à tout le moins un projet fortement remanié d'une éventuelle première version du passage particulier évoqué dans le mémoire 1. Il est à remarquer que, dans le manuscrit 7470, le mémoire 1 ne figure pas et notre projet de passage particulier est en revanche associé au *Tractatus de statu Saracenorum* de Guillaume de Tripoli et à la *Devise des chemins de Babylone*, un texte hospitalier anonyme de 1289. Ce manuscrit 7470 est daté par J. Delaville Le Roulx des années 1323–28.[40]

Ce projet de passage particulier hospitalier de 1307–08 ne serait-il pas en fait un projet élaboré à la demande de Clément V et mis en oeuvre par lui ? Dans la bulle *Exsurgat Deus* du 11 août 1308, le pape reprend en effet les propositions hospitalières : 1000 chevaliers, 4000 arbalétriers, cinq ans de mobilisation.[41] Foulques de Villaret est en France depuis 1307 ; il est encore signalé à Poitiers auprès du pape le 11 août 1308. Dans un contexte marqué par le procès des Templiers, et le report *sine die* d'un passage général qui ne pouvait être envisagé que sous la direction du roi de France, le maître de l'Hôpital et Clément V ont élaboré un projet de passage particulier autonome ; projet ouvert certes, puisqu'il pouvait être suivi d'un passage général ; mais il était parfaitement adapté aussi à un objectif beaucoup moins ambitieux, mais de la plus grande importance pour les Hospitaliers (comme pour le pape d'ailleurs) : l'achèvement de la conquête de Rhodes.

Une dernière remarque avant d'en finir sur ce point : le pape, dans sa bulle, utilise l'expression de *passagium particulare*, alors que les Hospitaliers, aussi bien dans le mémoire 1 que dans le mémoire 2, se servent de périphrases : il y a deux passages, le passage général et "l'autre par convenable aide dou Saint Siège apostolical de gens à cheval et arbalestriers a pie et une quantité de galères."[42] Dans le mémoire 1, il n'est question que d'une flotte de 50 à 60 galères.[43] Jacques de Molay "conceptualisait" davantage en parlant de grand et de petit passage.

Molay et Villaret : conservateur contre novateur ?

A partir d'une opposition sommaire entre le projet de Molay et ceux de Villaret et des hospitaliers, on a généralement fait de Molay un conservateur prônant une conception traditionnelle et dépassée de la croisade — le passage général — et de Villaret un personnage brillant et intelligent tenant d'une conception neuve de la croisade — le passage particulier. Les choses sont moins simplistes. Je l'ai dit, le mémoire de Molay comme le premier mémoire de Foulques de Villaret sont tous deux des projets de passage général et c'est dans cette perspective qu'il faut

---

40 Cité par Kedar et Schein, "Un projet," p. 211 n. 1 et p. 220.

41 Clément V, *Registres*, t. 3, n° 2988 ; Sophia Menache, *Clement V* (Cambridge, 1998), pp. 105–06.

42 Kedar et Schein, "Un projet," p. 222.

43 Petit, "Mémoire," p. 606.

les comparer. Molay rejette d'entrée un "petit passage," conçu par lui comme une opération d'aide au royaume de Petite Arménie. Il propose en revanche un passage général avec concentration de l'armée à Chypre, l'objectif final étant tenu secret jusqu'au dernier moment. Mais il demande au pape d'armer le plus vite possible dix galères pour défendre Chypre et assurer le blocus de l'Egypte, car, pour lui, il faut profiter de la maîtrise de la mer pour asphyxier l'Egypte. Il développe cet aspect en insistant longuement sur les responsabilités des cités maritimes. Foulques de Villaret quant à lui, après avoir rappelé l'exemple de la première croisade (ce qui, il faut bien le dire, n'est pas très novateur !), propose un schéma en trois temps : blocus assuré par des bateaux du Temple, de l'Hôpital et de Chypre, puis une flotte de 50 à 60 galères pour harceler et piller les territoires de l'adversaire et préparer une tête de pont (c'est le passage particulier) et enfin le passage général.

La différence principale (il y en a quelques autres sur les détails) réside uniquement en l'existence ou l'absence de passage particulier et sur l'idée de harceler longuement l'adversaire avant de l'attaquer de front. Cette différence est d'importance mais elle n'est pas essentielle, tant que l'on a en vue un passage général. En effet, le passage général proposé par Villaret après cette phase de harcèlement fera bien escale à Chypre, base arrière idéale pour toute opération contre les Mamelouks ; et en attendant ce passage général, les bateaux engagés par Molay pour assurer le blocus (qui cependant, sont en moins grand nombre que ceux que prévoit Villaret pour cette même tâche) ne resteront pas inactifs le long des côtes syriennes et égyptiennes. L'objectif des deux maîtres est le même : assurer le succès d'une croisade traditionnelle, à la Saint Louis. Simplement Molay saute une étape. A-t-il tort, a-t-il raison ? Nul ne le saura jamais, puisqu'il n'y a pas eu de passage général et qu'il n'y en aura plus ensuite. Soulignons que le conseil au roi Charles, projet de la cour angevine de Sicile en 1292, est plus proche du projet de Villaret, alors que le projet du roi Henri II de Chypre, vers 1310, est plus proche de celui de Molay.

En guise de conclusion provisoire : Jérusalem ou Rhodes ?

Ainsi, à l'examen, les projets de croisade des deux maîtres du Temple et de l'Hôpital divergent moins qu'on ne le dit souvent. Le problème en fait n'est pas entre passage particulier et passage général. Il est dans la finalité de l'opération. Si l'on a pour objectif la reconquête de Jérusalem et de la Terre sainte, tout le monde est d'accord pour penser que le passage général est la seule solution, précédé d'opérations préparatoires, blocus ou (et) passage particulier. En revanche, s'il s'agit d'opérations plus limitées, de secours (Chypre, Arménie) ou de conquête (Rhodes), un passage particulier autonome suffit. Il connaîtra son plein développement au XIVe siècle avec l'organisation des ligues navales contre les Turcs (1334, 1343–44, etc.).

Pour en revenir aux mémoires de Molay et Villaret, je ne pense pas que tout soit dit. Des recherches plus poussées s'imposent, sur la chronologie de l'élaboration des projets des deux maîtres, ainsi que sur leur itinéraire et leur séjour en France entre 1306 et 1308. Peut-être alors distinguerons-nous mieux leurs objectifs.

A Hospitaller *soror* at Rhodes, 1347

Anthony Luttrell

The religious institution which developed into the Order of Saint John of Jerusalem had its origins in a pilgrim hospice which was dependent on the Benedictines of Jerusalem during the decades before the Latins took the city in 1099; there was also a separate female house, but after the Latin conquest it ceased to function as a hospice.[1] Women were involved, both as nurses and patients, in the order's hospices and hospitals throughout the following centuries during which the Hospital always maintained its charitable activities while acquiring a predominantly military character. Until the loss of Jerusalem in 1187 paupers, the sick and above all pilgrims of both sexes were received and cared for in separate wards within the great hospital.[2] In another part of the city the house of the German Hospitallers, which was placed under the control of the master of the Hospital in 1143, may also have had separate rooms for men and women.[3] In the twelfth century at least some professed brethren and sisters were engaged in medical and charitable work. A treatise on the Jerusalem hospital, datable shortly before 1187, described the activities of the brethren and the feeding of the sick by "the brethren and sisters of the house and by noble pilgrims," the latter presumably performing a limited period of charitable service there.[4] It spoke of *ministras* or servant women in the female ward[5] and it mentioned the "sisters of the house," seemingly professed religious, who went

[1] Anthony Luttrell, "The Earliest Hospitallers," in *Montjoie: Studies in Crusade History in Honour of Hans Eberhard Mayer*, ed. Benjamin Z. Kedar, Jonathan Riley-Smith and Rudolf Hiestand (Aldershot, 1997), pp. 37–41.

[2] Jonathan Riley-Smith, *The Knights of St. John in Jerusalem and Cyprus: c.1050–1310* (London, 1967), pp. 332–35; see also Benjamin Z. Kedar, "A Twelfth-Century Description of the Jerusalem Hospital" and Susan Edgington, "Medical Care in the Hospital of St John in Jerusalem," both in *The Military Orders, 2: Welfare and Warfare*, ed. Helen Nicholson (Aldershot, 1998).

[3] The text of Johannes Lang, writing in the second half of the fourteenth century and referring to a separate hospice for German women, seems dubious. Francesco Tommasi, "Uomini e Donne negli Ordini Militari di Terrasanta: per il Problema delle Case doppie e miste negli Ordini giovannita, templare e teutonico (secc. XII–XIV)," in *Doppelklöster und andere Formen der Symbiose männlicher und weiblicher Religiosen im Mittelalter*, ed. Kaspar Elm and Michel Parisse (Berlin, 1992), pp. 180–81. However the German buildings contained a considerable number of rooms: references in Anthony Luttrell, "The Hospitallers' Medical Tradition: 1291–1530," in *The Military Orders: Fighting for the Faith and Caring for the Sick*, ed. Malcolm Barber (Aldershot, 1994), p. 66. See also Meir Ben Dov, "The Restoration of St. Mary's Church of the German Knights in Jerusalem," in *Ancient Churches Revealed*, ed. Yoram Tsafrir (Jerusalem, 1993), pp. 140–42.

[4] "... a fratribus et sororibus domus ac peregrinis nobilibus de hanc coquina ministrantur infirmis'. Kedar, "A Twelfth-Century Description," p. 20.

[5] "... habent etiam ministras privato famulato suo ascriptas." Ibid., p. 24.

out to visit the wet nurses who fed babies outside the hospital, and the "matron sisters" who were "honest women" described as "religious" who were probably also professed.[6]

In about 1191 the Hospitallers established their conventual headquarters, and with it their main hospital, in Acre, where by 1219 there was a "house of the Hospital in which the Hospitaller sisters resided."[7] That suggests that these sisters did not reside in the main Hospital complex and, in fact, after 1187 there was never again any clear sign, either in east or west, that fully-professed Hospitaller sisters were active in hospices or hospitals, even though they might have their residence close to them, as for example at Genoa.[8] There were separate male and female houses each with a hospital at Pisa where, apparently by 1207, the order had a women's hospice and where, in about 1240, the *hospitalis S. Johannis pauperum mulierum* had a *hospitalaria et rectrix* of uncertain religious status who may have been a professed sister.[9] At Acre the military brethren had, probably in the mid-thirteenth century, been moved away from the main conventual buildings to an auberge or residence in the suburb of Montmusard,[10] but the hospice and hospital were located somewhere within, or perhaps just outside, the complex of the Hospitallers' main palace within the walls.[11] Medical and welfare work was probably carried out by carers who were not full members of the order. The curious story of the Infanta Sancia, the daughter of Jaume I of Aragon, who in about 1275 was found dead in Acre where she was said to have been working

---

6 "... ut sorores domus quasi materna circumspectione singulos visitent et male servatos aliarum nutricum custodie commitant. Sunt namque in hospitali sorores matrone in diebus processive, viduali continentia, honestate mulieres religiose." Ibid., p. 25.

7 "... domus hospitalis in qua habitant sorores Hospitalis.". *Cart Hosp* no. 1656.

8 Alan Forey, "Women and the Military Orders in the Twelfth and Thirteenth Centuries," *Studia Monastica* 29 (1987), 67–69, 77–78; Luttrell, "Hospitallers' Medical Tradition," pp. 74–75 and n. 64 [here partially amended]; Anthony Luttrell, "Gli Ospedalieri a Genova dall'Inchiesta papale del 1373," in *Cavalieri di San Giovanni e Territorio: la Liguria tra Provenza e Lombardia nei secoli XIII–XVII*, ed. Josepha Costa Restagno (Bordighera, 1999), pp. 228–31. A papal letter of 1255 mentioned Hospitaller *fratres et mulieres familiares* at Nicosia in Cyprus: *Cart Hosp*, no. 2762. A hospital for thirty poor women was begun in 1353 at the female convent of Sijena in Aragon, but it was founded and paid for by the Aragonese queen and not by the sisters or by the Hospital: Regina Sáinz de la Maza Lasoli, *El Monasterio de Sijena: Catálogo de Documentos del Archivo de la Corona de Aragón*, vol. 2 (Barcelona, 1998), pp. 5–6, 28–29, 55–56.

9 Gabriele Zaccagnini, *Ubaldesca, una Santa laica nella Pisa dei secoli XII–XIII* (Pisa, 1995), pp. 115–17.

10 Riley-Smith, *Knights of St. John*, pp. 248, 250.

11 While excavations are still under way, the locations of the Acre infirmary and of a possible separate pilgrim hostel remain uncertain: Luttrell, "Hospitallers' Medical Tradition," pp. 66–67.

anonymously in the "hospital," suggests that the tradition of service by "noble pilgrims" did perhaps continue.[12]

In addition to the fully-professed *religiosi* taking the three vows of poverty, chastity and obedience, other categories of men and women were associated with the Hospital under some form of obedience with a very wide regional variety in their condition and much confusion in the terminology involved. One such group were the non-resident *confratres* who did not normally form a confraternity or live in a Hospitaller house. They were received individually at an assembly of brethren in which they promised to love and defend the Hospital and to enter no other order; they were to make a small annual offering to the Hospital and were assured of burial as Hospitaller brethren in a cemetery of the order together with posthumous commemoration in prayer for themselves and their family. Their names were to be written in a book of *confratres*.[13] Their status was often debatable. In 1299 Charles II of Naples ordered that a Hospitaller *confrater* should not be molested for taxes or taken before secular judges since he had entered the Hospital and enjoyed its privileges, yet two year later the same king insisted that, although a secular knight accused of homicide was wearing the half-cross of a *confrater* when arrested, he should be subject to the law since *confratres* did not truly take the Hospital's habit but retained part of their goods or a usufruct of them and lived in their own homes with their wives; they were seculars and not exempt.[14] None the less the arrangement had its attractions; in 1347 the master's register recorded the reception on Rhodes of at least thirteen male *confratres*, all Italians from Naxos, Genoa, Palermo, Florence, Arezzo and elsewhere.[15]

Most of the other group of associates, known as donats, were more closely attached to the Hospital. They fell broadly into two classes, both of which were under a vow of obedience to the order and were in some sense its members but did not take the vows of religion; sometimes the donats wore a semi or three-quarter cross. One class was especially important in that its members gave the order money or property, frequently retaining its use for their lifetime; sometimes, particularly in England and Germany, they received some form of life pension or retirement support in a Hospitaller house. Men and women could enter together as married couples. Donats needed permission, for example, to leave the Hospital, to

---

[12] Nicholas Jaspert, "Heresy and Holiness in a Mediterranean Dynasty: the House of Barcelona in the Thirteenth and Fourteenth Centuries," in *Across the Mediterranean Frontiers: Trade, Politics and Religion, 650–1450*, ed. Dionisius Agius and Ian Netton (Turnhout, 1997), pp. 106–12; the source was a fourteenth-century one, while *el ospital de Acre* was not necessarily the Hospital's hospital.

[13] *Cart Hosp* no. 2213 para. 122; Riley-Smith, *Knights of St. John*, pp. 242–44.

[14] *Cart Hosp* nos. 4445, 4542.

[15] Valletta, National Library of Malta, Archives of the Order of St. John, Cod. 317, fols. 220r, 222r, 223v, 224v–225r, 228v, 232v.

marry or to join another order.[16] The other class of donats were those waiting to become fully-professed *religiosi*. They might be noble donats expecting to be received as *milites* or others who would become sergeants.[17] Others were preparing, according to varying formulae, to become priest-brethren.[18] There were various other types of association with the order.[19] Female donats occasionally had control of a commandery household, and in 1373 a donat at Puimoisson in Provence so dominated the commander that she was said to rule the house there.[20]

There was no female equivalent of the male sergeants, and the *sorores*, who had to be well born and literate, were often of a higher social class than their male counterparts. In Aragon and Catalunya there was a novitiate system and the great houses at Sijena and Alguaire contained young novices known as *escolanas* who were attached to professed *freyras*, to whose family they often belonged and whose rooms, possessions and incomes they would virtually inherit.[21] The position of many women donats was broadly similar to that of their male counterparts. Some, who may have served in hospices or hospitals, were known variously as *reddite*, *oblate* or *converse*. Many carers had no formal association with the Hospital. Late in the twelfth century the future Saint, Ubaldesca, was attached to the nuns of San Giovanni at Pisa whose community apparently came under the control of the Hospital during her time in the house. As a poor peasant girl who lacked the dowry needed to become a nun she remained a lay women, living a spartan life, begging for alms, working in the convent's garden and tending the sick nuns. At the time of her death in 1205 her sanctity was promoted by the chaplain of the nearby male Hospitallers of San Sepolcro in whose church

---

16 Riley-Smith, *Knights of St. John*, pp. 244–46; Santos García Larragueta, *El Gran Priorado de Navarra de la Orden de San Juan de Jerusalén*, vol. 1 (Pamplona, 1953), pp. 242–44; Berthold Waldstein-Wartenberg, "Donaten — Confratres — Pfründner: Die Brüderschaften des Ordens," *Annales de l'Ordre Souverain Militaire de Malte* 31 (1973); Anne-Marie Legras, "Les Effectifs de l'Ordre des Hospitaliers de Saint-Jean de Jérusalem dans le Prieuré de France en 1373," *Revue Mabillon* 60 (1984), 375–80; Lorenzo Tacchella, *I "Donati" nella Storia del Sovrano Militare Ordine di Malta* (Verona, 1986) and *Le "Donate" nella Storia del Sovrano Militare Ordine di Malta* (Verona, 1987); Anthony Luttrell, *The Hospitallers of Rhodes and their Mediterranean World* (Aldershot, 1992), XV pp. 103–04; Alain Beltjens, *Aux Origines de l'Ordre de Malte: de la Fondation de l'Hôpital de Jérusalem à sa Transformation en Ordre Militaire* (Brussels, 1995), pp. 210–16. This extensive topic awaits fuller treatment.

17 In 1338 the thirty-three commanderies of Petite Provence east of the Rhône housed some 317 *fratres* and 256 donats of both sexes, about two-thirds of whom were noble: Benoît Beaucage, *Visites générales des Commanderies de l'Ordre des Hospitaliers dépendantes du Grand-Prieuré de Saint-Gilles (1338)* (Aix-en-Provence, 1982), pp. vii–viii.

18 Legras, "Les Effectifs," pp. 377–80.

19 Riley-Smith, *Knights of St. John*, p. 246.

20 Noël Coulet, "Les Effectifs des Commanderies du Grand Prieuré de Saint-Gilles en 1373," *Provence Historique* 45 (1995), 116–17.

21 Forey, "Women," pp. 78–80; Anthony Luttrell, "Margarida d'Erill Hospitaller of Alguaire: 1415–1456," *Anuario de Estudios Medievales* 28 (1998).

she was buried.[22] In a somewhat different way, the saintly Toscana, whose dates remain uncertain, was a married countrywoman who humbly dedicated herself to the daily care of the poor and sick in the Hospital's hospice at Verona. On her husand's death she was received as some form of donat or *conversa* and went to live in a cell beside the order's church; at her own request, she was buried beneath the street in front of the church.[23]

The Hospital established itself on the Greek island of Rhodes in about 1309 but there was never any sign there of a female house or of individual women Hospitallers. Unlike Syria, Rhodes had no settled Latin nobility which would have provided local recruits for such a house, while the main function of female Hospitallers was that of prayer and there was no need for sisters recruited in the west to perform that function on Rhodes. Professed priest-brethren provided religious service in the hospital which was under the overall supervision of Hospitaller brethren, and there were doctors, surgeons and pharmacists, but who did the nursing is unclear. That some women worked in the hospital was shown by the case of the slave Helena *nationis hungarie* who in 1414 was granted her freedom in recognition of her service in the *infirmaria* of the hospital; in 1421 the slave *Jacobinus armenus*, presumably an Armenian, was granted his freedom in return for three years' service in the hospital.[24]

The case of *soror* Margarita of Negroponte, a lady of considerable wealth who owned property and slaves, seems to have been rare.[25] She may have belonged by birth or marriage to a Latin family which originally emigrated from the Negroponte, the classical Euboea, to Rhodes, perhaps as a consequence of its devastation by the Catalans after 1311.[26] Three magistral bulls of November 1347 licensed Margarita to transfer properties to her daughter Simona. One allowed her to give Simona a windmill and an adjacent bath in the *borgo* of Rhodes. Another, copied into the master's register but subsequently annulled, permitted her to transfer to Simona an upper floor occupied by the master's tailor and a lower floor in which there was an oven; it was near the Latin cathedral at the foot of the main street of the *castrum* at its eastern end and close to the sea. This building was leased in perpetuity from the order at an annual rent which Simona was to pay, while Margarita was to keep the *ususfructus* or use during her lifetime. The third document, evidently a revised version of the second one which had been annulled, concerned the same *hospicia alta et bassa* which she was permitted to transfer to Simona to be held in perpetuity at the existing rent; Margarita was assured the

---

22 Zaccagnini, *Ubaldesca*, with the variant texts of Ubaldesca's *vita*; no hospital is documented in the female house at Pisa until after her death.

23 Ibid., pp. 134–36; when Toscana lived is debatable.

24 Luttrell, "Hospitallers' Medical Tradition," pp. 69–72.

25 Note that before 1380 only the magistral registers for 1346/47 (a small fragment), 1347/48, 1351/52, 1358/59, 1365/66 and 1374/75 (documents issued in France and Italy) survive.

26 Anthony Luttrell, *Latin Greece, the Hospitallers and the Crusades: 1291–1440* (London, 1982), VI, pp. 82–83.

usufruct for her lifetime. The text was altered to exempt from the transfer the oven in which, for the remission of Margarita's sins, bread was baked for the poor of the Hospital.[27]

An earlier bull of 26 September 1347 addressed to *dilecte nobis in Christo Sororj, Margarite, de Nigroponte domus eiusdem*, licensed her, at her request, to free a considerable number of slaves. They were Cali de Squiro, Micali de Athena and her three children, Erini de Saloniqui and her husband Vallaco, Georgius Mandachi and his consort Maria with two of their children, Costa Sactj, Johani Maroniti, Costa *Cescrunt*, Micali the millkeeper and his son, Nicholaus Cavulla of *Stives* or Thebes, Erini Saronissa, Cali *tauernaria* and Maria Spanuda.[28] Some at least of these were presumably among the many Greeks imported into Rhodes as slaves from the mainland during the first half of the fourteenth century. Their number and occupations suggest that they worked in the country rather than the town; in fact, a text of 1350 mentioned a walled vineyard in the rural *contrata* of Diopassadas, with a windmill and *hospicia* or houses *in quibus fit tabernam vocatam Sororis Margarite*.[29] The *taberna* of *soror Margarita* was presumably a shop and conceivably it had once been kept by Cali the *tauernaria* freed from slavery in 1347. Yet another magistral bull, also issued in November 1347, confirmed to the grand commander Fr. Pierre Corneilhan, the future master, an unwritten and somewhat inexplicable agreement by which *Soror* Margarita had, with the licence of the master Fr. Hélion de Villeneuve who had died in 1346, donated to Fr. Pierre de Corneilhan a *jardinum* called Enerquiros, a mill, a new vineyard, a vineyard near Saint George de *Ycossi* and a *charruata* of land there; the text noted that Fr. Pierre and Margarita had planted the vineyard jointly.[30] On 4 March 1348, by which time Margarita was dead, the master confirmed to Fr. Raymond de Lescure, who held the Rhodian *casale* of Kalamona, all the lands, rights, slaves, animals, produce and utensils which *soror nostra* Margarita had, with the master's licence, conceded to him; she had paid a yearly *census* of 36 *asperi* for them.[31]

The four bulls of 1347 addressed to Margarita of Negroponte referred to her as *soror* and as *dilecta nobis in Christo*, and that of September also entitled her *domus eiusdem* which implied that she belonged to the Hospital; in March 1348 she was termed *soror nostra*. While in some way a member of the order, she was not a fully professed *soror* and there was no female house on the island in which she could have lived a religious life. Margarita, presumably a widow, was a prosperous individual whose straightforward charitable work included baking bread in her oven for the Hospital's poor: *panem elemosinem per domum nostram*

---

27 Texts in Anthony Luttrell, "Emphyteutic Grants in Rhodes Town: 1347–1348," in *Papers in European Legal History: Trabajos de Derecho Histórico Europeo en Homenaje a Ferran Valls i Taberner*, ed. M. Peláez, vol. 5 (Barcelona, 1992), pp. 1414–45.

28 Text in Luttrell, *Latin Greece*, VI, p. 93.

29 Malta, Cod. 318, fol. 204r.

30 Malta, Cod. 317, fols. 230v–231r.

31 Malta, Cod. 317, fols. 241r–241v.

Christi pauperibus. She was apparently a donat or *consoror* who was allowed to transfer some of her property to her daughter. Nearly a century later, before 1436 by which year she was dead, Nicoleta Cibo, who belonged to a distinguished Latin family on Rhodes and owned a country vineyard there, was also entitled *soror*;[32] she too may have been a Hospitaller donat or *consoror*.

The main centre of charity on Rhodes was the order's conventual hospital, which was situated within the arsenal area close to the port and which cared for the poor and sick as well as for pilgrims; in 1357 it was, in fact, still incomplete. In 1391 an Italian Hospitaller founded a hospice dedicated to Saint Catherine and intended for noble pilgrims; it was in the *borgo*, again close to the sea. In 1413 another individual Hospitaller endowed a hospice for travellers at Aphandou, between Rhodes town and Lindos. By 1441 there was a hospice and a related confraternity attached to the Latins' parish church in the *borgo*, and by 1442 there was a Greek hospice for paupers also in the *borgo*.[33] The order's main hospital was an impressive institution, but opportunities remained for individual foundations and charitable activities.

The Hospitallers maintained generally friendly relations with the Greeks on Rhodes. They did not, however, allow Latins born in the Levant to enter the order as knight-brethren, presumably to prevent the growth of local land-holding dynasties which might have interfered in the order's relationship with the Rhodian Greeks and in its own affairs; they also, though much later in 1478, rejected as

---

32 "... vineam condam Nicolete Cibo religionis nostre sororis." Malta, Cod. 352, f. 140–140v. Nicoleta, daughter of Bindo da Siena and widow of Marco Cibo, died on Rhodes in 1432: Clelia Jona, "Genova e Rodi agli albori del Rinascimento," *Atti della Società ligure di Storia Patria* 44 (1935), 93. According to Guy Sommi-Picenardi (*Itinèraire d'un Chevalier de Saint-Jean de Jérusalem dans l'Ile de Rhodes* [Lille, 1900], p. 109) and Luigi Staffetti ("Il Libro di Ricordi della Famiglia Cybo," *Atti della Società ligure di Storia Patria* 38 (1908), xl–xliii, 481), the Genoese Arano Cibo was born on Rhodes as the son of Maurizio Cibo and Saracina Marocelli and was the father of Gianbattista Cibo, elected pope as Innocent VIII in 1484. One of Innocent's ancestors was buried in the Augustinian church in Rhodes. Maurizio was on Rhodes in 1394 and 1403: texts in Michel Balard, *Notai genovesi in Oltremare: Atti Rogati a Chio da Donato da Chiavari (17 febbraio – 12 novembre 1394)* (Genoa, 1988), pp. 261–63, and in Gian Giacomo Musso, *Navigazione e commercio genovesi con il Levante nei documenti dell'Archivio di Stato di Genova (secc. XIV–XV)* (Rome, 1975), pp. 123–24. On 12 March 1382 Aleramo Cibo, *de Janua burgensis et Rodi habitator*, was handling grain for the Hospital and held the *appaltum saponarie* or soap monopoly at Rhodes: Malta, Cod. 321, fol. 217r. Niccolò Cibo, *civis* of Rhodes, was granted a *scribania* in the treasury on 24 September 1391: Cod. 325, fol. 162r. Morisio (Maurizio) Cibo of Genoa was owed 600 ducats by the Hospital on 2 May 1402: Cod. 332, f. 173v–174r. On 5 June 1428 the Hospital was selling houses in the *borgo* which had belonged to Nicholay and *Alaranus* (Arano?) Cibo: Cod. 348, fol. 161r.

33 Luttrell, "Hospitallers' Medical Tradition," pp. 69–73: Zacharias Tsirpanlis, "Gnosta kai Agnesta Eyale Idremata ste Mesaionike Poli tes Rodou (14os–16os ai.)," in *Philermou Agapesis: Timetikos Tomos gia ton Kathegete Agapeto G. Tsopanake* (Rhodes, 1997).

contrary to the statutes proposals that Greeks be allowed to enter the Hospital.[34] In 1373 the pope dispensed the Rhodian noble Giorgio de Lippo from the rule that Latins born in the east could not enter the Hospital as *milites*.[35] Whether this prohibition would have applied to Latin women wishing to become *sorores* is uncertain. The Hospital did, however, occasionally accept influential Levantine Latins as *confratres*. Thus among those received between 1347 and 1358 were a number of Venetians, including in 1347 Marino and Perullo Sanudo of Naxos, kinsmen of the duke of the Archipelago.[36] Other men or women, some of whom probably died on Rhodes while journeying to or from Cyprus, Jerusalem or elsewhere, may have entered the order at the time of their death and been buried in association with the Hospital. *Soror* Margarita of Negroponte was evidently a different case; she was permanently established on Rhodes with a defined religious or charitable purpose to her life and to her connection with the Hospital.

Fig. 1: A Fourteenth-Century Tomb Slab from Rhodes
(Archaeological Institute of the Dodecanese, Rhodes)

---

[34] Anthony Luttrell, "Malta and Rhodes: Hospitallers and Islanders," in *Hospitaller Malta 1530–1798: Studies on Early Modern Malta and the Order of St John of Jerusalem*, ed. Victor Mallia-Milanes (Malta, 1993), pp. 278–79.

[35] Anthony Luttrell, "The Greeks of Rhodes under Hospitaller Rule: 1306–1421," *Rivista di Studi Bizantini e Neoellenici* ns. 29 (1992), 195–96.

[36] Anthony Luttrell, *The Hospitallers in Cyprus, Rhodes, Greece and the West: 1291–1440* (London, 1978), V, p. 196.

It is tempting, though essentially hypothetical, to speculate that the tomb slab recently put on display in the Rhodes Archaeological Museum [F133] was that of Margarita of Negroponte and perhaps of her daughter Simona, who may both have been *consorores* or donats.[37] The stone, broken at about half height and with its lower half and much of its inscription lost, is distinctly unusual in showing, lightly incised on a dark bluish-grey stone, two rather simply but gracefully depicted female figures each with a raised arm. They wear discreet wimples but are, apparently, without the eight-pointed Hospitaller cross on their left shoulder. Above them are three shields, the central shield containing the plain cross of the Hospitaller order while on either side of it two other shields each shows a bull, presumably their family arms; that on the viewer's right is turned heraldically to "respect" the central cross. The surviving portion of the inscription, in Gothic letters, reads:[38]

+ ICI: GIST: MA[... ...]LOR: EDA[N... ...]AS: AMEN:

The style of the lettering is fourteenth-century as is that of the figures, which are incised in a way similar to that employed on the tombstone of the archbishop of Rhodes dated 1335.[39] On the reverse is a brief inscription in late-fourteenth or fifteenth-century style, presumably carved when the slab was reused:

+ HIC. IACET. IOHANES.
GAUALA. CIUIS. RO
DI:-

A Johannes Chavala, mentioned as a *habitator* of the *urbs* of Rhodes in 1437, was presumably a Latin, though in the early thirteenth century Rhodes had been ruled by the Greek family of Gabalas, and in 1444 a *religiosus papas Gavala* was mentioned as the former rector of a Greek church in Rhodes.[40]

The original carving could date to 1347 or 1348 when Margarita of Negroponte died. *MA*... could have been the first part of *Margarita* or alternatively of *Madame*, though another female tomb slab dated 1334, which was found in excavations immediately to the north of the Latin cathedral (Museum F197), employed the form *Dame*:

+ ICI: GIT: DAME: MARGERITE LAUADIERE: DOU: MAISTE: ESPOUSE: DE: NICOLIN UERDIN: ...[41]

---

[37] Since the women on the slab are not named, the discussion of their status is here treated separately from that of the status of *soror* Margarita.

[38] Anna-Maria Kasdagli deserves the warmest thanks for her great assistance in these matters.

[39] Albert Gabriel, *La Cité de Rhodes: MCCCX–MDXXII*, 2 vols. (Paris, 1921–23), 2:215, fig. 160.

[40] Texts in Zacharias Tsirpanlis, *Anekdota Eggrafa gia te Rodo kai tis Noties Sporades apo Archeio ton Ioanniton Ippoton*, 1*: 1421–1453* (Rhodes, 1995), pp. 305–07, 428–29.

[41] Text, requiring amendment, in Myrtale Acheimastou-Potamianou, "I Ekklesia tes Panagias tou Kâstrou tes Rodou," *Archaiologikon Deltion* 23 (1968), Meletai, p. 253 n. 77, fig . 115B.

Margarita was a common name. The title *soror* or its equivalent was not placed before the *MA*... in the surviving fragment though it may have been on a lost portion of the stone, but the central cross indicated some connection with the Hospital. Where the slab was found is unknown but it had in any case been re-used for Iohanes Gavala. The use of French was common in such inscriptions in the Latin East and tells nothing about those represented, except that they were apparently Latins rather than Greeks.

A fully-professed Hospitaller was supposed to be buried simply in his habit, his harness and armour passing on his death to the order, to which technically they belonged.[42] In theory the brethren were vowed to poverty and could neither make a will nor pay for tombs or monuments, though their family might perhaps have financed burial monuments. In the west rare early effigies were mainly of priors and did not normally display the brethren dressed in armour,[43] but these rules were not always followed, especially in the German priories. A major exception was in the priory of Auvergne where a commander was buried at Montbrison in 1239 with an epitaph inscribed on a plaque on which, squeezed in at its foot, was incised a reclining figure wearing a sort of chasuble with its hands crossed on its breast. Between 1245 and 1282 at Montbrison and at Saint-Jean de Segur there were four other slabs with the burial epitaphs of successive priors of Auvergne showing their family arms; in at least one case of 1277 there was an actual tomb with a figure in relief wearing a hat and mantle.[44] In the same priory some expenditure was incurred in about 1362 for the burial of the marshal, Fr. Étiennne de Montaigu,[45] and in the priory of France in 1387 payments were made for the tomb and three painted stone images 'in his chapel' for the prior, Fr. Gérard de Vienne,

---

[42] Riley-Smith, *Knights of St. John*, pp. 251, 317–18.

[43] Gaetano Valente (*Feudalismo e Feudatarii in Sette Secoli di Storia di un Comune pugliese: Terlizzi 1073–1779*, vol. 2 [Molfetta, 1983]) publishes from Sovereto in Puglia three exceptionally early Hospitaller tomb slabs: Fig. IV (possibly early) thirteenth century, has a shield showing the Hospital's arms and another the family arms (whether there was a cross on the shoulder is not clear); Fig. V, after 1297, is of Fr. Ramundo de Bolera *preceptor olim*, with a cross on his shoulder and two shields with two differing arms; Fig. VI, possibly thirteeenth century, is largely indecipherable. For Fr. Dragonet de Montdragon, prior of Saint-Gilles (Provence), 1311, Jean-Marie Roux, *Saint-Jean-de-Malte: une Eglise de l'Ordre de Malte à Aix-en Provence* (Aix-en-Provence, 1986), p. 20 [drawing: reversed]; for Fr. Odon de Montaigu, prior of Auvergne c.1344, Jean-Bernard de Vaivre, "Odon de Montaigu Prieur d'Auvergne de l'Ordre de Saint-Jean de Jérusalem au XIV Siècle," *Académie des Inscriptions et Belles-Lettres: Comptes Rendus* (1992). A corpus of such pieces is a desideratum. The tomb of Fr. Pietro de Imola, prior of Rome, who died in 1329, is a later confection: Siegrid Düll, "Das Grabmal des Johanniters Pietro da Imola in S. Jacopo in Campo Corbolini in Florenz: zur Renaissance-Kapitalis in erneuerten Inschriften des Trecento," *Mitteilungen des Kunsthistorischen Instituts in Florenz* 34 (1990).

[44] Jean-Bernard de Vaivre, "Les six premiers prieurs d'Auvergne de l'Ordre des Hospitaliers de Saint-Jean de Jérusalem," *Académie des Inscriptions et Belles-Lettres: Comptes Rendus* (1997).

[45] Malta, Cod. 21, no. 8.

and for the funerals of the commanders of Troyes and of Saulce-sur-Yonne.[46] An undated, possibly late-thirteenth century slab, at the Hospital's female house at Buckland in England had a *croix ancrée* and the inscription SEOR ALIENOR DE ACTVNE GIST ICY DE LALME EIT MERCI AMEN.[47] At Freiburg-im-Breisgau there were tombstones apparently with inscriptions at least as early as 1310 both inside and outside the choir and in the treasury of the order's church, and they included at least four Hospitaller sisters buried between 1310 and 1398.[48]

A number of effigies showing the deceased with the order's cross presumably belonged not to professed brethren but to Hospitaller donats or *confratres*. In the west, for example, the effigy of 1362 of Bernat de Foixà in Catalunya showed him in armour with the eight-pointed cross on his left shoulder, but the inscription described him as a secular *caualer* and not as a Hospitaller *frater*.[49] A slab commemorating Niccolò de Squarcialupo of Poggibonsi in Tuscany did define him as a *frater* and *miles* of the order. It showed no figure but there were two roundels with the family arms and a central shield with a white Hospitaller cross on an inlaid red background. He was apparently a donat who entered the Hospital together with his wife in 1362 when she made a will providing for the repair of the Hospital's female house of San Giovannino at Florence; the burial was not in a Hospitaller church but in Santa Reparata at Florence in the tomb of his father who had died in 1313 and whose tombstone his son readapted.[50]

On Rhodes it was only the masters who had tombs in the conventual church[51] but a number of other brethren and laymen were interred beneath its floor.[52] Apparently most brethren were buried in the cemetery of the church of Saint Anthony outside the walls by the seashore.[53] A woman named *Domina Bon...* had a burial slab dated 1318 in the floor of a passage below the main altar of the

---

[46] Malta, Cod. 48, fols. 131r, 132r–132v.

[47] Thomas Hugo, *The Medieval Nunneries of the County of Somerset* (London, 1867), p.115.

[48] A transcription of the inscriptions, which are now destroyed, identified their whereabouts in the church. Philip Ruppert, "Verzeichnuss aller in Gott ruhenden Personen bei dem Gottshaus S.Johann in Dem Breisgaw," *Freiburger Diözesan- Archiv* 20 (1889).

[49] Marti de Riquer, *Heràldica catalana des de l'any 1150 al 1550*, vol. 2 (Barcelona, 1983), fig. 160.

[50] Guido Morozzo et al., *Santa Reparata l'Antica Cattedrale Fiorentina: i Risultati dello Scavo condotto dal 1965 al 1974* (Florence, 1974), fig. 13; cf. Gian Battista Uccelli, *Il Convento di S. Giusto alle Mura e i Gesuati* (Florence, 1865), p. 84; Siegrid Düll, "Die Inschriftendenkmäler von Santa Reparata: 1302–1363," *Römische Historische Mitteilungen* 27 (1985), 170–71, 201, figs. 10–12; Siegrid Düll, "Scoperte fotografiche — Incontri scientifici: monumenti fiorentini e genovesi del Tramonto del Medioevo," in *Oriente e Occidente tra Medioevo ed Età moderna: Studi in onore di Geo Pistarino*, ed. Laura Balletto, 1 (Acqui Terme, 1997), pp. 218–20.

[51] Jürgen Sarnowsky, "Der Tod des Grossmeisters der Johanniter," in *Die Spiritualität der Ritterorden im Mittelalter*, ed. Zenon Novak (Torun, 1993); Jean-Bernard de Vaivre, "Les Tombaux des Grands Maîtres des Hospitaliers de Saint-Jean de Jérusalem à Rhodes," *Monuments et Mémoires: Académie des Inscriptions et Belles-Lettres* 76 (1998).

[52] Unpublished excavation data kindly communicated by Anna-Maria Kasdagli.

[53] Gabriel, *Rhodes* 1:14–15; 2:211, 214.

conventual church,[54] and Gregorio Gerardini of Florence in 1330 and Marguerite de la Vadière in 1334 were probably buried in or near the cathedral;[55] presumably Bernardus, archbishop of Rhodes, was also buried there in 1335.[56] The Latin parish church in the *borgo*, in existence by 1363,[57] had a row of burial niches or *arcosolia* along its interior north wall.[58] By 1388 Giovanni Corsini, brother of the archbishop of Florence, had a burial chapel in the Augustinian church at Rhodes,[59] and so, by about 1415 when he died, did the rich Rhodian Dragonetto Clavelli;[60] an ancestor of Giambattista Cibo was also buried there.[61] Some Latins, whether inhabitants or visitors, presumably faced problems over their burial which might have encouraged them to associate themselves with the Hospital in order to receive burial as donats or *confratres*, possibly at Saint Anthony's church. The two women depicted on the slab with the order's cross above them may have been among such associates.

Appendix

The masters apart, there were late in the fifteenth century a number of Hospitallers who had personal tomb slabs which did not show their figures but in some cases carried an inscription and their arms with a narrow form of the Hospital's plain cross placed along the top of the shield *en chef*.[62] There are a number of fragments still to be studied in detail and perhaps dated by their style or their lettering, and it should be emphasized that any conclusions about them must be interim in character.[63] The only expert study, made by Siegrid Düll in 1989, considered a group of Hospitaller or possibly Hospitaller slabs or fragments, some of them now in Istanbul; two are dated, to 1403 and 1415, while the rest are without date but datable to the early- or mid-fifteenth century.[64] They may belong to a period when the Hospitaller brethren on Rhodes

---

54 Pietro Lojacono, "La chiesa conventuale di S. Giovanni dei Cavalieri in Rodi," *Clara Rhodos* 8 (1936), 266.

55 Inscriptions, still in the yard just north of the cathedral, in Acheimastou-Potamianou, "Ekklesia tes Panagias," p. 253, n. 77.

56 Tomb slab in Gabriel, *Rhodes* 2:215, fig. 160.

57 Luttrell, "Greeks of Rhodes," p. 210, n. 91.

58 As appears from recent excavations: information kindly provided by Anastasia Psarologaki. One fragment is apparently datable to 1377.

59 Text in Luigi Belgrano, "Seconda serie di documenti riguardanti la colonia di Pera," *Atti della Società ligure di Storia Patria* 13 (1877–84), 953–65.

60 Text in Tsirpanlis, *Anekdota Eggrafa*, 1:248–49.

61 See above, note 32.

62 Examples, none datable before 1470, in Gregorios Konstantinopoulos, *Die Museen von Rhodos, 1: Das Archäologische Museum* (Athens, 1977), pp. 16–27, figs. 7–10; Anna-Maria Kasdagli, "Katalogos ton Thureon tes Rodou," *Archaiologikon Deltion* 48–49 (1994–95), Meletai, plates 51–4.

63 Anna-Maria Kasdagli is preparing publication of all surviving fragments.

64 Siegrid Düll, "Drei Johanniter in Istanbul: Neue Untersuchungen zu den rhodischen Grabsteinen im Archäologischen Museum," *Istanbuler Mitteilungen* 39 (1989), 109, n. 17, 113–14; see also Konstantinopoulos, *Museen*, pp. 13–39, figs. 5–25, 43.

had not yet begun to have their own personal tomb slabs, though no. 2 of 1415 apparently constitutes an early exception.

1. *Nobilis armiger* Pierre de la Pymoraye of the diocese of Rennes in Brittany died on 19 January 1403: in full armour and above the head are two shields, one with the Hospital's cross and the other with his arms.[65] It is unlikely that a professed Hospitaller would have been described without even the title *frater* or that he would merely have been called *Nobilis armiger.*

2. The inscription shows that this slab belonged to the Hospitaller Fr. Peter Holt, prior of Ireland, who died in June 1415:[66] the top part, which may have shown a cross or crosses, is missing; feet on a hound.[67]

3. *Frater Bernardus*: cross on mantle and above the head are two shields, one with the order's cross and one with his arms; the term *frater* could indicate a professed Hospitaller. Probably first third of fifteenth century.[68]

4. *[...]eme de Belloc*: cross on shoulder; top broken off. First half of fifteenth century.[69]

5. Anonymous fragment: no visible cross on shoulder. Fifteenth century.[70]

6. Anonymous: cross on shoulder; above the head the shield on the left shows the order's cross with abraded arms and that on the right apparently with a chevron. Mid-fifteenth century.[71]

7. Anonymous fragment: above the head there remains one shield, with Hospital's cross. c.1460.[72]

8. Anonymous fragment: lower half with rosary cord and tassel. First half of fifteenth century.[73]

9. Anonymous fragment: cross on mantle; above the head are two shields, one of the Hospital and the other with what could be the arms of the master Antoni de Fluviá, died 1437, or of his successor Jean de Lastic, died 1454. On the reverse the inscription *Hic jacet ... Dominus Jacobus Sachar* and the apparent date of

---

65 Giulio Jacopi, "Monumenti di scultura del Museo Archeologico di Rodi," *Clara Rhodos* 5. 2 (1932), 41–43, figs. 26–27, tav. VI (as not being of a Hospitaller); Kasdagli, "Katalogos," no. 115 (as a Hospitaller).

66 Charles Tipton, "Peter Holt: Turcopolier of Rhodes and Prior of Ireland," *Annales de l'Ordre Souverain Militaire de Malte* 32 (1964), 85.

67 Konstantinopoulos, *Museen*, p. 28, fig. 25; information and identification from Anna-Maria Kasdagli.

68 Gabriel, *Rhodes* 2:216, fig. XXXVIII 1; Konstantinopoulos, *Museen*, p. 24, fig. 17.

69 Ibid., p. 28, fig. 43.

70 Gabriel, *Rhodes* 2:216, fig. XXXVIII 3: Konstantinopoulos, *Museen*, p. 24, fig. 18.

71 Gabriel, *Rhodes* 2:214, Fig. XXXIX 2; Düll, "Drei Johanniter," p. 113, fig. 14, 1 and 4.

72 Gabriel, Rhodes 2:214, fig. 158; Düll, "Drei Johanniter," p. 113, fig. 14, 2.

73 Ibid., pp. 113–14, fig. 14, 3.

1481. Although frequently considered to be the tombstone of Fluviá or Lastic, it is quite unlike a magistral tombstone; the figure is not bearded; and it seems unlikely that a master's tomb would have been re-used. Possibly it belonged to someone who was a kinsman of one of the two masters and who became a donat or *confrater.*[74] Its re-use in 1481 might be explained by disturbances caused by the siege of 1480 or by the earthquake of 1481.

These pieces have all been thought to belong to Hospitallers.[75] Very possibly all but no. 2 and no. 3, the latter inscribed *frater*, belonged to men who were merely associated with the order. They were shown on their tombstone with the eight-pointed cross on their mantle or with the order's plain cross on a shield above their head. Presumably they were *confratres* or donats who, while not fully professed, were in a limited sense Hospitallers.

In most cases it is not known where such pieces were found. In 1923 Albert Gabriel, who was well acquainted with the situation, wrote that the "greater part" of the slabs then in the Museum had come from the area of Saint Anthony's church,[76] but that may have been an assumption based on the fact that the pieces were stored in the Konak in that area. In 1346 the pope granted an indulgence for Saint Anthony's, where *fratres* and *pauperes* who died in the hospital were said to be buried. In 1394 the visiting lawyer Niccolò da Martoni described the cemetery there as being a large closed courtyard of almost a *modius* — very approximately perhaps some 35 metres by 35 metres — and that along the circuit of its wall were fifty-one *sepulture ad arcus et lamias* in which only brethren of the order were buried. He stated that *nobiles* and *milites* were buried both in the conventual church and in the church of Saint Anthony, as they themselves directed in their last *voluntates*, but that the greater part of the brethren were buried in "the said *sepulture*" where they benefited from a full indulgence.[77] Nobles and knights

[74] Jacopi, "Monumenti," pp. 36–40, fig. 22, tav. V; Konstantinopoulos, *Museen*, pp. 20–23, fig. 12; de Vaivre, "Les Tombaux," p. 63, n. 47, fig. 27 (as probably not the slab of a master). The photograph in E. G. d'E., "Jean de Lastic, Grand Maître des Chevaliers de Saint-Jean de Jérusalem: 1437–1454," *Annales de l'Ordre Souverain Militaire de Malte* 22 (1964), 123, claims to show part of Lastic's tomb.

[75] Düll, "Drei Johanniter," p. 114, is doubtful about nos. 2 and 5; Jacopi, "Monumenti," nos. 41–42, figs. 28–30, claims two other slabs show Hospitallers. The tomb slab of *Nobilis vir dominvs Gvlielmvs Becharivs Onorabilis Bvrgensis Rodi* was dated August 1374: Gabriel, *Rhodes* 2:214, fig. XXXIX 1; corrected text in Düll, "Drei Johanniter," p. 109, n. 17. It shows a figure not in Hospitaller dress; a shield above his head appears to be a cross "in chief of the order," but that was probably a Genoese feature, especially as the order's "chief" was not employed on Rhodes before the second half of the fifteenth century. Information from Anna-Maria Kasdagli.

[76] Gabriel, *Rhodes* 2:214.

[77] For 1346, see Archivio Vaticano, Reg. Supp. 11, fol. 131v (kindly communicated by Karl Borchardt). For 1394, Emile Legrand, "Relation du pèlerinage à Jérusalem de Nicolas de Martoni, notaire italien: 1394–1395," *Revue de l'Orient latin* 3 (1985), 585. A text of 1497 referred to Turkish destructions at Saint Anthony's in 1480 of "quidem cimiterium et sepultura commilitonum ordinis nostri et quorundam defunctorum magistrorum, baiullivorum et priorum." Sarnowsky, "Tod des Meisters," p. 214, n. 27.

were probably buried without tomb slabs, at least in the fourteenth century; Hospitallers were not allowed to make wills but they could make a *despropriamentum*, and that perhaps allowed them to allot money for a tomb. However, Martoni may have partially misunderstood the situation, since the greater part of the brethren serving on Rhodes were in fact Hospitaller *milites* or knight-brethren, who cannot all have been buried in the conventual church. The number of brethren who had died on Rhodes must by 1394 have amounted to many hundreds, but conceivably the fifty-one special *sepulture*, with "arches and slabs" around the walls, each contained several bodies or possibly they were periodically re-used. Maybe many brethren were simply placed in the ground within the courtyard. Alternatively, some or all of the fifty-one chambers may have been used as family tombs for *confratres* and donats, who may also have been buried within the church.

Un fragment de la Règle de l'Ordre de l'Épée ?

Marie-Adélaïde Nielen

Le manuscrit *Vaticanus latinus* 7806A est un recueil factice composé de textes d'origines et d'époques diverses.[1] Entre les folios 240 et 262, se trouvent, en italien marqué de traits vénitiens, un fragment des *Lignages d'Outremer* (f° 240–52v°), les rites d'adoubement des chevaliers chypriotes (f° 253–56r°) et la règle des chevaliers des royaumes de Jérusalem et de Chypre (f° 256v°–61), ainsi que des essais de plume (f° 262r°). Nous sommes donc en présence d'une petite collection de textes réunis à un moment donné par un personnage s'intéressant à l'histoire de la présence latine en Orient. Le filigrane du papier est bien visible, et facilement identifiable: il s'agit d'un chapeau de cardinal, marque exclusivement italienne, surmonté d'une croix, symbole n'apparaissant pas avant le XVIe siècle. Un filigrane se rapprochant de celui-ci est attesté à Venise en 1571, ce qui laisserait pencher pour une origine vénitienne du document.[2]

Les *Lignages d'Outremer* sont connus.[3] En revanche, le passage concernant la chevalerie est particulièrement intéressant, parce qu'il est inédit, et inconnu. Il se compose de deux textes différents, ou du moins deux grands chapitres distincts. Le premier (f° 253–256r°) n'a pas de titre et commence: "Erano in Cipro, in tempo di serenissimi Regali, tre sorte de cavalieri..." Il comprend huit paragraphes, de longueur très variable. Le second texte (f° 256v°–61) porte un titre: "Questa è la Regola, ordine, obligation et preminentie di nobilissimi cavalieri de Gerusalem et Cipro." Un peu plus long, il comprend 52 paragraphes, dont certains sont très courts, rédigés à la manière d'une "règle."

Les indices qui nous font pencher en faveur d'une compilation de textes plus anciens sont les références que l'on peut relever en marge du texte, en général devant chaque nouveau paragraphe. Ce sont soit des chiffres (par exemple 137, 195, 221...), qui doivent renvoyer à des numéros de chapitres, soit des titres d'ouvrages ou des noms d'auteurs en abrégé. On trouve une fois *Liber de Fati et Privilegii*, abrégé parfois *privil.*, une fois *Ugo Thab.* (c'est-à-dire Hue de Tabarie, Hugues de Tibériade), abrégé par la suite en *Ugo*, mais aussi *consuetudo* et *pars.*

---

[1] Voir la description dans mon étude "Un texte méconnu des *Assises de Jérusalem*: les *Lignages d'Outremer*," *BEC* 153 (1995), 103–30.

[2] Le folio 262 contient des essais de plume, de la même main que le reste du document. On peut y lire "li potesta di Chioggia" et la dédicace: "Illustrissimo M. Zorzi Contarini, conte di Zaffo," ce qui conforte l'origine vénitienne du document. En effet, un Georges Contarini, cousin de la reine Catherine Cornaro, reçut de celle-ci, à la fin du XVe siècle, le titre de "comte de Jaffa." Son petit-fils, prénommé lui aussi Georges ("Zorzi" en dialecte vénitien), est attesté en 1579, c'est sans doute pour lui que fut réalisé le manuscrit.

[3] Voir l'édition de Beugnot dans *RHC Lois* 2:435–74; nous préparons une nouvelle édition de ce texte pour la Collection de documents relatifs à l'Histoire des Croisades.

Cela montre que l'auteur de notre texte s'est reporté à des écrits préexistants, notamment ceux d'Hugues de Tibériade, pour compiler ce document relatif à la chevalerie chypriote.

La date de composition de ce recueil est difficile à préciser. S'agit-il d'une rédaction précoce ? Elle ne peut cependant pas être antérieure à la seconde moitié du XIVe siècle, puisque les statuts de l'Ordre de l'Epée sont cités,[4] mais est peut-être contemporaine de ceux-ci, ou antérieure à la prise de l'île par les Vénitiens. Le texte dont nous disposons serait alors une copie réalisée vers 1571 à Venise, sans que l'on sache où (Venise ou Chypre) et quand la traduction a été faite. L'autre hypothèse serait une rédaction tardive, vers 1571 à Venise, d'après les textes originaux eux-mêmes, à la demande de Georges Contarini. Il semble impossible de trancher. Cependant, le texte dont nous disposons n'est pas l'original : des erreurs de copie, dues au scribe, sont manifestes, aux folios 254 recto et verso, mais il est impossible de savoir si la copie dont nous disposons a été réalisée peu de temps après la rédaction de l'original, ou au contraire longtemps après.

La présence des références indiquées *supra* permet d'identifier la provenance des textes ayant servi à l'élaboration de cette compilation. Le texte le plus ancien, auquel le rédacteur fait référence par *Ugo Thab.* et *Ugo*, est celui de l'*Ordene de Chevalerie* qui raconte comment Hugues de Tibériade, fait prisonnier par Saladin en 1178 ou 1179, lui explique les différentes phases de l'adoubement d'un chevalier. La première version, du XIIIe siècle, est un poème en octosyllabes de 502 vers en français, mais dont il existe des rédactions postérieures en prose.[5] Seule est disponible une édition de la première version,[6] que nous avons utilisée, et par rapport à laquelle le texte italien présente quelques différences notables. Ainsi, toute l'introduction est recomposée et l'*Ordene de Chevalerie* est présentée comme une explication à l'adoubement d'un chevalier dans une église cathédrale, à la suite d'une messe. Puis le texte italien suit l'*Ordene* en ce qui concerne les rites, mais dans un ordre différent et en insistant sur certains : chausser les éperons (v. 189–204), attacher la ceinture (v. 174–88), remettre l'épée (v. 205–21). Un rite, absent dans la version du XIIIe siècle, a été ajouté à notre document, celui de la remise d'une chaîne d'or.

Dans le texte de la *Règle*, il est encore fait référence à Hugues, en ce qui concerne les obligations du chevalier : assister à la messe tous les matins, toujours

---

4 Selon Guillaume de Machaut, Pierre Ier de Lusignan aurait fondé l'Ordre de l'Epée avant de devenir roi de Chypre, donc avant 1359. Voir Guillaume de Machaut, *La prise d'Alexandrie ou chronique du roi Pierre Ier de Lusignan*, éd. Louis de Mas-Latrie (Genève, 1877), pp. 11–16.

5 Sur ces versions, voir Hilding Kjellman, "Les rédactions en prose de l'Ordre de Chevalerie," *Studier i modern språkvetenskap utgivna av nyfilologiska sällskapet i Stockholm* 7 (Uppsala, 1920), pp. 138–77.

6 Raoul de Hodenc, *Le Roman des Eles*, *The Anonymous Ordene de Chevalerie*, critical editions with introductions, notes, glossary and translations by Keith Busby (Amsterdam, 1983).

porter ses insignes, défendre l'honneur de Dieu, du roi et le sien propre, les droits de la veuve et de l'orphelin, ne pas se livrer au commerce, ne pas jouer aux dés ou aux cartes, mais s'exercer au combat et chasser, ne pas jurer, être modeste, et pour vêtement porter du drap rouge de soie ou d'écarlate qui symbolise le sang qu'il doit verser au service de Dieu. Le chevalier insulté ne doit plus porter ses éperons ni sa chaîne avant de s'être vengé. Tout ceci ne se retrouve pas dans la version originale de l'*Ordene de Chevalerie* et prouve l'utilisation d'une version postérieure et augmentée.

Dans le premier texte, se trouvent certaines fois des références à une coutume, *consuetudo*, à l'intérieur même des paragraphes attribués à Hugues. Dans le second, ces références alternent avec celles à Hugues. On peut en déduire qu'il s'agit d'une autre règle de chevalerie, qui est inconnue mais que l'on peut essayer de reconstituer. Il y est question de l'adoubement, avec la mention des éperons et de la chaîne d'or. Les mentions les plus fréquentes se rencontrent dans le deuxième texte, et elles constituent des règles de conduite. Le chevalier doit défendre la foi, les faibles aussi bien dans les procès qu'à la guerre, et pratiquer les vertus chrétiennes. Dans les joutes et les tournois, les chevaliers ne doivent pas rencontrer d'autres chevaliers (d'un autre ordre ?), des vassaux ou des fils de chevaliers ou de dames nobles. Ils sont tenus aussi de défendre l'honneur de leurs pairs. Enfin, une dernière mention nous permet d'identifier cette règle comme étant celle de l'Ordre de l'Epée, puisqu'elle indique que le chevalier doit porter l'insigne délivré par le roi, composé de deux épées nues en croix avec la devise "Pour maintenir loyauté."

L'Ordre de l'Epée[7] fut peut-être projeté par Pierre de Lusignan en 1347, mais ne fut créé qu'à son avènement en 1359, dans le but de rassembler la chevalerie européenne pour une expédition de reconquête de la Terre sainte. Après la mort du roi, il fut délivré aux nobles qui faisaient le pélerinage de Terre sainte. L'ordre ne semble plus avoir été conféré après l'annexion de Chypre par Venise en 1489. Mentionnons toutefois le procès intenté en 1680 par Jean-Baptiste Cornaro, procurateur de Saint-Marc, pour se faire reconnaître le droit de porter l'Ordre de l'Epée.[8] Les représentations du XVe siècle nous apprennent que l'insigne se composait d'une épée nue, la pointe en bas, chargée d'un phylactère portant la devise "Pour loyauté maintenir."[9] Or la description donnée dans le manuscrit du Vatican diverge puisqu'elle indique que l'insigne se compose de deux épées nues en croix. Faut-il croire à une nouvelle forme de l'insigne au XVIe siècle ? En tous

---

7 Voir D'A. J. D. Boulton, *The Knights of the Crow : the Monarchical Orders of Knighthood in Later Medieval Europe, 1325–1520* (Woodbridge, 1987), pp. 241–48.

8 Voir Louis de Mas-Latrie, *Histoire de l'île de Chypre sous le règne des princes de Lusignan*, 3 (Paris, 1865), p. 817.

9 Christine Van den Bergen-Pantens, "Etude historique et iconographique de l'Ordre de l'Epée de Chypre," dans *Mélanges offerts à Szabolcs de Vajay rassemblés et présentés par le comte d'Adhémar de Panat et le chevalier Xavier de Ghellinck Vaernewyck, sous la direction de Pierre Brière* (Braga, 1971), pp. 605–11.

cas, le manuscrit prouve qu'il devait exister des statuts de l'Ordre de l'Epée, statuts qui reprenaient en partie l'*Ordene de Chevalerie*.

La référence aux *Libri de facti et privilegii*, abrégée plus loin en *Privil[egii]*, est plus problématique, et ce d'autant plus qu'elle est accompagnée de numéros (137, 195, 197, 217x4, 214, 220, 221, 211, 145, 225, 116, 118, 135, 137, 184, 190, 191x3, 196, 106, 249, 196x2, 198, 199, 195, 196, 157, 115). La répétition de certains de ces numéros peut faire penser à des numéros de folios plutôt qu'à des numéros de chapitres. On peut donc penser que le rédacteur disposait d'un exemplaire du *Livre des Faits et Privilèges* du royaume de Jérusalem, recueil dont on ne trouve pas mention par ailleurs. Un examen qui mérite encore d'être approfondi a permis de retrouver un certain nombre de ces articles dans les textes juridiques de l'Orient latin : le *Livre de Jean d'Ibelin*, le *Document relatif au service militaire*, et le *Livre au Roi*.[10]

Pour le rédacteur, les chevaliers du royaume étaient divisés en trois catégories : les *feudati* (feudataires), les *stipendiati* (bénéficiaires d'un fief de soudée), et les *compagnoni*, dépendant d'un feudataire ou d'un stipendié.[11] Sont ensuite donnés : le texte du serment que doit prêter le chevalier compagnon à son seigneur, puis celui énoncé par les chevaliers feudataires ou stipendiés au *capo signor*, c'est-à-dire au roi. Ce dernier texte se retrouve dans le chapitre CXCV du *Livre de Jean d'Ibelin*.[12] Vient alors la description de l'adoubement selon l'*Ordene de Chevalerie*.

Le deuxième texte, intitulé "Questo è la regola, ordine, obligation et preminentie di nobilissimi cavalieri de Gerusalem et Cipro," rassemble, comme nous l'avons déjà indiqué, des extraits de l'*Ordene de Chevalerie*, des statuts de l'Ordre de l'Epée et de nouveau du *Livre des Faits et Privilèges*, relatifs au service des chevaliers. Par exemple, les chevaliers sont tenus de rendre hommage à chaque changement de roi ou de baile avant un an et un jour sous peine de perdre leur fief. Cette disposition se retrouve dans le chapitre CXCIV du *Livre de Jean d'Ibelin*.[13] De même, si le roi est fait prisonnier, le chevalier doit vendre son fief pour participer au paiement de la rançon, sous peine de se voir confisquer son fief (chapitre CCL du *Livre de Jean d'Ibelin*).[14] Le problème du service en dehors du royaume (il faut comprendre l'île de Chypre) fait l'objet de plusieurs articles. Ce service est dû dans trois cas : le mariage du roi ou de l'un de ses fils, la sauvegarde et la défense de l'honneur du roi, et quand le royaume est en grande nécessité (chapitre CCXVII du *Livre de Jean d'Ibelin*).[15] En 1271, le service à l'extérieur du

---

10 Jean d'Ibelin, *Livre* et le *Document relatif au service militaire* in *RHC Lois* 1:7–432 et 2:423–34. Le *Livre au Roi*, éd. Myriam Greilsammer, Documents relatifs à l'Histoire des Croisades 17 (Paris, 1995).

11 Voir la *Chronique d'Amadi* dans *Chroniques d'Amadi et de Strambaldi*, éd. René de Mas-Latrie, 2 vol. (Paris, 1891–93), 1:264.

12 Jean d'Ibelin, *Livre*, p. 313.

13 Ibid., p. 312.

14 Ibid., pp. 400–01.

15 Ibid., pp. 347–48.

royaume fait d'ailleurs l'objet d'un différend entre le roi Hugues III et ses barons, menés par Jacques d'Ibelin, différend réglé par Edouard d'Angleterre qui se trouvait alors en Terre sainte. Ce fait est relaté dans le *Document relatif au service militaire,*[16] qui est le seul, à notre connaissance, à faire expressément mention des privilèges des chevaliers. En dehors de ces trois cas, le chevalier n'est pas tenu de répondre à l'appel du roi si celui-ci ne participe pas en personne à l'expédition hors du royaume. Le cas s'est présenté en 1273 et est rapporté dans l'*Eracles.*[17]

Le chevalier ne doit pas quitter son service avant le terme fixé, sous peine de perdre son fief pendant un an et un jour. Cette disposition se retrouve au chapitre CCLXVIII de la *Clef des Assises.*[18] Le service est dû jusqu'à l'âge de soixante ans, règle qui se retrouve dans le *Livre au Roi.*[19] La condamnation visant le chevalier félon est la perte du cheval et des armes, et le bannissement du pays et celle visant le chevalier renégat est la perte du fief pour lui et ses héritiers.[20]

Ce sont les exemples pour lesquels j'ai retrouvé des références dans les textes juridiques de l'Orient latin. Pour les autres articles concernant les devoirs des chevaliers, la recherche doit se poursuivre. De ne pas avoir pu retrouver une mention comparable pour chacun des articles de ce texte montre assez son originalité, sa valeur, et la complexité de sa composition.

A partir de ce fragment, de nombreuses pistes de recherche pourraient être explorées. L'existence de statuts de l'Ordre de l'Epée semble confirmée par ce texte, ordre né dans un monde latin d'Orient amateur, comme le montre l'exemple du roi Pierre Ier, de faits et de littérature chevaleresque.[21] Il vient étayer les recherches concernant la société féodale chypriote des XIVe et XVe siècles. Les circonstances de sa rédaction ne sont pas moins intéressantes. Pouvons-nous avancer l'hypothèse qu'un patricien vénitien disposait encore, en plein XVIe siècle, d'une copie du *Livre des Faits et privilèges* du royaume de Chypre et de Jérusalem ? Si cela était, cela prouverait mieux encore l'existence à Venise d'une aristocratie férue d'histoire et nostalgique de la chevalerie, s'intéressant tout particulièrement à Chypre, cette île qui venait d'être arrachée à la Sérénissime.

---

16 *Document relatif*, pp. 423–34.

17 "Eracles" 2:463–64.

18 *La Clef des Assises* in *RHC Lois* 1:598.

19 *Livre au roi*, chap. 47 (p. 275).

20 Ibid., chap. 22 (pp. 200–02) et chap. 23 (pp. 203–04).

21 David Jacoby, "La littérature française dans les états latins de la Méditerranée orientale à l'époque des croisades : diffusion et création" dans *Essor et fortune de la chanson de geste dans l'Empire et l'Orient latin.* Actes du IXe Congrès international de la Société Rencesvals pour l'étude des épopées romanes, Padoue-Venise, 1982 (Modène, 1984), pp. 617–46 ; idem, "Knightly Values and Class Consciousness in the Crusader States of the Eastern Mediterranean," *Mediterranean Historical Review* 1 (1986), 158–86.

Edition du texte. Ms. 7806A de la Bibliothèque Vaticane, f° 253–61.[22]

(f° 253) Erano in Cipro, in tempo di serenissimi Regali, tre sorte de cavallieri, cioè feudati, stipendiati et compagnoni, perché li feudi loro erano obligati a servitio de cavallieri. Et se non si ornavano cavallieri, erano tenuti pagare per defato, cioè mancamento de servitio, ogni anno ducati ottanta.

Li cavallieri stipendiati erano salariati dal re in vita et havevano ducati ottanta a l'anno per servir come cavallieri. Li quali erano medemamente ornati cavallieri.

Li cavallieri compagnoni erano homini degli homini del signor, cioè un cavallier haveva feudo de servitio con due o piu cavallerie. Una serviva con la propria persona sua et le altre faceva servir da altri che fosseno nobili. Li quali si chiamavano compagnoni et questi medemamente si ornavano cavallieri, né potevano altramente essere ammessi à servire. Et il cavalliero principal patron del feudo dava a questi compagni parte dal suo feudo, et glielo dava perpetualmente, pur non poteva dare eccetto che manco della mità del suo feudo. Questi compagnoni facevano homaggio cioè giuravano fideltà al principal cavallier che gli dava parte del suo feudo con reservation della ligessa al re capo signor. Giurando l'homaggio in questo modo: il compagno, pose ambe le palme fra quelle del signor del feudo, diceva: "Io divento vostro homo per el feudo che m'havete dato, et vi do la fede mia d'esservi fedele deffensore contra (v°) tutti li viventi, salvando la ligessa al Re capo signor del paese." Et colui che receveva l'homaggio respondeva: "Et io ve ricevo in la fe de Dio et mia." Et lo basava nella bocca in fede. Nel far poi della[23] liggessa al capo signor, s'ingenocchiava et metteva le sue man fra quelle del signor, et diceva: "Signor, io vi fazzo la liggessa per l'assisa del tal feudo ch'io tengo dal Tale, et prometto de guardar et deffendervi da tutte le cose mortale." Et el signor li respondeva: "Et io così ve recevo in la fe de Dio et mia come debbo far per liggessa fatta per l'assisa," et lo basava nella bocca per fede. Et questi sono chiamati liggi.

Li cavallieri delle doe prime sorte, cioè feudati et stipendiati, facevano l'homaggio liggio al capo signor, cioè senza reserva alcuna ad' altri, dicendo: "Io divento vostro homo liggio che ligato con l'obligo della fede promettendo mantenir et deffendervi da tutte le cose mortale justo le mie posse."

Quando alcuno si voleva ornare cavalliero, prima si confessava et poi veniva nella chiesa cathedral a l'hora della messa, dove anchor veniva el re con li ornamenti regali, et aldita la messa si communicava in presentia de tutti. Perche a voler recever l'honor et dignità sì nobile com'è del cavalliero, conviene esser netto d'ogni immunditia et da ogni peccato, com'el di che nel sacro battesimo rinasse il fedel christiano. Et perciò il signor Ugo de Thabaria, principe de Galilea, essendo fatto priggione del (f° 254) Gran Saladino, soldan de Babilonia, et essendo rechiesto da esso Saladino che secrettamente li mostrasse l'ordine de li cavallieri christiani facendolo cavalliero, el principe glielo negò, anchor che fusse minazzato nella vita, né volse mai consentire di ornarlo se prima in un bagno insieme insieme non lo battizava con bella et christiana inventione. Communicatosi adunque veniva con tutti li suoi drappi sciolti senza centa o nodo

---

[22] Nous remercions Marc Smith, professeur à l'Ecole nationale des Chartes, qui nous a aidée à relire ce texte.

[23] della *répété*.

alcuno, et ingenocchiavassi dinanci la Maestà del re, dimandando l'ordine et dignità della cavalleria [*sic*] è veramente nobile et deve da tutti esser desiderato. Non dimeno colui che lo richiede deve sapere che questa dignità ha cargo grande anchora et regola strettissima, et acciò non possiate in alcun tempo dire : "Io non sapeva queste condittioni," hora vi sarà letta, et parendovi quella alle tue posse, complessione et natura, da poter osservare, ditelo, ché il nostro signor re vi sarà liberale. Ma avvertirsi bene che chi preferisse gli ordini della nobilissima dignità della cavalleria che voi richiedete, in alcune cose sarà corretto per privation de robba et feudo, in alcune sarà punito nella persona et vita. Et de tutte sarà tenuta l'anima sua render conto al sommo Re celeste el dì del Giuditio universale. Et poi faceva che il canciliere leggeva la regola et obligation de la cavalleria, la qual è registrata qui infine. Et dopo (v°) letta el richiedente diceva : "Sacra Maiestà, io intesi la regola et obligation della cavalleria, la qual in vero pare grande. Ma nessuna cosa è difficile a quelli che deliberano far una bon'opera, imperò che Iddio aiuta questi et io pregarò Sua immensa clementia ogni giorno che ponga la Sua santissima mano in aiuto mio, che senza quello nessuno è si forte né si ben complessionato o potente che possa dire di poter osservare ditta regola et non errare." All'hora el re gli diceva : "Già che tu hai così bona dispositione et in così bon loco posta la tua speranza, io son contento che la tua persona sia ornata della dignità della cavalleria hor hora a te letta." Et il richiedente, poste le man sopra li Santi Evangelii [*sic*] in aiuto come io tenirò, mantenirò et osservarò con l'aiuto del Signor Iddio quanto in questa regola et ordine della cavalleria (che la Maestà vostra è per ornarmi) si contiene, ne pretermetterò cosa alcuna o contravegnirò a quella fin che la vita mia durara et che le forze mi serviranno. Si levavano poi doi cavallieri degli piu antiqui et tutti doi inge[noc]chiati gli ponevano soi speroni d'oro nelli piedi et il più vecchio de quelli doi gli diceva : "Fratello, gli speroni d'oro postivi alli piedi voglion inferire due cose. La prima, sì come il cavallo (f° 255) ve obedisse et si lassa regger et governar da voi per il mezo d'essi speroni, et con quelli lo fate ascender et discender come a voi piace, così voi vi dovete lassar regger et governare per li comandamenti de Iddio et per quello ha ordinato la Santa Madre Chiesa et esser obediente et humile a quella et alli soi comandamenti come christiano et come leal et fedel cavalliero. Vedi che sono d'oro et vi sono posti nell'infimo loco della persona vostra, acciò con quelli toccando la terra ve ricordate sempre che l'oro deve essere da voi sprezzato et posposta ogni richezza et utile a l'honor vostro et al dovere."

Uno poi degli cavallieri preditti lo cengeva una centura biancha et l'altro cavallier che faceva le parole diceva : "Questa centura biancha vi [ha ?] ad' intender purità et castità della persona vostra perché già che sete aseso a questa sì nobil et santa dignità, dovete guardar la vostra persona da ogni vitio et conservarla pura et casta." Mette poi nella centura preditta la vasina della spada et il re li dava la spada nuda in mano et li diceva : "Io do la spada in mano et ti fazzo mio cavallier, con la quale tu sarai (v°) seguro in qualunque loco andarai, havendo sempre in tua protettione quella croce santa che te deffenderà da ogni pericolo." Et il vecchio cavallier soggiungeva : "Come voi vedete la spada è tagliente da tutte doe le bande, e queste significano impotente dal potente, il povero dal rico, et le vidue et orfani, justa le tue posse et dove sarete a giudicar con li toi pari, dobbiate giudicar giustamente et lealmente." Et il cavallier novello prendendo la spada basava la mano del re et poi la croce santa della spada et quella riponeva nella vasina. A cui diceva il cavallier antico : "Voi non snudarete più quella spada se non è per deffension della Santa Madre Chiesa, per essaltation della Christianità et per deffension del nostro signor re et del honor et regno suo, et per deffender anche la vita et honor vostro da qualunque si volesse mover a far il contrario."

Poneva poi el re una cadena d'oro al collo del novo cavallier et diceva : "Con questa te orno et obligo alla legge della cavalleria." Et averzendo la palma, uno deli doi cavallierivecchi gli dava drio al collo et gli diceva : "Va ch'Iddio ve fazza prod'homo." Et il cavallier che gli dechiarava (f° 256) gli antocoli tutti gli diceva : "Quella cadena d'oro significa l'obligo vostro nobilissimo, acciò tutti che vi vedeno con quella sappiano voi essere huomo tenuto di fede et di servitio di cavallier al capo signor del regno. Et quella botta che il vostro fratello vi ha dato sia l'ultima vergogna c'havete a supportare in questo mondo che vi sia fatta, et ancho per ricordarvene del loco c'havete recevuta la cavalleria et da chi l'havete receputa."

Poi venivano tutti li cavallieri et aduno aduno lo basavano nella bocca in segno della fede che doveva essere tra tutti loro che diventavano pari. Et per quel giorno si poneva a sedere appresso la Maestà del re facendoli honore et accompagnandolo fino a casa sua tutti li cavallieri.

(v°)

Questo è la regola, ordine, obligation et preminentie di nobilissimi cavalieri de Gerusalem et Cipro.

Nessuno che non sia nato in legitimo matrimonio et da parenti nobili può essere ammesso à questo consortio.

Né alcun c'ha fatto professione di frate monacho o sacerdote o vero diacono de l'evangelio o de l'epistola.

El cavalier deve esser fedele et *totis viribus* studiare la essaltation et augumento della fede christiana.

Deve *pro posse* deffender l'impotenti, li poveri, le vedue, li orfani, et andar al loro consiglio et deffensione così in giuditio come alla guerra.

Appresso deve esser religioso, caritativo et veritevole et fuggendo i vitii farsi virtuoso, a laude de Iddio, del suo signore et sua propria.

Ogni matina deve aldir la messa devotamente et dir l'officio suo se non è impedito da giusta causa.

Deveno sempre portar la spada a lato, li speroni d'oro nelli piedi et la cadena d'oro al collo : la spada per esser pronti dove bisognarà deffender l'honor d'Iddio, la Maestà del re et l'honor suo, et el dritto d'ogni vedoa, orfano et impotente, li speroni per ricordarsi sempre li comandamenti d'Iddio, d'antiponer sempre el dover et honor suo alle richezze, et la collana per esser (f° 257) da tutti conossuto per homo del signor et honorato per cavalliere.

Che cavalcando o per terra o fuora habbia sempre in sua compagnia doi servitori honorevoli a cavallo et uno a piedi o con le sue bagaglie di fora.

Non sia lecito adalcuno di far mercantie di sorte alcuna, ma delle sue intrade viver et procurar l'abondantia della terra, perché a questo modo sostegniranno li poveri, le vidue et orfani.

Non sia lecito agli cavallieri giocar a dadi o charte, ma l'essercitio loro sia il giocar d'escrimia, di stocco et lanza, cavalcare, giostrare, bagordare, lottare, tirar l'arco et balestra, et andar a cazza con falconi et cani.

Li cavallieri [siano] tenuti amar l'honor l'un all'altro, et quello deffender come il proprio per esser tutti pari et eguali.

Il cavallier non deve nel suo parlare esser facile à giurare il nome d'Iddio, ne dire parole inhoneste, ne smaccar l'honor d'alcuno parlando. Anzi deve sempre parlar modestamente et dire il vero a cadauno con gravità et humilità.

Il cavallier deve portar l'impresa che il re li donarà, la qual per l'ordinario sia doe spade nude in croce con un breve che dica : "Per mantenir lealtà."

Li drappi del cavallier non siano disconvenienti all'arme (v°) le quale per usanza deveno sempre portare per non li rincresser alli bisogni della guerra. Et sempre devono portar un drappo rosso, o di seta o di scarlato, almeno le calce, et questo significa el sangue ch'il cavallier è tenuto spender in servitio de Dio per deffender et guardar la Santa Madre Chiesa et per essaltar la Santa Christianità.

Il cavallier deve esser ben accostumato et reverente et deve ancho riprender quelli che vivono altramente. Et se alcuno usarà in presentia d'un cavallier qualche parola o atto inhonesto adalcuna femina, el cavalliero deve riprenderlo, altramente sara tenuto anchora lui di non bona creanza.

Li più vecchi tra loro deveno preceder alli gioveni, eccetto li baroni et officiali del re ordinarii.

Nelle giostre et bagordi ch'usano li cavallieri non ponno intrare altri cavallieri et feudatarii et figlioli de cavallieri et de dame, cioè gentildonne.

S'alcun cavalleir solo o in compagnia d'altri metterà man alle arme et ferirà o batterà altro cavallier, quello sarà condannato a pagar al signor ducati cento et al ferito arnese de cavallier sì convenevole che non possa per rason esser refudato. Et se sarà ferito d'altro che non sia cavallier, quel feritore deve perder el pugno destro per l'honore et altezza c'ha el cavallier sopra tutte l'altre genti.

Siando sfidato il cavallier da alcun che non sia cavallier (f° 258) a combatter per sassinamento, el cavallier non è tenuto accettar el disfido se non vuole. Et se cavallier diffidarà uno che non sia cavallier, deve combatter con lui a piedi.

Il cavallier è tenuto servir al signor quando sarà citato in tutti i lochi del regno con tre cavalli et homini armati computando el cavallo, et arme sue, et con un'altra cavalcatura con le sue bagaglie.

Obligato consigliar et deffender in giuditio le poveri, orfani et vedue, et quelli a cui el re lo darà consultore. Se non è consultore de l'avversario o se la lite non è contra se stesso, è obligato il cavallier far tutte le ambassarie che il re li commetterà per tutto il reame.

È tenuto il cavallier andar per tutto il reame a cittation come corte et aldire differentie come corte et andar a far division de terreni et acque et far inquisition et veder confini de terreni, et ogni altro che li sarà commesso di fare come corte pur dentro al reame.

Fuora del reame el cavallier è tenuto servire al suo signor per tre cause, cioè per andar a maritar il signor o alcun di suoi figlioli, per vardar et deffender la fede et honor suo, et per gran bisogno del suo dominio. Et il signor mandandolo fuora del reame per (v°) alcuna delle predittte cause, è tenuto farli le spese.

El cavallier che sarà citato a servitio, al quale manca alcuna parte del suo feudo o stipendio, non deve esser astretto d'andare se prima non è dal re reffatto, eccetto se fusse per diffender cittade, borgo o castello del signor nel quale si trovasse quando fusse citato.

El signor non deve spogliar alcun cavallier defatto senza termination di soi pari cavallieri. Et spoliandolo, el cavallier sarà assolto della fede che deve a lui.

El cavallier che sarà citato d'andar fora del reame per altra che per le tre preditte cause, non deve accettar la cittation se non fosse la persona del signor.

Siando cittato el cavallier di star un tempo in un loco nominato et lui si parte avanti il termine, deve perder il suo feudo o stipendio anno et giorno o per tanto tempo quanto la corte terminarà secondo il bisogno di quel loco.

El cavallier che sara citato a servitio con li soi compagni et de quelli sarà alcuno impedito, deve trovar unaltro col suo pagamento, et non potendo trovar deve i danari al signor che li trovi.

Se cavallier sarà cittato ad'alcun servitio et il suo cavallo haverà qualche impedimento et non potrà trovar altro, deve domandar uno al signor, et se lui non li darà, non sarà tenuto andar a quel servitio fin che sia guarito il suo cavallo.

(f° 259) Come passa il cavalliero la età de anni 60, non è piu tenuto di servitio personale. Ma in li bisogni del signor deve dar le arme et il suo cavallo.

Se il cavallier deve haver dal suo signor alcuna cosa possa cittar et impegnar el suo signor dal servitio che li deve dar, et impegnandolo, non sarà tenuto el cavallier ad alcun servitio. Ma deve tenir arme et cavallo et ciò che il suo servitio richiede fin che sia pagato.

Il cavaglier che si parte dal suo signor dal quale ha stipendio, se non è per alcuna delle cause specificate nella legge, manca di fede, et dié perder il cavallo et arme sue et esser bandito da quel paese.

S'alcun cavallier (che Iddio li guardi et deffenda tutti) renegarà Iddio, deve perder il suo feudo lui et li soi heredi.

Medemamente chi mette man sopra la persona del signor, chi vien con arme contra el suo signor al campo, chi rende città o castello senza licentia del signor havendo però vittuarie, chi tradisse et dà il suo signor all'inimici, et chi procurarà la morte del suo signor o di exheredarlo, et il medemo chi è querelato de tradimento e non si deffende o sarà unito[24] al steccato.

Li cavallieri sono tenuti de far homaggio o di offerirlo (v°) quando sucede signor o bailo, cioè governatore, nel regno, et non lo facendo o non offerendolo infra l'anno et giorno, perderà el suo feudo per tutto il tempo che quel signore o bailo starà in quella signoria.

Chi sarà provato di fede mentita verso il suo signor perde il suo feudo in vita.

Movendosi cavallier col suo signor et poi lo lassa andar senza di lui non havendo giusta causa perde il suo feudo o stipendio in vita.

Il cavallier siando richiesto dal suo signor d'intrar prezzo (?) per lui deve intrar per tanto quanto val el suo feudo in vendita et non intrando deve perderlo in vita sua.

S'alcun cavalleir sarà convinto dal suo signor per traditore, oltra l'ammission del feudo per lui et soi heredi, el signor puol confiscar la sua facultà et far de la sua persona come li piace.

Siando preso il re et volendo pagar taglia per riscatarsi, et cavallier è tenuto de vender el feudo che possede in vita per suvenirlo. Altramente, dev'esser bandito et perder ancho il feudo per esser mancato al re di quel che li era tenuto. Et il signor è tenuto far restoro a quelli che ve[n]deno o impegnano li loro feudi per il suo rescato.

S'alcun cavallier protestarà o astringerà el suo signor (f° 260) per cosa che non li deve dare, li deve questo restoro che si deve ingenochiare avanti el signore in corte et dimandar venia, et ancho pregar li soi amici che preghino el signor li voglia perdonare.

---

24 *Pour* vinto.

Et deve dire : "Per la fede che debbo al signore che quel c'ho domandato al signor nol feci per farli danno o ingiuria." Et il signor deve perdonare.

Il cavallier è tenuto intrar ostaggio per liberar il suo signor dalla preggion, se lo richiede.

El cavallier trovando il suo signor al campo a piedi o in bisogno d'arme è tenuto aiutarlo a cavalcare. Et non potendo farlo altramente deve dismontare et darli il suo cavallo et liberarlo al meglio che potra. Altramente manca di fede verso lui et deve esser punito come mancator di fede. Et il signor aiutato o liberato da preson o al campo è tenuto far tutto il suo potere per liberar chi l'ha liberato.

Il cavallier compagnon deve astrinzer el suo signor che si pacifichi col capo signor del reame in spatio de giorni quaranta et star alla termination della corte havendo alcuna differentia con lui. Et non volendo suo signor far quello, deve il cavallier compagnon andar in aiuto et servitio del capo signor. Ma s'el suo signor si contentasse star in giuditio et il capo (v°) signor non volesse, el deve andar all'aiuto del suo signor. Il quale, nel spatio de quaranta giorni, non si deve mover contra el capo signor, et movendosi, devono abandonarlo li cavallieri soi compagnoni che li feceno homaggio et andar in servitio del capo signor al qual hanno fatto ligessa. Et il capo signor è tenuto refarli ogni danno che per questo haveranno patito, quali devono esser eretti[25] per la fede loro della valuta.

Non habbia ardimento alcun cavallier di tuor[26] alcuna cosa del signor et apropriarsela o in alcuno modo revertirla al suo feudo perché oltra che quella sara recuperata dal signor, sarà anchora castigato lui come mentitor di fede.

Il cavallier non deve consiliar alcuna cosa contra il suo signor. Non deve procurar né comportar alcuna ingiuria del suo signor. Non deve cercar la vergogna della moglie o della figlia del signor né della sua sorella mentre sarà donzella in casa sua.

El signor è tenuto per fede tanto al suo cavallier quanto è egli a lui, eccetto la reverentia che si deve haver al suo signor.

Nella guerra, el contestabile ordinando li esserciti puol dar di mazza a chi gli piace eccetto agli cavallieri.

(f° 261) Nessun cavallier può per debito alcuno esser ritenuto né le sue arme et cavalli impegnati né il suo stipendio sequestrato per esser obligato al servitio del signor, et così promesso dal re mantenere.

Il cavallier c'havera ricevuto ingiuria alcuna o con superchiaria o come si voglia, non deve dal'hora in poi portar cadena né speroni d'oro se prima non haverà fatto vendetta et dichiarita la lealtà et prodenzza sua.

Nella morte del cavalliero deveno andar tutti li altri cavallieri per accompagnarlo, et li soi cavalli con li quali serviva vivendo al re, devono venirli duo coperti di negro, et quando sono in chiesa correre et andar via con quatro servitori che li cavalcano, li quali vanno liberi.

---

25 *Pour* creduti ?

26 *Pour* togliere.

Terra Sancta

Francs et musulmans de Syrie au début du XIIe siècle d'après l'historien Ibn Abī Ṭayyi'

Anne-Marie Eddé

Ibn Abī Ṭayyi' (m. vers 630/1232–33), on le sait depuis longtemps, est une source de première importance pour l'histoire de la Syrie du Nord aux XIIe et XIIIe siècles.[1] Issu d'une famille chiite d'Alep, il fut tout à la fois juriste, homme de lettres et historien et rédigea, entre autres ouvrages, une histoire universelle et des biographies de Saladin et de son fils al-Ẓāhir Ghāzī.[2] De ces ouvrages, aujourd'hui perdus, des citations ont été préservées dans l'oeuvre de plusieurs historiens postérieurs tels qu'Abū Shāma (m. 665/1267), 'Izz al-Dīn Ibn Shaddād (m. 684/1285), Ibn al-Furāt (m. 807/1405) et al-Maqrīzī (m. 845/1442).[3] Parmi ceux-ci, seul Ibn al-Furāt n'est encore que très partiellement édité ou traduit.[4] Son récit des événements de la première moitié du VIe/XIIe siècle largement inspiré d'Ibn al-Athīr et d'Ibn Abī Ṭayyi' reste en particulier inédit. Dans la mesure où le témoignage d'Ibn Abī Ṭayyi' contient des informations intéressantes sur les relations entre Francs et musulmans durant cette période — au demeurant peu documentée dans les sources arabes — il m'a paru utile d'en traduire ici quelques courts extraits choisis en fonction de leur originalité. Afin

---

1 Cf. *Encyclopédie de l'Islam,* 2e éd. (Leyde-Paris, en cours depuis 1960; désormais citée *EI* 2), "Ibn Abī Ṭayyi'" (Claude Cahen) et Claude Cahen, "Une chronique chiite au temps des croisades," *Comptes rendus des séances de l'Académie des Inscriptions et Belles-lettres* (1935), 258–69.

2 Souverain d'Alep de 1186 à 1216.

3 Quelques extraits également dans al-Dhahabī et al-Ṣafadī. Cf. Anne-Marie Eddé, *La principauté ayyoubide d'Alep (579/1183–658/1260),* Freiburger Islamstudien 21 (Stuttgart, 1999), p. 442.

4 Pour la période des croisades, cf. Ibn al-Furāt, *Ta'rīkh al-duwal wa l-mulūk* 4.1 (années 563–86), 4.2 (587–99), 5.1 (600–15) (Basra, 1967–70); 7 (672–82) et 8 (683–96) (Beyrouth, 1942 et s.d.) ; éd. et trad. partielles Ursula et Malcolm C. Lyons et Jonathan S.C. Riley Smith, *Ayyubids, Mamlukes and Crusaders. Selections from the Tārīkh al-Duwal wa'l-Mulūk of Ibn al-Furāt,* 2 vol. (Cambridge, 1971) (extraits des années 641–76). Un extrait de l'année 523/1129 relatant une attaque franque contre Damas a été publié par J. Karabacek, *Beiträge zur Geschichte der Mazyaditen* (Leipzig, 1874), pp. 119–23. Le principal manuscrit connu d'Ibn al-Furāt est celui de Vienne (AF 117, ancienne cote 814) qui couvre, avec quelques lacunes, les années 501–799/1107–1397. Un autre manuscrit conservé au Vatican (V. 726) couvre les années 639–59. Cf. Carl Brockelmann, *Geschichte der arabischen Literatur,* 5 vol. (Leyde, 1937–49), 2.50, *S.* 2:49. Des extraits concernant les années 664–90/1265–91 ont également été traduits par A. Jourdain et sont conservés en manuscrit à la BNF, Arabe, 1596. Claude Cahen avait pensé, de son vivant, traduire les extraits d'Ibn Abī Ṭayyī' conservés par Ibn al-Furāt. J'ai eu la chance et l'honneur d'hériter de certaines de ses notes qui m'ont été d'un grand secours dans la rédaction de cet article.

de respecter la progression du récit, le contenu des passages non traduits de la chronique d'Ibn al-Furāt sera indiqué en italique avec, en note, un renvoi aux sources éditées qui rapportent le même événement.[5]

En général, Ibn al-Furāt indique clairement sa source, mais lorsque ce n'est pas le cas, il est souvent possible de reconnaître Ibn Abī Ṭayyi' à certaines de ses expressions et à sa manière de raconter les événements, en particulier ceux qui se déroulèrent dans la région d'Alep qu'il nous décrit de façon vivante, dialogues à l'appui, avec des détails ignorés des autres auteurs. Pour rédiger cette partie de son oeuvre, Ibn Abī Ṭayyi' a sans doute utilisé des sources antérieures qui ne sont pas parvenues jusqu'à nous (peut-être l'ouvrage de Ḥamdān al-Athāribī)[6] mais il nous rapporte aussi, au travers du témoignage de son père, une importante tradition familiale orale.

Les extraits traduits ci-dessous sont datés de 503/1109–10 et 504/1110–11 et relatent des faits qui se sont déroulés en Syrie du Nord, en Méditerranée et sur le littoral autour de Ṣaydā (Sidon).[7] Ces passages qui ont déjà été utilisés par les historiens des croisades, en particulier par Claude Cahen, ne modifient pas fondamentalement notre connaissance des événements d'autant que la chronologie d'Ibn Abī Ṭayyi' pour cette période est, comme nous le verrons, souvent flottante. Son témoignage est en revanche très intéressant pour tout ce qui concerne le regard de l'autre, ou perception qu'avait chacun des deux partis de son adversaire. Ainsi le Franc n'est pas toujours décrit sous un aspect négatif. Tancrède d'Antioche est implicitement loué pour son respect de la foi jurée et il peut arriver que les musulmans soient présentés sous un jour plus sombre que leurs adversaires comme dans l'histoire de l'esclave musulmane respectée par les Francs mais maltraitée par le gouverneur musulman d'al-Athārib.

Ibn Abī Ṭayyi' est également le seul à nous parler de manière aussi détaillée des réactions de Riḍwān face aux Francs et au djihad. L'image très négative qu'il donne de ce souverain d'Alep rejoint celle qui transparaît dans les récits des historiens sunnites. Son peu de zèle au djihad et son alliance avec les chiites

---

[5] Les titres des paragraphes qui ne figurent pas dans le manuscrit seront également rendus en italiques. Les autres sources arabes intéressantes pour cette période sont : Ibn al-Qalānisī, *Dhayl Ta'rīkh Dimashq*, éd. H.F. Amedroz (Leyde, 1908), trad. partielle Roger Le Tourneau, *Damas de 1075 à 1174* (Damas, 1952) ; Ibn al-Athīr, *al-Kāmil fīl-ta'rīkh*, 13 vol. (Beyrouth, 1965–67) ; Ibn al-ʿAdīm, *Zubdat al-ḥalab min ta'rīkh Ḥalab*, éd. S. Dahan, 3 vol. (Damas, 1951–68) et *Bughyat al-ṭalab fī ta'rīkh Ḥalab*, éd. S. Zakkār, 11 vol. (Damas, 1988). Le récit d'al-ʿAẓīmī de ces mêmes événements est très abrégé (Claude Cahen, "La chronique abrégée d'al-ʿAẓīmī," *Journal asiatique* 230 (1938), 353–448.

[6] Auteur d'une histoire d'Alep et de la conquête franque (m. 542/1147-48), il est cité par Ibn Abī Ṭayyi' sous l'année 520/1126 et par quelques autres auteurs. Cf. Anne-Marie Eddé, "Sources arabes des XIIe et XIIIe siècles d'après le dictionnaire biographique d'Ibn al-ʿAdīm," dans *Res Orientales Itinéraires d'Orient, Hommages à Claude Cahen* 6 (1994), 293-307 (notamment p. 294).

[7] Extraits du manuscrit de Vienne (AF 117), vol. 1. Le récit d'Ibn al-Furāt n'est pas toujours bien ordonné. Selon les sources qu'il recopie, il lui arrive de rapporter un même événement en plusieurs endroits de son ouvrage et sous des années différentes.

ismaïliens (batiniens), adversaires des duodécimains comme des sunnites, furent évidemment à l'origine de cette condamnation unanime des auteurs syriens.[8]

35 r°/ Année 503/31 juillet 1109 – 19 juillet 1110

Attaque des Géorgiens, vizirat de Bagdad et de Damas, hostilités contre Alamut, /35 v°/ affaire de Muḥammad Khān à Samarqand et intervention de Sandjar b. Malikshāh, /36 r°/ tentative d'assassinat du vizir seldjoukide par les batiniens.[9]

Attaque franque sur Ṣaydā[10]

Cette année-là, les Francs — que Dieu maudisse ceux qui sont partis et abandonne ceux qui restent — assiégèrent Ṣaydā par terre et par mer. Lorsque la situation devint critique pour ses habitants, ceux-ci écrivirent en Egypte et en Syrie pour demander du secours et une aide rapide. Le souverain d'Egypte donna l'ordre de leur envoyer une flotte. Celle-ci partit dans les plus brefs délais après avoir été équipée à grands renforts d'argent. Elle prit la direction de Ṣaydā mais elle ne s'était pas encore éloignée de Damiette qu'elle se trouva face à 60 bateaux francs /36 v°/ montés par le comte de Cerdagne (al-Sardānī),[11] des Génois, des Vénitiens et d'autres encore. La flotte égyptienne forte de 50 galères (*shīnī*) leur livra bataille. Elle avait à bord un groupe de marins syriens qui avaient fui le littoral (syrien) conquis par les Francs et parmi eux Thābit b. Aḥmad al-Shāmī, un héros de la mer. Il coula 20 bateaux francs après s'être emparé dc ce qu'ils contenaient et envoya le butin au Caire (Miṣr). Les Francs, amoindris, regagnèrent le littoral.

Le jour de l'arrivée du butin au Caire fut solennel. Le souverain d'Egypte remit la flotte en état et la renvoya au secours de Ṣaydā. Les Génois revinrent et livrèrent combat. La flotte égyptienne fut victorieuse et mit les Génois en déroute si bien que les Francs désespérèrent de conquérir Ṣaydā alors que le maudit Baudouin l'assiégeait toujours et avait dressé contre elle une tour de bois. Quand l'émir atabeg Ṭughtigin, maître de Damas, apprit la victoire des musulmans sur les bateaux francs, il quitta Damas pour se rendre à Ṣaydā. Baudouin l'apprit, leva le camp et rentra chez lui.

Le prince (*malik*) Riḍwān, maître d'Alep, à qui (les musulmans de Ṣaydā) avaient

---

[8] Cf. Anne-Marie Eddé, “Riḍwān, prince d'Alep de 1095 à 1113,” dans *Mélanges offerts au Professeur Dominique Sourdel,* numéro spécial de la *Revue des Etudes Islamiques* 54 (1986), 101–25.

[9] Sur tous ces événements, cf. *Dhayl*, trad. pp. 85, 95 ; *Kāmil* 10:477, 478.

[10] Attaque qui eut lieu en 501/1108 comme Ibn al-Furāt le rapporte lui-même précédemment (fol. 2 v°) d'après Ibn al-Athīr (*Kāmil* 10:456). Mais le récit qui suit, sans doute celui d'Ibn Abī Ṭayyi' — comme le laisse supposer son intérêt pour Riḍwān et sa formule favorite de malédiction contre les Francs “que Dieu maudisse ceux qui sont partis...” (cf. Ibn al-Furāt, fol. 48 v°) — apporte des détails supplémentaires sur les combats ; il est aussi le seul à nous décrire la réaction de Riḍwān.

[11] Guillaume Jourdain, comte de Cerdagne, avait succédé à Raymond de Saint-Gilles (m. 1105) à la tête du comté de Tripoli encore en formation. Il fut assassiné en 1109 avant la chute de Tripoli. Cf. Jean Richard, *Histoire des croisades* (Paris, 1996), p. 96. Il est également mentionné par Ibn al-Qalānisī lors du siège de Tripoli en 502/1109 (*Dhayl*, trad. p. 85).

écrit, avait eu l'intention d'aller à leur secours. Son secrétaire chrétien lui avait dit : “Ou tu te montres généreux dans la distribution d'argent nécessaire à l'équipement des armées, car si tu reviens de Ṣaydā avec des troupes affaiblies et en manque de moyens, tu peux craindre que tes hommes qui seront sortis d'Alep et auront vu les bonnes façons d'agir (des autres) ne s'éloignent de toi et ne veuillent plus revenir, ce qui serait une honte ; ou bien tu te soustrais à cela et il s'attachera à toi l'impopularité qui s'attache à toute personne qui néglige d'aller au secours de la foi, et cela ne résoudra pas (tes difficultés).” Le prince Riḍwān choisit l'impopularité par cupidité. Mais lorsqu'il apprit la faiblesse des Francs, il voulut envoyer une armée pensant qu'elle obtiendrait ainsi un peu de bonne renommée. Là-dessus lui parvint la bonne nouvelle de l'abandon de Ṣaydā par les Francs — que Dieu maudisse ceux qui sont partis et abandonne ceux qui restent !

37 r°/ Huit vers à ce sujet d'al-Muhannā b. Ḥaydara

Incendie dans la citadelle d'Alep et attaque franque

La nuit de la fête,[12] cette année-là, un incendie se déclara dans les cuisines du prince Riḍwān, maître d'Alep et s'étendit à l'un des greniers à blé qui brûla. On ouvrit les portes de la citadelle et le *ra'īs* d'Alep y monta avec un groupe de miliciens (*aḥdāth*).[13] Tout ce qui était dans la citadelle fut transporté vers la *bāshūra.*[14] De nombreuses maisons dans la citadelle furent détruites et l'on jeta la terre qui en provenait sur l'arsenal (*zardkhānāh*), le magasin des vivres et sur le Trésor. Au matin, le prince Riḍwān assista à la prière de la fête. La population fit la prière dans la grande mosquée et ne sortit pas vers la *muṣalla.*[15] Les Francs apprirent cela et crurent qu'Alep avait brûlé car le feu se voyait depuis la forteresse d'al-Athārib et depuis 'Azāz. Ils arrivèrent devant Alep au matin, s'emparèrent d'un groupe de gens qu'ils tuèrent puis pénétrèrent dans le moulin occidental (*gharbiyya*) qui se trouve à la Porte des Jardins (Bāb al-Djinān), tuèrent le meunier et emmenèrent trois personnes qui avaient là leur récolte à moudre. Dieu seul sait !

---

[12] La fête de la rupture du jeûne le 1er shawwāl 503/23 avril 1110 ou bien celle du sacrifice le 10 dhū l-ḥidjdja/30 juin.

[13] Les *ahdāth* et leur chef, le *ra'īs*, jouaient à cette époque-là un important rôle dans la défense de la ville, le maintien de l'ordre ou l'extinction des incendies. Pour Alep, cf. bibliographie dans Eddé, *Principauté ayyoubide*, p. 565, n. 719.

[14] Espace à l'extérieur du rempart protégé par un mur ou une levée de terre. Cf. Eddé, *Principauté ayyoubide*, p. 293, n. 713.

[15] L'esplanade à ciel ouvert où étaient célébrées les deux fêtes canoniques était située à l'extérieur des remparts, dans l'un des faubourgs méridionaux. Cf. Eddé, *Principauté ayyoubide*, p. 577.

37 r°–43 v° : Prise de Tripoli, Bāniyās et Djabala d'après Ibn al-Athīr, Baybars al-Manṣūrī et Ibn Abī Ṭayyi'.[16] *Trêve entre Ṭughtigin et les Francs.*[17] *D'après Ibn Abī Ṭayyi' :*[18] *message du sultan Muḥammad à Riḍwān ; appel du maître de Shayzar à Riḍwān ; accord entre Tancrède et Shayzar ; siège d'Edesse par les musulmans et défaite des Francs ; dispersion des musulmans ; offensive de Riḍwān contre les territoires de Tancrède ; révolte du gouverneur de Baalbek et prise de la ville par Ṭughtigin*[19]*; trêve avec Baudouin ; Bohémond à Constantinople et conflit avec l'empereur*[20]*; retour du sultan Muḥammad à Hamadhān ; trêve entre Riḍwān et Tancrède*[21]*; comète ; affaires d'Ifrīqiya ; Ibn Tūmart (fondateur du mouvement almohade)*[22]*; mort de l'émir d'Âmid.*[23]

44 r°/ Année 504/20 juillet 1110 – 9 juillet 1111

Incendie du souk des teinturiers à Alep et mort du maître de Homs. Disgrâce du vizir seldjoukide Aḥmad fils de Niẓām al-Mulk.[24]

Cette année-là, les batiniens tuèrent le cheikh Abū ʿAlī b. Mustafād (?) à Alep, ce qui provoqua une émeute et des événements qui entraînèrent une expédition franque vers Alep. Puis les Francs s'en retournèrent.[25]

---

16 Le début du récit est très proche de celui d'Ibn al-Athīr (*Kāmil* 10:475–77) avec quelques détails supplémentaires (source commune ?). Ibn al-Athīr et Baybars sont ensuite clairement nommés. Sur Baybars al-Manṣūrī (m. 725/1325), voir *Zubdat al-fikra fī ta'rīkh al-hidjra,* éd. D.S. Richards (Beyrouth, 1998) pp. xv–xxv. Le récit d'Ibn Abī Ṭayyi' a été traduit par Claude Cahen, *Orient et Occident au temps des Croisades* (Paris, 1983), pp. 222–23. Cf. aussi le récit assez proche d'Ibn al-Qalānisī, *Dhayl*, trad. pp. 85–87.

17 Sans doute d'après Ibn Abī Ṭayyi' qui ajoute au récit d'Ibn al-Qalānisī (*Dhayl*, trad. p. 89) qu'à la demande de Ṭughtigin, Riḍwān lui envoya une armée commandée par Altuntāsh al-Tādjī.

18 Même récit dans *Dhayl*, trad. pp. 96–99.

19 Cf. récit plus détaillé dans *Dhayl*, trad. pp. 91–93.

20 Cf. *Dhayl*, trad. p. 88 (an 502).

21 Cf. *Dhayl*, trad. p. 99. Il s'agit de la trêve conclue après la prise d'al-Athārib en 504/ 1110, imposant à Riḍwān la livraison de 10 chevaux, la libération de 40 prisonniers et un tribut annuel de 20.000 dinars. Cette trêve est à nouveau rapportée, selon une autre tradition, ci-dessous (an 504).

22 Au récit d'Ibn Abī Ṭayyi', Ibn al-Furāt ajoute un bref résumé d'Ibn Khallikān, *Wafayāt al-a'yān* 5 (Beyrouth, 1977), pp. 45–55. Pour les autres sources, cf. *EI* 2, "Ibn Tūmart" (J.F.P. Hopkins).

23 Cf. *Kāmil* 10:478.

24 Cf. *Dhayl*, trad. pp. 116–17 ; *Kāmil* 10:483.

25 Peut-être d'après Ibn Abī Ṭayyi'. Pas d'autre source. Les batiniens désignent dans les sources arabes les Assassins.

Expédition de Tancrède contre Shayzar et contre Tarse. [26]

Traité entre Tancrède et Alep

Cette année-là, le maudit Tancrède, prince des Francs d'Antioche, rassembla ses armées, cavaliers et piétons, et se mit en campagne pour réclamer au maître d'Alep, le prince Riḍwān, le partage par moitié d'Alep. Il lui envoya ses messagers, mais Riḍwān refusa. Le maudit Tancrède se dirigea alors vers la forteresse voisine d'al-Athārib, à trois parasanges d'Alep, avec l'intention d'attaquer Alep. Le prince Riḍwān accepta alors /44 v°/ le partage. La moitié des territoires ouest et nord revint à Alep et l'autre moitié à Antioche. Puis on y ajouta cette même année le partage par moitié des vergers et des moulins au point qu'on partagea le verger du cimetière (*nā'aūs*) et le moulin du faubourg occidental (*gharbiyya*). On dressa un acte écrit sur lequel le prince Riḍwān et des notables alépins prêtèrent serment et apposèrent leur signature. Le maître d'Antioche et les grands de son armée firent de même. Cela se déroula après que le maudit Tancrède eut enlevé al-Athārib au prince Riḍwān.[27]

Prise d'al-Athārib par les Francs

Récit d'Ibn al-Athīr.[28]

On dit aussi qu'il en prit possession par capitulation.[29] Elle appartenait au prince Riḍwān, maître d'Alep. Lorsque le maudit Tancrède l'assiégea, ses occupants lui demandèrent la vie sauve et il la leur accorda. Ils lui dirent alors : "Cela ne nous satisfait pas car nous craignons ton manque de parole. Prête-nous donc serment comme nous te le demandons, c'est-à-dire tête nue, sans sceau,[30] sans souliers ni ceinture,[31] tourné vers l'Orient et tenant l'Evangile sur la poitrine." Car telle est la forme chez eux du faux serment prémédité (*al-yamīn al-ghamūs*) — que Dieu maudisse ceux qui sont partis et abandonne ceux qui reste nt!

Le maudit répondit : "J'accepte tout cela sauf de porter l'Evangile que j'honore et je révère, mais j'aurai au moment du serment les yeux tournés vers lui. Toutefois, comment m'attribuez-vous ce manque de parole ? Hier j'assiégeais Fakhr al-Mulk à

[26] Evénements à situer sans doute l'année précédente en 503/1109–10. Voir *Dhayl*, trad. p. 93 et Ibn al-Furāt lui-même (fol. 40 r° d'après Ibn Abī Ṭayyi').

[27] Ce passage, sans doute d'Ibn Abī Ṭayyi', ne figure dans aucune autre source.

[28] Cf. *Kāmil* 10:481 (le seul à parler d'un massacre de la population musulmane) ; *Dhayl*, trad. p. 99 (an 503); *Zubda* 2:156.

[29] Ibn al-Furāt (fol. 41r°–v°) dit qu'Ibn Abī Ṭayyi' place la prise d'al-Athārib en 503, mais lui-même préfère à juste titre rapporter son récit sous l'année 504. L'attribution de ce passage à Ibn Abī Ṭayyi' est confirmée par sa formule de malédiction des Francs (cf. *supra* n. 10). Sur ces événements, voir Claude Cahen, *La Syrie du Nord à l'époque des croisades et la principauté franque d'Antioche* (Paris, 1940), p. 259.

[30] *Khātim* (?). Aucun sceau de Tancrède n'est connu à ce jour, et il n'est pas sûr qu'il en possédât un. Cf. Hans E. Mayer, *Das Siegelwesen in den Kreuzfahrerstaaten* (Munich, 1978), p. 19.

[31] Lire sans doute *hamāyīn* au lieu de *mahāmīn*. Sur le sens de ce terme, cf. Reinhart Dozy, *Dictionnaire détaillé des noms de vêtements chez les Arabes* (Amsterdam, 1845), p. 428.

Djabala et il ne me réclama rien de plus que de lui prendre la main alors que sa ville est plus importante qu'al-Athārib et Fakhr al-Mulk supérieur au gouverneur d'al-Athārib.[32] (De même) Ibn ʿAmmār[33] pour transporter ses compagnons m'a emprunté des montures qu'il devait me renvoyer une fois arrivé à Shayzar, mais lorsqu'il fut parti je trouvai qu'il n'était pas bien de les lui réclamer et je lui envoyai dire que je les lui offrai. /45 r°/ Et lorsque les batiniens se rassemblèrent à Kafarlāthā[34] et commirent de nombreux dégats dans mon pays, j'en eus le cœur serré et allai les assiéger. Je mis le feu à leur forteresse et ils me demandèrent la vie sauve. Je leur répondis : 'A condition que vous sortiez en personne (sans rien emporter),' ce qu'ils acceptèrent. Mais quelqu'un me fut envoyé pour me contraindre à prêter serment. J'étais en colère contre eux et quand ils voulurent me faire prêter serment, je pris la ferme résolution de les tuer, mais lorsque la nuit tomba et qu'ils vinrent me trouver, je réfléchis et me dis qu'il était à craindre, si je les tuais, qu'on ne pensât que je les avais trahis, et qu'on n'eût plus confiance en moi. Je restai donc fidèle à ma parole. Vous de même, si je vous trahissais, plus personne dans aucune forteresse ne me ferait ensuite confiance et ne se rendrait à moi."

Le maudit Tancrède avait monté une expédition contre al-Mallūḥa[35] et avait emmené sa population en captivité. Une esclave retenue prisonnière dans son armée se sauva de nuit et arriva au pied d'al-Athārib. Le gardien l'ayant aperçue la fit amener auprès du gouverneur de cette localité qui l'installa dans une maison. Il revint (ou s'introduisit)[36] auprès d'elle, cette nuit-là, et s'apprêta à la déshonorer. Elle cria alors d'une voix que les occupants de la forteresse entendirent : "Ô musulmans, les Francs m'ont faite prisonnière et pas un ne s'est approché de moi. Voilà que les musulmans me retiennent prisonnière et veulent mal se conduire envers moi." Alors tous ceux qui étaient dans la citadelle se dressèrent contre le gouverneur et lui retirèrent la prisonnière. Le matin venu, lorsque les habitants de la forteresse sortirent avec la vie sauve, le Franc à qui cette esclave avait appartenu la saisit par la main car elle aussi était sortie de la forteresse. Mais quand le maudit Tancrède apprit cela il ordonna qu'on lui confisquât son cheval et ses biens et fit effacer son nom du registre (*dīwān*) des chevaliers après avoir même voulu lui arracher les yeux. Et Tancrède dit au Franc : "Nous voulons que notre traité soit respecté !"

On dit que lorsque le maudit Tancrède eut reçu la forteresse d'al-Athārib, il s'apprêtait à aller vers la citadelle de ʿAzāz. Le prince Riḍwān lui envoya un messager et négocia avec lui une paix moyennant le partage et le tribut dont il a été question précédemment.

On dit aussi que la prise de la forteresse d'al-Athārib par les Francs eut lieu l'année précédente ainsi que nous l'avons rapporté d'après d'autres sources.[37] Dieu seul sait quand cela eut lieu.

---

32 Sur la prise de Djabala par les Francs en dhū l-ḥidjdja 502/juillet 1109, cf. *Dhayl*, trad. p. 87.

33 Fakhr al-Mulk Ibn ʿAmmār, maître de Tripoli de 1099 à 1109. Cf. *EI* 2, "ʿAmmār" (Gaston Wiet).

34 Petite localité du Djabal Zāwiya au sud-ouest d'Alep.

35 Un grand village au sud-est d'Alep. Cf. Yāqūt, *Muʿdjam al-buldān*, 5 vol. (Beyrouth, 1955–57), 5:195 et Ibn al-ʿAdīm, *Bughyat* 10:4452.

36 Lecture incertaine : *tathawwaba* (revenir) ? *tasarraba* (s'infiltrer) ?

37 Cf. *supra* n. 28, 29.

45 v°/ D'après Ibn al-Athīr et Baybars al-Manṣūrī: prise de Zardana, fuite des habitants de Manbidj et Bālis, tributs versés aux Francs par les musulmans de Syrie après la prise de Ṣaydā.[38] *D'après Ibn Abī Ṭayyi' : reconquête de Ṣaydā par les Fatimides aux dépens des Seldjoukides ; prise de la ville par les Francs ;*[39] */46 r°/ prise de Ḥiṣn al-Akrād ;*[40] *fuite d'Ibn 'Ammār à Shayzar puis à Damas.*[41]

On apprit aussi que les Francs avaient marché contre Rafaniyya[42] puis s'en étaient éloignés. Ils se dirigèrent ensuite vers Sarūdj et Salamiyya.[43] Les seigneurs (*wudjūh*) et les nobles (*a'yān*) francs que nous avons évoqués s'étaient réunis et laissaient paître leurs chevaux en Syrie. Les princes de Syrie eurent peur et entreprirent de conclure avec eux une trêve.[44] Le prince Riḍwān leur envoya 30.000 dinars, 20 chevaux et 40 vêtements de brocart. Le maître de Tyr leur envoya 7.000 dinars et le maître d'Ascalon 4.000 dinars, de même qu'Ibn Munqidh, le maître de Shayzar ; 'Alī Kurd, le maître de Ḥama, leur envoya 2.000 dinars. La trêve fut conclue jusqu'à la période des récoltes et des moissons.[45]

D'après Ibn al-Athīr : prise de Ṣaydā ; /46 v°/ attaque franque sur des bateaux de commerce égyptiens ; ambassade byzantine à Bagdad et ambassade alépine dans cette même ville.[46] *Récit résumé du siège de Beyrouth par les Francs.*[47]*/47 r°/*

Prise de Bikisrā'īl ; menaces sur Alep et Shayzar[48]

Le maudit Tancrède, maître d'Antioche, sortit de cette ville et gagna Djabala, puis se rendit à la forteresse de Bikisrā'īl qu'il assiégea. Ayant appris que des vivres pénétraient du côté de la vallée, il resserra le siège et envoya des soldats de son armée dans la vallée. Ceux-ci furent cernés par les occupants de la forteresse, tués ou refoulés hors de la vallée. Les Francs — que Dieu maudisse ceux qui sont partis et abandonne ceux qui restent — construisirent alors une tour avec laquelle ils entreprirent d'attaquer

---

38 Cf. *Kāmil* 10:482.

39 Cf. récit plus détaillé de la prise de Ṣaydā d'après Ibn al-Athīr, *infra* n. 46.

40 Ou Crac des Chevaliers. Cf. *Dhayl*, trad. p. 93.

41 Cf. *Dhayl*, trad. p. 88 (fin de l'année 502/mi–1109).

42 Localité située au sud-ouest de Ḥama.

43 Salamiyya se trouve au sud-est de Ḥama. Mais l'allusion à Sarūdj, en Djéziré laisse penser qu'il s'agit peut-être des armées envoyées par les Francs de Syrie au secours d'Edesse à la fin de l'année 503/printemps 1110. Il reste difficile d'établir une chronologie précise pour tous ces événements, mais il semble, au vu des trois principales sources (*Dhayl*, trad. p. 101, *Kāmil* 10:482 et ici Ibn Abī Ṭayyi') qu'il faille placer fin 503 ou début 504/ juin-juillet 1110 les tributs payés aux Francs dont il est question ici.

44 Lire *muhādana* (trêve) au lieu de *mudāhana* (trahison).

45 Récit proche de celui d'Ibn al-Athīr évoqué plus haut (cf. n. 38). Les deux auteurs ont peut-être utilisé une source commune.

46 Cf. *Kāmil* 10:479, 482–83 ; cf. aussi *Dhayl*, trad. pp. 100–01.

47 Sans doute d'après Ibn Abī Ṭayyi'. Prise qui eut lieu en 503/1110. Cf. *Dhayl*, trad. pp. 94–95 ; *Kāmil* 10:475–76.

48 Source : Ibn Abī Ṭayyi' (cf. son expression de malédiction sur les Francs), seule source arabe aussi détaillée sur le siège de Bikisrā'īl, forteresse située au nord du Djabal Baḥrā', à l'est de Djabala.

la forteresse puis ils allumèrent des feux sur les rochers, devant la forteresse, là où la tour ne pouvait avancer. Les assiégés désespérèrent du salut. Ils se rassemblèrent une nuit et sortirent avec leurs biens et leurs familles en direction de la montagne après avoir incendié la forteresse. Les Francs éteignirent le feu et en prirent possession. Ils s'emparèrent ensuite de la forteresse de Ba'rīn (?) à proximité de Djabala.[49]

Puis Tancrède se rendit à Alep où il réclama au prince Riḍwān, maître de cette ville, les paysans d'al-Athārib et leurs femmes[50] ainsi qu'une partie de la récolte arrivée à maturité. Riḍwān les lui remit. Tancrède lui demanda en outre une partie de ses chevaux que Riḍwān lui envoya.

Attaque de Tancrède contre Shayzar.[51]

Appel de Ṭughtigin à Riḍwān[52]

Le maudit Baudouin, maître de Jérusalem, avait rompu la trêve qui existait entre lui et l'émir atabeg Ṭughtigin, maître de Damas. Il rassembla ses troupes et se dirigea vers Tibériade afin de lancer le combat contre Damas. Mais il fut atteint par une maladie — que Dieu le Très-Haut le maudisse — qui dura plusieurs jours. Après s'être rétabli, il se rendit à al-Bathaniyya dans la région du Hauran[53] sans s'occuper des musulmans qui se trouvaient en Syrie car il n'en restait aucun qui valut quelque chose à ses yeux. Lorsque l'émir Ṭughtigin, maître de Damas, apprit que le maudit Baudouin avait rompu la trêve qui les unissait, il envoya un messager au prince Riḍwān /47 v°/ maître d'Alep, en la personne de Bāghbān (ou Bāghyān) ibn H.Y. (?) Shams al-Khawāṣṣ,[54] maître de Rafaniyya. Le prince Riḍwān l'accueillit et l'installa dans l'hippodrome à l'ouest d'Alep. Au bout de quelques jours, il le manda. Shams al-Khawāṣṣ lui remit une lettre de l'émir atabeg Ṭughtigin l'appelant au secours contre les Francs et l'informant de l'attaque que se disposait à mener le maudit Baudouin, roi des Francs de Jérusalem, contre les territoires musulmans. Il l'informait aussi que Baudouin avait rompu la trêve qui les liait, que les chefs francs s'étaient rassemblés autour de lui et qu'ils étaient réunis à Tibériade. La lettre ajoutait : "Et si nous ne sommes pas comme eux unis solidairement au secours du mensonge, soyons-le au secours de la vérité. Cela suffit pour résister et pour les repousser car beaucoup plus (de territoires) sont entre les mains de l'Islam qu'entre les leurs. Si tous les princes musulmans et tous leurs émirs donnaient en personne un peu d'aide et des conseils pour secourir la foi et pour protéger le cœur de l'Islam (*bayḍa*), cela serait bien supérieur à tous les accords, les conseils et les secours que les Francs peuvent eux-mêmes fournir en vue d'établir et de défendre leur mensonge. Il nous suffirait que tu envoies une partie de ton armée avec quelques émirs."

---

49 Lecture incertaine, Ba'rīn ou Bārīn au sud-ouest de Ḥama n'étant pas très proche de Djabala.

50 Sans doute les paysans et leurs familles qui s'étaient réfugiés à Alep durant les combats autour d'al-Athārib et dont Tancrède avait besoin pour remettre en culture les terres. Cf. Cahen, *Syrie du Nord*, p. 260.

51 Cf. *Dhayl*, trad. p. 106 ; *Zubda* 2:158.

52 Cf. *Dhayl*, trad. pp. 105–06. Le récit qui suit (sans doute Ibn Abī Ṭayyi') est le seul que nous ayons sur la réaction de Riḍwān.

53 Al-Bathaniyya (Batanée antique) est un district de la province de Damas, situé à l'ouest du Hauran. Cf. *EI* 2, "al-Bathaniyya" (Dominique Sourdel).

54 Appelé Shams al-Khawāṣṣ Yārūqtāsh par Ibn al-Athīr, *Kāmil* 10:531.

Le prince Riḍwān, maître d'Alep, manifesta son zèle au djihad et promit lui-même du secours. L'envoyé resta plusieurs jours, mais Riḍwān se détourna de lui, s'occupant des affaires des *dīwān*, des revenus et des comptes. L'envoyé rentra à Damas sans avoir eu de nouvelles ni de réponse.

La suite du récit (combat puis trêve entre Ṭughtigin et Baudouin) correspond à celui d'Ibn al-Qalānisī.[55]

Raids de Joscelin[56]

Le maudit Joscelin, le Franc, sortit de Tall Bāshir avec l'intention d'aller porter secours aux Francs. Toute la population d'Alep reflua rapidement à l'intérieur de la ville /48 r°/ et l'on transféra les lieux de commerce (*banādir*)[57] de l'extérieur vers l'intérieur des remparts. Les Francs se dirigèrent vers Manbidj qu'ils assaillirent. Ils y massacrèrent un grand nombre de personnes.

Attaque de bateaux égyptiens par des Génois[58]

Un certain nombre de bateaux (*marākib*) quittèrent Damiette et Tinnis. Or des Francs que l'on appelle Génois — entre leur pays et les pays d'Islam il y a un an de navigation — étaient à proximité de Damiette et guettaient la sortie de ces bateaux. Les occupants des bateaux craignaient ces Francs et ne se lançaient pas sur la mer ; mais ils prirent (finalement) le risque, se trouvèrent face aux Francs et les combats durèrent un jour et une nuit. Les Francs en sortirent vainqueurs et s'emparèrent de 4.000 caisses de sucre, 500 paniers (*safaṭ*) de vêtements et 50 ballots de (tissus) Dimyāṭī.[59] Ils firent aussi prisonniers 70 commerçants et marins (*baḥriyya*) qui se rachetèrent au prix que les Francs leur fixèrent.

Ambassade alépine à Bagdad implorant du secours contre les Francs et décision du sultan seldjoukide d'envoyer une armée en Syrie.[60]

Ambassade du sultan à Alep et tergiversations de Riḍwān

La réception de la lettre du sultan Muḥammad à Alep fut suivie de l'arrivée de l'un de ses mamelouks appelé Īnāl al-Khāṣṣ accompagné de 400 cavaliers. Le prince Riḍwān,

---

55 Cf. *Dhayl*, trad. p. 105.

56 Récit sans doute inspiré d'Ibn Abī Ṭayyi'.

57 *Bandar* pl. *banādir* (mot d'origine persane) peut signifier aussi "douanes."

58 Notre source est la seule à parler de Génois et à préciser la nature des marchandises. Cf. *Dhayl*, trad. p. 101 ; *Kāmil* 10:482.

59 Damiette était connue pour sa production de tissus de lin qui portaient son nom. Cf. Yāqūt 2:472–75.

60 Ibn al-Furāt a déjà rapporté ces événements d'après Ibn al-Athīr, *Kāmil* 10:482–83 (cf. *supra* n. 46). Le présent récit, sans doute d'après Ibn Abī Ṭayyi', n'ajoute pas grand-chose sinon qu'un membre de la famille chiite des Banū l-Khashshāb faisait partie de l'ambassade et qu'au retour la lettre du sultan promettant l'envoi d'une armée fut lue dans la grande mosquée. En revanche, l'extrait qui suit concernant Riḍwān ne se trouve dans aucune autre source. Sur ces événements, cf. Cahen, *Syrie du Nord,* p. 261.

maître d'Alep, l'accueillit et le traita avec honneur. Puis Ināl se dirigea en avant-garde vers l'ennemi. Le prince Riḍwān se montra alors à la tête d'une petite armée très faible en moyens et en effectifs. Les combattants s'esquivaient vers Alep et ne revenaient pas. Le prince Riḍwān fit venir son vizir et lui dit : "Je suis venu avec mon armée sur ta suggestion." /48 v°/ Le vizir lui répondit : "Tu récoltes (le fruit) de ce que tu préfères l'argent aux hommes." Le prince Riḍwān l'insulta et l'injuria tout en sachant que son vizir disait la vérité et parlait sincèrement. Après s'être calmé, il lui dit alors : "Distribue l'argent aux personnes (concernées)." "Oui, répondit le vizir, à condition que ces dépenses soient abondantes." Le trésorier (*khāzindār*) vint à lui avec de grosses sommes d'argent. C'était une journée chaude d'été. Riḍwān dit alors : "Remettez à plus tard la distribution car il fait très chaud aujourd'hui" et il s'occupa d'autre chose que de la distribution d'argent. Le vizir comprit ce qu'il avait dans l'esprit et dit à un esclave (*ghulām*) : "Va dire aux gens que la journée se termine et que la distribution aura lieu demain." Le prince Riḍwān se leva et ordonna de rapporter l'argent au Trésor. Ināl al-Khāṣṣ, quant à lui, trouvait bien lente la mise en route du prince Riḍwān. Quand il apprit son comportement, il revint vers Alep et campa à l'extérieur de ses murs plusieurs jours jusqu'à ce qu'il se lassât. Il donna l'ordre du départ à ses compagnons et partit en direction de Buzā'a, pilla sur sa route tous les villages qu'il lui fut possible de piller et arriva à Manbidj. Puis il quitta cette ville en direction de Raqqa et à partir de là on n'eut plus de ses nouvelles.

Voyage de Ṭughtigin et d'Ibn 'Ammār vers Bagdad d'après Ibn Abī Ṭayyi'.[61] *D'après Ibn al-Athīr et Baybars al-Manṣūrī : combat naval entre Francs et musulmans au large de Damiette, /49 r°/ ambassades alépine puis byzantine à Bagdad.*[62]

Rébellion du gouverneur fatimide à Ascalon d'après Ibn al-Athīr /49 v°/ et d'après une autre source qui pourrait être Ibn Abī Ṭayyi'.[63] *50 r°–51 v° : arrivée de la femme du calife à Bagdad ;*[64] *tempête sur Le Caire ;*[65] *nécrologie.*

---

[61] Résumé de *Dhayl*, trad. pp. 90–91 (année 503).

[62] Cf. *Kāmil* 10:482–83. Evénements déjà rapportés *supra* par Ibn al-Furāt (46 v°, 48 r°).

[63] Cette seconde version n'ajoute pas grand-chose aux versions déjà connues d'Ibn al-Athīr (*Kāmil* 10:480–81) et d'Ibn al-Qalānisī (*Dhayl*, trad. pp. 101–03).

[64] Récit de la même inspiration mais plus détaillé que dans Ibn al-Athīr (*Kāmil* 10:483–84), puisé sans doute dans une source commune.

[65] Fortes ressemblances avec les récits d'Ibn al-Athīr (*Kāmil* 10:484) et d'Ibn al-Qalānisī (*Dhayl*, trad. p. 103).

L'archevêque Hugues d'Edesse et son destin posthume

Rudolf Hiestand

Le 23 décembre 1144,[1] la ville d'Edesse, capitale du premier Etat latin en Syrie du Nord et fameuse pour tous les Chrétiens par les tombeaux des apôtres Thomas et Thadée, le roi Abgar et le mandylion, tomba dans les mains de l'émir turc Zengi, après un siège d'environ quatre semaines.[2]

Quand les Turcs arrivèrent devant Edesse le 28 novembre 1144, le comte Joscelin II était, selon les uns en train de faire une razzia vers Raqqa au sud d'Edesse, selon les autres en train de se livrer à des débauches dans sa seconde capitale, à Tell-Basher et ainsi la ville d'Edesse, hormis quelques mercenaires, était dégarnie de troupes. Par chance, les murailles étaient solides et une citadelle avec ses hautes tours bien gardées laissait espérer une défense capable de tenir bon jusqu'à l'arrivée de renforts venant d'Antioche ou de Jérusalem.[3]

Lorsque Zengi demanda une capitulation, même une proposition faite par le métropolite jacobite à demander des trêves fut rejetée. La fin survint, comme on l'a dit, la veille de Noël : plusieurs milliers d'habitants, Latins, Syriens et Arméniens — 6.000 selon un chroniqueur syriaque, 10.000 ou 30.000 selon des historiens arméniens, voire 120.000 selon un texte latin — y laissèrent la vie.[4] Les répercussions furent énormes et aboutirent à la deuxième croisade.

---

1 Le jour est donné par Grégoire le Prêtre, *Continuation de la chronique de Matthée d'Edesse* dans *RHC Arm* 1:57, et également par Ibn al-Qalanisi, éd. Roger Le Tourneau, *Damas de 1075 à 1154* (Damas, 1952), p. 267. Voir aussi Reinhold Röhricht, *Geschichte des Königreichs Jerusalem 1100–1291* (Innsbruck, 1898), p. 234 note 4 et Isin Demirkent, *Urfa haçli kontlugu tarihi 1118–1146* (Ankara, 1987), p. 144 note 628 et p. 147 note 644.

2 Sur les événements cf. Röhricht, *Geschichte*, pp. 231–36 ; Claude Cahen, *La Syrie du Nord à l'époque des croisades et la principauté franque d'Antioche* (Paris, 1940), pp. 369 sq. ; René Grousset, *Histoire des Croisades et du royaume franc de Jérusalem* (Paris, 1934–36), 2 :172–92, 878–86, la description la plus détaillée ; Monique Amouroux-Mourad, *Le comté d'Edesse 1098–1150* (Paris, 1988), pp. 85 sq. très brièvement, tandis que Demirkent (*Urfa*, pp. 139–50) donne un examen très serré des sources. Les autres histoires des croisades et des Etats croisés ne donnent qu'un aperçu succinct.

3 Sur la topographie de la place cf. E. Kirsten, "Edessa," dans *Reallexikon für Antike und Christentum* 4 (1959), col. 552–97 ; J. B. Segal, *Edessa. The Blessed City* (Oxford, 1970) ; T. A. Sinclair, *Eastern Turkey. An Architectural and Archaeological Survey* 4 (Londres, 1990), pp. 2–28.

4 *Chronique syriaque anonyme – 1234*, trans. A. Abouna, dans *Corpus Scriptorum Christianorum Orientalium* 354 (Louvain, 1974), p. 93 ; Grégoire le Prêtre, p. 158 ; Samuel d'Ani, *Chronique*, dans *RHC Arm* 1 :412 ; pour le texte latin voir note 11.

Parmi ces victimes, le plus proéminent fut sans doute l'archevêque latin Hugues,[5] lequel avait pris en main la défense de la ville. Originaire de Flandre, né vers 1080 et appelé “dejà avancé en âge” dans la *Complainte d'Edesse* de Nersès Shnorhali,[6] il s’était rendu en Terre Sainte avant 1106 en passant à Cluny, où Hugues le Vénérable l'accueillit comme confrère de la communauté, à la quelle il envoya des reliques de saint Etienne comme il le fit d’ailleurs plus tard à l'Eglise rémoise avec celles de saint Thaddée et du roi Abgar.[7] Il fut promu avant 1119 (ou 1122) successeur du premier archevêque latin Benoît ; nous ne savons que peu de choses sur son long pontificat, excepté un incident avec les Jacobites à propos des reliques de saint Barsaume.[8] Il apparaît en tout cas, jusqu'au siège de 1144, comme le prototype d'un pasteur exemplaire qui, en cas de carence du pouvoir politique, était également prêt à prendre la direction séculière de ses fidèles, comme les patriarches d'Antioche Bernard de Valence (1100–35) et Aimery (1141–96).[9]

En termes plus abstraits, ce haut prélat avait assumé la responsabilité de sa cité contre une attaque des ennemis de la foi et, en l’absence du souverain, avait organisé la défense sans céder aux pressions du chef ennemi ni à un défaitisme naissant à l'intérieur de sa cité, et il y perdit la vie avec ses brebis. Il est nul doute que, quelques siècles plus tôt, aux temps carolingiens et surtout mérovingiens, un pareil destin aurait abouti à une vénération en tant que martyr et saint.[10]

Rien de tel, pourtant, n’advint à notre prélat. L'Eglise ne connaît ni par canonisation romaine ni par vénération locale un saint Hugues d'Edesse ou un bienheureux de tel nom.

Nous pourrions ainsi poser la question à contre-courant de ce qui détermine en général le travail des hagiographes, à savoir: expliquer pourquoi, malgré un fondement favorable, une canonisation n'eut jamais lieu. Toutefois, nous verrons

---

5 Sur Hugues cf. Reinhold Röhricht, “Syria sacra,” *ZDPV* 10 (1887), 13 avec note 33 : *c.* 1140–1144 ; Giorgio Fedalto, *La chiesa latina in Oriente*, 2e éd., 1 (Verona, 1981), p. 175 : 1120–1144 ; Amouroux-Mourad, *Le comté*, p. 139 : 1123–1145 (!). Il est souvent appelé Hugues II, mais nous n'avons aucun indice que deux homonymes se soient succédés.

6 Nersès Shnorhali, *Complainte d'Edesse*, v. 1080 sqq., éd. I. Kéchichian (Venise, 1984), et dans *RHC Arm* 1:226–68, ici p. 259.

7 *Tractatus de reliquiis S. Stephani Cluniacum delatis*, éd. M. Marrier dans *Bibliotheca Cluniacensis* (Paris, 1614), col. 565–68 et *Lettre au clergé de Reims* dans *RHC Oc* 5:317 note.

8 Michel le Syrien, *Chronique* 16.7, éd. Jean B. Chabot (Paris, 1899–1924), 3:230 sq.).

9 Sur Aimery cf. Röhricht, “ Syria sacra,” p. 4 avec note 5 ; Rudolf Hiestand, “Un centre intellectuel en Syrie du Nord,” *Le Moyen Age* 100 (1994), 7–36 et Bernard Hamilton, “Aimery of Limoges, Patriarch of Antioch : Ecumenist, Scholar and Patron of Hermits, ” dans E. R. Elder, éd., *The Joy of Learning and the Love of God. Essays in Honor of J. Leclercq* (Kalamazoo, 1996), pp. 269–90.

10 Pour l'époque mérovingienne cf. F. Graus, *Volk, Herrscher und Heiliger im Reich der Merowinger* (Prague, 1965).

qu'au moins une tentative de faire d'Hugues un martyr a été amorcée, tentative qui se solda bien sûr par un échec.

Sur la chute d'Edesse un nombre considérable de sources nous est resté. Tandis que les chroniqueurs arabes ne mentionnent l'archevêque que sommairement, les récits syriaques[11] et arméniens[12] ainsi que ceux en latin[13] sont plus circonstanciés. Les chroniqueurs les plus proches aux événements laissent quant à eux apparaître qu'une vision purement louangeuse des événements occulterait une série de faits susceptibles d'obscurcir le personnage. Certes, Hugues avait pris efficacement la direction des affaires, mais son obstination à ne pas céder était moins glorieuse qu'elle ne pourrait apparaître. Si l'on refusait l'offre de capitulation par Zengi, c'était parce que personne n'avait assez d'autorité pour la faire accepter. Pour toute réponse le chef turc fut insulté et la lettre, qui aurait dû lui être transmise secrètement, fut interceptée et déchirée en public par un marchand de textiles.[14] De même, lorsque les Turcs forcèrent l'entrée de la ville, les portes de la citadelle vers laquelle les habitants se ruèrent restèrent fermées, parce que l'archevêque avait décrété que lui seul pourrait donner l'ordre de les ouvrir. Ainsi, foulés et étouffés, hommes, femmes et enfants perdirent la vie. En arrivant finalement sur place, Hugues ne put se frayer un chemin et succomba lui aussi au milieu de cette cohue.[15]

Quelques nuances, dans les récits syriaques font intervenir après coup les ennemis dans la mort du prélat : Michel le Syrien, qui écrit à la fin du XIIe siècle, relate que Hugues, très banalement, trébucha dans la foule et fut frappé à mort, à la tête, par un Turc ;[16] selon la chronique anonyme de 1234 l'arme du Turc était une hache ;[17] cinquante ans plus tard, Bar Hébraeus nous parle d'une flèche meurtrière.[18]

La plupart des sources latines présentent un tableau différent, omettant la fuite du peuple et la foule amassée devant les portes de la citadelle. Déjà la description latine anonyme écrite immédiatement après nous apprend simplement que

---

[11] Michel le Syrien, *Chronique,* l.c. ; *Chronique syriaque anonyme,* l.c. ; Bar Hebraeus, *Chronography,* éd. et trad. Ernest A. W. Budge (London, 1932), 1, p. 168 sq. Sur l'historiographie syriaque cf. A. Lüders, *Die Kreuzzüge im Urteil syrischer und armenischer Quellen* (Berlin, 1961), et Kay-Peter Jankrift, *Die Darstellung der Kreuzzüge bis zur Schlacht bei Hattin im Spiegel syrischer Quellen*, Thèse de maîtrise dactyl. (Münster, 1992).

[12] Grégoire le Prêtre, *Continuation,* l.c.; Nerses Shnorhali, *La Complainte,* l.c.

[13] Un récit fort détaillé sur Edesse provenant d'un manuscrit de Munich Clm 22201 f. 258 de l'an 1165, publié en 1887 par Reinhold Röhricht, "Studien zur mittelalterlichen Geographie und Topographie Syriens," *ZDPV* 10 (1887), 295–99, semble avoir échappé à Demirkent et Amouroux-Mourad. Voir aussi une nouvelle édition à paraître.

[14] *Chronique syriaque anonyme*, p. 92. Chez Bar Hébraeus, *Chronography,* pp. 168 sq., l'archevêque lui-même se serait moqué de l'offre de Zengi.

[15] Grégoire le Prêtre, *Continuation*, p. 158 ; WT 16.5, p. 721.

[16] Michel le Syrien, *Chronique* 17.2 (3 :269).

[17] *Chronique syriaque anonyme*, p. 92.

[18] Bar Hebraeus, *Chronography,* pp. 268–69.

Hugues mourut "avec les clercs et les moines de la ville,"[19] ce qui sera développé avec plus de détails par la suite. Selon Otton de Freising, lequel, en automne 1145, entendit de vive voix le récit de l'évêque latin de Gabula, suffragant d'Antioche, à la cour pontificale de Vetralla et Viterbe, l'archevêque, comme les autres habitants, perdit la vie, tué par les ennemis (*cunctis ibidem cum episcopo urbis in ore gladii occisis*).[20] Cette explication est proche des mots employés par Eugène III dans son appel du 1er décembre 1145, selon lesquels l'archevêque, ses clercs, ainsi que beaucoup d'autres Chrétiens furent tués (*archiepiscopus cum clericis suis et multi alii Christiani ibidem interfecti sunt*).[21] Ainsi, l'ordre retardé d'ouvrir les portes de la citadelle et la mort par suffocation au milieu de la foule ne sont plus mentionnées, la mort de l'archevêque semblant se placer dans la bataille et être uniquement due à l'ennemi.

Simultanément, deux autres retouches interviennent. Otton de Freising place l'événement de façon symbolique le jour même de Noël (*in ipsa sancrosanctae nativitatis Christi sollempnitate*). Il ne dit pas simplement "le jour de Noël" mais utilise une expression sans doute délibérément ambiguë *in ipsa ... sollempnitate*. Qu'est-ce qui est solennel le 25 décembre sinon la grande messe ? Ainsi, sans le dire ouvertement, il suggère que les fidèles et leur pasteur furent tués pendant le service divin. Le pape de son côté ne fait aucune mention de la date précise de la perte d'Edesse, mais au lieu de dire "tous avec leur évêque," dans son récit l'archevêque a été tué "avec ses clercs et beaucoup d'autres." Le résultat est le même puisque "l'archevêque avec ses clercs" fait penser de la même manière à l'office divin où prélat et clercs se trouvent réunis.

Comme Bernard de Clairvaux fit ajouter la lettre d'Eugène III à son encyclique,[22] cette version se répandit rapidement et l'influence qu'elle avait sur l'historiographie successive est évidente : la continuation de Sigibert de Gembloux dite de Prémontré, la chronique de Tours, la chronique de Mailros en Ecosse, et plus tard Albert de Bézanes en Italie du Nord, tous entendent les mots du pape comme une allusion et déplacent la mort d'Hugues dans l'église, où le peuple est assemblé pour la messe[23]. Plus expressément encore avec une version qui passera en Angleterre chez Roger de Hoveden et Guillaume de Newburgh, la

---

[19] archiepiscopus cum clericis et monachis interfectus.

[20] Otton de Freising, *Chronica* 7.30, éd. A.. Hofmeister, *MGH Script. rer. Germ.* (Hannovre, 1912), p. 357.

[21] JL. 8796, dans *PL* 180:1064 et JL. 8876, éd. R. Grosse, "Überlegungen zum Kreuzzugsaufruf Eugens III. von 1145/46. Mit einer Neuedition von JL. 8876," *Francia* 18 (1991), 85–92.

[22] Ep. 363, éd. Jean Leclercq-Henricus Rochais, *Sancti Bernardi Opera* 8 (Rome, 1977), p. 313, voir Peter Rassow, "Die Kanzlei St. Bernhards von Clairvaux," *Studien und Mitteilungen aus dem Benedictinerorden* 34 (1913), 63–103, 243–93.

[23] Sigibert de Gembloux, *Cont. de Prémontré* dans *MGHS* 6:452 sq. ; *Chronicon Turonense* dans *RHGF* 12:473 ; Richard de Cluny, *Chronique*, éd. Elie Berger, *Bibliothèque des Ecoles françaises d'Athènes et de Rome* 6 (Paris 1879), p. 135 ; *Chronicle of Melrose*, éd. D. J. Stevenson, Bannatyne Club 49 (Edinburgh, 1835), p. 72 ; Albert de Bézanes, a. 1167, *MGH Script. rer. Germ.* 3 (Hannovre, 1908), p. 30.

Kaiserchronik rapporte que les Turcs sacrilèges forcèrent la porte de la cathédrale et tuèrent les prêtres ainsi que l'archevêque lui-même, précisant que la tête coupée tombait sur le corporal.[24] Chez d'autres, comme Richard de Cluny vers 1170, au lieu de se situer dans l'église, la mort de l'archevêque et de tous ses clercs survint au milieu de la ville, "parce qu'ils refusaient d'abjurer la foi chrétienne," ce qui donne l'impression d'un procès de martyrs. Le chroniqueur va même plus loin en déclarant que Zengi lui-même fit décoller Hugues avec ses clercs, remplissant ainsi Edesse de la pourpre des martyrs, et fit également immoler trois femmes parmi les plus belles d'Edesse sur l'autel de St-Jean-Baptiste.[25] Comme pour la date transposée du 23 décembre au jour de Noël,[26] la mort de l'évêque devait survenir, soit dans une église alors qu'il lisait sa dernière messe, soit parce qu'il refusait d'abjurer sa foi. Ainsi l'archevêque était-il progressivement présenté comme un chef martyr au-dessus de toute critique.

Saint Hugues d'Edesse était-il né ? Pourtant, on l'a dit, Hugues n'a jamais été élevé aux honneurs des autels bien que, d'après les chroniqueurs syriaques, on eût érigé dans la cathédrale latine, et ce malgré l'occupation par les Turcs, un tombeau en marbre rouge avec sa figure sculptée ; peut-être s'agissait-il en réalité d'un cénotaphe préparé, de son vivant, par Hugues lui-même et que l'on prenait pour une vraie sépulture.[27]

Quant à l'historiographie de la seconde moitié du XIIe siècle, et précisément au moment où la transformation de la fin d'Hugues faisait disparaître les détails désavantageux et ne laissait subsister que l'image d'un pasteur exemplaire en éliminant celui d'un chef militaire succombé au milieu de la bataille ou, pire, suffoqué au milieu d'une foule désorganisée par sa faute, tout changeait de couleur.

Contrant ces récits panégyriques, une autre description de la chute d'Edesse commençait à s'imposer avec un succès tranchant : la chronique de Guillaume de Tyr avec sa traduction française.[28] C'était, comme tout le monde le savait, une

---

24 *Kaiserchronik*, v. 17248–59, éd. *MGH Deutsche Chroniken* 1 (Berlin, 1895), p. 392 : "an einem wînachtstage ... der biscof di êrsten misse sanch ... si sluogen den biscof zewâre daz houbet viel im ûf daz corporâle"; Roger de Hoveden, *Chronica*, éd. William Stubbs, RS 51 (Londres, 1868–71), 1:209 ; Guillaume de Newburgh, *Historia,* éd. Richard Howlett dans *Chronicles of the Reigns of Stephen, Henry II etc.*, RS 82 (London, 1885), 2 :59 : "nocte sacratissima dominice nativitatis cum sacras in ecclesiis more christiano celebrantes .... [Turci] irruerunt in populum secure in ecclesiis excubantem ; et archiepiscopum, ut dicitur, altari assistentem mactarunt."

25 Richard de Cluny, éd. Lodovico M. Muratori, *Antiquitates Italiae medii aevi* 4 (Milan, 1741), col. 1098–1100 : "archiepiscopum vero civitatis quasi ducens greges in medio urbis cum omnibus clericis suis, qui noluerunt abnegare Christum, coram se decollari praecepit ... Purpuratur itaque Edessa novorum sanguine martyrum."

26 Otton de Freising, *Chronica,* l.c.; *Annales Admontenses* dans *MGHS* 9:581 et nombreuses annales allemandes.

27 *Chronique syriaque anonyme*, p. 100.

28 WT 16.4–5, pp. 718–21 ; la traduction française en calque du texte latin dans *RHC Oc* 1 et éd. Paulin Paris (Paris, 1879–80), 2 :95.

chronique écrite en Orient par un contemporain des faits et par conséquent digne de foi. Nous savons maintenant que Guillaume, au moment de la chute d'Edesse, se trouvait en réalité en Occident à titre d'étudiant, mais ce détail échappait aux lecteurs des XIIe et XIIIe siècles. Pour combler ses lacunes Guillaume, après son retour au milieu des années 1160, s'était informé — comme il le raconte lui-même — sur ce qui s'était passé pendant son absence.[29] Pour ce qui concernait Edesse, ses sources d'information étaient, non seulement Agnès, fille de Joscelin II et mère du roi Baudoin IV, ainsi que son frère Joscelin III, sénéchal du royaume, avec lequel Guillaume, alors chancelier, avait à faire régulièrement, mais également Stéphanie, la soeur de Joscelin II, abesse qui vivait dans un couvent à Jérusalem et qui l'avait renseigné sur les degrés de parenté dans la famille royale.[30] Sans qu'il le mentionne expressément, on peut supposer qu'elle était au moins l'une de ses sources concernant les faits de 1144.

Guillaume de Tyr ne sait rien des essais de "lavage," dont on vient de parler. Si son récit retourne à la mort par suffocation dans la foule,[31] et même s'il emploie l'adjectif *reverentissimus*, il ajoute des remarques peu favorables sur le sens civil de l'archevêque. Il accuse en effet Hugues de n'avoir pas bien dirigé les affaires, et de n'avoir pas fait ouvrir à temps les portes de la citadelle, livrant de la sorte le peuple aux ennemis. Et il renchérit en l'accusant de n'avoir pas payé, par simple avarice bien que confortablement muni d'argent, les mercenaires restés sans solde depuis plusieurs années et qui, par conséquent, étaient peu enclins à s'engager.[32] Ainsi la mort d'Hugues fut-elle celle du menu peuple (*mortem cum popularibus indifferentem*) et risquait de ne pas être à l'abri du blâme, si Dieu ne lui accordait pas sa miséricorde (*ab auditu etiam malo nisi misericorditer Deus subveniat, non securus*). Dans la traduction française on peut même lire : "à bon droit estoit-il morz en tel maniere et encore davantage. Si semble qu'il encore la maudiçon monseigneur saint Pere qui dist : Tes avoirs soit avec toi en perdicion" (Actes 8.20).

Cette interprétation de la chute d'Edesse se répandit rapidement. Nous avons aujourd'hui de la chronique de Guillaume de Tyr à peu près 20 manuscrits du texte latin et 70 de la traduction française.[33] Au XIIIe siècle on ne rencontrait pratiquement plus d'autre voix ; si dans le récit de la chute d'Edesse le destin d'Hugues fut encore évoqué ?

---

29 WT 16. préface, p. 714.

30 WT 19.4, p. 869.

31 WT 16.5, pp. 720: "multi miserabiliter suffocati interierunt, inter quos et reverentissimus vir Hugo ... cum quibusdam clericis suis dicitur eodem modo occubuisse."

32 WT 16.5, p. 721 : "Nam cum pecuniam collegisse diceretur infinitam, quam erogans militibus urbi posset esse auxilio, maluit opibus avarus incumbere quam populo consulere pereunti."

33 Robert B. C. Huygens, "La tradition manuscrite de Guillaume de Tyr," *Studi medievali* 3. 5 (1964), 281–373 ; Jaroslav Folda, "Manuscripts of the History of Outremer by William of Tyre. A Handlist," *Scriptorium* 27 (1973), 90–95.

N'est-ce pas symptomatique que dans les deux chroniques de Terre sainte composées de 1220 à 1230 par Olivier de Cologne et Jacques de Vitry, sur la base du texte de Guillaume de Tyr, on cherche en vain le nom de notre archevêque, une sorte de *damnatio memoriae* ?[34] L'intérêt pour l'homme et pour les faits s'était bel et bien éteint et ne reprend qu'au commencement du XIVe siècle, quand tout à coup le récit élogieux de Richard de Poitiers resurgit dans les *Annales* de Tolomée de Lucques, lequel voudrait explicitement qu'Hugues, comme ses confrères, soit vénéré comme un martyr en raison de sa décapitation.[35] Malheureusement il était trop tard pour une canonisation du prélat, même s'il était qualifié de martyr et que les cruautés du vainqueur étaient mises en évidence.

Ainsi, la carrière hagiographique de "Saint Hugues" se termina-t-elle avant même d'avoir vraiment commencé, et deux facteurs y contribuèrent : Edesse, en 1146, ne fut récupérée par les Francs que pour quelques semaines et ne retourna jamais sous leur domination. Aussi manquait-il, soit un pouvoir temporel ou des successeurs sur le siège archiépiscopal qui auraient plaidé cette cause devant les instances de la hiérarchie. Pour les mêmes raisons, sur le plan local, une vénération ne pouvait s'établir, faute de fidèles ou de pèlerins venus témoigner de miracles, pour preuve de la grâce divine.

---

[34] Olivier de Cologne, *Historia regum Terrae Sanctae*, c. 42, ed. H. Hoogeweg, *Schriften*, Bibliothek des literar. Vereins in Stuttgart *202* (Tübingen 1894), p. 114 ; Jacques de Vitry, *Historia orientalis* (Douai, 1597).

[35] Tolomée de Lucques, *Annales*, ed. Bernhard Schmeidler, *MGH Script. rer. Germ.* n. s. 8 (Berlin, 1955), p. 54 : "archiepiscopus vero civitatis cum toto clero qui Christum abnegare noluit, decollari mandavit;" presque avec les même mots Thomas Tuscus, *Gesta Imperatorum et pontificum*, *MGHS* 22 (Hannovre, 1872), p. 501.

Un émir arménien du Hawrân entre la principauté turque de Damas et le royaume latin de Jérusalem (1147)

Gérard Dédéyan

On sait que, à la suite des invasions turques, un fort mouvement migratoire affecta les populations chrétiennes de Grande Arménie et de Cappadoce orientale, dont certains éléments fournirent ou constituèrent des structures politiques dans des régions plus méridionales : en Cilicie et en Euphratèse (principautés arméno-ciliciennes et comté franco-arménien d'Edesse), en Syrie franque (modestes seigneuries arméniennes de l'Amanus, moins significatives que les communautés paysannes combattantes d'Outre-Oronte), en Syrie musulmane (éphémère prise de pouvoir de l'Arménien islamisé Yarouktâsh à Alep, dans la deuxième décennie du XIIe siècle), en Palestine franque (modicité du contingent arménien originaire d'Edesse), et en Égypte fâtimide (où des vizirs de souche arménienne, — pour la plupart islamisés—, soutenus par d'importants effectifs arméniens majoritairement chrétiens, détiennent le pouvoir, presque sans discontinuer de 1073 à 1137).[1] Entre la deuxième chute d'Edesse (1146) et la prise de Damas par Nour al-Dîn (1154), un Arménien islamisé, Altountâsh, tente de s'émanciper dans le Hawrân, en échappant à la tutelle des princes turcs de Damas, à laquelle il préférait la suzeraineté des souverains francs de Jérusalem.[2]

1. Le Hawrân, une région riche, à forte minorité chrétienne, et d'importance stratégique

Cette province de la Syrie méridionale, qui séparait la Syrie de la Transjordanie et dont le cœur était constitué par un plateau peu élevé, se caractérisait par son agriculture prospère (il y avait une importante production de céréales) et par le

---

[1] Sur le phénomène, cf. notre ouvrage *Les Arméniens entre Grecs, Musulmans et Croisés. Étude sur les pouvoirs arméniens dans le Proche-Orient méditerranéen de 1068 à 1150*, Bibliothèque arménologique de la Fondation C .Gulbenkian (Lisbonne, 2000).

[2] Nous nous attacherons plus, ici, à étudier le comportement spécifique d'un Arménien mal turcisé et mal islamisé vis-à-vis de ses coreligionnaires d'hier—les Latins—que la réorientation de la politique franque vis-à-vis de Damas à la suite du rapprochement de celle-ci avec Alep, réorientation examinée en détail par Martin Hoch dans ses travaux mentionnés *infra*, qui font un place assez large à Altountâsh. Sur le processus de la conversion, cf. la deuxième partie de *Conversion and Continuity*, éd. Michael Gervers et Ramzi J. Bikhazi (Toronto, 1990).

développement de ses bourgs et de ses villes, dont les principales étaient Bosrâ et Salkhad.[3]

La région — dont la population comportait initialement des Araméens, mais aussi des Juifs — avait vu s'infiltrer, dès la période byzantine, des éléments arabes, entre autres des Nabatéens occidentaux (différents des Nabatéens orientaux — ceux de Mésopotamie — qui étaient des Araméens) :[4] soumis alors à une arabisation profonde, le Hawrân avait, en même temps, connu un fort développement du christianisme.[5]

Jouxtant, à l'est, le royaume latin de Jérusalem, le Hawrân, à l'époque des Croisades, avait été l'objet de nombreuses incursions des Francs, attirés par la richesse du pays, cherchant peut-être également à se ménager les sympathies de l'élément chrétien — prépondérant et de confession surtout melkite, semble-t-il — et désireux de s'ouvrir la route de Damas, dont le Hawrân était la clé.[6]

Le Hawrân, au milieu du XIIe siècle, dépendait, en principe, de la principauté de Damas,[7] où le vieux régent Mou'în al-Dîn Ounour gouvernait au nom du jeune prince boûride (dont la dynastie était de souche turque également) et, pour préserver son indépendance face à l'expansionnisme de la dynastie zengide — elle aussi, de souche turque — conduisait une politique d'alliance avec les rois de Jérusalem — Foulque d'Anjou (1131–43) d'abord, le jeune Baudouin III (1143–62) ensuite — dont Ousâma ibn Mounkidh (1095–1188), de la famille des émirs arabes de Shayzar, qui en fut, à l'occasion, l'agent — témoigne éloquemment dans ses mémoires, intitulés *Les enseignements de la vie.*[8]

2. Le complexe défensif Salkhad-Bosrâ

Or, au printemps 1147, alors que Baudouin iii n'avait que seize ans et que la régente Mélisende avait fourni la preuve — en abandonnant à son sort la ville

---

3 Pour une présentation géographique de ce secteur cf. Th. Bianquis, *Damas et la Syrie sous la domination fâtimide (359–468h/969–1076)*, 2 vol. (Damas, 1986-89), 1 ; Dominique Sourdel, art. "Hawrân," dans *Encyclopédie de l'Islam*, 2e édition (dorénavant EI2) 3:301.

4 Ibid. (Sur les différences entre Nabatéens occidentaux et Nabatéens orientaux, cf. D.F. Graf -T. Fahd, art. "Nabat," ibid., 7:635–39).

5 Ibid.

6 Avant les Croisades, Bosrâ est une métropole melkite de la province d'Arabie, dont le titulaire est suffragant du patriarcat d'Antioche (cf. *Histoire du christianisme*, 4. *Évêques, moines et empereurs (610–1054*), sous la responsabilité de G. Dagron, P. Riché et André Vauchez, (Paris, 1993), carte "L'Église melkite d'Antioche du VIIe au XIe siècle," p. 440.

7 En fait, selon Martin Hoch, *Jerusalem, Damaskus und der Zweite Kreuzzug* (Francfort, 1993), p. 97, le Hawrân jouissait, depuis plusieurs décennies, d'une forme d'autonomie.

8 Cf. M.Yared-Riachi, *La politique extérieure de la principauté de Damas, 468–549/1076–1154* (Damas, 1997), pp. 198–205 ; J.M. Mouton, *Damas et sa principauté sous les Saljoûkides et les Bourides, 468–549h/1076–1154*, Institut Français d'Archéologie orientale (Le Caire, 1994), pp. 68–71.

d'Edesse, tombée aux mains des Zengides en 1144, puis en 1146 — de son incapacité en politique extérieure, un émir du Hawrân, gouverneur de Bosrâ et de Salkhad (c'est dans cette dernière forteresse qu'il semble avoir résidé),[9] portant le nom turc d'Altountâsh [le compagnon d'or], qui évoque les milieux turcomans, mais en réalité de souche arménienne, s'était brouillé avec Mou'în al-Dîn Ounour : le Damascène Abou Shâma (1203–68) nous donne le détail de ce différend dans son *Livre des Deux Jardins*, histoire de Noûr al-Dîn et de Saladin traitée chronologiquement et citant systématiquement ses sources.

Mou'în al-Dîn venait de resserrer ses liens avec Noûr al-Dîn (1146–74), successeur de l'atabeg Zengî (1127–46) à Alep, auréolé de la récente — et deuxième — conquête d'Edesse, en décembre 1146, et qui avait des visées sur le reste de la Syrie musulmane, à commencer par Damas. Partisan, depuis le règne de Foulque d'Anjou à Jérusalem, d'une alliance avec les Francs qui fît contrepoids à l'expansionnisme zengide, Mou'în al-Dîn se voyait alors obligé de ménager le nouveau champion du *djihâd* : dès avril 1147, la fille du vieux régent avait pris la route d'Alep pour épouser le prince zengide.[10] "Mou'în al-Dîn partit ensuite dans la direction de Sarkhad et de Bosra, avec sa cavalerie, son infanterie et le matériel de guerre, et vint camper devant Sarkhad où se trouvait un personnage connu sous le nom d'Altountâch [...]."[11] L'attention portée par le régent à Salkhad tenait au fait que cette cité, poste avancé de la Syrie en direction des déserts d'Arabie et carrefour d'importantes routes commerciales, jouait le rôle de bastion défensif de Damas, grâce à son puissant château couronnant une éminence escarpée et constituant une ligne de défense avec la citadelle de Bosrâ, située à une vingtaine de kilomètres plus à l'ouest ;[12] la complexité de construction (XIIe et XIIIe siècles) de cette dernière en fait encore un témoin incomparable des techniques successives de la fortification et l'un des plus importants monuments militaires du monde musulman.[13] Maître du puissant complexe défensif que constituaient Salkhad et Bosrâ et, d'une certaine manière, détenteur des clés de Damas, Altountâsh était, quant à lui, résolu à rejeter la tutelle de Mou'în al-Dîn, qui prévenait ainsi, à son insu, ses velléités de totale émancipation vis-à-vis de Damas.[14]

---

9 Ibn al-Kalânisî, trad. Roger Le Tourneau, *Damas de 1075 à 1154* (Damas, 1952), p. 281.

10 *RHC Or* 4:51–52. Cf. aussi Ibn al-Kalânisî, p. 281.

11 Abou Shâma, p. 52.

12 Meinecke, art. "Salkhad", dans EI2, 8:1029.

13 A. Abel, art. "Bosrâ", dans EI2, 1:1316. Sur l'aménagement fortifié du théâtre antique de Bosrâ au xiie siècle, cf. Mouton, *Damas*, p. 11. Pour le rôle du Hawrân dans la défense de la principauté de Damas, cf. Hoch, *Jerusalem*, p. 97.

14 Sur l'ensemble de ces événements, nous renvoyons à Nikita Eliséeff, *Nûr al-Dîn, un grand prince musulman de Syrie au temps des Croisades (511–569h/1118–1174)*, 3 vol. (Damas, 1967), 2:403–04 ; Yared Riachi, *Principauté de Damas*, pp. 208–10 ; Mouton, *Damas*, p. 241. *Damas*, p. 241; Hoch, *Jerusalem*, pp. 96–101.

3. L'émir Altountâsh â la Cour de Jérusalem

L'émir rebelle était, en effet, venu à Jérusalem solliciter l'aide des Francs contre le régent de la principauté boûride.[15] Plus précisément, comme le rapporte l'archevêque Guillaume de Tyr (vers 1130–1186), chancelier du royaume latin de Jérusalem, qui nous fait dans sa *Chronique* le récit détaillé de ces négociations et surtout des tentatives franques sur le Hawrân, ce "noble satrape turc," venu dans la Ville sainte avec une escorte convenable et s'étant présenté au jeune roi et à la régente, expliquant qu'il était brouillé avec le prince boûride et privé de la protection du régent de Damas, s'engagea à remettre aux Francs la place de Bosrâ et le bourg de Salkhad, contre une indemnité laissée à l'appréciation d'un "homme sage." Il est intéressant de relever que ce "noble homme" — Altountâsh—, dont le nom est transcrit par Guillaume de Tyr sous la forme *Tantass*, apprend à ses interlocuteurs qu'il était "de race arménienne."[16] Cette information pouvait s'avérer opportune, eu égard aux ascendants maternels de Mélisende (petite-fille, par sa mère Morfia — l'épouse du roi Baudouin II (1118–31)—, de l'Arménien Gabriel, duc byzantin de Mélitène lors de l'arrivée de la Première Croisade en Euphratèse), à la présence d'une communauté arménienne à Jérusalem (moines, artisans et marchands), voire, venus d'Edesse, de modestes contingents de cavaliers, ou même des chevaliers de statut juridique franc;[17] il faudrait prendre en considération aussi le rôle imparti aux seigneurs arméniens du comté d'Edesse sous le demi-Arménien Josselin II (1131–50), sinon l'alliance avec la Cilicie arménienne, dont le prince, T'oros II (1143–69), venait tout juste d'entamer la reconquête de son territoire sur les Byzantins. Le portrait que dresse l'archevêque de Tyr de l'émir Altountâsh témoigne de l'allure impressionnante de cet Arménien musulman et de la sympathie qu'il inspire à l'auteur: "D'une taille élevée et d'une belle figure, toute sa contenance manifestait un homme rempli de vigueur et de courage."[18]

Contemporain des événements, voire témoin occulaire, un autre Damascène, Ibn al-Kalânisî (vers 1073–1160), qui nous précise, dans sa *Suite de l'histoire de Damas*, qu'Altountâsh[19] avait été l'esclave de l'atâbeg Amîn al-Dawla Gumushtekin, précédent gouverneur de Salkhad, dénonce l'ambition de l'Arménien et sa collusion avec les Francs: "Il se flattait qu'il tiendrait tête à quiconque se rendrait maître de la ville de Damas et que les Francs l'assisteraient dans ses désirs et dans ses demandes d'aide et de secours et s'associeraient à ses

15 René Grousset, *Histoire des Croisades*, 3 vol. (Paris, 1936), 2 :211–12.

16 WT 16.8, pp. 723–26.

17 Jean Richard, *Le royaume latin de Jérusalem* (Paris, 1953), p. 130 ; Gérard Dédéyan, "Un projet de colonisation arménienne dans le royaume latin de Jérusalem sous Amaury Ier (1162–1174)," dans *Le partage du monde. Échanges et colonisation dans la Méditerranée médiévale*, ed. Michel Balard et Alain Ducellier, Publications de la Sorbonne (Paris, 1998), pp. 101–13.

18 WT 16.8, p. 724.

19 Qu'il appelle *al-Younyâs*, à quoi il faut préférer *Altountâsh*.

desseins de ravage et de trouble."[20] On peut, d'après ce jugement, supposer qu'Altountâsh estimait que, tout à la fois, ses origines et l'attrait qu'exerçait sur eux le Hawrân détermineraient les Francs à soutenir sans hésitation ses projets sécessionnistes. Abou Shâma, se référant au séjour d'Altountâsh à Jérusalem, dénonce "sa conduite scandaleuse et l'abjuration qu'il avait fait de l'islamisme,"[21] incriminant ici soit sa trahison à l'égard des princes musulmans, soit un réel retour à la foi de ses ancêtres, par conviction ou par opportunisme politique. Il faut rappeler ici que, à la fin du XIe siècle, bien de jeunes Arméniens avaient été enrôlés de force, par les Turcs, comme *ghoulâm* : il s'agissait là d'esclaves-soldats le plus souvent d'origine étrangère et qui fournissaient leur garde aux souverains musulmans.[22] Évoquant, dans son *Histoire des Francs qui prirent Jérusalem*, les péripéties du siège d'Antioche (octobre 1097–juin 1098) par les Croisés, Raymond d'Aguilers, chapelain du comte de Toulouse, rappelle ces cas de turcisation : "Les Turcs, en effet, lorsqu'ils avaient pris la ville [Antioche] quatorze ans auparavant, avaient accueilli, comme pour pallier le manque de domesticité [i.e : gens de cour], des jeunes gens arméniens et grecs et leur avaient procuré des épouses."[23] Superficiellement islamisés, ces écuyers venaient trouver les Francs "avec leurs chevaux et leurs armes."[24] L'Arménien islamisé Badr al-Djamâlî, vizir du califat fâtimide de 1073 à 1094, avait à son service, outre de nombreux contingents arméniens chrétiens, quelques *ghoulâm* de souche arménienne, tel Amîn al-Dawla Sâfî, dont le véritable nom était Lewon (Léon).[25] L'élément turc nomade — les Turcomans — avait parfois intégré de force des éléments arméniens : on connaît l'hypothèse — fondée sur une information du chroniqueur Matt'éos d'Ourha († 1144) — d'une origine arménienne de Danishmend, fondateur, à la fin du XIe siècle, de l'émirat turcoman de Sivas [Sébaste], en Asie Mineure.[26]

Pour revenir à Altountâsh, peut-être celui-ci disposait-il de sympathies chrétiennes à Salkhad : de fait, après que Mou'în al-Dîn eut fait appel à Nour al-Dîn et lorsque leurs deux armées eurent fait leur jonction (fin mai-début juin 1147), la population eut une attitude ambiguë : "Les gens de Carkhad leur envoyèrent un message pour demander la vie sauve et un répit de quelques jours pour leur livrer la place. C'était une ruse et un moyen de gagner du temps, jusqu'à ce que l'armée franque arrivât pour déloger les assiégeants."[27] En revanche, Bosrâ fut prise rapidement, car la femme d'Altountâsh — dont on peut supposer qu'elle n'avait pas d'ascendants chrétiens — céda cette place forte aux princes turcs

20 Ibn al-Kalânîsi, pp. 281–82. Cf. aussi Aboû Shâma dans *RHC Or* 4:52.
21 Ibid.
22 Edmund C. Bosworth, art. "Ghulâm," dans EI2, 2 :1105–08.
23 *Le Liber de Raymond d'Aguilers*, publié par John et Laurita Hill (Paris, 1969), p. 64.
24 Ibid.
25 S.-B. Dadoyan, *The Fatimid Armenians. Cultural and Political Interaction in the Near East* (Leyde, 1997), p. 127.
26 *Histoire du peuple arménien* (en arménien), 3 (B.N. Arak'élyan, dir.), p. 470.
27 Ibid., pp. 52, 283.

alliés, avant l'arrivée des Francs.[28] Mou'în al-Dîn tenta alors de détourner ces derniers d'une expédition qui compromettait l'alliance établie sous le règne du roi Foulque et le rejetterait entièrement vers Nour al-Dîn, en se plaçant dans la perspective du droit féodal et en reprochant aux Francs non seulement de rompre l'ancien traité, mais aussi d'accorder une protection injuste à un serviteur qui s'était absenté et qui agissait lui-même contre ses engagements.[29] Le roi — c'est-à-dire, en fait, plutôt la régente Mélisende[30] et les barons — proposa un moyen terme : affirmant qu'il n'avait nullement l'intention de violer les clauses du traité conclu avec Damas, il argua du fait que, "cet homme noble" (Altountâsh) étant venu lui parler personnellement, il ne pouvait quant à lui sacrifier entièrement son honneur au point d'abandonner celui qui avait mis toute sa confiance dans son royaume. Baudouin III revendiquait seulement "la liberté de le [Altountâsh] rétablir sans obstacle dans la ville qu'il a quittée à notre intention." Après quoi, le seigneur d'Altountâsh pourrait le traiter selon les lois du pays et le récompenser selon ses mérites.[31]

4. Echec du projet de protectorat franc sur la "principauté" d'Altountâsh

Ce sont sans doute les termes de la Cour de Jérusalem — qui avait dû inciter Altountâsh à aller négocier — qui encouragèrent l'Arménien, fort de la garantie du roi, à retourner imprudemment en territoire syrien. Les barons de Jérusalem, malgré l'avis contraire des vieux compagnons de Foulque d'Anjou, prêtèrent finalement l'oreille aux propositions d'Altountâsh et cédèrent à la tentation d'occuper le Hawrân, région d'intérêt stratégique autant qu'économique, mais qui ne méritait peut-être pas que l'on compromît pour elle l'alliance avec Damas, même si Mou'în al-Dîn cherchait des assurances du côté d'Alep.[32] Dans la chaleur du mois de juin, avec des problèmes d'approvisionnement en eau et dans les difficultés d'une progression à travers les roches volcaniques de cette région, l'expédition franque, harcelée par les Turcs et les Arabes, parvint cependant jusqu'à Bosrâ, d'où la coalition musulmane la força à effectuer une pénible retraite, que le sang-froid du jeune Baudouin III (à qui les barons conseillèrent vainement de s'enfuir à Jérusalem avec la Vraie Croix) empêcha de tourner au désastre.[33]

---

[28] Ibn al-Kalânisî, p. 286 ; cf. Eliséeff, *Nûr ad-Dîn* 2 :405.

[29] WT 16.8 pp. 724–25.

[30] Sur le rôle de Mélisende dans l'expédition du Hawrân cf. Hans E. Mayer, "Studies in the History of Queen Melisende of Jerusalem," *DOP* 26 (1972), 122–24.

[31] WT 16.8, p. 725. Sur ces négociations cf. Hoch, *Jerusalem*, pp. 97-98 ; idem, "The Choice of Damascus as the Objective of the Second Crusade: A Re-Evaluation," dans *Autour de la Première Croisade*, éd. Michel Balard (Paris, 1996), p. 364.

[32] Eliséeff, *Nûr ad-Dîn* 2:404, souligne que l'occupation du Hawrân aurait assuré le ravitaillement de Jérusalem et contrarié celui de Dama s; Hoch, *Jerusalem*, p. 100.

[33] Grousset, *Histoire des Croisades* 2:214–15. Cf. aussi idem, *L'épopée des Croisades* (Paris, 1995), p. 138.

Quant à Altountâsh – qui avait fait accompagner l'armée franque par quelques-uns de ses émirs—,[34] il retourna en Syrie musulmane pue après la campagne victorieuse de Mou'în al-Dîn et Nour al-Dîn contre ses places fortes et dès leur retour à Damas, à la fin de juin 1147.[35] Les chroniqueurs arabes, pour lesquels Altountâsh, "dans la simplicité de son esprit, avait quitté Salkhad pour se rendre auprès des Francs," s'étonnent qu'il ait précisément choisi ce moment pour retourner en territoire musulman, "sans sauf-conduit, sans recommandation ni autorisation," espérant un "bon accueil" après sa défection.[36] La défaite des Francs sous les murs de Bosrâ, quelques jours auparavant, avait rendu caduques les assurances que ceux-ci avaient pu donner à Altountâsh concernant son retour en toute sécurité. Mou'în al-Dîn, en position de force, soumit le rebelle au jugement d'un tribunal de cadis et de *foukahâ* [juristes]. Le frère de l'Arménien — il portait le nom turc de Koutloukh — auquel Altountâsh avait précédemment fait crever les yeux (l'histoire de Firoûz, à Antioche, révèle de semblables drames entre frères convertis), obtint des juges l'application de la loi du talion. Privé à son tour de la vue, Altountâsh fut autorisé à finir sa vie à Damas, où il avait une maison.[37]

* * *

L'aventure d'Altountâsh, en rébellion ouverte contre Damas en 1147, n'offre certes pas les caractéristiques plénières d'un pouvoir arménien. Elle manifeste néanmoins la tentative d'un homme qui, par opportunisme politique ou par conviction — et peut-être, dans ce cas précis, pour cette double motivation –, met en avant ses origines, sans doute aux yeux des habitants melkites (du moins, en partie) de ses places fortes (même en son absence, ils témoignent de leur loyalisme), notoirement à ceux des Latins du royaume de Jérusalem, afin de se constituer, sous la suzeraineté de ces derniers — ou entre la Cour de Damas et celle de Jérusalem — une sorte de principauté où l'élément chrétien oriental — et, singulièrement, melkite — pouvait servir de soutien à cet Arménien mal islamisé. Cet épisode est également un aspect de la politique hiérosolymitaine vis-à-vis de Damas, passée dans l'aire d'influence zengide, à la veille de la Deuxième Croisade (1147–49).[38]

---

34 Hoch, *Jerusalem*, pp. 98-99.

35 WT 16.8, pp. 725–26.

36 Abou Shâma, p. 52. Cf. aussi l'Irakien Ibn al-Athîr (1180-1233), dont le témoignage, dans sa *Somme historique* quoique antérieur (*RHC Or* 1 :284), nous apparaît complet.

37 Ibid. Cf. aussi Hoch, *Jerusalem*, p. 100.

38 Sur les conséquences de la tentative d'Alountâsh et des projets francs sur le Hawrân, cf. aussi Jean Richard, *Histoire des Croisades* (Paris, 1996), p. 167, qui souligne que "l'alliance damasquine avait vécu" et que "cela aussi allait peser sur le destin de la croisade."

Frankish and Muslim Siege Warfare and the Construction of Frankish Concentric Castles[1]

Ronnie Ellenblum

The French scholar Emmanuel Guillaume Rey maintained, already in 1871, that Frankish military architecture was greatly influenced by Byzantine castles. The participants in the crusades, he claimed, who were greatly impressed by the three concentric lines of the Theodosian walls of Constantinople, based their own fortifications on the concentric model of two or three lines of walls in descending height and later exported this idea to the West. This theory, which advocated a sequence of Byzantine (or Eastern)-Crusader-European influence, was adopted also by Charles Oman and became the accepted view until World War I.[2]

In the 1920s, however, the theory was vigorously rejected by T. E. Lawrence (of Arabia) who suggested that "the crusading architects were ... copyists of the Western builders" and not of Byzantine builders as previously assumed.[3] The Franks, says Lawrence, did not invent anything. They brought all their knowledge with them from the West and consequently were unable to export it back to Europe.[4] Thus Rey, and later on Lawrence, defined the central question regarding the history of Frankish concentric castles as the history of the source of influence of this tradition; and students of military architecture are still engaged in this 130–years-old debate concerning the possible influence of Eastern architecture on

---

1 This paper was read at the Fifth SSCLE Conference, Jerusalem, Acre and Haifa, July 1999.

2 Emmanuel G. Rey, *Etude sur les monuments de l'architecture militaire des Croisés en Syrie et dans l'île de Chypre* (Paris, 1871), pp. 12–15; Charles W.C. Oman, *A History of the Art of War in the Middle* Ages, 2 vols., 2nd ed. (London, 1924), 2: 28–40. Oman went even farther declaring that "[i]f we can point to any modifications introduced into European warfare by the eastern experience of the Crusaders, they are not, with the exception of improvements in fortification, of any great importance." Charles W.C. Oman, *The Art of War in the Middle Age, A.D. 378–1515,* ed. John Beeler (Ithaca, 1953), p. 72.

3 Thomas E. Lawrence, *Crusader Castles: a new edition with introduction and notes by Denys Pringle* (Oxford, 1988), p. 56.

4 Lawrence, *Crusader Castles*, pp. 42–43.

Crusader castle building and the possible influence of Crusader castles on European castle building.[5]

A different approach to the architectural history of the Frankish castles is however possible: the castles may have been a very expensive military device, a technology that could provide an answer to very specific threats or war techniques.

Rey was right, of course, in claiming that participants in the crusades encountered, as early as 1096, the three walls of Constantinople and that they were well aware of the military advantages of a triple-walled city after the siege of Tyre in 1124. [6] But both he and his adversaries ignored the fact that for several decades thereafter the Franks did not use this technology. Indeed, questions about the period in which the new technology was introduced into Frankish warfare, or about the threats that compelled the Franks to spend the enormous sums needed for the construction or reconstruction of concentric castles, or about their spatial distribution, are therefore, in my opinion, as relevant as the issue of the new style's source of inspiration.

In an earlier paper[7] I claimed that the construction of concentric castles began in the Latin East in the late 1160s and that the concentric castles of Belvoir, Karak, Montreal, Safad, Daron and Latrun were either constructed or massively

---

[5] For the claim of an indirect influence through Muslim and Armenian traditions see Henri P. Eydoux, *Les châteaux du soleil: fortresses et guerres des Croisés* (Paris, 1982), pp. 246–48; and, to a lesser extent, Denys Pringle, who believes that earlier types of Roman and Byzantine forts, as well as Muslim and Armenian traditions, influenced Frankish castles: Lawrence, *Crusader Castles*, ed. Pringle, pp. xxiv–xxvii. Elsewhere Pringle writes, though, that "[Lawrence's] case that Crusader castles owed more to the west than to Byzantium, and that they contributed little or nothing to the development of European castles before the end of the twelfth century, represented a significant contribution to a debate that has continued intermittently to this day." Denys Pringle, "Crusader Castles: The First Generation," *Fortress* 1 (1989), 14–25. Hugh Kennedy believes in a greater degree of influence of Muslim military architecture on the Crusader one: *Crusader Castles* (Cambridge, 1994), pp. 11–20. See also Wolfgang Müller-Wiener, *Castles of the Crusaders,* trans. M. Brownjohn (London, 1966), p. 8. For the ideas of other scholars who traced the roots of Crusader military architecture to Europe and more specifically to Norman architecture see Paul Deschamps, *Terre Sainte romane* (Paris, 1964), pp. 13–28; Robin Fedden and John Thomson, *Crusader Castles* (London, 1957), pp. 11–12.

[6] Describing the walls of Tyre as they stood already in 1124, William of Tyre writes that "ab oriente vero, unde est per terras accessus, muro clausa triplici cum turribus mire altitudinis." WT 13. 5, p. 592. See also Merav Mack, *Frankish Tyre — a Maritime City in the Kingdom of Jerusalem*, Unpublished MA Dissertation, The Hebrew University of Jerusalem, 1997 (in Hebrew).

[7] Ronnie Ellenblum, "Three Generations of Frankish Castle-Building in the Latin Kingdom of Jerusalem," in *Autour de la Première Croisade*, ed. Michel Balard (Paris, 1996), pp. 517–51.

refortified in the late 1160s or the beginning of the 1170s.[8] Castles like Karak, Belvoir or Crac des Chevaliers were twice as big as the largest French castles of the time, Coucy or Pierrefonds. That means that developed concentric castles existed in the Latin East a decade or more before they came to be known in England or in France.

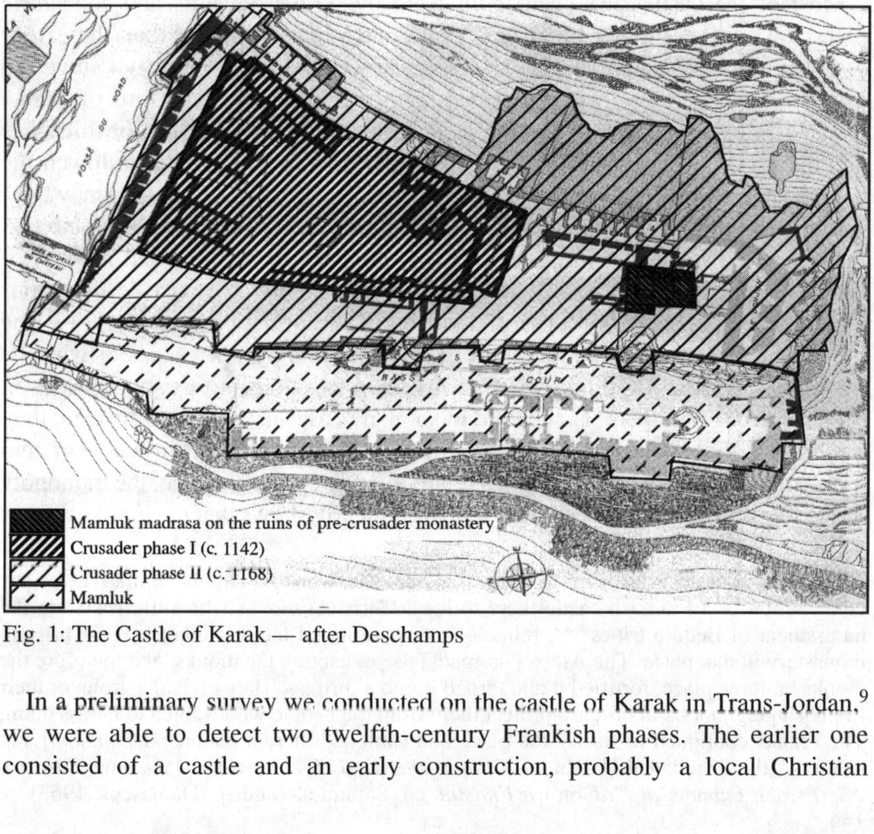

Fig. 1: The Castle of Karak — after Deschamps

In a preliminary survey we conducted on the castle of Karak in Trans-Jordan,[9] we were able to detect two twelfth-century Frankish phases. The earlier one consisted of a castle and an early construction, probably a local Christian

---

[8] Jacques of Vitry says that "[a]fter our men failed to conquer the Egyptian cities of Alexandria, Cairo, Damietta...they turned to the end of their own land in order to protect their own country and for that purpose constructed mighty and unconquerable castles between them and their enemies, that is Montreal and Petra Deserti, whose current name is Crac...., Safad and Belvoir, together with many other fortifications on this side of the border." Jacques of Vitry, *Historia Orientalis seu Hierosolymitana*, in *Gesta Dei per Francos*, ed. Jacques Bongars, 2 vols. (Hanau, 1611), 2:1074. Note his remark that those four castles were built "...cum multis aliis munitionibus, citra Iordanem." See also Denys Pringle, "Reconstructing the Castle of Safad," *Palestine Exploration Quarterly* 117 (1985), 139–49.

[9] The survey of Karak and Shobak was conducted together with Reuven Amitai, Kate Raphael and Yigal Shapira. Karak was built and fortified already in 1142: WT 15. 21, pp. 703–04.

monastery (Fig. 1).[10] During the second phase, which occurred in the late 1160s, the size of the castle was doubled by the addition of a new outer wall and a giant glacis.[11] The extension of Karak coincided with a rise in its importance and with the transfer of the metropolitan see from Shobak, although the castles of Shobak and Safad underwent similar re-fortifications.[12]

Most of the castles that were built from the 1170s onwards had concentric plans.[13] They were many times larger and much better fortified than the earlier ones and obviously much more expensive. However, their owners, who invested in the new technology, were not necessarily very wealthy. The lord of Trans-Jordan, for example, invested in the reconstruction of two of his major fortresses and the Hospitallers built Belvoir despite the economic crisis that followed the disastrous Egyptian campaign of 1168. How can we explain such a tendency?

The architectural change of the late 1160s followed a series of military setbacks that created a feeling of insecurity. This feeling led to an increased number of Frankish appeals to the West,[14] but evidently also to a wave of re-fortifications which were different from those undertaken in earlier periods of insecurity. The Franks were no longer satisfied with the construction of new castles or with the traditional method of adding "men, arms and provisions" to existing castles in order to strengthen them, as they did in so many cases in the past.[15] Instead, they preferred to build concentric castles, which gradually changed their whole system of fortification and became, within a relatively short period of time, the monopoly of the wealthy military orders. This tendency clearly shows that the Franks did not

---

[10] The monastery is mentioned by Ibn Shaddad who assigns the initiative for the construction of a Frankish castle there to local Christian monks who sufferred from the harassment of Beduin tribes: "A reliable source informed me that there was a Christian monastery in that place. The Arabs [=nomads] use to capture the monks, and therefore the monks built the place, fortified it and turned it into a fortress. They invited a group of their Frankish neighbors... in order to protect them from the people who wanted to harass them. The Franks continued to fortify the place and stationed there a commander [*hakim*] and soldiers." Ibn Shaddad al-Halabi, *al-A`laq al-khatira fi dhikr umara' al-Sham wa'l-Jazira*, 2.2: *Ta'rikh Lubnan, al-Urdunn wa-Filastin*, ed. Sammi al-Dahhan (Damascus, 1963), p. 146.

[11] A fortification given to the Hospitallers in 1152 was probably incorporated into the new extended castle: *Cart Hosp* no. 207; Jonathan S.C. Riley-Smith, *The Knights of St. John in Jerusalem and Cyprus, c.1050–1310* (London, 1967), p. 56. In any event, the fortification given to the Hospital reverted to the local lord before 1177: *RRH* no. 551.

[12] For Safad see *Peregrinationes tres: Saewulf, Iohannes Wirziburgensis, Theodericus,* ed. Robert B.C. Huygens, CCCM 139 (Turnhout, 1994), p. 189.

[13] The castles of Belvoir, Karak, Shobak and probably Safad, all built or reconstructed in the late 1160s, had concentric plans. To these castles we can add the concentric castles of Latrun and La Fève which are first mentioned at the same time; the castle of Crac des Chevaliers, rebuilt after the earthquake of 1170; and the castle of Daron which was probably extended at the same time. See note 8, above.

[14] Jonathan Phillips, *Defenders of the Holy Land. Relations Between the Latin East and the West, 1119–1187* (Oxford, 1996), pp. 140–224.

[15] See, for example, the fortification of Shobak: WT 11.26, p. 535; Beth Gibelin: WT 14.22, pp. 659–61. See also WT 12.17, 17.23, pp. 566-68, 792.

have any confidence in their own fortresses and did not trust them to withstand any major Muslim siege. I believe that the reasons for such a major change should not be sought for only in the architectural impressions the Franks acquired seventy years earlier in Constantinople, or in the distant memories of the siege of Tyre, 45 years earlier. The sources of such a change should be sought in the political unification of the Muslim world and in the development of Muslim siege techniques that forced the Franks to make use of a better system of defensive military technology.

The development of both Muslim and Frankish siege warfare techniques was never properly studied, although the number of siege events — 100 in less than 85 years — is indeed astonishing.[16] The complete list of siege events is too long to be reproduced here, but two general conclusions are very important for our discussion: the total number of Muslim sieges and, even more important, the total number of *successful* sieges which increased with considerably during the 1160s and 1170s.

Years	1096–1109	1110–1126	1126–1162	1163–1182
Frankish Siege				
Events	16	11	13	5
Success	13	10	7	4
Failure	3	1	6	1
% Success	**81%**	**91%**	**54%**	**80%**
Muslim Siege				
Events	11	13	9	18
Success	3	6	5	12+3*
Failure	8	7	4	3+3*
% Success	**27%**	**46%**	**56%**	**66–83%**

* Partial success or partial failure.

The definitive change is marked by four consecutive defeats in which the Franks lost six of their castles within less than four years: the castles of Harim (1164),[17] Baniyas (1164),[18] Cavea de Tyrun (1165)[19] and Hunin, Arima and Zafita (1167).[20] Therefore, by the end of the 1160s, even before the unification of the

[16] See Randall Rogers, *Latin Siege Warfare in the Twelfth Century* (Oxford, 1992). Rogers has no interest in Muslim siege warfare or in minor Latin siege-events.

[17] Ibn al-Athir in *RHC Or* 4.1:538.

[18] WT 19.10, pp. 876–77; Ibn al-Athir, pp. 541–42.

[19] WT 19.11, p. 879.

[20] Ibn al-Athir, p. 551.

Muslim world, it became clear that Frankish fortresses were not safe any more. A radical change in castle building was needed.

During the first forty years of Frankish presence in the Levant, the Muslims refrained from using heavy artillery in their siege warfare and preferred to employ traditional methods such as direct assault, blockade, undermining of walls and a limited use of light artillery.[21] The Frankish attacks, on the other hand, were usually machine-supported and depended on various types of war-engines and siege towers.

The Franks applied their machine-supported siege techniques already at Nicaea. They built a siege tower, two types of hurling machines and machines for the undermining of the walls.[22] Their logistic and technological abilities were manifested in the overland transportation of boats "of larger size, capable of holding fifty or a hundred fighters," from the seashore up to the lake of Nicaea. "Three or four wagons were joined together, as the length of the boats required, and the vessels were placed on them. Then, during the course of one night, by ropes placed on the shoulders and necks of men and horses, the people dragged these overland to the lake," a distance of seven miles or more.[23] It is clear that the Franks were able to utilize heavy carts and to harness horses for the transportation of ships. The Frankish sieges of Antioch,[24] Ma`arrat al-Nu'man[25] and 'Arqah[26] were also machine-supported, whereas the Muslim armies, at least in the first decades of the twelfth century, did not carry heavy loads to the battlefields and contented themselves with the use of heavy hurling machines atop their own walls.[27]

After the first unsuccessful assault on the walls of Jerusalem the Franks decided to suspend any further attack until heavy hurling machines and towers were constructed.[28] For the rest of the siege the Franks were occupied more with the construction of the heavy equipment than with real warfare. They enlisted

---

21 See for instance Ibn al-`Adim, *Zubdat al-halab min ta'rikh Halab,* ed. Sammi. al-Dahhan, 3 vols. (Damascus, 1968), 2:151–52, 216, 224–25, 231, 293, 3:28; also, 2:108, 3:113; Ibn al-Qalanisi, trans. Hamilton A. R. Gibb, *The Damascus Chronicle of the Crusades, extracted and translated from the Chronicle of Ibn al-Qalanisi* (London, 1932), pp. 68–69, 71–72, 74–75, 120, 150–51. In many of the earlier cases the Muslim forces did use mangonels, but the number of mangonels and their little effect indicate that they employed a type of light artillery to be described later. For the Fatimid siege of Jerusalem see Ibn al-Qalanisi, trans. Gibb, pp. 45, 204.

22 WT 3.6–7, pp. 202–04.

23 WT 3.8, p. 205.

24 WT 4.15, p. 255; Albert of Aachen 3.40 in *RHC Occ* 4:367.

25 WT 7.9, pp. 354. According to Albert of Aachen 5.30, p. 451, the Franks dismantled the fortress of Talamria, usually identified as Tell-Mannas. The Franks constructed their siege-tower from timber cut down in the neighbourhood of Ma'arrah: Kamal al-Din in *RHC Or* 3:587. See also Ibn al-'Adim 2:142; Ibn al-Qalanisi, trans. Gibb, pp. 45–47.

26 WT 7.14, p. 361.

27 Albert of Aachen 3.37, p. 365; WT 4.11, p. 250.

28 Albert of Aachen 6.2, pp. 467–68; WT 8.6, p. 392.

professional workmen and carpenters, hired camels and wagons for the transportation of the beams, and finally were relieved by the arrival of Genoese skilled artisans who erected "machines in the least possible time" and "brought with them a great variety of tools which proved of much help to the expeditionary forces."[29]

The Fatimid garrison of Jerusalem, well aware of the existence of artillery, prepared beams for the construction of different types of hurling machines which were positioned on the top of the walls.[30] These hurling machines, according to Frankish sources, were made of better material than the Frankish ones. "This was comparatively easy," says William of Tyre, "for the people of Jerusalem had at their command many more skilled workmen and building tools, as well as larger supplies of iron, copper, ropes etc., than had our people."[31]

In the light of this competence, it is interesting to note that the Muslim use of heavy artillery was usually restricted to defensive tasks only. The Franks, on the other hand, continued with the practice of machine-supported attacks during the first decade of the twelfth century as is apparent already from the descriptions of the sieges of Arsuf,[32] Caesarea,[33] Apamea,[34] Acre,[35] Sidon,[36] Atharib[37] and other cities.[38] The same pattern, with the Franks taking recourse to machine-supported siege and the Muslims utilizing heavy hurling machines for defensive purposes only, remained unchanged during the third decade of the twelfth century. During the siege of Tyre in 1124 the Franks constructed towers and hurling machines, using building materials and masts that were taken from Venetian ships[39] and summoning an Armenian expert to handle them.[40] The Muslim citizens of Tyre, who built hurling machines and placed them atop the walls, were curious — after the city's surrender — "to examine the form of the [Frankish] machines and to gaze at the height of the movable towers," although they were able to construct similar machines.[41] However, the acquisition of such knowledge did not have any effect on their battle technique, and until the end of the 1130s the Muslims employed in their siege warfare the traditional methods of arrow-shooting,

---

29 WT 8.9, p. 399.
30 See WT 7.23, p. 374; 8.8, p. 395.
31 WT 8.8, p. 396.
32 FC 2.8, pp. 399–400; Albert of Aachen 7.3–5, pp. 507–11; WT 10.13, p. 469.
33 WT 10.14, p. 470; FC 2.9, pp .401–04.
34 WT 10.22, p. 481.
35 FC 2.25, pp. 462–63; WT 10.27, p. 487.
36 FC 2.44, pp. 543–48; WT 11.14, p. 518. For a detailed description of the siege-engines see Ibn al-Qalanisi, trans. Gibb, p. 107.
37 Ibn al-`Adim, 2:155–56.
38 For the first siege of Tyre see FC 2.46, pp. 558–61; Ibn al-Qalanisi, trans. Gibb, pp. 121–26; WT 11.17, pp. 521–52; Ibn Shaddad, pp. 163–64.
39 WT 13.6, pp. 593–94.
40 WT 13.10, p. 598.
41 WT 13.14, p. 602.

mining, direct assault or long blockade and refrained from the application of heavy artillery.[42]

I believe that the Muslims did not use heavy artillery in their attacks because the transportation of heavy beams and their assemblage under hostile fire required suitable logistics and skilled carpentry. These were the two areas in which the Franks enjoyed a technical advantage over the Muslims. Carpentry was never a specialization of the Muslim armies and definitely not of the Turkish nomadic tribes. Muslim leaders were able to recruit skilled carpenters and to build stationary machines in the cities, but were probably unable, or did not see the necessity, of recruiting a large number of skilled carpenters to join their field armies.

Transportation was another advantage of the Frankish armies. The blockade of maritime cities was logistically dependent on the transportation of heavy baggage on board of Italian ships. The Italian allies also provided the Franks with skilled carpenters and engineers and on many occasions even supplied masts for the construction of heavy machines. Muslim forces, on the other hand, were forced to carry their supplies and carpentry on camels and sailors and carpenters did not form part of the regular army.[43] Thus, the access to advanced carpentry, which was not widespread in the East, and the access to the logistics of foreign fleets, made the speedy construction of heavy siege engines a Frankish monopoly.

The Muslims were well aware of the Frankish ability to carry heavy beams with them in order to construct siege machines. The Franks believed that the Muslims destroyed the church of Lydda during the First Crusade in order to prevent the conversion of long beams into hurling engines for the storming of Jerusalem.[44]

It seems that the turning of the tide began during the siege of Montferrand in 1137. A combination of heavy bombardment from ten mangonels and a successful blockade forced King Fulk of Jerusalem to surrender, although rescue forces were on their way. The Muslim forces could have utilized, in this case, the baggage of the Frankish royal caravan which they had captured before the beginning of the bombardment of the city. In any event, it was the first time for a Muslim army to introduce efficiently a system of heavy artillery into siege warfare.[45] This tactic of artillery-supported attack was imitated two years later when Zanki constructed fourteen mangonels during his successful siege of the Muslim city of Ba`albek.[46]

Three years later, however, when a combined army of Muslims and Franks laid siege to the city of Banyas, the Muslims were not in a position to build a siege-tower. The Franks, who had already bombarded the city with mighty engines, suggested building such a tower but the lack of suitable material forced the joint

---

42 See for example the description of Ilghazi's siege of Ema, Artasium and Cerep after the battle of the Field of Blood: WT 12.11, p. 559. See also WT 12.19, pp. 569–70.

43 Cf. Richard W. Bulliet, *The Camel and the Wheel* (Cambridge, Mass., 1975).

44 WT 7.22, p. 373.

45 Ibn al-Qalanisi, trans. Gibb, pp. 242–43, 261; WT 14.25, pp. 663–65.

46 Ibn al-Qalanisi, trans. Gibb, p. 255.

army to dispatch messengers to Damascus "for tall beams of great size, which long ago had been set aside especially for such a purpose."[47] Once again, the Muslims had the technical know-how, and had even prepared the material in advance, but they did not carry the unassembled machines to the battlefield. "The messengers ...brought ...the immense beams of the necessary size and strength. These were quickly dressed by the carpenters and workmen and put together solidly with iron nails." Thereupon the Muslim army had the opportunity to witness the tower's effect on the local population. According to William of Tyre, it was that of a war with gods rather than with men.[48]

The Franks maintained their dependence on heavy machines and the siege of Wadi Musa (*Vallis Moysi*) in 1144 shows that they refrained from doing so only when the topography was too steep.[49] In general, heavy artillery or construction materials were carried to the battlefield. In 1146, during the second siege of Edessa, the Franks blamed Count Joscelin for having failed to bring machines or construction materials.[50]

The Muslims, for their part, utilized mangonels during the first siege of Edessa, although sapping and mining were much more important for the conquest of the Frankish city. During the siege Zanki "set up mangonels against [the walls of Edessa], and while these unceasingly bombarded the city, ...the men of Khurasan and of Aleppo who were familiar with the technique of sapping, and bold in carrying it out, set to work and made saps at a number of places which they selected as suitable for their operations....until they reached below the foundations of the bastions of the wall." They filled the tunnel with timber and waited for Zanki's instructions. Zanki entered the tunnel, expressed his admiration and gave the order to set the timber ablaze.[51]

The Muslims applied the same pattern during the siege of Banyas in 1157. They bombarded the city while the sappers were mining the curtain wall. They succeeded in breaking into the city but failed to conquer the citadel.[52] The Muslims applied both the newly acquired method of heavy bombardment and the well-known technique of mining in accordance with the circumstances. They heavily bombarded Harim, combined artillery and sapping in the capture of Banyas,[53] and directly assaulted Cavea de Tyrun in 1165 and Hunin in 1167. The

---

47 WT 15.9, p. 687.

48 WT 15.9, pp.687–88. For a Muslim description of this siege see Ibn al-Qalanisi, trans. Gibb, p. 261.

49 WT 16.6, pp. 721–22.

50 WT 16.14, p. 735.

51 Ibn al-'Adim 2:278–79; Ibn al-Qalanisi, trans. Gibb, p. 267.

52 Ibn al-'Adim 2:333–35.

53 The Muslim sappers from Khorasan were protected by "vaulted shields;" they succeeded in breaking into the citadel itself: Ibn al-Qalanisi, trans. Gibb, pp. 216–18. Usama writes that the Khorasani and Halabi sappers were the most experienced: *An Arab-Syrian Gentleman and Warrior in the Period of the Crusades. Memoirs of Usamah Ibn-Munqidh*, trans. Philip K. Hitti. (New York, 1930), p. 102.

comparative ease with which these fortified Frankish strongholds were taken demonstrated that the Frankish castles were no longer safe and secure.

The Muslim interest in the appropriation of Frankish siege technology is manifested in a treatise written sometime in the 1170s by a certain Murda b. Murda al-Tarsusi for Saladin's private library. The treatise includes detailed descriptions of arms that were not in common use in Muslim armies and shorter descriptions of better-known arms.[54] Thus we have detailed descriptions of Frankish arbalists, siege engines and even siege towers — a device never utilized by Muslim armies. The author refers to the arms and engines built by the Alexandrian artisan Shaykh Abu 'l-Hasan ibn al-Abraqi al-Iskandarani. Ibn al-Abraqi had the opportunity to study the construction of Frankish siege towers, as well as many other Frankish heavy siege engines, during the successful Frankish siege of his own city of Alexandria in 1167, or during the Frankish siege of Damietta in 1169, or the siege of Alexandria in 1174. The Franks, well aware of the Muslim ability to imitate their siege-engines, put fire to them before they left the first two of these cities.[55] Abu 'l-Hasan, however, had enough opportunities to study the Frankish machines and to subsequently copy them. In his treatise, Murda b. Murda refers to four types of mangonels: the Arab one, the Persian or Turkish one, the Frankish one and an adaptation of a Persian *manjanik* to suit Frankish techniques. The adaptation was better than the original Persian engine, but inferior to the Frankish mangonel. It had a throwing power of 50 pounds, writes Murda b. Murda, which was less than half of that of the original Frankish engine.[56]

The acquisition of new techniques enabled the Muslims to use heavier mangonels in siege warfare. There was no need to carry the old, relatively light "Arab mangonels" which could do no harm to the Frankish walls, and certainly not to the Frankish houses within the walls. In the sieges conducted during the last third of the twelfth century they carried fewer mangonels than in the earlier

---

54 Extensive extracts from this text were edited and translated by Cl. Cahen, "Un traité d'armurerie composé pour Saladin," *Bulletin d'études orientales* 12 (1947–48), 103–63.

55 In 1167, when the siege of Alexandria was over, King Amaury ordered the machines to be burned. For the siege see WT 19.28, pp. 903–05; for the destruction of the machines see WT 19.32, p. 909. During the siege of Damietta in 1169 the Franks built mangonels, siege-towers and various other machines; upon leaving the city they destroyed the hurling machines only but left behind various other machines: Abu Shama, *Kitab al-raudatayn fi akhbar al-daulatayn*, vol. 1 (Cairo,1870), p. 457; WT 20.15–16, pp. 929–33. The Sicilian army that landed in Alexandria on 29 July 1174 included 1,500 knights, 30,000 foot soldiers, six boats full of supplies and trees, 40 service boats with 50,000[!] servicemen, including carpenters, boat-builders, and siege-tower and mangonel builders. Within two days they succeeded to construct three movable siege towers and three heavy mangonels that catapulted huge basalt rocks brought from Sicily. In a letter sent to Damascus, Saladin wrote that the Muslims were amazed by the strength and size of the towers and stones. The Muslims, however, succeeded in setting the towers on fire: 'Imad al-Din in Abu Shama, pp. 598–99.

56 Cahen, "Un traité," pp. 141–43.

campaigns, probably because the new mangonels, although capable of endangering the Frankish castles, were too heavy and too complex to be assembled. During the unsuccessful siege of Karak in April 1170, for example, Saladin utilized only two mangonels,[57] and during the siege of Daron in the same year he utilized just one.[58] These numbers contrast with the 40 mangonels which the Fatimid army carried along during the siege of Jerusalem in 1098, or the fourteen mangonels which bombarded Ba'albek during the siege of the late 1130s.[59]

The employment of siege engines was accompanied by the introduction of artisans and carpenters into the field armies, because only carpenters and artisans could assemble the machines *in situ*. During the siege of the island-fortress south of Aila, for example, while the Franks were still engaged in the siege of Damietta in 1169, Saladin crossed the Sinai desert, carrying with him on camel-backs several dismantled boats. He included in this expedition, according to 'Imad al-Din, both *artisans and warriors* who succeeded in assembling the boats and in storming the island citadel.[60]

The process of introducing the new techniques was not so easy and the Muslim armies were not so fast in introducing artisans into their field armies. During the siege of Vadum Iacob in August 1179, for example, Saladin spent the first day of the siege searching for foliage and timber for the protection of his engines; the search led him as far as Safad.[61] But the assembly of heavy engines meant wasting another day. The Muslim engineers were expected to assemble the parts and to place the machines under heavy bombardment and arrow shooting from within the castle. One of the commanders of the Muslim army, 'Izz al-Din Jauli al-Asadi, suggested that in order to save time and effort the Frankish *bashura* (i.e., lower town) should be stormed instead of waiting until the machines were assembled

---

57 'Imad al-Din in Abu-Shama, p. 464; WT 20.27, pp. 950–51.

58 In a letter of al-Afdal as quoted by Abu Shama, p. 489. The Muslims succeeded in capturing the *bashura* [lower town] only after the Halabi sappers managed to mine the walls. The defenders, together with the king, found refuge in the citadel.

59 For Jerusalem see Ibn al-Athir in *RHC Or* 4:197; also, Ibn al-Qalanisi, trans. Gibb, p. 45. For Ba`albek see note 46, above.

60 'Imad al-Din in Abu Shama, p. 486.

61 "We arrived at the crossing of Bayt al-Ahzan on Saturday, and the castle is built to the west of the river. We camped near the crossing, we pitched many tents on the hills... we said: 'It is a strong place, we should build a hiding for the engines, we should search for timber and tools.' The sultan rode to Safad the other day, which was Sunday; and the castle of Safad was held by the Templars who are the source of filth. He ordered to cut the vineyard [of Safad] and to use vine-leaves for the hiding of our engines." Al-Bundari, *Sana al-Barq al-Shami*, ed. Fathiyya al-Nabarawi (Cairo, 1409/1989), pp.168–69 [compared with MS. Bodl. B125].

and the siege organized. His advice was accepted and the Muslims stormed the castle and took the *bashura*.[62]

There is no doubt, however, that in the last third of the twelfth century and certainly by the beginning of the thirteenth, a small number of larger engines, and even trebuchets — which were giant ones — became part of the Muslim arsenal. During the siege of Caesarea in 1220 al-Malik al-Mua'zzam mounted three heavy mangonels which worked day and night. The citizens of the city were forced to look for shelter in the citadel, but even the citadel was not safe enough and finally the Muslim sappers forced the garrison out of the city.[63] During the siege of Château Pèlerin in the same year, the Muslim forces mounted, according to Oliver of Paderborn, no less than "eight stone-throwing machines, one being of the very heavy type known as the trebuchet. The machines," says Oliver, "were in action day and night." The Frankish armies were engaged in machine-supported counterattacks and no less than 300 men were engaged in handling the hurling machines.[64]

We may conclude, therefore, that by the end of the 1160s the Muslims succeeded in improving their siege capacities and forced the Franks to adopt a different approach to castle building. The example of the fortifications of Tyre, that had been able to withstand a number of sieges, probably induced the Franks to engage in a major reconstruction of many of their castles. From the late 1160s onwards they encircled them with two or more concentric walls of descending heights, in order to enable the garrisons to shoot simultaneously from different levels and to enable the positioning of siege engines on the rooftops. Consequently the need for inner wards or baileys was also reduced since the garrisons were in need both of a better shelter in order to hide from the Muslim heavy artillery and archery, and of an open roof space in order to set up their own machines. These requirements were probably the reason for the almost complete disappearance of inner wards from Château Pèlerin and Crac des Chevaliers and for the creation of concentric, keepless castles like Château Gaillard.

---

62 This is the account of Ibn al-Athir in *RHC Or* 4:636. 'Imad al-Din, however, notes that the engineers started to assemble the hurling machines a day earlier, during the foray to Safad.

63 "Eracles," 32.5, p. 334; Sibt ibn al-Jauzi, *Mir'at al-zaman fi ta'rikh al a'yan,* ed. James R. Jewett (Chicago, 1907), p. 397.

64 Oliver, *Historia Damiatina,* ed. Hermann Hoogeweg as *Die Schriften des Kölner Domscholasters, späteren Bischofs von Paderborn und Kardinalsbischofs von S. Sabina, Oliverus*, Bibliothek des litterarischen Vereins in Stuttgart, 202 (Tübingen, 1894), pp. 169–72.

Three Patriarchs at Antioch, 1165–70

Bernard Hamilton

In 1166 the Latin patriarch of Antioch was driven from his see and replaced by a Greek who reigned for four years; and in 1168 Prince Bohemond III allowed the Jacobite patriarch to be enthroned in Antioch cathedral. These events are not reported in any western or Byzantine source and are known only from the writings of Syriac historians. In this paper I shall attempt to establish the reasons for these events by examining them in their political as well as their ecclesiastical contexts.

The Latin patriarch, Aimery of Limoges, was about fifty-six years old in 1166. He was a gifted scholar and had studied in the schools of Toledo before coming to Antioch to take service with his fellow countryman, Prince Raymond of Poitiers (1136–49). He had an extremely successful career there, being appointed first archdeacon, then dean and finally patriarch, after the deposition of Ralph of Domfront in 1140.[1] Aimery also proved to be an effective secular ruler and took a major part in the government of Antioch from 1149–53, after Prince Raymond's death, and again during the minority of Bohemond III (1161–63).[2]

The Byzantine emperors had never been prepared to accept the appointment of Latin patriarchs in Antioch. In 1108 at the Peace of Devol Alexius I made Bohemond I swear to restore an Orthodox patriarch, and although this provision was ignored by the Franks, the emperors remained committed to implementing it and had appointed a succession of titular patriarchs who lived in Constantinople. In 1158–59 Manuel I had campaigned in Cilicia and Syria, had received the homage of Prince Reynald of Antioch (1153–61) and had forced him to agree to accept an Orthodox patriarch.[3] This was Athanasius I Manasses whom Manuel had appointed in *c*.1157. He had been a monk of Patmos and like Aimery of Limoges he was a scholar and the author of a eulogy on St Christodoulos. After he became patriarch he lived in the Hodegoi monastery at Constantinople and despite Prince Reynald's undertaking he was still there on Christmas Day 1161 when he assisted at the marriage of the emperor to Mary of Antioch, the sister of

---

[1] Rudolf Hiestand, "Un centre intellectuel en Syrie du nord? Notes sur la personnalité d'Aimery d'Antioche, Albert de Tarse et *Rorgo Fretellus*," *Le Moyen Age* 100 (1994), 8–16; Bernard Hamilton, "Ralph of Domfront, Patriarch of Antioch (1135–40)," *Nottingham Medieval Studies* 28 (1984), 1–21.

[2] Bernard Hamilton, "Aimery of Limoges, Patriarch of Antioch: Ecumenist, Scholar and Patron of Hermits," in *The Joy of Learning and the Love of God: Studies in Honor of Jean Leclercq*, ed. E.R. Elder, Cistercian Studies 160 (Kalamazoo, 1995), pp. 269–90.

[3] Venance Grumel, *Traité d'études byzantines* 1: *La chronologie* (Paris, 1958), p. 448; Bernard Hamilton, *The Latin Church on the Crusader States: the Secular Church* (London, 1980), pp. 173–77.

Bohemond III.[4] Indeed, he might have spent the rest of his life there had not events in Egypt produced a crisis in Antioch.

The Fatimid caliphate was growing weak and rival ministers appealed to foreign rulers for aid. In April 1164 the forces of Nur al-Din of Damascus restored Shawar as vizier, and King Amalric of Jerusalem, fearing that Egypt would become Nur al-Din's satellite, led his army there in July and besieged Nur al-Din's troops in Bilbais. In order to force the king to withdraw, Nur al-Din invaded Antioch and on 10 August defeated the confederate army of the northern Christian states near Harim, taking most of their leaders prisoner, including the young Bohemond III.[5] Aimery of Limoges once again took charge of the government and defence of the principality, but instead of seeking help from its overlord, the Emperor Manuel, since he feared that Byzantine intervention might lead to the restoration of the Orthodox patriarch, he sent an urgent appeal to King Louis VII of France.[6]

Nevertheless, Nur al-Din considered Antioch a Byzantine protectorate and did not press his advantage by seizing more of its territory because he did not wish to become involved in a major war with Manuel at a time when he might need to intervene in Egypt. Instead he turned south and seized Banyas from the Franks of Jerusalem.[7] King Amalric, who had previously been very hostile to Byzantium, was impressed by the effectiveness of Manuel's protectorate of Antioch and determined to strengthen his own links with the empire.[8] He came to Antioch in 1165 and is credited with negotiating the release of Bohemond III in return for a ransom of 100,000 dinars. The prince sought the help of Manuel, who was both his overlord and his brother-in-law, and may have been accompanied to Constantinople by King Amalric's envoys, the marshal, Odo of St Amand, and Archbishop Ernesius of Caesarea, who were empowered to negotiate a marriage alliance between the two rulers.[9] Manuel paid Bohemond's huge ranson, but required him to restore the Orthodox patriarch. Since Athanasius took part in a synod at Constantinople in March 1166 it seems likely, as Failler has argued, that he and Bohemond did not reach Antioch until the late spring of that year.

---

4 A. Failler, "Le Patriarche d'Antioche Athanase Ier Manassès (1157–70)," *Revue des études byzantines* 51 (1993), 63–75, points out that although Grumel refers to him as Athanasius III, he was in fact Athanasius I. See also Michael Angold, *Church and Society in Byzantium under the Comneni 1081–1261* (Cambridge, 1995), pp. 367–68.

5 WT 19.9, pp. 874–75; Malcolm C. Lyons and David E.P. Jackson, *Saladin. The Politics of the Holy War* (Cambridge, 1982), pp. 5–9.

6 *Veterum Scriptorum et Monumentorum nova et amplissima Collectio*, ed. Edmund Martène and Ursin Durand, 9 vols. (Paris, 1724–33), 1:870; *RRH* no. 405.

7 WT 19.10, pp. 876–77.

8 *Gesta Dei per Francos*, ed. Jacques Bongars (Hanau, 1611), 1:1176; *RRH* no. 394.

9 WT 20.1, p. 913; Nikita Elisséeff, *Nur ad-Din, un grand prince musulman de Syrie au temps des croisades (511–569H/1118–1174)*, 3 vols. (Damascus, 1967), 2:598–99.

Athanasius was enthroned in St Peter's cathedral and Aimery of Limoges was deprived of power.[10] When he had quarrelled with Prince Reynald some ten years earlier, Aimery had sought refuge in Jerusalem, but that was not possible in 1166.[11] John Cinnamus reports that during the negotiations between Amalric's envoys and Manuel about a Byzantine marriage alliance the emperor made it plain that his overlordship of Antioch was not negotiable.[12] Had Amalric sided with Aimery of Limoges by offering him asylum, he might have jeopardised his chances of securing an imperial alliance and he could not afford to do that.

In normal circumstances papal approval would have been needed to validate the appointment of a new patriarch in Antioch. It is not known whether Aimery of Limoges complained to Pope Alexander III about his expulsion, but it is virtually certain that the pope did not protest to Manuel about Athanasius's enthronement. Alexander's position was very insecure. His election had been contested by Victor IV, who had been recognized as pope by the western emperor, Frederick I Barbarossa, and Alexander had been forced into exile in France in 1163. He did not return to Rome until November 1165 and although Victor IV had died in 1164, Frederick had appointed a new antipope, Paschal III, who had considerable support in north and central Italy. Alexander's most powerful Italian supporter, William I of Sicily, died on 7 May 1166, leaving his widow, Queen Marguerite, as regent for the young William II. She faced considerable internal opposition and the pope could therefore no longer depend on strong Sicilian protection.[13]

At about that time an embassy from Manuel Comnenus reached Rome, led by the Sebastus Jordan of Capua. Manuel offered to secure the recognition of the papal primacy by the Orthodox churches in return for Alexander's recognition of Manuel as emperor of the west. In ideological terms the offer was impractical, since Manuel and Alexander held incompatible views about the relations between the secular and the ecclesiastical powers in a Christian polity, but in political terms Alexander found Manuel's offer attractive. The Emperor Frederick was known to be preparing a new Italian expedition and Alexander stood in need of a powerful ally. Wihout making any firm commitment about the proposals, he sent a delegation to Constantinople to discuss matters further, led by the two most senior members of the sacred college, Ubald, cardinal-bishop of Ostia, and John, cardinal of SS John and Paul and papal vicar in the city of Rome. Alexander would not have wished to endanger these negotiations by challenging Manuel's right to restore an Orthodox patriarch in Antioch, because if full religious unity

---

[10] Michael the Syrian, *Chronique de Michel le Syrien, Patriarche Jacobite d'Antioche (1166–1199)* 18.11, ed. and trans. Jean B. Chabot, 4 vols. (Paris, 1899–1924), 3:326; Failler, "Athanase Ier," p. 71. WT 19.11, p. 878, says, unconvincingly, that Bohemond returned to Antioch from Constantinople "infra paucos dies."

[11] WT 18.1, p. 809; Hamilton, "Aimery of Limoges," pp. 274–75.

[12] John Cinnamus, *Epitome rerum ab Ioanne et Alexio Comnenis gestarum* 5.13, ed. Augustus Meineke, Corpus Scriptorum Historiae Byzantinae (Bonn, 1836), pp. 237–38.

[13] J. Rousset de Pina, "Alexandre III et Frédéric Barberousse" and "La politique italienne d'Alexandre III," *Histoire de l'Eglise*, ed. Augustin Fliche and Victor Martin, 9.2 (Paris, 1953), pp. 50–82, 127–29.

were to be implemented between Rome and Constantinople Athanasius's appointment could be regularized in western canon law.[14]

Manuel's desire for church unity appears to have been quite sincere. Evidence of his goodwill towards the western church was shown by his treatment of Demetrius of Lampe, who accused the Latins of misinterpreting Jesus' words: "I and the Father are one" (John 14.28). After consulting his adviser on western church affairs, the Pisan theologian Hugh Eteriano, Manuel defended the western position himself. For this he was widely criticized and his orthodoxy was even called in question, but his ruling was endorsed by the Byzantine church at a synod held in Constantinople on 2 March 1166 at which the Orthodox patriarchs of Constantinople, Antioch and Jerusalem were present. Manuel then gave this decision the full force of law by incorporating it in an imperial *ecthesis* which was inscribed in marble and placed in the narthex of the cathedral of the Holy Wisdom.[15] Alexander would have learned of this from Jordan of Capua and it would have predisposed him to treat Manuel's proposals about church unity seriously.

Paul Magdalino has argued forcefully that Manuel's wish to secure papal recognition as western emperor was motivated by political as well as by ideological considerations. Such recognition would validate his territorial claims in Italy and would also give him "control over the consequences of the First Crusade which the Komnenoi had always sought."[16] This factor was perhaps particularly important at a time when Fatimid Egypt was weak and therefore vulnerable to Frankish attack.

Because of Alexander III's failure to intervene on his behalf Aimery of Limoges was left in limbo. He had been barred from exercising his office and he had no means of redress, yet he had not been canonically deposed. He therefore retired to the patriarch's castle of Cursat to the south of Antioch, where he lived in seclusion.[17] There is no evidence that he received any support from his suffragans.

While he was there Athanasius VIII, the patriarch of the Syrian Orhodox, or Jacobites, died on 14 July 1166. His successor, Michael I, the Syrian, was consecrated on 14 October.[18] He was forty years old and was the son of a priest of Melitene. He had been professed in the nearby monastery of Bar Sauma of which

[14] Boso, *Vita Alexandri III* in *Le Liber Pontificalis*, ed. Louis Duchesne and Cyrille Vogel, 2nd ed., 3 vols. (Paris, 1955–57), 2:415.

[15] Peter Classen, "Das Konzil von Konstantinopel 1166 und die Lateiner," *Byzantinische Zeitschrift* 48 (1955), 339–68; Cyril Mango, "The Conciliar Edict of 1166," *Dumbarton Oaks Papers* 17 (1963), 315–30; A. Dondaine, "Hugues Ethérien et le concile de Constantinople de 1166," *Historisches Jahrbuch* 77 (1958), 473–83; Angold, *Church and Society*, pp. 83–86.

[16] Paul Magdalino, *The Empire of Manuel I Komnenus 1143–1180* (Cambridge, 1993), pp. 86–87.

[17] Michael the Syrian 18.11, 3:326 ; Paul Deschamps, *Les châteaux des croisés en Terre Sainte* 3: *La défense du comté de Tripoli et de la principauté d'Antioche* (Paris, 1973), pp. 351–57.

[18] Michael the Syrian 18.11, 19.2, 3:327, 329–31.

he had been archimandrite since *c.*1155. Michael also claimed to be the lawful patriarch of Antioch and, like his Latin and Byzantine colleagues, he was a learned man, esteemed by his contemporaries for his liturgical scholarship, although better known now as the author of a Syrian chronicle covering events from the creation of the world to 1195.[19] The Jacobites were in full communion with the Coptic church of Egypt, so at his accession Michael sent a profession of faith to his colleague, Mark III of Alexandria.[20]

In January 1167 King Amalric intervened once more in Egypt to prevent Nur al-Din from becoming dominant there. After a long campaign he forced Nur al-Din's army to withdraw and established a protectorate over Egypt, with a Frankish resident and a small garrison stationed at Cairo, while the Fatimid caliph agreed to pay Amalric an annual tribute.[21] It was not a coincidence that Michael the Syrian decided to visit the Holy Sepulchre in 1168, for he obviously wanted to meet King Amalric who had become in some sense the protector of the Coptic church. On his journey south Michael called at Antioch during Lent. He tells us (writing of himself in the third person) that "he met the governors at the gate of the city and was well received by them, but he declined to go in," giving as his reason that he wished to keep Easter in Jerusalem.[22] It is possible that he refused to stay in Antioch because he did not wish to meet the Orthodox patriarch, representative of the Byzantine emperor, until he had first discussed the situation in Egypt with the king of Jerusalem.

The Coptic population of Egypt in Fatimid times was large and influential, and so Michael, the head of the sister church in Syria, was warmly welcomed by the Franks in Jerusalem. King Amalric issued a diploma in his favour and Michael was also received by the Latin patriarch, Amalric of Nesle.[23] He was probably acting on their advice when on his way back to Antioch a few weeks later he called on the other Latin patriarch, Aimery of Limoges, at Cursat.

Aimery was delighted by this visit which was the first official recognition he had received since he had been driven from office two years before. Michael related that as Aimery "was annoyed with the patriarch of the Greeks who was at Antioch, he arranged for our patriarch to be led into the city with full ceremonial honours in order to humiliate the Greeks."[24] The Anonymous *Syriac Chronicle of 1234* adds: "The Franks led [Michael] with great ceremony to the sanctuary of St Peter. He took his place on the throne of St Peter in the church of Qosiana on the south side of the sanctuary." Weight should be given to this evidence, because the only manuscript of Michael's *Chronicle* is damaged for the years 1165–70 and may originally have contained a similar passage, while the anonymous author of

---

[19] Eugène Tisserant, "Michel le Syrien," *Dictionnaire de Théologie Catholique* 10.2 (Paris, 1929), cols. 1711–19.

[20] Michael the Syrian 19.2, 3:331.

[21] WT 19.13–32, pp. 882–909; Lyons and Jackson, *Saladin*, pp. 10–19.

[22] Michael the Syrian 19.3, 3:332.

[23] The diploma was later shown to Baldwin IV. Michael the Syrian 20.8, 3:379.

[24] Ibid., 19.3, 3:332.

the 1234 Chronicle was a member of the household of Michael the Syrian's brother Athanasius, and later of his nephew the Maphrian Gregory, and was therefore in a position to be well-informed about the events of the patriarch's life.[25]

The ceremonial reception of Michael must have been organized by Prince Bohemond, acting perhaps at the suggestion of King Amalric, and the respect accorded to him undoubtedly reflected the Franks' wish to make a favourable impression on the Copts, who would learn of events at Antioch from the Jacobite community there. But, as Michael hints, the splendour of his reception was also intended as a slight to the Orthodox patriarch, Athanasius. This accorded with Frankish policy at the time. King Amalric had married the Byzantine emperor's great-niece Maria in 1167 and she had brought him a handsome dowry, but although in 1168 his envoys were in Constantinople planning a joint attack on Egypt, Amalric decided to act alone. In October of that year he led an army to Egypt intending to replace the Frankish protectorate by direct rule. Had he succeeded the Franks would have been powerful enough and rich enough to dispense with the Byzantine protectorate at Antioch and could therefore have expelled Athanasius and reinstated Aimery of Limoges. In fact Amalric's intervention was a total failure and led to Nur al-Din's lieutenant, Saladin, taking over the government of Egypt and being invested as vizier of the Fatimid caliph in March 1169.[26] That, of course, made the Franks more reliant than ever before on Byzantine help, and consequently Athanasius Manasses remained patriarch of Antioch.

Michael the Syrian stayed in Antioch for almost a year, officiating in the Jacobite churches and consecrating three bishops. The patriarch Athanasius began to question him about the doctrinal differences between their churches and Michael gave him a written profession of faith, which was sent to the emperor.[27] Manuel was interested not merely in healing the schism with the west, but also in uniting the separated churches of the east with the Orthodox church of Byzantium. He was already in communication with the Armenian catholicus, St Nerses the Gracious (1166–73), about reunion when Michael's profession reached him.[28] Since Manuel was hoping, with Frankish help, to annex Egypt, he too was concerned to promote good relations with the Jacobites and Copts. He therefore sent an envoy named Christopher to Michael, inviting him to an audience with the

---

25 *Anonymi auctoris Chronicon ad annum Christi 1234 pertinens*, trans. A. Abouna, Corpus Scriptorum Christianorum Orientalium. Scriptores Syri 3.154 (Louvain, 1974), p. 230; Tisserant, "Michel le Syrien," cols. 1711–12.

26 WT 20.1, 4–11, pp. 913, 915–25; Lyons and Jackson, *Saladin*, pp. 20–29.

27 Michael the Syrian 19.3, 5, 3:332, 334.

28 P. Tekeyan, *Controverses Christologiques en Arméno-Cilicie dans la seconde moitié du XIIe siècle (1165–98)*, Orientalia Christiana Analecta 124 (Rome, 1939), pp. 14–42.

emperor in Constantinople.[29] Nothing came of that exchange, but in May 1170 an imperial delegation led by the lay theologian Theorianus and by Atman, abbot of the Armenian monastery at Philippopolis, came to the castle of Hromgla, the home of the Armenian catholicus, having been sent by the emperor to discuss church unity. Michael the Syrian was invited to attend but merely sent an observer, the bishop of Kesun.[30] Nevertheless, as the leaders of the separated eastern churches were drawn into the Byzantine orbit, so the position of the Orthodox patriarch of Antioch became more secure.

Then on 29 June 1170, the feast of SS Peter and Paul, northern Syria was struck by a terrible earthquake. Michael the Syrian describes how when the tremors occurred he was celebrating the liturgy in the monastery of Mar Hanania near Mardin:

> we threw ourselves to the ground in front of the altar and seized hold of it. We were flung from side to side...A long time later when we came to ourselves again, we felt as though we had risen from the dead against all hope.

The church of Mar Hanania withstood the shock, but the sanctuary of Antioch cathedral collapsed. Athanasius Manasses, who was celebrating the liturgy there at the time, was buried in the rubble and although he was still breathing when rescuers reached him he died as he was carried away. Prince Bohemond, who considered the earthquake a sign of divine judgement on the Franks for allowing a Greek to have spiritual rule over them, rode to Cursat and begged Aimery of Limoges to return, which he agreed to do only when he was assured that his rival was dead.[31]

Yet although the Orthodox patriarch had been killed, the political circumstances which had kept him in power for four years had not changed at all. Despite the failure of the joint Byzantine-Frankish attack on Damietta in the autumn of 1169, Manuel's position in the Latin East had not been weakened, for the crusader states were encircled by lands which Nur al-Din controlled in fact, if not in name, and Manuel was the Franks' only powerful ally.[32] There had been in no change in the western situation either, despite the fact that after Frederick Barbarossa had captured Rome in 1167 his army had been decimated by an epidemic and the Lombard League had been formed to oppose him. For much of Italy was still controlled by the emperor's supporters, while in 1170 Rome remained in the hands of the antipope and Alexander III was living in exile at Veroli. In order to win the war against the Emperor Frederick he and his allies needed the financial support which Manuel so lavishly gave. In 1170 Manuel strengthened his ties with the

29 Michael the Syrian 19.5, 3:334–35.
30 Tekeyan, *Controverses*, p. 22.
31 Michael the Syrian 19.6, 3:336–39.
32 WT 20.13–17, pp. 926–34; Lyons and Jackson, *Saladin*, pp. 36–38.

pope by sending his niece Eudoxia to marry Odo Frangipani, Alexander's chief supporter among the Roman nobility.[33]

Yet although he would have faced no opposition from the Frankish rulers or from the pope, Manuel did not attempt to replace Athanasius Manasses in Antioch with another Orthodox patriarch. He appointed a successor to him, Cyril II of Antioch, but he remained in Constantinople.[34] The reasons for this are not known, but I would tentatively suggest that they may be found in the state visit which King Amalric made to Constantinople in 1171. The king became Manuel's vassal, which meant that imperial suzerainty was acknowledged throughout the Latin East,[35] and Amalric may have persuaded Manuel that it would be inadvisable to attempt to restore an Orthodox hierarchy there. Byzantine overlordship, although a military necessity, was not popular among the Franks in the crusader states and additional ill will would have been generated if a new Orthodox patriarch had been imposed at Antioch.

It is nonetheless arguable that Manuel's failure to replace Athanasius immediately with another Orthodox patriarch was an error of judgement, for when he tried to do so after Amalric's death he met with strong opposition from the pope and was forced to abandon the plan. By that time the papal schism had ended and peace had been restored between Alexander and Frederick Barbarossa at Venice in 1177, so that the pope was no longer dependent on Byzantine help and was no longer prepared to tolerate any diminution of the powers of the Latin hierarchy in Syria.[36]

The discussions which Manuel had initiated with the separated eastern churches continued until the end of his reign, in an atmosphere of considerable cordiality in the case of the Armenians. Michael the Syrian sent observers to these discussions, but distanced himself from them.[37] His relations with Aimery of Limoges remained extremely friendly and Michael received an invitation to attend the Third Lateran Council in 1179.[38] This was the first occasion on which such a courtesy was extended to the head of a church which was not in communion with the Roman See and it must have been sanctioned by the pope. Alexander had come to appreciate that the goodwill of the separated eastern churches was

---

33 Paolo Lamma, *Comneni e Staufer. Ricerche sui rapporti fra Bisanzio e l'Occidente nel secolo XII*, 2 vols. (Rome, 1955–57), 2:123–43; Rousset de Pina, "La politique italienne," pp. 129–40; Magdalino, *Manuel I*, p. 84.

34 Grumel, *Chronologie*, p. 448; Venance Grumel, *Les regestes des actes du patriarcat de Constantinople*, 1.3: *Les regestes de 1043 à 1206* (Bucharest, 1932–71), nos. 1126, 1132, pp. 155–57, 161–62.

35 WT 20.22–24, pp. 940–46; Steven Runciman, "The Visit of King Amalric I to Constantinople in 1171," in *Outremer*, ed. Benjamin Z. Kedar, Hans E. Mayer and Raymond C. Smail (Jerusalem, 1982), pp. 153–58.

36 *Epistolae pontificum Romanorum ineditae*, ed. Samuel Löwenfeld (Leipzig, 1885), p. 164; Lamma, *Comneni e Staufer*, 2:283–92; Rousset de Pina, "La politique italienne," pp. 143–56.

37 Tekeyan, *Controverses*, pp. 22–42.

38 Michael the Syrian 20.7, 3:377–78.

important in making the position of the Catholic hierarchy in the Latin East secure, and that may have been a consequence of Manuel's coeval attempt to promote unity between those churches and Constantinople.

After 1170 Aimery of Limoges's position was unchallenged and he ruled the church of Antioch vigorously for another twenty-six years.[39] Michael the Syrian outlived him, dying in 1199, and he remained a good friend to the Franks throughout that time despite Saladin's conquests in 1187–90.[40] Yet Athanasius's brief reign had not been ineffectual, for it had reinforced the separate religious identity of the large Greek community of Antioch, which until the end of Latin rule in 1268 strove whenever possible to reinstate an Orthodox patriarch once more.[41]

The silence of all the western sources about the restoration of Athanasius Manasses is a measure of the importance they attached to it; they were deeply ashamed of the failure of the Franks in the east and of the pope to defend the rights of the Latin patriarch. The silence of Byzantine writers is more difficult to interpret; but it may indicate that they attached comparatively little importance to a restoration which ended apparently in failure and had no obvious consequences at the time they were writing. But for Syrian historians the years 1165–70 were unusually important. The attention of the Franks and the Byzantines was focused on Egypt, which had a large Coptic population, and so the Syrian Jacobites found themselves in the unusual position of being treated with honour by both the Latins and the Byzantines.

Had the Syriac historians not recorded what happened, the only evidence we should have had that Athanasius Manasses had ever lived in Antioch would have been a reminiscence of the Armenian scholar St Nerses of Lampron. He relates how in the 1170s he stayed at the Orthodox monastery of Bethias in the Black Mountain of Antioch, where the monk Basil showed him a Greek commentary on the Apocalypse of St John the Divine "which had belonged to Athanasius, patriarch of that city." He borrowed it and the catholicus to whom he showed it commissioned an Armenian translation which St Nerses used when revising the Armenian text of the Apocalypse.[42] This was arguably the most lasting consequence of Athanasius's reign in Antioch.

---

39 The date of his death is disputed, but 1196 is the best substantiated. Hamilton, "Aimery of Limoges," pp. 285–86.

40 Gregory Bar Hebraeus, *Chronicon Ecclesiasticum*, ed. with Latin trans. Jean B. Abbeloos and Thomas J. Lamy, 2 vols. in one (Louvain, 1872), cols. 604–06; Hamilton, *The Latin Church*, pp. 199–201.

41 Ibid., pp. 313–26; Claude Cahen, *La Syrie du Nord à l'époque des croisades et la principauté franque d'Antioche* (Paris, 1940), pp. 612–13, 680–87.

42 Frederick C. Conybeare, *The Armenian Version of Revelation and Cyril of Alexandria's Scholia on the Incarnation and Epistle on Easter* (London, 1907), pp. 61–64.

Ein unbekanntes Kreuzfahrersiegel

Hans Eberhard Mayer

Der Zusammenbruch der Ägyptenexpansion des Königs Amalrich von Jerusalem vor Damiette 1169 führte zu einer Vermehrung der ohnehin häufigen hilfesuchenden Gesandtschaften von Jerusalem ins Abendland.[1] Da die politische Lage sich nicht besserte und dazu noch im Juni 1170 ein schweres Erdbeben die Städte der Kreuzfahrerstaaten verwüstete, hielt der König Anfang 1171 eine Reichsversammlung ab, die erneut Gesandtschaften beschloß, zum Papst, zum Kaiser, zu den Königen von Frankreich und England, Sizilien und Spanien. Man beschloß aber auch eine Gesandtschaft zum Basileus nach Konstantinopel. Zu ihm, so befand die Versammlung in einem Grundsatzbeschluß, solle eine Person geschickt werden, "que prudentia, facundia et auctoritate tanti principis animum ad nostra sciat et possit inclinare desideria."[2] Der Fortgang der Sache war höchst überraschend. Während die Versammlung nämlich erörterte, wen man konkret ans Goldene Horn schicken sollte, zog sich der *König cum paucis ex familiaribus*[3] zurück, beriet das Problem mit ihnen gesondert, kehrte dann, gestärkt durch ihre Entscheidung, in die Versammlung zurück und verkündete dort zur großen Konsternation der Teilnehmer, nach Konstantinopel werde er selbst gehen. Er setzte das auch durch, reiste am 10. März ab und kehrte am 15. Juni ins Reich zurück.[4]

Die in diesem Zusammenhang üblicherweise erörterte Frage, ob der König in Konstantinopel eine Lehnsabhängigkeit von Byzanz anerkannte, steht hier nicht zur Erörterung. Es geht hier vielmehr um die Prozedur. Vor fast 50 Jahren schon hat Jean Richard erkannt, daß sich der König hier eines Geheimen Rats bediente, um die Beschlußfassung der Versammlung zu präjudizieren oder gar zu ersetzen.[5] Ein solches Gremium ist, wenn ich recht sehe, danach erst wieder in der zweiten Hälfte des 13. Jahrhunderts belegt.[6]

Wilhelm von Tyrus zählt für die Reise des Königs sieben Begleiter auf;[7] der Kanzler ist nicht darunter. Ich habe dennoch unterstellt, daß er dabei war.[8] Positiv ist das nicht bezeugt. Es kam aber in Konstantinopel zum Abschluß eines

---

1 Jonathan Phillips, *Defenders of the Holy Land. Relations between the Latin East and the West, 1119–1187* (Oxford, 1996), S. 168–213.

2 WT 20.22, S. 941.

3 In der altfranzösischen Übersetzung *RHC Oc* 1:981, steht "privé conseill."

4 WT 20.22,24, S. 942, 946.

5 Jean Richard, *Le royaume latin de Jérusalem* (Paris, 1953), S. 78.

6 "Livre de Jacques d'Ibelin," *RHC Lois* 1:459. Jonathan Riley-Smith, *The Feudal Nobility and the Kingdom of Jerusalem, 1174–1277* (London, 1973), S. 225.

7 WT 20.22, S. 942.

8 Hans E. Mayer, *Die Kanzlei der lateinischen Könige von Jerusalem*, Schriften der *MGH* 40, 2 Bände (Hannover, 1996), 2:53–54.

Vertrages mit dem Basileus, den der König besiegeln ließ,[9] und das Reichssiegel stand in der Obhut des Kanzlers. Mindestens hatte er den König begleitet bis nach Tripolis, wo unterwegs am 14. März 1171 ein Diplom besiegelt wurde.[10]

Das nachstehend publizierte Siegel zwingt zur Revision meiner These. Zwar war der Kanzler in Byzanz möglicherweise mit von der Partie, aber sicher ist es nicht mehr, denn König Amalrich verfügte außer dem gut bekannten Reichssiegel noch über ein weiteres Siegel, das nicht der Kontrolle des Kanzlers unterlegen haben dürfte.

In der Siegelsammlung des Fogg Museum of Art der Harvard University in Cambridge, Mass., befindet sich als n° 2939 ein fragmentarisch erhaltenes, loses und undatiertes Bleisiegel Amalrichs mit einem Gesamtdurchmesser (inklusive des äußeren Bleiwulstes) von 34 mm; der Durchmesser des reinen Stempelabdrucks ohne Wulst beträgt nur 29 mm. Das Stück ist zur Zeit zu Katalogisierungszwecken langfristig an Dumbarton Oaks in Washington ausgeliehen. Es ist hier abgebildet auf Tafel 1. Eine Photographie beider Seiten verdanke ich dem freundlichen Entgegenkommen von Dr. John Nesbitt (Dumbarton Oaks). Weggebrochen ist an einer Seite der äußere Bleiwulst und daselbst auch ein Teil der Legende. Der Kanal für die Siegelschnur ist vorhanden. Über die Provenienz ist nichts bekannt. Das Siegel ist unpubliziert.

Tafel 1: Fogg Museum of Art, Harvard University, Seal n° 2939

Beschreibung: Im Bild entspricht das Siegel generell den bekannten Königsiegeln von Jerusalem. Es hat allerdings einen weit geringeren Durchmesser als üblich. Dies zwang zur Kürzung der Legende, die von der der anderen Siegel drastisch abweicht. Auf dem Avers ist *en face* der König abgebildet. Er sitzt auf einem Thron ohne Rückenlehne, aber mit einem Querbalken unter dem Sitz. Der Thron steht zwischen zwei mittig gerafften Vorhängen oder Fleurons. Von der Gestalt und dem Gesicht des Königs sind

---

[9] WT 20.24, S. 946: "pactis ... scripto traditis utriusque bulla signato." Zur Vertragsform siehe Mayer, *Kanzlei* 2:53, Anm. 37.

[10] *RRH* no. 488.

wegen des Erhaltungszustandes des Avers fast keine Einzelheiten zu sehen. Die Form der Krone ist nicht erkennbar, auch ist unsicher, ob daran Pendilien hängen. Der König trägt ein langes Gewand, das zwischen den Beinen dreieckig bis zum Boden herabhängt. Weitere Einzelheiten des Gewandes wie Faltenwurf etc. sind nicht zu erkennen. Von einer Stola oder einem Loros über der Brust wie auf anderen Siegeln Amalrichs ist nichts zu sehen.

In der rechten Hand hält der König ein kurzes, oben kreuzgeschmücktes Szepter, in der linken Hand einen Reichsapfel, der aber oben nicht wie sonst von einem Kreuz überragt wird, sondern von einem dreiblättrigen Ornament. Das ist bei den Siegeln der Könige von Jerusalem singulär, aber ein auffälliges byzantinisierendes Element, das in Jerusalem nur bei dem lateinischen Siegel der aus Byzanz stammenden Königin Theodora eine Parallele hat.[11] Laurent hat es dort als *une grenade allumée* bezeichnet, was immer er sich darunter auch vorstellte. Das gleiche Attribut findet sich auch auf einem Siegel der Theophanu, der Gattin des Kaisers Nikephoros Phokas.[12] Hierbei handelt es sich um ein auch sonst in Byzanz vorkommendes dreiblättriges Ornament, das dort den Reichsapfel krönt, der in der Rechten gehalten wird.

Auch die Legende zwischen zwei durchgehenden, konzentrischen Kreisen ist singulär. Ich lese sie — beim Königsnamen nicht ganz ohne Mühe — als: †SIGILLVM A(MALRIC)I. Das A ist nur teilweise erhalten, doch sind die unteren Hälften der beiden Abstriche, ferner ein Teil des mittleren Querbalkens zu sehen und ebenso ein winziger Teil des das A krönenden oberen Querbalkens, wie er auch auf den anderen Siegeln Amalrichs üblich war.[13] Auch vom I ist nur ein kleiner Teil der unteren Hälfte sichtbar. Es ist klar, daß es sich um einen Namen im Genetiv handeln muß, für den Fulconis, Guidonis und Iohannis nicht in Betracht kommen, weil der letzte Buchstaben gewiß kein S ist. Die anderen Herrschernamen sind Aimerici, Amalrici, Balduini, Conradi, Henrici. Balduin, Konrad und Heinrich fallen wegen der Reste des ersten Buchstabens aus, Konrad und Heinrich auch wegen des auf dem Revers erscheinenden Königstitels, den sie nicht hatten, sowie wegen des Siegelbildes, denn beide führten Reitersiegel.[14]

---

[11] Vitalien Laurent, "Le sceau de Théodora Comnène, reine latine de Jérusalem," *Bulletin de la Section historique de l'Académie Roumaine* 23 (1942, erschienen 1943), 203–04 mit Abbildung 1 und 2 nach S. 214. Dieses Siegel ist heute verschollen.

[12] Gemeint ist G. Zacos und A. Veglery, *Byzantine Lead Seals* 1.1 (Basel, 1972), S. 65, no. 72, auf dessen Revers die Kaiserin in der rechten Hand einen Globus hält, der oben in ein dreiblättriges Ornament ausläuft. Dieses Ornament findet sich auch auf dem Kaisersiegel Zacos-Veglery 1.1, S. 64, no. 71, ferner auf einem Solidus des Kaisers Johannes Tzimiskes (Warwick Wroth, *Catalogue of the Imperial Byzantine Coins in the British Museum* [London, 1908], Taf. 54, no. 12) und auch auf späteren byzantinischen Münzen und Siegeln.

[13] So etwa auf der hervorragend erhaltenen Bleibulle Amalrichs an der Originalurkunde Herzog Heinrichs des Löwen von 1172 für die Jerusalemer Grabeskirche (*RRH* no. 494. Niedersächsisches Staatsarchiv Wolfenbüttel 1 Urk. 4).

[14] Bei Heinrich von Champagne gibt es eine einzige Ausnahme; siehe Mayer, *Kanzlei* 2:635–36.

Der sehr gut erhaltene Revers zeigt die traditionelle Abbildung der Stadt Jerusalem, dargestellt durch eine Stadtmauer ohne Zinnen mit einem zweiflügeligen, anscheinend quergestreiften Stadttor. Dahinter und darüber sieht man die drei Hauptmonumente der Stadt: in der Mitte der Davidsturm mit zwei kuppelgekrönten Beobachtungstürmchen oben. Von dem Turm, an dem sich keine Banner befinden,[15] sind fünf Reihen behauener Quadern sichtbar. Rechts (im heraldischen Sinne) vom Turm die Grabeskirche mit der konisch zulaufenden, oben offenen Kuppel der Rotunde, links vom Turm der Felsendom mit der kreuzgeschmückten Rundkuppel. Die Legende zwischen zwei durchgehenden, konzentrischen Kreisen setzt die Legende des Avers fort und ist ebenso singulär wie dort:

† RE(GIS) HIERVS(AL)EM. Das Wort REX allein wäre für den zur Verfügung stehenden Platz zu wenig. Vom H sind nur noch die beiden Vertikalstriche zu sehen, der horizontale nicht mehr.

Je nachdem, ob man die Legende auf dem Avers zu AMALRICI oder zu AIMERICI ergänzt, handelt es sich um ein Siegel des Königs Amalrich (1163–74) oder des Königs Aimerich (1198–1205). Aber Aimerich war König von Jerusalem und von Zypern und führte auf seinen Siegeln wie auch sonst beide Reiche im Titel. Immerhin könnte das Fehlen Zyperns hier auf dem geringen Siegeldurchmesser beruhen, der eine Verkürzung der Legende erzwang, was sich schon daran zeigt, daß man auf dem Revers die Intitulatio des Königs fortsetzen mußte, was sonst nie vorkommt. Dafür entfiel sogar die für die Staatsideologie so wichtige übliche Legende zum Stadtbild: † CIVITAS REGIS REGVM OMNIVM. Auf den Siegeln Aimerichs fehlen auf dem Avers aber auch die Blüten oder Vorhänge, zwischen denen der Thron steht. Sie kommen seit Balduin I. vor, erscheinen aber letztmals unter Amalrich. Auf dem Revers der Siegel Aimerichs steht ferner die Grabeskirche im heraldischen Sinne links vom Turm, der Felsendom rechts. Die beiden Gebäude stehen also umgekehrt wie auf Fogg n° 2939, wo die Anordnung den Siegeln Amalrichs entspricht. Auch weisen Aimerichs Bullen in der Schrift der Legende mehr gotische Brechung auf, als wir hier zu sehen bekommen. Die Zuschreibung des Harvarder Siegels an Amalrich ist also klar. Genauer datierbar als mit seiner Regierungszeit 1163–74 ist es nicht, auch wenn das Gewand, das zwischen den Beinen dreieckig bis auf den Boden herabhängt, dem Befund der Siegel der Frühzeit Amalrichs bis längstens 1169[16] entspricht. Später war das Gewand anders drapiert und der König trug eine gekreuzte Stola über der Brust.

---

[15] Ein Siegel des Königs zeigt zwei Banner am Turm: Paris, Bibliothèque Nationale de France, Cabinet des Médailles, Coll. Schlumberger, no. 1255. Abbildung bei Melchior de Vogüé, *Les églises de Terre Sainte* (Paris, 1860), S. 454 und weniger gut bei Raoul, Comte Chandon de Briailles, "Le droit des 'coins' dans le Royaume de Jérusalem," *Syria* 23 (1942–43), 247.

[16] Coll. Schlumberger, no. 1255 wie in Anm. 15. Der spätere Siegeltyp findet sich etwa 1172 an *RRH* no. 494. Genauer werden Claudia Sode und ich ich die zeitliche Abfolge an anderer Stelle darlegen.

Erklärungsbedürftig ist der geringe Durchmesser des Siegels, der die abweichende Legende ohne Devotionsformel erzwang. Die Legende mußte um so kürzer ausfallen, als dem Königsnamen unter allen Siegeln der Könige von Jerusalem allein hier das Wort SIGILLVM vorangestellt wurde. Alle anderen Legenden beginnen mit dem Königsnamen im Nominativ. Man kann nicht annehmen, daß es sich hier lediglich um einen weiteren, anders geschnittenen Stempel jenes Königssiegels handelte, das in der Obhut des Kanzlers stand. Da Bild und Legende dieser Reichssiegel seit langem standardisiert waren, hätte man natürlich einen weiteren Stempel mit dem üblichen Durchmesser von mindestens 40 mm, meist aber etwas mehr, und mit der traditionellen Legende schneiden lassen, wenn man einen neuen Stempel des allgemeinen Reichssiegels benötigt hätte.

Wie man aber an den Königinnensiegeln sieht, waren königliche Siegel minderer Bedeutung kleiner als die normalen Königssiegel und hatten etwa jene 34 mm Durchmesser, die wir hier haben. Das Siegel der Königin Morphia (1118–26/27) hat einen Gesamtdurchmesser (mit Wulst) von 36 mm, der eigentliche Stempelabdruck mißt sogar nur 29 mm, genau wie bei Fogg n° 2939. Das lateinische Siegel der Königin Theodora (1158–63) maß 35, das der späteren Königin Sibylle als Gräfin von Jaffa-Askalon (1174–86) in der Nachzeichnung von Paoli 36 mm.[17] Selbst die Siegel des Patriarchen von Jerusalem als des höchsten geistlichen Würdenträgers des Landes waren vor 1180 in diesem Durchmesserbereich, jedenfalls stets unter 40 mm.[18]

Wenn nun ein Königssiegel statt der üblichen 40 mm oder mehr nur 34 mm Durchmesser hat, dann steht zu vermuten, daß wir hier ein minder bedeutendes Siegel, das heißt ein Sekretsiegel Amalrichs, vor uns haben, in der präziseren englischen Terminologie ein “privy seal,” das eben nicht vom Kanzler verwahrt

[17] Jean-Claude Cheynet, Cécile Morrisson und Werner Seibt, *Bibliothèque Nationale. Les sceaux byzantins de la Collection Henri Seyrig* (Paris, 1991), S. 244, no. 381 (Beschreibung durch Jean Richard) und Abbildung beider Seiten auf Taf. XXV Nr. 381. Vitalien Laurent, “Le sceau de Théodora,” S. 203–04. Nach diesen Angaben Laurents läßt sich anhand der Abbildung der Durchmesser des reinen Stempelabdrucks mit ca. 30 mm errechnen. Sebastiano Paoli, *Codice diplomatico del sacro militare ordine gerosolimitano oggi di Malta* 1 (Lucca, 1733), Taf. IV Nr. 37 Abbildung beider Seiten. Aus diesem Rahmen fällt lediglich das Siegel der Königin Melisendis heraus, das Antonino Amico im 17. Jahrhundert im Ms. Qq. H. 11 der Stadtbibliothek Palermo fol. 112 r° (früher 264 r°) mit einem Durchmesser von 39 mm nachgezeichnet hat (42 mm. bei Gustave Schlumberger — Ferdinand Chalandon — Adrien Blanchet, *Sigillographie de l'Orient latin*, Bibliothèque archéologique et historique 37 [Paris, 1943], S. 5 no. 8 ist ein Irrtum), aber es ist natürlich nicht sicher, ob Amico im Maßstab 1:1 nachgezeichnet hat, auch wenn man der selbstbewußten Königin Melisendis durchaus zutrauen könnte, daß sie ihr Siegel im Durchmesser dem der Könige angenähert hätte.

[18] Schlumberger, *Sigillographie*, S. 73–77, no. 1–11 bis.

wurde, sondern dem König direkt zur Verfügung stand.[19] Das macht dann das normale, größere Siegel Amalrichs zum Großsiegel. Man soll aber den Terminus Großsiegel für Jerusalem nicht gleich als eine ständige Kategorie in die Diskussion einführen, weil wir nur dieses eine königliche Sekretsiegel haben. Die Anfertigung eines solchen entspricht aber gerade bei Amalrich dem oben vorgeführten Befund mit dem privy council auf der Reichsversammlung von 1171. Wer ein privy council einrichtete, um sich von der allgemeinen Reichsversammlung unabhängig zu machen, dem ist auch zuzutrauen, daß er sich ein privy seal zulegte, um die Siegelkontrolle des Kanzlers teilweise auszuhebeln.

Welches Schriftgut mit dem Sekretsiegel besiegelt wurde, entzieht sich ganz unserer Kenntnis, denn auch Briefe (mindestens an den Papst) trugen das große Reichssiegel.[20] Diplome waren natürlich auch nicht mit dem Sekretsiegel besiegelt, weil hier der Kanzler ein Siegelmonopol hatte. Aber Mandate oder schriftliche Aufgebote könnten mit dem Sekretsiegel versehen gewesen sein.[21] Möglicherweise trugen auch Verträge, die der König selbst aushandelte, das Sekretsiegel. So könnte der König etwa den erwähnten Vertrag von 1171 mit Byzanz auch ohne seinen Kanzler mit seinem Sekretsiegel selbst gesiegelt haben.

Meine Interpretation ist besser haltbar, wenn es Parallelen gibt. Sekretsiegel waren in späterer Zeit in den Kreuzfahrerstaaten bekannt, meist in der Form von Rücksiegeln, blieben aber zu allen Zeiten selten, weil überwiegend Bleibullen verwendet wurden, die ohnehin schon zweiseitig beprägt waren, so daß hier für ein Rücksiegel kein Platz blieb, sondern erst auf den meist, wenn auch nicht immer, nur einseitig beprägten Wachssiegeln. Sekrete in Form von Rücksiegeln kommen überwiegend beim Klerus vor.[22] Im weltlichen Bereich benutzten 1228

---

[19] Die Sekretsiegel in der Form von Rücksiegeln beginnen beim englischen Episkopat in der ersten Hälfte des 12. Jahrhunderts; Wilhelm Ewald, *Siegelkunde*, Handbuch der mittelalterlichen und neueren Geschichte (München, 1914), S. 90, 100; Erich Kittel, “Siegelstudien,” *Archiv für Diplomatik* 5/6 (1959/60), 437. Bei den englischen Königen ist es zweifelhaft, ob schon Heinrich II. ein privy seal besaß, bei Richard I. sieht es besser aus, ganz sicher hatte König Johann ein privy seal: Pierre Chaplais, *English Royal Documents: King John – Henry VI, 1199–1461* (Oxford, 1971), S. 23–25. Als Rücksiegel konnte das königliche privy seal natürlich nicht eingesetzt werden, weil das wächserne englische Großsiegel ohnehin schon auf beiden Seiten beprägt war.

[20] *RRH* no. 495. Das Siegel wurde von Ducange nachgezeichnet im MS franç. 9493, fol. 278 r° der Bibliothèque Nationale in Paris. Am Original (BN, MS lat. 12665, fol. 82 r°) fehlt das Siegel heute, vorhanden sind nur die Siegelschnitte.

[21] Zu Mandaten siehe Mayer, *Kanzlei* 2:782–91, zu schriftlichen Aufgeboten ibid., 2:790–91. Auch Riley-Smith, *Feudal Nobility*, S. 225 vermutet die Besiegelung schriftlicher Aufgebote mit einem privy seal.

[22] Bis 1291: Schlumberger, *Sigillographie*, S. 80–81, no. 19–20 (Patriarch Wilhelm II. von Jerusalem von 1265); 81–82, no. 23–24 (Thomas Agni von Lentino, Patriarch von Jerusalem, von 1277); 91–93, no. 49–50, 52–55 (Erzbischof Bonaccursus von Tyrus von 1277–1279); 108–109, no. 94 (Bischof Gaillard von Bethlehem von 1277); 106, no. 89 (Bischof Bartholomaeus von Beirut von 1283); 113, no. 107 (Bischof Gottfried von Hebron von 1283; unklar); 109–110, no. 99–100 (Bischof Hugo von Bethlehem von 1283 und 1293); 131, no. 154 (Abt Adam vom Zionsberg von 1289).

der Konstabler von Tripolis und 1242 der Reichsregent Richard Filangieri ein Sekretsiegel.[23] Die Königin Alice von Zypern hatte ein Sekretsiegel, das einen Adler zeigte. Sie setzte es nicht als Rücksiegel, sondern gesondert ein, weil bereits ihr wächsernes Majestätssiegel zweiseitig beprägt war. Das Sekret ist beschrieben zu 1220 und aus dem Jahr 1234 erhalten.[24] Schon Jean Richard hat darauf aufmerksam gemacht, daß König Heinrich II. von Zypern (1285–1324) in der Zeit seines armenischen Exils 1310 nur über ein kleines Siegel verfügen konnte, weil sein Bruder Amalrich von Tyrus das große zusammen mit anderen Insignien den Franziskanern in Nikosia, wo der König die Sachen in Verwahrung gegeben hatte, gewaltsam abgenommen hatte.[25]

Das ist schon alles, was mir bekannt geworden ist. Das hier publizierte Sekretsiegel des Königs Amalrich von Jerusalem ist unter den Sekreten aus dem Hl. Land das früheste. Es ist überdies das einzig bekannte und einzig erhaltene bei den Königen von Jerusalem und mithin eine große Rarität.

---

[23] Schlumberger, *Sigillographie*, S. 67, no. 160; S. 66, no. 156.

[24] Schlumberger, *Sigillographie*, S. 145–46, no. 8–9 von 1220. *The Cartulary of the Cathedral of Holy Wisdom of Nicosia*, ed. Nicholas Coureas und Christopher Schabel, Texts and Studies in the History of Cyprus 25 (Nicosia, 1997), S. 167 no. 62; S. 220 no. 84. Nationalarchiv Paris J 209, no. 12 und J 433, no. 2, beide von 1234. Das Adlersiegel soll sich nach Alexandre Teulet, *Layettes du Trésor des Chartes* 2 (Paris, 1866), S. 272, no. 2312, S. 277, no. 2322 auch befunden haben an J 209, no. 13 und J 433, no. 4, ist aber hier wie dort heute nicht mehr vorhanden.

[25] *Chronique d'Amadi*, ed. René de Mas Latrie, Collection de documents inédits sur l'histoire de France (Paris, 1891), S. 336, 368, 379; Jean Richard, "La diplomatique royale dans les royaumes d'Arménie et de Chypre (XIIe–XVe siècles)," *BEC* 144 (1986), 82, 84, dort auch zu späteren Sekretsiegeln der Könige von Zypern. Jean Richard, *Documents chypriotes des archives du Vatican (XIVe et XVe siècles)*, Bibliothèque archéologique et historique 73 (Paris, 1962), S. 134.

William of Tyre and the Origin of the Turks: Observations on Possible Sources of the *Gesta orientalium principum*

Alan V. Murray

I

Of all the writers of narrative sources which survive from the medieval Latin East, it is William II, archbishop of Tyre (*c.* 1130–1184/86), who must be regarded as the historian's historian. No other writer on the history of Outremer has been so frequently drawn on as an authority by modern scholars, and no other has been the subject of so much dedicated research and scholarly debate.[1] For the entire period from 1127, when the *Historia Hierosolymitana* of Fulcher of Chartres ends, up to 1184, when William finished writing, his chronicle of the Latin states, known variously in modern scholarship as *Historia rerum in transmarinis gestarum*, *Historia Ierosolymitana*, or more simply, *Chronicon*, is the only major western narrative source available to us.[2] Yet it is just as much his erudition, critical approach, and quality of writing which explain the appeal of William of Tyre to modern scholarship. His lengthy and extensive education in western Europe set him intellectually above most, if not all, of his Frankish contemporaries. His diverse responsibilities as tutor to Baldwin IV of Jerusalem, as holder of a series of important offices in the church, and as chancellor of the Latin kingdom gave him an unparallelled perspective on the Frankish settlements and their predicaments.[3] The detailed, considered analysis of the geopolitics of the Frankish states and their enemies, his obvious love and concern for his *patria*, and his reflections on the nature of historiography itself have all endeared him to modern scholarship.

[1] For an overview of the extensive literature on William of Tyre, see the two most recent monographs devoted to him: Peter W. Edbury and John G. Rowe, *William of Tyre: Historian of the Latin East* (Cambridge, 1988), and Thomas Rödig, *Zur politischen Ideenwelt Wilhelms von Tyrus* (Frankfurt am Main, 1990). For some representative modern opinions of William's work, see David W.T.C. Vessey, "William of Tyre and the Art of Historiography," *Mediaeval Studies* 35 (1973), 433–55.

[2] WT.

[3] August C. Krey, "William of Tyre: The Making of an Historian in the Middle Ages," *Speculum* 16 (1941), 149–66; Robert B. C. Huygens, "Guillaume de Tyr étudiant: un chapître (XIX, 12) de son Histoire retrouvé," *Latomus* 21 (1962), 811–29; Rudolf Hiestand, "Zum Leben und zur Laufbahn Wilhelms von Tyrus," *Deutsches Archiv für Erforschung des Mittelalters* 34 (1978), 345–80; Hans E. Mayer, "Guillaume de Tyr à l'école," *Mémoires de l'Académie des sciences, arts et belles-lettres de Dijon* 117 (1985–86), 257–65.

A further reason for the appeal of William of Tyre is the tantalising question of his lost historical work. At several different places in the *Chronicon*, he mentions a history which he had written previously, and which he variously refers to as *Historia ... de gestis Orientalium principum* (1.3), *Historia ... de principibus orientalibus* ((19.15) or *Historia ... de orientalibus principibus et eorum actibus* (19.19). This work, which I will refer to henceforth as the *Gesta*, has not survived beyond the middle ages. As a consequence, much scholarly speculation has gone into its nature, scope and sources, although there is little consensus beyond what can be gleaned from the exiguous information that William himself reveals in the *Chronicon*. It would seem that the *Gesta* was intended as a history of the Islamic world from the time of the Prophet Muhammad up to William's own day (Prologue; 1.3). The only source explicitly named is the *Annals* of Sa'id ibn Batriq, the Melkite patriarch of Alexandria known to Latin writers as Eutychius, which was a universal history going up to the year 938. William also mentions unspecified Arabic sources (19.21) in connection with the commissioning of the *Chronicon* by King Amalric, who provided him with such works. On the basis of parallel information Hannes Möhring has argued that two of these works were probably the continuation of the *Annals* of Eutychius by his relative Yahya ibn Sa'id of Antioch (d. 1066), and the *History of the Patriarchs of the Egyptian Church* by Sawirus ibn al-Muqaffa'.[4] It is nevertheless unclear in what form, by what methods and how well William made use of such works. Most scholars have assumed that William was familiar with Arabic, and some that he knew Persian. In an incisive article Möhring has questioned many of the long-held assumptions about the *Gesta*. He adduces the concrete example of an inscription on the Dome of the Rock, which William misinterpreted, to suggest that his command of formal written Arabic was by no means competent. He also raises the very pertinent question of William's educational opportunities; while the historian could no doubt have picked up basic colloquial Arabic while growing up in Palestine, it is difficult to see how he could have acquired a thorough knowledge of the literary language in the course of the twenty years he spent studying in France and Italy between his late teens and mid-thirties.[5] The matters of the eastern sources used by William and his knowledge of eastern languages both remain open questions.

It is only relatively recently that scholars have studied the more literary, as opposed to primarily historiographical aspects of William's work, and the fruits of this approach have demonstrated important insights into his mentality and methodology.[6] Yet apart from the specific themes or sections investigated by

---

4 Hannes Möhring, "Zu der Geschichte der orientalischen Herrscher des Wilhelm von Tyrus: Die Frage der Quellenabhängigkeiten," *Mittellateinisches Jahrbuch* 19 (1984), 170–83.

5 Möhring, "Zu der Geschichte," p. 174, n. 7.

6 Vessey, "William of Tyre and the Art of Historiography," pp. 433–55; Wolfgang Giese, "Stadt- und Herrscherbeschreibungen bei Wilhelm von Tyrus," *Deutsches Archiv für Erforschung des Mittelalters* 34 (1978), 381–409; Rainer C. Schwinges, *Kreuzzugsideologie und Toleranz: Studien zu Wilhelm von Tyrus* (Stuttgart, 1977).

Vessey, Giese and others, the text of the *Chronicon* has never been subjected to the same type of close commentary as was undertaken by Heinrich Hagenmeyer for several of the First Crusade chronicles. Given that the *Chronicon* makes reference to the *Gesta* on occasion, it is likely that it contains at least some material common to both works. The aim of this essay is to present a close analysis of one important but little discussed early section of the *Chronicon*, with a view to establishing what it might reveal of William's possible knowledge of eastern sources.

Up to the late eleventh century, Latin and Greek writers applied the terms *Turci* and *Tourkoi* to a great range of peoples, but from then on most, William of Tyre included, use terms for "Turks" to refer to one of the Turkic peoples, the Oghuz. The origins of the Oghuz lay in Mongolia, in the area between the Altay and the Sayan mountains.[7] During the eighth century they migrated west and south through Siberia, moving into the region around the Aral Sea, displacing other Turkic peoples in the process. There a ruler known by the title of *yabghu* presided over a state consisting of the Oghuz (some of whom were being increasingly known by the name *Turkmen*), other Turkic tribes, as well as remnants of the original settled population of the region.[8]

The origins of the Seljuk confederation are to be found in a rebellion against the *yabghu* by one Seljuk ibn Dukak, a member of the Kinik tribe of the Oghuz, which occurred towards the end of the tenth century. Asserting their independence, Seljuk and a number of Oghuz and Turkmen moved to the lower reaches of the Syr Darya (Jaxartes) and adopted Islam; however, they were pushed out of this area by the *yabghu*, Shah-Malik, and migrated south to the area around Bukhara, often fighting as auxiliaries for various powers of the region, while many of the Turkmen, who were less amenable to Seljuk control, ranged further, causing considerable disruption. The decisive event in the fortunes of the Seljuk dynasty occurred in 1035, when forces led by Musa ibn Seljuk and his nephews Da'ud Chagri-Beg and Muhammad Toghril-Beg invaded Khurasan, a province of the Ghaznavid empire, in north-west Persia. The possession of Khurasan, which was secured by 1040, provided the springboard for the conquest of the greater part of the Middle East. By the death of the sultan Alp Arslan (1063–73), the Seljuks had established a protectorate over the 'Abbasid caliphate, and conquered the remainder of Persia, as well as Iraq, Armenia, Azerbaijan and Syria, while more independent Turkmen tribes had penetrated deep into Anatolia. The Great Seljuk empire began to break up after the death of the sultan Malik-Shah (1073–92), but most of its successor states continued to be ruled by members of the Seljuk family, atabegs of Oghuz or Turkmen origin, or by non-Turks (such as the Kurdish Ayyubids) who had

---

7 Sina Aksin, "The Three Homelands of the Turks," *Scripta Hierosolymitana* 35 (1994), 145–53.

8 Clifford E. Bosworth, *The Ghaznavids: Their Empire in Afghanistan and Eastern Iran, 994–1040* (Edinburgh, 1963), pp. 210–21; Sergei G. Agadzhanov [given as Agadshanow], *Der Staat der Seldschukiden und Mittelasien im 11.–12. Jahrhundert* (Berlin, 1994), pp. 25–38.

essentially assimilated to a Turkish environment. Most importantly, by the time William was completing his *Chronicon*, the vast majority of the military forces opposing the Latin states were of Turkish origin.[9]

William first discusses the origin of the Turks in one of the early chapters of the *Chronicon*, entitled *De ortu et prima origine gentis Turcorum* (1.7), observing that since a great deal will be said about this people in the course of the work, particularly concerning their struggles against the Franks, it is appropriate to give an account of their origins. It is generally accepted that this chapter was composed in 1184, when the bulk of the *Chronicon* had been completed. This chapter thus not only introduces the Turks at the correct chronological point in the narrative, but also looks forward to the political constellations of William's own time:

> Et quoniam de gente Turcorum frequenter nobis in opere presenti erunt dicenda quamplura, que ipsi contra nostros nostrisque adversus eos viriliter magnificeque sepius gesserunt — et adhuc proterve nimis in nostrorum impugnatione perseverant — non videtur alienum a nostro proposito de ortu et prima origine gentis huius et processu ad hunc excellentie gradum, in quo iam multis annis stetisse leguntur, aliquid presenti interserere narrationi. Gens igitur Turcorum sive Turcomannorum — nam ab eodem habuerunt originem — ab initio septentrionalis fuit. Dicti autem sunt, prout ipsi asserunt idque ipsum etiam in nostris continetur cronicis, a quodam eorum duce Turco nomine, sub quo post excidium Troianum ad regiones Yperboreas se contulerunt, ubi armorum usu relicto procurandis gregibus et armentis vacabant, gens inculta penitus et certam non habens sedem. Vagabantur enim et passim circumferebantur pascuorum sectantes commoditates, non habentes urbes vel opida vel alicubi manentem civitatem. Volentes autem proficisci, incedebant simul qui ex eadem erant tribu, aliquem de maioribus contribulium suorum habentes quasi principem, ad quem universe que in eadem simul tribu emergebant referebantur questiones cuiusque dicto ab utraque dissonantium parte parebatur cuiusque non impune licebat examen declinare. Migrantes autem universam secum suam transferebant substantiam, equicia, greges et armenta, servos et ancillas — nam in his eorum omne consistebat peculium — nusquam agriculture dantes operam, emptionum et venditionum ignorantes contractus, sed solis permutationibus vite sibi comparantes necessaria.

This sketch of the origins and lifestyle of the Turks raises some interesting questions, to which we will presently return. William's account goes on to relate how a great many of the people (*populi multitudo maxima*) broke away from the rest and entered Persia. Living as tributaries to the king of Persia, their numbers multiplied, so much so that the king began to fear their growing power, and increased his demands of them. Eventually the Turks withdrew across the River *Cobar*, which formed the boundary of the kingdom. Only at this point did they realise the true strength of their numbers, and decided that the only obstacle to

---

[9] Claude Cahen, *Pre-Ottoman Turkey* (London, 1968), pp. 1–50; Bosworth, *The Ghaznavids*, pp. 219–26; Agadzhanov, *Der Staat der Seldschukiden*, pp. 38–42, 58–82.

the conquest of Persia was the fact that they had no king "as was the custom among other peoples."[10]

There then follows an account of a complicated procedure by which the Turks elected their king. A young boy was selected to draw lots, in the form of a hundred arrows, each inscribed with the name of one of the Turkish families. The arrow chosen at random bore the name of the Seljuk family. In the same fashion, new lots were then drawn for a hundred of the most distinguished members of this family, which produced the name of Seljuk (*Selduc*), who was then elected king by acclamation. He ordered the people to recross the river into Persia which they quickly conquered. The chapter ends with a statement of how this "lowly and abject people" (*populus vilis et abiectus*) proceeded to conquer the entire east.

II

At first sight William's account of the Turks seems to give a reasonably coherent narrative of the formation of Seljuk confederation and the establishment of the Great Seljuk empire up to the second half of the eleventh century. William knows the name of the eponymous ancestor of the dynasty, Seljuk. The account of the migration into Persia seems to correspond to the conquest of Khurâsân from the Ghaznavids in the 1030s. William even makes the historically accurate distinction between those Turks who remained direct subjects of the Seljuk dynasty after the conquest of Persia (i.e. the Oghuz), and the Turkmen tribes who retained their nomadic lifestyle.[11]

Given the known origins of the Oghuz in Mongolia, William would seem to be correct in stating that the Turks came from the north (1.7,8–9), although he immediately goes on to suggest that this was not their primordial origin. In one

---

[10] WT 1.7, p. 116: "Cumque iam annis pluribus iniuriarum pondus et tributorum enormitatem exactorum sustinentes diutius tolerare nolle communicato decernerent consilio et hoc regi esset compertum, missa voce preconia iussi sunt a regno infra certum tempus discedere universo, transeuntesque fluvium Cobar, qui regnum ex ea parte limitat, ubi vident solito liberius et diligentius suorum infinitam multitudinem — nam prius seorsum habitantes sui nec numerum noverant nec potentiam — mirati sunt quomodo tantus tamque innumerabilis populus alicuius principum aliquando tolerare potuit superbiam et angariarum et tributorum acerbitatem portare, visumque est eis absque dubio quod et Persarum populo et qualibet natione nec numero nec viribus essent inpares nichilque eis ad obtinendas violenter finitimas regiones deesse aliud quam id, quod more aliorum populorum sibi regem non haberent. Volentes igitur votis consonis sibi regem creare ..."

[11] WT 1.7, p. 117: "Utque aliqua esset differentia saltem nominis inter eos qui sibi regem creaverant et per hoc ingentem erant gloriam consequuti, et eos qui in sua ruditate adhuc permanent, priorem vivendi modum non deserentes, dicuntur isti hodie Turci, illi vero prisca appellatione Turcomanni." William is not entirely accurate in describing the Turks as purely nomadic from the earliest times. By the end of the tenth century the Oghuz comprised sedentary as well as nomadic elements, and had urban settlements along the lower Syr Darya. See S. P. Tolstov, "Goroda Guzov," *Sovetskaya Etnografiya* 3 (1947), 55–102.

manuscript, Città del Vaticano, Biblioteca Apostolica Vaticana, Vat.lat.2002 (= V) that statement is followed by a sentence which is missing in all other known manuscripts. According to the most recent editor of the *Chronicon*, V (which dates from around 1200) represents the most complete witness to a manuscript tradition going back directly to the archetype.[12] The sentence in question was not included in the edition published in the *Recueil des Historiens des Croisades*, nor in the very widely used English translation by Babcock and Krey.[13] For these reasons many historians have missed one of William's most intriguing statements about the Turks:

> The people of the Turks or Turkmens — for they have the same origin — was at first a northern one. They take their name (as they themselves maintain and as is also contained in our chronicles) from a certain Turcus, a leader under whom they fled after the fall of Troy to northern regions, where they gave up the use of arms and devoted themselves to their flocks and herds, a people quite uncivilised and without fixed habitation.[14]

Despite William's claim, there appears to be no evidence of any native Turkish tradition of Trojan origins. There is certainly nothing of it in the *Malik-nama*, a book of Seljuk history written in Persian for the sultan Alp Arslan, which has not survived but whose contents were reconstructed by Claude Cahen from evidence given by Bar Hebraeus, Ibn al-Athir and other writers who knew it.[15] By contrast, there was a long *western* tradition of peoples and dynasties claiming a Trojan ancestry.[16] Virgil's *Aeneid* told how the Romans were descended from Aeneas and his followers, and similar ideas were taken up with enthusiasm throughout the middle ages. One of the earliest accounts to make such a claim is the seventh-century universal history known as the Fredegar Chronicle, which not only claims a Trojan ancestry for the (Merovingian) Franks, but interestingly, on two occasions associates a people called Turks with this Frankish descent myth. In the first instance we are told that during the arduous journeys of the Franks from Asia into Europe, a part of the people separated, and remained on the banks of the Danube, between Thrace and the Ocean. They elected a king called *Torquotus*,

---

[12] Robert R. C. Huygens, "Editing William of Tyre," *Sacris Erudiri* 27 (1984), 461–73, and WT, introduction, pp. 7–13.

[13] *A History of Deeds done Beyond the Sea by William Archbishop of Tyre*, trans. Emily A. Babcock and August C. Krey, 2 vols. (New York, 1943), 1:72.

[14] My translation, A.V.M. The Latin original appears on p .220 above.

[15] Claude Cahen, "Le Malik-Nameh et l'histoire des origines Seljoucides," *Oriens* 2 (1949), 31–65.

[16] The literature on this subject is vast. For recent surveys of the phenomenon of "acquired ancestry" (*Ansippung*) from Troy and elsewhere, see František Graus, "Troja und trojanische Herkunftssagen im Mittelalter," in *Kontinuität und Transformation der Antike im Mittelalter*, ed. Willi Erzgräber (Sigmaringen, 1989), pp. 25–43 and Klaus Schreiner, "Religiöse, historische und rechtliche Legitimation spätmittelalterlicher Adelsherrschaft," in *Nobilitas: Funktion und Repräsentation des Adels in Alteuropa*, ed. Otto G. Oexle and Werner Paravicini (Göttingen, 1997), pp. 376–430.

from whom the people took the name *Torqui*.[17] The second occasion gives essentially the same information on the Turks, integrating it with details drawn from the history of Gregory of Tours.[18] The idea of a Frankish-Turkish kinship seems to have been introduced fairly late into the Frankish descent myth; the two passages in question were probably incorporated into the Fredegar Chronicle between 579/581 and 642/660 as a result of Byzantine and Frankish interest in the early Turkic khaganate, which had previously sent a number of embassies to Constantinople in pursuit of Byzantine co-operation against the Avars.[19]

While the idea of Trojan origins of the Franks was widespread,[20] that of connections with the Turks remained isolated. It is therefore difficult to establish how well such stories continued to be known in subsequent centuries, but some ideas which corresponded at least in part with the testimony of the Fredegar Chronicle resurfaced at the time of the First Crusade, in the *Gesta Francorum* of an anonymous writer who travelled east with the south Italian contingent of Bohemund. After narrating the battle of Dorylaeum (1097) he observes that "the Turks declare themselves to be of the same origin as the Franks."[21] Steven Runciman accepted that the Turks had no such native tradition before their arrival in Asia Minor, but argued that ideas similar to those in the Fredegar Chronicle persisted longest in Scandinavia, drawing on the evidence of the Younger Edda, which postulated a Trojan-Turkish origin for the Nordic kingdoms: Icelanders serving in the Byzantine Varangian Guard were captured at the battle of Manzikert (1071) and then communicated the ideas of kinship to their Turkish captors.[22]

This argument is ingenious, but rests on a chain of dependent assumptions which strains credulity, particularly on the question of the motivation of each party involved: that those Varangians who took service in Byzantium actually knew of a Trojan-Turkish origin; that they were interested in communicating this to their Turkish captors; that the Turks in turn preserved this knowledge and were interested in communicating it to the crusaders; and that some among the

---

[17] Fredegar, in *Fredegarii et aliorum chronica* 2.6, ed. Bruno Krusch, *MGH Scriptores rerum Merovingicarum* 3 (Hanover, 1888), p. 46: "Tercia ex eadem origine gentem Torcorum fuisse fama confirmat, ut, cum Franci Asiam pervacantis pluribus proeliis transissent, ingredientis Eurupam, super litore Danuviae fluminis inter Ocianum et Traciam una ex eis ibidem pars resedit. Electum a se utique regem nomen Torquoto, per quod gens Turquorum nomen accepit."

[18] Fredegar 3.2, p. 93.

[19] Eugen Ewig, "Le mythe troyen et l'histoire des Francs," in *Clovis: Histoire et mémoire. Le baptême de Clovis, l'événement*, ed. Michel Rouche (Paris, 1997), pp. 817–47, here pp. 824–25.

[20] Ian Wood, "Defining the Franks: Frankish Origins in Early Medieval Historiography," in *Concepts of National Identity in the Middle Ages*, ed. Simon Forde, Lesley Johnson and Alan V. Murray (Leeds, 1995), pp. 47–57.

[21] *Anonymi Gesta Francorum et aliorum Hierosolymitanorum*, ed. Heinrich Hagenmeyer (Heidelberg, 1890), p. 207: "Verumtamen dicunt se esse de Francorum generatione, et quia nullus homo naturaliter debet esse miles nisi Franci et illi."

[22] Steven Runciman, "Teucri and Turci," in *Medieval and Middle Eastern Studies in Honor of Aziz Suryal Atiya*, ed. Sami H. Hanna (Leiden, 1972), pp. 344–48.

crusaders themselves were interested in what the Turks believed about their own origins, rather than what crusading propaganda said. Apart from the practical problem of how this postulated transmission may have functioned on a linguistic level there is the question of whether the Varangians and Turks would have necessarily identified the former with the Franks (i.e. the crusaders). It is of course possible that the Anonymous was drawing on a western historiographical tradition of Fredegar, but it is significant that he merely postulates a Frankish-Turkish kinship, evidently without any knowledge of a common Trojan origin which would seem to be a crucial part of the Varangian theory. A more plausible solution than the one advanced by Runciman is that the idea of kinship was an attempt by the Anonymous to explain the courage and military skill of the Turks which so obviously impressed him. The comment that only Franks and Turks could become knights is an idea that would seem to originate more plausibly from a Frankish writer than from the Turks themselves. Certainly some depictions of Turks given by the Anonymous, such as the purported demands made to the crusaders by the amir Karbuqa, or the fictitious conversations between Karbuqa and his mother, are suggestive of western prejudice and fantasy rather than any real knowledge of Turkish culture.[23]

William's account of the Turkish conquest of Khurasan appears to bring his narrative into the realm of known historical fact. By the beginning of the eleventh century, the Seljuk confederacy in Transoxania was breaking up into different groupings which tended to operate independently. One of these was led by Isra'il Arslan ibn Seljuk, who in 1025 was captured and imprisoned for life by the Ghaznavid sultan Mahmud (998–1030). From this point Isra'il's Turkmen followers no longer seem to have been amenable to the authority of the Seljuk family, and 4000 families crossed the Amu Darya into Khurasan with the permission of the sultan, but, because of the disruption they caused to the urban and agricultural life of the province, they were largely dispersed by Ghaznavid armies by 1034.[24] A more organised grouping had remained in the area of Bukhârâ under Musa ibn Seljuk and his nephews Da'ud Chagri-Beg and Muhammad Toghril-Beg, which crossed the Amu Darya in May 1035. After being defeated by them, the new Ghaznavid sultan, Mas'ud I (1030–41), was obliged to grant the Seljuks the areas around the towns of Nasa, Farawa and Dehistan. These concessions produced only a temporary solution, since the Seljuks found their allocated pasturelands insufficient and demanded more, while Mas'ud was determined to extinguish the Oghuz-Turkmen threat. After intensifying warfare the Seljuks occupied the provincial capital, Nishapur, in 1038 and in 1040 they won a decisive victory over the Ghaznavid forces at Dandanqan.[25]

---

23 Matthew Bennett, "First Crusaders' Images of Muslims: The Influence of Vernacular Poetry?" *Forum for Modern Languages* 22 (1986), 101–22, here 108–12.

24 Bosworth, *The Ghaznavids*, pp. 223–25; Agadzhanov, *Der Staat der Seldschukiden*, pp. 40–41.

25 Bosworth, *The Ghaznavids*, pp. 226, 241–66; Agadzhanov, *Der Staat der Seldschukiden*, pp. 65–82.

It will be apparent from the foregoing discussion that the most significant geographical feature to figure in the Turkish conquest of Khurâsân was the Amu Darya (known in Latin as Oxus), the river which formed the northern frontier of the Ghaznavid empire. This contrasts with the account of William, who names the boundary river as *Cobar*, which is crossed by the Turks when they are obliged to leave Persia on the orders of its king, and recrossed when the Turks invade Persia after electing their own king (1.7, 50–53, 87–92). The name *Cobar* (*Chobar* in manuscripts B and W) does not correspond to that of any major river in the region, and does not appear to have been identified by any of William's modern editors or commentators. In fact the name seems to have a biblical origin. In the book of Ezekiel, the river Chobar in Chaldaea figures as a location where Ezekiel was called to be a prophet during the Babylonian captivity of the Israelites.[26] The name apparently derives from the Akkadian *nar kabari* "great river" and is identified by modern biblical commentators with the Shatt al-Nil, a watercourse which leaves the Euphrates above Babylon, passes through Nippur and joins the Euphrates again near Uruk.[27]

There are several rather formulaic biblical echoes in William's phraseology in the chapter concerning the Turks, but nothing else with as definite associations as this name.[28] The location of the river Cobar in Iraq would preclude any accurate identification with the Amu Darya, and would suggest that William was not familiar with any of the Arab geographers who wrote about Persia and Transoxania. It is unclear why William should associate a river with a location in biblical Babylonia (i.e. Iraq) with events that relate to Persia, or indeed whether this association should have been a conscious decision or whether it was simply a reflection of his geographical ignorance. Since the name Chobar appears eight times in Ezekiel and nowhere else in the Bible, it is perhaps there that we should look to see what resonances the name may have had for William.

---

26 Ezekiel 1.1–3: "Et factum est in tricesimo anno in quarto in quinta mensis cum essem in medio captivorum iuxta fluvium Chobar aperti sunt caeli et vidi visiones Dei / in quinta mensis ipse est annus quintus transmigrationis regis Ioachin / factum est verbum Domini ad Hezechiel filium Buzi sacerdotem in terra Chaldeorum secus flumen Chobar et facta est super eum ibi manus Domini." Also 3.15, 3.23, 10.15, 10.20, 10.22, 43.3. *Biblia Sacra iuxta Vulgatam versionem*, 3rd edn, ed. Robert Weber et al. (Stuttgart, 1983), pp. 1266, 1269, 1270, 1277, 1330.

27 E. Vogt, "Der Nehar Kebar: Ez 1," *Biblica* 39 (1958), 211–16.

28 There was a long Byzantine tradition, which passed to the west through the writings of Anastasius Bibliothecarius, that the Muslims worshipped a stone or idol known as *Chobar*, which some Christian polemicists even argued was meant to represent the goddess Aphrodite. This was of course nothing but a perversion of the place of the Kaba at Mecca within Islamic culture. On this phenomenon, see Georgina Buckler, *Anna Comnena: A Study* (London, 1929), pp. 330–31, and Benjamin Z. Kedar, *Crusade and Mission: European Approaches Towards the Muslims* (Princeton, 1984), p. 21. However, I think it unlikely that this has any connection with William's use of the name; he was better informed on the nature of Islam than most of these writers, and it is difficult to see why he should have transformed the idea of an idol into a river.

The Book of Ezekiel can be divided into three main thematic sections. The first (ch. 1–24) consists of imprecations and judgements against Israel and Judah; the second (ch. 25–32) comprises oracles concerning various gentile peoples; the third (ch. 33–48) is a hopeful narrative of a renewed Israel, with detailed descriptions and regulations concerning the restored Temple. Within the second section, relatively short proclamations against Ammon, Moab, Edom, Philistia, Tyre and Sidon are followed by a longer continuous prophecy of how Babylonia will conquer Egypt (ch. 29–32). One of the major themes of the *Chronicon* is William's attempts to understand and explain God's purpose, a task which evidently grew more problematic for him towards the end of his life. In his understanding, God had brought the Franks to Palestine to liberate the Holy Land, and he had given them victory over enemies superior in numbers. Yet the later parts of his narrative are much more pessimistic in tone. Particularly after the rise of Saladin William was given to reflecting on why God had evidently withdrawn favour from his people, and why their enemies were now prevailing more frequently than in the past.[29] For a theologian seeking understanding of these events, the Book of Ezekiel could have offered both explanation and hope. The major threat to the Latin settlements came from the rise of Saladin, who had united Muslim Syria and Iraq, and most crucially, and conquered Egypt, overthrowing the Fatimid caliphate. It was the conquest of Egypt which vastly increased Saladin's economic and military resources, and enabled him to pursue the war against the Franks on two fronts. The Franks could be seen as new Israelites, established by God in the Holy Land. Ezekiel's prophecies of judgement on Israel, and the conquest of Egypt by Babylonia, could be read as a prefiguration of events of William's own day. The final section of Ezekiel with its promise of renewal of God's favour offered an eschatological reading that promised hope for the survival of the Frankish states despite their desperate strategic situation toward the end of William's life. It is difficult to know whether the echoes of Ezekiel were anything more than subconscious association; however, we can see that William's association of the Turks with a river situated in Iraq seems to owe more to exegetical tradition than to accurate knowledge of eastern geography.

Most of the remainder of the chapter describes the election of Seljuk as king of the Turks. The use of arrows as a means of random selection is not inherently dubious, particularly given the importance of the arrow in Turkish culture.[30] However, much of the other circumstantial detail is difficult to reconcile with known events. William portrays the Turks as being organised in a hundred separate tribes. In the eleventh century the Oghuz were known to have consisted of twenty-two tribes, out of an original tribal organisation of twenty-four which had probably derived from twelve tribes being divided into two formations for

---

29 Edbury and Rowe, *William of Tyre*, pp. 151–53.

30 Bar Hebraeus gives an account of how the caliph Marwan I (684–85) was chosen by means of three arrows bearing names of candidates: Bar Hebraeus, *The Chronography of Abu'l Faraj*, ed. Ernest A. Wallis Budge, 2 vols. (London, 1932), 1:103.

military purposes.[31] The idea of the Turks electing a king is closely connected by William with the realisation of their numerical strength, occurring only after their first entry into Persia. He identifies the king chosen as Seljuk, the eponymous ancestor of the family. This statement is inaccurate in several respects. Seljuk had died at Jand, before the confederacy left the area of the Syr Darya, approximately forty years before the conquest of Khurasan. The ruler of the Oghuz at the time implied in William's account was in fact Seljuk's grandson Muhammad Toghril-Beg, who after the capture of Nishapur was recognised as the senior member of the family and began to use the title sultan.[32] William claims Seljuk as a member of a similarly named *familie Selducorum*, which evidently corresponds to a clan or even tribe, since it could produce a hundred adult males; in reality Seljuk was a member of the Kinik tribe, and the derivative form of his name was only applied to the dynasty retrospectively. Originally he had held the high military office of *sübashu*, and broken away from the rule of the *yabghu*, and after Seljuk's death leadership of the confederacy was vested in his descendants; it is therefore dubious whether either Seljuk or Toghril-Beg were ever elected other than by formal acclamation.[33] In almost all respects, then, the account of the convoluted election of the Turkish king conflicts with what we know of the actual circumstances and the answer may be that, as in the question of the origin of the Turks, William was again imposing western preconceptions on eastern history. Indeed, it has been suggested that this episode reflects William's understanding of the election of Godfrey of Bouillon as ruler of Jerusalem in 1099.[34]

In general, then, William's account of the Turks gives very little detail that can be recognised from eastern sources. There is not even any mention of the conversion of the Seljuks to Islam, although this had a prominent place in their own traditions and of course was of crucial importance for the history of the Middle East. By contrast, much of the account seems to derive from western traditions, with clearly identifiable classical and biblical references. It may be possible to explain some of the other detail by considering what models may have been available to William.

From Late Antiquity onwards the origins of many western peoples and dynasties were recorded in a historiographical genre known as the *origo gentis*. These origin myths were constructed history: that is, they tended to reflect what the communities concerned wished to regard as their past at a given time, rather than being an accurate reflection of ethnic history. Wenskus and Wolfram have argued that the prototypes of the genre were the Gothic histories of Cassiodorus

---

31 Agadzhanov, *Der Staat der Seldschukiden*, pp. 30–31; Bosworth, *The Ghaznavids*, pp. 210–11, 219.

32 Cahen, "Le Malik-Nameh," p. 45; Bosworth, *The Ghaznavids,* p. 267.

33 Bosworth, *The Ghaznavids*, pp. 220–21; Agadzhanov, *Der Staat der Seldschukiden,* pp. 37–39.

34 Edbury and Rowe, *William of Tyre*, pp. 66–67.

and Jordanes and they have identified several of its characteristic features.[35] In the case of ethnic communities, the people concerned tends to originate in the north, very often in Scandinavia. It must leave its country of origin because it cannot feed itself and it commences a long migration to a new home. The people sometimes fragments (as evidenced in the Fredegar Chronicle), and fights enemies who are often far superior in numbers, but wins through in the end. A crucial component is what Wolfram calls the "primordial deed," a key event in which the people crosses a sea or river and then defeats its enemies.[36] The oldest origin myths of the Germanic myths included descent from pagan gods, but as the genre developed peoples and dynasties often claimed descent from Trojans, Romans, Israelites, Egyptians and others.

If we look again at William's account of the Turks in the context of the *origo gentis*, certain features stand out. The Turks originate in the north, but are ultimately of Trojan descent. The people fragments, with only part of the Turks entering Persia, but their numbers multiply. The crucial events seem to be associated with river crossings. The Turks cross the Cobar to escape the persecution of the king of Persia. Only then do they realise their true numerical strength and their need for a king. The election of Seljuk as king is followed by the recrossing of the Cobar and the defeat of the Persian oppressors. The events framed by the river crossings seem to correspond to the "primordial deed" of the *origo gentis*. The twelfth century saw a great multiplication of origin stories, which tended to be used increasingly to justify national political claims and aspirations.[37] It is likely that in the course of his twenty-year sojourn in France and Italy William was exposed to examples of this widespread genre and that he incorporated typical features of it into his account of the origin of the Turks.

What conclusions can we draw from this discussion about William's practice of historiography and in particular about his knowledge of eastern sources? It may well be that we have to make a sharp distinction in William's knowledge of Islamic affairs. For the Umayyad, early 'Abbasid and Fatimid caliphates he could

---

35 Reinhard Wenskus, *Stammesbildung und Verfassung: Das Werden der frühmittelalterlichen Gentes*, 2nd edn (Cologne, 1977); Herwig Wolfram, "Einleitung oder Überlegungen zur *Origo Gentis*," in *Typen der Ethnogenese unter besonderer Berücksichtigung der Bayern*, ed. Herwig Wolfram and Walter Pohl, 2 vols. (Vienna, 1990), 1:19–33; Herwig Wolfram, "Le genre de *l'origo gentis*," *Revue belge de philologie et d'histoire* 68 (1990), 789–801; idem, "*Origo et religio*. Ethnic Traditions and Literature in Early Medieval Texts," *Early Medieval Europe* 3 (1994), 19–38; idem, "*Origo et religio*. Ethnische Traditionen und Literatur in frühmittelalterlichen Quellen," in *Mittelalter: Annäherung an eine fremde Zeit*, ed. Wilfried Hartmann (Regensburg, 1993), pp. 27–39.

36 Wolfram, "Le genre de *l'origo gentis*," pp. 800–01. Wolfram argues that the sea crossing derived from Cassiodorus; however, it is also likely that this element was reinforced by the example of the Israelites crossing the Red Sea.

37 Susan Reynolds, "Medieval Origines Gentium and the Community of the Realm," *History* 68 (1983), 375–90. Typical examples of the genre in the later Middle Ages are Geoffrey of Monmouth's *Gesta regum Britannie*, and the Egyptian descent myth of the Scots propounded in the Declaration of Arbroath of 1320.

rely on sources such as Sa'id ibn Batriq, Yahya ibn Sa'id and Sawirus ibn al-Muqaffa' (perhaps significantly, all of them Christians), who may have been augmented by other Egyptian sources procured by King Amalric. As far as the earlier history of the Seljuks and Persia were concerned, it would seem that he wrote a very general account containing some details easily ascertainable from his own time, woven together with elements drawn from biblical, classical and medieval western traditions. The *De prima origine gentis Turcorum* does not suggest much familiarity with Turkish or Persian history and may be less indicative of eastern ethnography than of western mythography.

Nevertheless, William of Tyre's account of the origin of the Turks may provide a small but significant insight into his mindset towards the end of his life. The association of the Turks with the River Cobar and Babylon suggests that the Book of Ezekiel and its promise of divine favour figured in William's thoughts as he contemplated the predicaments of the Frankish states. Inside the pessimistic analyst of the geopolitics of Outremer, it may just be possible to glimpse a hopeful theologian trying to get out.

The Spring of the Cresson in Crusading History

Denys Pringle

The "Spring of the Cresson" is perhaps best known to historians of the crusader kingdom as the scene of a bloody engagement which took place on 1 May 1187 between 7,000 mamluk troops led by Saladin's amir, Muzaffar al-Din Kukburi, and a Christian force of some 140 knights, including the masters of the Temple and of the Hospital. The circumstances of the battle are well known.[1] In April 1187, Raymond of Tripoli, who had made a truce with Saladin and was also effectively in a state of revolt against the king, Guy of Lusignan, granted permission to al-Afdal, Saladin's son, to send an armed expedition into the kingdom through his wife's lordship lands in Galilee. By the terms of the agreement, the Muslims were to enter Galilee from their base at Banyas and return back across the Jordan the same day, without doing any harm to the land or to its inhabitants. Raymond meanwhile sent letters to all within the lordship of Tiberias advising them to stay safely within the walls of their houses or towns that day. The Muslims crossed the Jordan north of the Sea of Galilee on the morning of 1 May and, to judge by the Old French sources, followed the road south along the western shore of the lake as far as Tiberias itself. From there, passing under the watchful eyes of the count and his garrison, they struck west along the main road towards Acre. The Latin account given in the *Libellus*, however, suggests that other parties of Muslims had already crossed the river the night before; this enabled them, under cover of darkness, to range as far west as Shafa 'Amr (*usque Cafram*), before returning eastwards again in two massed bodies through the Wadi Saffuriya (*in valle Saforie*) and the Battauf valley (*per planitiem campi Cana Galilaea*) respectively.[2]

Among those who received Count Raymond's letters on 30 April were the grand master of the Temple, Gerard of Ridefort, and the master of the Hospital, Roger of Les Moulins, who were then lodging with the archbishop of Nazareth and an escort of Hospitaller knights at *la Feve* (al-Fula), a Templar castle in the Jezreel

---

1 See Ernoul, pp. 144–50; "Eracles," p. 39; *Cont. WT*, pp. 37–40; *Libellus de Expugnatione Terrae Sanctae per Saladinum*, ed. Joseph Stevenson, RS 66 (London, 1875), pp. 210–17; *Itinerarium Peregrinorum et Gesta Regis Ricardi*, ed. William Stubbs, RS 38.1 (London, 1864), pp. 6–8; Rudolf Hiestand, ed., *Vorarbeiten zum Oriens Pontificius*, vol. 3. *Papsturkunden für Kirchen im Heiligen Lande* (Göttingen, 1985), pp. 322–24, no. 148; Reinhold Röhricht, *Geschichte des Königreichs Jerusalem (1100–1291)* (Innsbruck, 1898), pp. 423–26; Steven Runciman, *A History of the Crusades*, 2 (Cambridge, 1952), pp. 452–54; Marshall W. Baldwin, "The Decline and Fall of Jerusalem, 1174–1189," in *A History of the Crusades*, gen. ed. Kenneth M. Setton, 2nd edition, 1 (Madison-London 1969), pp. 607–08; Joshua Prawer, *Histoire du royaume latin de Jérusalem*, 2nd edition, 1 (Paris 1975), pp. 645–46.

2 *Libellus*, pp. 210–11.

Valley (see Map).[3] These men were on their way to Tiberias to mediate in the continuing dispute between Raymond and King Guy. On learning of the count's concession to al-Afdal, which amounted in effect to treason, they decided to attack the Muslims. Gathering Templar reinforcements from *Caco* (probably Qaqun), they left *la Feve* on the morning of 1 May and proceeded to Nazareth, where their force of eighty (or ninety) Templars and ten Hospitallers was joined by forty knights in the service of the king. Ernoul, who as Balian of Ibelin's squire would have heard first-hand accounts of what happened, records that the combined force then continued two leagues in the direction of Tiberias and came across the main force of Muslims, who were by then returning towards the Jordan, "at a spring which is called The Spring of the Cresson (*la Fontaine del Cresson*)."[4] Battle was joined, but the Christian knights were hopelessly outnumbered. Out of those belonging to the military orders, all but three Templars, including the grand master, were slaughtered, and the secular knights were all taken prisoner. The Muslims then returned to Banyas, passing Tiberias once again and continuing around the north shore of the lake, carrying the severed heads of the dead Templars and Hospitallers on their spears.

The precise location of this battle remains uncertain. Reinhold Röhricht, following E. Rey,[5] placed it at 'Ain Bassum (or 'Ayun al-Busas: Palestine Grid ref. 195.237), some 10 km north-east of Mount Tabor.[6] However, this does not lie on any obvious route from Nazareth to Tiberias. Furthermore, another source relates that the battle took place in the neighbourhood of Saffuriya (*in foresta Safforia*),[7] and another that it was near Kafr Kanna (*Casal Robert*).[8] This would seem to indicate a location north or north-east of Nazareth, either on the main road between Saffuriya and Tiberias or on one of those leading to it. It was probably with such considerations in mind that Fr F.-M. Abel identified the *Fontaine de Creisson* [sic] with 'Ain al-Jauza (spring of the walnut tree), between Nazareth

3 See Benjamin Z. Kedar and Denys Pringle, "La Fève: A Crusader Castle in the Jezreel Valley," *Israel Exploration Journal* 35 (1985), 164–79 (at 168–69).

4 Ernoul, p. 146; alternative readings include *del Kerson* and *du Creson*. The "Eracles" text is similar to Ernoul at this point, though giving "miles" instead of "leagues" and the name of the spring as *la fonteine dou Croisson*, or *Creson*, or alternatively *la fontaine del Croisson* and *la fontaine du Creson* ("Eracles," p. 39). In the Lyons manuscript of *Cont. WT* (p. 39), the knights found the Muslims *a une fontaine qui a a nom la fontaine dou Creisson*.

5 *Les Colonies franques de Syrie aux XIIme et XIIIme siècles* (Paris, 1883), p. 439.

6 "Studien zur mittelalterlichen Geographie und Topographie Syriens," *ZDPV* 10 (1887), 195–344 (at 234, n. 7).

7 *Gesta Regis Henrici II*, ed. William Stubbs, 2 vols. (London, 1867), 2:21.

8 *devant .i. grant cauzau* [*qui a nom Cazau*] *Robert, près de la cité de Nazarel a une liue: Les Gestes des Chiprois* in *RHC Arm* 2:659. Cf. Röhricht, *Geschichte*, p. 424, n. 5; Prawer, *Histoire*, p. 645, n. 4.

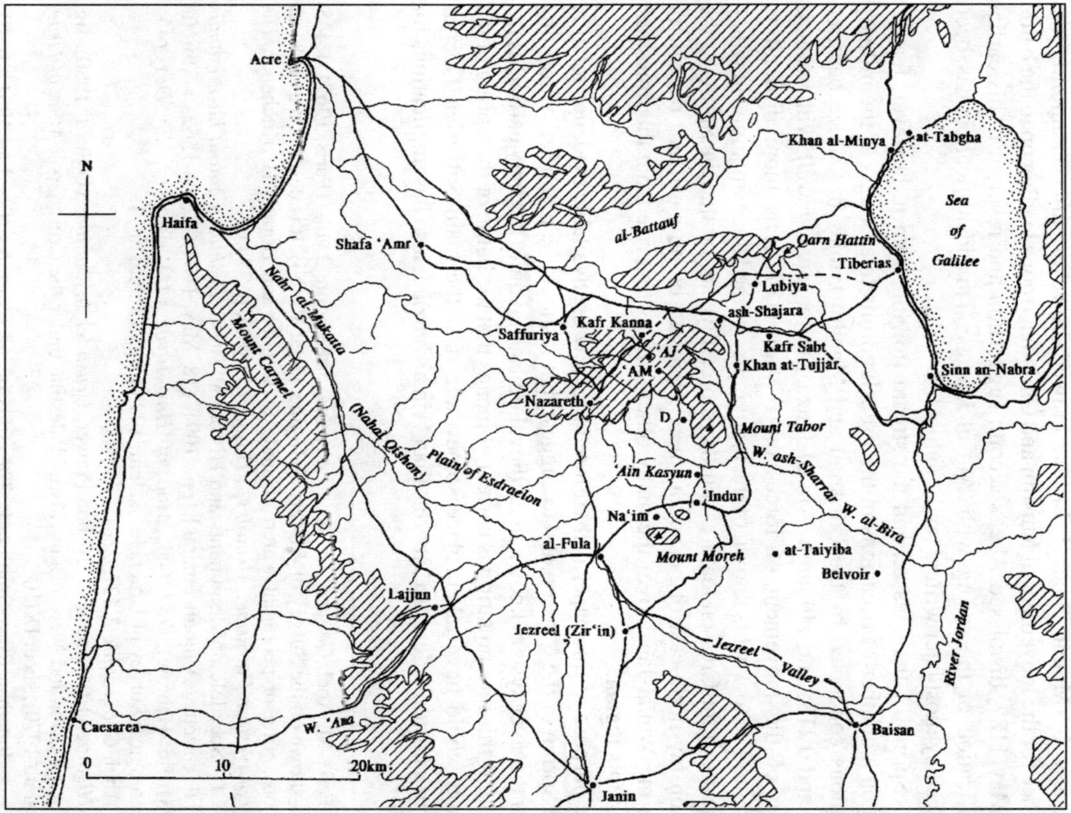

Map of Esdraelon and Lower Galilee, showing places mentioned in the text. Diagonal shading indicates land over 300 m. (Key: 'AJ = *'Ain al-Jauza*, 'AM = 'Ain Mahil, D=Dabburiya).

and Kafr Kanna (Grid. ref. 182.237).[9] Subsequently, however, he changed his mind and identified it instead with 'Ain Kasyun, whose waters rise near Tall Kasyun (Tel Qishyon), a low ruin-covered mound situated in the plain to the south of Mount Tabor (Grid ref. 1870.2296).[10] The tell he identified as the site of the village of *Cresum* that is listed among the possessions of the twelfth-century monastery of Mount Tabor.[11] Joshua Prawer, however, after examining the evidence for the movement of Muslim and Christian troops leading up to the battle of 1 May 1187, dismissed Abel's second suggestion and reverted to his earlier identification of the spring with 'Ain al-Jauza.[12] This identification has been followed by most later writers on the subject.[13]

The Spring of the Cresson and the stream flowing from it, however, feature again on a number of occasions in the French chronicle accounts of the military operations conducted by the Christian and Muslim armies in Galilee between 1187 and 1218; and although 'Ain al-Jauza fits reasonably well with what is known of the movement of forces on 1 May 1187, it is more difficult to accommodate to what is known of the topography of the later campaigns in which the Spring of the Cresson features. Furthermore, if we accept that the Spring of the Cresson lay north-east of Nazareth, there seems to be no particular reason for favouring 'Ain al-Jauza over the many other springs that rise from the limestone hills in this region.

The purpose of this paper is therefore to review the available evidence relating to the Spring of the Cresson and to suggest that it should be identified as forming part of the river system known in medieval times, and quite possibly earlier, as the Kishon. If this interpretation is correct, it means that the battle of the Spring of the Cresson would have taken place somewhere near the main Saffuriya-Tiberias road, in a position closer to Tiberias than 'Ain al-Jauza. It also has implications for

---

9 Félix-M. Abel, *Géographie de la Palestine*, 3rd edition, 2 vols. (Paris, 1967), 1:445. This is shown on the Survey of Western Palestine, sheet VI (Ni). It is described in 1881 as "A good spring of perennial water:" Claude R. Conder and Horatio H. Kitchener, *The Survey of Western Palestine: Memoirs*, 1 (London, 1881), p. 374.

10 Cf. "Schedule of Monuments and Historical Sites," *Reshumot Yalqut ha-Pirsumim* [Official Gazette, Announcements], pp. 1091 (18 May 1964), 1349–1562, i–xliii (at p. 1398) [in Hebrew]; Zvi Gal, *Map of Har Tavor (41). Map of `En Dor (45)*, Archaeological Survey of Israel (Jerusalem, 1998), pp. 53*, 65, no. 1.

11 Abel, *Géographie* 2:422–23.

12 *Histoire*, 1:645, n. 4; cf. Joshua Prawer, *Crusader Institutions* (Oxford, 1980), fig. 3; Joshua Prawer and Meron Benvenisti, "Palestine under the Crusaders," *Atlas of Israel* (Jerusalem 1970), sheet IX/10.

13 E.g. Jonathan Riley-Smith, ed., *The Atlas of the Crusades* (London, 1991), p. 61; Benjamin Z. Kedar, "The Battle of Hattin Revisited," in idem, ed., *The Horns of Hattin* (Jerusalem, 1992), pp. 190–207 (at pp. 195, n. 17, 197, fig. 1); Jonathan Phillips, *Defenders of the Holy Land: Relations between the Latin East and the West, 1119–1187* (Oxford, 1996), p. 265. The identification with 'Ain Kasyun, however, has been followed in Denys Pringle, *The Churches of the Crusader Kingdom of Jerusalem*, 3 vols. (Cambridge, 1993–), 1:106; 2:67, 68, 210, 286, 336, map 6.

understanding the strategy of some later campaigns, including the one that resulted in the battle of Hattin.

After 1 May 1187, the next occasion on which the Spring or Stream of the Cresson is mentioned relates to the council meeting that King Guy called at the Springs of Saffuriya on 2 July 1187, at which Raymond of Tripoli advised him for the second time to abandon Tiberias to its fate. Among the arguments that the count advanced was that, "Between here and Tiberias there is no water at all, save only for a small spring, the Spring of the Cresson, which is insufficient for an army."[14] The briefer Ernoul text reads, "a small spring of the Cresson," but although it is quite possible that the Cresson, which was evidently a stream, may have had more than one spring, in this instance it would seem unwise to place much significance on the author's use of the indefinite article.[15] The one implication that it does seem legitimate to draw from these references, however, is that the Spring of the Cresson lay on or near the main road between Saffuriya and Tiberias.

This is also suggested by the *Estoires d'Outremer et de la naissance de Salehadin*, which mentions that the first clash between the Christian army advancing from Saffuriya and Saladin coming from Tiberias was at the Spring of the Cresson (*a la fontainne dou Cresson*);[16] according to this source, on this occasion the Christians drove off their Muslim opponents. Although this work elsewhere incorporates expansive fictional passages, its account of the battle of Hattin represents a much compressed version of that appearing in the *Eracles* and Ernoul. It seems quite possible therefore that there was indeed a skirmish at the Spring of the Cresson, though the source from which the author of the *Estoires* derived this information remains unknown.

We reach firmer ground with the next reference, which relates to 1211. In this year al-Malik al-'Adil, while engaged in fortifying the summit of Mount Tabor as a massive castle, launched a raid on Acre. The king, John of Brienne, finding himself with insufficient forces, decided to make a truce, and sent an embassy to al-'Adil, "there where he was lodged, at the Spring of the Cresson (*a la fonteine dou Croison*, or *Cresson*) before Mount Tabor, where he was undertaking his work."[17] Six years later, over the winter of 1217–18, the Christian army led by John of Brienne, Leopold of Austria and the masters of the three principal military orders, camped "in the plain beside the stream of the Cresson (*sur le ruissel dou Creisson*, or *Cresson*)" while attempting to take the castle on Mount Tabor.[18]

---

14 *Entre ci et Tabariè n'a point d'aigue, fors solement une petite fontaine, la Fontaine dou Croisson, qui est neient a ost* (p. 50, var. C). An alternative text reads: *Entre ci et Tabariè n'a nulle eve, fors une petite fontaine. C'est la Fontaine du Creison. Ce est petit a ost* (ibid., var. G). The wording in the *Estoires d'Outremer et de la naissance de Salehadin* (ed. Margaret A. Jubb [London, 1990], p. 194) is broadly similar.

15 *Entre chi et Tabarie n'a point d'iaue, fors que seulement une petite fontaine del Cresson* (Ernoul, p. 159). Alternative readings include *de Qelson* and *del Kerson*.

16 *Estoires d'Outremer*, p. 196.

17 "Eracles," p. 317; cf. Röhricht, *Geschichte*, p. 702.

18 "Eracles," p. 324; cf. Röhricht, *Geschichte*, p. 725.

According to Abu Shama, their assault on the 4th and 5th December was made against the walls near to the gate facing Damascus, implying that it was on the east or north-east side of the hill.[19] Following this unsuccessful attack, al-'Adil commanded his son, al-Mu'azzam 'Isa, to dismantle the castle, which he reluctantly did; and later, in 1218, we find him camped at the Spring of the Cresson (*a la fontaine dou Creisson*, or *Fontaine du Cresson*) while undertaking this task.[20] These episodes appear to suggest that the Spring of the Cresson lay on the east or north-east side of Mount Tabor, and the stream in the plain to the east and south of it.

Such an inference might appear to lend support once more to Abel's identification of the Spring of the Cresson with 'Ain Qasyun. This identification was made on the basis of Tall Qasyun being identified with a *casale* named *Cresum/Creisum*, which appears in the list of former possessions of the Orthodox church of Mount Tabor that Tancred granted to its Latin successor in 1101[21] and King Baldwin I confirmed to it in 1107.[22] Like a number of other settlements in the list, *Cresum* was evidently of some antiquity, being in all likelihood the medieval successor of Biblical Kishion (Κεισών, *Cision*), that was included in the territory of the tribe of Issachar given to the Gershonites (Joshua 19.20, 21.28).[23] In 1101, however, *Cresum* was described as being unoccupied as a result of wartime devastation; and the fact that it is not included in any of the subsequent papal confirmations of the abbey's possessions could also suggest that it was never reoccupied in the twelfth century.[24] Indeed, this may well have contributed to the difficulty that modern historians have had in identifying the site.[25] The Spring of the Cresson, however, was not necessarily related to a settlement, since the consistent use of the definite article before Cresson in the sources and their

19 *Livre des deux jardins* in *RHC Or* 5:163.

20 "Eracles," p. 330; cf. Röhricht, *Geschichte*, p. 732.

21 *Cart Hosp* 2:897–99, "Chartes du Mont-Tabor," no. 1; *RRH* no. 36.

22 *Cart Hosp* 2:826, no. 2831; *RRH* no. 51.

23 Cf. Erich Klostermann, ed., *Eusebius, Das Onomastikon der biblischen Ortsnamen* (Leipzig, 1904), p. 114, line 28; N. Zori, *The Land of Issachar* (Jerusalem, 1977), pp. 110–13 [in Hebrew]; Yohanan Aharoni, *The Land of the Bible: A Historical Geography*, trans. Anson F. Rainey, 2nd edition (London 1979), pp. 160, 438; Zecharia Kallai, *Historical Geography of the Bible: The Tribal Territories of Israel* (Jerusalem, 1986), pp. 207, 425; cf. 233–34.

24 See Hiestand, *Vorarbeiten zum Oriens Pontificius*, 3:92–99, no. 5 (1103); pp. 187–90, no. 61 (1146); *Cart Hosp* 2:826–28, no. 2832 (1103); p. 902, "Chartes du Mont-Tabor", no. 11 (1146); *RRH* no. 39. It may be noted that *Jubeim/Jubeil* (Kh. Umm Jubail, Grid. ref. 186.237), which is also included in Tancred's grant but excluded from the papal confirmations, is described as a *gastina* in 1254 (*Cart Hosp* 2:761–63, no. 2688; *RRH* no. 1217).

25 E.g. Gustav Beyer, "Die Kreuzfahrergebiete Akko und Galilaea," *ZDPV* 67 (1944–45), 183–260 (at 219, n. 5); Martin Rheinheimer, *Das Kreuzfahrerfürstentum Galiläa* (Frankfurt am Main, 1990), pp. 263, 280. The site is not marked on the map "Palestine under the Crusaders," *Atlas of Israel* (Jerusalem 1970), sheet IX/10.

reference to a stream of the same name indicate that it was a natural feature. In any case, the Cresson brook appears to have had a different Biblical antecedent.

In the Book of Judges, Deborah the prophetess predicted that the Israelite Barak would defeat Sisera, commander of the army of Hazor, by the river of Kishon at the foot of Mount Tabor (Judges 4.1–22; cf. 5.21; Psalm 83.9–10). Medieval western writers, from Jerome onwards, were aware of the Kishon brook being located below Tabor.[26] In his letter to Eustochium, Jerome relates, for example, how Paula climbed Mount Tabor and saw "the Great Plains of Galilee in which Barak won his victory ... and the Brook Kishon cutting the plain in half, and the nearby town of Naim."[27] The passage from the book of Judges was also evidently in William of Tyre's mind when he recounted the death of Baldwin, a canon of the Holy Sepulchre, during the retreat of the Christian army from *Forbelet* (at-Taiyiba) to Saffuriya in 1182: "He was placed on a litter and borne to the foot of Mount Tabor, near the brook of Kishon, where he expired (*delatus in lectica sub monte Tabor iuxta torrentem Cison expiravit*)."[28]

The Kishon Brook, however, is also well known as the place where the prophets of Baal were slaughtered on Elijah's orders (1 Kings 18.40). This has suggested to some scholars that the Kishon should refer only to the river that drains westward through the Esdraelon Plain (or Plain of Megiddo) to enter the Mediterranean at the foot of Mount Carmel.[29] It would appear, however, that to medieval western writers the name Kishon could be applied both to this river, which is indeed known today as the River Kishon (Nahal Qishon, or Nahr al-Mukatta), and to the stream that flows south-eastwards from Mount Tabor down the Wadi ash-Sharrar and Wadi al-Bira (Nahal Tavor) to enter the River Jordan south of the Sea of Galilee. The author of the *Descriptio locorum* (1131–43), for example, refers to the Kishon Brook (*torrens Cyson*) as being located in the Plain of Na'im, between Tabor and Endor ('Indur);[30] elsewhere, however, the same author mentions the Kishon (*Cyson*) as being below Mount Carmel.[31] Burchard of Mount Sion (1283)

---

[26] *Cison torrens iuxta montem Thabor, ubi contra Sisaram dimicatum est* (Jerome, *Liber locorum*, ed. Klostermann, *Onomastikon*, p. 117, lines 21–22).

[27] Letter 108, trans. John Wilkinson, *Jerusalem Pilgrims before the Crusades* (Warminster, 1977), p. 52.

[28] WT 22.17, p. 1032; trans. Emily A. Babcock and August C. Krey, *A History of Deeds Done Beyond the Sea*, 2 vols. (New York, 1941), 2:475.

[29] Aharoni, *Land of the Bible*, pp. 224–25, 280, n. 111.

[30] ed. Sabino de Sandoli, *Itinera Hierosolymitana Crucesignatorum (saec. XII–XIII)*, Studium Biblicum Franciscanum, Collectio Maior 24, 4 vols. (Jerusalem 1978–84), 2:96. The same information is repeated by: Innominatus VI (*c.*1148), ed. Sandoli, *Itinera* 3:64; Fretellus (1137), ed. P.C. Boeren, *Rorgo Fretellus de Nazareth et sa Description de la Terre Sainte* (Amsterdam, 1980), p. 26; John of Würzburg (*c.*1165), ed. Robert B.C. Huygens, *Peregrinatores Tres*, CCCM 139 (Turnhout, 1994), p. 82; Theoderic (1169–72), ch. XLVI, ed. Huygens, *Peregrinatores Tres*, p. 192; and Thietmar (1217), ed. Johann C.M. Laurent, *Mag. Thietmari Peregrinatio* (Hamburg, 1857), p. 5.

[31] ed. Sandoli, *Itinera* 2:110.

was also aware that a *torren(s) Cison* lay at the foot of Carmel.[32] But he also writes:

> At the eastern foot [of Mount Tabor] descends the Kishon Brook (*torrens Cison*), in which Barak fought against Sisara, and defeated him and put him to flight. That Kishon Brook, collected from the rainwaters of Mount Tabor and [Little Mount] Hermon, descends towards the Sea of Galilee, and enters it next to Belvoir Castle, which belonged to the Hospital of St John.[33]

Marino Sanudo (1321), though basing his account largely on Burchard's, states things even more clearly:

> That Kishon Brook (*torrens iste Cyson*) is collected from the rainwaters of Mounts Tabor, Hermon and Moreh (*Hermonym*): one part descends almost to the end of the Sea of Galilee; the other part flows into the Mediterranean Sea a mile from Haifa.[34]

The map of the Holy Land that accompanies his book shows the Kishon as a continuous stream extending from the Mediterranean to the southern end of the Sea of Galilee.[35]

We may therefore conclude that although medieval writers regarded the valley of the Kishon as including the entire Esdraelon Plain and Wadi ash-Sharrar/al-Bira, the references to a *Cison* or *Cresson* in the vicinity of Mount Tabor must relate to that part of the valley lying east of the watershed. And although the catchment for this river system also extends west of Mount Tabor into the valley between it and Nazareth, the evidence both from the chronicles and from Burchard of Mount Sion indicates that the principal headwaters were regarded as being those which descended on the east side of Mount Tabor, down the valley known as the Wadi al-Madi, or in its uppermost reaches as the Wadi Kasta.[36]

In the light of these observations, it seems very unlikely that the Spring of the Cresson mentioned in relation to the events of 1187 could have been 'Ain al-Jauza, since that forms part of a different river system draining north-west into the Wadi Rummana. Indeed, of the springs lying immediately north-east of Nazareth, only those to the south of the watershed, such as 'Ain Mahil (Grid. ref. 1835.2366),[37] 'Ayun Musa to the west of it and 'Ain ash-Sha'in to the south,[38] could be seriously considered; but these would have been well away from the likely routes taken by Kukburi on 1 May or the royal army in early July. A more plausible location

---

32 ed. Sandoli, *Itinera* 4:128, 158.

33 ed. Sandoli, *Itinera* 4:156.

34 *Liber Secretorum Fidelium Crucis*, ed. Jacques Bongars in *Gesta Dei per Francos* (Hanau, 1611, repr. Jerusalem, 1972), 2:252; cf. p. 253.

35 Ibid., p. ix; cf. Kenneth Nebenzahl, *Maps of the Bible Lands* (London, 1986), pp. 44–45.

36 *Survey of Western Palestine*, sheet VI (Oi).

37 *Ain Meher* is referred to as *casale* in 1254: see *Cart Hosp* 2:761–63, no. 2688; *RRH* no. 1217; Abel, *Géographie*, 2:464; Conder and Kitchener, *Survey of Western Palestine* 1:362.

38 Conder and Kitchener, *Survey of Western Palestine* 1:362, 377.

would be further to the north-east, at the point where the main Saffuriya to Tiberias road crosses the head of the valley that we have identified as the medieval Kishon, near to the former village of ash-Shajara (Grid. ref. 1875.2402).[39] Two springs are situated near this now-deserted settlement, the 'Ain Bayin 1,200 m. to the south-west and the 'Ain ad-Daya (spring of the nurse) some 1,000 m. to the south. The latter was described in 1881 as a "small perennial spring of good water," the spring being built up in masonry.[40]

This spring lies only 4 km. west of Kafr Sabt (Grid. ref. 191.238), which Saladin made his forward base on 30 June 1187.[41] It is therefore a very plausible location for the skirmish reported by the author of the *Estoires*. Furthermore, whoever possessed ash-Shajara would have controlled not only the east–west road, but also that part of the Abbasid postal road (the historic *Via Maris*) between Damascus and Egypt that ran southward down the valley from it.[42] In Mamluk times this road was soon put back into operation;[43] and in the early fifteenth century an important caravanserai, known as Khan at-Tujjar (the khan of the merchants), was constructed 4 km. south of the junction (Grid ref. 188.236). Some 150 m. north-west of the khan stands a smaller fort, roughly square in plan and with polygonal corner-towers, which appears to be contemporary with the earliest phase of the khan, if it is not slightly earlier.[44] This complex, which in the seventeenth century included a bath-house, was built around a copious spring, which the PEF map indicates fed a perennial watercourse.[45]

The Spring of the Cresson at which al-'Âdil encamped in 1211 and Mu'azzam 'Isa in 1218 could therefore quite well have been either the one associated with Khan at-Tujjar, or the 'Ain al-Jizan a little further south down the valley. The Crusaders in 1217–18 also seem to have camped in this general area, beside the stream flowing from it, either in the Wadi al-Madi or in the plain further south. The area was to be used once more as military base in late March and April 1263, when Sultan Baybars encamped with an army at the foot of Mount Tabor, during

39 This is *Seiera* (*Sysara*, *Sisara*) in Tancred's grant to Mount Tabor and in subsequent confirmations.

40 Conder and Kitchener, *Survey of Western Palestine* 1:373 (Ain ed Dâyah); cf. p. 396 (Kh. Beiyin).

41 Kedar, "Battle of Hattin," pp. 193–94; Malcolm C. Lyons and David E.P. Jackson, *Saladin: The Politics of the Holy War* (Cambridge, 1982), pp. 256–57.

42 Richard Hartmann, "Die Strasse von Damaskus nach Kairo," *Zeitschrift der deutschen morganländischen Gesellschaft* 64 (1910), 665–702; idem, "Barid," in *Encyclopaedia of Islam*, vol. 1 (Leiden, 1913), pp. 658–59; cf. Abel, *Géographie* 2:219.

43 It is mentioned, for example, by Burchard of Mount Sion in 1283 (ed. Sandoli, *Itinera*, 4:156).

44 Zvi Gal, "Khan et-Tujjar: A New Look at a 'Western Survey' Entry," *Palestine Exploration Quarterly* 117 (1985), 69–75; cf. Conder and Kitchener, *Survey of Western Palestine* 1:394–96; M. Lee, C. Raso and Robert Hillenbrand, "Mamluk Caravanserais in Galilee," *Levant* 24 (1992), 54–94 (at 56–72); A. Muqari and Zvi Gal, "Investigations at Khan et-Tujjar," *'Atiqot* 36 (1998), 126; 47*–55* [in Hebrew with English summary].

45 Conder and Kitchener, *Survey of Western Palestine* 1:373, 379.

his negotiations with the Franks which ended in his destruction of the churches of Tabor, Nazareth and at-Tabgha and his raid on Acre.[46] A letter from Pope Urban IV to King Louis IX of France describes his army as being camped between Tabor and Na'im, in the plain to the south of the mountain.[47] Clearly, in the twelfth and thirteenth centuries the valley of the Cresson and its waters were regarded as important strategic assets, thus explaining their frequent mention in the sources.

---

[46] Ibn al-Furat, trans. Ursula and Malcolm C. Lyons, *Ayyubids, Mamluks and Crusaders*, 2 vols. (Cambridge, 1971), 2:56–59; Peter Thorau, *The Lion of Egypt: Sultan Baybars I and the Near East in the Thirteenth Century,* trans. Peter M. Holt (London, 1992), pp. 136–37, 145–48, 226.

[47] *perfidus soldanus Babylonie ... cum exercitu copioso, quem in gravi multitudine congregarat, castrametatus inter montem Thabor et Naym*: Urban IV, *Les Registres*, ed. Jean Guiraud, 4 vols. (Paris 1901–29), 2:161, no. 344.

Some Reflections on Urban Landscapes in the Kingdom of Jerusalem: Archaeological Research in Jerusalem and Acre

Adrian Boas

Introduction

When discussing Crusader cities as a phenomenon, we have to take into account the fact that all of them existed long before the Crusader period and that they had well-established forms.[1] However, under Frankish rule the cities underwent considerable change, some more so than others. If the Persian traveller Nasir i-Khusrau, who visited the Holy Land in 1047, could have returned in 1187, he would have been amazed at the changes that had taken place in Jerusalem and he probably would not have recognized Acre at all.[2] In Jerusalem the inherited layout and features were retained with the addition of a number of substantial new edifices.[3] In Acre the city expanded well beyond its pre-Crusader walls and merchants from Genoa, Venice and Pisa built quarters in the city which were smaller versions of their mother cities, including Italian institutions and architecture.[4] But even in Acre many of the earlier features were retained and this most European of Crusader cities remained a combination of the Orient and the Occident.[5]

Although they each served as the administrative capital of the kingdom and according to some estimates their populations were about the same size,

---

1 In his discussion of Crusader cities Joshua Prawer ("Crusader Cities," in *The Medieval City*, ed. Harry A. Miskimin, David Herlihy, A.L. Udovitch [New Haven, 1978], p. 182) included the faubourgs that developed outside castle walls. However, these mainly thirteenth-century settlements were really no more than embryonic cities with small populations and a minimum of urban institutions.

2 For Nasir i-Khusrau's accounts of Jerusalem and Acre see Nasir i-Khusrau, *Diary of a Journey through Syria and Palestine,* trans. and annotated by Guy Le Strange, PPTS 4.1 (London, 1893).

3 For general discussions of Crusader Jerusalem see D. Bahat, "Topography and Archaeology. The Crusader Period," in *The History of Jerusalem, Crusaders and Ayyubids (1099–1250)*, ed. Joshua Prawer and Haggai Ben-Shammai (Jerusalem, 1991), pp. 68–119 (in Hebrew); F.E. Peters, *Jerusalem* (Princeton, 1985), pp. 283–332; Meron Benvenisti, *The Crusaders in the Holy Land* (Jerusalem, 1970), pp. 35–73.

4 Prawer, "Crusader Cities," pp. 179–99.

5 As Prawer noted, there was not a symbiosis of different traditions but, in his words, "a juxtaposition of different elements which *nolens volens* were caught in the all-embracing city walls" (Prawer, "Crusader Cities," p. 199). This was the rule on all levels. See below, as to how it applies even to domestic architecture.

Jerusalem and Acre actually had very little in common.[6] It is the marked contrast of these two cities that makes the study of them so very interesting. They provide us with the best opportunity for studying medieval urban topography in the Kingdom of Jerusalem. For both cities there are numerous written sources, including a large number of descriptions written by medieval visitors, deeds detailing the possessions granted to individuals and various communities (for Acre there are documents listing house by house, and even room by room, the properties in the city belonging to the communes of Venice and Genoa) and, not least important, maps of the city drawn up in the twelfth, thirteenth and fourteenth centuries.[7] The physical remains of medieval Jerusalem and Acre are far more extensive than those of any other Crusader city.[8] In Jerusalem ruins of the Crusader period are incorporated into later buildings and a number of large public structures survive intact and are still in use. In the case of Acre, which was destroyed by al-Malik al-Ashraf Khalil in 1291 and abandoned until Ottoman 'Akka was built over it, a remarkable number of Frankish remains lie buried beneath the city.[9] Excavations and surveys in both cities are continually bringing these remains to light, adding to the growing body of information on the Frankish city.[10]

---

[6] Population estimations are always a problematic issue. For two attempts see Meron Benvenisti, *The Crusaders in the Holy Land* (Jerusalem, 1970), pp. 26–27 and Josiah C. Russell, "The Population of the Crusader States," *The History of the Crusades*, gen. ed. Kenneth M. Setton, vol. 5, ed. Norman P. Zacour and Harry W. Hazard (Madison, Wisconsin, 1985), pp. 295–314.

[7] Important sources on Crusader Jerusalem include detailed descriptions by medieval travelers such as the Russian Abbot Daniel (PPTS 4, London, 1888); the anonymous tract *La Citez de Jherusalem*, trans. Claude R. Conder in PPTS 6 (London, 1896); the descriptions by John of Würzburg and Theoderic, both in *Peregrinationes tres*, ed. Robert B.C. Huygens, CCCM 139 (Turnhout, 1994) — for the English translations by Aubrey Stewart see PPTS 5 (London 1896). The surviving archives include that of the canons of the Church of the Holy Sepulchre (*Cart St Sép*). Amongst the most important sources on Crusader Acre are the property lists of the Italian communes (see below, notes 50, 51).

[8] Most other cities have fragmentary remains of fortifications, a citadel, a church and a few houses. Caesarea has its remarkable fortifications, an as yet unexplored castle, a fine church published by Denys Pringle (*The Churches of the Crusader Kingdom of Jerusalem* 1 [Cambridge, 1993], pp. 166–79) and the walls of many private dwellings can be traced. Excavations at Caesarea, Arsuf, Yoqne'am and other towns would certainly expose a great deal more but at present there are no other cities on a par with Jerusalem and Acre.

[9] Acre and the other coastal towns were extensively demolished by the Mamluk conquerors in order to prevent the Franks from regaining a foothold on the Palestinian coast, a lesson learnt from the experience of the Third Crusade. Had Saladin carried out a similar policy in 1187, the Franks' hold on Tyre might not have sufficed for the reoccupation the land.

[10] Excavations in Jerusalem after 1967 have uncovered various Frankish structures in the rebuilt Jewish quarter (see N. Avigad, *Discovering Jerusalem* [Nashville, 1983], pp. 247–55), most notably the covered market street which has been restored. Also, a number of excavations have been carried out along the city walls. Excavations in Acre have concentrated on the Hospitaller quarter and various sites within and outside the Turkish walls.

While the written sources, surviving buildings and archaeological remains make these two Crusader cities so accessible, in many instances the different types of evidence are at odds with one another, sometimes resulting in confusion and the occasional publication of doubtful theories. The following discussion will concentrate on archaeological aspects of research in Jerusalem and Acre.

Fortifications

A: The Walls of Jerusalem

The best summary of the fortifications of Frankish Jerusalem is by G.J. Wightman.[11] It is a consensus amongst scholars that in the Crusader period Jerusalem's walls were less extensive than those of the Byzantine city, no longer including the City of David and Mount Zion, and that they were, with only minor digressions, on the same line as the present-day walls built by Suleiman the Magnificent in the sixteenth century. The Franks used the walls built in the Fatimid period with some reconstruction and improvements. Although there are only a few places where it is possible to observe a continuous stretch of the medieval curtain wall, such as a section located between Jaffa Gate and the north-west corner of the city, there are enough medieval remains to support this view. These can be listed as follows:

1. David's Tower (*Turris David*) and the expanded citadel compound.
2. The stretch of curtain wall, forewall and rock-cut ditch between Jaffa Gate and the north-west corner of the city.
3. Tancred's Tower, its outer wall and ditch.
4. Sections of the bastion and rock-cut ditch between the modern New Gate and Damascus Gate.
5. The outer gate and barbican at Damascus (St Stephen's) Gate, excavated in the 1960s.
6. A section of curtain wall known as the Templars' wall located on the Ophel, south of the Temple Mount.
7. The Tanners' Postern and gate tower on the southern wall slightly west of the modern Dung Gate.
8. Two medieval towers, the Sulphur Tower and the Middle Tower, at the centre of the southern wall.
9. Medieval Zion Gate located at the southern end of the Byzantine Cardo.

---

11 G. J. Wightman, *The Walls of Jerusalem from the Canaanites to the Mamluks,* Mediterranean Archaeological Supplement 4 (Sydney, 1993). See in particular chapter 11, pp. 259–72. For a general discussion of urban fortification in the Kingdom of Jerusalem see Denys Pringle, "Town Defences in the Crusader Kingdom of Jerusalem," in *The Medieval City under Siege*, ed. I.A. Corfis and M. Wolfe (Woodbridge, 1995), pp. 69–121.

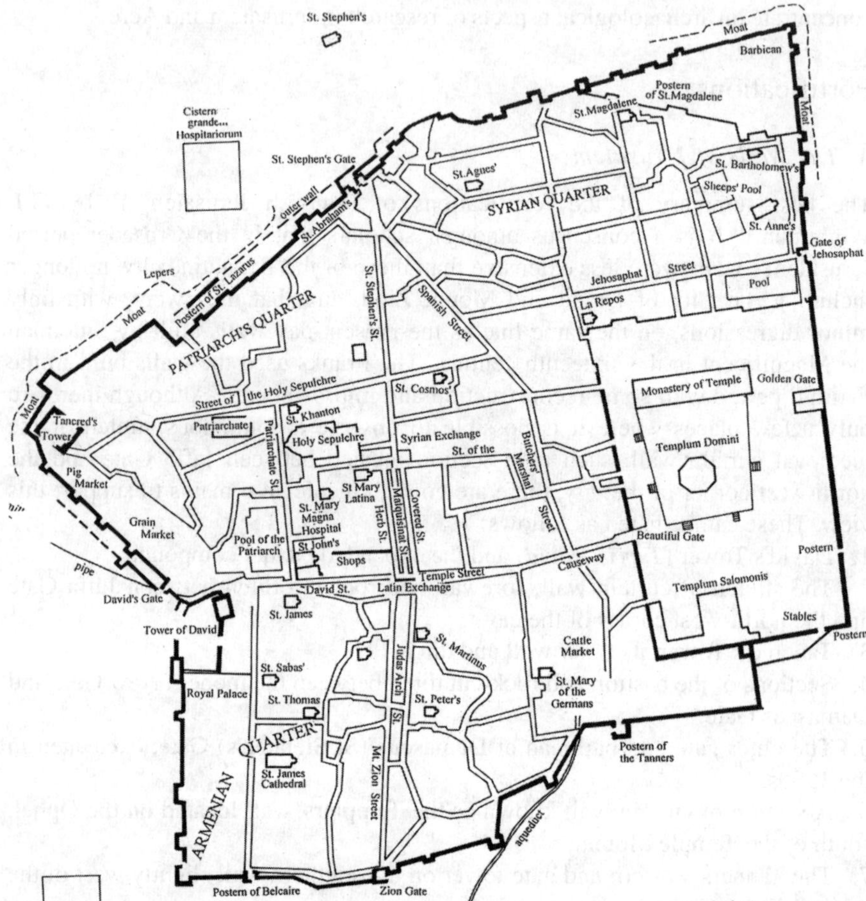

Map 1: Jerusalem in the Twelfth Century (Masha Caplan)

10. A section of a medieval tower, possibly a gate tower, which was exposed in 1997 inside the city near the western corner of the southern wall. Its location makes it a likely candidate for the Beaucayre postern mentioned in various medieval sources.[12]
11. A tower constructed at the south-west corner of the city.
12. A tower halfway between the south-west corner of the city and the citadel.

Archaeologists have *a priori* assigned many of these remains to the Ayyubid period. The logic for this dating lies in the fact that Saladin's nephew al-Malik al-Mu'azzam 'Isa carried out extensive fortification works in the early years of the thirteenth century. Excavations of three medieval towers, one in the southern city wall and two in the southern part of the western wall, have unearthed three monumental inscriptions of al-Mu'azzam dating to 599 AH (1202–03), 609 AH (1212–13) and 610 AH (1213–14).[13] Similarity between the constructions of structures with which inscriptions are associated and that of other towers and sections of curtain wall has led archaeologists to give the new discoveries the same dating. However, as none of the inscriptions was actually found *in situ*, there remains some doubt as to the dating of the structures themselves. There is no reason to conclude from their presence that a work of fortification did not exist prior to the inscription which could simply be a record of expansion or refurbishing rather than of a completely new construction. The inscriptions may refer to part of the superstructure which has not survived. They are not informative enough to clarify this, and they do not actually describe the nature of the work from which they came.[14]

---

[12] It is mentioned but not named in *La Citez de Jherusalem*, p. 5. In *RRH* no. 559 it is called: *Portam Novam de Balcayra.* This entry is dated 1178 which suggests that it was a late addition to the fortifications. Recent excavations by John Seligman of the Israel Antiquities Authority uncovered part of a tower and the adjacent (earlier?) east-west wall: John Seligman, "Jerusalem, the Old City Walls," *Hadashot Arkheologiyot* 108 (1998), 138–39 (in Hebrew). Seligman suggests that the tower may be from the fortifications carried out by al-Malik al-Mu'azzam 'Isa between 1202 and 1212 but this proposal was not based on archaeological data. This find and the earlier discovery of a section of a wall and tower at the modern Zion Gate (Magen Broshi and Yoram Tsafrir, "Excavations at the Zion Gate," *Israel Exploration Journal* 27 [1977], 28–37) would seem to negate Wightman's statement that the Fatimid and Crusader walls on Mount Zion ran several m north of the present line of the city wall (see Wightman, *Walls*, p. 247).

[13] Wightman, *Walls*, pp. 278–79. Al-Mu'azzam subsequently dismantled the fortifications of Jerusalem and other strongholds in 1219 and 1227. This was part of a ploy to abandon Palestine to the Franks so that they would desist from their attempts at occupying Egypt. Also, as the fifteenth century Muslim historian Mujir al-Din noted, al-Mu'azzam realized that he would in any case be incapable of defending the city against the Franks: Mujir al-Din, *Histoire de Jérusalem et d'Hebron*, trans. Henry Sauvaire (Paris, 1876), pp. 85–87. The city's walls remained in ruins until the Ottoman period.

[14] In this regard Wightman even points to the possibility that the inscription found by the small tower on the western wall may have come from the adjacent curtain wall (Wightman, *Walls*, p. 280). The other two inscriptions, however, refer to towers.

In his account of the conquest of Jerusalem, William of Tyre makes a number of references to the forewall (*antemurale*) and moat (*vallun*) on the north of the city.[15] Theodoric mentions the *vallum* or *fossatum* and the *barbicana* and the *Gesta Francorum* also refers to the two walls.[16] Denys Pringle suggests that these works of fortification may have been carried out by the Seljuks in the 1070s.[17] Sections of the medieval moat and the forewall have come to light in a number of excavations, and parts of them can still be observed in the north and west. Where it has been possible to measure it the moat was 14 m wide. Recent and still unpublished excavations before the western wall north of Jaffa Gate and before the northern wall between the modern New Gate and Damascus Gate have exposed sections of the forewall.[18] It has been observed in two sections exposed outside the northern wall, where it is preserved to a height of 3.5 m, is 4.5 m thick and was probably about 8 m distant from the main, inner wall.[19] A section of the forewall and moat can be seen to the west between Jaffa Gate and the north-west corner of the city. This is the only place where we can apparently see both lines of walls together. This wall had been partly excavated and recorded in the past[20] and in 1983 a section of it was exposed just north of Jaffa Gate.[21] More recently a large exposure (about 80 m) of its western face was carried out.[22] In the northern part of the section exposed it can be seen to rest on the rock-cut scarp of the moat. Here are remains of a salient tower on a solid rock base with eleven steps cut in the rock leading from the base of the tower down into the moat. This forewall is 3.10 m thick and was built of fieldstone and chip construction in two faces with a rubble and hard grey mortar fill. The upper part of the wall has been reconstructed in the past, its un-mortared face including ashlars of the Crusader period in secondary use. This, together with the collapsed rubble which included some ashlars dressed in a typically Frankish manner, led the excavators (who originally exposed only this upper part) to give the wall an Ayyubid date (prior to the 1219 destruction).[23] However, the lower part of the wall which in places reaches a height of nine courses, approximately 6 m, is of uniform fieldstone and chip construction, exactly the same as the lower courses of the inner main wall. The distance

---

15 WT 8.13, 8.15, 8.17, 8.18, pp. 403–10.

16 Theoderic, ed. Huygens, p. 145; *Gesta Francorum*, ed. and trans. R. Hill (London, 1962), pp. 87–91.

17 Denys Pringle, "Town Defences," p. 79.

18 Excavations by A. De Groot in 1979, to be published by the author.

19 In comparison the fore wall at Nicaea was up to 2 m thick and 3–4 m high (with an additional 2 m of crenellations) and stood 13–16 m in front of the main wall, and that of Constantinople was 8 m high and 14 m distant from the main wall. Clive Foss and D. Winfield, *Byzantine Fortifications* (Pretoria, 1986), pp. 43, 83.

20 Wightman, *Walls*, pp. 248–49.

21 H. Goldfuss, "Jaffa Gate," *Excavations and Surveys in Israel* 3 (1984), 53–55.

22 R. Reich and E. Shukron, "Jerusalem, Mamilla," *Excavations and Surveys in Israel* 14 (1995), 94.

23 On the diagonal tooling typical of Frankish stonework see Adrian J. Boas, *Crusader Archaeology. The Material Culture of the Latin East* (London, 1999), pp. 219–20.

between the forewall and the inner wall can be measured (*c*. 4 m from the salient towers and 6.5 m from the curtain wall).[24]

B: The Walls of Acre

One of the issues most frequently discussed and disputed with regard to Frankish Acre is that of its size and the location of its walls. Benjamin Z. Kedar has recently presented a strong case for locating the eastern walls of the city nearly as far east as the ancient tell.[25] Amongst the considerable body of documentary and archaeological data that he drew upon, perhaps the most persuasive piece of evidence Kedar presents is a panorama of the city attributed to a French captain, Gravier d'Ortières, drawn from the harbour area in about 1686. It clearly shows the ruins of Frankish buildings stretching nearly all the way to the ancient tell.[26]

Equally problematic is the position of the northern wall of Acre, and here too there are various opinions. In the late twelfth century a suburb called Montmusard developed to the north, outside the walls. By 1212 it had been included within a new double line of fortifications. David Jacoby believes the northernmost point of this wall to be some 500 m north of the present northern wall.[27] However, remnants of it appear to have been discovered 900 m to the north in a survey

[24] In a recent review of Wightman's book, Dan Bahat dates this section of the wall to the Fatimid period (1034–63) but objects to the suggestion that it is part of a forewall: Dan Bahat, "Two Recent Studies of the Archaeology of Jerusalem: Review Article," *Palestine Exploration Quarterly* 130 (1998), 51–59. According to Bahat (p. 56), there is no evidence here for another wall (the main inner wall) and he suggests that the steep topography outside the wall would make outworks in this area superfluous. However, it should be noted that the base of the Ottoman city wall is constructed of masonry identical with that of the lower (Fatimid) outer wall. Also, despite the steep topography, the rock-cut moat can be clearly identified in this area about 80 m north of Jaffa Gate. The outer line of the wall is constructed directly on the rock-cut scarp of this moat.

[25] Benjamin Z. Kedar, "The Outer Walls of Frankish Acre," *'Atiqot* 31 (1997), 157–80.

[26] Amongst a number of excavations used by Kedar to prove his thesis is the excavation of part of a tower of Acre's outer Crusader wall uncovered in Kaplan Street north-east of the north-eastern corner of the Ottoman walls. The excavation was carried out by the Israel Antiquities Authority in 1991, under the direction of Moshe Hartal ("Excavation of the Courthouse Site at 'Akko: The Architecture and Stratigraphy in Area TA," *'Atiqot* 31 (1997), 3–30 and "Summary and Historical Discussion", ibid., 109–14). A recent excavation at the eastern end of Kaplan Street (January, 1999, not yet published), carried out by Michael Aizenberg of Haifa University, gives additional support to Kedar's view. Aizenberg uncovered a section of the moat and counterscarp outside the northern wall.

[27] David Jacoby, "Montmusard, Suburb of Crusader Acre: The First Stage of its Development," in *Outremer. Studies in the History of the Crusading Kingdom of Jerusalem Presented to Joshua Prawer*, ed. Benjamin Z. Kedar, Hans E. Mayer and Raymond C. Smail (Jerusalem, 1982), p. 215.

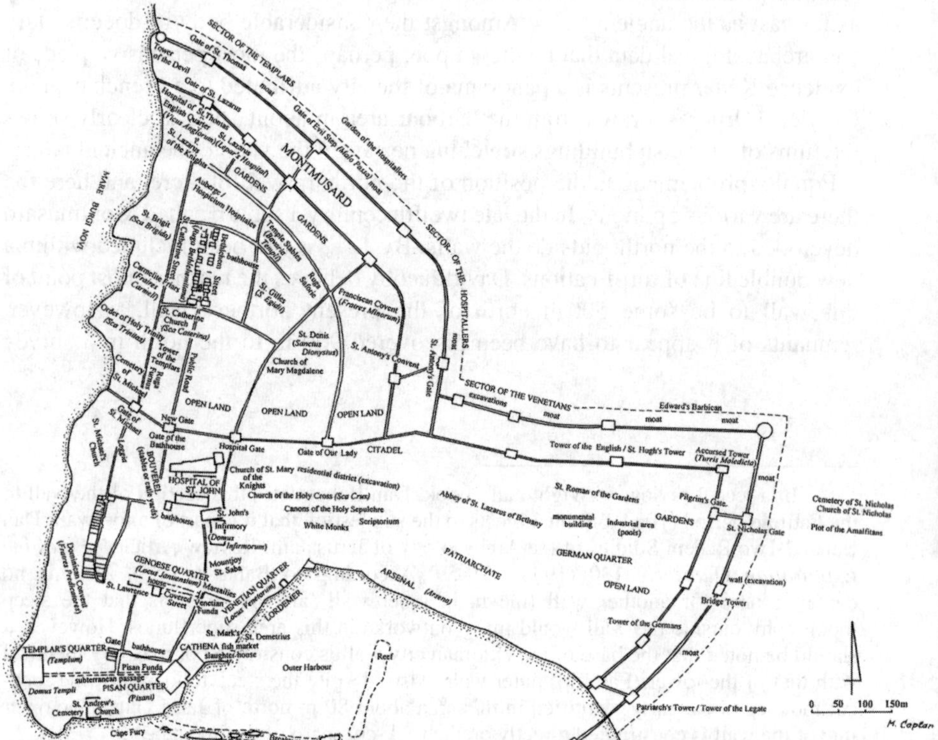

Map 2: Acre in the Thirteenth Century

Location of walls based on B.Z. Kedar's proposal (Masha Caplan)

carried out in the 1980s. These include a round tower on the former shore-line, now submerged under the water.[28]

Ports

Another frequently debated issue is the question of the existence and site of the Acre's inner harbour. The twelfth-century historian William of Tyre wrote: "portum habens infra menia et exterius etiam, ubi tranquillam navibus possit prebere stationem," which has been interpreted to mean the existence of an inner and an outer harbour.[29] On the surface, both versions of the fourteenth-century map would seem to support this interpretation. There is what appears to be a small, semi-circular bay just south of the Venetian Quarter. However, it has been claimed that on the original versions of Pietro Vesconte's map there was no such bay, but that an accidental ink blot was misinterpreted by the copyists as an intentional element and became a feature of all the subsequent copies, as well as the map of Paolino Veneto. Many later maps have included an inner basin in this area.[30] Jacoby ruled out the existence of an inner harbour and considered the suggestion that it existed to be founded on a misinterpretation of William of Tyre and of the crudely drawn fourteenth-century maps.[31] Drilling carried out by archeologists within the Turkish Khan al- 'Umdan, which is generally assumed to have been the site of the inner basin, showed that the khan was constructed on sandstone bedrock, a fact which would appear to strengthen the argument that no inner basin existed.[32] This would seem to put an end to this issue. However, both Colonel Jacquotin, a member of Napoleon's army, in 1799 and French historian Emmanuel Rey in 1871 drew the interior basin on their maps, as well as another small basin further north. Both basins at the time of Rey's visit were "practically filled up." It seems odd that such careful observers as Jacquotin and Rey should have perpetuated this 'error' on the maps they drew. Perhaps they were not in error: The erea examined by archaeologists inside the khan is in fact just north of the site on which Jacquotin and Rey placed the basin. In addition archaeologist Avner Raban notes that he found an 8 or 9 m broad channel just south of the

[28] Raphael Frankel, "The North-Western Corner of Crusader Acre," *Israel Exploration Journal* 37 (1987), 256-61.

[29] WT 10.25, p. 485. This was translated by Babcock and Krey as: "Its double harbour lying both inside and outside the walls, offers a safe and tranquil anchorage to ships." William Archbishop of Tyre, *A History of Deeds Done Beyond the Sea*, trans. and annotated by Emily A. Babcock and August C. Krey (NewYork, 1943), 1:453.

[30] See for example the map of Domenico Laffi from *Viaggio in Levante al Santo Sepulcro di Cristo et Altri Luoghi di Terra Santa* (Bologna, 1683), printed in Bernard Dichter, *The Maps of Acre* (Acre, 1973), p. 33. The map seems to be based on the map of Puzzeoli.

[31] David Jacoby, "Crusader Acre in the Thirteenth Century: Urban Layout and Topography," *Studi Medievali* 3. 20 (1979), 12, n. 56; see also p. 13.

[32] Ruthi Gertwagen, "The Crusader Port of Acre," in *Autour de la Première Croisade*, ed. Michel Balard (Paris, 1996), pp. 553–82, esp. p. 563 and n. 48.

khan which could have served as the entrance to the inner basin, which he calls "the Genoese anchorage?"[33] I would be hesitant to rule out the existence of an inner basin until the area south of the khan is examined.

Another point of contention is the existence of the Pisan harbour. It has been suggested that the Pisans, whose quarter was in the south, cleared out an area on the southern shore to form a harbour that could accommodate a few small boats.[34] On some versions of the fourteenth-century maps we can see what appears to be a small harbour adjacent to the Iron Gate. However, an underwater excavation published in 1989 seems to show that the so-called Pisan harbour was above sea level in the twelfth and thirteenth centuries and thus could not have been a harbour at all, and in fact was an area of warehouses. According to the archaeologist, Ruthi Gertwagen, the present "harbour-like" form was a creation of the British authorities, who carried out reconstruction of the area after a storm in the 1940s.[35]

Another factor featuring in the discussions on the layout of the Frankish port is a now submerged reef running approximately north-south from the Tower of Flies to the shore. The reef can best be seen on aerial photographs.[36] The existence of this reef has been used in support of the argument that the eastern city wall was more or less in the position of the Turkish eastern wall and that the port did not extend further to the east but was bounded by this reef, actually a breakwater, which ran up to the Tower of Flies. On the fourteenth-century maps the eastern city wall extended into the sea and formed the eastern mole of the port, ending in a tower. However, we should take into account the fact that in the Crusader period this breakwater, which was probably built in the ninth century, was already in a dilapidated condition and is described as being reefs rather than a breakwater.[37] It no longer joined the mainland and, although it still existed above the water level, it need not have formed the eastern boundary of the harbour. Indeed if we look at the fourteenth-century maps the Tower of Flies sometimes appears to be associated with the breakwater extending from the Pisan Quarter.[38] This makes sense if Kedar is correct and the extension of the eastern city wall into the sea was much further to the east.

Finally, there is some disagreement over the location of the part of coastline known as Lordemer.[39] Joshua Prawer and Meron Benvenisti identified this name

---

33 A. Raban, "The Ports of Acre," in *The Western Galilee Antiquities*, ed. M. Yedaya (Mateh Asher, 1986), pp. 180–94, esp. p. 185 (in Hebrew); idem, "Maritime Acco," in *The New Encyclopedia of Archaeological Excavations in the Holy Land* 1, ed. Ephraïm Stern (Jerusalem, 1993), p. 31.

34 Raban, "Acco," p. 31.

35 However, if one looks at a map drawn in the early 1920s one sees the area in virtually the same form it has today. Dichter, *The Maps of Acre*, p. 180.

36 Dichter, *The Maps of Acre*, p. 166, fig. 4 and also the aerial photograph in the *New Encyclopedia of Archaeological Excavations in the Holy Land*, ed. Ephraïm Stern (Jerusalem, 1993), p. 17.

37 Jacoby, "Crusader Acre," p. 9.

38 Dichter, *The Maps of Acre*, pp. 18, 20, 22, 26.

39 *RRH* nos. 824 , 1182.

with the coast of Montmusard.[40] In 1993, however, Jacoby put up some very persuasive arguments for placing it on the eastern shoreline.[41] Lordemer means "Filthy Sea" and, as Jacoby points out, the Church of St Demetrius was described as being in a very dirty area. Alongside this enclosed part of Acre Bay were fish markets and slaughterhouses which no doubt dumped their waste into the bay. Archaeological evidence indicates that the sewage from the Hospitallers complex may have flowed in this direction.[42] The breakwaters would have contributed to the concentration of waste in this area, including the domestic wastes of the city.[43]

Palaces

What happened to the royal palace in Jerusalem? This is one of the great enigmas of Frankish Jerusalem. The palace, which appears to have been built in the twelfth century sometime after the king had handed over his residence in the al-Aqsa mosque (*Templum Salomonis*) to the newly established Order of the Templars, was surely not an insignificant building. And yet it seems to have vanished with little trace.[44] It is shown on only two of the medieval maps of Jerusalem, the Cambrai map and the Florence map.[45] On the mid-twelfth-century Cambrai map the *Curia Regis* appears as one of the prominent buildings in the city. According to Theodoric it was a new building (*c.*1169) and was situated south of the Tower of David.[46] On the Florence map of the fourteenth or fifteenth century it appears north-east of the Church of the Holy Sepulchre, on or near the *Vicus porte Sancti Stephani* and is labelled *Aula regis*, but this rendition

---

40 Joshua Prawer, *Crusader Institutions* (Oxford, 1980), p. 238; Benvenisti, *The Crusaders*, p. 98.

41 David Jacoby, "Three Notes on Frankish Acre," *ZDPV* 109 (1993), 88–91.

42 A subterranean sewage channel carrying waste from the communal latrine in the Hospitallers' compound appears to run in the direction of the harbour. On this installation see M. Avissar and Eliezer Stern, "Akko, the Citadel," *Excavations and Surveys in Israel* 14 (1994), 22–25; M. Avissar and Eliezer Stern, "Acre, the Old City," *Excavations and Surveys in Israel* 18 (1998), 13–14.

43 A Venetian document of 1261 describes the area as being polluted (a *mari quod dicitur Immundum)*: Marco Pozza, "Venezia e il Regno di Gerusalemme dagli Svevi agli Angioini," in *I comuni italiani nel Regno Crociato di Gerusalemme*, ed. Gabriella Airaldi and Benjamin Z. Kedar (Genoa, 1986), p. 386.

44 Two barrel-vaulted halls and a cistern excavated in the Armenian Garden in 1971 were identified as belonging to the palace: Dan Bahat and Magen Broshi, "Excavations in the Armenian Garden," in *Jerusalem Revealed. Archaeology in the Holy City 1968–1974*, ed. Yigael Yadin (Jerusalem, 1976), pp. 55–56.

45 For the maps of Jerusalem see Milka Levy, "Medieval Maps of Jerusalem," in *The History of Jerusalem, Crusaders and Ayyubids*, ed. Prawer and Ben-Shammai, pp. 418–508 (in Hebrew).

46 "Turris David.…sita cum adiacente solario et palatio noviter edificato." Theodericus, ed. Huygens, p. 146. The reference to a new building is interesting as it suggests that the palace to which Baldwin I moved around 1119 was rebuilt in the late 1160s.

would appear to be either an error on the part of the cartographer or perhaps a reference to some other royal building.[47] The seemingly more reliable Cambrai map differs in form from most of the other maps, being rectangular and oriented to the north, while most of the other maps of twelfth-century Jerusalem are round and oriented to the east, but most of the buildings shown on the Cambrai map are found on the other maps. Nonetheless, with the exception of the Florence map there is no reference to the royal palace on any of the other maps. This absence makes us wonder why the palace was not considered sufficiently important to merit its inclusion on the round maps. And how can we explain its almost complete disappearance when so many buildings of lesser importance have survived? When did its destruction occur? It would seem that it could not have been destroyed during the Ayyubid occupation of the city in October 1187 or in 1219 when al-Mu'azzam destroyed the walls, as it still existed at the time of the Crusade of Frederick II (1229), when it is recorded as having been turned over to the Germans.[48] Perhaps it was destroyed during the Khwarezmian conquest of the city in 1244?[49] There is no mention of it in thirteenth century Muslim accounts. 'Imad al-Din makes no mention of it in his description of Saladin's conquest of Jerusalem. One would expect to hear of its occupation by Saladin but instead we hear of him residing in his tent outside the city walls. Nor is the palace mentioned amongst the list of properties converted by Saladin into *awqaf* (Islamic religious endowments).[50]

Quarters

Written sources and archaeological surveys in Jerusalem and Acre give us a full and detailed picture of the division of Crusader cities into quarters. For the other towns we have only very fragmentary evidence. Once again we find that there is little in common between the two cities. Both had large quarters of conventual

---

[47] Possibly it relates to the house on the western side of the Rotunda (although this is somewhat distant from the position on the map) which is recorded by Felix Fabri in 1480 as having a window looking on to the Holy Sepulchre and which once served as a residence of the kings of Jerusalem: Felix Fabri, *The Book of the Wanderings of Brother Felix Fabri*, trans. A. Stewart, PPTS 1 (London, 1893), p. 394.

[48] "Quant il [the emperor] ot porté corone, si dona le manoir le roi qui devant le tour David est à l'Hospital des Alemans." Ernoul, p. 465. However, Cedric N. Johns ("The Citadel, Jerusalem," *Quarterly of the Department of Antiquities of Palestine* [1950], 167) suggested that this bequest may refer to part of the citadel.

[49] This destruction, on top of al-Mu'azzam's destruction of the walls, was extensive. Twenty-three years later the Jewish scholar Nahmanides could still describe Jerusalem in ruins with only about 2,000 inhabitants: F. Kobler, ed., *Letters of Jews through the Ages from Biblical Times to the Middle of the Eighteenth Century* (New York, 1978), 2:226.

[50] Y. Fraenkel, "The Endowing of the al-Madrasa al-Salahiyya Religious Foundation (*Waqf*) by Saladin," in *Palestine in the Mamluk Period*, ed. Joseph Drori (Jerusalem, 1992), pp. 64–85 (in Hebrew).

buildings belonging to the principal military orders.[51] But that is where the similarity ends, and even these quarters were quite different in the two cities. The other main quarters of Jerusalem were the Patriarch's Quarter in the north-west of the city, the quarter of the Eastern Christians (*Suriani*) in the north-east and that of the Armenians in the south-west. There were also Germans and other nationals settled in various parts of the city.

Thirteenth-century Acre also had a Patriarch's Quarter, of which very little is known. The most important elements in the city, apart from the quarters of the military orders, were the autonomous quarters of Italian merchants from Genoa, Venice and Pisa. There were other less important merchant colonies, such as that of the merchants of Provence. The Germans set up their quarter in the east of the city. The location of this latecomer to the scene (the order of the Teutonic knights was founded during the Third Crusade) suggests that the eastern part of the city was still fairly unoccupied at the time, and this area may have remained largely open until the end of the thirteenth century. Open areas shown on the medieval maps and the name *S. Romanus a Zardini* for another establishment in this area would seem to support this view.[52]

Of the Italian merchant quarters, the Genoese Quarter is well known thanks to both the physical remains that have survived and a very detailed list of Genoese possessions in Acre written by the representatives of Genoa, Guillelmo de Burgaro and Simone Malocello in 1249.[53] A similar list was prepared by the *bailli* Marsiglio Zorzi for the Venetian Quarter in 1244.[54] These lists and the architectural remains give us a detailed picture of public and private structures and of the layout of these quarters.

---

51 On the Hospitaller Quarter in Jerusalem see Conrad Schick, "The Muristan, or the Site of the Hospital of St. John at Jerusalem," *Palestine Exploration Fund Quarterly Statement* 34 (1902), 42–56; Joseph Patrich, "The Structure of the Muristan Quarter of Jerusalem in the Crusader Period," *Cathedra* 33 (1984), 3–16 (in Hebrew); Benvenisti, *The Crusaders,* pp. 58–62. For brief discussions of the Templar Quarter see Bahat, "Topography and Archaeology," p. 106 and Benvenisti, *The Crusaders*, pp. 64–68. For the Hospitaller Quarter in Acre see Avissar and Stern, above, note 39. There are few substantial remains in the Templar Quarter in Acre and the recent finds are as yet unpublished.

52 See for example the map of Paolinus of Puzzeoli in Dichter, *The Maps of Acre*, p. 26.

53 Published by Cornelio Desimoni, "Quatre titres des propriétés des Génois à Acre et à Tyr," *AOL* 2:215ff. Both Prawer (*Institutions*, pp. 237–41) and more recently Robert Kool ("The Genoese Quarter in Thirteenth-Century Acre: A Reinterpretation of its Layout," *'Atiqot* 31 [1997], 187–200) have used this list as a base for the reconstruction of the layout of this quarter.

54 O. Berggötz, *Der Bericht des Marsilio Zorzi* (Frankfurt am Main, 1991), pp. 172–81. See Prawer's description of the Venetian Quarter based on Zorzi's list in *Institutions*, pp. 229–37.

Places of Trade

Commerce in the Crusader cities tended to converge on both central and peripheral locations depending on the type of goods involved. In Jerusalem the separation of different types of commerce is quite conspicuous. In the open spaces around the walls and near gates were the grain, pig and cattle markets.[55] In the centre of town were markets for cooked foods, dairy products, chickens and eggs, the fish market, and shops for manufactured goods and items for pilgrims. Here too were the money exchanges. The markets are best described in *La Citez de Jherusalem*.[56] They include the triple market built on the northern section of the ancient Cardo, a new market on the southern section of the Cardo, shops and a large market hall along the northern side of David Street, some shops on the southern side of the street further east and perhaps part of the Cotton Market.[57]

The rationale behind these divisions of commercial activity to peripheral and central areas lay in the difficulty of transporting livestock and bulky farm produce along narrow streets and into the heart of city. Also, away from the walls there were no broad open spaces except perhaps for the *Forum rarum venalium*.[58] In addition there were the need for a water supply, the possibility of waste disposal and the understandable desire to distance pollution from domestic areas.

In Acre the localization of commerce was somewhat less organized as a result of a less uniform street pattern, the fragmentation of the city into distinct, sometimes autonomous quarters and the considerable expansion to the north (and possibly east) in the later twelfth and thirteenth centuries. We have little information about the use of outlying areas within the walls but it would seem that here, as in Jerusalem, commercial activity relating to the raw products of agriculture (cattle, pigs, grain, as well as fish) tended to be restricted to the outskirts of the city. Of the two known cattle yards one was fairly near the shore on the west of the city and the other was at the northern border of Montmusard. A slaughterhouse with butcher stalls and a fish market were located along the shore of the harbour.[59]

Some of Acre's quarters had their own individual market streets. Two possible examples have been observed in recent years. In 1995 B.Z. Kedar and Eliezer

---

55 This type of use of the open spaces within the walls probably continued throughout the subsequent history of Jerusalem. When these areas were filled with new buildings at the end of the nineteenth century, the markets moved outside the city to the Sultan's Pool and the north-east corner of the city, where they were still held until a few years ago.

56 *La Citez de Jherusalem*, pp. 7–11.

57 Regarding the shops on the southern side of David Street see M.H. Burgoyne, *Mamluk Jerusalem* (London, 1987), p. 273. On the Cotton Market, ibid., p. 111.

58 Below, p. 255 and n. 64.

59 *Le Gestes des Chiprois. Recueil de chroniques françaises écrites en Orient aux XIIe et XIVe siècles*, ed. Gaston Raynaud (Geneva, 1887) p. 251, and Marco Pozza, "Acri e Negroponte: un capitolo delle relazioni fra Venezia e Carlo I d'Angio (1277–1282)," *Archivio storico per le provincie napoletane, terza serie 21* (1982), 69–70. See Jacoby, "Three Notes," p. 90.

Stern published a detailed description of a vaulted street that they have tentatively identified as the "Covered Street" of the Genoese Quarter.[60] What appears to be a covered market street in Montmusard was observed by Kedar on early aerial photographs but is now completely built over.[61]

Industries

Certain other activities also required peripheral locations. In Jerusalem leather makers were situated in the south-east of the city beside or near the cattle market. This location was dictated by the needs of the industry: a supply of water and good drainage and a location some distance from, and preferably down-wind from, residential areas.[62] Dyers were located near the citadel. There is evidence for the presence of furriers, butchers, tailors, cooks, goldsmiths and silversmiths, millers and bakers. In Acre there was a sugar mill, possibly located outside the walls, and millers, bakers, and soap manufacturers. There is also archaeological evidence for the manufacture of articles that were sold to pilgrims.[63]

Streets and Squares

Twelfth-century sources mention squares in Jerusalem, but within the crowded confines of the walls today there is no evidence for public squares with perhaps the exception of the parvis of Holy Sepulchre.[64] On most of the medieval maps there is the suggestion of a large square located at the centre of the city south of David Street. The *Forum rarum venalium* usually appears in the form of an elongated rectangle. This would seem to represent a square that was located at the heart of the city on the intersection of the main thoroughfares.[65] Other than their names there has been little change in the streets of Jerusalem since the

---

[60] Benjamin Z. Kedar and Eliezer Stern, "A Vaulted East-West Street in Acre's *'Atiqot* 26 (1995), 105–11.

[61] Adrian J. Boas, "A Rediscovered Market Street in Frankish Acre," *'Atiqot* 31 (1997), 181–86.

[62] This site was excavated in recent years (not yet published) and a number of channels and plastered pools indicate that it indeed functioned as an industrial area.

[63] Danny Sion, "Souvenirs from the Holy Land: A Crusader Workshop of Lead Ampullae from Acre," in *Knights of the Holy Land. The Crusader Kingdom of Jerusalem*, ed. Silvia Rozenberg (Jerusalem, 1999), pp. 111-15.

[64] Squares are mentioned in *RRH* nos. 102, 130, 158, 204, 293.

[65] It is unlikely that it is intended to depict the covered market street between the Street of Judas' Arch and the Street to Mount Zion. This market, which has been cleared and restored, was apparently built later than the triple market street to its north, which dates to 1152. Nahman Avigad, who excavated the Cardo in the 1970s, found a stone with the inscription S. ANNA, similar to those in the triple market, in secondary use in the paving of one of the shops. Thus this street postdates 1252. As *Forum rerum venalium* appears on maps before this date, it cannot refer to the market street.

twellfth century. With regard to Acre the layout of the city's streets is less clear and requires further study.

Churches

The churches of Frankish Jerusalem are well known and have been extensively dealt with elsewhere, but of Acre's churches almost nothing remains.[66]

Housing

Frankish urban housing combined elements of design, planning and construction techniques of both eastern and western origin. House designs are either typically eastern, as in the numerous courtyard houses found in Acre, or typically western, as in the large palazzo-type apartment houses found in the same city. Decorative elements and methods of wall and vault construction can be either eastern or western or a combination. However, a synthesis of all this into a characteristic, Frankish house type did not occur.

Jerusalem provides us with very little information of housing of the period. Only fragmentary remains of domestic buildings are known. Eight hundred years of continual occupation has wiped out most traces of these buildings. Acre, on the other hand, proves to be a very rich source. A survey carried out in the 1960s and recent excavations in various parts of the city have brought to light well over 100 houses.[67] They fall into a number of basic categories: apartment houses which were occupied by merchants who were seasonal inhabitants of the city, tower houses, courtyard houses and merchant houses with shops.

Water Supply

In Jerusalem and Acre, as in other cities, water was collected in cisterns under houses, public buildings and open squares. Numerous large cisterns have survived in both cities, and medieval travellers describe the presence of these installations. Both cities also had a supply of water from a large spring; the Siloam Spring in Jerusalem and the ʿAyn al-Baqar in Acre. In Jerusalem there were also a number of large open pools which collected run-off rainwater. These pools for the most part date to well before the Crusader period, but at least one of them, *Lac Germains* or *Lacus Germani* as it is sometimes known (now Sultan's

---

[66] Denys Pringle is now preparing the third volume of his *The Churches of the Crusader Kingdom of Jerusalem*, which will include the churches of both cities.

[67] Alex Kesten, "Acre — The Old City Surveys and Plans," in Dichter, *The Maps of Acre*, pp. 70–98. Also Adrian J. Boas, "Survey of Frankish Domestic Buildings in Jerusalem, Acre, Akhziv, Motza and Lifta," *ʿAtiqot* (forthcoming). Excavations carried out in the north-east corner of the old city exposed a group of domestic complexes which were briefly published by D. Syon and A. Tatcher, "Akko, Hanyon Ha-Abirim," *Hadashot Arkheologiyot* 108 (1998), 17–24 (in Hebrew).

Pool), located to the west of the city in the upper Hinnom Valley, appears to have been constructed in the twelfth century; Theodoric seems to be referring to it when he mentions the new cisterns below Mount Zion.[68] The same may perhaps be true of the *Cisternam grandem Hospitariorum*, as Theoderic called the reservoir of the leper colony.[69] It was located somewhere outside the northern city wall, west of St Stephen's Gate (Damascus Gate), in the area occupied by the Order of St Lazarus. Contemporary descriptions lead to some confusion as to the exact location of the lepers' quarter. According to Theodoric the church and houses of the lepers were located *iuxta angulum occidentalem*. However, in *La Citez de Jherusalem* the colony is described as being "on the right hand of St Stephen's Gate near the wall," which would seem to suggest a more easterly site.[70] Some modern maps of Frankish Jerusalem place the pool opposite the north-west corner of the city.[71] It seems most unlikely that it would be located at the top of what is a fairly steep hill, or on its upper slopes and all the other reservoirs were built in flat or low-lying areas which could serve as catchment areas for rainwater. The probable site of the pool is at the bottom of the Musrara neighbourhood beside the modern highway where there is a fairly large depression, the lowest point in the area except for the entrance to Damascus Gate. The ground slopes down to it on all sides, especially to the north and west.

The other pools appear to have merely changed their names. The ancient Pool of Hezekiah became the Pool of the Patriarch. This name was also used for the Mamilla Pool outside the city walls to the west.[72] These open pools may have supplied drinking water, but were more likely used for livestock and to water vegetable gardens. Both the *Lacus Germani* and the Patriarch's Pool (here referring to Mamilla) are specifically mentioned as being used to water horses. Most of the drinking water would have been supplied by the numerous cisterns, the Siloam Spring and the aqueduct from Artas, south of Bethlehem.

---

[68] "*...novas cisternas inter Montem Syon et agrum Acheldemach...,*"Theoderic, ed. Huygens, p. 145. This suggests that the pool was constructed not long before his visit, *c.*1169. *lacu Germani* appears in *Cart St Sép* nos. 161, 163. The pool is recorded (1173–77) in *RRH* nos. 504, 536, 552.

[69] Theoderic, ed. Huygens, p. 173. It is known elsewhere as *Lacus Legerii: RRH* no. 543. There is no mention of a pool here prior to the Crusader period.

[70] *La Citez de Jherusalem*, p. 16.

[71] See for example Wightman, *The Walls*, fig. 81.

[72] *La Citez de Jherusalem*, p. 21. The connection between these two pools was not merely in name. A pipe carried water from the Mamilla Pool to the Patriarch's Pool within the walls. This pipe together with the two pools was patriarchal property and became *waqf* (a religious endowment) after the occupation of Jerusalem by Saladin in 1187. Y. Fraenkel, "Political and Social Aspects of Islamic Religious Endowments (*awqaf*): Saladin in Cairo (1169–73) and Jerusalem (1187–93)," *Bulletin of the School of Oriental and African Studies* 62 (1999), 8.

Bathhouses

The water supplied by the aqueducts and open reservoirs was not only for drinking and agricultural purposes. In Jerusalem at least three bathhouses were located near the aqueducts and reservoirs. The Patriarch's bathhouse and another bathhouse near Jehoshaphat Gate probably received water from the adjacent pools.[73] Another bathhouse was excavated inside the city near the medieval Zion Gate. One may have been situated on Mount Zion.[74] These possibly received water directly from the aqueduct.

In Acre two bathhouses are known; one recently excavated in the suburb of Montmusard and another on the site of the Turkish bathhouse south of the Hospitallers' Quarter.[75]

Burial Grounds

Although clearly people died and were buried, very little has been written about the cemeteries of Frankish Jerusalem and Acre. Howeveer, there is documentary evidence for cemeteries in both cities and some interesting surviving physical evidence. Jerusalem had several cemeteries, some of which can still be traced. Royal burials inside churches were located in the Chapel of Adam in the Church of the Holy Sepulchre where the first kings of Jerusalem were buried and in the Church of St Mary in Jehoshaphat, where the tomb of Queen Melisende can still be seen. The cartulary of the Holy Sepulchre mentions a church and cemetery outside David's Gate beside the road to Bethlehem.[76] Charles Clermont-Ganneau presented a strong case for locating it in the area of the existing Muslim cemetery and the Mamilla pool, noting that the Bethlehem road, which is now further to the south, formerly ran in the direction of the pool before turning to the south.[77] Two monumental Frankish sarcophagi can still be seen in this cemetery.

Those Crusaders who fell during the siege of Jerusalem in 1099 were buried outside the eastern wall of the Temple Mount near the Golden Gate. This site became a station on the annual procession held to mark the anniversary of the conquest of the Holy City on 15 July 1099. Nothing can be seen of this cemetery today.

In his description of the ruins of Acre written in 1683 Domenico Laffi mentions that on a hill near a ruined church to the east (perhaps St Nicholas), the bones of

---

73 On the latter, mentioned in sources before and after the Crusader period, see Fraenkel, "al-Madrasa al-Salahiyya," p. 77, n. 51.

74 See Fraenkel, "Al-Madrasa al-Salahiyya," p. 77. This may be the excavated bathhouse inside the city.

75 This was possibly the *Balneum S. Johannis* mentioned in *RRH* nos. 1200, 1258.

76 "Praeterea ecclesiam et cimiterium extra portam David, juxta viam qua itur Bethleem." *Cart St Sép* no. 170.

77 Charles Clermont-Ganneau, *Archaeological Researches in Palestine* 1 (London, 1899), p. 280.

the dead were to be seen, wrapped up in cloth.[78] On versions of the map of Matthew Paris the cemetery of St Nicholas is depicted to the east of Montmusard.[79] Burial grounds are recorded as being situated in the suburb of Montmusard.[80] On a seventeenth-century drawing of St Andrew's Church, sarcophagi or tomb markers similar to those located in the Mamilla cemetery in Jerusalem can be seen to the west of the church.[81]

Other cemeteries include the cemetery of St Michael, which may have been located in an open area near the gate of that name in the south-western corner of Montmusard[82] or alternatively may have been part of the cemetery of St Nicholas. Also located in Montmusard was the cemetery of the Carmelites.[83] The Knights of St Thomas may have had a cemetery outside the northern wall of Montmusard near their quarter.[84]

Settlement Beyond Walls

The expansion of cities beyond their walls was a common phenomenon in the Middle Ages. *Burgi novi* are recorded at Nablus, Tyre, Jaffa and Acre.[85] The best known of these is Montmusard, the northern expansion of Acre which began with settlement outside the northern wall in the second half of the twelfth century, expanded greatly with the influx of refugees from Jerusalem and the other inland towns that were lost in 1187, and increased yet more with the gradual loss of the remaining Frankish territories in the second half of the thirteenth century, until Acre itself fell in May 1291.[86]

Whereas in twelfth century Acre there was residential expansion outside the walls, in Jerusalem the walled area was greater and less crowded and the city did not experience such a massive expansion of population during the period of Crusader rule. The only possibly substantial settlement beyond the walls was the leper colony.[87] This was probably also the case in Acre until the second half of the

---

78 Dichter, *The Maps of Acre*, p. 32.

79 Beside the church of St Nicholas there appear rows of tombstones together with the inscription "Le cimitire Seint Nicholas u hom enterre les mortz." On the fourteenth-century maps St Nicholas' Gate is located on the eastern wall of the city and the cemetery may actually have been here, possibly at the site of the Christian cemetery near the ancient mound where Kedar noted some apparently medieval tomb markers (Kedar, *Walls*, fig. 21).

80 Bernard Dichter, *The Orders and Churches of Crusader Acre* (Acre, 1979), p. 45.

81 Benvenisti, *The Crusaders*, p. 112.

82 Dichter, *The Orders and Churches*, p. 92.

83 Dichter, *The Maps of Acre*, p. 92.

84 Ibid., p. 110.

85 Prawer, "Crusader Cities," p. 182.

86 On Montmusard see Jacoby, "Montmusard," pp. 205–17.

87 According to Fetellus (c. 1130) the leper colony was located "between the Tower of Tancred and the Gate of St Stephen:" *The Situation of the City of Jerusalem*, trans. J.M. Macpherson, PPTS 5 (London, 1892), p. 39. Theoderic describes the church and dwellings of the lepers as "ornata et bene ordinata:" Theoderic, ed. Huygens, p. 173.

twelfth century. It appears that when the new walls were built to include Montmusard in the late twelfth or early thirteenth century the leper colony came within the walls, albeit in the most distant part of the city.[88]

Conclusion

By examining the various architectural components of Jerusalem and Acre in the Crusader period we can get some idea of what we can expect to find in other cities about which we are less well informed. We can assume that by-and-large the coastal cities had more in common with Acre, and the inland cities with Jerusalem. But Jerusalem and Acre were much larger and more complex than most other cities in the kingdom, making them somewhat unsuitable as a basis for the discussion of the Crusader cities in general. This difficulty is particularly apparent when we compare Acre to the smaller coastal cities. In Acre the two-century-long presence of the Italian merchant communities and of the large military orders permeated into its very foundation, expunging, it would seem, almost all traces of the Fatimid city. In the smaller coastal towns and in the towns of the interior the changes made by the Franks were probably of a much more superficial nature, relating mainly to the erection of a number of new public buildings or the alteration of old ones to meet the needs of the new population. Private building in these towns appears to have been limited to expansion or renovation of the existing houses.

Because of these differences it is perhaps more expedient in a discussion of this kind to consider large and small urban settlements separately. Jerusalem and Acre are at the present time the only examples of larger Crusader cities in which major excavations and surveys have been carried out and our information on the smaller towns is still too fragmentary to allow a broad discussion of them.

---

88 Medieval maps in Dichter, *The Maps of Acre*, pp. 10–30. The house of St Thomas which was established during the siege of Acre was located in this not particularly desirable area. This seems to suggest that most of the space within the suburb was already occupied by that time.

Terre sainte et Orient latin vus par Willebrand d'Oldenbourg

Aryeh Graboïs

Dans son ouvrage : *Les récits de voyages et de pèlerinages*,[1] Monsieur Jean Richard évoqua brièvement les renseignements sur l'Orient latin du début du XIIIe siècle que l'on peut tirer du récit de Willebrand d'Oldenbourg. C'est en guise de reconnaissance pour sa très importante contribution à l'étude des relations des pèlerins et des voyageurs en Terre sainte et dans le Proche Orient que nous lui consacrons cette étude sur l'oeuvre de Willebrand et de son témoignage.

Issu d'une famille de la haute aristocratie du Saint-Empire, fils de Henri II, comte d'Oldenbourg et de Béatrice de Halremont, Willebrand fut dédié à la carrière ecclésiastique ; chanoine d'Hildesheim (1211–28), il devint évêque d'Utrecht de 1227, et ce jusqu'à sa mort en 1234.[2] La position de sa famille dans le duché de Saxe le plaça naturellement dans l'entourage de l'empereur Othon IV, dont il gagna la confiance, au point qu'à l'occasion de l'accomplissement de son vœu de pèlerinage en Terre sainte (1211), il fut chargé par son souverain d'une mission auprès des Roupenides de l'Arménie cilicienne qui, en vertu de leur couronnement par Henri VI et Othon IV, se reconnaissaient vassaux du Saint-Empire.[3] Dans le prologue de son récit, Willebrand mentionne qu'il fit le voyage en compagnie des légats du duc Léopold VII d'Autriche et de Hermann de Salza, le Grand Maître de l'Ordre Teutonique, tout en soulignant que ceux-ci ont lu son manuscrit et l'ont corrigé.[4]

La relation du chanoine d'Hildesheim comporte deux parties distinctes, par ailleurs divisée, soit par l'auteur lui-même soit par un rédacteur ultérieur, en deux livres.[5] Le premier et le plus volumineux est le récit de son voyage, depuis le débarquement à Acre, le 22 août 1211, à travers la région côtière de la Syrie, dans le royaume de l'Arménie et à Chypre, jusqu'à son retour à Acre l'été suivant. En

---

1 Jean Richard, *Les récits de voyages et de pèlerinages* (Turnhout, 1981), p. 79.

2 Voir la notice biographique dressée par Johann C. M. Laurent dans son édition du texte, *Wilbrandi de Oldenborg Peregrinatio (Peregrinatores medii aevi quatuor)*, (Leipzig, 1864), pp. 161, 191.

3 Sirarpie Der Nersessian, "The Kingdom of Cilician Armenia," dans *A History of the Crusades*, gen. ed. Kenneth M. Setton, vol. 2, éd. Robert L. Wolff et Harry W. Hazard, (Madison, 1969), pp. 630–59.

4 *Wilbrandi de Oldenborg Peregrinatio*, p. 162.

5 Le manuscrit original de notre auteur est perdu ; cependant, la découverte d'un ms. datant du XIIIe siècle par D. Baron (BN, Ms. fr. 10130, f° 19 v°–30 v°), peut indiquer un travail de rédaction du copiste ; cf. D. Baron, "Note sur les manuscrits de voyage de Wilbrand d'Oldenbourg," *Le Moyen Age* 81 (1975), 499–506.

revanche, dans le deuxième livre, l'auteur raconte son pèlerinage aux Lieux saints de Jérusalem et de ses environs. Cette division implique aussi bien des approches différentes de notre voyageur ; tandis que dans le premier livre l'itinéraire du chargé de mission est accompagné par les descriptions de sites, de villes et châteaux, qui témoignent de l'ouverture de l'auteur sur les réalités profanes, à savoir les conditions géopolitiques et ethnographiques des pays visités ; le deuxième livre est consacré aux descriptions des sanctuaires et de leur condition, ainsi qu'aux récits concernant les traditions religieuses, voire la sainteté de la Terre de la Promission.

La description de l'Orient latin et arménien suit l'itinéraire terrestre de notre voyageur, qui résuma son voyage maritime en une seule phrase : "ayant bravé pendant six semaines beaucoup de périls et de péripéties dans la mer."[6] A cet égard, la description de la ville d'Acre est un exemple de sa méthode, qui sera adaptée tout le long du parcours des autres localités visitées. En effet, il commence par des éléments géomorphologiques et topographiques, tels le site de la ville, sa forme quadrangulaire, dont deux angles sont situés au bord de la mer, tandis que les deux autres sont entourés par une double enceinte, munie des tours et cernée de fossés profonds. En décrivant le port fortifié, il est en particulier attentif à la "belle tour aux mouches," qu'il croit être le vestige de l'ancien culte philistin du dieu des mouches, voire Belzebub, ou Belzébuth, ce qui l'amène à une erreur d'identification avec l'ancienne cité philistine d'Accaron.[7]

Après quoi, il décrit les réalités humaines, dont l'établissement dans la cité des réfugiés de Jérusalem, parmi lesquels il mentionne le Patriarche, le roi, les Templiers et d'autres personnages religieux, voire évêques et abbés, "au point qu'elle est devenue la ville principale des Francs en Syrie." Il fait état de la multitude et de la richesse de ses habitants, en mentionnant les francs, les latins, les grecs, les syriens, les juifs et les jacobins, qui "jouissent de la liberté de leur culte" sous la domination des francs. Willebrand termine cette relation ethnographique par une brève remarque concernant les syriens qui, dit-il, "parlent l'arabe, mais sont chrétiens."[8] Cependant, il achève cette description des *realia* par quelques remarques, dont certaines sont liées à des interprétations des textes évangéliques, comme : Jésus Christ n'y est pas entré et, ayant maudit une de ses tours, il en attribue l'origine du nom "la tour maudite," et d'autres résultant de l'imaginaire, comme la mention d'un village situé *in terminis huius civitatis*, qui aurait été le lieu de naissance de Marie Madeleine.[9] Tout en adaptant cette méthode de description aux autres localités, dont Tyr, Beyrouth, Tripoli et Antioche, l'auteur a recours, le cas échéant, aux traditions classiques. Ainsi, en décrivant la ville de Tyr, il mentionne la légende de Didon et, lors de son passage du fleuve Damour, au sud de Beyrouth, appelé par les francs "le fleuve d'amour,"

---

6 *Wilbrandi de Oldenborg Peregrinatio*, p. 163.
7 *Loc. cit.*, p. 163.
8 *Loc. cit.*
9 Ibid., p. 164.

qu'il traduit en latin par *flumen amoris*, il fait état d'un séjour imaginaire du poète Virgile dans la région.[10] Sur le parcours, il ajoute de remarques erronées dues à ses guides ; c'est ainsi qu'à Gibeleth, que les évêques nommaient par son ancien nom, Byblos, il croit opportun de remarquer que l'origine de ce nom se rattache au lieu où "la Bible fut compilée en hébreu."[11] D'autre part, tout en mentionnant une tradition selon laquelle un site près de Tripoli aurait été le lieu de la sépulture de Noé et de ses fils, il émet des réserves quant à sa véracité.[12]

Le long du parcours entre Acre et la frontière du royaume arménien, notre auteur est sensible aux réalités politiques. C'est ainsi qu'il mentionne la domination sarrazine de Sidon et le pays des Assassins, qualifiés *d'Antiqui de la Montagne*, soulignant qu'ils emploient des couteaux pour tuer les francs[13] et donne des renseignements sur les possessions alépines, qui entrecoupaient le passage entre le comté de Tripoli et la principauté d'Antioche et entre celle-ci et l'Arménie ; il souligne leur rôle dans la détérioration de la sécurité dans ces régions.[14] D'autre part, l'auteur apporte des renseignements sur quelques châteaux des Hospitaliers, tenus pour assurer la défense des états francs et la sécurité du passage. Finalement, il mentionne à Antioche des sépultures de croisés allemands, tués pendant la troisième croisade, dont celle du comte Wilbrand de Halremont,[15] son oncle maternel.

La partie la plus intéressante et la plus originale du récit de Willebrand est sans doute sa description du royaume cilicien de l'Arménie, où il séjourna durant la fin de l'automne et l'hiver 1211–12. Quoiqu'il ne révèle pas l'objet précis de sa mission, il souligne à quelques reprises l'intérêt particulier de l'Empire germanique dans ce royaume, dont le roi Léon II se reconnaissait vassal du Saint-Empire en vertu de son élévation au rang royal par Henri VI et de son couronnement en 1198 par l'archevêque Conrad de Mayence.[16]

L'auteur fait une distinction entre la grande Arménie, "le pays des hautes montagnes," et la Cilicie, ou l'Arménie Mineure, pays qu'il visita et décrivit, en commençant, selon sa méthode, par les éléments géomorphologiques de ce royaume, qu'il trouve isolé de ses voisins par des défilés étroits, contrôlés par les officiers royaux. Du point de vue ethnographique, il mentionne une variété d'habitants : arméniens, francs, grecs, syriens et turcs. Naturellement, il s'intéresse particulièrement aux Arméniens, insistant sur leur religion chrétienne ; ainsi, dit-il, "ils ont un pape propre, qu'ils appellent *Catelcoste*," voire Catholicos. Il fait l'éloge de leur piété et de leurs pratiques religieuses, qu'il s'agisse de l'observation

---

[10] Légende de Didon (p. 164) ; légende de Vergile (p. 166).
[11] *Wilbrandi de Oldenborg Peregrinatio*, p. 167.
[12] Ibid., p. 169.
[13] *Loc. cit.* Il est intéressant de mentionner son usage du pluriel, ce qui indique la confusion entre les Assassins et leur fondateur, "le vieux homme de la Montagne."
[14] *Wilbrandi de Oldenborg Peregrinatio*, pp. 170–71, 174.
[15] Ibid., p. 173.
[16] Ibid., p. 174 ; cf. Der Nersessian, "The Kingdom of Cilician Armenia," pp. 647–48.

des fêtes, comme l'Epiphanie, de l'abstinence de consommer des viandes entre la Pâque et la Pentecôte, ou bien du rite en leur propre langue.[17]

En passant par Alexandrette et le village de Portella, Willebrand évoque les traditions concernant Alexandre le Grand et sa sépulture dans ce pays. En revanche, sa visite de Mamistra, siège de l'archiépiscopat arménien, est l'occasion pour lui d'évoquer les conflits ayant suivi l'installation du clergé latin dans le pays.[18] Parmi les lieux visités en Cilicie, le prélat saxon consacre un récit détaillé à la cité de Tarse, dont la somptueuse cathédrale de Saint-Pierre et Sainte-Sophie fait l'objet de son admiration ; il évoque la vie et les activités de saint Paul, fait état d'une tradition musulmane selon laquelle la soeur de Mahomet aurait été enterrée dans un coin hors les murs de la cathédrale, où elle était toujours vénérée par les musulmans.[19] C'est à Tarse, lieu du couronnment de Léon II et siège de l'archevêché latin du royaume, qu'il est reçu avec les nonces du duc d'Autriche par le roi, qui les retient dans le royaume pendant "dix-huit semaines."[20]

La visite de Sis, qu'il qualifie de "ville principale du royaume," coïncide avec la célébration de l'Epiphanie, à laquelle d'ailleurs le monarque l'invite à participer. Il en résulte un récit détaillé à partir de la cavalcade royale, où il remarque, aux côtés du roi, son petit-neveu Roupen, couronné par Othon IV et le Maître de l'Ordre Teutonique ; de là, il suit la procession vers une rivière située à proximité, où se déroule la cérémonie évoquant le baptême de Jésus dans le Jourdain, par l'immersion symbolique de la croix, tenue par un "prêtre barbu," et du roi, du clergé et de toute la noblesse.[21] Ce récit est une occasion complémentaire pour souligner à quel point le monarque arménien "aime" les allemands. De surcroît, le récit de Willebrand contient des renseignements importants concernant l'implantation des ordres chevaleresques, Hospitaliers, Templiers et Teutoniques, dans le royaume cilicien ainsi que les châteaux qui leur furent confiés. Certes, les origines de ces implantations peuvent déjà être rélevées au XIIe siècle et les relations entre les ordres et les seigneurs arméniens ont subi des changements

---

[17] *Wilbrandi de Oldenborg Peregrinatio*, pp. 174–75.

[18] Ibid., p. 175 ; Der Nersessian, "The Kingdom of Cilician Armenia," p. 647.

[19] *Wilbrandi de Oldenborg Peregrinatio*, p. 176.

[20] Ibid., pp. 176–77.

[21] Ibid., pp. 177–79. Willebrand mentionne à deux reprises, lors de ses visites à Tarse et à Sis, que le petit-neveu de Léon II, Roupen, " fut couronné roi par l'empereur Othon (IV)." Cette mention donna lieu à l'hypothèse selon laquelle le but de sa mission aurait été le couronnement du jeune prince ; pourtant, le chanoine d'Hildesheim n'affirme pas qu'il ait joué un rôle quelconque dans ce couronnement. D'autre part, le prince Raimond-Roupen était le petit-fils de Bohémond III, prince d'Antioche et le prétendant à la succession de cette principauté. Les relations entre les Roupenides et Antioche étaient déjà tendues depuis 1185 et avaient dégénéré en guerres ouvertes entre 1197–1216 ; les visées du monarque cilicien, Léon II, d'établir sa suprématie sur Antioche, voire à y régner par le truchement de son petit-neveu, Raimond Roupen, étaient notoires (Der Nersessian, "The Kingdom of Cilician Armenia," pp. 646–48). Il est donc possible que l'empereur ait été sollicité pour intervenir dans ce conflit et que la mission de Willebrand y fut liée.

résultant des rapports entre ceux-ci et les princes d'Antioche.[22] Pourtant, le règne de Léon II a signifié l'essor de l'installation de ces ordres en Arménie cilicienne et, pour l'étude de ce phénomène, la relation de Willebrand est un texte précieux, d'autant plus que pour certains points elle est la seule source de renseignements.[23]

Le récit du voyage de notre auteur s'achève par le compte-rendu de sa visite à Chypre, qu'il considère être un royaume vassal du Saint-Empire, en vertu du couronnement royal d'Amaury de Lusignan (1194–1205). Afin d'étayer cette affirmation, il garde le silence sur la conquête de l'île par Richard Coeur-de-Lion et sa donation de l'ancienne province byzantine à Guy de Lusignan, ancien roi de Jérusalem. Aussi bien il souligne que "l'empereur Henri (VI) fut le premier qui investit le seigneur de ce pays du titre royal et le fit couronner par son chancelier, l'archevêque Conrad de Mayence." "C'est ainsi," affirme-t-il, "que le roi de ce pays tient sa terre de l'Empereur des Romains, son seigneur, par le (serment) de fidélité."[24] En décrivant Chypre, Willebrand fait état à la fois des traditions classiques et paléo-chrétiennes que des réalités, ne ménageant point ses critiques sur les seigneurs francs, qu'il accuse de luxure.[25]

***

Le récit du pèlerinage de Willebrand d'Oldenbourg, soit le deuxième livre de sa relation, est radicalement différent de son récit de voyage, à la fois par son approche que par son contenu. Tandis qu'avec le premier livre il a mis l'accent sur les réalités profanes dans le cadre de ses descriptions géomorphologiques, topographiques, ethno-religieuses et politiques, tout en ajoutant des remarques occasionnelles concernant le sacré, son récit de pèlerinage est dédié au sacré et à ses traditions; ses observations des réalités, constatées tout le long de son parcours, s'enchaînent avec l'intention déjà traditionnelle chez les pèlerins de l'actualisation du passé sacré, de l'Ancien et du Nouveau Testament.[26] Il dévoile cette tendance dans ses brèves descriptions du Mont Carmel et de la "cité" de Haïfa (Caipha), dont il remarque la destruction de l'enceinte, tandis que l'essentiel de son texte est consacré à l'attribution de son nom au prêtre Caïaphe,

---

22 Der Nersessian, "The Kingdom of Cilician Armenia," p. 650.

23 *Wilbrandi de Oldenborg Peregrinatio*, p. 179. Les contributeurs au volume édité par Thomas S.R. Boase, *The Cilician Kingdom of Armenia* (Edinburgh, 1978), ont par ailleurs souligné l'importance des renseignements fournis par notre auteur à ce sujet.

24 *Wilbrandi de Oldenborg Peregrinatio*, p. 180. En ce qui concerne la donation de Chypre à Guy de Lusignan par Richard Coeur-de-Lion, cf. Elizabeth C. Furber, "The Kingdom of Cyprus," *A History of the Crusades* 2, pp. 602–04. Cependant, il faut remarquer que, malgré l'usage du titre royal par Guy, qui le gardait, en tant qu'ancien roi de Jérusalem, il s'intitulait seigneur (*dominus*) de Chypre, ce qui indique clairement que l'île n'était pas considérée comme un royaume lors de l'avènement d'Amaury de Lusignan en 1194. Ce qui justifie l'affirmation du prélat saxon sur le rôle de l'empereur Henri VI dans la constitution du royaume chypriote.

25 *Wilbrandi de Oldenborg Peregrinatio*, pp. 180–82.

26 Aryeh Graboïs, *Le pèlerin occidental en Terre sainte au Moyen Age* (Louvain-La-Neuve, 1998), pp. 43, 109–16.

de l'époque de Jésus Christ, “son fondateur,” affirme-t-il ; quant au Mont Carmel, il raconte qu'on lui a montré “la maison du prophète Hélie,” devenue le lieu de son culte.[27]

Dans cette perspective, l'auteur fait état des traditions neo-testamentaires à propos de divers sites sur la route de Haïfa à Césarée, tel “Capharnaüm,” quoique dans ce cas, il croit devoir faire remarquer que, selon l'Ecriture, Capharnaüm devrait être situé en Galilée.[28] Ce qui éveille son intérêt lors de sa visite à Césarée est la tradition selon laquelle le siège épiscopal de la cité avait été établi par saint Pierre, dont il évoque la prédication à Césarée et à Jaffa, mentionnant la conquête de la dernière ville par les Sarrazins en 1197.[29] Traversant la ville de Ramleh, qu'il trouve détruite et sous domination musulmane, il fait, comme la plupart des pèlerins contemporains, une confusion avec Lydda, “la ville de l'origine de saint Georges,” en ajoutant que sa sépulture se trouve dans un monastère syrien des environs.[30] Pourtant, outre ces références aux traditions sacrées, notre pèlerin souligne ses impressions sur la désolation du pays, qu'il observe le long des routes de la plaine et des montagnes vers Jérusalem ; d'autre part, la vue de la Ville sainte est une occasion pour exprimer ses sentiments de joie et d'admiration, “comme s'il y voyait la Jérusalem céleste.”[31] Cependant, la réalité s'avère plus triste : obligés de se rassembler dans une cour hors des murs de la ville, où les Sarrasins comptent les pèlerins “comme des brebis,” il mentionne la tradition selon laquelle ce site fut le lieu de la lapidation de saint Etienne ; l'église qui y fut fondée, et somptueusement ornée par les chrétiens est devenue, dit-il, un lieu de rassemblement des asins des Sarrazins.[32]

Sa description de Jérusalem comporte quelques éléments intéressants au point de vue topographique. Dans cette perspective, Willebrand remarque que la cité des Evangiles avait été détruite par Vespasien et Titus ; sa réconstruction ultérieure, sans faire référence à l'Aelia Capitolina d'Hadrien, reflète de changements topographiques, dont les plus importants à son avis sont l'inclusion *infra muros* du Mont du Calvaire, qu'il qualifie de petite colline, et du Mont Sion, tandis que la Tour de David “fut reconstruite à l'intérieur de la cité près de la porte portant ce nom et non pas sur son site ancien.”[33]

De façon générale, Willebrand décrit les Lieux saints de Jérusalem et de ses environs, se conformant aux relations d'autres pèlerins, ce qui s'explique par l'emploi des mêmes sources scripturaires et par son recours aux renseignements tirés des récits des pèlerins antérieurs. L'originalité de la relation de notre pèlerin

---

27 *Wilbrandi de Oldenborg Peregrinatio*, p. 183.

28 *Loc. cit.*

29 Ibid., pp. 183–84.

30 Ibid., p. 184 : *unde et hodie a Gallicis San Ioge de Ramule solet appellari*. Il fait la distinction entre Ramleh (Saint-Georges) et Rama en Judée.

31 *Wilbrandi de Oldenborg Peregrinatio*, p. 184.

32 Ibid., p. 185.

33 *Loc. cit.* Cf. Sibylle Mähl, “Jerusalem in mittelalterlicher Sicht,” *Die Welt als Geschichte* 22 (1962), 11–26.

consiste à cet égard dans les renseignements résultant de ses propres observations sur la condition des Lieux saints et des sanctuaires lors de sa visite, renseignements qui ont valeur de témoignage. C'est ainsi qu'il raconte comment les pèlerins ont été furent conduits par un officier du Sultan par la porte de David à l'entrée de l'église du Saint-Sépulcre, où ils ont été comptés et obligés d'acquitter un droit d'entrée d'un montant de huit drahmes et demie, qu'il qualifie de "tribut."[34] Tout en mentionnant que l'église est conservée en bon état, il affirme qu'elle est desservie par quatre prêtres syriens, auxquels la sortie est interdite. Dans sa description du complexe, il fait état des traditions évangéliques, ainsi que des travaux exécutés par les soins de sainte Hélène, tout en prêtant une attention particulière aux tombeaux des rois latins de Jérusalem, qu'il se fait montrer dans le chœur.[35] A sa grande déception, il dit que la visite du Saint-Sépulcre terminée, les pèlerins ont été reconduits hors des murs par la même porte de David, sans pouvoir visiter les autres Lieux saints à l'intérieur de la cité.

Ainsi, obligé à contourner la Ville sainte par l'extérieur, Willebrand se résigne à observer l'état de l'enceinte ; il y remarque les travaux de fortification entrepris par les autorités ayyubides, et en particulier l'érection de nouvelles tours.[36] Empruntant la route menant au Mont des Oliviers, il passe par la Vallée de Josaphat, où il visite le tombeau de la Vierge ; il souligne que l'église est en bon état de conservation, tout en mentionnant la présence, dans le sanctuaire, de prêtres syriens, qu'il qualifie de "tributaires des Sarrazins," ce qui lui donne l'occasion de déplorer l'absence du clergé latin à Jérusalem.[37] Un autre renseignement intéressant concerne le nouvel usage du cimetière de *Haceldema* qui, dit-il, sert de sépulture aux chrétiens morts en captivité. Enfin, étant arrivé au faîte du Mont des Oliviers, d'où il contemple la vue panoramique de la ville de Jérusalem, il constate la destruction des deux cloîtres chrétiens ; sur leur site, témoigne-t-il, une mosquée est en construction.[38]

La dernière partie du pèlerinage, de Jérusalem au Jourdain, amène notre auteur à Béthanie, où il constate que les musulmans n'ont pas touché aux deux églises du village, commémorant Lazare, Marie-Madeleine et la maison de Marthe.[39] Ayant emprunté une route difficile, à la merci des voleurs, il arrive à Jéricho, précisant que cette ville "est une petite bourgade, habitée par les Sarrazins."[40]

---

[34] *Wilbrandi de Oldenborg Peregrinatio*, p. 185. Willebrand est le premier pèlerin à avoir témoigné de cette pratique de la perception des droits d'entrée à l'église du Saint-Sépulcre, qu'il a ressenti comme une humiliation, ce qui l'amène à employer le terme "tribut." Cf. Graboïs, *Le pèlerin occidental*, p. 170.

[35] *Wilbrandi de Oldenborg Peregrinatio*, p. 186.

[36] Ibid., p.187.

[37] *Loc cit.*

[38] Ibid., p. 188.

[39] Ibid., p. 189.

[40] *Loc cit.* La rencontre des voleurs sur cette voie lui évoque le texte de Luc, X, 30, voire un exemple de l'actualisation de l'Histoire sainte.

En arrivant aux abords du Jourdain, il témoigne de la destruction de la petite église de Saint-Jean-Baptiste et de sa propre immersion dans le fleuve, dans le site même du Baptême, immersion, dit-il, qui a été perturbée par l'arrivée des Arabes.[41] Enfin, il mentionne les odeurs de la Mer Morte et sa visite au pic du Qarantal ; malheureusement, le texte mutilé nous prive de ses observations sur ce site.

La relation du voyage et du pèlerinage de Willebrand d'Oldenbourg comporte un intérêt particulier car elle marque un tournant dans la littérature de pèlerinage. En effet, si son récit reste d'une part conforme aux relations traditionnelles de pèlerinage lorsqu'il s'agit du sacré et des traditions, il amorce une mutation qui sera caractéristique des récits de voyage du XIIIe siècle. Ce nouveau type de description se caractérise par l'ouverture de l'auteur aux réalités profanes et par son approche méthodique, en rendant compte de ses observations des éléments géographiques, ethnographiques et politiques. Par ailleurs, ses remarques sur la condition des Lieux saints et des sanctuaires visités reflètent un changement visant les observations des réalités, qui sera de plus en plus accentué dans la littérature de pèlerinage du bas moyen âge à partir du XIIIe siècle.

---

41 *Wilbrandi de Oldenborg Peregrinatio*, pp. 189–90. Notre pèlerin identifia le site du Baptême avec celui d'une autre tradition biblique, à savoir le miracle opéré par le prophète Elisée guérissant Na`aman par immersion dans le Jourdain.

Etude des installations techniques artisanales et industrielles dans le Royaume de Jérusalem : note sur les sites d'extraction saline d' ʿAthlit (Château-Pèlerin) et de l'île de Mélah

Brigitte Porëe

A–Arrière-plan scientifique

A-1 Les données de la recherche historique

Les chroniques des croisades font peu état de la vie quotidienne de la population occidentale aux XIe–XIIIe siècles dans le Royaume de Jérusalem. Le peu que l'on connaisse de leurs habitudes nous est apporté, parfois par quelques observations tirées de récits de pèlerins, des comparaisons avec les modes de vie occidentale, mais surtout, depuis quelques années, par ce que l'on peut tirer des prospections et des fouilles archéologiques menées sur des sites médiévaux. En conséquence, la reconstruction des activités humaines quotidiennes croisées reste fragmentaire. Une autre difficulté réside dans le fait que la période des croisades s'étend sur deux cents ans, période assez longue, où des changements ont dû intervenir dans tous les domaines de la culture matérielle, entre le début du XIIe siècle et la fin du XIIIe siècle. Les informations restant fragmentaires, nous aurons à comprendre la globalité des phénomènes avant d'en interpréter les changements. Un autre phénomène peut intervenir sur la culture croisée : l'orientalisation des résidents occidentaux en Terre sainte.

Meron Benvenisti[1] souligne que même après un court séjour, les croisés ont commencé à changer leurs habitudes et leurs comportements européens et se sont adaptés progressivement aux coutumes de la population indigène. Ce fut d'abord et avant tout une adaptation au climat, à la nourriture et au mode de vie, différents de ceux des pays dont ils provenaient. Cette adaptation prit d'abord la forme d'une imitation plus ou moins réussie des mœurs locales et put se réaliser parce qu'en général les croisés avaient un niveau de vie plus élevé en Terre sainte (supériorité ?) qu'en Europe. Les croisés, maîtres du pays et de l'espace, reçurent en héritage la culture orientale avec tous ses attributs. De nombreux exemples de cette orientalisation peuvent être donnés en ce qui concerne la culture matérielle : équipement domestique, nourriture, industries et artisanat.

Mais il serait erroné de croire que cette imitation des mœurs orientales s'accompagna d'une perte de l'identité occidentale. Les croisés ne perdirent pas pour autant certaines de leurs habitudes et restèrent fondamentalement

1 Meron Benvenisti, *The Crusaders in the Holy Land* (Jérusalem, 1970), p. 371.

occidentaux, ce qui les distinguait des populations autochtones, musulmanes ou chrétiennes. Concernant les installations techniques, nous nous interrogeons sur la part d'adaptation aux techniques orientales et sur ce que fut l'apport occidental, l'innovation face à des conditions physiques et techniques étrangères. Nous nous attacherons ici à décrire l'exploitation du sel, installation dont témoigne le Château-Pèlerin (site d' ʿAthlit). Nous ne savons pratiquement rien sur cette installation, ni sur les modes d'extraction, de transformation du sel, sur les outils, les agents humains (statuts, couche sociale...), sur l'utilisation, la commercialisation du produit une fois raffiné. Nous voudrions ajouter que cet exposé s'intègre dans une étude plus vaste comprenant également les installations liées à la fabrication du sucre, les pressoirs pour obtenir le vin et l'huile, les meules à grain, ainsi que toutes les structures domestiques utilisées par les croisés pour leur vie quotidienne.[2]

A–2 Historique du site du Château-Pèlerin

Située entre Haïfa et Césarée, sur la côte méditerranéenne, ʿAthlit était un endroit stratégique qui servait à la colonisation des terres environnantes. L'ensemble est composé de fortifications, de magasins, d'une chapelle. Les murs abandonnés d' ʿAthlit symbolisent la destruction du Royaume Croisé de Jérusalem et la fin de la tentative de colonisation du pays. Après la bataille de Hattin (1187), les croisés se concentrèrent le long de la côte, et toutes leurs tentatives de reconquête du Royaume furent entreprises à partir des places fortes de la côte, situées non loin de Saint-Jean d'Acre. Après la chute du Royaume d'Acre, les chevaliers d' ʿAthlit abandonnèrent le site aux musulmans.

A l'origine, le site fut fortifié dans le but de contrer les attaques des musulmans à partir de leurs fortifications sur le Mont Thabor. Il a également pu servir de camp de base pour reconquérir Jérusalem, puisqu'il n'existait plus aucun autre point fortifié entre la Ville Sainte et Saint-Jean d'Acre. La principale raison d'être de ce château était le désir des croisés d'avoir des positions fortes le long de la côte afin de sécuriser la frontière maritime de leur royaume (crainte d'une invasion par mer). C'est pourquoi ils érigèrent simultanément les sites d'ʿAthlit et de Césarée ; situé sur un éperon dans la région du Carmel, au-dessus de deux petites baies, au nord et au sud, ʿAthlit pouvait abriter des navires pendant la période des croisades.

Au début du XIIe siècle, et à la charge des Templiers, le fort du Destroit fut construit à ʿAthlit pour garder le passage entre la route passant à l'est d' ʿAthlit et le rivage proprement dit, qui était un lieu de repaire pour les brigands. La construction du château commença durant l'hiver 1217–18. Le roi Jean de Brienne, en accord avec les seigneurs et les chevaliers croisés locaux, décida de

---

[2] Brigitte Porëe, "Les moulins et fabriques à sucre de Palestine et de Chypre : histoire, géographie et technologie d'une production croisée et médiévale," in *Cyprus and the Crusades*, ed. Nicholas Coureas and Jonathan Riley-Smith (Nicosie, 1995), pp. 377–510.

fortifier deux points au sud de Saint-Jean d'Acre, le long de la côte, à Césarée et à ʿAthlit.

En février 1218 les Chevaliers Teutoniques et les Templiers, sous la direction du chevalier flamand Gautier d'Avesnes, commencèrent la construction des fortifications, dont les lettres d'Olivier de Paderborn, dit Olivier le Scholastique, dans sa Chronique de l'Histoire de Damiette, nous rapportent de nombreux détails.[3] Le lieu prit alors le nom de Château-Pèlerin et la place était alors considérée pour les Templiers comme un endroit plus sain que Saint-Jean d'Acre, surpeuplé. Les travaux furent achevés en avril de la même année ; fin 1220, le château connut sa première offensive. Les armées croisées et musulmanes étant pour la plupart engagées dans la bataille de Damiette et en Palestine, le gouverneur de Damas, connu sous le nom de al-Muʿazzam, en profita pour attaquer et détruire Césarée, puis il se tourna vers le nord pour attaquer ʿAthlit. A son approche, les Templiers détruisirent eux-mêmes le château initial du Destroit pour concentrer leurs efforts sur le Château-Pèlerin. La garnison croisée comprenait 4.000 hommes. Les musulmans entrèrent en force dans la plaine entre la mer et les premiers contreforts du Carmel ; déployés depuis l'oued Falah, au nord, jusqu'aux salines au sud du château, ils se protégeaient à l'aide de palissades en bois. Ils eurent à souffrir de la perte de nombreux soldats alors que leurs grenades de feu ne faisaient aucun dégât sur les fortifications d' ʿAthlit. Des renforts croisés commencèrent à arriver de Beyrouth et de Chypre ; le siège dura un mois et le gouverneur al-Mu'azzam, voyant qu'il ne pourrait capturer le château sans batailles prolongées et forces nouvelles, décida de lever le siège. Sur le chemin du retour vers Damas, il ordonna de brûler toutes les cultures et plantations autour d' ʿAthlit.

Après ce siège, le site connut une ère de paix durant laquelle un faubourg se développa, adossé aux murailles du château. Une nombreuse population croisée est attestée par quelques témoignages,[4] comparable en taille aux villes croisées de Banias et d'Arsuf. Fin 1228, l'empereur Frédéric II essaya vainement de mettre mainmise sur le château en l'agrandissant. Louis IX, roi de France, ordonna de renforcer les murs de la forteresse et sa femme Marguerite de Provence donna naissance à un fils pendant leur séjour à ʿAthlit. En 1265, des troupes mameloukes commandées par Baïbars lui-même attaquèrent ʿAthlit, réussirent à faire des brèches dans l'un des murs de la ville et détruisirent toutes les maisons d'habitation et les habitants trouvèrent refuge à l'intérieur de l'enceinte du château ; des traces de destruction sont encore visibles sur certaines parties des murailles de la ville. Après la chute du Royaume d'Acre en 1291, le Château-Pèlerin resta le seul point fort des croisés dans le royaume. Le château ne fut pas attaqué, mais ses défenseurs décidèrent de quitter les lieux sans guerroyer, puisque la capitale du Royaume Croisé ne pouvait plus venir à son aide. En août 1291, les croisés abandonnèrent la forteresse pour se replier sur l'île de Chypre. Les musulmans

---

3 Benvenisti, *The Crusaders*, p. 176.
4 Benvenisti, *The Crusaders*, p. 177.

prirent le site après l'évacuation des derniers chevaliers de Terre sainte et détruisirent les tours et les portes de la forteresse.

Durant la période mamelouke ʿAthlit fut la capitale d'un district, et les murailles du château furent reconstruites à plusieurs reprises. Le château fut endommagé par un tremblement de terre en 1837. Sous le gouvernement turc, le site devint un lieu d'approvisionnement en pierres pour les populations voisines, mais également pour permettre aux gouverneurs ottomans et égyptiens de construire des bâtiments à Acre, Haïfa et Beyrouth. A la fin des années 1880–81, le gouverneur turc de Haïfa vendit 50.000 pierres du château au gouverneur de Jaffa pour lui permettre de construire les bâtiments de douane du port de sa ville.

Le plan général de la ville croisée d' ʿAthlit est identique aux plans des autres villes côtières croisées (Ascalon, Arsuf, Saint-Jean d'Acre, Césarée) : murailles fortifiées et citadelle située sur le rivage, formant une unité défensive distincte. Mais à la différence des autres cités côtières, le château fut le noyau autour duquel put se développer une implantation urbaine. ʿAthlit fut protégée par deux lignes extérieures de défense et trois lignes de défense intérieures.

Une chaîne de forts fut établie sur la crête à 2 kilomètres du rivage, le principal fort étant, au nord, celui du Destroit, construit au XIIe siècle et réutilisé par les croisés pour construire le Château-Pèlerin. Le plan du Destroit est celui d'une tour de guet de type normand. Le fort, qui possédait deux niveaux et atteignait une hauteur de 20 m, était entouré d'un mur et possédait, dans sa cour centrale, deux citernes et des écuries pour les chevaux. Les restes des autres forts sont visibles au sud du Destroit.

La ligne de fortification la plus avancée entourant ʿAthlit même est le mur de la ville ; mesurant 600 m de long sur le côté oriental, il commence par une tour construite sur la mer au nord-est et se termine par une tour carrée au sud-est, tour dont le plan est similaire à celui du Destroit. Plus ancienne que le mur, celle-ci semble avoir été utilisée dès le XIIe siècle comme un fortin indépendant compris dans le mur, lorsque celui-ci fut construit, au début du XIIIe siècle. Le mur sur le côté sud, de 200 m de long, commence à cet endroit et finit par une tour dans la mer, au sud du château. Les pierres du mur de la ville sont taillées dans un style identique à celui des murailles du château. Quatre grandes portes permettaient l'entrée dans la ville : trois à l'est et une au sud, toutes construites selon le même plan et comprenant une tour haute de deux étages. A 250 m à l'ouest de la ville commençait à s'étendre la zone occupée par le château, bâti sur la roche[5] et dont le principal système défensif (de barbacanes) était concentré à l'endroit le plus étroit de la péninsule. Un fossé de 6 m de profondeur fut creusé pour construire ce système défensif. Le fond du fossé, sous le niveau de la mer, pouvait être rempli d'eau. Deux portes existaient pour franchir cette ligne de barbacane : une porte, au nord, pour piétons et cavaliers, ainsi qu'une autre porte, au sud, pour des convois de marchandises. Trois tours servant à envoyer des projectiles sont encore visibles

---

5 Benvenisti, *The Crusaders*, p. 178.

le long de ce système défensif. A l'intérieur, un hall voûté précédait la cour intérieure proprement dite.

Derrière ce second mur existait une seconde ligne de défense, basée sur deux tours carrées construites entre les trois tours de protection du premier mur. La hauteur de ce second mur était de 16 m ; l'assaillant devait, pour parvenir dans la cour intérieure, franchir ces deux hauts murs protégés par cinq tours, ne se gênant en aucun point pour l'atteindre entre le passage étroit du château et de la ville.

Les fortifications d' 'Athlit sont conformes au plan défensif byzantin : trois lignes défensives de murailles, un fossé entourant l'édifice jusqu'à ses fondations afin d'éviter tout travail de sape, un rempart extérieur de barbacanes, un mur intérieur avec deux lignes destinées aux positions défensives et des tours carrées à trois étages.[6] Pour les militaires croisés, l'accès entre ces différentes lignes de défense était facilité par l'installation de passages et d'escaliers se reliant entre eux et facilitant, le cas échéant, le renfort en hommes en un point précis. Au sud, à l'ouest et au nord, face à la mer, le château était protégé par une muraille et quatre tours : la simplicité des fortifications laisse à penser que les Templiers ne redoutaient pas d'attaque importante par la mer.

La chapelle du château, de plan polygonal, d'inspiration gothique, est actuellement en ruine : seules des colonnes sont encore visibles aux coins du bâtiment, ainsi qu'une abside à l'est.[7] La voûte de la chapelle existait encore en 1837 et fut détruite à cette date par un tremblement de terre. Dans la partie orientale de la ville subsistent également les ruines d'une église de style gothique.

D'autres bâtiments existent encore à l'état de ruines, à savoir : des étables situées au coin sud de la ville, près du mur, construites dans les années 1220–21 et incendiées en 1265 ; leur plan est carré, à l'image d'un caravansérail arabe. Des divisions, selon les types d'animaux, sont visibles, et des salles servant à l'engrangement des foins leur sont adjacentes. Sur le côté nord, des vestiges de rues, d'habitations et de salles de bains sont encore visibles. En dehors des murs de la ville, dans le coin nord-est, et près du rivage, s'étend le cimetière : des tombes taillées portant des croix, ainsi que d'autres symboles indiquant l'origine sociale des défunts, ont été retrouvés.

Le site d' 'Athlit (citadelle et ville) a fait l'objet de fouilles archéologiques, conduites entre 1930 et 1935 par C.N. Johns, pour le compte du Département des Antiquités de Palestine sous mandat britannique. Il a également fait l'objet de prospections, pour l'établissement d'une carte archéologique de la région d' 'Athlit, en 1978, par A. Ronen et Y. Olami pour le compte des Antiquités israéliennes.[8] Nous nous proposons de revenir sur les principaux résultats concernant les installations techniques ainsi que tout autre élément lié à des productions artisanales ou industrielles pouvant servir notre étude.

---

6 Benvenisti, *The Crusaders*, p. 182.

7 Benvenisti, *The Crusaders*, pp. 182–83.

8 A. Ronen and Y. Olami, *'Atlit Map*, The Archaeological Survey of Israel (Jérusalem, 1978) (6 maps).

B Les installations techniques médiévales

B–1 Les fouilles

A l'extérieur du site, des dunes consolidées (ou *kurkar*) ont pu servir de protection contre les raids aux installations diverses et aux plantations. Toute cette zone a été appelée par C.N. Johns les "Jardins" et les "Champs," après les fouilles qu'il pratiqua entre 1930 et 1935 : zone d'aviculture, salines mentionnées par le chroniqueur Olivier le Scolastique : "le territoire de cette forteresse abonde en poissonneries, salines, bois, pâturages, champs et herbages ; des vignes, des jardins et des vergers régalent les habitants."[9] Les salines actuelles reprennent le même schéma de drainage que les salines antérieures ; un profond fossé, en partie limité par des pierres et en partie creusé dans la roche, est encore visible depuis les salines jusqu'à la mer. A l'extérieur de la ville croisée, des tranchées semblables se devinent d'après une série de canaux couverts, maintenant effondrés et détruits. De plus, à la fois à l'intérieur et à l'extérieur des marais salants, vers le cimetière croisé au nord, des ruines de canaux en pierre sont dispersées et ne peuvent avoir appartenu qu'à un système d'irrigation qui permettait de canaliser l'eau de mer en direction de bassins, où l'eau stagnait et s'évaporait, permettant ainsi la récolte du sel. Une première et brève prospection, conduite en 1873 par le *Palestine Exploration Fund*, faisait état de cette ferme exploitant le sel.[10]

B–2 La prospection archéologique

La région autour d' ʿAthlit fut prospectée une seconde fois en 1964–65 par des équipes du *Survey of Israel* (carte au 1/20.000) et 145 sites ont ainsi pu être visités. Pour l'époque médiévale, 35 sites ont été répertoriés, allant de la première période islamique jusqu'à la période mamelouke. Les sites appartenant à l'époque des croisades sont divers : le fort du Destroit, le cimetière à l'extérieur de la ville croisée, un second cimetière au sud de la ville d' ʿAthlit, la forteresse du Château-Pèlerin, sa ville, son port-jetée, des installations croisées (magasins) creusées dans la roche, deux installations pour la production du sel l'une, dans l'île de Beit el-Milh (île de Mélah)[11] ou île du Sel (salines, aqueduc, pont),

[9] Cedric N. Johns, Guide to *ʿAthlit : The Crusader Castle, Town and Surroundings* (Jérusalem, 1947), pp. 72–73.

[10] T. Drake, "Reports," *Quarterly Statement. Palestine Exploration Fund* (1873), 101–05.

[11] R. Denys Pringle, *Secular Buildings in the Crusader Kingdom of Jerusalem. An Archaeological Gazeteer* (Cambridge, 1997), site numéro 29 ; Claude R. Conder et Horatio H. Kitchener, *The Survey of Western Palestine. Memoirs of the Topography, Orthography, Hydrography and Archaeology*, 1 : *Galilee* (Londres, 1881), p. 300 ; Johns, *Guide of ʿAthlit*, p. 72 ; Cedric N. Johns, "ʿAtlit," *Encyclopedia of Archaeological Excavations in the Holy Land* 1 (Jérusalem, 1975), pp. 130–40, esp. p. 131 ; Ronen and Olami, *ʿAtlit Map*, pp. 57–58, 15*.

d'autres, étant continentales, des carrières de pierre, des puits, des citernes, une piscine, un pressoir à olives (?), des presses à vin, des infrastructures routières. Parmi les installations du quotidien, les salines continentales ou insulaires nous intéressent particulièrement.

L'Ile du Sel, située près des côtes, comportait des installations pour l'exploitation du sel (*figure 1*). Il en existe également à l'est et au sud de la ville d'ʿAthlit, au lieu-dit la Tour du Sel, à l'embouchure de la rivière Crocodile (*figure 2*). La technique d'exploitation par évaporation dans des salines (comme à Akhziv ou aux alentours de la Mer Morte) nous est connue ; d'autres méthodes permettaient l'exploitation dans des carrières (région de Sodome).

Fig. 1

C – Recherches futures et conclusion

A travers l'étude des salines du XIIIe siècle, utilisées par les croisés dans le Royaume de Jérusalem, il s'agira dans le futur (ceci n'étant qu'une note d'information) :

- de réaliser une approche d'un système technique et de son évolution, à partir de l'exemple croisé des sites du Château-Pèlerin et de l'Ile du Sel ;
- d'amorcer une réflexion méthodologique sur la notion de système technique à l'image de ce que nous avons réalisé pour les industries sucrières ;[12]
- de faire l'étude d'autres installations de sites croisés fouillés précédemment (Akhziv par exemple) ;

---

12 Porëe, "Les moulins et fabriques à sucre," pp. 377–510.

Fig. 2

- d'avoir recours à des expérimentations : observations des techniques de production du sel par des méthodes anciennes ou nouvelles en Israël.

Cette étude se propose d'apporter des informations nouvelles sur le travail du sel depuis son acquisition sur les sites de marais salants jusqu'à son utilisation[13] et ce, dans une double perspective, synchronique et régionale. Ces différents aspects fondamentaux seront développés autour des concepts-clés de "chaîne opératoire" et de "système technique" croisés.

Cette étude de la production locale de sel dans le Royaume croisé de Jérusalem se veut être une contribution à l'analyse des forces productives et des systèmes techniques en général, à l'époque médiévale au Proche-Orient. A travers la description archéologique et l'analyse systématique d'une technique particulière, mon propos est de démontrer qu'une voie de recherche existe entre une archéologie des techniques et une archéologie de la vie matérielle d'un groupe social. Nous pensons que les relations sont importantes entre les conditions matérielles de production du sel, de sa consommation, de sa distribution et le cadre social dans lequel celles-ci interviennent.

Remerciements : ils vont au professeur Robert-Henri Bautier, à l'Ambassade de France à Tel-Aviv, au Dr Adrian Boas de Haïfa et au cher Samuel Tamari de Tel-Aviv.

---

[13] Paul Deschamps, *La défense du Royaume de Jérusalem* (Paris, 1939), 2 : 73.

The *fonde* of Crusader Acre and Its Tariff: Some New Considerations

David Jacoby

The legal treatise known as *Livre des Assises de la Cour des Bourgeois* (cited hereafter as *Livre*) is concerned with non-noble Franks and property held in burgess tenure in the kingdom of Jerusalem.[1] However, it also includes two chapters (hereafter A and B respectively) listing duties imposed and collected at the royal *fonde* of Acre, the customs controlling land trade between the city and its hinterland.[2] Joshua Prawer has contended that these chapters reproduce two lists, separated by an assise or law and the six following clauses at the beginning of B, all of which deal with non-Franks.[3] On the other hand, Jean Richard has argued that the compiler of the *Livre* inserted these items in the midst of what in fact was a single list or tariff, and this is the commonly accepted view.[4] These and other issues regarding the royal *fonde* and its tariff have been debated in the past. They nevertheless warrant a renewed examination with a threefold purpose: a re-assessment of the *fonde*'s operation; the reconstruction of the successive stages leading to the drafting of the tariff and to the latter's

---

1 Editions: *Les Livres des Assises et des usages dou reaume de Jérusalem; sive, Leges et instituta regni Hierosolymitani*, ed. Eduard H. Kausler, 2 vols. (Stuttgart, 1839), 1:274–87, chaps. 237–38; *Livre des Assises de la Cour des Bourgeois,* ed. Arthur A. Beugnot in *RHC Lois* 2:173–81, chaps. 242–43. I use here Beugnot's edition and his numbering of the clauses.

2 Joshua Prawer ("L'établissement des coutumes du marché à Saint-Jean d'Acre et la date de composition du livre des Assises des Bourgeois," *Revue historique de droit français et étranger* 4.29 [1951], 333–35) postulated the existence of two royal *fondes*, one in the Old City and the other in the suburb of Montmusard. This hypothesis has been convincingly rejected: Jean Richard, "Colonies marchandes et marché seigneurial. La fonde d'Acre et ses 'droitures,'" *Le Moyen Age* 59 (1953), 336–37, reprinted in idem, *Orient et Occident au Moyen Age: contacts et relations* (London, 1976), no. X; Claude Cahen, "A propos des coutumes du marché d'Acre," *Revue historique de droit français et étranger* 4.41 (1963), 288.

3 Prawer, "Etablissement," pp. 329–33. The assise is reproduced in what appears to be a preamble, the first sentence of which has been added by the compiler: see below. The preamble is unnumbered in Beugnot's edition.

4 Richard, "Colonies," pp. 328–30, and same view in Cahen, "Coutumes," pp. 287–88.

incorporation into the *Livre*, the compilation of which may be ascribed to the 1250s;[5] finally, a re-interpretation of some of the tariff's clauses.

Acre surrendered to King Baldwin I in May 1104 on terms allowing its inhabitants to leave with their movable belongings.[6] The Muslims indeed abandoned the city, yet it seems that some, if not many of the Oriental Christians or so-called Syrians remained.[7] Baldwin I was obviously eager to take advantage of local resources as rapidly as possible. As in any newly conquered territory, the most convenient course to this effect was the re-activation of the existing fiscal administration or, at least, some of its personnel, as well as the preservation of the fiscal practices, language of registration, duties and rates with which they were familiar, in any event in the short term.[8] It follows that many of the first customs officials operating in Acre under Frankish rule must have come from the ranks of the local Arabic-speaking Syrians. The Fatimids employed many Oriental Christians in their fiscal administration, both in Syria as attested by the late tenth-century al-Muqaddasi,[9] and in Egypt where Copts filled various posts even at the highest levels.[10] Similarly, the Franks maintained Syrians in the fiscal branch of their bureaucracy. Indeed, a chapter of the *Livre* is devoted to the *escriveins sarasinois* serving at the *cathena* or *chaene* (modern "chaîne"), the customs of the harbour, and at the *funda* or *fonde* of

---

[5] Prawer dates the *Livre* to 1229–44 and more precisely to 1240–44: see his "Etablissement," pp. 329–51, esp. 344–48, and *Crusader Institutions* (Oxford, 1980), pp. 366–67; he is followed by Richard, "Colonies," p. 332. On the other hand, Jonathan Riley-Smith (*The Feudal Nobility and the Kingdom of Jerusalem, 1174–1277* [London, 1973], pp. 85, 87, and 268, n. 186) suggests the 1260s, after the appointment of a scribe at the *Cour des Bourgeois*, whose function is mentioned in the treatise. However, the first scribe of the court, Aliotto Uguccio, is attested since 1253: Hans E. Mayer, *Die Kanzlei der lateinischen Könige von Jerusalem*, *MGH* Schriften 40/1–2 (Hanover, 1996), 1:336, with references to relevant documents. We may thus tentatively date the treatise to the 1250s.

[6] S. Runciman, *A History of the Crusades*, 3 vols. (Cambridge, 1951–54), 2:88.

[7] Like most clauses of the tariff, I use here "Syrians" for all Oriental Christians. Muslims appear later only as visitors or as foreign subjects temporarily living in Acre: see an example below, p. 291.

[8] See Jonathan Riley-Smith, "The Survival in Palestine of Muslim Administration," in P. Holt, ed., *The Eastern Mediterranean Lands in the Period of the Crusades* (Warminster, 1977), pp. 9–22. For a similar pattern with a continuous use of Greek in Latin Romania after the Fourth Crusade see David Jacoby, "From Byzantium to Latin Romania: Continuity and Change," *Mediterranean Historical Review* 4 (1989), 10–20, also in Benjamin Arbel, Bernard Hamilton and David Jacoby, eds., *Latins and Greeks in the Eastern Mediterranean after 1204* (London, 1989).

[9] Al-Muqaddasi, *Description of Syria including Palestine*, trans. Guy Le Strange in PPTS 3 (London, 1896), p. 77.

[10] On Copts in accountancy see Hassanein Rabie, *The Financial System of Egypt, A.H. 564–741/A.D. 1169–1341* (London, 1972), pp. 157–58. After the Arab conquest the Egyptian administration first continued to use Greek, then switched to Coptic numbers, still found in the twelfth century: Claude Cahen, *Douanes et commerce dans les ports méditerranéens de l'Egypte médiévale d'après le* Minhadj *d'al-Makhzumi* (Leiden, 1964), pp. 272–73.

Acre.[11] These officials used Arabic, like the *scriba in arabico* mentioned in a document of 1280,[12] while their colleagues the *escriveins fransois* wrote French or Latin.[13]

The Muslim traveller Ibn Jubayr, who arrived from Damascus in 1184, confirms that eighty years after the Latin conquest the Syrian officials he encountered at Acre continued to keep their records in Arabic.[14] He offers a detailed, graphic and highly suggestive account of their practices and of the operation of the customs at which they were stationed:[15]

> We were taken to the custom-house, which is a khan prepared to accomodate the caravan. Before the door are stone-benches, spread with carpets, where are the Nasara [= Christian] clerks of the Customs with their ebony ink-stands ornamented with gold. They write Arabic, which they also speak. Their chief is the Sahib al-Diwan [Chief of the Customs] who holds the contract to farm the customs. (...) The merchants deposited their baggage there and lodged in the upper storey. The baggage of any who had no merchandise was also examined in case it contained and concealed [dutiable] merchandise, after which the owner was permitted to go his way and seek lodging where he would.

The employment of Syrians was particularly justified at the customs collecting taxes on land trade. The individuals involved in that trade may be divided into three main groups. The first consisted of peasants marketing agricultural, pastoral, as well as semi-finished and finished products from the countryside in Acre and returning home with commodities bought there, as illustrated by the tariff of the *fonde*.[16] The second group included merchants engaging in commercial exchanges between Acre and inland cities under Muslim rule such as Damascus, the only one mentioned in the tariff (A20, A57). Until 1187 these exchanges were dominated, if not exclusively conducted by merchants based in

---

[11] *Livre*, chap. 291 in *RHC Lois* 2:220.

[12] Hans Prutz, ed., "Eilf [sic] Deutschordens-Urkunden aus Venedig und Malta," *Altpreussische Monatschrift* 20 (1883), 396, no. 9.

[13] Riley-Smith (*Feudal Nobility*, p. 55) translates "Saracen or Frankish scribe," yet the terms clearly refer to language and not to religious affiliation since *Livre* never uses *fransois* for Frank. There were anyhow no Muslims among the royal subjects residing in twelfth-century Acre.

[14] To be sure, by the 1180s some Franks serving in administrative functions had learned Arabic, yet it is inconceivable that they should have written and especially kept their records in that language: *contra*, Hussein M. Attiya, "Knowledge of Arabic in the Crusader States in the Twelfth and Thirteenth Centuries," *Journal of Medieval History* 25 (1999), 207. See Riley-Smith, *Feudal Nobility*, pp. 53–61, on continuity in fiscal administration and the employment of local non-Franks, yet without reference to Ibn Jubayr.

[15] *The Travels of Ibn Jubayr*, trans. Ronald J. C. Broadhurst (London, 1952), pp. 317–18.

[16] See the list of goods appearing in the tariff compiled by Richard, "Colonies," p. 331.

Muslim territory.[17] Ibn Jubayr, who visited Damascus in 1184, mentions two wealthy local merchants sending caravans and conducting business with the help of agents along the entire Frankish coast of the Levant.[18] We may add a provision of the tariff dealing with goods imported by sea, sold in Acre, and finally exported via the *fonde* by Muslim and Syrian merchants "who come with merchandise into the territory of the kingdom" (A12), a clause clearly antedating 1187.[19] There seems to be further evidence about merchants from Muslim cities in A61, which mentions *Sarasins* purchasing shoes in Acre.[20] Latins travelling to these cities are mentioned for the first time in a charter of 1192, issued by Henry of Champagne in favour of Genoa, which appears to herald a new development soon after the Third Crusade.[21] In any event, both peasants and foreign merchants from the hinterland reaching Acre were Arabic speakers. It is likely that such was also the case of some — if not many — merchants and especially carriers involved in overland trade and transportation between Acre and other Frankish cities before 1187.[22] We may safely assume that Syrian officials were also employed in the judicial branch of the *fonde*, the *Cour de la Fonde*, initially established sometime in the twelfth century to deal with commercial and monetary litigation. The court itself was composed of four Syrian and two Frankish jurors, presided by a Frankish bailli representing the royal viscount.[23]

It has been argued that Ibn Jubayr's account points to the collection of commercial duties at the gates of Frankish cities.[24] This contention also relies on

---

17 David Jacoby, "The Venetian Privileges in the Latin Kingdom of Jerusalem: Twelfth and Thirteenth-Century Interpretations and Implementation," in Benjamin Z. Kedar, Jonathan Riley-Smith and Rudolf Hiestand, eds., *Montjoie. Studies in Crusade History in Honour of Hans Eberhard Mayer* (Aldershot, 1997), p. 168; idem, "A Venetian Manual of Commercial Practice from Crusader Acre," in Gabriella Airaldi and Benjamin Z. Kedar, eds., *I comuni italiani nel regno crociato di Gerusalemme,* Collana storica di fonti e studi diretta da G. Pistarino 48 (Genoa, 1986), p. 407 and n. 17, reprinted in idem, *Studies on the Crusader States and onVenetian Expansion* (Northampton, 1989), no. VII.

18 Ibn Jubayr, p. 323.

19 Its formulation is clumsy. It first refers to merchants bringing merchandise by land to Acre, obviously to finance their purchases there, then to others liable to the payment of *fonde* duties for goods imported by sea and sold in the city. It follows that the same foreign merchants mentioned earlier exported them. For the dating, see below, pp. 291–16.

20 On the meaning of *Sarasins* in this context and for the dating, see below, pp. 291–16.

21 It is noteworthy that such journeys are not mentioned in another charter for Genoa drafted only a few months earlier: Cesare Imperiale di Sant'Angelo, ed., *Codice diplomatico della repubblica di Genova dal MCLXIII al MCLXXXX*, 3 vols. (Rome, 1936–42), 3:47–50, 87–89; new ed. Dino Puncuh, *I Libri Iurium della Repubblica di Genova*, 1/2, Fonti per la storia della Liguria 4 (Genoa, 1996), pp. 144–49, nos. 334–35.

22 Although certainly having taken place, this activity is not directly attested until 1192. See previous note, and for later evidence, Jacoby, "Venetian Privileges," pp. 168–69.

23 *Livre*, chap. 241 in *RHC Lois* 2:171–73.

24 Richard, "Colonies," p. 338, n. 25; Riley-Smith, *Feudal Nobility*, pp. 70, 74, 94, 274, nn. 267 and 271.

charters of 1187 granting Pisa the right to place its own officials at the *chaene*, the *fonde* and the land gates of Tyre, Jaffa and Acre, in order to ensure that Pisan citizens and those considered Pisans enjoy the tax exemptions to which they were entitled.[25] It should be noted, however, that these charters were issued in Tyre in particular circumstances, while the city was under siege. Their wording runs counter the overwhelming evidence, found for instance in the charter issued to Genoa in April 1192,[26] our tariff and another chapter of the *Livre*,[27] which point to the *chaene* and the *fonde* as the only toll stations through which goods entered and left Acre. One may wonder, therefore, whether the khan to which Ibn Jubayr was led should not be identified with the royal *fonde*.

It is commonly assumed that the *fonde* was sited somewhere in the midst of Acre, at a significant distance from the eastern city gates.[28] However, a charter delivered by Conrad of Montferrat in 1188 enables us to site it elsewhere in a fairly precise manner. According to this document, the *fonde* was separated by a piece of vacant land from the gate of Geoffrey Le Tor and connected by a public street to another gate located in the vicinity of a cemetery.[29] The map of Acre included in the *Chronica Majora* of the English chronicler Matthew Paris, executed in or shortly after 1252, marks the site of the *chaene* adjacent to the harbour. On the other hand, the fourteenth-century maps included in the works of Marino Sanudo and Paolino Veneto mention the *Porta ferrea* or Iron Gate which gave access to that customs station.[30] None of these maps provides similar indications about the site of the royal *fonde*, yet the last two offer indirect evidence in this respect.

In 1188 Acre's territory was identical to that inherited from the Fatimid period and enclosed by a single wall. The unnamed gate appearing in the charter was undoubtedly that of St Nicholas, which opened in the northern section on the city's eastern flank opposite the cemetery bearing the same name, situated outside the wall. However, the medieval maps of Acre reflect the existence of two walls and site that gate on the outer one built later, between 1198 and 1212. This location either derives from mistaken information supplied to those who drew the

---

25 Giuseppe Müller, ed., *Documenti sulle relazioni delle città toscane coll'Oriente cristiano e coi Turchi fino all'anno MDXXXI* (Florence, 1879), p. 27, no. XXIII; p. 29, no. XIV; p. 30, no. XXV; p. 38, no. XXXII: confirmation of 1189 for Acre.

26 See above, n. 21, first document cited: "libertatem ingrediendi et egrediendi per mare seu per terram et emendi atque vendendi in fundico et cathena et per totam civitatem."

27 B2, B11, and final sentence of B; see also n. 11 above.

28 See e. g. Richard, "Colonies," pp. 334–36, with map. This location partly derives from the current interpretation of the preamble and some clauses of B dealing with non-Franks, on which see below.

29 Müller, *Documenti*, p. 33, no. XXVII: "totam terram vacuam que est a funda regis usque ad portam Iofredi Torti (...) a via publica que est a funda regis recta linea a porta civitatis prope cimiterium et ex alia parte usque ad mare."

30 See David Jacoby, "Crusader Acre in the Thirteenth Century: Urban Layout and Topography," *Studi medievali* 3.20 (1979), 2–7, 16–17, as well as Figs. 1–3 and my reconstruction in Fig. 4, no. 8, reprinted in idem, *Studies*, no. V.

maps or, more likely, reflects the transposition of the name of St Nicholas from a gate in the first wall to another in the outer rampart, similarly facing the cemetery of St Nicholas. The second gate mentioned in the charter of 1188, that of Geoffrey Le Tor, was opened shortly before 1181 in the single eastern city wall existing at that time, at a short distance to the south of the gate of St Nicholas.[31] The vacant plot of land separating the *fonde* from the gate of Geoffrey Le Tor cannot have been very large and, in any event, cannot have extended as far as the city's center, where the *fonde* is commonly sited. It follows that the *fonde* must have been situated next to the gate of St Nicholas and fairly close to that of Geoffrey Le Tor, along a public street leading from the former to the sea.[32] This location is indirectly confirmed by King Aimery, who in 1198 refers to St Nicholas as the main land gate of Acre through which "one enters and leaves the city."[33] The proximity of that gate to the *fonde* was indispensable to ensure effective control over the flow of men and goods involved in Acre's land trade and their taxation before they dispersed within the city itself or throughout the countryside. It should be noted that in Tyre too the royal *fonde* was situated next to the city's land gate.[34] The location of Acre's *fonde* will prove crucial for a proper understanding of some of the tariff's clauses dealing with non-Franks, examined below.

It appears, then, that Ibn Jubayr was led from the gate of St Nicholas to the nearby royal *fonde*. The customs procedures he witnessed, the storing of goods at ground level and the lodging of merchants in the upper storey of the khan all fit the physical setting of the *fonde* and its functions as toll station and caravanserail. Moreover, the mode of operation and the Arabic records of the officials recall the *escriveins sarasinois* serving at the *fonde*.[35] These identifications enable us to clarify a particular feature of the fiscal administration in the Kingdom of Jerusalem. The Muslim traveller noted that the director of the customs leased his

---

[31] David Jacoby, "Montmusard, Suburb of Crusader Acre: The First Stage of its Development," in *Outremer. Studies in the History of the Crusading Kingdom of Jerusalem Presented to Joshua Prawer*, ed. Benjamin Z. Kedar, Hans E. Mayer, R.C. Smail (Jerusalem, 1982), pp. 211-13, reprinted in idem, *Studies*, no. VI.

[32] It is unclear in which direction that street proceeded. A southern or southwestern course appears likely, yet not a straightforward western one as on Richard's map (see above, n. 28). Only Paolino's map has a street beginning at St Nicholas, yet it does not join directly the shore: see above, n. 30.

[33] *Tabulae ordinis theutonici*, ed. Ernst Strehlke (Berlin, 1869), pp. 28–29, no. 35.

[34] In 1242 the Venetian bailo Marsilio Zorzi mentions the "redditus porte versus terram cum uno fontico, qui est in nostra parte positus, in quo venduntur mercimonia." Zorzi's formulation is clumsy as in other parts of his report, yet it is clear that despite its location in the Venetian quarter this toll station was the royal *fonde*, mentioned after the royal *cathena*; the revenue of both was to be shared between the royal treasury and Venice: *Urkunden zur älteren Handels- und Staatsgeschichte der Republik Venedig*, ed. L.F. Tafel and Georg M. Thomas, 3 vols. (Vienna, 1856-57), 2:354, 384–85; new ed. Oliver Berggötz, *Der Bericht des Marsilio Zorzi. Codex Querini-Stampalia IV3 (1064)* (Frankfurt am Main, 1990), pp. 135, 166–67 (hereafter Zorzi).

[35] See above, pp. 278–3.

function from the king.[36] As noted above, it has been assumed that he referred to a city gate, which proves to be wrong. In addition, it has been argued that royal markets were not held in farm, royal grants from the revenue of the *fondes* being considered proof that these were administered directly by royal officials.[37] This argument is not convincing, since grants could also be made from a particular source of revenue that was being farmed. Moreover, in 1242 several royal markets at Tyre, including the *fonde* and the *chaene*, were being rented.[38] It could be argued that this practice was particular to Tyre, where the revenues of both these customs and other stations were to be shared between the royal treasury and Venice. However, the agreement in this respect had ceased to be implemented several years prior to 1242 and was not in force at that time.[39] Since Tyre's *fonde* was being farmed in 1242, it is not entirely excluded that the same occured in Acre in the following year.[40] In any event, with respect to 1184 there is no reason to doubt the accuracy of Ibn Jubayr's account regarding farming, since he proves to be trustworthy on other issues. The farming of taxes was widespread under the Fatimids, including that of customs duties by the director of a *diwan*.[41] The Muslim traveller's account thus reveals yet another aspect of continuity in fiscal practices at Acre's *fonde*.[42]

Let us now turn to the tariff itself. Several of its provisions establish general principles of taxation. One of them states the rate of duties imposed at the *fonde* upon goods imported by sea from a Levantine port and sold in Acre to merchants from Muslim lands (A12),[43] others deal with all the goods exported to these

---

36 See above, p. 279.

37 Riley-Smith, *Feudal Nobility*, p. 94.

38 "Recipitur in hoc anno ex appalto MDCCC bis.;" a list of other markets follows. For references and for the *fonde* at Tyre, see n. 34 above.

39 Venetian income and property were usurped sometime between 1231 and 1242 by Riccardo Filangieri, who held Tyre on behalf of Emperor Frederick II. Venice did not recover them immediately after the capture of the city by the baronial forces in 1242: Jacoby, "Venetian Privileges," pp. 169–70.

40 Marsilio Zorzi mentions the official who collected taxes at the *fonde*, "qui est super hoc pro rege:" *Urkunden*, ed. Tafel and Thomas 2:398; new ed. *Zorzi*, p. 180. According to Riley-Smith, *Feudal Nobility*, p. 274, n. 271, this formulation points to a royal official, yet it could have equally been applied to tax farmers, since they too were considered royal appointees.

41 Rabie, *Financial System*, pp. 136–37, 155; Shlomo D. Goitein, *A Mediterranean Society. The Jewish Communities of the Arab World as Portrayed in the Documents of the Cairo Geniza,* 6 vols. (Berkeley and Los Angeles, 1967–93), 2:358–63; A. L. Udovitch, "Merchants and amirs: Government and Trade in Eleventh Century Egypt," *Asian and African Studies* 22 (1988) [= *The Medieval Levant. Studies in Memory of Eliyahu Ashtor (1914–1984)*], pp. 56, 58–59, and 68–70; Th. Bianquis, "Le fonctionnement des *diwan* financiers d'après al-Musabbihi," *Annales islamologiques* 26 (1992), 50, 55–60.

42 Note also the ebony ink-stands inlaid with gold, common in the Muslim world. Ebony, a precious dark hardwood imported from India, was used in furniture in the Fatimid period: Goitein, *A Mediterranean Society* 4:113, 137, 379.

43 See p. 280 and n. 19.

territories (A18), spices handled by spice dealers (A22), commodities which non-Franks import by land (B1), goods bought by villeins living in the lordship of Acre (B3).[44] These clauses appear isolated among those dealing with a specific commodity or, exceptionally, with several of them. Yet provisions regarding the same commodity are often dispersed among others, as for grain (A62, B2), hens (A53, A64), carobs (B20, B21, B26), flax (A9, A20), olives (A55, B34), salted fish (A19, A51) and wine (A56, A60, B4, B15, B30). Three items on sugar appear together, since they refer to different quantities and modes of transportation (A15–17), yet the provision regarding *nabeth* sugar or candy sugar is isolated (A40).[45] It would seem that the officials in charge of taxation proceeded sometimes by association. Silk is followed by cotton (A1–2), pepper by cinnamon (A3–4), lac by nutmeg (A7–8), Egyptian salted fish by Egyptian flax (A19–20), sesame by sesame oil (A23–24). Clauses on planks for different purposes follow one another (A49–50), and so do imported and exported earthenware (B6–7), pieces of clothing (B8–9), exports of victuals (B13–14), and imports from Muslim lands (B15–16). Most rates cited relate to trade in town, within the lordship of Acre, or within the kingdom. However, some provisions only refer to export from Acre ("c'on trait hors de la vile" or a similar phrasing: A46, A51, A53, B13–14, B25–26), to places outside the lordship of Acre (B30),[46] or to "Païenime," the Muslim countries (A18). Others only deal with imports from outside the kingdom ("c'on aporte" or a similar phrasing), from the Levantine coast under Frankish rule (A12, A60), Frankish Antioch (B8–9), "des kasaus des Sarasins" or villages under Muslim rule (B39),[47] Egypt (A19–20), Damascus (A20, A57), or "Païenime" (A65, B7, B15–16). In short, the provisions are not listed systematically according to the nature, origin, destination or taxation rates of the commodities with which they deal, nor are they ordered according to some guiding principle. Moreover, their formulation differs.[48]

It would seem, therefore, that the compiler of the *Livre* reproduced the wording and sequence of the clauses as found in the model he used and limited his intervention to a few passages, in which he left precious traces of his work. He composed the rubric of A indicating its subject matter, as for other chapters of his treatise,[49] and inserted the reference to "les droitures ancienes" in its opening clause, A1. At the end of the tariff he added the following before returning to rules of law: "Ici sont complies toutes les dreitures dou fait et des raisons yssant et entrant à la Fonde." To the provision about camphor root in A45 he added a reference to an earlier clause

44 For the interpretation of the last two provisions, see below.

45 On *nabeth* see Eliyahu Ashtor, "Levantine Sugar Industry in the Later Middle Ages — An Example of Technological Decline," *Israel Oriental Studies* 7 (1977), 233–34, reprinted in idem, *Technology, Industry and Trade. The Levant versus Europe, 1250–1500*, ed. Benjamin Z. Kedar (Aldershot, 1992), no. III.

46 Interpretation below, n. 80.

47 Interpretation below, pp. 291–16.

48 On this last point, see below.

49 Prawer, Crusader Institutions, p. 370.

dealing with camphor (A35), "que dit est desus" ("which is mentioned above"), yet refrained from providing similar indications for other commodities appearing in two or more clauses. The preamble of B ends with "si com vos si orrés après," a transition formula similar to those frequently appearing in the rubrics of the *Livre*. The question whether the compiler found the preamble and the first six clauses of B in his model of the tariff or elsewhere will be examined below. In any event, he assumed that these clauses opened a new taxation list warranting a separate chapter, namely B, for which he composed a particular rubric.

It remains to determine the nature of the model from which the tariff was copied. Paradoxically, the haphazard sequence in which the provisions appear may throw some light on the process that led to the tariff's compilation. The continuity of the fiscal administration at Acre's *fonde* for several decades after the conquest, noted earlier, did not imply the strict maintenance of all the duties and rates taken over from the Fatimid period. Existing rates were obviously adjusted and updated, clarifications were introduced and new dispositions were added in response to specific needs and circumstances. Indeed, the absence of repetitions, overlapping or contradictions between the provisions of the tariff suggests that new provisions complemented or superseded earlier ones. The order of the clauses, therefore, appears to reflect their progressive accumulation over time and the chronological sequence in which they were enacted.

Several features of the tariff support this reconstruction. At first glance it would seem that there is a contradiction between two provisions dealing with cinnamon, taxed 10.75 per cent in A4 and at a lower rate of 4.16 per cent in A32, yet the second rate appears to be an adaptation to the transit tax applied to goods exported to Muslim countries (A18).[50] Other multiple references to the same commodity always differ in content or were called for by specific problems. Raw cotton, cotton thread and cotton fabric are treated separately (A2, A57 and B10). The 10 per cent tax on grain (A62) was repeated in another provision (B11), yet with insistence upon a similar rate for both Franks and Syrians. Some Franks had presumably contended that they were entitled to a lower rate, or else Syrians had complained that they were being discriminated against. In any event, the very fact that the two clauses do not appear together suggests that they were enacted at different times. We may also assume a time lag between the promulgation of the rates on sugar imports by sea and by land, by camel and by donkey, all established at the same time (A15–17), and the extension of these rates to a particular type of sugar called *nabeth* (A40).[51] Another example enhances this argument. Although B2 deals with grain purchased by Syrians for home consumption, B12 returns to the subject in a somewhat different context with reference to all non-Franks.[52] The

---

50 Riley-Smith, *Feudal Nobility*, pp. 96–97 and 276, n. 300. There are also two rates for olives, 20 and 25 per cent respectively (A55, B34), perhaps one for fresh and the other for processed olives.

51 On which see n. 45 above.

52 On the meaning of "home rendable" in this clause, see below, p. 288.

rate of 25 per cent in force for salted fish from Egypt was extended to all salted fish, regardless of its origin, obviously at a later stage (A19, A51). The distance separating two provisions regarding wool in the tariff also points to a time lag, the difference in rates being presumably due to the different origin of the wool (A5, A69).

The chronological interpretation of the tariff is further enhanced by the existence of several groups of provisions, each with its distinct formulation. The insertion of the name of a commodity between "droiture," in singular or plural, and "si comande la raizon," with slight variants in spelling or phrasing, is a key element pointing to A1–11 and A13–35 as a particular cluster.[53] We may add to it A12, a provision dealing with a general rule, despite a slightly different wording. "Bien sachés que la raison coumande" is common to A36–64, which form a second group. A65–71 return to the formulation of the first cluster, while B1–40 all begin with the name of a commodity followed by "si comande la raizon" and clearly represent yet another group. The similarity in phrasing within each of these clusters implies the systematic rephrasing of a number of clauses accumulated over time and their renewed registration at specific occasions.The hypothesis that the four groups reflect successive stages in the compilation of the tariff is supported by the inclusion of clauses dealing with the same commodities in different clusters, each time in a different manner. Some examples have already been adduced above, such as sugar (A15–17 and A40), salted fish (A19, A51) and wool (A5, A69). However, even within each of the clusters one may discern what definitely appear to be time lags between the enactment of provisions dealing with the same commodity. The rate for flax passing through the *fonde* was fixed at 8.33 per cent, while the transit of a camel load of Egyptian flax leaving Acre for Damascus was imposed at 1.4 bezants (A9, A20). The second provision was clearly enacted at a later date when this transit trade had developed and when it became in the king's interest to further it by lowering the tax rate. The existence of two different provisions in the same cluster dealing with orpiment and the fact that they are registered separately (A44, A47) suggests that a short time after the rate of 11.2 per cent had been stated, some doubts were raised with respect to yellow orpiment and it became necessary to specify that this commodity too was liable to the same rate.

The "droiture enterine" or full rate mentioned in several clauses warrants particular attention. Two provisions cite the figure of 11.2 per cent, one for amoniac and the other for *pennes*, presumably feathers (A39, A71), others implicitely refer to clauses listed earlier in the tariff. Yellow orpiment should be taxed like other types of orpiment at the same rate of 11.2 per cent (A47 and A44), *gelines* or hens like *gelines d'Inde* or turkeys at 10 per cent (A53 and

---

[53] Four clauses omit "droiture" at the beginning (A4, A5, A9, A18), yet clearly belong to that same group.

A11), a rate repeated and extended afterwards to chickens (A64).[54] However, the reference to full rate also appears in connection with commodities not cited elsewhere in the tariff, namely dates (A41), glass (A53) and cotton thread from Damascus (A57). This implies that the basic rates for these commodities, possibly taken over from the Fatimid period, were registered elsewhere. One would have to assume, therefore, that new provisions recording changes and additions to the basic rates were noted separately, whether in a special register or in a special section of one, and that our tariff only reflects that separate listing. Many commodities known to have been traded in Acre do not appear in the tariff. It has been argued that their absence, at any rate that of imports from the west, is due to the fact that they were brought to Acre by merchants exempt from taxes.[55] This was true for the *chaene*, yet not for the *fonde* where even privileged western merchants were taxed for overland exports.[56] On the other hand, if indeed our tariff reflects the separate listing suggested above, the absence of many commodities is easily explained.

We may now turn to the assise reproduced in the preamble of B. It states that all non-Franks subject to the jurisdiction of the *Cour de la Fonde* should reside in a specific area and prohibits them from living elsewhere, since this would prevent the city's lord from exercising over them his authority in fiscal matters: "toutes ytés gens devent maner de la fonde en amont en Acre; et de la fonde en aval ne deit nus estre, par dreit ne par l'assise, porce que le signor ne poiroit prendre jà bien autrement sa raison de ce quy est estably de prendre sur iaux." Incidentally, this is the only text in the whole tariff referring to all the Oriental Christian communities living in Acre, as well as to Samaritans and Jews. The rubric of B, which as noted earlier is undoubtedly due to the compiler, refers to an area within Acre in which minorities should reside, "où devent estre et maner en la cité." Modern interpretations have followed this lead. The two expressions "de la fonde en amont en Acre" and "de la fonde d'Acre en aval" are considered as pointing to two specific urban areas within Acre, defined by the location of the *fonde*, one "below" in the southern section of the city as far as the harbour and the other "above" it. In the light of these interpretations the assise is supposed to have confined non-Franks to the northern part of Acre and, therefore, is considered an expression of social and legal discrimination. Opinions differ solely about the location and extent of the urban area to which non-Franks were relegated and

---

54 Richard ("Colonies," pp. 330 and 331 [table]) argues on the basis of the first three commodities that "droiture enterine" was a standard rate of 11.2 per cent (11 and 5/24 bezants to one hundred), yet this is contradicted by the lower one imposed upon poultry. It follows that the rate on *nabeth* sugar (A40) is not 11.2 per cent, but the same as those imposed on other types of sugar (A15–17).

55 Claude Cahen, *Orient et Occident au temps des croisades* (Paris, 1983), pp. 132–33, 193.

56 Jacoby, "Venetian Privileges," pp. 168–69.

about the nature of this residential restriction, in other words whether or not it represented full segregation.[57]

These topographical explanations should be firmly rejected on two counts. First, they are based on the assumption that the two French expressions were projected on a map of Acre as done nowadays. Such a mental procedure was completely alien to the twelfth and thirteenth century mind, not to mention the fact that many medieval maps, such as those of Acre, were drawn with the east at the top, contrary to modern practice.[58] Secondly, these same topographical explanations rely on the siting of the *fonde* in the midst of the city which, as noted earlier, is erroneous. The expressions "en amont" and "en aval," "upstream" and "downstream" respectively, were commonly applied in the past, as nowadays, to the flow of a stream with respect to a specific place located on its bank. They also appear or are implied in B1–4, which deal with the taxation of goods purchased by non-Franks "de la fonde en aval" and flowing through the *fonde*, to which these clauses refer as a fixed point. The perspective of the Frankish legislators was clearly urban. Therefore, since the *fonde* was located next to the gate of St Nicholas, "de la fonde en amont *en* Acre" related to space "upstream" or *within* the city itself, whereas "de la fonde d'Acre en aval" pointed to territory *beyond* the *fonde*, i.e. *outside* the city.[59] It follows that the Syrians and Greeks of B1, B2 and B4 were city-dwellers passing through the *fonde* with goods bought outside Acre, "de la fonde en aval."[60] As non-Franks residing in Acre they are referred to as "[hommes] rendables" (B4) or liable to specific payments, obviously related to their personal status.[61] B12 refers to the same category of individuals, though not explicitly mentioning non-Franks, and like B2 and B4 deals with the taxation of agricultural products brought by them to town for self-consumption, an issue not raised with respect to Franks. It should be stressed that while the assise reproduced in the preamble of B uses the *fonde* to define two separate areas of residence, it is *not* specifically concerned with commercial duties collected at that customs station like B1–4. Anyhow, neither non-Frankish residents of Acre nor villeins living in the countryside could have evaded the payment of taxes when passing with goods through the *fonde*, as illustrated by these same clauses and

[57] Prawer ("Etablissement," pp. 331–37) speaks of segregation; idem, "Social Classes in the Crusader States: the 'Minorities," in Kenneth M. Setton, gen. ed., *A History of the Crusades,* 2nd ed., 6 vols. (Madison, Wisconsin, 1969–89), 5:113–14; idem, *The History of the Jews in the Latin Kingdom of Jerusalem* (Oxford, 1988), pp. 259–63. This extreme view is rejected by Richard, "Colonies," pp. 333–34, 336–39; Cahen, "Coutumes," pp. 288–89; Riley-Smith, *Feudal Nobility,* pp. 74–75, 95.

[58] See above p .281 and n. 30.

[59] The wording of the two expressions and the position of Acre in their midst excludes any other interpretation. I have erased Beugnot's comma between "en amont" and "en Acre" since it is superfluous and misleading.

[60] By contrast, B3 deals with villeins living in the countryside.

[61] The nature of these payments is not clear. The *Livre au Roi*, chap. 45 (*RHC Lois* 1:639–40) mentions the "homme rendable" among those to whom it is prohibited to sell fiefs, yet distinguishes him from the Syrian.

B11–12. There is yet another important point on which B1, B2 and B4 differ from the assise. These three provisions deal with non-Franks *remaining* in Acre, whereas the assise refers to non-Franks leaving the city to establish themselves elsewhere. In order to understand the true purpose of the assise, one should take into account that in Acre the *Cour de la Fonde* not only dealt with the collection of duties and commercial or monetary litigation, but also served as the court judging the city's non-Frankish residents, except in cases of High Justice.[62] Our assise, then, sought to prevent non-Franks subject to the court of the *fonde*, in other words city-dwellers, from escaping royal authority by resettling beyond Acre's boundaries on territory situated outside that court's jurisdiction and in all likelihood held by other lords. In any event, the scattered residence of non-Franks throughout the Old City and the suburb of Montmusard also rules out the common interpretation of the assise as a measure imposing residential restrictions.[63]

The opening sentence of the preamble reproducing the assise states that the latter was jointly enacted by a king or kings, knights and other people: "Bien sachés que li rois et les chevaliers et toutes autres gens si establirent tout coumunaument." The preceding rubric of B, composed by the compiler, is even more explicit. It reports that the assise was adopted "par coumun assent et des rois et des chevaliers et des borgés et des coumunes." On the basis of these indications and the assumption that the assise deals with residential segregation it has been postulated that the assise itself and the clauses B1–6 were enacted in 1192, in the wake of Acre's recovery, considered a particularly appropriate time for the introduction of new dispositions regarding minorities.[64] As noted earlier, however, the assise does not deal with residential restrictions within Acre. One cannot anyhow envisage that in 1192 the burgesses or the Italian communes should have been invited to attend a session of the High Court dealing with non-Franks. The communes were substantially weakened since the reconquest of Acre. With the end of the power struggle between Conrad of Montferrat and Guy of Lusignan they had lost their bargaining power,[65] and the recovery of their assets in Acre largely depended upon the goodwill of the kings of France and England present in the city at that time.[66]

A renewed look at the opening sentence of the preamble and at the rubric of B raises even more serious doubts as to their reliability. The expression "toutes

---

62 *Livre*, chap. 241 in *RHC Lois* 2:171–73; see Richard, "Colonies," pp. 328–29; Riley-Smith, *Feudal Nobility*, pp. 90–91.

63 On their dispersal, see David Jacoby, "Three Notes on Crusader Acre," *ZDPV* 109 (1993), 83–88, esp. 87–88.

64 Prawer, "Etablissement," pp. 338–44.

65 On their shifting policies from 1187 to 1192, see David Jacoby, "Conrad, Marquis of Montferrat, and the Kingdom of Jerusalem (1187–1192)," in Laura Balletto, ed., *Atti del Congresso Internazionale "Dai feudi monferrini e dal Piemonte ai nuovi mondi oltre gli Oceani"* (Alessandria, 1993), pp. 187–238, reprinted in idem, *Trade, Commodities and Shipping in the Medieval Mediterranean* (Aldershot, 1997), no. IV.

66 See Prawer, "Etablissement," pp. 338–40, 343–44.

autres gens" is rather vague and clearly alien to the language commonly used in assises issued in the kingdom of Jerusalem. This conclusion may be extended to the entire opening sentence of the preamble. It does not belong to the assise proper and should either be ascribed to the model used by the compiler of the *Livre*, or to the compiler himself. This tentative reconstruction appears all the more plausible in view of the assumed dating of the *Livre* to the 1250s.[67] Its compiler, a burgess presumably born after 1192,[68] had in all likelihood witnessed the participation of knights and burgesses in the Commune of Acre operating from 1231 to 1242 and that of the Italian communes in the meeting of the High Court on 5 June 1242, the first known instance in which they joined that body.[69] He wrongly assumed, it seems, that this had also been common practice earlier and, therefore, referred to them in the rubric he composed for B. In short, neither the sentence preceding the assise nor the rubric provide any information enabling the assise's dating.

We have concluded above that the assise deals with the exercise of royal authority over minorities in Acre, a different and far broader issue than the commercial taxation treated in the tariff. It is clear, therefore, that the assise did not originally belong to the tariff and did not appear in its model. Why, then, did the compiler insert the assise in its midst and why at the location at which it appears? The answer to both questions, it seems, is the language and subject matter common to the assise and to the four following clauses, B1–4. They all use "en aval" and mention or imply "en amont" with respect to the *fonde*, and all are concerned with minorities under Frankish rule, whether in Acre itself or in its diocese. Furthermore, in addition to "Suriens" both B1 and B4 mention "Grifons" or Greeks, who also appear in the assise. This raises the question whether or not B1–4 were included in the model of the tariff. To be sure, the linguistic features just mentioned are particular to them and do not appear in any other clause. Moreover, B1–4 also differ from B5–6, which deal with non-Franks under Muslim rule and, therefore, these six clauses cannot be considered as forming a single group, as commonly assumed.[70] Yet, judging by their formulation, B1, B2 and B4 clearly belong to the same cluster as the other provisions of B, which all begin with the name of the commodity followed by "si comande la raizon." In view of its linguistic affinity with these three clauses, B3 must have also appeared in the model of the tariff, although it retains the direct formulation of an assise and has not been rephrased. In short, language and subject matter presumably misled the compiler to believe that the assise dealt with the same issue as B1–4. In any event, it induced him to reproduce it in a preamble which he located just before these provisions.

---

[67] See n. 5 above.

[68] Prawer, *Crusader Institutions*, pp. 366–67.

[69] D. Jacoby, "The Kingdom of Jerusalem and the Collapse of Hohenstaufen Power in the Levant," *DOP* 40 (1986), 97–100, reprinted in idem, *Studies*, no. III. Our assise cannot be ascribed to that period, since there was no ruler in the kingdom at that time. See below for a new dating.

[70] See n. 4 above, and interpretation of B5 below.

A few clauses of the tariff offer important chronological clues. Two of them included in the first cluster mentioned earlier were undoubtedly enacted before 1187. The transportation of flax from Egypt to Syria via Acre (A20) fits the period in which Acre fulfilled an important function as transit station linking maritime and overland transportation between the two countries, despite the caravans passing through Frankish territory.[71] Incidentally, a tale included in *The Thousand and One Nights* which appears to reflect an authentic story records the activity of an Egyptian who in 1184 rented a shop in Acre to sell his flax, since it fetched better prices there than in his own country.[72] The establishment of territorial continuity between Egypt and Syria achieved by Saladin in 1187 clearly reduced Acre's role as intermediary in that context, though maritime transport linking up with overland trade surely continued to some extent.[73] Another clause dealing with Muslim and Syrian merchants "who come with merchandise into the territory of the kingdom" (A12) similarly belongs to the period before 1187.[74] Its reference to the kingdom suggests that the Frankish-Muslim border was quite distant from Acre, in contrast to the situation implied by B3, which refers to the kingdom as "nostre seignorie, ce est el dioseze de l'evesque d'Acre." This last definition conveys the limited extent of Frankish territory around Acre as existing since the recovery of the city in 1191 until 1229, when Emperor Frederick II obtained western Galilee for the Franks.[75] Indeed, B3 may be securely ascribed to that period and, more precisely, to the days of Henry of Champagne, who never bore the royal title and referred to the kingdom as "nostre seignorie" during his reign, which extended from 1192 to 1197.[76]

There are additional provisions pointing to the proximity of the Frankish-Muslim border to Acre. One of them mentions "kasaus des Sarasins" (B39) exporting cheese to Acre, while two others deal with "vileins Sarasins" purchasing respectively salt and earthenware there (B5 and B6). The use of

[71] Ibn Jubayr, *Travels*, pp. 301, 318, mentions such caravans in 1184 and stresses the importance of Acre as a meeting place for land and maritime trade, as well as for Muslims and Christians.

[72] See Robert Irwin, "The Image of the Byzantine and the Frank in Arab Popular Literature of the Late Middle Ages," *Mediterranean Historical Review* 4 (1989), 232–33.

[73] Cahen, "Coutumes," p. 290, argues that the provision became obsolete, yet there is evidence for the continuation of combined maritime and land transportation via Acre.

[74] For its interpretation, see above p. 280.

[75] Runciman, *Crusades* 3:186–87.

[76] Prawer, "Etablissement," pp. 341–43. This dating reinforces the argument that the perspective of the legislators using "en amont" and "en aval" was urban (see above pp. 287–12), since Acre was then the seat of the royal court.

"Sarasins" in their context should not be taken literally.[77] It is unlikely that only Muslims brought cheese to Acre or purchased certain goods in the city, or that Muslim villeins should have been taxed and Christian not, or still that members of the two groups should have been taxed differently when trading in the same commodities. We may safely assume, therefore, that in the three clauses just adduced villages and farmers were labelled "Sarasins" because they lived under Muslim rule, regardless of whether they were Syrian or Muslim.[78] This interpretation is supported by the existence of both Muslim and Oriental Christian villages around Frankish Acre, although the former were the majority.[79] Their proximity to Acre enabled the inhabitants to market their produce and to provision themselves in the city on a regular basis. It follows that B5, B6 and B39 should also be dated between 1191 and 1229.

Our investigation offers new insights into the administrative, economic and social history of Acre, with some wider implications regarding the Kingdom of Jerusalem. At least until 1187 the operation of the *fonde*, located next to the gate of St Nicholas, displayed a large measure of continuity with respect to the Fatimid period in the supervision of Acre's land trade. This continuity is illustrated by the farming of its taxes, the inclusion of Oriental Christians in its staff, the use of Arabic, administrative practices and customs rates. The tariff does not mention the full range of commodities passing through the *fonde*, but apparently only those for which tax rates were newly enacted or adapted. It seems to reflect the chronological sequence in which its provisions accumulated over time since the crusader conquest, whether individually or in groups.

The features shared by B3 with B1, B2 and B4 suggest that all these four provisions were enacted at the same time or within a short period, thus during the reign of Henry of Champagne. In view of their position in the midst of the tariff, we may ascribe all the preceding clauses included in A to the first period of Frankish rule over Acre, which ended in 1187, while those of B should be dated after 1191. This rough chronological division may be refined by some internal evidence in the cluster A1–A35, which presumably belongs to the first half of the twelfth century, as well as in group B1–B40, which should be attributed to the

[77] As in Richard, "Colonies," p. 332, n. 14, who relies on Ibn Jubayr to argue that these clauses refer to Muslims under Frankish rule. However, Ibn Jubayr (*Travels*, pp. 316–17) was only interested in Muslims along the way he travelled and therefore is not entirely trustworthy. On similar features elsewhere in his account, see Claude Cahen, "Indigènes et croisés: Quelques mots à propos d'un médecin d'Amaury et de Saladin," *Syria* 15 (1934), 356–57, reprinted in idem, *Turcobyzantina et Oriens Christianus* (London, 1974).

[78] By contrast, villeins residing on Frankish territory are mentioned as "vilans qui sont manans en nostre seignorie" (B3), similarly without any differentiation between Oriental Christians and Muslims.

[79] Ronnie Ellenblum, *Frankish Rural Settlement in the Latin Kingdom of Jerusalem* (Cambridge, 1998), pp. 232–33, 274–75, 282–83.

period extending from 1191 to 1229.[80] It is impossible to determine the time lag between the different clusters of clauses. In any event, the compiler of the *Livre* who apparently worked in the 1250s rightly referred to all the provisions of the tariff as "droitures ancienes."[81] Finally, our scrutiny of the assise reproduced in the preamble of B reveals that its enactment did not impose any residential restrictions on the non-Franks of Acre, but was aimed at preserving royal authority over them. Although of different origin, B1–B4 and the assise have particular linguistic features in common, which seem to imply that all of them have been formulated around the same time, during the reign of Henry of Champagne.

---

[80] See above. Prawer ("Etablissement," pp. 345–46) assumed that the export of wine from Acre to Nazareth (B30) was related to the absence of vineyards around that city when it was in Muslim hands and, therefore, should be dated to 1220–29. Richard ("Colonies," p. 332) retained this dating despite some reservations. However, since that clause also mentions Casal Imbert and Haifa, continuously in Frankish hands since 1191, it does not provide any chronological clue. It may nevertheless be dated after 1191, since it appears in B.

[81] Some provisions of the tariff may have been enacted after 1229, yet there is no internal evidence suggesting such a dating.

Bohémond et les chrétiens à Damas sous l'occupation mongole

Dominique Sourdel

On sait que l'occupation de la cité syrienne de Damas par les troupes mongoles, entre mars et septembre 1260, se traduisit par des troubles divers. On les a toujours attribués au fait que les chrétiens indigènes, sitôt l'arrivée des nouveaux occupants, s'étaient enflammés contre les musulmans de la ville, dont ils subissaient la domination depuis plusieurs siècles. Aussi bien le général mongol Kitbugha, qui prit possession de l'ancienne capitale ayyoubide le 2 mars après avoir accordé à la population une promesse de sauvegarde, était-il chrétien et fit-il son entrée solennelle accompagné de son allié le prince d'Arménie Haïthoum, ainsi que du gendre de ce dernier, Bohémond d'Antioche. L'arrivée de ce général chrétien et de deux princes chrétiens avait engendré des manifestations diverses dues à l'initiative de ces nouveaux maîtres du pays, mais imputables également au ressentiment des membres de la communauté chrétienne qui s'étaient vu encouragés à faire subir aux musulmans une série d'avanies.

C'est sans doute René Grousset qui, dans son *Histoire des Croisades*,[1] exposa le premier, dans une courte page, cette situation et évoqua les quelques faits qui lui semblaient marquants. Se fondant sur plusieurs sources dont il ne donne pas toujours les références, il parle d'abord des processions que conduisirent les chrétiens en forçant les musulmans à se lever devant la croix ; puis il indique que ces mêmes chrétiens "firent sonner les cloches et introduisirent du vin dans la mosquée des Omeyyades."[2] Les informations ainsi utilisées remontaient, la première au récit d'un auteur musulman du XVe siècle, al-Maqrīzi,[3] la seconde à la relation d'un auteur syrien plus ancien, cet émir Abū l-Fidā' qui fut seigneur de Hama en Syrie, où il mourut en 1331, et dont l'histoire a été en partie éditée et traduite dans le *Recueil des Historiens des Croisades.*[4] Grousset complétait ces renseignements par une relation qu'avait donnée un chroniqueur occidental appelé le Templier de Tyr. Ce dernier nous rapporte que le prince d'Arménie et le prince

---

1 *Histoire des Croisades,* 3 vol. (Paris, 1934–36), 3:589.

2 l.c. On se demande toutefois pourquoi un peu plus loin, en faisant allusion aux mêmes faits, il parle de "certaines mosquées de Damas" alors que l'auteur musulman qu'il cite ne parle que de la "grande mosquée." Dans l'*Epopée des Croisades* (Paris, 1939) (rééd. 1958), p. 257, il déclare que Bohémond "contribua, avec Kitbouga, à faire transformer en églises plusieurs mosquées de Damas."

3 *Histoire des sultans mamelouks d'Egypte*, écrite par Taki-eddin-Ahmed-Makrizi, ed. Etienne Quatremère (Paris, 1837), 1:97–98.

4 *RHC Or* 1:143. Grousset traduit "mosquée des Omeyyades," mais le texte arabe porte *al-jāmi*, "la grande-mosquée." Sur l'auteur voir *Encyclopédie de l'Islam*, 2e éd., art. "Abū l-Fidā'."

d'Antioche avaient prêté main forte au mongol Kitbugha pour l'aider à prendre possession de Damas où ils furent d'ailleurs bien accueillis par la population. Il ajoute que le prince d'Antioche, pour humilier les musulmans, fit encenser une belle église qui, au temps des Grecs — c'est-à-dire des Byzantins — avait appartenu aux chrétiens et dans laquelle les musulmans adoraient Mahomet. Le prince y fit en outre "chanter la messe des Francs et sonner les cloches." De plus il transforma en écuries des mosquées[5] et y fit répandre du vin et des morceaux de viande de porc, tandis que les chrétiens de la ville s'empressaient de suivre cet exemple.[6]

Ce texte, reproduit par Grousset, paraît difficile à contester mais a donné lieu à des interprétations diverses. Grousset hésitait à accepter la réalité des faits rapportés et à identifier la mosquée en question. Il écrit en effet :

> Qu'il s'agisse là d'un simple outrage aux interdictions musulmanes ou de la célébration de la messe dans certaines mosquées de Damas en une alternance de cultes tout à fait conforme à la tolérance mongole, la révolte des chrétiens indigènes n'est pas moins évidente.

La plupart des autres historiens admettent cependant que l'église en question ne pouvait être que la grande mosquée de Damas, l'ancienne cathédrale Saint-Jean de l'époque byzantine, que les musulmans avaient jadis transformée en grande-mosquée peu après la conquête de la Syrie.[7] C'est ce que relate Jean Richard, après bien d'autres.[8] Seul Joshua Prawer se contente de mentionner, sans l'identifier, "une mosquée qui avait servi d'église au temps des Byzantins"[9] ; mais le même auteur attribue à Bohémond une restauration du rite latin, qui n'était pas répandu alors en Orient chez les chrétiens autochtones.

Que penser de ces interprétations ? Il ne paraît pas douteux qu'une messe, au moins, fut célébrée dans l'enceinte de la grande mosquée et cela dans le rite latin qui était celui pratiqué par les Francs. En revanche il semble peu probable que ces célébrations se soient poursuivies après le séjour de Bohémond, qui dut être bref :

---

[5] Il ne peut s'agir de toutes les mosquées, car il existait à Damas, au XIIIe siècle, plus de deux cents oratoires ou mosquées à l'intérieur de la ville : voir S. Dahan, *La description de Damas d'Ibn Shaddād*, éd. critique (Damas, 1956), pp. 132–56.

[6] *Les Gestes des Chiprois* dans *RHC Arm* 2:751.

[7] Jean Sauvaget, *Les monuments historiques de Damas (*Beyrouth, 1932), pp. 12–38 ; Nikita Elisséeff, *La description de Damas d'Ibn ʿAsākir* (Damas, 1959), p. 223 n° 10.

[8] Jean Richard, *Histoire des Croisades* (Paris, 1996), p. 423. Même affirmation chez Claude Cahen, *La Syrie du Nord à l'époque des Croisades* (Paris, 1940), p. 707, suivi par Hans E. Mayer, *The Crusades*, trad. angl. (Oxford, 1972 [1965]), p. 265, et R.Stephen Humphreys, *From Saladin to the Mongols* (New York, 1977), p. 339. Une autre église avait été transformée en mosquée, mais ce n'était pas une "grande mosquée" (Elisséeff, *La description de Damas*, p. 224 n° 14) et le témoignage d'Abū l-Fida' est à ce sujet formel (voir *supra*, n. 4).

[9] Joshua Prawer, *Histoire du Royaume latin de Jérusalem*, 2e éd. (Paris, 1975), 2 :426, suivi par Michel Balard, *Les Croisades* (Paris, 1988), p. 150 (Bohémond "s'en va restaurer le culte latin dans une mosquée de Damas.")

employer à ce propos les termes de "mosquée convertie en église" et de "restauration du rite latin" paraît dès lors excessif. L'évocation des révoltes des chrétiens qui s'ensuivirent, ainsi que les réactions des musulmans à leur égard, demeure en fait confuse. Grousset rapporte que les musulmans protestèrent auprès des nouvelles autorités de la ville, en vain, car celles-ci protégeaient les chrétiens et fréquentaient leurs églises. Le fait est vraisemblable car on peut se fier au témoignage de l'auteur musulman mentionné, qui n'est autre qu'al-Maqrīzi.[10] En revanche la date assignée par al-Maqrīzi aux démarches des musulmans n'est pas sans poser quelque problème car, d'après lui, les manifestations chrétiennes auraient eu lieu, non pas après l'entrée du général Kitbugha en mars mais en ramadan, juste quelques jours avant la défaite de ʿAyn Jālūt et la débâcle des troupes mongoles au début de septembre.

Pour éclaircir la question d'autres sources arabes existent heureusement, qui fournissent des informations plus précises touchant l'histoire de Damas à cette époque et, parmi elles, le texte d'un auteur musulman, le chroniqueur Ibn Kathīr qui mourut en 1373 à Damas, où il séjournait depuis 1306. Ce texte vient d'être examiné avec attention dans une étude récente par L. Pouzet,[11] lequel reconstitue la trame des événements survenus à Damas entre mars et septembre 1260 en se fondant sur le récit d'Ibn Kathīr et en le complétant parfois par celui d'un historien encore antérieur, Abū Shāma qui lui, mourut en 1268 et fut donc témoin des faits.

Or, chez ces deux auteurs anciens et dignes de foi aucune allusion n'apparaît à ce qui se serait passé lors de l'entrée à Damas de Kitbugha, mais des précisions figurent en revanche sur l'utilisation que l'on faisait alors de la grande mosquée. Dans cet édifice aurait été lu par exemple, en mai, après l'évacuation de la citadelle, un firman nommant le nouveau cadi de la Syrie méridionale. On sait encore que les musulmans y auraient célébré à la fin mai la mémoire[12] du cadi Sadr al-dīn, mort peu après la Prière du vendredi 22 mai à Baalbek.

Autant de témoignages qui suffisent à confirmer que la grande mosquée n'avait pas été "convertie" en église. De plus, le même texte d'Ibn Kathīr confirme l'ambiance d'affrontements populaires qui régnait à ce moment et qui n'aurait pu se concilier avec l'hypothèse d'une alternance de cultes dans la grande mosquée, avancée par Grousset. On y découvre en effet, grâce à une relation détaillée, comment le 31 août, soit quelques jours seulement avant la bataille de ʿAyn Jālūt le 3 septembre, les chrétiens avaient organisé une grande manifestation "de puissance chrétienne" selon les termes employés par L. Pouzet.[13]

---

10 al-Maqrīzi, *Histoire*, p. 98.

11 L. Pouzet, *Damas au VIIe/XIIIe siècle. Vie et structure religieuses dans une métropole islamique* (Beyrouth, 1988), pp. 329–31 et 450–53 (chronologie détaillée des événements de l'année 658/1260).

12 Ibid., p. 451.

13 Ibid., pp. 329–30. Prawer (*Histoire*, p. 427) fait, lui, allusion à cette manifestation d'après al-Maqrīzi qui la situe au mois de ramadan, soit à la fin du mois d'août.

Aux cris de : "Enfin s'est manifestée (*zahara*) la religion véritable, celle du Christ" la procession s'ébranla, croix en tête, de Bāb Tūmā[14] en direction de l'église Sainte-Marie, et, par le fait même, du quartier musulman à l'ouest de la vieille ville. Puis la procession se heurta à la foule des musulmans qui l'empêcha d'approcher de la grande-mosquée et elle dut se rendre à l'église près de laquelle un prédicateur chantait les louanges de la religion chrétienne.[15]

Si l'on peut se demander ce qui avait pu conduire les chrétiens à organiser une telle manifestation, dont le but n'apparaît pas clairement, l'explication se trouve dans un petit ouvrage, connu de L. Pouzet, qui n'a pourtant pas jugé nécessaire d'en exploiter les données. Ce pamphlet, écrit par un contemporain fonctionnaire de l'administration syro-égyptienne et mort en 1312, Ibn al-Wāsiti,[16] était dirigé contre les chrétiens. Il nous apprend que, après l'occupation de Damas par les Mongols, une délégation de notables chrétiens s'était rendue auprès du Khan Hülägü qui se trouvait alors à Tabriz, en Iran. Elle était conduite par un certain Abū l-Faḍā'il, qui n'était autre que le neveu d'al-Makīn ibn al-ʿAmīd, auteur d'une importante chronique des Ayyoubides.[17] Or les membres de cette délégation, revenus précisément à Damas au mois d'août, peu avant la bataille de ʿAyn Jālūt, étaient porteurs de deux firmans de Hülägü, qui furent lus, selon l'usage, à l'Hippodrome vert. Le premier de ces firmans stipulait que toute communauté confessionnelle (*ṭā'ifa*), qu'il s'agisse des chrétiens, des juifs, des zoroastriens, des adorateurs du soleil ou des adorateurs d'idoles (*asnām*), pouvait proclamer publiquement (*azhara*)[18] sa religion, sans que les musulmans pussent l'en blâmer ni lui porter contradiction oralement ni s'opposer à elle par la violence (*bi-yad*), sous peine de condamnation à mort.

Le second firman frappait d'une taxe importante les biens de main morte (*waqf*) dévolus aux sanctuaires musulmans.[19]

---

[14] Bāb Tūmā, la "Porte de Thomas," est une porte située à l'est de la ville, porte à l'intérieur de laquelle se trouvait le quartier chrétien.

[15] Pouzet, *Damas*, p. 330.

[16] Le *Kitāb al-radd ʿalā ahl al-dhimma* est signalé par L. Pouzet, ainsi que par Anne-Marie Eddé, *La principauté ayyoubide d'Alep*, thèse soutenue à Paris–IV Sorbonne en 1995 (Stuttgart, 1999). Ibn al-Wâsiti fait l'objet d'une notice dans *Ibn as-Suqaʿi, Talī Kitāb wafayāt al-aʿyān*, éd. trad. J. Sublet (Damas, 1974), pp. 153–54.

[17] Al-Makīn ibn al-ʿAmīd, *Chronique des Ayyoubides*, trad. Anne-Marie Eddé et Françoise Micheau (Paris, 1994).

[18] Le verbe *azhara* peut recevoir deux sens attestés dans le Coran : "faire prévaloir" (dans le verset 9, 33) et "informer, faire prévaloir" (versets 40, 39 et 66, 3). C'est sans doute en s'appuyant sur les premiers versets que Quatremère traduit *zahara* (à la 1ère forme) par "triomphe," traduction qui paraît excessive. En s'appuyant sur les autres exemples Pouzet traduit par "est manifestée," qui semble plus correcte. Entendons par là une "prédication publique."

[19] L'ouvrage d'Ibn al-Wāsiti a été publié en arabe et traduit en anglais par R. Gottheil dans *Journal of the American Oriental Society* 41 (1921), 407 s.. Le passage mentionné se trouve p. 443.

Ce fut sans aucun doute la lecture du premier de ces firmans qui incita les chrétiens, peut-être sur l'initiative d'Abū l-Faḍā'il, à se répandre dans la ville en direction, semble-t-il, de la grande-mosquée où ils auraient souhaité "proclamer leur religion," comme le fit un prédicateur près de l'église Sainte-Marie. Les décisions ainsi rendues publiques donnaient en effet aux chrétiens, non pas la liberté de culte qu'ils possédaient déjà à condition d'utiliser exclusivement les églises qui leur avaient été concédées en vertu du pacte de *dhimma*,[20] mais le droit de prêcher publiquement leur foi, donc de faire du prosélytisme, ce qui leur était auparavant interdit. Les mêmes droits étaient accordés aux adeptes des autres religions, y compris aux païens, ceci parce que certains Mongols avaient conservé leur religion primitive.

Le développement d'une manifestation chrétienne semblable entraîna ensuite des réactions violentes auxquelles se livrèrent les musulmans après le départ des troupes mongoles, c'est-à-dire dès le début du mois de septembre. Ces réactions, qui se traduisirent notamment par la destruction de l'église Sainte-Marie,[21] entendaient sanctionner aussi les actions qui avaient accompagné l'arrivée des Mongols, car, selon Abū l-Fidā', les habitants de Damas "s'en prirent aux chrétiens qui avaient triomphé des musulmans en faisant sonner les cloches et en introduisant du vin dans la grande-mosquée."[22] Dans l'ensemble, la liberté dont les chrétiens avaient cru bénéficier tourna donc à une dégradation des relations qu'ils pouvaient entretenir jusque là avec les musulmans.

Ainsi est-il possible d'éclairer, par un méthodique examen des sources orientales, l'évolution que connurent dans la ville de Damas, pendant six mois d'occupation mongole, les rapports entre chrétiens locaux et musulmans. Ces rapports se tendirent certes dès le début de la période, mais les premières vexations qui furent infligées aux musulmans par le général mongol et ses alliés chrétiens n'eurent guère de conséquences : il n'y eut alors, semble-t-il, ni lieux de culte rendus aux chrétiens ni autres avantages transformant pour eux le statut d'infériorité qui leur avait été imposé depuis la conquête de Damas au VIIe siècle. Ce fut un peu plus tard qu'une décision légale prise par le lointain Grand Khan — en réponse à une requête que des damascains lui avaient adressée directement — contribua à enflammer les esprits en faisant espérer à des *dhimmi* jusque là interdits de prosélytisme, la possibilité d'affirmer leur foi au grand jour. Alors seulement se déclencha, juste après le retour de la délégation envoyée à Tabriz, mais en fait peu avant le retrait des Mongols, la grande manifestation qui fit sortir les chrétiens de leur quartier de Bāb Tūmā et dont l'organisation à cette date ne pouvait avoir en fait pour eux que des conséquences fâcheuses.

---

[20] Elisséeff, *La description de Damas*, pp. 218–20.

[21] Pouzet, *Damas*, p. 331, d'après Ibn Kathīr, et al-Makīn ibn al-'Amīd, *Chronique*, p. 120, ainsi qu'Abū l-Fidā', *op. cit.* Rappelons que les chrétiens ne disposaient à l'époque que de deux églises sur les onze qu'ils détenaient encore après la conquête : J.-M. Mouton, *Damas et sa principauté* (Le Caire, 1994), p. 346.

[22] Voir *supra*, n. 3.

Les pèlerins occidentaux du moyen âge tardif au retour de la Terre sainte : confréries du Saint-Sépulcre et paumiers parisiens

Béatrice Dansette

Les confréries d'anciens pèlerins de la Terre sainte, les paumiers tant célébrés par Dante,[1] semblent poser un problème de sources, car les très nombreux travaux consacrés à ce sujet depuis une vingtaine d'années n'en parlent guère,[2] à notre connaissance, y compris les plus récents.[3] Or, deux confréries du Saint-Sépulcre, fondées à Paris au début du quatorzième siècle, rassemblaient d'anciens "pèlerins-palmiers," et leur naissance nous paraît être en relation avec le renouveau des pèlerinages occidentaux à Jérusalem au Moyen âge tardif.

Les sources qui m'ont incitée à leur étude sont constituées de cent quarante-cinq chartes conservées aux Archives Nationales, classées sous la rubrique "collégiale du Saint-Sépulcre 1317–1759."[4] Elles concernent essentiellement le fonctionnement d'une confrérie rue Saint-Denis, celle des "confrères-paumiers et conseillers de l'église, l'hôpital et confrairie du Saint-Sépulcre de Jérusalem fondés en la grande rue Saint-Denis."[5]

Par ailleurs, le grand couvent des Cordeliers de Paris abritait en son église une chapelle du Saint-Sépulcre, siège d'une deuxième confrérie fondée à la même époque, au début du XIVe siècle, et rassemblant à son tour d'anciens pèlerins à Jérusalem, comme l'attestent certains actes également conservés aux Archives Nationales.[6]

Jusqu'à ce jour, ces chartes ne nous semblent pas avoir fait l'objet d'une publication d'ensemble et, étant donné leur nombre, nous n'en avons pas terminé l'étude, aussi nos conclusions ne seront-elles que partielles.

---

[1] Dante, *Oeuvres complètes*, traduction et commentaires par André Pézard, Bibliothèque de la Pléiade (Paris, 1988), p. 79.

[2] La bibliographie étant très abondante, citons seulement : Gilles Gérard Meersseman, *Ordo fraternitatis : confraternite e pietà dei laici nel medioèvo* (Rome, 1977), *Le Mouvement confraternel au Moyen Age : France, Italie, Suisse* (Rome, 1987), Jacques Chiffoleau, *La comptabilité de l'au-delà : les hommes, la mort, et la religion dans la région d'Avignon à la fin du Moyen Age* (Rome, 1980), pp. 266–86.

[3] Catherine Vincent, *Les confréries médiévales dans le royaume de France, XIIIe–XVe siècle* (Paris, 1994).

[4] AN, Séries L606, L608, L611, L588 A.

[5] AN, L611 pièce 42.

[6] AN, L941.

En revanche, elles n'étaient pas inconnues d'un auteur du début du siècle, le Comte Couret, qui les utilisa pour son ouvrage consacré à *L'Ordre du Saint-Sépulcre de Jérusalem*,[7] mais une grande partie de ces chartes ne semble pas avoir retenu son attention, et de plus, il étaye souvent certaines de ses hypothèses à l'aide d'actes postérieurs au Moyen Âge.[8] Cependant, son étude reste précieuse pour poursuivre des recherches sur ces confréries, en particulier sur leurs relations avec le Grand couvent des Cordeliers de Paris.[9]

L'existence de deux confréries parisiennes, dites toutes deux "du Saint-Sépulcre," est donc confirmée par plusieurs séries de chartes ; mais les plus nombreuses ont trait à l'organisation de la confrérie de la rue Saint-Denis, à ses membres, ses biens et ses cérémonies. Toutes deux rassemblaient des paumiers, mais reste à savoir dans quelles proportions, et quelle fut leur influence sur la formation de ces mouvements confraternels comme sur leur fonctionnement. Ces questions se posent d'autant plus que la naissance de ces deux confréries parisiennes coïncide très précisément avec le renouveau des pèlerinages en Terre sainte, ce dont témoignent les récits des pèlerins d'Outre-Mer[10] qui, par leur nombre, s'opposent à la rareté des textes relatant les pèlerinages de Rome ou de Compostelle, ainsi que l'a souligné le professeur Jean Richard.

On peut donc, à travers une nouvelle lecture de ces actes, reconstituer en partie l'histoire de ces deux confréries au bas Moyen âge, puis retrouver les éléments constitutifs de ce que Catherine Vincent[11] appelle "un schéma type" de confrérie. Il resterait à apprécier leur influence dans la ville à une époque où précisément la famille confraternelle prend "une ampleur considérable"[12] à Paris,[13] comme dans le reste de l'Europe.

---

[7] Comte Couret, *Notice historique sur l'Ordre du Saint-Sépulcre de Jérusalem depuis son origine jusqu'à nos jours, 1099–1905* (Paris, 1905), pp. 390–430.

[8] En particulier : AN, T 1489 (1–2) – 1492.

[9] Laure Beaumont-Maillet, *Le grand couvent des Cordeliers de Paris* (Paris 1975).

[10] Jean Richard, "Les relations de pèlerinages au Moyen Age et les motivations de leurs auteurs," dans *Wallfahrt kennt keine Grenzen* (Munich, 1984), p. 144.

[11] Vincent, *Les confréries*, p. 10.

[12] André Vauchez in *Le Moyen Age et la Bible,* sous la direction de Pierre Riché et Guy Lobrichon (Paris, 1984), p. 581.

[13] *Journal d'un bourgeois de Paris*, texte original et intégral présenté et annoté par Colette Beaune (Paris, 1990), p. 406.

Naissance de deux confreriés du Saint-Sépulcre à Paris au XIVe siécle :

La confrérie, l'église et l'hôpital du Saint-Sépulcre en la grande rue Saint-Denis.

Plusieurs des anciennes *Histoire de Paris*[14] affirment que la confrérie de la "*grand rue Saint-Denis*" fut fondée en 1325 par Louis, alors comte de Clermont, futur duc de Bourbon. Si la réalité est plus complexe que ne le disent des auteurs attachés à valoriser les actes de la famille royale en faveur de la Terre sainte, le nom de Louis de Bourbon est indéniablement attaché dès les années 1325 à cette fondation, comme en attestent plusieurs actes royaux.

Or, nous n'avons pas trouvé dans le Registre du Trésor des chartes, dans l'inventaire analytique[15] consacré aux actes de Charles IV et Philippe VI, la lettre de Philippe VI, en date du 6 janvier 1329, autorisant la naissance de la confrérie du Saint-Sépulcre rue Saint-Denis, et dont la copie vidimée se trouve dans notre fonds.[16]

Par ailleurs, d'autres actes nous apprennent que la confrérie avait pour siège une "église du Saint-Sépulcre" dont la première pierre, *ibidem principalem lapidem ponet*, avait été posée le 18 mai 1326 en présence de Louis de Clermont, de l'évêque de Paris, Hugues, et d'un grand nombre de personnes de la famille royale dont Isabelle de France, alors reine d'Angleterre.[17] L'esprit du temps est alors toujours au *Passage général* et, que de nombreux nobles comme Louis de Clermont, futur duc de Bourbon, concernés par les projets de croisade, encouragent aussi le mouvement pacifique des pèlerinages occidentaux aux Lieux saints, est compréhensible. Philippe VI avait envisagé de lui confier une escadre en 1318–19. En fait, jusqu'en 1331, date à laquelle le roi de France reprit la croix,[18] Louis de Bourbon fut au cœur des projets de croisade, élaborés dans l'entourage de Jean XXII, particulièrement au moment du mariage de sa fille, Marie, avec un Guy de Lusignan, en 1330.[19] L'ambiguïté entre pèlerin et croisé se lève lentement au XIVe siècle.

Ainsi, la confrérie de la rue Saint-Denis a bénéficié d'un haut patronage. Nos sources démontrent qu'elle fut, avant tout, un mouvement initié et développé par les bourgeois de Paris, dont les membres les plus actifs voient leurs noms cités dès les années 1329,[20] tels Jehan Moulin, Hugues le grand, son frère Pierre bon enfant,

[14] Henry Sauval, *Histoire et Recherches des Antiquités de la Ville de Paris* (Paris, 1733), t. 1, livre 4, p. 496, et Dom Jacques Du Breul, *Théâtre des Antiquités de Paris* (Paris, 1621), pp. 528–49.

[15] *Registre du Trésor des Chartes*, T. III, série JJ 65–6, Inventaire analytique par J. Viard, revu par A. Vallée (Paris, 1978).

[16] AN, L611, pièce 13.

[17] AN, L611, pièce 7.

[18] Jean Richard, *Histoire des Croisades* (Paris, 1996), p. 485.

[19] Weyprecht H. Rüdt de Collenberg, "Les Lusignans de Chypre," *Epeteris* 10 (1979–80), 117–248.

[20] AN, L611, pièce 17 ; L606 pièce 4 ; et L588, A, pièce 2.

Jacques Regnart ou bien encore Guillaume Potin, marchand et bourgeois de Paris, tous confrères et conseillers de la confrérie.

Ainsi, à partir des années 1330 existent et s'organisent non seulement une confrérie et une église du Saint-Sépulcre à la hauteur des numéros 64/66 de la rue Saint-Denis, en contrebas de l'église Saint-Leu Saint-Gilles, mais également un hôpital géré par les confrères du Saint-Sépulcre, qui se trouvait dans une maison voisine de l'église. L'ensemble fut démoli à la Révolution.

Une autre confrérie du Saint-Sépulcre, au grand couvent des Cordeliers, illustre elle aussi la vigueur du mouvement confraternel à Paris et la place qu'y tenaient les pèlerins de Terre sainte.

La confrérie du Saint-Sépulcre sise au grand couvent des Cordeliers de Paris.

Les sources contemporaines de la fondation de cette deuxième confrérie ont disparu car les archives du couvent franciscain de Paris ont brûlé en 1580. On ne peut donc se fier, pour les deux derniers siècles du Moyen Age, qu'à très peu de documents d'époque, comme une bulle d'Eugène IV de 1435 confirmant les statuts de la confrérie renouvelés l'année précédente,[21] et se reporter à des sources plus tardives.[22]

L'existence de cette confrérie ne fait cependant pas de doute ; dans la chapelle du Saint-Sépulcre, selon Henry Sauval, un pilier portait la date de sa dédicace,[23] mais il ne nous dit malheureusement pas laquelle. L'un des membres de la confrérie, Nicolas Bénard, ancien pèlerin et confrère du Saint-Sépulcre en 1573, ainsi que les anciens historiens de la ville de Paris affirment que l'origine de cette confrérie remonte à Saint Louis : faute de sources contemporaines qui en apporteraient la preuve cette affirmation, outre la recherche d'un prestigieux patronage, nous semble tenir au fait que l'église des Franciscains érigée rue des Cordeliers, l'actuelle rue de l'école de Médecine, fut achevée avec la protection royale. Cette confrérie, à la différence de celle de la rue Saint-Denis, était relativement pauvre. Par ailleurs, elle se divisait en deux sections : celle des confrères voyageurs ou "Palmiers," dont certains étaient chevaliers du Saint-Sépulcre, et celle des confrères de dévotion qui n'avaient pas accompli le voyage à Jérusalem. A partir du XVIIe siècle cette confrérie se confond avec l'Archiconfrérie Royale des chevaliers-palmiers, voyageurs et confrères de dévotion du Saint-Sépulcre de Notre-Seigneur Jésus-Christ en Jérusalem.[24] Ce sont donc des sources plus tardives qui confirment l'existence de cette confrérie, mais peut-être en trouverait-on la trace dans des archives franciscaines concernant les pèlerins de Terre sainte.

---

21 Du Breul, *Théâtre* 3:403.

22 *Le Voyage de Jérusalem et autres lieux de la Terre Sainte, fait par le sire Bénard, parisien, chevalier de l'ordre du Saint-Sépulcre de Notre Seigneur Jésus-Christ* (Paris, 1621) ; et Du Breul, *Théâtre*, ou encore Sauval, *Histoire et Recherches*.

23 Sauval, *Histoire et Recherches* 1:448.

24 AN, série T1489, pièce 1 et AN, L941, pièce 2.

Ainsi, deux confréries, qui nécessiteraient de plus amples développements, coexistèrent effectivement à Paris dès le XIVe siècle, et ce jusqu'à la Révolution française ; mais celle de la rue Saint-Denis nous est beaucoup mieux connue pour le Moyen âge tardif grâce au fonds des Archives nationales, car on y trouve mention de nombreux éléments constitutifs d'une institution confraternelle : le compte-rendu de l'assemblée annuelle de la confrérie dans l'église, la gestion de ses biens, les fondations de chapelles, de messes, de canonicats, sa fête annuelle, la gestion de l'hôpital, mais aussi ses différends avec les chanoines de Saint-Merry ou avec l'évêque de Paris.[25]

La confrérie du Saint-Sépulcre de la rue Saint-Denis : une des nombreuses confréries de la ville aux cent clochers

Une confrérie de dévotion animée par des paumiers

L'organisation de cette confrérie du Saint-Sépulcre correspond bien, nous semble-t-il, à ce schéma type de confrérie évoqué précédemment. Il convient en premier lieu de s'interroger sur "sa raison sociale."

Elle était tout d'abord la mémoire vivante d'un lieu saint pour de nombreux parisiens et en particulier pour des pèlerins qui, à leur retour de Jérusalem, entretenaient à travers elle leur dévotion envers le Saint Tombeau du Christ. L'un des objectifs des membres de cette confrérie était donc de propager cette dévotion, caractéristique de la piété des contemporains, et que ne pouvaient manquer de renforcer la présence de "confrères-paulmiers."[26] La popularité de cette confrérie, très structurée et dynamique durant les deux derniers siècles du Moyen Age, semble attestée par l'importance de ses biens propres, renouvelés par des dons et legs, par sa participation à la vie religieuse et socio-culturelle de son quartier, enfin par sa gestion de l'hôpital du Saint-Sépulcre. Les hommes, l'église et les pratiques de dévotion comme ses buts font de cette institution confraternelle à la fois une confrérie de dévotion et une confrérie d'anciens pèlerins à Jérusalem. Malheureusement, nous n'avons pas trouvé ses statuts, toutefois les chartes y font souvent référence.

Ses membres, "frères, confrères, proviseurs et gouverneurs," — les désignations sont toujours identiques —, constituent un groupe bien hiérarchisé et de nombreux actes passés devant notaire en présence d'un garde de la prévôté de Paris (ce qui indique le droit de contrôle exercé par les représentants du Roi) concernent les élections des proviseurs et gouverneurs par les confrères. Le renouvellement des dirigeants de la confrérie se faisait selon une procédure élective. L'assemblée annuelle se déroulait avec une certaine solennité, souvent un dimanche de juin, dans l'église même du Saint-Sépulcre et en présence de "frères-paulmiers,"[27] ce qui ne laisse aucun doute sur la participation d'anciens

[25] AN, série L 611, pièces 11 et 25.

[26] En particulier en 1399 et 1423 dans AN, L608, pièce 33, et L611, pièce 42.

[27] AN, L608. pièce 33 (1399) ou L611, pièce 42.

pèlerins à Jérusalem à la vie de la confrérie, aussi bien pour le XIVe siècle que pour le siècle suivant : l'adresse la plus fréquente était : "tous confrères paulmiers et conseillers de l'église, l'hôpital et la confrairie du Saint-Sépulcre de Jérusalem fondés en la grand rue Saint-Denis." Dans les actes, la différence est bien établie concernant les conseillers, entre "les frères-paulmiers et les autres frères de ladite confrérie," ce qui semble confirmer que le mouvement était tout à la fois une confrérie d'anciens paumiers et une confrérie de dévotion centrée sur l'un des mystères de la vie du Christ. Cette institution avait d'ailleurs son sceau, conservé avec plusieurs chartes, et dont le revers nous paraît représenter un pèlerin avec une palme,[28] mais il faudrait en faire une étude approfondie.

L'une des questions posées était de savoir s'il existait un lien tangible et durable entre pèlerins et confrères ; les actes étudiés y répondent clairement et confirment par conséquent le lien entre les pèlerinages de Terre sainte au Moyen Age tardif et le développement d'un mouvement confraternel. Mais, pour l'instant, nous ne pouvons pas évaluer le nombre de ces paumiers dans la confrérie.

En revanche, il est clair que le recrutement de ces frères et confrères se fait avant tout parmi les élites marchandes, dont les noms sont fréquemment cités avec la mention "tous bourgeois et marchands de Paris."[29] La classe chevaleresque n'est pratiquement pas présente dans ces chartes et il faut d'autant plus le souligner que l'on a souvent identifié pèlerins à Jérusalem et croisés en pensant aux élites nobiliaires ; or, à partir du XIVe siècle, le pèlerinage à Jérusalem se "démocratise" et s'ouvre de plus en plus aux élites marchandes et bourgeoises.

L'église du Saint-Sépulcre, siége de la confrérie, était-elle une collégiale ?

La confrérie avait donc pour siège l'église du Saint-Sépulcre fondée pour elle rue Saint-Denis le 18 mai 1326,[30] en présence de l'évêque de Paris, Hugues de Besançon, et de Louis, alors comte de Clermont. Dès lors, la protection royale semble durable. Ainsi en 1399, le roi Charles VI fonde une chapelle Saint-Georges dans l'église, moyennant quarante livres parisis de rente annuelle: "commandons et ordonnons une chapelle estre fondée en l'honneur de saint Georges en l'église du Saint-Sépulcre et y être chantée chaque jour une messe."[31]

Si l'édification de cette église et de l'hôpital qui lui est attenant est avant tout l'expression de la piété christocentrique de cette époque, revivifiée, nous le pensons, par le renouveau des pèlerinages à Jérusalem, elle est également le reflet

[28] AN, série L606, pièce 23 (1).
[29] AN, série L608, pièce 16.
[30] AN, série L611, pièce 7.
[31] AN, série L608 , pièce 33.

de l'expansion urbaine de Paris qui porte la marque de la dévotion des paulmiers[32] envers le Saint-Sépulcre, à l'instar d'autres villes d'Occident, comme Bruges.

Cette église du Saint-Sépulcre, appelée l'une des "quatre filles" de Notre-Dame de Paris fut-elle une collégiale desservie par un collège de douze chanoines, dépendant du chapitre de Notre-Dame de Paris, ainsi que l'affirmait l'abbé Lebeuf au XVIIIe siècle ?[33]

Elle fut édifiée sur la censive Saint-Merry qui appartenait au chapitre de Notre-Dame depuis le début du XIe siècle. Le cartulaire de Notre-Dame de Paris, publié au XIXe siècle par B. Guérard[34] nous donne de précieuses informations complémentaires. On y trouve tout d'abord la confirmation de la fondation de l'église et de la confrérie du Saint-Sépulcre, ainsi que de son organisation, dans un acte de 1328[35] rédigé par deux notaires du Châtelet, ce qui était habituel pour entériner les décisions des confrères : des bourgeois de Paris étaient nommés procureurs de la confrérie par les "maîtres, frères, gouverneurs de l'hôpital et confrérie du Saint-Sépulcre," ce qui corrobore l'acte royal de Philippe VI dont il a été question précédemment. Ce cartulaire confirme par ailleurs les liens de dépendance entre l'église du Saint-Sépulcre, l'évêque de Paris et le chapitre cathédral. Notamment, un acte du 14 septembre 1329 conservé dans la Grande Charte définit en partie les statuts de la confrérie tout en délimitant le rôle du chapitre de Notre-Dame dans la nomination de chanoines prébendés au Saint-Sépulcre,[36] mais sans en fixer le nombre.

Cette charte a conservé par ailleurs des formules de serments prononcés à la fois par les chanoines et par les chapelains de l'église, ce qui souligne leur obédience vis-à-vis du chapitre cathédral et de l'évêque.

Une étude récente[37] sur le chapitre de Notre-Dame de Paris au XIVe siècle fait référence à cette église du Saint-Sépulcre et à un collège de douze chanoines pour la desservir, sans préciser la période. Or, le nombre des chanoines prébendés à l'église du Saint-Sépulcre semble avoir varié par la suite ; mais formaient-ils pour autant un collège ? Ces chanoines dépendaient-ils tous de la justice du chapitre cathédral ? Rien n'est moins sûr, car certains canonicats sont détenus par des dominicains ou des franciscains,[38] qui à l'évidence y échappaient. Plutôt qu'un collège fixe de chanoines durant les deux derniers siècles du Moyen âge, l'étude de nos sources nous pousserait à voir la présence de chanoines prébendés au Saint-

---

[32] J. Heers, "Bourgs et faubourgs en Occident : les pèlerinages et dévotions au Saint-Sépulcre," dans *Jérusalem, Rome, Constantinople, l'image et le mythe de la ville* (Paris, 1986), pp. 205-15.

[33] *Histoire de la ville et de tout le diocèse de Paris* par l'abbé Lebeuf (Paris, 1883), p. 169.

[34] Benjamin Guérard, *Le cartulaire de l'église de Notre-Dame de Paris* (Paris, 1850), 4 tomes.

[35] Guérard, *Le cartulaire* 3:248.

[36] Guérard, *Le cartulaire* 3:421–23.

[37] Robert Gane, *Le chapitre de Notre-Dame de Paris au XIVe siècle, étude sociale d'un groupe canonial,* Publication de l'Université de Saint-Etienne (1999), p. 88.

[38] Gane, *Le chapitre*, p.28.

Sépulcre, dépendant ou non du chapitre de Paris, comme cet Yves de la Porte[39] qui, dans les années 1390, fit de nombreux dons à la confrérie et semble bien indépendant, en outre des prêtres desservaient quotidiennement l'église. "La brigue" des canonicats[40] du Saint-Sépulcre, comme cette réalité collégiale, nous semble être une question à approfondir. Nous pouvons dire, sans nous aventurer, que les circonstances historiques de la naissance de l'église et de la confrérie du Saint-Sépulcre ont favorisé la mise en place de canonicats. En effet, la censive Saint-Merry sur laquelle fut édifiée l'église de la confrérie, nous l'avons vu, appartenait au chapitre cathédral. Or, à l'époque de sa fondation par Louis de Clermont, l'un des chanoines du chapitre de Notre-Dame de Paris était Pierre de Clermont,[41] son frère. On peut supposer qu'il s'agissait peut-être d'un cumul de bénéfices. Enfin, les prêtres desservant l'église étaient assez nombreux car, d'après les actes étudiés entre 1343 et 1480, les fondations de chapellenies ou de canonicats, toujours par des bourgeois de Paris, par des membres de la confrérie, ne cessent de se multiplier : il s'agit de fondations de messes, de *requiem* ou d'*obit*.[42] Toujours est-il que l'église du Saint-Sépulcre est le siège d'une confrérie particulièrement active.

Les biens de la confrérie

Dès son origine, la confrérie reçoit des dons et legs de marchands et bourgeois de Paris : ainsi le 10 juillet 1343 reçoit-elle trois cents livres parisis[43] de la famille Belon et d'un groupe de marchands. Elle semble administrer des biens assez importants : par exemple, le 10 juillet 1415 sont fondées cinq messes par semaine à l'autel de tous les saints de l'église du Saint-Sépulcre, avec "quarante quatre livres parisis de revenus annuels assignés sur plusieurs maisons situées dans la ville de Paris."[44] Plusieurs des procurations établies par "les conseillers et confrères de la confrérie du Saint-Sépulcre à messieurs les gouverneurs de la confrérie" leur donnent pouvoir de traiter, transiger et accepter divers biens.[45] La confrérie a donc un patrimoine, "un trésor" pour reprendre une expression du Bourgeois de Paris, et elle exerce son droit de vendre, d'acheter et de transporter également des marchandises. Il faut ajouter que cela est d'autant plus nécessaire qu'elle assure la gestion d'un hôpital. Mais chacune de ses transactions devait être faite sous le contrôle de la Prévôté de Paris et les actes mentionnent souvent la présence d'un garde de la prévôté de Paris, conseiller du Roi. Cette confrérie est donc soumise au contrôle du pouvoir royal, comme d'autres confréries.

---

[39] AN, série L 588 (B), pièce 45.

[40] Hélène Millet, *Les chanoines du chapitre cathédrale de Laon, 1272 –1412* (Rome, 1982), p. 183.

[41] Gane, *Le chapitre*, p. 303.

[42] AN, en particulier la série L606.

[43] AN, série L606, pièce 4 (2). [=Annexe].

[44] AN, série L588 A, pièce 26.

[45] AN, série L588 A, pièce 6.

Sociabilité et hospitalité, expressions d'une dévotion pélerine

Il faudrait évoquer toute une partie de l'histoire de Paris pour apprécier l'impact social de la confrérie dans le quartier de la rue Saint-Denis. L'influence de groupes sociaux "honorables" dans la confrérie, "bourgeois de Paris," élites marchandes qui se réunissent lors de la "fête solennelle du bâton,"[46] comme le dimanche 27 juin 1436, à laquelle participent des anciens pèlerins de Jérusalem, paraît manifeste. Cette fête de la confrérie, coïncidant avec son assemblée annuelle, porte sans doute ce nom pour rappeler le bâton du pèlerin qui, sur le sceau de la confrérie, ressemble à un tronc palmé ; la palme, on le sait, était l'emblème du pèlerin de Jérusalem. L'évocation de la procession des palmes dans certaines chartes correspond à une parfaite logique des pratiques de dévotion des confrères : celle de la fête des Palmes, procession née à Jérusalem dans la basilique de l'Anastasis et que décrit la pèlerine Égérie[47] au IVe siècle. Cette procession de *Pâques fleuries*, c'est-à-dire du Dimanche des Rameaux, ouvre, on le sait, la semaine sainte et commémore l'entrée triomphale du Christ à Jérusalem. Pour le fidèle, la Pâque du Christ est le triomphe sur la mort, le sens de son salut, autant de thèmes privilégiés par les hommes de la fin du Moyen Age, et en particulier dans ce quartier de Paris animé par la confrérie.

Les confrères participent donc à l'évolution générale des dévotions. mais il faut insister tout particulièrement sur le culte du Saint-Sépulcre : entretenir la méditation de la mort du Christ, c'était retrouver le sens à la fois de la mise au tombeau et de la durée du "repos" du Christ dans le sépulcre. Pour rappeler la vogue de cette dévotion, reportons-nous seulement, outre à la raison "sociale" de la confrérie, aux nombreuses commandes des contemporains de saints tombeaux sculptés[48] qui emplirent les églises : il se trouve que dès 1340, dans l'église de la rue Saint-Denis, fut édifiée "une chapelle sainte au Sépulcre," commande de Claude Belon,[49] membre de cette famille déjà citée précédemment pour l'importance des dons qu'elle fit à la confrérie.

Or, pour comprendre cette dévotion des membres de la confrérie à l'égard du Saint-Sépulcre, ne devons-nous pas tenter d'en restituer plus profondément le sens ? Les relations des pèlerins nous incitent à formuler une hypothèse qui prend appui, en particulier, sur la Légende Dorée tellement en vogue parmi les contemporains : de longues pages conduisent le chrétien à méditer sur le temps passé par le Christ dans le sépulcre, trois nuits et trois jours. En se référant à saint Augustin Jacques de Voragine, à travers sept longues considérations,[50] initie le

[46] En particulier, pour les années 1394, AN, L588 A, pièce 2, 1436, date à laquelle les Paulmiers semblent particulièrement à l'honneur, AN, L588 A pièce 5, et 1440, 1454.

[47] Égérie, "Journal de voyage," dans *Récits des premiers pèlerins chrétiens,* textes présentés par Pierre Maraval (Paris, 1996), p. 126.

[48] G. Bresc-Bautier, "Les imitations du Saint-Sépulcre de Jérusalem (IXe–XVe s.) : archéologie d'une dévotion," *Revue d'histoire de la spiritualité* 50 (1974), 319-42.

[49] AN, L 606, pièce 4 (1).

[50] Jacques de Voragine, *La Légende Dorée*, traduction J. B. M. Roze (Paris, 1967) 1:271–81.

lecteur au mystère de la Résurrection. En outre, dans l'église, tout fidèle peut méditer sur le sens de sa mort, à travers la reproduction du Saint-Sépulcre et des diverses images de la mort, il retient celle de la mort glorieuse du Sauveur ; il l'a retient d'autant plus que cette "vogue des sépulcres," pour reprendre un propos d'Hervé Martin,[51] si frappante entre 1450 et 1550, pourrait certainement, dans le cas que nous étudions, être mise en relation avec les sermons du cycle pascal.[52] L'un des traits principaux de la piété du temps, par conséquent, l'exaltation de la mort du Christ pour le salut des hommes, justifie l'existence même de la confrérie dont certains membres, les paumiers, sont allés à Jérusalem en retrouver le sens.

Enfin, la confrérie a assumé un rôle de miséricorde et d'hospitalité, puisque dès sa fondation elle dirigea pour les pèlerins un hôpital contigu à l'église. Nous nous contenterons de rappeler seulement son rôle, car il mérite une étude à part, que nous ne pouvons pas faire ici.

Cette confrérie de la rue Saint-Denis présente bien, à travers ces actes conservés aux Archives Nationales, tous les caractères propres à une institution confraternelle. Même si les sources ne nous apportent pas toutes les précisions que nous souhaiterions, en particulier concernant les anciens pèlerins de Terre sainte, elles ont toutefois le mérite de prouver la participation des paumiers aux confréries parisiennes du Saint-Sépulcre, conséquence pour une large part du renouveau des pèlerinages à Jérusalem aux derniers siècles du Moyen Age.[53]

Conclusion

Bien que de nombreuses interrogations demeurent concernant ces confréries du Saint-Sépulcre, leur existence et leurs liens avec les paumiers méritaient d'être mis en lumière, car elles furent bien un témoignage du comportement des pèlerins au retour de la Terre sainte, qu'il convenait de revaloriser. Les paumiers bénéficiaient d'un grand prestige dans les fêtes confraternelles et les actes soulignent leurs nombreuses fondations de messes ou de luminaires.[54] Leur appartenance à ces confréries constituait le prolongement de leur démarche pèlerine aux Lieux saints.

L'existence de confréries de paumiers n'est évidemment pas spécifique aux pèlerins parisiens et d'autres villes d'Occident, comme Utrecht, en ont connu. Mais, pour Paris, ne fallait-il pas tenter d'apprécier la place des paumiers dans les réseaux urbains de sociabilité et, en particulier au sein des élites marchandes ? N'a-t-on pas jusqu'à alors sous-estimé le "choc en retour" des pèlerinages à

---

[51] H. Martin, *Le métier de prédicateur à la fin du Moyen Age* (Paris, 1988), p. 613.

[52] N. Bériou, "La présence de la Madeleine dans les sermons de l'année liturgique," *Mélanges d'archéologie et d'histoire de l'École française de Rome* 104 (1992), 272.

[53] Nous nous permettons de citer à ce sujet notre contribution à *Croisades et Pèlerinages, récits, chroniques et voyages en Terre Sainte XIIe–XVIe siècle*, coll. Bouquins, (Paris, 1997), pp. 879–93 et pp. 1057–226.

[54] AN, L608, pièce 33.

Jérusalem dans les villes occidentales ? Les sources étudiées tendraient à le prouver.

Annexe

Archives Nationales, Paris. L606, pièce 4 (2). 10 juillet 1343.

A touz ceuls qui ces presentes lettres verront, Berthelemy Castaing, Jehan de Cormeilles, Jehan de Savoie et Jehan Poivre, touz bourgois de Paris, maistres, gouverneurs et pourveeurs de l'eglise, hospital /2/ et confrarie du Saint Sepulcre de Jherusalem fondé a Paris en la grant rue Saint Denis, salut en nostre Seigneur.

Nous faisons assavoir que nous, pour raison de nostre office, devons procurer l'onneur et le bien de /3/ de nostre dicte eglise et hospital et confrarie, et que le divin service soit acreu, et a ce veillier et estre enclins, considerans a ce, et que les choses ci aprés redondent au prouffit et honneur dessus diz, de /4/ l'accort, conseil et volenté de nostre conseil, et de ladicte eglise appellé a ce, ou la plus grant et saine partie d'iceuls : c'est assavoir sire Guillaume Toussac, bourgois de Paris, Marceau de Compiengne, Pierre /5/ Le Mareschal, changeurs, Pierre de Cratot, Guillaume Cussac, bosceliers et bourgois de Paris, Raoul de Selles, Thomas Le Fevre, merciers, Guillaume Le Breton, selier, Guillaume de Montfort, marchant de /6/ vins, Guillaume Le Grant, fourbisseur le roy nostre seigneur, Jehan François, orfevre, et Robert Fouet, touz conseilliers esleuz de ladicte eglise, hospital et confrarie.

Avecques nous maistres dessus nommez ensemble /7/ et pluseurs autres de noz confreres, de l'autoricté et consentement de touz, pensee l'utilité de nostre dicte eglise, hospital, touz ensemble avons pour nous et noz successeurs, et ou nom de ladicte eglise, hospi-/8/-tal et confrarie, et pour tout le colege dudit lieu, tant clers comme lays, faiz et accordez a noz bien amez confreres et conseurs Lande Belon et Genevieve sa fame, Huguelin Belon et Nicole sa fame, /9/ et Pierre Sevestre et Oursine sa fame, fille des diz Huguelin et Nicole de Lucques, merciers et bourgois de Paris, pour euls et les leur, recevanz et stipulans les accors, convenances et promesses ci aprés /10/ divisees.

Pour la grant devocion que audit lieu ont et moult de bienfait que fait y ont, et pour ce que pour ces choses avoir, et pour la fondation d'un autel en ladicte eglise et institution d'un chappellain /11/ au divin service faire, qui pour ce demourra oudit lieu et es maisons du dit hospital avecques les autres, qui en ladicte eglise, a perpetuité et sur les biens du dit lieu sera tenuz, instituez et pourveuz. Les /12/ dessus nommez Lande, Huguelin et Pierre, pour euls et les leurs, a nous ou nom dessus dit ont baillié et delivré la somme d'argent, aprés esclarcie les quiex accors ; sont telz que nous, les diz Lande, Huguelin, /13/ et Pierre, et leurs fames et les leurs, avons receu, et voulons estre participans et acompaigniez en touz les biens faiz, messes, heures de jour et de nuit, et oroisons qui en ladicte eglise seront chantees et /14/ dites, et es prieres de touz les povres qui sont et seront hebergiez oudit hospital.

Le ‘Trésor’ de la confrérie : dons et legs de la famille Belon

Centre Historique des Archives Nationales, cote L606, pièce 4 (2)

Et leur avons promis et accordé que il et chascun d'euls a perpetuité auront et pour euls et es noms d'euls, et pour le salut /15/ de leurs ames, sera en ladicte eglise une messe chascun jour chantee par certain chappellain a ce deputé. C'est assavoir a la chappelle et a l'autel du saint Voult de Luques ordenee ou dit lieu pour /16/ laquele messe chanter touz les jours un souffisant prestre sera ordené par especial et beneficiez en la dicte eglise et sur les biens d'ycelier du dit lieu a perpetuité, et qui sera tenuz de estre a toutes les /17 / heures canoniaux tant de jour comme de nuit qui en ladicte eglise seront chantees ; et tant comme les dessusdiz marchans vivront, ledit prestre sera tenuz de chanter chascun jour les messes du Saint Esprit /18/ et de nostre Dame, si comme les dessus diz voudront ou ordeneront. Et aprés leur deces, ladicte messe sera chantee de requiem chascun jour a touz jours mais audit autel. Et avec ce, leur avons octroyé et baillié /19/ trois places pour faire sepultures pardevant ledit autel et chappelle du Saint Voult de Lucques, esqueles places il feront mettre trois pierres pour signifiance et remembrance que quant Diex fera /20/ sa volenté d'euls ou d'aucun d'euls ou d'aucun de leur lignage qui estre y veulle qui trespasseront de cest siecle, il puissent estre illecques mis et enterrez sanz nul contredit et sanz autres deniers paier ne /21/ redevance faire, toutes foiz que le cas s'y offerra.

Et dés maintenant pour ladicte messe chanter chascun jour et l'autre service faire, nous dessus diz pourveeurs et maistres avons esleu, ordené et institué monseigneur Robert /22/ Bouquin, prestre demourant a present aus Aweugles de Paris, lequel nous avons et congnoissons estre bonne et souffisant personne pour le dit service faire, lequel monseigneur Robert nous beneficions ou/23/dit lieu et sera demourant audit lieu. Et li promettons pour nous et pour noz successeurs que tant comme il vivra, il aura des biens de ladicte eglise, hospital et confrarie, et li dourrons chascun an vint et /24/ quatre livres parisis de rente, lesqueles vint et quatre livres parisisis de rente li seront paiees par sepmaines, si comme acoustumé est a paier les chanoines de ladicte eglise et touz les autres chappellains, /25/ et avec ce ledit prestre aura les distributions de la dicte eglise si comme les autres chanoines et chappellains chantans au grant autel ont acoustumé a avoir ; et aura pour chascune vigile ou /26/ il sera aval la ville aus corps des trespassez qui ne seront confreres ne conseurs de ladicte confrarie quatre deniers parisis, mais de ceuls qui seront de ladicte confrarie, confreres et consuers il ne prendra /27/ riens ne que les autres si comme on a pieça acoustumé. Et sera tenuz ledit prestre a estre a toutes les heures de jour et de nuit comme dit est dessus, et portera l'abit de ceuls de Nostre Dame de Paris, si comme /28/ ceuls de nostre dicte eglise ont acoustumé et acoustument de porter, et si comme est plus plainement contenu es ordenances sur ce faites, scellees du scel de Nostre Dame de Paris ; et fera sa sepmaine au /29/ grant autel, si comme font les autres chanoines et chappellains de nostre dicte eglise.

Et quant a Dieu plaira que le dit prestre trespasse de cest siecle, nous promettons pour nos et nos successeurs /30/ que pour le temps seront au dessus nommez marchans, et a ceuls qui ont ou auront cause d'euls et a ce, nous et le dit college, et les biens du dit lieu obligons a tantost et sanz delay dedens six /31/ jours apres l'enterrement du dit prestre, pourveoir instituer et beneficier et ainsi successivement apperpetuité faire, et a tele rente et pourveance, prendre et avoir sus les biens dudit hostel comme dit est /32/ un autre bon et souffisant prestre, et de un en autre a touzjours auquel nous douvrons le dit benefice, et le chargens dudit service faire en la maniere que dit est. Et avecques ce, nous ou nos /33/ successeurs appellerons avec nous ou appelleront avec euls pour ladite provision et institution faire, un des diz marchans ou le plus prochain de leur lignage. Et ou cas que il n'auroit par deca /34/ aucun de leur lignage, nous ou nos successeurs serions tenuz a appeler avecques nous celluy qui sera nomé et clamé capitaine des marchans de Lucques, ou celluy qui sera ordené chief pour /35/ faire chanter la messe ordenee que on chante chascun moys a l'autel du dit saint Voult de Lucques, du conseil duquel ce que dit est, sera fait. Et pour toutes ces choses et chascune d'ycelles /36/ si comme dessus sont escriptes et divisees, faire de point en point.

Nous dessus diz, maistres, pourvueeurs et procureurs par le povoir a nous octroié, et par toute la meilleur maniere que faire /37/ le povons, de l'assentement et volonté de tout notre dit conseil, avons obligié et obligons, nous et noz successeurs, envers lesdiz marchans, ou ceuls qui ont ou auront cause d'yceuls, les dit hospi/38/tal et confrarie, et touz les biens de ladite eglise, hospital et confrarie, meubles et immeubles, presens et a venir, quiey quel soient et en quelque lieu qu'il soient ou pourvoient estre trouvez /39/, et les souzmettons pour ces choses enternier a la juridiction et contrainte du prevost de Paris qui a present est, et des autres prevoz de Paris qui pour le temps seront, et de chascun seuls et /40/ de touz autres justices quiey quelquent, tant d'eglise comme seculiers, pour arrester, prendrer, lever, vendre et aliener a tel fin, tele vente, jusques a plain enterniement et acomplissement de tou/41/tes les choses dessus dictes. Et chascune d'ycelles ou cas ou elles ne seroient faites et acomplies de point en point si comme dessus sont escriptes et divisees, et renonçons, pour nous et pour noz suc/42/cesseurs a toute exception de mal, de fraude, de lesion, de barat, de decevance, a tout droit escript, non escript, canon et civil, a toutes cauteles et cavillations, a l'exception de la dicte somme /43/ non eue et non receue, et a ce que nous puissons dire autre chose avoir esté faite et accordee que escripte ou escripté que faite ou accordee et a toutes autres choses par quoy l'en pourroit /44/ venir contre les choses dessus dictes ou aucune d'ycelles.

Et pour les choses dessus dictes, faire et accomplir si comme dessus sont escriptes et divisees, les dessus diz marchans, nous ont donné, delivré et baillié /45/ pour euls et les leur, pour l'accroissement et multipliement de l'euvre de la dicte eglise et hospital, et pour la dicte fondation, et service faire, trois cens livres parisis, desqueles trois cens /46/ livres parisis et pour la cause dessus dicte, nous sommes contemps et nous en tenons pour bien paiez pour nous et pour noz successeurs, et en quittons les dessus diz marchans et touz ceuls /47/ qui ont ou auront cause d'euls,et touz autres a qui quittance en appartient ou pourroit appartenir ou temps avenir par quelque voie ou maniere que ce fust, et remettons en ce a toute /48/ decevance et a toute autre chose a ce contraire.

En tesmoing de ce, nous dessus diz, maistres et gouverneurs, de l'assentement et volenté de tout notre dit conseil, avons mis en ces pre/49/ sentes lettres,le grant scel de la dicte eglise hospital et confrarie, le Xe jour de juillet, l'an de grace mil CCC quarante et trois.

Cyprus

Une petite chronique chypriote du XVe siècle

Gilles Grivaud

Dans une stimulante étude publiée en 1987, Jean Richard observait combien l'histoire culturelle du royaume des Lusignan se caractérise, au XVe siècle, par l'essor de la culture grecque et par un affaiblissement relatif de la culture franque.[1] Les témoins sauvegardés ne permettent pas de conclure au renversement complet des tendances reconnues aux siècles précédents, ou à la revanche des Grecs "dominés" sur les Francs "dominateurs," comme le soutenait auparavant Nicolae Iorga.[2] Chez les Francs, la culture de cour conserve ses caractères originaux, adoptant certaines modes fraîchement débarquées de France ou d'Italie, comme le prouve le manuscrit musical de Turin (*c.*1411–13);[3] parallèlement, le français reste la langue de la chancellerie royale et de l'administration jusqu'à l'établissement du pouvoir vénitien.[4]

En revanche, le recul de l'expression de langue française paraît manifeste dans le genre du récit historique car la tradition, si vive aux XIIIe–XIVe siècles, semble tarir après 1400 ; seule la référence au livre de Jean de Mimars, relevée dans l'*Exégèsis* de Makhairas, assure que, durant la seconde moitié du XIVe siècle, les nobles prennent toujours la plume pour relater les événements qui leur sont

---

1 Jean Richard, "Culture franque et culture grecque : le royaume de Chypre au XVème siècle," *Byzantinische Forschungen* 11 (1987), 399–415, repris dans : id., *Croisades et États latins d'Orient* (Londres, 1992), étude n° xviii.

2 Nicolae Iorga, *France de Chypre* (Paris, 1931), pp. 195–214.

3 Richard, "Culture franque," pp. 405–06 ; le manuscrit de Turin a été édité par R. H. Hoppin, *The Cypriot-French Repertory of the Manuscript Torino, Biblioteca Nazionale J.II.9,* 4 vols. (Rome, 1960–63) ; voir aussi le volume d'analyses publié par U. Günter, L. Finscher, *The Cypriot-French Repertory of the Manuscript Torino, Biblioteca Nazionale J.II.9* (Stuttgart, 1995) ; deux enregistrements discographiques en ont été tirés : *The Island of St. Hylarion. Music of Cyprus 1413–1422*, Ensemble Project Ars Nova (New Albion Records 584, 1991), et *Music from the Court of King Janus at Nicosia*, P. van Nevel dir., Huelgas Ensemble (Sony SK 53976, 1993).

4 Cf. les éditions de textes accomplies par Jean Richard, *Documents chypriotes des archives du Vatican* (XIVe et XVe siècles) (Paris, 1962), pp. 139–57 ; id., *Le Livre des Remembrances de la Secrète du royaume de Chypre* (1468–1469) (Nicosie, 1983) ; également : id., "La diplomatique royale dans les royaumes d'Arménie et de Chypre (XIIe–XVe siècles)," *BEC* 144 (1986), 83, repris dans : id., *Croisades et États latins d'Orient* (Londres, 1992), étude n° xix ; comme langue de l'administration, l'italien ne paraît pas s'imposer avant 1480 : Biblioteca Nazionale Marciana, cod. ital. cl. VII, 1163 (= 9612), f. 21v–22r ; Louis de Mas-Latrie, *Histoire de l'île de Chypre sous le règne des princes de la maison de Lusignan*, 3 vols. (Paris, 1852–61), 3:516 ; notre étude, "*Ordine della secreta di Cipro*. Florio Bustron et les institutions franco-vénitiennes afférentes au régime agraire de Chypre à l'époque vénitienne," *Μελέται καί Υποματα* 2 (1992), 566.

contemporains.[5] De fait, le genre du récit historique n'est plus illustré au XVe siècle que par des textes en grec vulgaire et cette évolution consacre la transmission d'un genre propre à l'aristocratie franque à des officiers grecs de l'administration royale. L'ouverture de la noblesse aux Syriens et aux Grecs explique en partie ce processus, et Jean Richard insistait sur l'assimilation des valeurs franques par les nouveaux venus en une société marquée par une italianisation croissante.[6] Cet enchevêtrement d'influences, souvent déconcertant, montre la difficulté à apprécier, en termes ethniques, les appartenances culturelles des Chypriotes du XVe siècle.[7] À l'appui de cette analyse, nous sommes heureux de dédier au professeur Jean Richard la preuve d'un petit texte sauvegardé dans les archives vénitiennes.

C'est à l'occasion de recherches dans les collections du musée Correr que nous avons découvert une brève chronique intitulée *Cronica delli Re, et successi del Regno di Cipro di Gallico in Italiano tradutta* ; elle appartient au fonds Wcowich-Lazzari, en une liasse qui comprend une trentaine de fascicules indépendants, la plupart copiés par Giovanni Tiepolo dans les années 1590.[8] Le fascicule, qui porte le numéro 22, se compose de deux cahiers de 6 folios chacun, de petites dimensions (15,5 x 21,5 cm) ; le premier (f. 1–6) contient le document édité en annexe n° 1 ; le second (f. 7–11) une compilation de notes groupées sous le titre "Nomi antichi et moderni del nobilissimo et importante Regno di Cipri," dont la copie a été achevée, le 5 mars 1591, par Tiepolo ; il s'agit d'un inventaire des sites antiques et modernes de l'île, où chaque site fait l'objet de commentaires ou de descriptions.[9] Ce type de catalogue, fréquent dans les archives vénitiennes ou dans les récits historiques du XVIe siècle, illustre l'intérêt des Vénitiens de la Renaissance pour la civilisation antique de Chypre.[10]

Le premier document, qui par son titre annonce une chronique des rois de Chypre, se présente en réalité comme la réunion de trois textes disparates : un inventaire chronologique des princes de Lusignan, une petite chronique composée

---

[5] Leontios Makhairas, *Recital Concerning the Sweet Land of Cyprus entitled 'Chronicle,'* ed. Richard M. Dawkins, 2 vols. (Oxford, 1942), § 548.

[6] Richard, "Culture franque," pp. 403–04, 414–15.

[7] Comme l'enseigne le cas de la famille Audeth : Jean Richard, "Une famille de 'Vénitiens blancs' dans le royaume de Chypre au milieu du xvème siècle : les Audeth et la seigneurie du Marethasse," *Rivista di Studi Bizantini e Slavi* 1 (1980), 89–129, repris dans : id., *Croisés, missionnaires et voyageurs* (Londres, 1983), étude n° x ; Gilles Grivaud, "Éveil de la nation chyproise," *Sources, travaux historiques* 43–44 (1995), 110–12.

[8] Ce document a déjà été présenté dans notre essai, "Πνευματικός βίος. Γραμματολογία," dans Ἱστορία τῆς Κύπρου, ed. Th. Papadopoullos (Nicosie, 1995–96), 5:1084–87.

[9] Une autre version légèrement différente de ce texte est déposée au Civico Museo Correr, cod. Cicogna 3596, pièce n° 16.

[10] Florio Bustron, *Chronique de l'île de Chypre*, ed. René de Mas Latrie, Collection de documents inédits sur l'histoire de France : Mélanges Historiques 5 (Paris, 1886), pp. 474–75.

de 66 annales relatives aux règnes de Janus et de Jean II — dans lesquelles sont insérées quatre annales du début du XIVe siècle —, enfin quatre annales, plus développées, sur des péripéties de la vie politique du royaume de Jérusalem et la guerre de Saint-Sabas (1257–58), sur des affrontements entre Francs et Mamelouks, en Palestine, en 1263–64. On ignore les conditions d'élaboration de cette compilation, qu'on ne saurait attribuer à Giovanni Tiepolo. Nous émettrons l'hypothèse que le texte fut vraisemblablement établi à Nicosie et qu'il reçut une traduction, du français vers l'italien, à Chypre ou à Venise, à une date ultérieure. L'intervention de Giovanni Tiepolo ne peut davantage être appréciée ; rien ne permet de lui attribuer la traduction du texte original ; le colophon précise qu'il achève sa copie à la date du 28 octobre 1590.

L'identité de l'auteur de cette petite chronique n'est pas dévoilée par le texte ; la fréquence des annales relatives aux années 1439–59 fournit un cadre chronologique assez solide, encore que les informations remontant au règne de Janus suggèrent une activité durant les années 1410. L'auteur ne semble pas vivre au-delà de l'année 1459, puisqu'il ne relate aucun événement lié à la querelle opposant Charlotte de Lusignan à son demi-frère Jacques, le Postulé ("lo ditto Apostole.") Ce silence peut signifier que le chroniqueur suivit Charlotte dans son exil italien, mais ce n'est que supposition. La nature des informations rapportées entre 1439 et 1459 assure que l'auteur, d'expression française, vivait à Nicosie dans les milieux proches de la cour, conservant des liens suffisamment étroits avec les Grecs pour relever les élections des archevêques orthodoxes et la proclamation de l'Union des Églises. Lui-même entretient une relation avec une Grecque de sa domesticité, Perina Tiodorin, dont il a deux enfants, en décembre 1450 et en octobre 1456.

L'examen des trois textes ne permet pas d'assurer qu'ils furent copiés ou composés par la même personne. L'inventaire des rois de Chypre, en dépit de ses erreurs historiques, est un document-type qui circule chez les lettrés chypriotes ou vénitiens ; il n'appelle pas de commentaires spécifiques, sauf pour remarquer qu'il ne mentionne pas le décès de Jean II qui figure, plus bas, dans la chronique de son règne ; ceci laisse supposer que le chroniqueur n'est pas intervenu dans l'établissement de l'inventaire. Le dernier texte, qui rassemble quatre annales de Terre sainte, suit assez fidèlement la leçon du ms B (BN fr. 6447) publiée par Reinhold Röhricht et Gaston Raynaud en 1884 ;[11] quelques précisions, mineures, montrent que le document chypriote reproduit une version différente de celle du ms fr. 6447 ; cependant, on ne saurait expliquer pourquoi seules les annales des années 1257, 1258, 1263 et 1264 ont été copiées, aucun critère d'ordre historique ou personnel ne venant justifier leur adjonction aux textes précédents.

La petite chronique des règnes de Janus et Jean II retient l'attention en ce qu'elle livre maintes informations inconnues de l'histoire du royaume. Par son style, le texte se présente comme une série d'annales, enregistrées par année et/ou par

---

[11] *Annales de Terre Sainte*, ed. Reinhold Röhricht, Gaston Raynaud, *AOL* 2 (1884), p. 427–61.

événement, classées sans souci de cohérence chronologique ou thématique ; ainsi, les deux notices relatives à la naissance des enfants du chroniqueur sont insérées, séparément, au milieu d'annales concernant la vie politique. En règle générale, les annales réduisent la narration à l'énoncé sec de l'information ; les rares développements se rapportent à des actions de guerre, pour lesquelles sont cités les noms des commandants militaires. Jamais le chroniqueur n'exprime ses sentiments, sauf lorsqu'il mentionne la naissance de ses enfants.

Dans leur ensemble, les événements relatés sont confirmés par les sources contemporaines, malgré quelques inexactitudes de dates. Ces incorrections ne sauraient être attribuées à l'insouciance du chroniqueur car des interventions malheureuses des traducteurs ou des copistes peuvent être décelées. Il est probable que le texte original, en français, contenait des abréviations qui furent mal restituées par les Italiens ; souvent *juin* et *juillet* sont rendus par *zugno*, *mai* par *marzo* ; d'autres erreurs se sont glissées dans l'interprétation de prénoms, qui, eux aussi, paraissent abrégés dans le texte original : ainsi, *Marie* devient *Margherita*, *Cara(s)* est rendu par *Calceran*, tandis que *Phebo* traduit à la fois *Phœbus* et *Philippe*. À ces mauvaises restitutions s'ajoutent des erreurs dans la copie des dates ; notre chronique fixe la mort de Charlotte de Bourbon au 25 juillet 1490 alors que les autres sources retiennent la date du 15 janvier 1422. D'autres exemples — examinés dans les commentaires — viennent prouver que la traduction copiée par Giovanni Tiepolo délivre une version altérée du prototype ; en conséquence, le fait que certaines dates ne soient vraies qu'à un ou deux jours près ne relève pas de la seule responsabilité du chroniqueur.

Par rapport à l'*Exégèsis* de Léontios Makhairas, dont une première version dut être établie dans les années 1410–30, cette petite chronique frappe par l'absence de réflexion, d'esprit de synthèse et le souci de la narration ; on ne saurait y discerner une attention historiographique particulière. À l'évidence, le texte s'apparente à la famille des petites chroniques grecques copiées dans les marges des manuscrits et dont le P. Jean Darrouzès avait souligné l'intérêt pour l'histoire de l'île. Par son énoncé lapidaire, mais aussi par la méthode de datation (avec omission fréquente du millésime), le texte se rapproche des notices du *Paris, gr. 624*, avec lesquelles il partage le récit des expéditions mameloukes des années 1424–26.[12] Le rapprochement avec les petites chroniques grecques mérite cependant d'être tempéré ; l'insertion des quatre annales de Terre Sainte dessine une autre filiation, qui, cette fois, renvoie directement à la tradition historiographique franque du XIIIe siècle.

Déterminer les modèles de cette chronique serait cependant une vaine tentative tant ce type d'enregistrement des événements, historiques ou non, semble habituel durant les deux derniers tiers du XVe siècle, chez les Grecs comme chez les Francs ; ainsi, Henri de Lusignan y recourt pour noter la naissance de ses filles

---

[12] J. Darrouzès, "Notes pour servir à l'histoire de Chypre III," *Κυπριακαὶ Σπουδαί* 22 (1958), 240–43 ; Peter Schreiner, *Die byzantinischen Kleinchroniken*, 3 vols. (Vienne, 1975), 1, n° 28/1 à 10.

dans les années 1432–33.[13] C'est encore sous forme d'annales que le règne de Jean II est relaté dans la chronique attribuée à Amadi, ainsi que dans le récit de Makhairas.[14] À la fin du siècle, Georges Bustron n'échappe pas, non plus, à cette écriture sèche qui relate l'événement sans le commenter ;[15] il faut finalement attendre les grands textes de la Renaissance pour assister à une résurrection de la narration historique.

Sans prétention littéraire ou historique, cette petite chronique dévoile les préoccupations d'un personnage lié à la cour ou à l'administration des Lusignan ;[16] on relève la fréquence des notices relatant les mariages et les décès de la famille royale ou de grands dignitaires du royaume (Jacques de Fleury, Jacques et Philippe de Grenier, Jean de Naves) ; nombre d'annales se réfèrent à des expéditions militaires, plus rarement à des révoltes d'officiers provinciaux ou à des questions religieuses. On remarque néanmoins que maints événements marquants des années 1430–59, relatés ailleurs, sont passés sous silence : les épidémies de peste de 1437–38 et de 1449–51, les coups de mains des Catalans contre Episkopi, ceux des Turcs dans le Carpasse et sur le littoral méridional, en 1450.[17] Notre texte ne saurait donc prétendre au titre de chronique méthodique des affaires du royaume, et les critères de choix des informations ne peuvent être précisés autrement que par l'intérêt personnel de l'auteur. Ainsi, ce dernier ne prend pas en compte les événements étrangers à Chypre, sauf s'ils ont des répercussions immédiates sur la situation locale (prise de Constantinople par Mehmet II, proclamation de l'Union des Églises à l'issue du concile de Florence).

Par son contenu, ce texte révèle un état de la connaissance historique à Nicosie au milieu du XVe siècle. Dans la partie suivant les annales de Terre Sainte, on remarque que les événements concernant les Vénitiens, en 1258 et en 1263, sont mis bout à bout sans grand discernement ; l'inventaire des rois de Chypre frappe également par la fréquence d'inexactitudes qui auraient pu être évitées si l'auteur avait puisé aux sources consultées par le compilateur de la chronique d'Amadi ou par Florio Bustron. Inversement, ces deux derniers historiens omettent maintes informations de la petite chronique. On en retire l'impression que notre anonyme évoluait en dehors de tout cercle érudit, dans un isolement intellectuel qui confère

---

13 Louis de Mas-Latrie, "Nouvelles preuves de l'histoire de Chypre," *BEC* 35 (1874), 138–39.

14 *Chronique d'Amadi* dans *Chroniques d'Amadi et de Strambaldi*, ed. René de Mas Latrie 1 (Paris, 1891), pp. 515-17 ; Leontios Makhairas, § 703-13 ; *Chronique de Strambaldi* dans *Chroniques d'Amadi et de Strambaldi*, ed. René de Mas Latrie 2 (Paris, 1893), pp. 287-89.

15 Grivaud, "Πνευματικός βίος," pp. 1090–91 ; cf. également les remarques de G. Kéchagioglou dans son introduction à Georgios Bustron, Τξώρξης (Μ) Πουστρούς (Γεώργιος Βο(σ)τρ(υ)νός), *Διήγησις Κρόνικας Κύπρου* , (Nicosie, 1997), pp. 227*–235*.

16 À cet égard, la référence au *practora* (de la Secrète) Philippe Salah ne semble pas fortuite.

17 Darrouzès, "Notes. II", *Κυπριακαὶ Σπουδαί* 20 (1956), 43, 50 ; "Notes. IV", *Κυπριακαὶ Σπουδαί* 23 (1959), 42–46.

à sa chronique un caractère unique ; selon toute vraisemblance, son texte n'a jamais circulé dans les milieux lettrés chypriotes et les conditions de son arrivée à Venise — à une date qu'on ne saurait même suggérer — gardent une large part de mystère.

Si la copie accomplie par Giovanni Tiepolo n'avait précisé l'origine franque du prototype, celui-ci aurait été classé dans le genre des petites chroniques grecques, voire des annales vénitiennes.[18] Par son style et ses informations "chypro-centrées," le document révèle un royaume secoué par des crises internes, à la merci d'expéditions étrangères ; cette double menace accélère les phénomènes de fusion des identités en une société à la fois repliée sur elle-même et perméable aux influences extérieures. Telle se dessine la civilisation chypriote du milieu du XVe siècle, quand les pratiques culturelles s'affranchissent de toute appartenance ethnique ou confessionnelle.

Annexes

1
Civico Museo Correr, Wcowich Lazzari busta 49, pièce n° 22

[f. 1 r][19]

CRONICA DELLI RE, ET SUCCESSI DEL REGNO DI CIPRO DI GALLICO IN ITALIANO TRADUTTA

El Primo Re di Cipro fù Re Guido il qual comprò Cipro dal Re Riccardo d'Inghilterra del 1182 de Christo.[20]

El Secondo Re fu Re Almerico de Lusignano figliuolo del Re Guido il qual regnò ii anni, et morì del 1195 de Christo.[21]

El Terzo Re fu Re Hugo de Lusignan figliolo del Re Almarico et regnò 14 anni, et poi morite.[22]

---

[18] Cf. A. Sagredo, "Annali veneti dal MCCCCLVII al MD del senatore Domenico Malipiero," *Archivio storico italiano* 7/2 (1844) 591–96.

[19] Dans l'édition de ce texte, nous avons conservé l'orthographe de l'original, qui ne présente pas de difficultés particulières, hormis quelques mots ; ils sont suivis d'un point d'interrogation, entre parenthèses, qui porte seulement sur le mot qui précède.

[20] Guy, qui obtient l'île en mai 1192, n'a jamais porté le titre de roi de Chypre : Jean Richard, "Η σύσταση καὶ οἱ βάσεις τοῦ μεσαιωνικοῦ βασιλείου (1192-1205), " *Ἱστορία τῆς Κύπρου* 4:3–6, 9–10.

[21] Aimery, frère de Guy, règne huit ans et meurt le 1er avril 120 5: ibid., pp. 10–19.

[22] Hugues Ier, mineur à la mort d'Aimery, porte la couronne en 1210 et meurt le 10 janvier 1218 : *Les Gestes des Chiprois* dans *RHC Arm* 2:670 ; Amadi, p. 104 ; Schreiner, *Die byzantinischen Kleinchroniken*, 1, n° 26/2 (décès à la date du 19 février 1218) ; Jean Richard, "Τὸ μεσαιωνικὸ βασίλειο ἀπὸ τὸ 1205 ἕως τὸ 1324, " *Ἱστορία τῆς Κύπρου* 4:33 ; Peter W. Edbury, *The Kingdom of Cyprus and the Crusades, 1191–1374* (Cambridge, 1991), pp. 42–48.

El Quarto Re fù la Regina moglier del avanti detto Re Hugo, et successe nel Reame dell'anno 1219 che passò da vita à morte esso suo marito, continuando per tutto l'anno del 1223 et morì nell'anno 1224 de Christo.[23]

El Quinto Re fù Henrico il figliuolo della Regina Alisia, il qual fù coronato Re di Hierusalem et de Cipro nell'anno del 1253 de Christo.[24]

El Sesto Re fù Re Hugo de Lusignano figliolo del Re Henrico et della Regina Pisanza, fù coronato nell'anno del 1261 à 7 giorni de Luglio del 1267 morì.[25]

El Settimo Re fu Hugone de Lusignan si coronò del 1267 à 27 giorni de Marzo del 1274 morì.[26]

El Ottavo Re fu Re Zuanne de Lusignan figliuolo della Bona Memoria del Re Hugo à 8 giorni de maggio del 1284 à X giorni de maggio del 1285 morì .[27] / [f. 1v]

El Nono Re fu Re Henrico figliuolo del Re Ioanni del 1285 et morì nell'anno 1328 à Strovilo, et fu menato al monasterio dei Carmeni.[28]

El Decimo Re fu Hugo, et fù coronato nell'anno 1324 et morì à 10 giorni de ottubrio del 1359.[29]

---

23 Alice de Champagne, qui avait épousé Hugues Ier en 1208, fut régente de Chypre de 1218 à 1228/1233 ; elle meurt en 1246 : Richard, *art. cit.*, pp. 34–37 ; Edbury, *The Kingdom*, pp. 49–52 ; Weyprecht H. Rüdt de Collenberg, "Les Lusignan de Chypre," *Ἐπετηρίς τοῦ Κέντρου Ἐπιστημονικῶν Ἐρευνῶν* 9 (1977–79), 97.

24 Henri Ier ceint la couronne de Chypre à l'âge de 8 ans, en 1225 ; il n'a jamais été couronné roi de Jérusalem et meurt le 18 janvier 1253 : *Annales de Terre Sainte*, p. 445 ; "Eracles," p. 441 ; Amadi, p. 202 ; Schreiner, *Die byzantinischen Kleinchroniken*, 1, n° 26/3 ; Rüdt de Collenberg, "Les Lusignan," pp. 100–01.

25 Hugues II, fils d'Henri Ier et de Plaisance d'Antioche, était mineur à la mort de sa mère en 1261 ; il ne lui succède pas car la régence est confiée à Hugues d'Antioche ; Hugues II, qui meurt le 5 décembre 1267, ne semble pas avoir été couronné : *Annales de Terre Sainte*, pp. 450, 453 ; Amadi, p. 209 ; Leontios Makhairas, § 41 ; Florio Bustron, p. 112.

26 Couronné le jour de Noël 1267, Hugues III meurt le 24 mars 1284 : *Annales de Terre Sainte*, p. 453 ; Amadi, p. 216 ; Schreiner, *Die byzantinischen Kleinchroniken*, 1, n° 26/4, 26/6.

27 Couronné le 11 mai 1284, Jean Ier meurt le 20 mai 1285 : Amadi, p. 216 ; Schreiner, *Die byzantinischen Kleinchroniken*, 1, n° 26/7 (couronnement au 4 mai 1284).

28 Henri II est couronné le 24 juin 1285 : Schreiner, *Die byzantinischen Kleinchroniken*, 1, n° 26/9 ; Leontios Makhairas, § 41 ; Strambaldi, p. 18 (24 juin 1286). Il décède dans la nuit du 30 au 31 mars 1324 : Amadi, p. 401 ; Leontios Makhairas, § 63 ; Florio Bustron, p. 251. Le monastère des Carmes n'est jamais cité comme lieu de sépulture d'Henri II ; Leontios Makhairas, § 63, et Strambaldi, p. 27, notent l'enterrement chez les Dominicains, Amadi, p. 402, et Florio Bustron, pp. 252–53, chez les Franciscains.

29 Hugues IV est couronné le 15 avril 1324 et meurt le 10 octobre 1359 : Amadi, p. 402, 408 ; Leontios Makhairas, § 64, 86 ; Strambaldi, pp. 27, 35 (10 novembre 1359).

El Undecesimo Re fu Re Piero de Lusignano coronato nell'anno 1359 et morì l'anno del 1368.[30]
El Dodicesimo Re fu Re Piero de Lusignan, et piccolo, et fù coronato nell'anno 1368 et del 1383 passò de vità.[31]

El Tredicesimo Re fu Re Iacomo de Lusignan, et fu coronato alli 24 giornide April del 1385 et morì alli 9 di settembre del 1418 al monasterio de Cava, et portato à Nicosia.[32]

El Quatordicesimo Re fu il buon Re Zegno de Lusignan nell'anno del 1418 et morì el dì de sabato à 28 de Giugno del 1427.[33]

El Cinquedicesimo Re fu Re Zuanne de Lusignan figliuolo del buon Re Zegno, et fù coronato alli 24 de Avosto del 1432 de Christo.[34]

Il Martedi à 27 giorni de settembre del 424 de Christo. Passando cinque galere de Saracini, et arivorono à Limissò, et cominciorono la battaglia et preseno misser Philippo Prevosto[35] el capitano della zente d'arme, et brusorono le case del detto loco.[36]

Il Venerdi à 3 giorni de Avosto del 425 de Christo vennero 45 fuste de Saraceni, et se approssimorono verso Famagosta, et preseno tutta la campagna,

---

[30] Couronné le 24 novembre 1358, Pierre Ier est assassiné le 16 janvier 1369 (1368 dans le style du 1er mars) : Amadi, pp. 408, 425 ; Leontios Makhairas, § 90, 280 ; Strambaldi, pp. 35, 112 ; Florio Bustron, p. 275 (18 janvier 1368) ; Peter W. Edbury, "The Murder of King Peter I of Cyprus (1359–1369)," *Journal of Medieval History* 6 (1980), 223–24, repris dans : id., *Kingdoms of the Crusaders : From Jerusalem to Cyprus* (Aldershot, 1999), étude n° xii.

[31] Mineur en 1369, Pierre II est couronné le 13 janvier 1372 et meurt le 13 octobre 1382 : Amadi, pp. 432, 490 ; Leontios Makhairas, § 324 (12 janvier 1372), 598 (3 octobre 1382) ; Strambaldi, pp. 131 (12 janvier 1372), 252 ; Florio Bustron, p. 349 (octobre 1382).

[32] Arrivé à Chypre le 23 avril 1385, Jacques Ier est couronné le mois suivant et meurt le 20 septembre 1398 : Amadi, pp. 493, 496 ; Leontios Makhairas, § 614, 627 (9 septembre 1398) ; Strambaldi, pp. 257–58, 262 (9 septembre 1398) ; Florio Bustron, p. 353 (20 septembre 1398). Le décès à La Cava n'est pas mentionné ailleurs.

[33] Couronné le 11 novembre 1398, Janus meurt le 28 juin 1432 : Darrouzès, "Notes. IV," p. 33 ; Amadi, pp. 496, 515 ; Leontios Makhairas, § 628, 702 (10 juin 1432) ; Strambaldi, pp. 262 (19 novembre 1399), 287 (10 juin 1434) ; Florio Bustron, p. 371 (épitaphe datée du 29 juin 1432).

[34] Jean II est couronné le 24 août 1432 : Amadi, p. 515 ; Leontios Makhairas, § 706 (24 août 1433) ; Florio Bustron, p. 371 (24/26 août 1432).

[35] Philippo Provosto, bailli de Limassol, est capturé puis décapité par les Mamelouks : Leontios Makhairas, § 652 ; Strambaldi, p. 268 ; Amadi, p. 500 ; Florio Bustron, pp. 356–57. Sans doute faut-il le distinguer de Philippe Prevost, bailli de la Secrète mentionné dans un acte de la chambre des comptes de Paris en 1376 : Emmanuel G. Rey, *Les familles d'Outremer de Du Cange* (Paris, 1869), pp. 585, 610, 667.

[36] L'attaque sur Limassol est fixée au 26 septembre 1424 par Leontios Makhairas, § 651–52 (six galères) ; Amadi, pp. 499–501 (cinq galères) ; au 21 septembre par Strambaldi, p. 268 (six galères) ; en septembre par F. Bustron, pp. 356–57 (cinq galères). Cette version est confirmée par les chroniqueurs arabes : Mas-Latrie, *Histoire* 2:507. Sur l'expédition de 1424 : George Hill, *A History of Cyprus*, 4 vols. (Cambridge, 1940–52), 2:470–71 ; Robert Irwin, "Οἱ εἰσβολεῖς τῶν Μαμελούκων στὴν Κύπρο, " *Ἱστορία τῆς Κύπρου* 4:166–67.

/ [f. 2r] et venero fino à Calopsida, et preseno la zente, et abrusciorono li casali.[37]

Il Lunedi à 6 giorni de Avosto se amalò il Signor Principe de Galilea,[38] et fece la battaglia con li Saraceni, et furono occisi infiniti dall'una, et dall'altra parte, et dapoi salirono à Saline venendo fino à Damidia[39] et ammazzorono misser Zuan Gazel,[40] et ritornorono à Radippo,[41] et l'arsero, et rimasero à cena li.

El Lunedì el primo zorno de zugno del 426 de Christo venero 30 fuste de Saraceni à Limissò,[42] et assediorono il castello et à 3 giorni del detto mese preseno il castello,[43] et continuò fino à 6 giorni, et al settimo giorno si partirono de lì voltandosi verso Saline, et li trovorono el Re à Chirochitia, et desmontorono, et lì fù fatta la battaglia,[44] et furono occisi più zenti da una

---

[37] L'arrivée de la seconde expédition mamelouke est rapportée à la même date dans une note marginale publiée par Darrouzès, "Notes. III," p. 240 (40 voiles) ; Schreiner, *Die byzantinischen Kleinchroniken,* 1, n° 28/1 ; Leontios Makhairas, § 654 (50 galères) ; Amadi, p. 500 (50 voiles) ; au 4 août par Strambaldi, p. 262 (50 galères). Les chroniqueurs livrent une version plus détaillée des événements : Amadi, pp. 500–02 ; Leontios Makhairas, § 654–59 ; Strambaldi, pp. 269–71 ; Florio Bustron, pp. 357–59 ; sur cette expédition : Hill, *A History* 2:471–73 ; Irwin, "Οἱ εἰσβολῶς των Μαμελούκὴν στὴν Κύπρο," pp. 168–70.

[38] Henri de Lusignan, frère de Janus et prince de Galilée depuis c. 1406, combat effectivement un groupe de Mamelouks à Stylloi dans les jours qui suivent leur débarquement, cf. la note marginale publiée par Darrouzès, "Notes. III," p. 241 ; Schreiner, *Die byzantinischen Kleinchroniken,* 1, n° 28/2 ; Leontios Makhairas, § 654 ; Amadi, pp. 500–01 ; Strambaldi, p. 269 ; Florio Bustron, p. 357 ; Rüdt de Collenberg, "Les Lusignan," pp. 156–58 ; Gilles Grivaud, "Un état des comptes du royaume de Chypre en 1412–1413," *Bulletin de Correspondance Hellénique* 122/1 (1998), p. 400. La maladie du prince est à rapprocher de l'insolation qui frappe plusieurs soldats de sa compagnie : Leontios Makhairas, § 65 5; Darrouzès, "Notes. III", p. 241.

[39] Village disparu vers Louroukina. Gilles Grivaud, "Villages désertés à Chypre (fin XIIe–fin XIXe siècle)," *Μελέται καὶ Ὑπομνήματα* 3 (1998), 180.

[40] Jean Gazel est mentionné capitaine des Salines en 1424 par Leontios Makhairas, § 651 ; Amadi, p. 499 ; Florio Bustron, p. 356. Sa capture par les Mamelouks figure dans la chronique arabe publiée par Mas-Latrie, *Histoire* 2:509.

[41] Aradippou, où les Lusignan possédaient un manoir dès le premier quart du XIVe siècle : Mas-Latrie, *Histoire* 2:140–42, 219–20 ; l'incendie du manoir royal n'est pas relevée par les autres chroniqueurs qui indiquent, au contraire, que le prince de Galilée y passe une nuit avec ses troupes : Amadi, p. 501 ; Leontios Makhairas, § 656 ; Strambaldi, p. 269–70.

[42] C'est une flotte d'environ 150 voiles qui débarque ses contingents, le lundi 1er juillet 1426, à Linidio, entre Avdimou et Pissouri : Amadi, p. 504 ; Leontios Makhairas, § 672 ; Strambaldi, p. 277 ; Florio Bustron, p. 361 ; Darrouzès, "Notes. III," p. 241 ; Schreiner, *Die byzantinischen Kleinchroniken*, 1, n° 28/3 ; sur l'expédition de 1426 : Hill, *A History*, 2:476–86 ; Irwin, "Οἱ εἰσβολῶς των Μαμελούκὴν στὴν Κύπρο," pp. 172–75.

[43] La prise de Limassol est enregistrée à cette date par Leontios Makhairas, § 672 ; Amadi, p. 504.

[44] La bataille de Choirokoitia se déroule le dimanche 7 juillet : Amadi, p. 506 ; Leontios Makhairas, § 679 ; Strambaldi, p. 279 ; Florio Bustron, p. 363 ; Schreiner, *Die byzantinischen Kleinchroniken*, 1, n° 28/7.

parte, et dall'altra, et fu ammazzato il signor Principe di Galilea,[45] et altri cavallieri ser Iacomo de Chivides,[46] ser Bartolomio de Nasaria,[47] ser Calceran de Mortilif,[48] et molti altri, et preseno el nostro buon Re el Signor Zegno de Lusignano, et appresso di lui ser Suar l'Armiraglio,[49] et Jotin de Lusignan il bastardo,[50] et appresso tornorono à Saline, et da Saline venero à Nicosia ; et corsigiorono la città, et abbrusciorono la corte real, prendendo infinita gente.[51]

El giovedi el dicesimo giorno di Zugno del 440 de Christo intrò in Nicosia la maestà della Regina, et fù / [f. 2v] alloggiato al castello della Cittadella,[52] et il giorno de Domenica à 3 di Zugno el Re nostro Signor, et la Regina andorno à Santa Sophia, et furono maridati.[53]

Et il martidì à 13 giorni de settembrio del 1440 la ditta dama la Regina passò di questo secolo.[54]

---

45 Le décès d'Henri de Lusignan à la bataille de Choirokoitia est confirmé par Leontios Makhairas, § 685, repris par Strambaldi, p. 281 (avec confusion entre les princes de Galilée et d'Antioche).

46 Jacques de Chivides ne figure ni parmi les victimes citées par Leontios Makhairas, § 685, Strambaldi, pp. 281–282, ni parmi les membres connus de la famille Chevides : Weyprecht H. Rüdt de Collenberg, "Études de prosopographie généalogique des Chypriotes mentionnés dans les registres du Vatican 1378–1471," *Μελέται καὶ Ὑπομνήματα* 1 (1984), 577.

47 Cf. Leontios Makhairas, § 685 (σὶρ Μπερτελεμὲ δε Νεβερία) ; Strambaldi, p. 281 (Bartholomeo de Neveria) ; Rey, *Les familles*, p. 606.

48 Cf. Leontios Makhairas, § 685 (Καρὰς τε Μουντολίφ) ; Strambaldi, p. 281 (Cara de Montelif) ; Rey, *Les familles*, p. 563.

49 Selon Piero Tafur, Calceran Suarez était arrivé à Chypre à la veille de la bataille de Choirokoitia, où il y avait vaillament défendu le roi ; ce n'est qu'en 1432, après la mort de Janus, que Jean II lui octroie l'office d'amiral : Mas-Latrie, *Histoire* 2:526 ; Leontios Makhairas, § 704 ; Nicolae Iorga, "Notes et extraits pour servir à l'histoire des Croisades. IV : Documents politiques," *Revue de l'Orient latin* 6 (1898), 428 ; Florio Bustron, pp. 366, 370, 375, 384, 386, 446, le mentionne connétable en 1457–58.

50 Il s'agit du Jotin de Lusignan dont la destinée a été retracée par Jean Richard, "Des Lusignan mythiques au mythe des Lusignan : un 'petit Lusignan' au XVe siècle," dans *Les Lusignan et l'Outremer*, ed. C. Mutafian (Poitiers, 1995), pp. 251–59.

51 Sur la prise et le pillage de Nicosie, les 12–14 juillet 1426 : Leontios Makhairas, § 692–695 ; Amadi, pp. 510–13 ; Strambaldi, pp. 283–84 ; Florio Bustron, p. 367–68 ; Darrouzès, "Notes. III," pp. 242–43 ; P. Schreiner, *Die byzantinischen Kleinchroniken*,1, n° 28/8 ; Hill, *A History* 2:483–85.

52 Après le pillage et l'incendie du palais des Lusignan par les Mamelouks, la citadelle devient résidence royale : Leontios Makhairas, § 702.

53 Le mariage de Jean II et de Médéa de Montferrat-Paléologue, à Sainte-Sophie, est fixé au dimanche 3 juillet 1440 par Leontios Makhairas, § 708 ; Strambaldi, p. 288 ; Amadi, p. 517.

54 Date retenue par Leontios Makhairas, § 708 ; Strambaldi, p. 288 ; Amadi, p. 517.

Il mercor dì à 13 giorni de Febraro del 1441 de Christo venne la Maestà della Reina Helena et intrò in Nicosia, et il giovedì à 15 giorni de febraro furono mandate nel castello della cittadella.[55]

Il marte dì à 18 zorni de zugno del 443 de Christo fu rotto il campo, et poi si ritirò verso Cerines.[56]

A 29 giorni de Avosto del 434 de Christo fu fatta la giustitia de Milin,[57] et dei suoi compagni.

Nell'anno del 1330, il venerdi venendo il sabato à 11 giorni de Novembrio, il giorno della festa di San Martino descese un terribilissime fiume, et fece grandissimo danno à Nicosia et annegò infinita zente, et ruinò et destruzè molte stantie facendo grandissimo danno.[58]

Il lune dì 11 giorni di settembrio del 413 de Christo fu creato per Principe de Galilea misser Chanon de Lusignan.[59]

Il marte dì à 7 giorni de Novembrio del 415 de Christo à honor del Signor Iddio hà parturito la Regina Zarlota dui gemelli, et moritero tutti due.[60]

Il giovedì à 12 giorni de maggio del 416 de Christo per la Maistà della Regina fu fatto / [f. 3r] Principe de Antiochia misser Zuan de Lusignan.[61]

El giorno de Domenica à 24 giorni di Avosto del 1432 fu coronato el sopradetto Re Zuanne.[62]

Il giorno de Domeniga à 25 giorni de Ottobrio del 401 de Christo la madonna Margherita figliola del Re Giacomo si confinse à Napoli, et si maridò

---

55 L'arrivée d'Hélène Paléologue est fixée au 2 février 1442 par Leontios Makhairas, § 710 ; Strambaldi, p. 288 ; au 3 février par Amadi, p. 517. Le 13 février 1442 tombe un mardi.

56 Repli militaire à mettre en relation avec une expédition de corsaires catalans ou mamelouks ?

57 Il s'agit peut-être d'Antonio da Milan, chargé de réprimer la révolte paysanne de 1426 : Amadi, p. 513 ; Leontios Makhairas, § 697.

58 Cette inondation catastrophique, à des dates hésitant entre le 9 ou le 10 novembre, est décrite dans les mêmes termes à plusieurs reprises : Leontios Makhairas, § 65 ; Darrouzès, "Notes pour servir à l'histoire de Chypre. I," *Κυπριακαὶ Σπουδαί* 17 (1953), 93 ; C. N. Constantinides, R. Browning, *Dated Greek Manuscripts from Cyprus to the Year 1570* (Washington-Nicosie, 1993), p. 51 ; Schreiner, *Die byzantinischen Kleinchroniken*, 1, n° 27/1 ; Florio Bustron, pp. 254–55 ; Étienne de Lusignan, *Description de toute l'isle de Chypre* (Paris, 1580), f. 56v ; E. Oberhummer, *Die Insel Zypern, eine Landeskunde auf historischer Grundlage* (Munich, 1903), pp. 210–11. À noter que le 11 novembre 1330 tombe un dimanche et que la fête de saint Martin est célébrée le 12 novembre.

59 Cette date est généralement retenue pour le départ en Occident d'Henri de Lusignan, prince de Galilée et frère du roi : Amadi, p. 498 ; Leontios Makhairas, § 640 ; Strambaldi, pp. 265–66 ; cf. *supra* n. 45.

60 Le 7 novembre 1415 tombe un jeudi. La naissance et la mort des gémeaux est rapportée, sans date, par Amadi, p. 499.

61 Le futur Jean II, né le lundi 16 mai 1414, recevrait donc le titre de prince de Galilée à l'occasion de son second anniversaire : Amadi, pp. 498–99 ; Leontios Makhairas, § 641 ; Strambaldi, p. 266.

62 Date confirmée par : Darrouzès, "Notes. III," p. 244 ; Amadi, p. 515 ; Leontios Makhairas, § 706 (24 août 1433) ; Florio Bustron, p. 371 (24/26 août 1432).

col figliuolo del Re de Napoli il Re Anselmo.[63]

Il Lune dì à 13 giorni de Ottobrio del 1433 andò madonna Anna la figliuola del Re Zegno à Savoia.[64]

Il Lunedi à 28 giorni de Maggio del 443 de Christo fu (?) venute le (?) nove come el Conte de Zapho ser Zaco de Flurin se absentò fuor del paese.[65]

Il giorno de Domenica 19 zorni de maggio del 444 de Christo el Re fece prender ser Gales de Monteriphi e lo mandò à Cerines.[66]

Domenega alli 28 zorni de Zugno del 1444 de Christo hà parturito madonna la Rezina Helena la sua figliuola Zarlota.[67]

Venere alli 5 giorni de Zugno del 1310 de Christo fu ammazzato misser Amarico il Signor dal Suro che misser Simon de Montelif lo hà ammazzato per tradimento.[68]

---

63 Ladislas de Naples épouse Marie, fille de Jacques Ier, et non Marguerite, fille de Pierre Ier ; selon une chronique napolitaine, l'ambassade allant chercher Marie avait quitté l'Italie en décembre 1401, l'arrivée de la princesse à Naples étant enregistrée au 12 février 1402 : Mas-Latrie, *Histoire* 2:465. Le 25 octobre 1401 tombe un mardi.

64 Janus mène sa sœur Anne à Cérines le dimanche 11 octobre et embarque pour Nice le jeudi 15, selon le journal des ambassadeurs de Savoie : ibid., 3:21. Le 13 octobre tombe un mardi.

65 Jacques de Fleury, personnage politique important du royaume, possède la charge d'auditeur du royaume en 1432 ; il est cité gouverneur du royaume dans deux documents de 1438 et 1441 ; il portait déjà le titre de comte de Jaffa dans un document de février 1440 ; en conséquence, il ne pouvait quitter le royaume sans l'autorisation du roi ; sur Jacques de Fleury : Leontios Makhairas, § 704 ; Richard, *Documents chypriotes*, pp. 129–30, 142–45 ; Nicolae Iorga, "Notes et extraits pour servir à l'histoire des Croisades. IV : Documents politiques," *Revue de l'Orient latin* 7 (1900), 40 ; É. Breyer, P. Lemerle, V. Laurent, "Le Vaticanus latinus 4789. Histoire et alliances des Cantacuzènes aux XIVe et XVe siècles," *Revue des études byzantines* 11 (1951), 72–73.

66 Galesius de Montolive, évêque de Limassol, chancelier du royaume en 1440, avait été nommé archevêque de Nicosie par Eugène IV, le 18 mars 1443 ; à cette charge, il succédait au cardinal Hugues (de Lusignan) qui s'était rangé parmi les partisans de Félix V, au moment du petit schisme ; rencontrant l'hostilité de Jean II, Galesius n'avait pu prendre possession de son siège et sa relégation à Cérines semble être l'un des nombreux épisodes qui dure jusqu'au compromis de 1445, par lequel Galesius obtient l'évêché de Tarse avec les revenus des évêchés de Limassol et Pafos : Iorga, "Notes et extraits," *Revue de l'Orient latin* 6 (1898), 421 ; Louis de Mas-Latrie, "Histoire des archevêques latins de l'île de Chypre," *AOL* 2 (1884), 286–87 ; Nicolae Banescu, *Le déclin de Famagouste. Fin du royaume de Chypre. Notes et documents* (Bucarest, 1946), p. 28 ; Rüdt de Collenberg, "Études," p. 575 ; Giorgio Fedalto, "Η λατινικὴ ἐκκλησία στὸ μεσαιωνικὸ βασιλείο," *Ἱστορία τῆς Κύπρου* 4:713–715. Notons que le 19 mai 1444 tombe un mardi.

67 Le jour de naissance de Charlotte n'est pas ailleurs mentionné ; si cette date s'avère exacte, Charlotte succède à Jean II à l'âge de 14 ans.

68 L'assassinat d'Amaury est fixé au vendredi 5 juin 1310 : Amadi, p. 330 ; Florio Bustron, p. 196 ; Schreiner, *Die byzantischen Kleinchroniken*, 1, n° 26/17.

Et alli 28 giorni de Avosto del 1410 de Christo venne el Re Henrico de Armenia.[69]

Sabato l'ultimo giorno de marzo del 1325 de Christo morite el buon Re Henrico al casal de Strovilo, et fu menato à Nicosia il qual regnò anni 38 mesi nove giorni sette.[70]

Marti di alli 25 zorni de Luglio del 1490 de Christo / [f. 3v] morite la buona Regina Zarlota la consorte del Re Zegno.[71]

Venere alli 15 ziorni de zenaro del 1421 de Christo la Regina Chielvis morite, la consorte del Re Zacco, et madre del Re Zegno.[72]

Marti alli 12 zorni de Maggio del 1422 de Christo morite madonna Belle la consorte del monsignor Conte de Tripoli.[73]

Mercore alli 6 zorni de Ottobrio del 1417 de Christo à hora de vespero morite monsignor Phebo de Lusignan Contestabile del Regno fratello del Re nostro Signor.[74]

Zobia alli 17 zorni de Settembrio del 1433 de Christo morite el signor de Baruto Phebo de Lusignan bastardo.[75]

Sabato alli 4 zorni de Febraro del 1440 de Christo morite il vescovo delli

---

69 Le retour d'Arménie d'Henri II, à Famagouste, est fixé au 27 août 1310 par Amadi, p. 379.

70 La mort d'Henri II est fixée au vendredi 31 mars 1324 par Leontios Makhairas, § 63 ; Amadi, p. 401 ; Florio Bustron, p. 251. Le décompte des années de règne est conforme à ceux établis par Amadi, p. 401, et Florio Bustron, p. 252 (ms B).

71 Erreur de date évidente puisque Charlotte de Bourbon, épouse de Janus, meurt le 15 janvier 1422 : Amadi, p. 499 ; Leontios Makhairas, § 648.

72 Helvis de Brunswick, épouse de Jacques Ier, meurt le jeudi 15 janvier 1422 selon Leontios Makhairas, § 64 8; le 15 janvier 1422 tombe un jeudi.

73 Il s'agit certainement d'Isabelle de Lusignan, fille de Jacques Ier et d'Helvis de Brunswick ; pour que l'union puisse se réaliser, Jean XXIII avait accordé une dispense aux deux cousins le 19 février 1415 ; Pierre de Lusignan est cité, pour la première fois, comte de Tripoli, le 1er janvier 1432 : Mas-Latrie, *Histoire* 3:16 ; id., "Documents nouveaux servant de preuve à l'histoire de l'île de Chypre," *Mélanges historiques* 4 (Paris, 1882), p. 367 ; Rey, *Les familles*, pp. 490–91 ; Leontios Makhairas, § 704 ; Weyprecht H. Rüdt de Collenberg, "Les dispenses matrimoniales accordées à l'Orient latin selon les registres du Vatican d'Honorius III à Clément VII (1223–1385)," *Mélanges de l'École française de Rome-Moyen Âge/Temps Modernes* 89 (1977), 55–56, id., "Les Lusignan," pp. 166–67 ; Grivaud, "Un état des comptes," p. 400. Pierre de Lusignan meurt le 6 février 1451 selon J. Darrouzès, "La date et la mort d'André Chrysobergès O. P., archevêque de Nicosie et légat apostolique en Chypre," *Archivum Fratrum Praedicatorum 21* (1951), 301–02, repris dans : id., *Littérature et histoire des textes byzantin* (Londres, 1972), étude n° xix. étude n° xix.

74 Il s'agit de Philippe de Lusignan, frère de Janus, attesté connétable entre 1403 et 1412–13 : Mas-Latrie, *Histoire* 2:467, 500 ; Rüdt de Collenberg, "Les Lusignan," pp. 155–56 ; Grivaud, "Un état des comptes," p. 400.

75 Il ne s'agit pas de Phœbus, fils illégitime de Pierre de Lusignan comte de Tripoli, partisan de Charlotte qui meurt en exil, en Italie, après 1485 ; un rapprochement avec Jean de Lusignan, seigneur de Beyrouth, fils illégitime de Jean, prince d'Antioche, ou avec son fils, Janot, mentionné seigneur de Beyrouth en 1416, semble plus propice : Rüdt de Collenberg, "Les Lusignan," pp. 149–50, 173–74, 190–92.

Greci Estathio.[76]

Sabato alli 21 zorni de zenaro del 1440 de Christo hanno ammazzato, tra il Casal de Tricomo et Santo Zorzi de Spacicho,[77] Vagliantin Cappadoca,[78] et lo hanno ammazzato Zuanne et Bernardo Catalani.

Marti alli 14 de Frebraro del 1439 de Christo fo fatto vescovo delli Greci Papa Nicola.[79]

Luni alli 26 zorni de Ottobrio del 1459 de Christo intrò la contessa de Tripoli in Nicosia, et Domeniga primo zorno de Novembrio furono maridati,[80] et luni alli 6 zorni de Agosto del 1442 de Christo morì la sopradetta Contessa.[81]

Domenica primo de marzo del 1444 morite misser Phebo de Grigner.[82]

Domenica alli 8 ottobrio 1444 fo maridato el Conte de / [f. 4r] Zapho, con la madonna che vene da Morea.[83]

Sabato 8 Zugno 1448 morite madonna Cleopa figliuola del Re.[84]

---

76 L'archevêque Estathios n'est pas connu des listes épiscopales dressées par Giorgio Fedalto, *Hierarchia Ecclesiastica Orientalis* (Padoue, 1988), 2:875 sqq. ; il avait probablement succédé à Jean Galatis, intronisé le 16 février 1402, ou à son successeur, si on accepte que Galatis était décédé en 1415 : Darrouzès, "Notes. I," pp. 85, 91. La date correcte est le samedi 4 février 1441 (style du 1er mars).

77 Trikomo et Ayios Georgios Spatharikou, villages de la Messaorée.

78 La date de la mort de Vagliantin Cappadoca est confirmée par une copie d'un extrait du Livre des Remembrances de la Haute Cour de l'année 1440 : Archivio di Stato di Venezia, *Capi dei Dieci, Dispacci di rettori ed altre cariche*, busta 290, c. 72. La parenté de Vagliantin avec les autres membres de la famille Cappadoca n'est pas connue : Richard, *Le Livre des Remembrances*, n° 20 n. 1 ; Rüdt de Collenberg, "Études," pp. 627–28.

79 L'élection du pope Nicolas à l'archevêché n'est pas mentionnée ailleurs ; dans la mesure où cette élection paraît consécutive au décès d'Estathios, nous suggérons de rectifier la date au mardi 14 février 1441.

80 Une confusion s'est glissée dans le texte et il faut ramener les dates au lundi 26 octobre 1439 et au dimanche 1er novembre 1439.

81 Il s'agit du second mariage de Pierre de Lusignan, mentionné comte de Tripoli de 1432 à sa mort en 1451 : Mas Latrie, *Histoire* 3:3 ; Richard, *Documents chypriotes*, p. 80 ; Darrouzès, "Notes. IV," p. 47 ; Rüdt de Collenberg, "Les Lusignan," pp. 170–72 ; *supra* n. 72. L'identité de la comtesse n'est pas connue.

82 Sans doute Philippe de Grenier, mentionné bouteiller en 1433 et 1440 : Mas-Latrie, *Histoire* 3 : 22 ; Rey, *Les familles*, p. 670 ; Iorga, "Notes et extraits," *Revue de l'Orient latin* 6 (1898), 421 ; Banescu, *Le déclin de Famagouste*, p. 28. Sa parenté avec les autres membres de la famille ne peut être dessinée : Rüdt de Collenberg, "Études," p. 574.

83 Jacques de Fleury, comte de Jaffa, était resté veuf après le décès de sa première femme, Boulogne Le Jeune, le 6 avril 1441 : Archivio di Stato di Venezia, *Capi dei Dieci, Dispacci di rettori ed altre cariche*, busta 290, c. 72 ; à la suite de l'ambassade accomplie à Mystra pour négocier le mariage de Jean II avec Hélène Paléologue, il épouse Zoé Cantacuzène, elle aussi venue de Morée : Breyer, Lemerle, Laurent, "Le Vaticanus latinus 4789," pp. 77–80 ; Richard, *Documents chypriotes*, pp. 129–130 ; le 8 octobre 1444 tombe un jeudi.

84 Cléopa/Cléopha, fille cadette de Jean II et d'Hélène Paléologue, meurt en bas âge selon Florio Bustron, p. 373 ; Rüdt de Collenberg, "Les Lusignan," p. 199.

Mercore 8 Novembrio del 1447 morite el Conte de Rocas ser Zacco de Grigner.[85]

Luni alli 2 di Decembrio 1448 fo tagliata la testa à sier Zacco de Bologna,[86] percioche lui hà dato il castello de Curico à Caramano sabato à 26 giorni de Ottobre.

Marti alli 9 Luglio 1449 morite ser Piero Machies.[87]

Marti alli 25 de Marzo 1451 fo ammazzato Perin Cafia[88] alla Casa del Conte de Tripoli, et colui, che lo ammazzò fù il bastardo del detto Conte.[89]

Luni alli 7 Febraro del 1451 morite el Conte de Tripoli Piero de Lusignano.[90]

Venere alli 27 d'April del 1452 de Christo veneno nove, come li Zenovesi tolsenò Limisso,[91] et luni il primo di Mazo veneno nuove come li Zenovesi tolseno madonna Agnes de Vatili.[92]

Zobia alli 6 Zugno del 1439 fu fatto la union à Roma el zorno del corpus domini.[93]

Zobia alli 12 de Marzo del 1440, arrivò Mitropoliti de Rodi Anatanael à Cerines,[94] et hà portato la lettera del Papa et dell Imperator de Costantinopoli

---

85 Cette notice semble assurer que le titre de comte de Rochas passe de la famille des Morf à celle des Grenier par le mariage de Marie de Morf, dernière héritière du titre, avec Jean de Grenier : Richard, *Documents chypriotes*, p. 29 ; Rüdt de Collenberg, "Études," pp. 573–74 ; la confusion des prénoms Jean/Jacques apparaît également chez Georgios Bustron, p. 318, où est précisé que Τζακό τε Γρινιέρ, père de Morf de Grenier, est enterré à Sainte-Sophie.

86 Zacco de Bologna, mentionné à plusieurs reprises bailli à Paphos de 1438 à 1449 (dans un courrier adressé de Gênes, le 26 mars), avait probablement été envoyé à Korikos pour défendre le port asssiégé par les Turcs ; il avait rendu la place au Grand Caraman et avait été décapité, avec plusieurs de ses lieutenants, en décembre 1448 selon Florio Bustron, p. 384 ; Iorga, "Notes et extraits," *Revue de l'Orient latin* 6 (1898), pp. 395, 408–09, *Revue de l'Orient latin* 8 (1900–01), p. 50 ; Hill, *A History* 3:518–19.

87 Ce Piero Machies, inconnu des sources, appartient à la famille Mahé dont on connaît deux officiers, au XVe siècle : Thomas, capitaine de Sigouris en 1460, et Giacomo, capitaine de Pafos en 146 1; Georgios Bustron, p. 78, 108, 12 8; Florio Bustron, p. 401 ; Richard, *Le Livre des Remembrances*, n° 195 n. 4.

88 Ce Perin Cafia ne nous est par ailleurs pas connu ; le 25 mars 1451 tombe un jeudi.

89 Il s'agit de Phœbus, fils naturel de Pierre de Lusignan, comte de Tripoli, et non de Janus : Rey, *Les familles*, pp. 92, 439 ; Rüdt de Collenberg, "Les Lusignan," pp. 190–92.

90 Le décès de Pierre de Lusignan est fixé au 6 février 1451 par J. Darrouzès, cf. *supra* n. 81.

91 Sur cette expédition génoise, voir l'étude de C. Otten-Froux dans ce volume ; le 27 avril 1452 tombe un jeudi.

92 Le village de Vatili, en Messaorée.

93 L'union des Églises grecque et latine est proclamée le lundi 6 juillet 1439 : Joseph Gill, *The Council of Florence* (Cambridge, 1959), pp. 293, 296.

94 Nathanaël, métropolite de Rhodes de 1437 à 1439, faisait partie de la délégation byzantine qui avait signé le décret d'Union à Florence ; par la suite, il est chargé par Jean VIII Paléologue de transmettre une copie de la bulle d'Union à Philothée, patriarche grec d'Alexandrie ; sans doute est-ce à l'occasion de ce voyage qu'il fait escale à Chypre : Gill, *The Council of Florence*, pp. 89, 295, 323 ; Fedalto, *Hierarchia* 1:203 ; le 12 mars 1440 tombe un samedi.

per la union et alli 17 intrò in Nicosia.

Marti primo Zugno del 1451 son andati 12 galere à Namur,[95] et preseno Anemuri, et tolseno assai facultà et hanno fondato le 12 fuste del / [f. 4v] Carama, et le galie erano al commandamento del Re di Cipro cioè una galea una del Re, et una galiota piccola con el Zamberlan Thoma,[96] et do de Villa Marin,[97] et doe de Thomas Thomas, et doe de ser Zuan de Nava,[98] et do galie de Rodi, et do de monsignor Thomaso Toreglia, et un'altra de Zanico,[99] et un'altra d'un Frer di Rodi, et lo capitano della detta armata era Villa Manin, et lo Zamberlan Thoma.

Marti 29 Mazzo 1453 fu preso Costantinopoli da Atoman cioè il suo nome Maumet tu Atumano, et hanno ruinata la Galatta.[100]

Sabato 18 Avosto 1453 veneno nove come 13 galee delli Turchi veneno alla contrada de Pendaia et feceno gran danno, et presero assai zente et li ammazzorono,[101] et luni 20 Agosto andò monsignor Zanus de Montelif,[102] ser

---

[95] Cette attaque sur Anamur résulte de l'alliance passée avec les Hospitaliers de Rhodes, l'émir de Candelore et le sultan d'Égypte contre le Grand Caraman qui avait mis le siège devant Sattalie et Candelore en avril 1451 : Mas-Latrie, *Histoire* 3:55–56, 59, 64–66 ; Darrouzès, "Notes. IV," p. 43 ; Hill, *A History* 3:519–22.

[96] Thomas de La Morée, frère de lait d'Hélène Paléologue, assassiné par Jacques en 1457, avait obtenu de Jean II l'adoubement, l'office de chambellan et d'importants revenus : Florio Bustron, p. 373 ; Richard, *Documents chypriotes*, p. 157 ; Peter W. Edbury, "Οἱ τελευταίοι Λουζινιανοὶ (1432-1489)," *Ἱστορία τῆς Κύπρου* 4:198.

[97] Bernardo Villamarina, amiral d'Alphonse d'Aragon, avait été envoyé à Chypre avec une escadre de 10 voiles ; il arrive à Chypre le 15 août 1450 selon les notes publiées par Darrouzès, "Notes. IV," p. 42 ; voir aussi Hill, *A History* 3:521.

[98] Jean de Naves, officier sicilien, avait été envoyé à Chypre par Alfonse V d'Aragon afin d'aider à la défense contre les Génois ; il épouse Anne de Verny le 6 octobre 1454 : Francesco Cerone, "La politica orientale di Alfonso d'Aragona," *Archivio storico per le provincie napoletane* 27–28 (1902), 780, 786–87 ; Darrouzès, "Notes. II," p. 53 ; Edbury, "Οἱ τελευταίοι Λουγινιανοὶ," p. 198.

[99] Zanico, peut-être Janico de Candie, corsaire qui passe du service des Ottomans à celui de Venise en mars 143 0: Iorga, "Notes et extraits," *Revue de l'Orient latin* 6 (1898), 73–74.

[100] Le 29 mai 1453 tombe effectivement un mardi. L'information est relevée dans d'autres notes marginales : Darrouzès, "Notes. II," p. 52.

[101] Cette attaque est également rapportée dans des notes marginales publiées par J. Darrouzès, "Autres manuscrits originaires de Chypre," *Revue des études byzantines* 15 (1957), 133, repris dans : id., *Littérature et histoire des textes byzantins*, étude n° xii (à la date du vendredi 24 août avec une bataille à Stilliria qui coûte la vie à cent Turcs), p. 143 (20 août) ; id., "Notes. II," p. 52.

[102] Janus de Montolive, mentionné comme étant auditeur du royaume en 1452–54 et, à ce titre, chef des armées royales : Mas-Latrie, "Documents nouveaux," p. 380 ; G. Predelli, *I libri commemoriali della republica di Venezia. Regesti* (Venise, 1901), 5:83 ; Richard, *Documents chypriotes*, p. 54 ; en 1458, il est cité comme maréchal du royaume : Rey, *Les familles*, pp. 563–64 ; ce personnage n'apparaît pas dans la généalogie de la famille, sans doute à la suite d'une confusion avec un Jean de Montolive : Rüdt de Collenberg, "Études," pp. 575–77.

Ioan de Crolissa,[103] et il Zamberlan[104] con zente de arme, et andorono alincontro delli Turchi, mà non li potero trovar fino al casal de Lapito et venere 24 Avosto hanno (comenlato ?) la battaglia et per la misericordia de Dio hanno affondato le 9 fuste de Turchi, et andando misser Tomaso Belmonte (?)[105] con nobil gentilhuomini del Re et hanno ammazzato più de 180 Turchi et altri assai presero, et alli 29 Avosto furono menati a Nicosia detti Turchi.

Mercore 29 Avosto 1453 al alba del zorno fece / [f. 5r] gran taramoto in Nicosia.[106]

Sabato 9 Ottobrio del 1456 ha parturito Perina la donna della mia compagnia uno figliuolo Hettor, et lo ha nominato al batesimo Tristan, che prego Dio che li cresca la vita al mio caro fiolo.

Zobia 26 dicembrio del 1450 ha parturito la detta Perina Tiodorin mio nutrito et del 1451 e venuto la sopradetta Perina alla mia casa.[107]

Domenica alli X dicembrio 1456 arrivò monsignor il Principe di Antiochia, et filiuolo del Re de Portugallo a Salines[108] et alli 12 detto arrivò à Nicosia.

Zobia alli 15 Decembrio 1456 morite il buon ser Phebo Salaca el Practora della Secreta,[109] che Dio habbia l'anima sua in Paradiso.

Alli 14 Settembrio 1456 el zorno de Santa Croce morì ser Ioan de Nava.[110]

Alli 21 Decembrio se ha maridato il detto monsignor Principe con la figliuola del Re Zuan de Cipro.

---

103 Jean de Crolissa ou d'Acrolissa tire probablement son nom du fief d'Acrolissa dans le Carpasse ; mentionné maître de l'hôtel du roi en 1452 et 1454, il avait épousé Hélène de Grenier dont il n'avait pas eu de descendants avant sa mort (vers 1455) : Archivio di Stato di Venezia, *Capi del Consiglio dei Dieci, Dispacci di rettori ed altre cariche*, b. 290, c. 67 ; Mas-Latrie, "Documents nouveaux," p. 380 ; Predelli, *I libri commemoriali* 5:83 ; Richard, *Documents chypriotes*, p. 154 ; Rüdt de Collenberg, "Études," pp. 604–05.

104 Thomas de La Morée, cf. *supra* n. 96.

105 Malgré la lecture incertaine, on propose l'identification avec Thomas Blemist, écuyer du roi en 1441, membre de la Haute Cour en 1452, puis conseiller du roi en 1455 : Richard, *Documents chypriotes*, pp. 148–49, 155 ; id., "A propos d'un privilège de Jean II de Lusignan : une enquête sur les modalités de la mise en forme des actes royaux," *Κυπριακαὶ Σπουδαί* 50 (1986), 133, repris dans : id., *Croisades et États latins d'Orient* (Londres, 1992), étude n° xx.

106 Séisme qui n'est pas mentionné ailleurs.

107 Le 26 décembre 1450 tombe un samedi.

108 Il s'agit de Jean de Portugal, prince de Coïmbre, qui avait quitté les Pays-Bas bourguignons durant l'été 1456 : Jacques Paviot, "Les ducs de Bourgogne et les Lusignan de Chypre au XVe siècle," dans *Les Lusignan et l'Outremer*, p. 245 ; Georgios Bustron, p. 2, rapporte l'arrivée du prince en 1456, sans date précise ; le 10 décembre 1456 tombe un vendredi.

109 Ce Phœbus semble bien être le Philippe Salah qui instrumente au sein de la chancellerie entre 1432 et 1442 ; il est cité en qualité de bailli de la Secrète en 1448 et 1455, désigné *pretoris nostre secrete regalis* en 1454 : Mas-Latrie, "Documents nouveaux," p. 380 ; Predelli, *I libri commemoriali* 5:83 ; Richard, *Documents chypriotes*, p. 141 ; id., "A propos d'un privilège de Jean II," pp. 132–33 ; Rüdt de Collenberg, "Études," pp. 655–56. Le 15 décembre 1456 tombe un mercredi.

110 Jean de Naves, cf. *supra* n. 98.

Merceri a hora de mezzo giorno alli 21 Zugno 1457 morì Monsignor Principe de Antiochia misser Ioan de Coambre che pregho Dio habbia la sua anema in Paradiso, et questo fò el dì de San Zuanne.[111]

Domenica 28 Mazzo del 1457 morite el savio maestro Zacco el qual maestro Zacco zamai in Cipro più intendera, ne Ciprioto, ne forestier più savio, et più sapiente de letteri greche, et latine, ne più savio ha mesurato, che Dio habbia la sua anema in Paradiso.[112]

Sabato 25 de Zugno 1457 fu portato nuova come / [f. 5v] Aluppo de Baldaia ha fatto gran tradimenti al Re di Cipro, perche el fu messo Capitano di Bapho, et così così [*sic*] presto como monsignor Principe fu morto, lui ha messo homeni Catalani, et li nostri li hanno precipato fuorì del castello, et ha rebellato contra il Re, e preso li castelli et ha fatto un gran tradimento.[113]

Et alli 13 Luglio 1457 andò monsignor lo Appostolo con li suoi scudieri, et altri doi Ciciliani, et hà ammazzato il Zamberlan et Toma della Morea.[114]

Et l'altro zorno de April 1458 lo ditto Apostole intrò delli muri de Nicossia con 150 Catalani, et andò in casa de ser Iacomo Gurri lo maestro della casa del Re, et lo ammazzò, e messe la sua casa à sacco mano, et cusì la casa de ser Thomas Gurri suo fratel messe à saccoman et della sua figliuola, et lui partite via da una drappa, et non fu ammazzato.[115]

Et alli 17 de Marzo 1458 morì madonna la Regina Helena de Costantinopoli.[116]

El primo zorno de Ottobrio 1459 venne de Savoia Re Lois e alli 4 ditto fu maridato.[117]

---

[111] La mort de Jean de Portugal est retenue au 20 juin par le Vat. lat. 7806 A, f. 250, cité par Rüdt de Collenberg, "Les Lusignan," p. 193. Il est enterré à Saint-François selon Georgios Bustron, p. 6 ; P. d'Aveiro, *Itinerario de Terra Santa* (Lisbonne, 1593), f. 33r ; Camille Enlart, "L'ancien monastère des Franciscains à Nicosie de Chypre," dans *Florilegium Melchior de Vogüé* (Paris, 1909), pp. 215–29 ; le 21 juin 1457 tombe un mardi.

[112] Le 28 mai 1457 tombe un samedi.

[113] Cet épisode, consécutif au décès de Jean de Portugal, semble résulter de la lutte entre partis "catalan" et "génois" qui marque la fin du règne de Jean II : Edbury, Οἱ τελευταῖοι Λουγινιανοὶ," pp. 198–99. Il est inconnu de Georgios Bustron.

[114] L'assassinat du chambellan Thomas de la Morée par Jacques et les deux Siciliens (Linardos et son frère Antonis) est rapporté par Georgios Bustron, p. 8, repris par Florio Bustron, pp. 374–75 (sans date).

[115] Ce violent coup de main de Jacques contre les frères Gourri est relaté avec de nombreux détails par Georgios Bustron, pp. 16–20, repris en version plus résumée par Florio Bustron, pp. 376–77 ; la date de l'enterrement de Jacques Gourri est fixée au 1er mars 1458 par Georgios Bustron. Une pierre tombale au nom de Jacobus Urrius a été retrouvée dans l'église Saint-Nicolas de Nicosie par Louis de Mas-Latrie, *L'île de Chypre, sa situation présente et ses souvenirs du Moyen Age* (Paris, 1879), pp. 397–98.

[116] La mort d'Hélène Paléologue est fixée au 11 avril 1458 par Georgios Bustron, p. 34, et Florio Bustron, pp. 379–80.

[117] L'arrivée et le mariage de Louis de Savoie à Sainte-Sophie sont rapportés à l'année 1459, sans autres précisions, par Georgios Bustron, p. 72.

Et alli 7 ditto fu coronato.[118]

Alli 26 de Lugio 1458 morì il Re Zegno.[119]

A 1257 vene in Acre Beiomondo Principe de Antiochia, et conte de Tripoli et menò con lui la sua sorella Plasanza che era Regina de Cipro, et lo figliolo della detta Rezina che havea nome Hugo, che / [f. 6r] era herede del Reame de Hierusalem, et per il consentimento del maistro del Tempio, et del Conte de Zapho Zuan de Ibilia lui ha segnato la parte delli Pisani e delli Veneziani.[120]

A 1258 fu fatto accordo trà Beimondo Principe de Antiochia, et Balian figliuolo del Signor del Sur, et el detto Balian hà acquietato la Rezina Plasanza, et ella lui el matrimonio che fù fatto trà loro do, et hà retornato il Principe la sua sorella, et il putto à Tripoli et hanno dato il Baliazo de Acre à Ioan de Ibi lui signor del Sur,[121] et in quell'anno vennero lettere de Turchia capitano de 48 galie de Genovesi la vizilia de Santo Joan appresso Acre, et forono assorte trà Acre, et Caipha, et havevano similmente 4 nave loro hanno armato, et cusì havevano similmente 4 nave et Venetiani hanno armato, et Pisani 42 galee in Acre, et la mattina il giorno della festa de Santo Ioan se hanno afrontato le galee dei Venetiani, et delli Pisani insieme si che i Venetiani hanno rotto i Zenovesi et se el vento non fusse stà sinistro iVenetiani haverian preso tutte le galie et nave de Zenovesi et furono morti assai zente de Genovesi et alhora fu fatto patto, et accordo che Zenovesi rendessino alli Pisani le loro terre,[122] et poì furono andati a Arsur oltra mar, chi era legato in Soria et alli 25 Settembrio se hanno arrivato Patriarca de Hierusalem, et legato de tutta la Soria, et in loco / [f. 6v] del vescovo d'Acre, et Henrico figliuolo del Principe d'Antiochia fo fatto Principe de Acre.[123]

A 1264 16 Zener li Spatalioti et li Templioti hanno rotto la liga, et hanno menato assai homeni, et d'arme più de 300 et le hanno ammazzato, et assai

---

118 Date concordante chez Florio Bustron, p. 392.

119 La mort de Jean II est fixée à la même date par Georgios Bustron, p. 44, et Florio Bustron, p. 384.

120 Version conforme à celle du ms B (BN fr. 6447) des *Annales de Terre Sainte*, pp. 447–48, et à Amadi, p. 204 (qui rapporte l'arrivée à Acre de Bohémond le 1er février). Leçons différentes, mais sans précisions supplémentaires : *Les Gestes des Chiprois*, § 271 ; "Eracles", p. 443.

121 La relation du divorce de la reine Plaisance et de Balian d'Ibelin est identique à la leçon du ms B : *Annales de Terre Sainte*, p. 448, et à la version d'Amadi, p. 205.

122 En dépit de quelques erreurs de lecture de noms qui peuvent être attribuées aux copistes-traducteurs (qui n'ont pas su reconnaître Russo della Turchia comme capitaine de la flotte génoise), le récit de la guerre de Saint-Sabas est presque conforme à la leçon du ms B, *Annales de Terre Sainte*, p. 448 ; les différences portent sur le nombre de bateaux engagés dans les opérations, identiques à celui donné par la version d'Amadi, p. 205, sauf à propos du nombre de victimes génoises, le ms B avançant 1500 morts, Amadi 1700. La version d' "Eracles", pp. 443–44, diffèrente de notre texte, en reste assez proche. En revanche, *Les Gestes des Chiprois*, § 278–96, livrent un récit beaucoup plus riche.

123 Ces dernières lignes sont interpolées des annales de l'année 1263, telles qu'elles figurent dans le ms B, *Annales de Terre Sainte*, p. 451 ; l'attaque vénitienne contre Arsur y est fixée au 2 septembre, l'arrivée du patriarche Guillaume d'Agen au 30 septembre.

hanno menato bestialmente alle cose et si perse delle nostre zente personne tre sole et alli 15 di Lugio sono andate le nostre zente d'Acre alli Templieri et Hospitalieri, et Giofre de Sarzines con tutta la cavalleria de Acre per liberar Ghirando de Pichini, che li Saracini, havevano preso per tradimento à Rames, et molti delle zente non volevano rendersi che le nostre zente hanno cavalcato, et hanno arso tutta la terra, à tanto che à Scalona se hanno precipitato, et buttati alla fiumara Borin et hanno mandato corsieri a tanto che furono appresso de Scalona, et se hanno contrato doi amirai con 400 Turchi, et fu ferite le nostre zente et le nostre zente li hanno rotto, et amazzato etiam 28 Turchi et doi Amirai, et se hanno ritornato drio à Acre, et Olivier de Terremondo arrivo à Acre à 20 Settembrio et Papa Urbano murite il quarto zorno à 22 de Avosto.[124]

Iesus Maria 1590 28 Octobrio hore 2
Ego Ioannis Theupoli

2
Liste des événements datés

(* = dates corrigées en fonction des commentaires figurant dans les notes)

1257	À Acre, Bohémond VI d'Antioche prend le parti des Pisans et des Vénitiens, avec l'accord du grand-maître du Temple et de Jean d'Ibelin, comte de Jaffa.
1258	Le divorce de la reine Plaisance et de Balian d'Ibelin, seigneur d'Arsur, est officiellement déclaré ; Jean d'Ibelin, seigneur d'Arsur obtient le bailliage d'Acre.
23 v 1258	Affrontements entre les flottes génoises et vénéto-pisanes (guerre de Saint-Sabas).
ix 1263	Attaque vénitienne contre Arsur ; arrivée à Acre du patriarche de Jérusalem, Guillaume d'Agen.
16 i 1264	Les Hospitaliers et les Templiers attaquent Le Lion (al-Lajjun).
15 vi 1264*	Expédition contre Ascalon.
20 ix 1264	Olivier de Termes arrive à Acre.
2 x 1264*	Mort du pape Urbain IV.
5 vi 1310	Simon de Montolif assassine Amaury, seigneur de Tyr.
28 viii 1310*	Retour de Henri II à Chypre.
31 iii 1325	Mort de Henri II.

[124] Cette annale est conforme à la version du ms B, *Annales de Terre Sainte*, p. 451, sauf sur des points mineurs : outre l'italianisation des noms propres, on relève des erreurs de traduction (*liga* pour *Lion/Ligon*, *hanno menato bestialmente alle cose* pour *amenerent de bestiaille assés*, *15 di Lugio* pour *15 juing*, *Papa Urbano murite il quarto zorno* pour *pape Urbain le quart mourut*) ; par rapport au ms B, on note une adjonction (*buttati alla fiumara Borin et hanno mandato corsieri a tanto che furono appresso de Scalona*), en partie empruntée à Amadi, p. 207. Il convient encore de rectifier la date du décès d'Urbain IV (2 octobre 1264).

11 xi 1330	Inondations catastrophiques à Nicosie.
25 x 1401	Départ de Marie de Lusignan pour Naples.
11 ix 1413	Henri de Lusignan devient prince de Galilée.
7 xi 1415	Charlotte de Bourbon donne naissance à des jumeaux.
12 v 1416	Jean (futur Jean II) devient prince d'Antioche.
6 x 1417	Mort du connétable Philippe de Lusignan.
15 i 1422*	Mort de Charlotte de Bourbon.
15 i 1422	Mort de Helvis de Brunswick.
12 v 1422	Mort d'Isabelle de Lusignan, épouse de Pierre, comte de Tripoli.
27 ix 1424	Attaque mamelouke contre Limassol.
3 viii 1425	Expédition mamelouke en Messaorée.
6 viii 1425	Henri de Lusignan, prince de Galilée, affronte les Mamelouks.
1 vii 1426	Débarquement mamelouk vers Limassol.
3 vii 1426	Les Mamelouks prennent Limassol.
7 vii 1426	Bataille de Choirokoitia.
24 viii 1433*	Couronnement de Jean II.
27 ix 1433	Mort de Phœbus de Lusignan, seigneur de Beyrouth.
13 x 1433	Départ d'Anne de Lusignan pour la Savoie.
29 viii 1434	Exécution de Milin.
6 vii 1439*	L'Union des Églises est proclamée à Florence.
26 x 1439*	Entrée de la comtesse de Tripoli à Nicosie.
1 xi 1439*	Mariage du comte et de la comtesse de Tripoli.
12 iii 1440	Arrivée à Cérine de Nathanaël, métropolite de Rhodes.
17 iii 1440	Entrée à Nicosie de Nathanaël, métropolite de Rhodes.
10 vi 1440	Entrée à Nicosie de Médéa de Montferrat-Paléologue.
3 vii 1440	Mariage de Jean II avec Médéa de Montferrat-Paléologue.
13 ix 1440	Mort de Médéa de Montferrat-Paléologue.
21 i 1441	Assassinat de Vagliantin Cappadoca.
4 ii 1441	Mort d'Estathios, archevêque des Grecs.
14 ii 1441*	Nicolas est élu archevêque des Grecs.
13 ii 1442	Entrée à Nicosie d'Hélène Paléologue.
15 ii 1442	Hélène Paléologue est installée au château de Nicosie.
6 viii 1442	Mort de la comtesse de Tripoli.
28 v 1443	Jacques de Fleury a quitté Chypre.
18 vi 1443	Repli des armées chypriotes sur Cérines.
1 iii 1444	Mort de Philippe de Grenier.
19 v 1444	Jean II fait mener l'archevêque Galesius de Montolif à Cérines.
8 vi 1444	Mort de Cléopa, fille cadette de Jean II et d'Hélène Paléologue.
28 vi 1444	Hélène Paléologue donne naissance à Charlotte.
8 x 1444	Jacques de Fleury, comte de Jaffa, épouse Zoé Cantacuzène.
8 xi 1447	Mort de Jacques de Grenier, comte d'Édesse.

26 x 1448	Jacques de Bologne rend la place de Korikos au Grand Caraman.
2 xii 1448	Exécution de Jacques de Bologne.
9 vii 1449	Mort de Pierre Mahé.
26 xii 1450	Perina Tiodorin donne naissance à un enfant.
1451	Perina Tiodorin s'installe chez le chroniqueur.
25 iii 1451	Assassinat de Perin Cafia.
1 vi 1451	La flotte de Jean II s'empare d'Anamur.
7 ii 1452	Mort de Pierre de Lusignan, comte de Tripoli.
27 iv 1452	Les Génois capturent Limassol.
1 v 1452	Agnès de Vatili prisonnière des Génois.
29 v 1453*	Prise de Constantinople par Mehmet II.
18 viii 1453	Attaque ottomane contre Pentageia.
20 viii 1453	Les armées chypriotes partent chercher les Ottomans.
24 viii 1453	Les Chypriotes repoussent les Ottomans.
29 viii 1453	Les prisonniers ottomans sont menés à Nicosie.
29 viii 1453	Violent séisme à Nicosie.
14 ix 1456	Mort de Jean de Naves.
9 x 1456	Naissance d'Hector, fils de Perina et du chroniqueur.
10 xii 1456	Arrivée à Salines de Jean de Portugal.
12 xii 1456	Arrivée à Nicosie de Jean de Portugal.
15 xii 1456	Mort de Philippe Salah, *practora* de la secrète.
21 xii 1456	Jean de Portugal épouse Charlotte de Lusignan.
28 v 1457	Mort du lettré maître Zacco.
21 vi 1457	Mort de Jean de Portugal.
25 vi 1457	Trahison d'Alvistro de Baldaia, capitaine de Paphos.
13 vii 1457	Assassinat de Thomas de la Morée par le Postulé.
17 iii 1457	Mort d'Hélène Paléologue.
iv 1458	Assassinat de Jacques Urri par le Postulé.
26 vii 1458	Mort de Jean II.
1 x 1459	Arrivée de Louis de Savoie.
4 x 1459	Mariage de Charlotte de Lusignan avec Louis de Savoie.
7 x 1459	Louis de Savoie est couronné.

Redating the Death of King Henry I of Cyprus?

Peter W. Edbury

So first, your memory I'll jog,
And say: A CAT IS NOT A DOG.
T.S. Eliot: *Old Possum's Book of Practical Cats*

Every modern scholar who has had occasion to mention the death of King Henry I of Cyprus has dated it to the year 1253. There survive several annalistic sources, all of which are agreed on this point. Four texts, the *Estoire de Eracles*, MS B of the *Annales de Terre Sainte*, the Spanish *Anales de Tierra Santa*, and Marino Sanudo give simply the year,[1] but the late medieval Italian compilation known as the *Chronique d'Amadi* and following it, the sixteenth-century author, Florio Bustron, specify the date as 18 January.[2] Amadi also notes that he died at Nicosia, was buried at the Templar church and left a son named Hugh. All these sources are clearly related to one another and to an appreciable extent repeat the same information. Their unanimity on any particular point is therefore only to be expected. They are all ultimately derived from annals originating in the Holy Land, although the *Chronique d'Amadi*, which is written in a Venetian dialect of Italian from around 1500 and which betrays clear signs of having been translated from an earlier French text, preserves historical traditions from the kingdom of Cyprus not found in the others.

Describing the death of King Hugh III of Cyprus some three decades later, another much-used narrative from the Latin East, the *Gestes des Chiprois*, makes a specific statement about the mode of dating the year:

> Et quant vint a .xxiiii. jours dou mes de mars, que define en l'an de M et CC et LXXXIII et comense a M et CC et LXXXIIII, trespassa le tres noble roy Hugue de Lezingniau....[3]

In other words, for this author the year began on 25 March, the feast of the Annunciation of the Blessed Virgin. As is well known, it was a practice that was

---

[1] "Eracles," 2:441; *Annales de Terre Sainte*, ed. Reinhold Röhricht and Gaston Raynaud in *AOL* 2 (1884) documents, p. 445; "Las cruzadas en la historiografía española de la época: traducción castellana de una redacción desconocida de los 'Anales de Tierra Santa,'" ed. Alfonso Sánchez Candeira in *Hispania: Revista Española de Historia* 20 (1960), 364; Marino Sanudo, *Liber Secretorum Fidelium Crucis*, ed. Jacques Bongars in *Gesta Dei per Francos* (Hanau, 1611), p. 220.

[2] *Chronique d'Amadi*, in *Chroniques d'Amadi et de Strambaldi*, ed. René de Mas Latrie (Paris, 1891–93), 1:202; Florio Bustron, *Chronique de l'île de Chypre*, ed. René de Mas Latrie, Collection des documents inédits sur l'histoire de France: Mélanges historiques 5 (Paris, 1886), p. 109.

[3] *Les Gestes des Chiprois* in *RHC Arm* 2:791.

widespread in the middle ages, but it does prompt the question whether, by modern computation, Henry's death as recorded by *Amadi* occurred in the opening days of 1253, as is generally assumed, or at beginning of 1254.

It is therefore particularly unfortunate that, due to a substantial lacuna covering the years 1249–57, the *Gestes des Chiprois* does not record Henry's death.[4] There can, however, be no doubt that by the middle of the thirteenth century the Cypriot royal chancery began the new year in March. An act of King Henry I survives dated 26 February 1248 in which the king records a transaction agreed between John of Ibelin, count of Jaffa, and Archbishop Eustorgue of Nicosia. Present on that occasion was the papal legate, Odo of Châteauroux. But, as is well known, Odo, who had been active in promoting the crusade of King Louis IX in the west, had only arrived in Cyprus in September 1248 in the French king's company. The document must therefore belong to February 1249.[5] A similar argument can be applied to a Cypriot royal charter bearing the date January 1286. Here King Henry II of Cyprus endows masses for his maternal uncle, Baldwin of Ibelin the Constable, who had recently died. But from the *Gestes des Chiprois* we know that in July 1286 Baldwin had accompanied the king on his visit to Syria, and after Henry's coronation as king of Jerusalem in August that year he had remained behind in Acre as the royal *bailli*. Henry's endowment clearly belongs to the beginning of 1287.[6] Two fourteenth-century examples can serve to confirm this point. Following Henry II's return to Cyprus in late August 1310 after the death of his usurping younger brother, Amaury of Tyre, it proved necessary to issue a *remède* to regularize legal matters transacted during the period of Amaury's rule. The text of this document bears the date January 1310, but clearly January 1311 is intended.[7] Then again, King Peter I of Cyprus was murdered in January 1369, but the *remède* issued on that occasion to correct the abuses that had precipitated his death bears the date January 1368.[8]

However, as Jean Richard has shown, at least by the fourteenth century the Cypriot chancery followed Byzantine practice and began the year not on the Feast

---

4 See *Les Gestes des Chiprois*, p. 742 note a.

5 *The Cartulary of the Cathedral of Holy Wisdom of Nicosia*, ed. Nicholas Coureas and Christopher Schabel (Nicosia, 1997), no. 48, pp. 144–47); *RRH* no. 1156. For Odo's movements at this time, Jean Richard, *Saint Louis: Crusader King of France* , trans. Jean Birell (Cambridge, 1992), pp. 113–15.

6 *The Cartulary of the Cathedral of Holy Wisdom*, no. 57, pp. 160–62; *RRH* no. 1461; *Les Gestes des Chiprois*, pp. 792–93.

7 Codex vaticanus latinus 4789, fo. cclxii[v]: "a mois de Jenvier de iii[c] & x de Crist." Cf. *Bans et Ordonnances de rois de Chypre* in *RHC Lois* 2:368. For these events, see Peter W. Edbury, *The Kingdom of Cyprus and the Crusades, 1191–1374* (Cambridge, 1991), pp. 124–31.

8 Codex vaticanus latinus 4789, fo. cclxix[v]: "le mardi a xvi jours de Jenvier l'an de M.iii[c].lxviii de Crist." 16 Jan. 1369 was indeed a Tuesday. The printed text (*Bans et Ordonnances*, p. 378) is corrupt. See Jean Richard, "La révolution de 1369 dans le royaume de Chypre,", *BEC* 110 (1952), 110–11.

of the Annunciation as the *Gestes des Chiprois* would have it, but on 1 March.[9] There is ample evidence for this mode of dating. On 2 March 1328 King Hugh IV issued letters of appointment dated both by the indiction and by the year *anno domini* which taken together demonstrate that 1328 and not 1329 is indeed the year.[10] In a document dated 5 March 1363 King Peter I confirmed the privileges Henry I had given the Genoese in 1232, and, as is clear from other evidence, the king was present in Genoa on that date, making his way from Venice to the papal court at Avignon.[11] Two documents are known with the date March 1378 in which the indiction is given, thereby confirming 1378 as the year. In one of them, dated 7 March, the chancery clerk has even felt it necessary to add the significant phrase, *secundum cursum regni Cipri*.[12] Finally, as Richard has noted, Leontios Makhairas, writing of events in the 1380s, gives a clear indication that the year ran from 1 March to 28 February.[13]

To return to the 1250s. There is good reason to suppose that the practice of beginning the year on the Feast of the Annunciation or perhaps on 1 March was employed elsewhere in the Latin East at that time. For example, as Professor Hans Mayer has indicated, Julian lord of Sidon clearly followed this policy as is shown in documents from his lordship of 1256 (1257 n.s.).[14] J. Delaville le Roulx similarly suggested that John of Ibelin count of Jaffa's grants in favour of the Hospitallers and dated January and February 1256 were in fact issued at the beginning of 1257.[15] Furthermore, Mayer has pointed out that a joint meeting of the High Court of the kingdom of Jerusalem and the *cour des bourgeois* of Acre

---

[9] Jean Richard, *Chypre sous Les Lusignans. Documents chypriotes des archives du Vatican (XIVe et XVe siècles)* (Paris, 1962), p. 21, cf. p. 76; idem, "La révolution," p. 110; *idem*, "Freedom and Servitude in Cyprus and Rhodes. An Assize dating from 1396," in Benjamin Arbel, ed., *Intercultural Contacts in the Medieval Mediterranean* (London, 1996), p. 272.

[10] Louis de Mas Latrie, *Histoire de l'Ile de Chypre sous le règne des princes de la maison de Lusignan* (Paris, 1852–61), 2:140.

[11] Mas Latrie, *Histoire* 2:248–49. George Hill, *A History of Cyprus* (Cambridge, 1940–52), 2:325.

[12] Richard, *Chypre sous les Lusignans*, p. 21 (citing Louis de Mas Latrie, *Trésor de chronologie, d'histoire et de géographie pour l'étude et l'emploi des documents fu moyen âge* [Paris, 1889], col. 21); Mas Latrie, *Histoire* 2:371–72.

[13] Leontios Makhairas, *Recital Concerning the Sweet Land of Cyprus entitled 'Chronicle,'* ed. Richard M. Dawkins (Oxford, 1932), § 621. Cf. *Chronique d'Amadi*, p. 416.

[14] *Tabulae ordinis Theutonici*, ed. Ernst Strehlke (Berlin, 1869), nos. 108–11, pp. 88–91; *RRH* nos. 1253–56; Hans E. Mayer, "Ibelin *versus* Ibelin: The Struggle for the Regency of Jerusalem 1253–1258," *Proceedings of the American Philosophical Society*, 122 (1978), 48 n. 126; idem, *Varia Antiochena: Studien zum Kreuzfahrerfürstentum Antiochia im 12. und frühen 13. Jahrhundert*, *MGH* Studien und Texte 6 (Hanover, 1993), p. 31.

[15] *Cart Hosp* nos. 2845, 2853, vol. 2:833–35, 837–38; *RRH* nos. 1245–46. Cf. Peter W. Edbury, "John of Ibelin's Title to the County of Jaffa and Ascalon," *English Historical Review* 98 (1983), 127–28. *Contra*, Hans E. Mayer, "John of Jaffa, His Opponents and His Fiefs", *Proceedings of the American Philosophical Society* 128 (1984), 152–53.

ascribed in the text recording this occasion to February 1250 ought properly to be dated February 1251.[16]

If then beginning the year on either 1 March or 25 March was widespread in the Latin East, where does that leave *Amadi*'s obit for Henry I? Did our annalist follow this practice? It may seem all too obvious, but the point nevertheless needs to be stressed — and hence the quotation at the head of this paper — that an annal is not a legal document. There are no grounds for assuming *a priori* that whoever composed this entry was trained in the chancery practice of the Latin East or was in any way influenced by people who were. He may have been, but, if so, that remains to be demonstrated.

The first question therefore is to ask how the annalist drawn on by the compiler of the *Chronique d'Amadi* operated. Here the entry for 1253 provides a useful point of departure. The other annals mentioned in the opening paragraph of this discussion are very similar to one another, although not totally identical. Even so, the text found in MS B of the *Annales de Terre Sainte* will serve for purposes of comparison:

> A M et CC et LIII, fist pais le soudan de Damas a ceaus d'Egypte, et engignierent le roi de France, et li fauserent le sairement qu'il li avoient juré par pluisors fois, et vindrent cil de Damas devant Acre, et abatirent Doc et Recordane; et d'enqui alerent à Saite et la prisent, et ocirent bien viij^{c} persones, et en menerent bien iv^{c} en prison à Damas; et quant li rois ot fremee Japhe, il ala fremer la cité de Saiete, et Henris, li roys de Cippre, morut en cel an; et Nicole Larcar, archevesques de Sur, morut, et fu esleüs archevesques Gilles, qui avoit esté evesque de Damiete, et Guis de Mimars, evesques de Balfe, morut, et Gautiers, evesques d'Acre; et Heitons, roys d'Ermenie, ala as Tartars.[17]

Seemingly the most important events of the year were (1) the reconciliation of the Ayyubid sultan of Damascus with his erstwhile rivals, the Mamluk junta that had taken power in Egypt in 1250, despite the promises made to King Louis, who, as we know, was hoping to profit from the divisions in the Muslim world at that time; (2) the sultan of Damascus's military demonstration outside Acre which included destruction of the nearby mills at Doc (Da'uk) and Recordane (Khirbat Kurdana)[18] and his damaging attack on Sidon which entailed the slaughter of 800 people and the captivity of a further 400; and (3) the restoration of the fortifications at Sidon by King Louis.[19] There then follows the necrologies: King Henry, the archbishop of Tyre (and his replacement by Giles, titular bishop of Damietta),[20] and the bishops of Paphos and Acre. Finally we are

---

[16] *Abrégé du Livre des Assises de la Cour des Bourgeois* in *RHC Lois* 2:246–49; Mayer, "Ibelin *versus* Ibelin," p. 33 n. 60.

[17] *Annales de Terre Sainte*, p. 445.

[18] For Doc and Recordane, see Denys Pringle, *Secular Buildings in the Crusader Kingdom of Jerusalem: an Archaeological Gazetteer* (Cambridge, 1997), nos. 85, 133, pp. 47, 62–64.

[19] Richard, *Saint Louis*, pp. 134–39.

[20] Bernard Hamilton, *The Latin Church in the Crusader States: the Secular Church* (London, 1980), p. 266.

informed of King Hetoum I of Cilician Armenia's personal visit to the Mongol khan. By contrast the *Chronique d'Amadi* describes the same year in these words:

> El re de Franza fortificò la cità de Saeto. Morite Henrico re de Cypro, a Nicossia, a dì 18 zener, et ful sepulto al Tempio; ha lassado uno figliolo chiamato Huget. Morite Guido, vescovo di Bapho. La terra che era interdita per l'arcivescovo Hugo Pisan, per la rissa che era tra lui et el re Henrico;[21] intesa la morte del re, vene d'oltra mare et reconciliò la terra. Gatier, vescovo de Acre, morite; Nicolo Larcar, arcivescovo de Sur, morite; dapo lui fo elletto per arcivescovo de Sur Giglio, che era vescovo de Damiata. Haetonte, re de Armenia, andò alhora a li Tartari.[22]

It is immediately apparent that the emphasis is completely different. The necrologies and the king of Armenia's visit to the Mongols are still there and are sufficient to prove that the texts are related, but the events in the Muslim world and the attacks on the environs of Acre and Sidon are omitted, leaving only the reference to Louis IX's fortification of Sidon. Instead, the notice of Henry death is expanded and we are informed about the archbishop of Nicosia's interdict and its lifting. What has happened is that the annal has been re-written by someone, presumably in Cyprus, from a Cypriot standpoint. Events that are of no consequence to Cyprus are left out, and this is fully in keeping with the *Amadi* annalist's tendency to omit or compress references to the events in the Muslim world in these years; other material relating to the island is introduced.

Many of the adjacent annals in *Amadi* are far closer to those found in the *Annales de Terre Sainte* or the other related texts than the annal for 1253. In fact, for the middle decades of the thirteenth century this text has comparatively little Cypriot-related information not found in the earlier sources, although the anonymous author is alone in recording the death of Archbishop Eustorgue of Nicosia on 28 April 1250 and the death of Baldwin of Ibelin, the seneschal of Cyprus, on 21 February 1267.[23] It is only later, when dealing with the events that occurred after 1291 and in particular with the political crisis of 1306–10, that *Amadi* comes into its own as a major independent source. For the mid thirteenth century *Amadi* might therefore be described as a version of the *Annales de Terre Sainte* with a Cypriot slant. That being so, it is worth asking whether the individual pieces of information are presented in chronological sequence, and, more importantly, how all the other annalistic texts date events from other years which occurred in the period between 1 January and 25 March.

Joinville provides sufficient information to obtain a chronological framework for 1253. He indicates that Louis left Jaffa for Sidon "que li Sarrazin avoient abatue" at the end of June and arrived in Sidon to find the bodies of the slain still unburied; the French king then seems to have remained at Sidon until shortly

21 As the editor notes: "La phrase reste en suspens."
22 *Chronique d'Amadi*, p. 202.
23 *Chronique d'Amadi*, pp. 200, 208.

before his departure for the west in April 1254.[24] That would put the sultan's raid in June, and the start of Louis's sojourn in Sidon in July. If indeed the events are being recorded in chronological order, then Henry's death would have occurred after Louis took up residence in Sidon, thereby supporting the date January 1254. We have no way of establishing the precise dates of the deaths of the three bishops, although Giles, Archbishop Nicholas of Tyre's successor, was named as archbishop-elect (and so not yet enthroned) in September 1254.[25] Hethoum, however, is unlikely to have set off for Qaraqorum in the middle of winter, and the Armenian sources, while not specifying exactly when he went, agree that his departure occurred in 1253.[26] Maybe the annalist placed this event last either because Armenia lay outside his immediate field of vision or because he only learnt of its significance when Hethoum returned three years later and so added it as an afterthought. At most, the order in which the events are listed in the annal suggests that Henry could have died in 1254 rather than 1253, but by itself this argument is far from conclusive.

When we turn to the question of how the various annals date other events, which occurred in the first three months of any year, we find a striking lack of consistency. In several instances the sources place the events in the year as if it began in January. Thus in February 1250 we are told that King Louis IX's army crossed "le flun de Thenis" (the Bahr as-Seghir) and engaged the Muslims in battle at Mansurah.[27] We learn that it was in 1260 that the Mongols occupied Aleppo. (Aleppo in fact fell in January that year, its citadel surrendering the following month.[28]) In January 1264 the Hospitallers and Templars raided al-Lajjun.[29] Early in March 1268 Baybars took Jaffa,[30] and in February 1271 he began the siege of Crac des Chevaliers.[31] There are, however, a number of cases in which annalists have put events belonging to the period 1 January — 24 March with the events of the previous year in a way, which suggests that they were adopting the Feast of the Annunciation as the start of the year. For example, several narratives agree in placing the Egyptian victory over the sultan of Aleppo,

---

[24] John of Joinville, *Histoire de Saint Louis*, ed. Natalis de Wailly (Paris, 1872), caps.110–20.

[25] *Annales monasterii de Burton, 1004–1263*, ed. Henry R. Luard in *Annales monastici* (London, 1864–69), 1:368–69; *RRH* no. 1221.

[26] *La Chronique attribuée au Connétable Smbat*, trans. Gérard Dédéyan (Paris, 1980), p. 98 and n. 33; Hayton, *La flor des estoires de la terre d'orient* in *RHC Arm* 2:163–64, 296.

[27] "Eracles," p. 437; *Annales de Terre Sainte*, p. 443; *Anales de Tierra Santa*, p. 361; Marino Sanudo, *Liber*, p. 218.

[28] "Eracles", p. 444; *Annales de Terre Sainte*, p. 449; *Anales de Tierra Santa*, p. 366; Marino Sanudo, *Liber*, p. 221. For the date, Reuven Amitai–Preiss, *Mongols and Mamluks: The Mamluk-Ilkhanid war, 1260–1281* (Cambridge, 1995), p. 26.

[29] *Annales de Terre Sainte*, p. 451; Marino Sanudo, *Liber*, p. 222.

[30] "Eracles," p. 456; *Annales de Terre Sainte*, p. 453; Marino Sanudo, *Liber*, p. 223.

[31] *Annales de Terre Sainte*, p. 455; *Les Gestes des Chiprois*, p. 777; Marino Sanudo, *Liber*, p. 224.

al-Nasir Yusuf, which took place in February 1251, in February 1250.[32] Two annals specify that Bohemond V of Antioch died on 8 January 1251, although the context leaves no doubt that the year 1252 is intended.[33] *L'estoire de Eracles* and Marino Sanudo record the arrival in Acre of Bohemond VI of Antioch, his sister Plaisance and Plaisance's son, King Hugh II of Cyprus, in what proved to be a major turning point in the War of Saint Sabas on 1 February 1257, although here again the context points unmistakeably to 1258.[34] The *Annales de Terre Sainte* and Marino Sanudo indicate that Caesarea fell to Baybars on 26 January 1264. It is clear that they mean 1265 and the town in fact surrendered on 5 March of that year.[35] The *Annales de Terre Sainte* dates the start of the siege of Arsur to 21 March 1264 (1265 n.s.), but it should be noted that other sources simply give the date as 1265.[36] The *Annales de Terre Sainte* also places the battle of Benevento in February 1265, though the context demands that 1266 is understood.[37] Some entries seem to contain anomalies. For example, whereas the annals all begin their entry for 1250 with King Louis's advance in February, they end their entry for the previous year by recording a raid in Palestine led by the lord of Arsur in January.[38] Even the *Gestes des Chiprois*, the narrative that specifies that the year began in March, is inconsistent. On some occasions it appears to begin the year in January—for example when reporting the start of the siege of Arsur in 1265 or the siege of Crac des Chevaliers in 1271—but elsewhere it appears to begin the year in March: for example, the arrival of Bohemond VI in Acre in February 1257 (1258 n.s.), the battle of Benevento in February 1265 (1266 n.s.) or the death of Humphrey of Montfort on 2 February 1283 (1284 n.s.).[39]

Unlike the other annals, which incorporate the whole date into the text, the author of the text that has been preserved as the *Chronique d'Amadi* recorded only

---

32 "Eracles," p. 440; *Annales de Terre Sainte*, p. 445; *Anales de Tierra Santa*, p. 363; Marino Sanudo, *Liber*, p. 220. Robert Irwin, *The Middle East in the Middle Ages* (London, 1986), p. 28.

33 *Annales de Terre Sainte*, p. 445; *Anales de Tierra Santa*, pp. 363–64. "Eracles," p. 440, and Marino Sanudo, *Liber*, p. 220, both give the year as 1251 without specifying the actual date.

34 "Eracles," p. 443; Marino Sanudo, *Liber*, p. 220. The *Annales de Terre Sainte*, pp. 447–48, gives the date as 1257 without specifying the month. Cf. *Les Gestes des Chiprois*, pp. 743–44. See Jonathan Riley-Smith, *The Feudal Nobility and the Kingdom of Jerusalem, 1174–1277* (London, 1973), pp. 216–17, 313.

35 *Annales de Terre Sainte*, pp. 451–52; Marino Sanudo, *Liber*, p. 222. *Les Gestes des Chiprois*, p. 758, records this event as occurring in 1265.

36 *Annales de Terre Sainte*, p. 452. Cf. "Eracles," p. 450; *Les Gestes des Chiprois*, p. 758; Marino Sanudo, *Liber*, p. 222.

37 *Annales de Terre Sainte*, p. 452. Cf. "Eracles," p. 454; *Les Gestes des Chiprois*, p. 763. Other examples include the death of Archbishop Lociamus of Caesarea in 1266 (1267 n.s.) and the marriage of Haimo Le Strange in 1272 (1273 n.s.). "Eracles," p. 455; *Annales de Terre Sainte*, p. 456.

38 "Eracles," p. 437; *Annales de Terre Sainte*, p. 443; *Anales de Tierra Santa*, p. 361; Marino Sanudo, *Liber*, p. 218.

39 *Les Gestes des Chiprois*, pp. 790–91.

the day and the month as part of his narrative account (as in the entry for 1253 quoted in full above), with the year appearing simply in the margin. Even so, he repeated several of the events mentioned in the previous paragraph in such a way as to leave no doubt that he was drawing on common material. But as has been seen, his sources were decidedly wayward when it came to pinpointing when the year began and so provided no coherent guide. None of the annals appears to follow any coherent or consistent pattern. So when the *Amadi* author introduced additional material, such as the date of King Henry I's death, there would be no certainty as to which practice he would follow. He found a report of the king's death in the version of the annals that formed the basis for his history and re-wrote it to include the precise date and some other details which he had obtained from some other source. Accordingly the question whether Henry died in January 1253 or January 1254 cannot be established for certain from internal evidence alone, even if the balance of probability points to 1254.

So if internal arguments from the annals do not admit a satisfactory solution, what about the evidence of other sources? Placing Henry's death in January 1254 would be convenient for various reasons. In the first place, it would solve a chronological problem signalled a number of years ago by Professor Hans Mayer. There is in existence a charter issued by King Henry dated October 1253, several months after the supposed date of his demise.[40] Mayer is confident that the text is authentic and well-preserved, and he proposed that the date had been wrongly transmitted as a result of scribal error, suggesting that it should in fact be attributed to 1252.[41] But if Henry died at the beginning of 1254 the need to assume that a mistake had been made disappears and the integrity of the charter is vindicated. Another problem that redating Henry's death would seem to solve is one originally noted by Louis de Mas Latrie and commented on further by Sir George Hill.[42] Almost immediately after recording Henry's death, *Amadi* reports that Archbishop Hugh Fagiano of Nicosia had previously placed Cyprus under an interdict as a result of a quarrel with the king, and after his death he had returned from overseas and "reconciliò la terra." But papal letters dated 30 March 1254 have Pope Innocent IV assigning the revenues of the diocese of Nicosia to the patriarch of Antioch, something that would have been unthinkable had the archbishop then been resident in his see.[43] Clearly in March 1254 Archbishop Hugh was not yet back in Cyprus, although in July of that year the pope was making alternative provision for the patriarch. The implication could well be that Hugh was now back and the pope's earlier instructions had therefore to be set

---

[40] *Tabulae ordinis Theutonici*, no 105, pp. 84–85; *RRH* no. 1208.

[41] Hans E. Mayer, *Das Siegelwesen in den Kreuzfahrerstaaten* (Munich, 1978), p. 66 n. 192; cf. idem, *Die Kanzlei der lateinischen Könige von Jerusalem*, Schriften der *MGH* 40 (Hanover, 1996), 2:680.

[42] Hill, *History of Cyprus* 3:1057 n. 3.

[43] *Chronique d'Amadi*, p. 202. For the papal letters, Innocent IV, *Registres*, ed. Elie Berger (Paris, 1881–1921), nos. 7393–96.

aside.[44] If indeed Hugh returned to Cyprus soon after Henry's death, having the king die in January 1254 and not 1253 would seem more plausible in the light of the pope's interventions. One of Pope Innocent's letters of 30 March 1254 is addressed to an unnamed king of Cyprus.[45] The pope could, of course, have been addressing the infant heir to the throne, King Hugh II, but that is unlikely, especially as there are no other papal letters addressed to the young king who was die in 1267 without having reached his majority. It would seem more likely that the pope was addressing King Henry and that at the time the papal chancery was unaware of Henry's death ten weeks previously. We have in fact to wait until 18 January 1255 before we find independent evidence, again in a papal letter, that the king was indeed dead.[46]

Amadi's story of Hugh of Fagiano could, if it is accepted at face value, prove decisive. According to *Amadi*, the king and the archbishop had quarrelled; Hugh placed the kingdom under an interdict, and then, on Henry's death returned from overseas and lifted it. In other words, Hugh was absent from Cyprus at the time of Henry's death. As we have just seen, the sequence of papal letters would indicate that Hugh was away from Cyprus in March 1254, but was back by the following July. But there is also evidence to show that he was in Nicosia in June 1253, in which case it is possible that his quarrel with the king and the beginning of his absence from Cyprus only occurred after that date. What is more, this piece of evidence consists of the archbishop issuing an order threatening excommunication against any individual "whoever he might be" (*quicumque fuerit ille*) and his accessories who should disrupt divine service.[47] It could be that this order represents a move in an escalating dispute between the king and the archbishop and that Hugh's interdict as recorded by *Amadi* was then imposed when the threat of excommunication proved insufficient. But even if the threatened excommunication had nothing to do with the archbishop's relations with the king, it could still be argued that Hugh absented himself from Cyprus at some point between June 1253 and March 1254 and so was away when the king died — on 18 January 1254.

It is time to draw some conclusions. Having Henry die a year later than is generally supposed is in itself of no particular significance, although it could have implications for our understanding of the politics of a period for which the evidence is comparatively limited. What this discussion does highlight, however, is the need for a far greater analysis of this group of annals, which together constitute a major element in the sources for the history of the Latin East in the middle years of the thirteenth century. Questions such as how they are related to each other and how and when they were composed deserve serious consideration. It is important to know how far the annals were originally composed close to the

44 Innocent IV, *Registres*, no. 7873.
45 Innocent IV, *Registres*, no. 7395.
46 *The Cartulary of the Cathedral of Holy Wisdom*, no. 90, p. 177.
47 *Cartulary of Nicosia*, no. 29, pp. 115–16.

date of the events themselves and which passages should be seen as later interpolations. Only then can a critical understanding of the material be obtained. Relying on information for these sources without first considering their mode of composition and their general reliability is perilous.

Non-Chalcedonian Christians on Latin Cyprus

Nicholas Coureas

In this article I shall attempt to trace the history and presence of non-Chalcedonian Christians on Cyprus during the Lusignan and Venetian periods. There are various difficulties involved in doing this. One is the paucity of the source materials, another the fact that it consists of isolated references which cannot be easily interwoven. An additional difficulty is the fact that the surviving contemporary evidence of their presence on Cyprus comes not from members of these sects, but from others writing about them, such as the Greek chronicler Leontios Makhairas, writing in the fifteenth century, or various popes of the thirteenth and fourteenth centuries. A significant problem is caused by the fact that the confessional divisions on Latin Cyprus did not always correspond to national ones. The Latins were invariably Roman Catholics. The Greeks were Orthodox, but from 1260 onwards they were mainly Greek-rite Catholics, with a few going over to the Latin rite, although by and large they continued to identify themselves with the Orthodox church. The Syrians included Orthodox Melkites, Jacobites, Nestorians, Maronites and even Latin-rite Catholics in their ranks, while the Armenians on Cyprus, while officially recognising the jurisdiction of Rome, may well have been Monophysite, as will be discussed below. The issue is complicated further by the fact that some of the non-Chalcedonian Christians had, ostensibly at least, submitted to Rome by the end of the thirteenth or the mid-fourteenth centuries. Whether these submissions were genuine or not will also be discussed below. For the purposes of definition, one can safely state that the non-Chalcedonian Christians on Latin Cyprus included the Nestorians, the Jacobites, who were Syrian Monophysites, those Maronites who had remained Monothelite and had not submitted to the jurisdiction of Rome, Armenian Monophysites and Egyptian Monophysites, referred to as Copts in the contemporary sources.

Of these various groups, the earliest extant references concern the Armenians. The anonymous French Continuation of the Chronicle of William of Tyre refers to Armenians serving in the armies of the self-proclaimed emperor Isakios Komnenos, which opposed King Richard's invasion of Cyprus in 1191.[1] The Armenians' confessional allegiance is not specified, but they were most probably Monophysite like most of their countrymen. It is possible that they belonged to the small group of Armenians who had embraced Orthodox Christianity, the so-called Tarchaniotae, but this is very unlikely. The Armenians of Cyprus are also mentioned by the German chronicler Wilbrand of Oldenburg, who visited Cyprus

1 *Cont. WT*, pp. 118–19.

in 1211 and stated that the Armenians and Greeks lived in wretched conditions and obeyed the Latins in all things like serfs.[2]

The first mention of Jacobites, Maronites and Nestorians on Cyprus is datable to 20 January 1222, when Pope Honorius III wrote to the archbishop of Caesarea, the bishop of Acre and the treasurer of Caesarea and informed them of the complaints he had received from Eustorge, the Latin archbishop of Nicosia, about the insubordination shown towards the Latin church by the Syrians, Jacobites, Nestorians "and certain others."[3] The Syrians referred to were Orthodox Melkites, and so were Chalcedonians. Both Nestorians and Jacobites, however, were non-Chalcedonian, while the "certain others" were almost certainly Maronites, since the rubric of this letter explicitly mentions them, although they are not included in the text of the letter itself. The letter's importance rests in showing us that Nestorians, Jacobites and Maronites were all resident on Cyprus in the early thirteenth century and had not acknowledged the jurisdiction of the Latin church. They were described as "wandering around like headless persons, maintaining their ancient sects and errors."

George Hill refutes the idea that the Jacobites submitted to Rome in 1237. He states that the Nestorians submitted in 1288, but in neither case does he cite primary evidence.[4] In July 1246 Pope Innocent IV appointed the Franciscan friar Lorenzo of Portugal as his emissary to the eastern Mediterranean, with full legatine powers, and instructed him in writing to promote relations between the church of Rome and the various denominations of eastern Christians. Among them are mentioned not only the Greeks, but also the non-Chalcedonian Jacobites, Nestorians and Maronites. The instructions encompassed members of those non-Chalcedonian confessions living on Cyprus, which was included among the lands mentioned in the pope's letter.[5] Lorenzo's mission seems not to have succeeded in its long-term aims and there is no evidence of his having visited Cyprus in person. Nonetheless relations between the papacy and the Jacobites of Latin Syria improved markedly for a time as a result of his overtures. This improvement of relations had consequences for the Jacobites in Cyprus also, for our first mention of a Jacobite bishop of Cyprus, in 1264, comes from the account of the election of the Jacobite patriarch Ignatius III in the same year.[6] The fact that the Cypriot Jacobites had their own bishop represented a retreat from the demands for them to be subordinated to the Latin clergy, expressed in 1222 by Pope Honorius III. This bishop's appointment must have taken place with the consent of the Lusignan

---

2 *Wilbrandi de Oldenburg Peregrinatio*, in *Excerpta Cypria*, tr. Claude D. Cobham (Cambridge, 1908), p. 13.

3 *The Cartulary of the Cathedral of Holy Wisdom of Nicosia*, ed. Nicholas Coureas and Christopher Schabel (Nicosia, 1997), pp. 123–24, no. 35.

4 George Hill, *A History of Cyprus*, 4 vols. (Cambridge, 1940–52), 4:1045–46, n. 4.

5 Innocent IV, *Acta Innocentii IV*, ed. Theodosyj Haluškynskyj and Meletius Wojnar, *PCRCICO* 4.1:73–74.

6 Bernard Hamilton, *The Latin Church in the Crusader States: The Secular Church* (London, 1980), pp. 352–54.

crown, the papacy and the archbishop of the Latin church of Cyprus, and so the Jacobites of Cyprus must have recognised the jurisdiction of the Roman church by the mid-thirteenth century.

Another Franciscan, the famous Catalan preacher Raymond Lull, sojourned on Cyprus between August and December 1301. He asked King Henry II of Cyprus if he could preach in the harbour-town of Famagusta, with its racially and confessionally mixed population, to the Jews, the Muslims and the non-Latin Christians. Among the latter explicit mention is made of the Jacobites and the Nestorians.[7] The king refused Lull's request, possibly fearing that his preaching might spark off sectarian unrest in the kingdom's main port. The specific reference to both Jacobites and Nestorians as non-Latin Christians indicates that neither denomination was regarded as being in communion with Rome. The Nestorians did not submit to the jurisdiction of the Roman church until 1445, as will be seen below, and then only temporarily. As for the Jacobites, those of Syria and Palestine drifted apart from the Latin Christians during the second half of the thirteenth century.[8] A similar development may have occured on Cyprus, for by 1326, as will be seen below, Pope John XXII regarded the Cypriot Jacobites as heretics. Lull's correspondence also shows that Jacobites and Nestorians were resident in Famagusta. Given the eastern origins of these non-Chalcedonian Christians, it was natural for them to reside in the Cypriot harbour-town opposite the Syrian coast and their presence in Famagusta is mentioned several times in contemporary letters and accounts of the fourteenth century. There were Maronites also resident in this seaport and in the fourteenth century they had a church there dedicated to St Anne.[9]

As regards ecclesiastical organisation, the Nestorians may have had a bishop on Cyprus subject to the metropolitan of Tarsus, who was in turn subject to the Nestorian patriarch of Baghdad.[10] As regards the ecclesiastical organisation of the Jacobites on Cyprus, they had a bishop who was subject to the jurisdiction of the Jacobite patriarch in Syria or Palestine.[11] According to Le Quien, there were Jacobite bishops on Cyprus during the later Lusignan and early Venetian periods, and he mentions two of them, Athanasius II in 1457 and John Metochites in 1536.[12] Both Jacobites and Nestorians attracted the attention of the Roman church more than did the Maronites and Armenians. Some of the Maronites in Latin Syria

[7] Girolamo Golubovich, *Biblioteca della Terra Santa e dell' Oriente francescano*, 5 vols. (Quarrachi, Florence, 1906–27), 1:368–69; Jean Richard, *La Papauté et les Missions d'Orient au Moyen Age, XIIIe–XVe siècles* (Rome, 1977), p. 42, n. 96.

[8] Hamilton, *The Latin Church*, p. 354.

[9] Hill 2:3–4; Camille Enlart, *Gothic Art and the Renaissance in Cyprus*, tr. and ed. David Hunt (London, 1987), pp. 274–80.

[10] *Epistolae pontificae ad Concilium Florentinum spectantes*, ed. Georg Hofmann (Rome, 1946), nos. 283, 302; Hill 2:4.

[11] Hamilton, *The Latin Church*, pp. 352–54.

[12] Cited in John Hackett, *A History of the Orthodox Church in Cyprus*, tr. and ed. Kh. Papaioannou, 3 vols. (Athens, 1923, Piraeus, 1927–33), 3:69.

had acknowledged the jurisdiction of the Roman church as early as 1181,[13] while the royal family of the kingdom of Cilician Armenia and part of the Armenian nobility had embraced the Roman confession, albeit for reasons of political expediency, in the late twelfth and early thirteenth centuries.[14] The Jacobites and Nestorians, however, including those on Latin Cyprus, appear to have maintained their non-Chalcedonian beliefs well into the fourteenth century and beyond.

Their constancy in refusing to acknowledge the jurisdiction of the Roman church after well over a century of Latin rule on Cyprus is to be found in a letter of Pope John XXII of 1 October 1326, addressed to Patriarch Raymond of Jerusalem.[15] The titular patriarchs of Jerusalem were resident on Cyprus in the fourteenth century, following the fall of Acre to the Muslims in 1291, and in his letter to Raymond the pope specifically mentioned the Jacobites and Nestorians resident on Cyprus. He stated vehemently that they were the sons of iniquity, whose wicked sects had been condemned in former councils of the church, but that it had come to his notice that they were propagating their ancient heresies and errors on Cyprus. The pope went on to state that the Nestorians attributed two persons to Jesus Christ and considered him to be the adoptive son of God, while the Jacobites believed that Jesus Christ had only one nature; in other words they were Monophysites. Pope John XXII explicitly stated that both confessions had their own distinct churches on Cyprus in which they preached their errors and heresies. The patriarch of Jerusalem was enjoined to do everything in his power to combat and extirpate these heresies by imposing ecclesiastical penalties against their adherents. The pope wrote a similar letter to King Hugh IV of Cyprus, asking him to assist the patriarch in this task. The pope's letter is important not only in showing us that the Nestorians and Jacobites on Cyprus continued to reject the jurisdiction of the Roman church well into the fourteenth century, but also in mentioning that both groups had their own distinct churches and therefore some form of ecclesiastical organisation.

The effort to bring the Nestorians and Jacobites doctrinally in line with the teachings of the church of Rome, as well as the Chalcedonian Greeks also mentioned in the pope's letters of 1326, was undertaken on Cyprus by the Latin archbishop Elias of Nabineaux. In 1340 this archbishop of Nicosia, along with the Latin suffragan bishops of Paphos, Limassol and Famagusta, summoned a church council in Nicosia, to which the representatives of all the non-Latin churches on Cyprus, Chalcedonian or non-Chalcedonian, were summoned.[16] There is a specific reference to a certain Brother George, bishop of the Maronites, and to a Brother Gregory who was the bishop of the Armenians, although one wonders

---

[13] Hamilton, *The Latin Church*, pp. 208–11, 332–34.

[14] Sirarpie Der Nersessian, "The Kingdom of Cilician Armenia," in *A History of the Crusades*, gen. ed. Kenneth M. Setton, 6 vols. (Philadelphia, Madison, 1955–89), 2:646–48.

[15] *Acta Iohannis XXII*, ed. Aloysius L. Tautu, *PCRCICO* 7.2:176–77.

[16] *Constitutiones Nicosienses* in Mansi, *Concilia* 26:371–79.

whether the order of these names should be reversed. A letter of Pope Clement VI of 1344 refers to an Armenian bishop on Cyprus called George Noreghes. He had been appointed to his office by the Latin archbishop, Helias of Nabineaux, and he acknowledged the jurisdiction of the Roman church.[17] The Armenians on Cyprus seem in general to have accepted the jurisdiction of the Roman church. Their impoverished church of St Mary of Vert in Famagusta received financial aid from the Latin bishop of Famagusta from 1317 onwards, while as early as 1311 Pope Clement V had enjoined Christians in general to visit this church.[18] But not all Armenians on Cyprus had submitted to Rome. The Armenian chronicle of Samuel of Ani refers to Armenian Monophysite monks exiling themselves to Cyprus in c.1310 because they disagreed with the attempts of King Oshin of Armenia to impose new ecclesiastical rites on them, the new rites doubtless being those of the Roman church.[19] The monks in question embarked on a galley and sailed to Cyprus, where most of them remained, something which suggests that the Armenian Monophysite church may have had property on Cyprus.

The Nestorian and Jacobite clergy present at the council of 1340 are mentioned, but their names are not given and they are simply referred to as rectors. The articles of the Roman Catholic faith were translated and explained to the prelates of the non-Latin Christian confessions and it was accepted that their customs and rites could differ from those of the Latin Christians so long as they acknowledged the truth of these articles. The names and respective functions of the translators are specifically mentioned. John Mahes, the senior canon of the church of Tarsus in Cilician Armenia, is mentioned as having interpreted the articles of the Roman Catholic faith for the Maronites, Jacobites and Nestorians, while the priest Peter of Ascalon interpreted them for the Armenians. According to the published statutes of the council all the non-Latin prelates accepted the articles of the Roman Catholic faith which had been explained and translated to them, voluntarily and devotedly, and without having been subjected to any intimidation.[20] Much preparatory work must have been undertaken by the Latin archbishop Helias prior to convening this council, for in May 1338, two years before it commenced, Pope Benedict XII sent him a letter in which he praised his sollicitude in attracting the Greeks, Armenians, Jacobites and other eastern nations into communion with and obedience to the Roman church.[21]

There is no evidence to show that the acceptance of Roman doctrine declared by non-Latin prelates at the council of Nicosia in 1340 was of a lasting nature. A letter of Pope Urban V of 29 May 1368 addressed to Raymond of La Pradelle, the Latin archbishop of Nicosia, strongly suggests the opposite.[22] The pope informed

---

17 *Acta Clementis VI*, ed. Aloysius L. Tautu, *PCRCICO* 9:68–70.

18 *Acta Clementis V*, ed. Aloysius L. Tautu, *PCRCICO* 7:77–78; John XXII, *Acta*, pp. 11–12.

19 Samuel of Ani, *Chronicle* in *RHC Arm* 1: 466–67.

20 *Constitutiones Nicosienses*, cols. 372, 376.

21 *Acta Benedictii XII*, ed. Aloysius L. Tautu, *PCRCICO* 8:43–44.

22 *The Cartulary of the Cathedral of Holy Wisdom*, pp. 312–14, no.131.

Raymond that King Peter I of Cyprus, who was in Europe at the time, had complained to him about many noble and non-noble women of Nicosia, who orally professed themselves to be Roman Catholic but acted in a manner contrary to the Roman Catholic faith. The women in question were visiting the churches of Greeks and schismatics in order to hear the divine offices celebrated in accordance with the rites of those opposed to the precepts of the Roman church, to the detriment of the faith and its practitioners in the east. This letter does not unfortunately specify which eastern Christian confessions the `schismatics' in question belonged to. It is, however, reasonable to infer that among them were included the Nestorians and Jacobites, and possibly the Armenians and Maronites also.

The Roman church was not the only church on Cyprus seeking to extend its jurisdiction over non-Chalcedonian Christians. In March 1365 Pope Urban V wrote a letter to Raymond of la Pradelle in which he referred to the dispute which had occurred in the Latin diocese of Famagusta between the Latin bishop of the city and the bishop of the Greeks of the Karpass peninsula, a certain Hilarion.[23] In February 1321 Pope John XXII alluded to a dispute whereby the bishops of the Greeks, Hilarion among them, had maintained that according to the terms of the *Bulla Cypria* of 1260, they, the Greek bishops, had jurisdiction over the Syrians of Cyprus, who followed the Greek rite.[24] As pointed out above, some Syrians called Melkites indeed followed the Greek rite and this may have impelled the Greek bishops to claim jurisdiction over all the Syrians, even those who adhered to non-Chalcedonian Christianity. Bishop Baldwin of Famagusta opposed the claims of Hilarion, and when the case was brought before Patriarch Peter of Jerusalem, who at that time was also bishop of Rodez and papal legate to the east, Peter passed judgement in Baldwin's favour. The Greek clergy of Famagusta, however, did not accept this judgement, and sometime before 1365 a certain John, bishop of the Greeks of Famagusta and a successor of Hilarion, brought the matter up again with Leodegard, the Latin bishop of Famagusta. The case was now brought to the attention of Patriarch Peter of Constantinople, then also bishop of Coron and papal legate in the east, who again pronounced judgement in favour of Leodegard, the Latin bishop. Pope Urban V ordered Archbishop Raymund to ensure that this judgement was firmly adhered to; if necessary the archbishop was to summon the help of the secular arm to this end.[25] Both the letter of Pope John XXII and that of Pope Urban V are important in showing us the heavy concentration of Syrians in the city and diocese of Famagusta, while Pope Urban's letter is particularly significant on account to its reference to "Syros seu Sorianos" which must mean Syrians or Nestorians, including therefore not only Melkite Syrians but also those of non-Chalcedonian confessions.

---

[23] *Les Registres d'Urbain V, lettres communes*, ed. Marie H. Laurent et al., 12 vols. (Paris, 1954–86), no. 15019.

[24] John XXII, *Acta*, pp. 72–75.

[25] *Registres d'Urbain V*, no. 15019.

Evidence for the concentration of the non-Chalcedonian Christians in the city and diocese of Famagusta, as well as for their particular rites and customs, is provided by the writings of the Augustinian friar James of Verona, who visited Famagusta in June 1335, arriving there after a difficult crossing from Crete. James makes specific reference to the numerous Christian congregations living in Famagusta, but he also discusses the extent to which they diverged in rites and doctrine from the teachings of the Roman church. The Chalcedonian Greeks were specifically mentioned as rejecting unleavened communion bread and the procession of the Holy Spirit from the Son as well as from the Father. The non-Chalcedonian Jacobites are mentioned as practising circumcision, as performing the sacrament of baptism after the Greek manner and as following the Greek offices and rites. The Armenians are described as having the same offices as the Roman church, but celebrated in the Greek language. The Maronites and Georgians are described as performing baptism after the manner of the Latins, but as practising the Greek rite. The Nestorians, specifically mentioned as having originated from Nestorius, were said to believe that Christ was simply a man. They celebrated the divine offices in the Greek language, but they did not follow the Greeks in matters of doctrine, keeping to their own rites.[26]

James of Verona's testimony is important for two reasons. According to his description, the Christian denominations, other than the Greek, specifically mentioned as diverging doctrinally from the church of Rome with respect to unleavened communion bread and the procession of the Holy Spirit, were the Jacobites and the Nestorians. The Armenians followed the Latin rites, simply celebrating them in Greek instead of Latin, while the Maronites and the Georgians were baptised after the Latin manner but followed the Greek rite. From James's account it would appear that the Armenians, Georgians and Maronites were all in agreement with Rome doctrinally and accepted the jurisdiction of the Roman church, while continuing to maintain the Greek language or Greek rites for purely liturgical purposes. Indeed their use of Greek may caused the Greek Orthodox monk Nikephoros Bryennios to mistake them for Greeks when he visited Cyprus early in the fifteenth century and was perhaps the reason why he accused the Greek church on Cyprus of being influenced by Christian heretical denominations, as will be discussed in detail below.

In discussing the Nestorians of Famagusta, one can hardly pass over the fabulously rich Nestorian merchants, the brothers Sir Francis and Sir Nicholas Lakha. According to the fifteenth-century Cypriot chronicler Leontios Makhairas, Sir Francis Lakha frequently entertained King Peter I at his house in Famagusta, giving his royal guests pearls at the end of the meal instead of dessert. According to Makhairas, he also built the Nestorian church of Famagusta, which was later known among the Greeks as the church of "Ayios Georgios Xorinos" or St George

---

[26] Reinhold Röhricht, "Le pèlerinage du moine augustin Jacques de Vérone," *Revue de l'Orient latin* 3 (1895), 175–78.

the Exiler.[27] Camille Enlart describes this church in detail, observing that its belfry arcade is similar in some respects to those of churches in the Hautes Pyrenées and Toulouse, while the *voussoirs* of the sanctuary are alternately in white and red limestone, a decoration reminiscent of Italy.[28] This description indicates that the Nestorian community of Famagusta, unlike its Armenian counterpart in the early years of the fourteenth century, was wealthy and could afford to construct churches which incorporated European stylistic features, possibly executed by artists and stone-masons originating from western Europe. R.M. Dawkins puts forward the interesting suggestion that the name Lakha may have originated from the Arabic *kohel*, meaning kohl.[29] Kohl was widely used on Cyprus as an eye cosmetic, and the surname of the Lakha brothers may have derived from their trade in kohl. Sir Francis Lakha had two sons, but following the Genoese capture and sack of Famagusta in 1373–74 both appear to have fallen on hard times. One of them, called George, ended his days as an impoverished bell-ringer at the Hospitaller house in Nicosia, while the other, Joseph, became an itinerant sweet-seller.[30]

The Constantinopolitan monk Nikephoros Bryennios, mentioned above, visited Cyprus in 1405 to examine the request expressed by the Greek clergy of the island for reunion with the oecumenical patriarchate of Constantinople and the Orthodox church in general. Among the arguments he put forward against the proposed reunion, in 1412 in the cathedral of the Holy Wisdom in Constantinople, was his assertion that in performing the ecclesiastical sacraments the Greek clergy of Cyprus followed not only the customs of the Latin rite, but also those of the numerous groups of heretical Christians scattered throughout the island.[31] This constitutes an explicit reference to non-Chalcedonian Christians on Cyprus. The Latin Christians were not, formally at any rate, regarded as heretics because they had not been officially condemned as such by an oecumenical council of the Orthodox church. Therefore Bryennios's reference to the numerous heretical sects scattered throughout Cyprus must point to the Nestorians and Jacobites, and possibly to the Armenians and Maronites as well. His observation of these sects being scattered around the island is also significant, for it shows that even if the greatest concentration of such groups was in the city and diocese of Famagusta, they were nonetheless present throughout the island. Bryennios also stated that unlike the Greeks of Cyprus, the Latin Christians and the other heretical Christians on Cyprus had maintained their doctrines and rites unaltered by the passage of time. If this were indeed the case, it means that the non-Chalcedonian Christians like the Nestorians and Jacobites, and possibly the Monothelete

---

27 Leontios Makhairas, *Recital concerning the Sweet Land of Cyprus entitled 'Chronicle,'* ed. Richard M. Dawkins, 2 vols. (Oxford, 1932), 1:82–87; 2:91–93.

28 Enlart, *Gothic Art*, pp. 280–86.

29 Leontios Makhairas, 2:91.

30 Leontios Makhairas 1:86–87.

31 Hackett, *A History of the Orthodox Church*, 1:186–96.

Maronites, had not in practice made any concessions towards the church of Rome, despite the efforts undertaken by Pope Honorius III in 1222, Pope Innocent IV in 1246, Pope John XXII in 1326 and Archbishop Elias of Nabineaux in 1340 to bring them into line with Roman Catholic doctrinal teaching.

On 7 August 1445 the Roman church won what was at first sight a resounding success in its relations with the non-Chalcedonian denominations on Cyprus, when the Nestorians and Jacobites of the island formally acknowledged its jurisdiction. From the contents of the letter of Pope Eugenius IV celebrating this union it appears that the Maronites of Cyprus, despite James ofVerona's allusion to their performance of baptism after the Latin manner, continued following the Monothelite heresy of Macarius, the seventh-century patriarch of Antioch condemned in the course of the Third Oecumenical Council of Constantinople. But now both the Cypriot Maronites and Nestorians, henceforth referred to as Chaldeans in the pope's letter so as to dissociate them from the heretic Nestorius, now accepted the jurisdiction of the Roman church.[32] This had come about as a result of the journey undertaken to Cyprus by the Uniate Greek archbishop of Rhodes, Andreas Chrysoberges. After the Council of Florence, in the course of which the Armenians, Jacobites and Mesopotamian Christians had accepted papal jurisdiction, the pope had sent Archbishop Andreas to Cyprus so that by preaching to the Greeks, Armenians and Jacobites resident on the island and by showing them the decree of union he might secure their allegiance to Rome. The Uniate archbishop does not appear to have succeeded in winning over any of the above groups. The non-Chalcedonian Jacobites seem to have remained staunchly Monophysite, while one wonders why the Greeks, who had formally accepted papal jurisdiction as far back as 1260, and the Armenians, described by James of Verona as following the Latin rites and offices, needed to be preached to at all. Nonetheless, Archbishop Andreas apparently succeeded in persuading the Nestorians and the Monothelite Cypriot Maronites to acknowledge the jurisdiction of the Roman church, following numerous disputations with the adherents of both confessions.

This achievement was first celebrated in the Latin archiepiscopal cathedral of the Holy Wisdom of Nicosia, with Timothy the metropolitan of Tarsus being mentioned as the spiritual leader of the Nestorians and a certain Helias as bishop of the Monothelite Cypriot Maronites. Both of them repeated their profession of the Roman faith before a general session of the oecumenical Lateran council, Timothy journeying to Rome in person and Helias sending a proxy named Isaac. According to the terms of the union of the Nestorians and the Cypriot Maronites with the church of Rome, they were to be no longer considered heretics. Those dissenting to the above terms were to be excommunicated until they had given satisfaction and could also be subjected to some other temporal penalty, not specified in the letter. The Nestorian and Maronite clergy who had submitted to Rome were to be accorded preferential treatment over those not doing so, a clause

32 *Epistolae*, ed. Hofmann, no. 283.

suggesting that the submission of the Cypriot Nestorians and Maronites to the Roman church had not been unanimous. The ecclesiastical penalties imposed by the clergy of both groups, those that is who had recognised papal jurisdiction, were to be considered valid. Such clergy could freely celebrate the divine offices in Latin churches, and the Latin clergy in their churches. The clergy and laity of both groups submitting to Rome could also choose burial in the cemeteries of the Latin churches of Cyprus. They could also intermarry with the Latins, but always in accordance with the Latin rite, and enjoy the same immunities, benefits and liberties as those of the other Roman Catholics, lay and clerical, within the kingdom of Cyprus.

Whether the term "Catholics" encompassed only Latin-rite Catholics or also included those practising other rites, such as the Greek-rite Catholics, is a moot point. It soon became clear, however, that the submission of the Nestorians of Cyprus to Rome was not the reality it had first seemed to be. Sometime after 6 March 1450, only a few years after the formal union of the Cypriot Maronites and Nestorians to the church of Rome, Pope Nicholas V wrote to Andreas Chrysoberges, the Uniate Greek who by 1447 had been appointed Latin archbishop of Nicosia, granting him powers to implement the union of the Nestorians with Rome. Among them were included the power to excommunicate or censure, or have declared excommunicate or censured, those Nestorians who rejected the union or resisted the articles of union, and who having been urged and required to return to the union had nonetheless not done so.[33] Clearly there was opposition among the Nestorians of Cyprus to the union of their church to Rome. On 10 June 1450 Pope Nicholas V, wishing to induce the Nestorians (or Chaldeans as those of them in communion with Rome now called themselves) to remain attached to the Roman church, granted them and their goods safe-conduct for their journeys by land and by sea.[34] This safe-conduct had apparently been requested by the Chaldeans themselves, which suggests that many of them were merchants who needed it for their journeys outside Cyprus. The pope, moreover, decreed that any Chaldeans ordained to the priesthood by Archbishop Timothy of Tarsus should no longer have to pay a fee in return for taking holy orders, since that custom represented a corrupt practice.

On 13 June 1450 Pope Nicholas V wrote a letter in which he declared that those Chaldean archbishops of Tarsus promoting union with Rome and remaining loyal to the union should be exempt from the payment of all taxes in cash or kind to any pope, patriarch or king; this was so that both the present archbishop of Tarsus and his successors would remain steadfast in their allegiance to the Roman church.[35] The pope also declared that should any official of the Chaldean church deviate from maintaining the union, he should be deprived of his ecclesiastical dignity as archbishop, bishop or abbot, and should also cease receiving the incomes of the

33 *Epistolae*, ed. Hofmann, no. 299.
34 Ibid., no. 301.
35 Ibid., no. 302.

church of Tarsus or of any other churches coming under his authority. Given that Tarsus itself and the other areas in the Near East with Chaldean communities were all under Muslim rule, it is difficult to see how this provision could have been enforced. The letter does, however, mention the Chaldeans on Cyprus, stating that they had long been apart from Rome but had recently recognised its jurisdiction. Given that in 1450 Cyprus was the only country east of Rhodes subject to Latin rule, only on Cyprus could this particular ruling have been implemented.

A bull of Pope Sixtus IV, published in 1472, strongly suggests that both the Nestorians and the Armenians of Cyprus had forsaken their allegiance to the Roman church.[36] Sixtus condemned the usurpation of the powers of the Latin diocesans on Cyprus by the bishops of the Greeks "and others of the Armenians or Jacobites and of various other sects of heretics and schismatics, both here and in other dioceses and cities of the kingdom of Cyprus." Given that the Jacobites had never submitted to Rome, their mention in the same breadth as that of schismatics and heretics occasions no surprise. The same cannot be said, however, with regard to the Armenians. The Armenians on fourteenth-century Cyprus had had a bishop who acknowledged papal jurisdiction, a church in Famagusta which was the recipient of papal largesse and, according to James of Verona, they had performed the same liturgical offices as the Roman church. Perhaps they relapsed into their Monophysitism after the fall of the kingdom of Cilician Armenia in 1375, in which year the Mamluks of Egypt captured Sis, the Armenian capital. The allegiance of the Armenian kings to Rome from 1198 onwards had always had an element of political expediency about it. Once it became clear that the Latins were unable or unwilling to shore up the Cilician kingdom any political incentive for submitting to the Roman church disappeared.

Pope Sixtus's letter makes specific allusion to the bishops "both of Greeks and Armenians, or of the Jacobites or Nestorians." In the light of the declaration made by Pope Eugenius IV in August 1445 that Nestorians acknowledging papal jurisdiction would henceforth be called Chaldeans, this reference to them as "Nestorians" in 1472 indicates that they had thrown off their allegiance to Rome and had reverted to their traditional beliefs in the exclusively human nature of Christ. One group not mentioned by name as schismatic or heretical are the Cypriot Maronites, who, it appears, had genuinely revoked the Monothelite teachings of Macarius and had remained under the jurisdiction of Rome.

A new group of non-Chalcedonian Christians appeared on Cyprus during the last century of Latin rule, these being the Copts. According to George Hill, they are first mentioned on Cyprus in 1483, although he does not state by whom.[37] Stephen of Lusignan, who wrote his *Chorograffia* and *Description of Cyprus* in 1573 and 1580 respectively, also mentions the Copts of Cyprus, stating that they lived in Nicosia and in the Kerynia mountains to the north of this city, where they

---

36 *The Cartulary of the Cathedral of Holy Wisdom*, pp. 244–49, no. 94.
37 Hill, *A History* 3:810 n. 3.

had a monastery dedicated to St Macarius.[38] Stephen indicates that they were indeed non-Chalcedonian Christians. Like the Jacobites and Armenians, they were Monophysites, being called Copts simply on account of their Egyptian origin. According to Stephen, they too practised circumcision, and besides their monastery dedicated to St Macarius, which women and even female animals were not allowed to enter, they also had a church in Nicosia, dedicated to St Anthony.[39] In his *Description* Stephen of Lusignan gives us a vivid account of the procession which took place on St Mark's Day, stating that after the procession of the Greek and Latin clergy there followed the clergy of all the other nations, who were the Armenians, Maronites, Copts, Jacobites, Ethiopians, Nestorians, Iberians and Georgians.[40] Right up to the end of the period of Latin rule, Cyprus remained not only racially but also religiously diverse. Despite the efforts of the papacy and of the Latin church of Cyprus to bring all Christian confessions into communion with Rome and to persuade them to recognise the jurisdiction of the papacy, among the non-Chalcedonian Christians only the Maronites were permanently won over. The others, like the Jacobites, the Armenians and the Nestorians submitted either for reasons of political expediency, or else temporarily, subsequently reverting to their traditional non-Chalcedonian beliefs.

---

[38] Stephen of Lusignan, *Chorograffia et breve historia universalle dell' isola di Cipro ... per il sino al 1572* (Bologna, 1573), f. 34b.

[39] Stephen of Lusignan, *Description de toute l'isle de Chypre* (Paris, 1579), pp. 31–32.

[40] Stephen of Lusignan, *Chorograffia*, f. 35a.

Reflections on the Mellon Madonna as a Work of Crusader Art: Links with Crusader Art on Cyprus

Jaroslav Folda

One of the most famous early paintings in the National Gallery of Art in Washington, D.C., is the Mellon Madonna, a thirteenth-century image of the Virgin and Child Enthroned (Fig. 1). So far this work has defied all scholarly attempts to localize and date it precisely, but it is arguably a major icon from the Frankish East in the second half of the thirteenth century. "Reading" this impressive work, that is, analysis and discussion of the crusader characteristics of this memorable panel painting and consideration of the relevant *comparanda* that may help us to make an attribution of place and date, seems to be an appropriate way to honour Jean Richard in this volume. M. Richard has read the written sources exhaustively and has, as a result, succeeded in making distinguished scholarly contributions not only to the study of Lusignan Cyprus, but also to crusade studies, the study of pilgrimage, and medieval Burgundian history, to name a few of the most obvious fields. I would like to present this essay to him as an inquiry into art historical source material that may link Cyprus, Constantinople and the crusader states in the Frankish East in the way M. Richard has linked them in his historical studies.

The Mellon Madonna is an arresting and stirring image (Fig. 1).[1] We note the nobility and verticality of the Virgin in her bright red and medium blue garments, along with the diminutive frontal figure of the majestic blessing Christ enthroned on his mother's arm. We see the remarkably sculpturesque gilded throne with its round back, the two imperial angels in medallions above, and the lavish chrysography over the draperies and footstool, combined with the gold ground that together provide the figures with a spiritualized, other-worldly presence. Although imitating Byzantine technique and imagery, the artist of this work appears to be a crusader of Italian background, painting in his own technique within an eastern Mediterranean context. The attempt to identify the location of that context has been the object of lively discussion ever since this work came on the art market in Madrid and was sold in 1912.

In 1921 Bernard Berenson, the great connoisseur of Italian painting, was one of the first scholars to study this panel.[2] Recognizing the strong Byzantinizing

---

[1] National Gallery of Art, nos. 1 and 1937.1.1, Fern Rusk Shapley, *Catalogue of the Italian Paintings* (Washington, D.C., 1979), 1:96–99, Jaroslav Folda, "Madonna and Child on a Curved Throne," in *The Glory of Byzantium*, ed. Helen C. Evans and William D. Wixom (New York, 1997), pp. 396–97, entry 262.

[2] Bernard Berenson, "Due dipinti del decimosecondo secolo venuti da Constantinopoli," *Dedalo* 2 (1921), 284–304.

Fig. 1: The Mellon Madonna (before *c.*1285)
Virgin and Child Enthroned with Angels in Medallions
Panel painting: 84 × 53 cm.
National Gallery of Art, Washington, D.C.
(Photo: courtesy of the National Gallery of Art, Washington, D.C.)

character of the painting and the high quality of the work, Berenson proposed that the Mellon Madonna — and a comparable work, the Kahn Madonna — was done by a Greek artist working in Constantinople about 1200. Few scholars accepted Berenson's arguments, however, and up to the Second World War most European art historians preferred to see this work as Italo-Byzantine. Victor Lazarev, the eminent Russian Byzantinist, proposed that while this was one of the most intensively Greek-influenced works of all thirteenth-century Italian panel painting, it featured an eclectic style done by a south Italian artist in the mid-thirteenth century.[3] He compared the Mellon Madonna to a mosaic of the Virgin and Child in the church of San Gregorio in Messina.

After the Second World War, as knowledge about the art of Constantinople in the thirteenth century increased, Otto Demus, the distinguished Austrian Byzantinist and the foremost authority on Byzantine mosaic decoration in Italy, formulated what was until the 1980s the standard opinion on the Mellon Madonna.[4] In the context of his studies on the origins of painting under the Palaeologan dynasty (1261–1453), Demus argued that the Mellon Madonna was closely comparable in style to the fragmentary Deesis mosaic in the south gallery of Haghia Sophia.[5] Thus, unlike Berenson, he provided a concrete comparative work in Constantinople and concluded that the Mellon panel was done there by a Byzantine artist in the middle years of the thirteenth century.

In response to this position and stimulated by the work of James Stubblebine, in 1982 Hans Belting, working with the conservator at the National Gallery of Art, restudied the Mellon Madonna and produced some challenging new hypotheses.[6] Belting argued that this work belonged to a class of painting he called the Mediterranean *lingua franca*. By this he meant that the artist was working in the midst of the Byzantine tradition and produced work characterized by a full understanding of the Byzantine style. This he contrasted to the more formulaic attempts to emulate Greek painting from a greater cultural and geographic distance in the west; what Vasari called the *maniera greca* in Italy. Belting also proposed that although the Mellon Madonna painter was in direct contact with the Byzantine tradition, he was Italian, probably trained in the region around Pisa. This artist, he argued, worked on the Mellon panel in Tuscany prior to the time that Duccio painted the Ruccellai Madonna in 1285.

Pushing the discussion further along, it seems to me that each of the positions mentioned above contributed some important insights for understanding the style

---

3 Victor Lazareff, "Early Italo-Byzantine Painting in Sicily," *Burlington Magazine* 63 (1933), 279–83.

4 Otto Demus, "Zwei konstantinopler Marienikonen des 13. Jahrhunderts," *Jahrbuch der österreichischen byzantinischen Gesellschaft* 7 (1958), 87–104.

5 For an illustration, see the reference below in note 9.

6 Hans Belting, "The 'Byzantine' Madonnas: New Facts about Their Italian Origin and Some Observations on Duccio," *Studies in the History of Art* 12 (1982), 7–22; A. Hoenigswald, "The 'Byzantine' Madonnas: Technical Investigations," *Studies in the History of Art* 12 (1982), 25–31.

and meaning, the general dating and the location — east or west — of the Mellon Madonna, but important questions remain. We do not know certain specifics about the artist. We know nothing about the patron of the work. The function of the panel is unclear. There are further aspects of the style and iconography to be resolved. And no one has provided a precise attribution for the date or location of the Mellon Madonna. With these fundamental problems in mind, let us reconsider this fascinating painting.

In discussing the artist of the Mellon Madonna, Belting pointed out how his technique was entirely western and non-Byzantine, mixing paints to create the delicately shaded faces of the figures instead of painting in the Byzantine manner of layering the paint. Yet clearly the artist is attempting to imitate Byzantine work, and the work that is regularly proposed for close comparison is the Kahn Madonna (Fig. 2). Let us imagine that the Mellon panel artist knew the work of the Kahn Madonna master and may even have been partially trained by him. The evidence does not suggest that the Mellon master was actually in the same workshop as the Kahn Madonna when he painted his work, however. The materials used (wood, linen, gesso, gold, and pigments), the technique of painting, the sizes of the works, the colours employed, the types of thrones, and the specific style and iconography of the figures are all so substantially different. Thus the obvious similarities between the two works seem to derive from the use of a model: the overall stylistic and compositional handling of the figures, certain specifics of the poses such as the tilt of the Virgin's head, the design of the hand touching the knee of Christ, the basic concept of a large full-length enthroned Virgin and Child and the iconography of the Virgin Hodegetria. In fact the differences can be seen to be precisely what would happen if the Mellon master had a sketch and possibly some notes for his work based on the Kahn Madonna. But the Mellon master probably worked later, somewhere else for a different patron who wanted a smaller panel to be used for a different function.[7]

If we agree with Lazarev that the style is eclectic, combining Byzantine and Italian characteristics, should we conclude, as Lazarev and Belting do, that the artist is probably Italian and that he worked in Italy? I have argued elsewhere that the place of origin of the Mellon Madonna (and the Kahn Madonna) should be located in the eastern Mediterranean.[8] We are looking for a context where the artist of the Mellon Madonna, even if he had been previously exposed to Byzantine and crusader painting of high quality in Constantinople — as found in the Kahn Madonna and the mosaics of Haghia Sophia — could more or less simultaneously experience other important artistic features found in this work. I

---

7 In analyzing the Mellon Madonna, account must be taken of the fact that the work was substantially restored in 1928–29 before Duveen sold the work to Andrew Mellon. Part of the fact that the Mellon Madonna seems closely related to the Kahn Madonna appears to derive from this restoration.

8 Jaroslav Folda, "The Kahn and Mellon Madonnas: Icon or Altarpiece?" in *Byzantine East, Latin West. Art-Historical Studies in Honor of Kurt Weitzmann*, ed. C. Moss et al. (Princeton, 1995), pp. 501–06.

Fig. 2: The Kahn Madonna (*c*.1260s)
Virgin and Child Enthroned with Angels in Medallions
Panel painting: 1.23 × .72 m.
National Gallery of Art, Washington, D.C.
(Photo: courtesy of the National Gallery of Art, Washington, D.C.)

am thinking of the Italo-Byzantine forms with complex chrysography, the gothic-related red and blue colour scheme for the Virgin and the source of the round-backed throne as a type. This kind of combination is characteristic of what we know as crusader painting in the second half of the thirteenth century. If we accept the idea of the artist as having an Italian background, the important aspect of his work is nonetheless that he brings together Byzantinizing, Italianate and Gothicizing characteristics in a unique crusader way. Thus he may be a crusader painter of Italian heritage, possibly even Tuscan Italian heritage, but I propose he was working in the Frankish East where this unusual repertory of artistic characteristics could be found.

Where exactly in the Frankish East do we find such a context for the style and iconography of the work of this artist? Obviously Constantinople is one possibility. The problem with this suggestion is that there are so few examples with which to compare the Mellon Madonna. Besides the Kahn Madonna there is only the Deesis mosaic from Haghia Sophia,[9] the St. Francis chapel frescoes in the Kalendarhane Djami[10] and possibly certain manuscripts from the time of the Latin empire (1204–61).[11] Similarly, crusader art in the Latin kingdom of Jerusalem offers little in the way of telling *comparanda*, despite what appears to be a significant revival of manuscript illumination[12] and the apparently newly-flourishing icon painting from the 1250s on.[13] Despite the numerous icons now preserved in the monastery of St. Catherine's on Mount Sinai that seem to be works painted for crusader patrons, most of the individual features of the Mellon Madonna noted above are not characteristic of these works. By contrast, it is Cyprus that provides what seems to be the most relevant comparative material.

If we ask to which more or less contemporary works is the Mellon Madonna most closely related, it seems significant that the handsome and monumental St Nicholas from the church of St Nicholas tis Steyis at Kakopetria,[14] a crusader

---

[9] See Kurt Weitzmann, "The Icons of Constantinople," in *The Icon*, ed. Kurt Weitzmann et al. (New York, 1982), pp. 20, 68.

[10] See now Cecil L. Striker and E.J.W. Hawkins, "Mosaics and Frescoes," in *Kalenderhane in Istanbul*, ed. Cecil L. Striker and Y. Dogan Kuban (Mainz, 1997), pp. 121–50.

[11] Byzantine manuscripts from Constantinople at the time of the Latin Empire are being reconsidered following Weitzmann's ground breaking article that opened the debate. Kurt Weitzmann, "Constantinopolitan Book Illumination in the Period of the Latin Conquest," *Gazette des Beaux-Arts* 86 (1944), 193–214. For an interesting recent contribution to the discussion, see David Buckton, ed., "The Crusades and Latin Rule," *Byzantium* (London, 1994), pp. 176–90.

[12] See Hugo Buchthal, *Miniature Painting in the Latin Kingdom of Jerusalem* (Oxford, 1957), pp. 48–93.

[13] See Kurt Weitzmann, "The Icons of the Period of the Crusades," in *The Icon*, pp. 201–36.

[14] See, for a good colour illustration, Athanasios Papageorghiou, *Icons of Cyprus* (Nicosia, 1992), pp. 52, 53, or R.W. Corrie, "Icon with St. Nicholas and Scenes from His Life," in *The Glory of Byzantium*, pp. 397, 398, entry 263.

Fig. 3: St. Nicholas Worshipped by Members of the Ravendel Family
St. Nicholas with Christ and the Virgin, and members of the Ravendel Family, donors, flanked by scenes of the life of the Saint
Panel painting: 2.03 × 1.58 m.
Formerly in the church of Agios Nikolaos tis Steyis, Kakopetria, now in the Byzantine Museum, Nicosia
(Photo: courtesy of the Byzantine Museum, Archbishop Makarios III Foundation, Nicosia)

painting from shortly before 1291, provides us with an important example (Fig. 3).[15] Compare the two works in terms of their overall monumental presentation, their combination of Byzantine-inspired style and Gothicizing colourism, and their chrysography. Even though the St Nicholas is much bigger than the Mellon Madonna[16] and crusader donors make a significant appearance — a knight of the Ravendel family with his wife, child and his horse are found at the feet of the saint — whereas none appears in the Mellon panel, the two paintings share some significant features. The striking Gothicizing colourism of red and blue dominates the palette of the St Nicholas altarpiece in just the way it does in the Mellon Virgin.[17] This is notable because, in the case of St Nicholas, these colours are not commonly found in contemporary Byzantine icons.[18] With respect to the Virgin such colourism or approximations of this scheme (to the extent it is found) is seen in the eastern Mediterranean region in the thirteenth century, and certainly on Cyprus,[19] but not in the west.

The style of the St Nicholas is clearly flatter than that of the more three-dimensional Mellon Madonna: folds in his garments are indicated by black linear elements whereas for the Virgin there are much more deeply shaded,

---

[15] Jaroslav Folda, "Crusader Art in the Kingdom of Cyprus, *c.*1275–1291: Reflections on the State of the Question", in *Cyprus and the Crusades*, ed. Nicholas Coureas and Jonathan Riley-Smith (Nicosia, 1995), pp. 216–21; Doula Mouriki, "Thirteenth-Century Icon Painting on Cyprus", *The Griffon*, n.s. 1–2 (1985–86), 38–42; Annemarie W. Carr and L.J. Morrocco, *A Byzantine Masterpiece Recovered: The Thirteenth-Century Murals of Lysi, Cyprus* (Austin and Houston, 1991), p. 106.

[16] The St. Nicholas panel is 2.03 x 1.58 m., whereas the Mellon Madonna is 0.84 × 0.53 m.

[17] The red colour of the *maphorion* on the Mellon Madonna is brighter than the wine-red of St Nicholas's chasuble, so they are not exactly the same. Neither are the strong medium blues the same, but the vibrant red and blue combination reflects in both the same Gothicizing idea.

[18] Note the dark brownish plum colour of the chasuble of St Nicholas in the Byzantine icon at Sinai (Doula Mouriki, "Icons," in *Sinai: Treasures of the Monastery*, ed. K. Manafis [Athens, 1990], p. 177, Fig. 51), which is characteristic of Byzantine colourism at this time. On the other hand the western influenced crusader triptych (*c.*1250s) with St Nicholas on the left outer wing features St Nicholas in a bright red chasuble, albeit with a Latin mitre (Kurt Weitzmann, "The Icons of the Period of the Crusades," in *The Icon*, p. 233). Mouriki discusses the use of vivid colors on Cyprus as found in the St Nicholas altarpiece from Kakopetria as characteristic of western painting, by which she means crusader painting. See Mouriki, "Thirteenth-Century Icon Painting on Cyprus," p. 39.

[19] The Virgin in red and blue is seen on Cyprus, for example, in the paintings at the church of the Panagia in Moutoullas (1282). Elsewhere we find many examples of the use of the Gothic red and blue in Armenian work, for instance in Gospels of Leo II (1256), in the Gospels of Queen Keran (1272), and in the Book of Ordinations by Sargis (1248). See Helen Evans, "The Armenians," in *The Glory of Byzantium*, pp. 354–56. In thirteenth-century Byzantine painting, there are approximations — the Virgin in darker reddish-maroon and medium dark blue — or more complex combinations such as a maroon maphorian, bright red apron and dark blue undergarment. Weitzmann, "The Icons of Constantinople," in *The Icon*, pp. 20, 66.

sculpturesque folds. Therefore, clearly two distinct artists are at work here. Nonetheless the two paintings share a common basis in Byzantine stylistic tradition with regard to the overall figural design, some of the patterns of the drapery, the proportions of the figures, the careful painting of the faces, heads, and hands, and sensitivity in relation to the organic conception of the bodies. Furthermore, although it is difficult to see in the photographs available, the two share a similar handling of the chrysography, which is complex and intensely decorative with a variety of splashes, geometric configurations, and radiating linear "nets." In addition, on both panels the chrysography features comprehensive coverage of the garments over the entire figure, the face, head and hands (and in the case of Nicholas, the pallium) excepted. The system of chrysography on both main figures consists of a combination of golden splashes on prominent parts of the body from which rays emanate and of long golden lines on the ridges of folds from which rays also appear in one form or other. The specific golden shapes in these two systems of painting are mostly different: whereas the splashes on Nicholas are semicircular — often quite shallow semicircles, as on the right shoulder — the splashes on the Virgin are more triangular. Furthermore, the Mellon Madonna Master paints spike-like rays emanating from the long golden ridge-fold highlights, whereas the Nicholas painter prefers panel-like designs with the longitudinal elements linked by short diagonal elements. Nonetheless, a dense network of chrysography is shared by both paintings, a chrysography that does not reflect the physics of natural lighting, but rather follows the more complex lighting of supernatural sources that seem contradictory and unrational seen from a scientific as opposed to a spiritual point of view. The use of the chrysography in these two cases is, I submit, important, because relatively few large icons employ this expensive technique so extensively. Of those that do, it is the norm to limit use to one garment, parts of a garment or one figure — typically Christ — in a group scene, for emphasis, to suggest the way the supernatural light suffuses the holy image and to differentiate a sacred figure from natural circumstances. Thus, although the chrysography is not the same stylistically, it is comparable in both character and density. Both panels clearly came from workshops capable of producing extremely high quality works of the most refined and lavish sort.

With respect to style, certain details, such as the refined formulae for handling the eyes and nose found in the St Nicholas altarpiece and in other icons in what Mouriki called the *maniera cypria* are not followed in the Mellon Virgin.[20] In fact, although the face has been subject to some repainting,[21] the closest parallel for the

---

20 Mouriki's *maniera cypria* includes light brown irises with small pupils, which are also seen in the Mellon and the Kahn Madonna, but not the linear vermilion red for emphasizing the eyelids, nose and mouth. The rouging is more painterly and understated in both of these examples. See Mouriki, "Thirteenth-Century Icon Painting on Cyprus," pp. 13, 14.

21 On the important matter of the condition of the Mellon Madonna, see the comments of A. Hoenigswald, above note 6, and Folda, "The Kahn and Mellon Madonnas," p. 502.

complex area of the face and eyes is with the Kahn Madonna. This suggests two things, among others. First, the Mellon master did know the Kahn Madonna style. Second, the Mellon Madonna master was not a long time resident on, but more likely a visitor to, Cyprus and he worked in his own style while he was there. Even so, the parallels on Cyprus for the Mellon panel are worth considering. What other Cypriot characteristics can be recognized?

One of the features of thirteenth-century Cypriot painting identified by Mouriki is the use of red grounds.[22] In some icons they are substitutes for gold, but here in the Mellon Madonna the red grounds of the imperial angels provide a sumptuous effect that enhances the regal character of the Virgin as the *Sedes Sapientiae*. This usage thus links the Mellon Madonna both to a particular Cypriot characteristic and to the imperial Byzantine imagery from Constantinople, as seen in the well known small mosaic icon of the Virgin and Child Hodegetria now at St Catherine's.[23] In fact, it is this combination of Cypriot aspects combined with the rich array of eastern features manifested in this work which underscores its crusader origin.

Another Cypriot characteristic is perhaps the handling of the child-man Jesus. Not only his representation as a diminutive adult, but also the colourism of his robes — orange and green with extensive chrysography — and the scarlet case for the scroll he holds suggest parallels on Cyprus. Mouriki writes that "the red scroll … is often encountered in Cypriot icons of the thirteenth century."[24]

These Cypriot characteristics are combined with other features that also confirm the Mellon master's eastern context. Among the important elements of the Mellon Madonna that derive from non-specifically regionalized eastern sources are the following: the rectangular upright shape of the work, the presence of angels in medallions flanking the Virgin, the configuration of the throne, the particular iconography of the Hodegetria with the gesture of the Virgin touching the knee of the child, the iconography of the throne of Solomon as a gilded ivory throne "rounded in the back," and the representation of the Virgin here as the *Sedes Sapientiae*.[25] I especially want to stress the unique character of the throne in this particular representation, different from its eastern sources in images like the Annunciation found in Paris, MS gr. 54,[26] dated before 1274, and different from reflections of this type in a later icon of the Virgin and Child Enthroned found on Sinai.[27] The fact that this crusader artist chose to represent Mary as the *Sedes Sapientiae* with this innovative type of throne, in contrast to the more allegorical

---

22 Mouriki, "Thirteenth-Century Icon Painting on Cyprus," pp. 25–26.

23 See Weitzmann, "The Icons of Constantinople," in *The Icon*, pp. 20, 64.

24 Mouriki, "Thirteenth-Century Icon Painting on Cyprus," p. 14.

25 I have discussed the interpretation of the throne and the Virgin as *Sedes Sapientiae* at length. Jaroslav Folda, "Icon to Altarpiece in the Frankish East: Crusader Images of the Virgin and Child Enthroned," *Studies in the History of Art*, forthcoming in 2001.

26 Folda, "The Kahn and Mellon Madonnas," Fig. 6.

27 G. and M. Soteriou, *Les Icones du Mont Sinai*, vol. 1 (Athens, 1956), Fig. 222; vol. 2 (Athens, 1958), pp. 195–96.

type with stairs and lions found in the west, seems to indicate that this painter was working independently in the east, drawing on Byzantine and crusader sources for his own purposes.

What should we conclude from this discussion? It is striking that among the *comparanda* in the crusader east, the two works that seem to provide the most interesting parallels to the Mellon Madonna are the Kahn Madonna, a major crusader work from Constantinople c.1260, and the St Nicholas from Kakopetria, a major crusader work now in Nicosia dating from shortly before 1291. These *comparanda*, in addition to the other factors mentioned above, suggest that the Mellon Madonna is a crusader work from the Frankish East, and that late thirteenth-century painting on Cyprus is important for understanding its origin. It is possible that the Mellon Madonna belongs to the artistic developments that produced other crusader icons on Cyprus shortly before 1291.

It is difficult to date the Mellon Madonna precisely, but we can suggest the following considerations. Certainly the Mellon Madonna appears later than the Kahn Madonna, therefore after *c.*1260. The comparison with the altarpiece of St Nicholas from Kakopetria suggests a late thirteenth-century date, probably shortly before 1291. It must be noted, however, that scholars of Italian painting have claimed to see reflections of the Kahn and/or Mellon Madonna in the work of Coppo di Marcovaldo and Duccio, among others. If it can be demonstrated that the impact of the Mellon Madonna, as distinct from the Kahn Madonna, is evident in the work of Tuscan painters such as Coppo or Duccio — because of the distinctive throne, or the specific pose of the Virgin and Child, or the distinctive colourism, or the chrysography — then the dating of the Mellon Madonna must be reevaluated accordingly. But if, as seems to be the case now, all influence from these works identifiable in the west before *c.*1291 can be explained in terms of the Kahn Madonna alone, then the date of the Mellon Madonna can rest more securely shortly before 1291.

In sum, I am proposing that given the strength of the Gothic style on Cyprus fostered by the Lusignans, in conjunction with the ongoing purely Byzantine style found there in the period *c.*1275 to *c.*1291, we find work done by Frankish artists of Italian or French extraction that combines these developments to produce a unique Cypriot crusader art. The Mellon Madonna appears to be an extremely high quality example of this remarkable crusader art on Cyprus.

Sculpteurs parisiens en Chypre autour de 1300

J.B. de Vaivre

Depuis le remarquable travail que Camille Enlart publia en 1899 sur l'art gothique et la Renaissance en Chypre,[1] on sait que si les édifices élevés du XIIIe au XVIe siècle sur l'île furent nombreux, divers mais toujours admirablement construits en belle pierre de taille aux tons ocres ou dorés, il n'a pratiquement pas subsisté de témoignages de la statuaire. Et ce surtout parce que comparativement à l'Europe continentale, il exista sans doute peu de statues en Chypre. Ainsi Enlart notait-il qu'aux portails de la cathédrale Sainte-Sophie de Nicosie, les tableaux sont tracés en ébrasement, meublés chacun de deux niches, celles du portail central amorties en forme de linteau sur corbeaux évidés. Or, ces niches sont trop peu profondes pour avoir reçu des statues : elles avaient donc été ménagées pour recevoir sur leur fond de marbre poli des figures peintes. Des statues, ajoutait-il, "étaient certainement prévues au trumeau... Ont-elles existé ? Il est à craindre qu'on ne sache jamais si le manque de ressources n'a pas empêché leur exécution. Les conquérants de 1570, s'ils les ont trouvées, n'ont pas du manquer de les briser, et dans ce cas, les morceaux de marbre ont du fournir une excellente matière à la fabrication de la chaux dont les Turcs font un si grand usage."[2]

---

[1] Camille Enlart, *L'art gothique et la Renaissance en Chypre,* 2 vols. (Paris, 1898). Cet ouvrage a fait l'objet d'une réédition anastatique, de très belle qualité, par les Editions L'Oiseau à Famagouste en 1966, à petit nombre grâce à un mécène, Evanghelos Loizos, pétri de culture française. Peu d'exemplaires en furent vendus et le stock resté dans la zone occupée lors de l'invasion de 1974 a, depuis lors, disparu. Une nouvelle édition, traduite en anglais et dans un format différent, a été entreprise plus récemment : *Gothic Art and the Renaissance in Cyprus,* trans. and ed. David Hunt (Londres, 1987), 544 pp + 65 h.t. et 9 plans h.t. Un certain nombre de compléments ont été apportés par David Hunt (qui fut gouverneur de l'île), dont des éléments bibliographiques sur les publications relatives à l'objet du livre d'Enlart parues jusque dans les années 80, ainsi que des planches de photographies ou de dessins, postérieurs. L'illustration de cet utile instrument, qui a rendu à l'oeuvre de l'historien de l'art une audience appréciable, n'est cependant pas toujours d'une bonne approche. En outre, la modification de format ne produit pas dans chaque cas, pour les remarquables dessins au trait d'Enlart, l'effet recherché par l'auteur. Aussi a-t-il été estimé souhaitable de songer à entreprendre une nouvelle publication de l'édition originale de l'ouvrage d'Enlart en rendant à son texte sa forme initiale, à savoir deux volumes auxquels seront ajoutés, pour présenter l'état actuel des monuments décrits, un autre tome complétant, rectifiant ou précisant ses analyses et, afin d'apporter une dimension supplémentaire à cet ouvrage fondamental, une couverture photographique nouvelle dans un denier volume. Ce projet auquel je m'attache, avec un comité scientifique présidé par le professeur Jean Richard et qui comprend plusieurs autres médiévistes, devrait être réalisé prochainement.

[2] Enlart, *L'art gothique* 1:127–28, s'agissant de la cathédrale Sainte-Sophie de Nicosie, Enlart a peut-être raison pour les niches du portail central mais il a tort pour celles des deux portails latéraux : il subsiste en effet des traces de burin qui prouvent que des bas reliefs ont été enlevés.

Dans le chapitre consacré à la cathédrale Saint-Nicolas de Famagouste, Enlart, décrivant les trois portails de l'Ouest, indique que ceux placés sur les côtés comportent des voussures se prolongeant sur les pieds-droits venant s'amortir sur deux bancs de pierre placés de biais. Au portail central, les voussures retombent sur des colonnettes à chapiteaux ronds, cantonnées chacune de deux autres, plus grêles. Entre les faisceaux ainsi formés sont placés trois dais en forme d'édicules à trois frontons avec fleurons, crochets, clochetons et petites voûtes d'ogives. Ces dais avaient été conçus pour abriter les statues reposant sur des consoles à pans coupés, ornées de deux rangs de bouquets de feuillages.[3] Un trumeau central partage ce portail en deux baies : Il devait être doté, sous le dais à cinq frontons aigus qui subsiste, d'une grande statue reposant sur une petite colonne dont le chapiteau, disparu lui aussi, devait également avoir deux rangs de feuillages. Toutes ces niches sont vides et dans les édifices religieux de l'île,

Fig. 1 : Fragment de sculpture, en marbre, représentant un évêque. Nicosie dépôt lapidaire (cl JBV).

[3] Enlart, *L'art gothique* 1:291.

il ne subsiste pratiquement plus pour la période médiévale de statues en ronde bosse.

Alors que durant la période considérée, l'Angleterre, la France, les péninsules ibérique ou italique comme le Saint Empire voyaient proliférer dans leurs églises ou leurs monastères des sculptures funéraires en demi bosse ou en bosse, les personnages notables étaient ensevelis ici sous des tombes à effigies gravées ou, dans quelques cas, dans des sarcophages armoriés ou ne comportant, le plus souvent, que des figurations au trait.[4] Le fragment découvert par Enlart dans le bazar de Nicosie[5], qu'il croit avoir appartenu à la sépulture du roi Henri II, paraît exceptionnel, tout comme la face principale du tombeau[6] encastré au dessus de la partie occidentale de l'église Saint Jean de Nicosie. La sculpture[7] conservée aujourd'hui dans le musée du lycée panchypriote de la capitale constitue un morceau totalement isolé, produit par un sculpteur atypique ayant travaillé sur l'île. Moins encore que les églises cathédrales de Nicosie et de Famagouste, les établissements religieux secondaires ne paraissent pas avoir comporté de statues dans la décoration faisant corps avec les bâtiments, parce que les architectes allèrent à l'essentiel et que les moyens financiers manquant, on dut limiter l'emploi de l'élément strictement décoratif dans ces édifices généralement dépouillés.

---

[4] Sur ce sujet, on se contente de renvoyer à deux ouvrages fondamentaux : Erwin Panofsky, *Tomb Sculpture. Its Changing Aspects from Ancient Egypt to Bernini* (New York , 1992), qui reprend le texte d'une série de conférences de Panofsky a *l'Institute of Fine Arts* de *New York University* à l'automne 1956. La bibliographie, dont l'auteur disposait alors, ne lui a pas permis de bénéficier de la connaissance de l'ouvrage magistral de Philippe Aries, *L'homme devant la mort* (Paris, 1977), (réédité en 1985 dans la série *Points-Histoire*). En second lieu, plus précisément axé sur la période médiévale : Kurt Bauch, *Das mittelalterliche Grabbild* (Berlin–New York, 1976).

[5] Ce fragment est aujourd'hui au musée du Louvre (RF. 1219) à qui il fut donné par Enlart (comité du 18 mai 1899, arrêté du 4 juillet de la même année). Françoise Baron, *Le catalogue du Musée du Louvre, Département des sculptures du Moyen-Age, de la Renaissance et des temps modernes. Sculptures françaises* 1: *Moyen Age (*Paris, 1996), p. 144, souligne que : "considéré le plus souvent comme un fragment de sarcophage, ce relief pourrait avoir appartenu au décor d'une église." Ce fragment de haut-relief (H. 0,56 m, L. 0,39 m, Pr. 0,12 m) présente, dans un encadrement dont la partie supérieure ressemble à un motif architectural trilobé,l'effigie d'un personnage couronné, jeune, à genoux et en prière, devant qui est posé un écu au lion. Enlart pensait qu'il représentait le roi Henri II de Lusignan. On a également émis l'hypothèse qu'il s'agirait de Thomas de Lusignan. Je me propose de revenir ultérieurement sur ce morceau de sculpture en marbre.

[6] Ce fragment a été reproduit par Enlart. L'emplacement élevé de cette pierre encastrée n'a pas permis à cet archéologue et historien une observation précise. Son dessin n'est pas par conséquent exact et les observations que l'on peut faire sur cette base sont donc à enquerre. Brunehilde Imhaus (avec la collaboration de Michel Morisseau) en donne dans "Tombeaux et fragments funéraires médiévaux de l'île de Chypre," *Report of the Department of Antiquities* (Nicosie, 1998), pl. XXIX, no 3, une plus exacte reproduction et propose d'en revenir à l'identification d'Enlart. Une étude spécifique de ce fragment est en cours, que je compte publier prochainement.

[7] Marina Solomidou – Ieronymidou, "A propos d'un relief gothique inédit," dans *Report of the Department of Antiquities* (Nicosie, 1988), 2:249-53 + pl. LXXVII.

Il y eut pourtant des statues en Chypre même, un certain nombre de celles qui furent exécutées le furent en marbre, matériau alors récupéré sur des sites antiques — car les carrières de Chypre n'en produisent pas — et ont donc achevé leur existence dans les fours à chaux.

Fig. 2 : Fragment de sculpture, en marbre, représentant également un évêque. On notera le traitement des plis en V. Nicosie, dépôt lapidaire (cl. JBV).

C'est ainsi que deux fragments de statues de marbre blanc, echappés aux destructions, sont conservés dans le petit dépôt lapidaire[8] situé dans une maison au levant de la cathédrale de Nicosie. Ce que l'on sait de l'art funéraire en Chypre a conduit à s'interroger sur la possibilité d'y voir des morceaux de gisants d'évêques.[9] Cela étant, aucun gisant ne nous est parvenu et il n'en est fait aucune mention dans les textes. En outre, la grande ressemblance des deux fragments dont nous allons parler signifierait l'existence de plusieurs gisants exécutés par le même artiste, ce qui va à l'encontre de la succession chronologique des évêques

[8] Ce dépôt lapidaire — dont l'urgence de l'inventaire photographique systématique et de la description scientifique des pièces se pose — a été constitué au temps de l'administration britannique. Les fragments sont entreposés dans une ancienne petite maison (qui fut occupée par le bureau de l'archéologue britannique Jeffery) et dans la cour fermée située au nord de celle-ci, ou intégrés sur la face interne des murs de clôture voire de la façade septentrionale de la construction.

[9] C'est une hypothèse évoquée par Brunehilde Imhaus, "Tombeaux," p. 230 et pl. XXXI, no 5 et 6.

francs à Nicosie telle que nous la connaissons. Enfin et surtout, la planéité du dos de ces statues rapprochée de l'épaisseur des côtés laissés bruts de dégrossissage conduit à exclure l'hypothèse de gisants. Il est donc vraisemblable que l'on soit en présence de ce qui subsiste de statues de saints évêques ayant orné l'intérieur d'une église ou, compte tenu de la similarité de leur style, deux niches analogues à celles du portail nord ouest de la cathédrale de Nicosie par exemple, ce dernier monument étant exclu.

L'une de ces pièces (*figure 1*) mesure 0,66 m dans sa plus grande hauteur sur 0,35 de large. L'épaisseur est de 0,19 m. Il s'agit de la partie supérieure du corps d'un clerc revêtu d'une chasuble, dont le parement central se divisait manifestement en V au milieu de la poitrine, autant que le bouchardage pratiqué en cet endroit permet de le constater.

L'autre fragment (*figure 2*), un peu plus important car il mesure 0,60m sur 0,47m, avec une épaisseur de 0,17m, est moins endommagé, bien que la partie supérieure ait aussi été brisée et que celle du bas présente une cassure en biais. Il démontre une maîtrise certaine du traitement des plis en V qui se voient de part et d'autre du parement vertical de la chasuble. En revanche le revers de la sculpture est complètement plat et lisse. Si une date doit lui être assignée, le dernier tiers du XIIIe siècle parait pouvoir l'être sans conteste.

Fig. 3: Statue acéphale d'un céphalofore provenant du portail méridional de Notre-Dame de Paris. Paris, Musée de Cluny.

Il est frappant de constater que ces témoignages ne ressemblent en rien aux éléments recueillis jusqu'à présent sur l'île : ils peuvent être, à bon droit, rapprochés non seulement des meilleures productions de la sculpture française mais même de celle d'un atelier parisien d'où sont sorties les statues (*figures 3* et *4*) qui ornent le portail méridional de Notre-Dame de Paris.[10] Les fragments de Nicosie s'apparentent en effet très nettement aux statues insérées par Pierre de Montreuil dans le portail sud de Notre-Dame, lorsque cet architecte, rompant avec le parti adopté avant lui par Jean de Chelles, a défini un nouveau programme architectural, d'un esprit résolument nouveau. Jean de Chelles faisait sortir la sculpture du cadre. Pierre de Montreuil, tout au contraire, l'intègre au portail. Or, ce qui subsiste au dépôt lapidaire près de la cathédrale de Nicosie est très proche des œuvres de ce portail de Notre-Dame dont on sait qu'elles furent réalisées peu après 1258. Un artiste de l'atelier de Pierre de Montreuil est donc venu en Chypre — probablement au temps de Philippe le Bel — et y a exécuté des statues dont les deux morceaux en question constituent un témoignage de premier plan.

Fig. 4 : Statue acéphale d'un saint, provenant du portail méridional de Notre-Dame de Paris. Paris, Musée de Cluny.

[10] Alain Erlande-Brandenburg, *Notre Dame de Paris* (Paris, 1991), pp. 179–90, a insisté sur la différence existant entre le portail du bras nord et celui du bras sud, que Pierre de Montreuil modifia lorsqu'il prit la succession de Jean de Chelles. Ce dernier rejetait sa sculpture au devant des murs dans un portail. Pierre de Montreuil renouvelle l'élévation conçue par Jean et enchaîne les éléments superposés par ce dernier dans une conception horizontale, intègre les sculptures, dont l'architecture referme les niches, rompt en un mot dans le tympan la conception en frise de son prédécesseur au profit de formes en mouvement.

Fig. 5: Statue acéphale d'un saint. Famagouste. (cl JBV)

Les fragments sont de trop faible taille pour dire de qui ils voulaient être une représentation. L'absence d'indication sûre concernant le lieu où ils furent découverts ne permet en outre pas d'avancer d'hypothèse sur le monument dont ces statues peuvent provenir. Le matériau dans lequel elles ont été sculptées, le marbre, montre seulement une fois de plus que des colonnes antiques ont été récupérées par un artiste ayant travaillé à Nicosie. Le style des deux fragments permet d'affirmer qu'il venait d'Ile de France et avait reçu sa formation dans l'atelier parisien de Pierre de Montreuil.

Une autre statue, jusqu'alors inédite, mérite de retenir l'attention. Elle a été placée ces dernières années, après manifestement bien des vicissitudes — car elle porte des traces de goudron, de peinture et de scarifications récentes — dans un espace semi fermé, au rez-de-chaussée d'une maison du XIVe ou du XVe siècle, dotée d'une belle cheminée extérieure à Famagouste, appelée parfois maison des Templiers (sans doute parce que les Templiers n'ont jamais pu la connaître), au couchant des églises jumelles dont l'une par contre appartint certainement aux Hospitaliers de St Jean de Jérusalem.

Aujourd'hui assujettie à un socle de pierre par deux fers implantés dans sa partie inférieure, laquelle a été brisée, c'est la représentation, acéphale, d'un évêque ou d'un abbé en costume liturgique (*figure 5*).

Ce qui subsiste de cette statue mesure aujourd'hui 1,66 m de haut et 0,535 m dans sa plus grande largeur, l'épaisseur (c'est-à-dire la distance entre le dos, relativement plat, et le pli du vêtement le plus saillant) étant de 0,40 m. Enfin, la collerette mesure 0,143m.

La pierre dans laquelle cette statue a été sculptée est un calcaire à grain très fin et très homogène, laissant entendre, lorsqu'on la frappe du doigt, une résonance puissante et quasi métallique. Il s'agit d'une pierre à consistance ferme, blanche lorsqu'elle était neuve et en aucune manière assimilable au grès de plage que l'on rencontre partout sur l'île et particulièrement à Famagouste, où il a été utilisé comme pierre d'œuvre. Le travail est entièrement égrisé, même au niveau du dos. Ce dernier n'est pas complètement plat : il est donc peu probable qu'il se serait agi d'un gisant car il comporte une légère protubérance au niveau de la partie inférieure des jambes et il semblerait qu'il y ait également eu un trou de scellement en haut du dos (réutilisé actuellement pour maintenir la statue au mur). L'artiste a livré là un travail très soigné qu'il a effectué à la gradine, c'est-à-dire avec une sorte de ciseau à pierre qui devait avoir 45 mm de large et comportait une dizaine de dents. L'œuvre a été achevée avec un ciseau à bout rond avant d'être livrée à un égrisage total.

La pierre a été taillée en délit. On observe une microstrate altérée, à gauche pour l'observateur, mais le sculpteur a, fort habilement, placé cette partie dans une zone très peu visible, grâce à un pli. Des traces, sinon de peinture du moins de couche d'apprêt sous jacente grège foncé se perçoivent dans certains replis du vêtement, notamment entre le premier et le second pli en V en partant du haut.

Le personnage porte une chasuble, vêtement liturgique classique des représentations d'évêques ou d'abbés durant les derniers siècles de la période médiévale.[11] Manteau d'apparat de l'officiant, fermé, doté d'un orifice pour passer la tête, orné d'une bande d'étoffe appliquée verticalement sur le devant depuis le bas jusqu'au milieu de la poitrine. Là, ce parement bifurque pour rejoindre, en un motif presque horizontal, les épaules du clerc. Cette chasuble a été passée sur une aube qui devait descendre jusqu'aux pieds mais ceux-ci ont disparu avec le bas de la statue, brisé. La chasuble comporte cinq plis principaux en V, les bras, eux aussi disparus, ayant probablement été dans une position relevée. Celui de gauche, qui formait une saillie, devait être greffé et s'appuyait peut-être sur une crosse.

Le modelé de cette statue met en évidence une recherche de simplicité de la part de l'artiste, les plis de l'aube tombant à la verticale et parallèlement, comme cela est nettement visible sur le côté inférieur droit (*figure 6*). Ceux de la chasuble reflètent, par leurs grands plis en V, le mouvement des bras. Le buste au-dessus de la saignée de ceux-ci est lisse, mais l'échancrure des manches et la tombée de leurs plis, savamment rendus, témoignent de l'art du sculpteur.

Fig. 6 : Statue d'un saint, conservée à Famagouste. Détail du côté inférieur droit (cl JBV)

[11] Pour un aperçu du costume liturgique, on renvoie à un autre ouvrage de Camille Enlart, *Manuel d'archéologie française* 3 : *Le costume (*Paris, 1913). Et, dans la mesure où il permet des datations, à Germain Demay, *Le costume au Moyen Age d'après les sceaux. Reproduction en fac-similé de l'édition de 1880 avec une étude d'introduction, de nouveaux compléments illustrés et une table onomastique par Jean-Bernard de Vaivre.* Préface de Jean Favier, directeur général des Archives de France (Paris, 1978), xlv pages d'introduction, 68 nouvelles illustrations.

S'agit-il d'un gisant ? Il est impossible de se prononcer avec certitude. Le dos est, comme on l'a dit, relativement plat. Toutefois, il ne l'est pas complètement et les points de contact semblent s'être cantonnés à la partie inférieure de la statue. Il y a donc de fortes chances qu'elle ait été adossée à un mur.

Si le costume liturgique représenté ne permet en lui-même aucune datation précise, certains éléments stylistiques, comme les plis en V et la superposition des tissus, peuvent laisser supposer une époque voisine de 1300. Un rapprochement s'impose en effet immédiatement avec une statue découverte en 1958 dans un chantier ouvert dans la partie occidentale de l'Hôtel Dieu de Paris.[12] Cette statue (*figure 7*) a été datée tant par Anne Prache[13] que par Sauerländer aux alentours de 1320, c'est-à-dire de l'époque où fut probablement réalisé le Saint Louis de Mainneville[14] ou de la représentation disparue — et connue seulement par un dessin de Gaignières — de Simon Matifas de Buci, à Notre-Dame.[15] C'est dire que l'on aurait ainsi, à Famagouste, une autre oeuvre sculptée par un artiste parisien contemporain de Philippe le Bel.[16]

Il serait intéressant de savoir d'où vient cette statue si particulière, jusqu'à ce jour inédite. Elle est en effet dépourvue aujourd'hui de toute indication de provenance. Or, il semblerait qu'elle ait figuré, il y a quelques décennies, dans le petit musée médiéval ouvert dans la première partie de ce siècle à Famagouste. Ce musée était encore en 1936, selon Rupert Gunnis,[17] situé dans une petite chapelle du XVe siècle (aujourd'hui louée à un particulier) qui abritait des fragments de motifs décoratifs et architecturaux. Dans la salle 2, écrit Gunnis, se trouvait une "représentation à échelle humaine d'un clerc trouvée à l'extérieur de la cathédrale en 1930 et qui pourrait être du XVe siècle."[18] Plus tard, ce musée fut transféré dans une autre église et il est probable que la statue y ait aussi été apportée une vingtaine d'années après la description de Gunnis.[19]

---

[12] Musée de l'Assistance publique à Paris.

[13] Anne Prache, "Une sculpture gothique parisienne inédite," *Bulletin Monumental* (1977), 63–65 + pl.

[14] Alain Erlande-Brandenburg, "Le tombeau de Saint-Louis," *Bulletin Monumental* (1968), 17–18.

[15] Cette statue n'est connue que par les dessins exécutés pour Roger-François de Gaignières (et conservés à la Bibliothèque Nationale de France, *Ms. Lat.* 17040, fol. 161 et *Estampes*, Rés., Pe, fol. 149.)

[16] D'une période un peu plus ancienne (probablement de la fin du XIIIe siècle), une statue en pierre calcaire (de 1,925m de haut) représentant Saint-Denis, aujourd'hui conservée au Louvre (RF. 436 ; catalogue F. Baron précité, p. 94) — après avoir été déposée au musée de Cluny entre 1914 et 1991 — comporte des caractères proches. Elle se trouvait initialement au pignon du grand comble de la façade occidentale de l'abbaye de Saint-Denis.

[17] Rupert Gunnis, *Historic Cyprus. A Guide to its Towns and Villages, Monasteries and Castles* (Nicosie, 1936; réimpression en 1956 puis en 1973), p. 95.

[18] Gunnis, *Historic Cyprus*, p. 96.

[19] A l'ouest de la cathédrale. Elle a été transformée en mosquée mais n'est pratiquement jamais ouverte.

Fig. 7A : Statue trouvée à proximité de l'Hôtel-Dieu de Paris.
Musée de l'Assistance publique. (cl JBV)

Fig. 7B : Statue trouvée à proximité de l'Hôtel-Dieu de Paris.
Musée de l'Assistance publique. (cl JBV)

Or, d'après une note conservée aux archives du service des Antiquités de l'Etat,[20] un incident survint en 1958. A cette époque toutes les pièces, antérieurement abritées dans la petite chapelle située au couchant de l'ancien palais Lusignan, avaient été transférées, à quelques pas de là, dans l'ancienne église Saint-Pierre Saint-Paul plus vaste, également close et sans affectation particulière. Le 12 mai 1958, le directeur des antiquités –qui était alors Peter Megaw — fut informé[21] de ce que l'église avait été trouvée ouverte et qu'une "représentation d'évêque y avait été cassée en deux. Le dommage remontait à quelques jours ; on avait recollé la tête de l'évêque avec du ciment. Cet acte de vandalisme aurait été commis par de jeunes gens."

Cette version appelle de ma part une sérieuse réserve car l'aspect actuel du cou du personnage n'accrédite pas cette thèse : il n'y a aucune trace de mortier et la "cassure" laisse plutôt penser que la tête a été sciée (*figure 8*).

Fig. 8 : Statue du saint conservée à Famagouste.
Détail du cou, apparemment scié (cl JBV)

Jusqu'en 1958, "l'évêque" — et il n'a jamais été découvert sur l'île d'autre représentation en bosse de cette taille (à l'exception du christ conservé au musée

20 Service des Antiquités, dossiers divers, Famagouste.

21 Par T. Mogabgab, très actif dans le domaine des recherches archéologiques à Famagouste. Il a pris des centaines de clichés des campagnes de fouilles et surtout de travaux de restauration des monuments, dès les années trente et ce jusqu'à l'invasion turque. Ces photographies sont conservées à Famagouste. J'ai pu bénéficier, en plusieurs autres circonstances, des souvenirs très précis de Peter Megaw bien qu'il n'aie, en l'occurrence, plus aucun document sur la statue en question.

du lycée de Nicosie mais qui n'a rien de commun avec les sculptures étudiées ici) — était donc encore doté de sa tête. Le sort de celle-ci est inconnu.[22] Il semble bien qu'aucune photographie n'ait jamais été prise de la statue lorsqu'elle était complète. Les archives du service archéologique à Nicosie ne renferment rien à ce sujet. Celles restées à Famagouste non plus, bien que j'aie pu y consulter[23] plusieurs cartons de clichés exécutés entre le début du siècle et 1974.

S'agissant de l'identification de l'abbé ou de l'évêque, il est bien difficile, en l'absence d'attributs spécifiques, d'avancer quoi que ce soit. Comme il l'a été indiqué, la configuration du dos n'autorise pas à affirmer qu'il se soit agi d'un gisant, et la palette des saints personnages figurés en habit liturgique est vaste.

Deux éléments, cependant, permettent d'avancer ce qui n'est qu'une hypothèse. Pour les raisons mises en avant par Enlart et qui restent valables, il est hors de doute qu'il n'y a jamais eu beaucoup de statues sur ou dans les monuments gothiques chypriotes. D'autre part, cette statue a été découverte en 1930 à l'extérieur de la cathédrale. Elle ne venait manifestement pas de loin. Il n'est donc pas invraisemblable qu'il s'agisse là d'une représentation du saint à qui est dédiée la cathédrale de Famagouste.

Saint Nicolas, dans l'art occidental, est représenté en évêque latin, en habit liturgique, coiffé de la mitre et appuyé sur une crosse. A partir du XIVe siècle seulement, ses attributs essentiels sont une pyramide de trois bourses d'or (allusion à l'un des épisodes de sa légende voulant qu'il ait doté trois jeunes filles pauvres ou trois enfants émergeant d'un saloir, selon les récits hagiographiques). Si cette statue représente saint Nicolas, il est probable que cette figuration a été placée à un endroit particulièrement en vue. L'emplacement le plus indiqué aurait été, à l'extérieur de la cathédrale de Famagouste, le trumeau, c'est-à-dire une disposition analogue à celle que l'on peut encore admirer en Bourgogne à Saint Thibault-en-Auxois,[24] où la statue du saint patron fut précisément placée en cet endroit particulièrement honorable, vers 1310. A Famagouste, le trumeau (*figure 9*) qui partage le portail central est encore doté, dans sa partie inférieure, d'une demi colonne engagée, de 14 cm de large, reposant sur un socle de 32 cm et dont la partie supérieure comporte comme chapiteau un piédestal, large de 38 cm. La hauteur entre ce socle et la partie inférieure du dais fleuronné est de 1,95 m, ce qui permet de supposer que la place de cette statue pouvait se situer à cet endroit. Celle-ci pouvait donc se trouver à Famagouste, comme à Saint Thibault, au trumeau mais, compte tenu de la bonne conservation de ses reliefs, qui ne sont point altérés, il ne peut être exclu que cette représentation de saint Nicolas ait été

22 Il faut espérer la voir resurgir un jour sur le marché de l'art.

23 Rien ne parait exister dans la collection de photographies prises par Mogabgab ni dans les divers fonds examinés.

24 Sur l'église de Saint-Thibault-en-Auxois : Lefrançois-Pillion, "L'église Saint-Thibault-en-Auxois et ses oeuvres de sculpture," *Gazette des Beaux Arts* 64.1 (1922), 137–57 ; Christian Freigang et Peter Kurmann, "L'église de l'ancien prieuré de Saint-Thibault-en-Auxois : sa chronologie, ses restaurations, sa place dans l'architecture gothique," dans *Congrès Archéologique de France, 144e session, Auxois – Chatillonnais*, Société française d'archéologie (Paris, 1989), pp. 271–90.

Fig. 9 : Cathédrale de Famagouste. Portail central : Vue du trumeau et d'une partie des dais à frontons conçus pour abriter des statues (cl JBV).

placée à l'intérieur même de la cathédrale. Celui-ci, prétendument né à Patras en Lycie, évêque de Myre en Asie mineure et mort en 342, est une sorte de trait d'union entre l'Eglise d'Orient et celle d'Occident. Réau[25] disait qu' “aucun saint n'est plus universel.” En effet, ce saint local d'une petite ville d'Anatolie est devenu l'un des grands thaumaturges de l'Eglise grecque (et plus tard patron de la Russie). Le transfert de ses reliques à Bari en 1087 en fera aussi l'un des plus grands saints de l'Eglise romaine. Ce vocable fut vraisemblablement choisi pour ces raisons lorsque l'on érigea la cathédrale de Famagouste.

Quoiqu'il en soit, ce qui reste aujourd'hui de cette statue dans cette ville orientale de l'île permet bien d'attribuer cette œuvre à un sculpteur, lui aussi parisien, travaillant aux alentours de 1300. Certes, on ne peut exclure que cette statue ait été l'objet d'une commande, exécutée en Ile de France et expédiée ensuite par mer vers ce qui était alors le plus grand port de Chypre. L'analyse pétrographique ne permet pas davantage de trancher : le calcaire crayeux tendre et poreux dont cette statue est faite ne se retrouve pas dans les nombreuses pierres

[25] Louis Réau, *Iconographie de l'art chrétien*, 2 : Iconographie des Saints (Paris, 1958), p. 976 sq.

tombales gravées sur l'île jusqu'à la fin de la période Lusignan[26] mais il en existe cependant des exemples d'emploi aux premiers siècles de notre ère.[27] Il peut donc s'agir de l'œuvre d'un maître venu à Chypre sur le chemin d'un pèlerinage en Terre sainte.

Le rapprochement du saint évêque de Famagouste avec les deux fragments de Nicosie (lesquels témoignent, eux aussi, de l'activité d'un sculpteur venu d'Ile de France), permet d'affirmer aujourd'hui que des statues de grande qualité ont autrefois décoré des monuments religieux de Chypre et que ces œuvres, réalisées sur l'île même par des sculpteurs formés à Paris, soutenaient la comparaison avec les plus prestigieuses productions issues d'ateliers du centre de Paris dans les dernières années du règne de Philippe Le Bel ou, au plus tard, du temps de ses fils.

[26] C'est ce que mettent en évidence tant la comparaison sur place des divers témoignages subsistants que les conclusions provisoires du corpus auquel travaille Brunehilde Imhaus.

[27] Notamment un sarcophage d'une église qui doit faire l'objet d'une étude, en voie d'achèvement, par Brunehilde Imhaus.

Un monastère féminin de Nicosie: Notre-Dame de Tortose

Brunehilde Imhaus

L'histoire des monastères latins médiévaux de l'île de Chypre n'est pas toujours facile à suivre, les chroniqueurs[1] n'ayant pas été particulièrement diserts à leur sujet, non plus que les voyageurs visitant Chypre, soit durant le règne des Lusignan, soit pendant la domination vénitienne ou ottomane.[2] Pourtant Nicosie a vu se développer sous la période franque un assez grand nombre d'églises et d'ensembles monastiques,[3] latins et orthodoxes, dont beaucoup ont à jamais été engloutis dans la construction des murailles vénitiennes en 1569.

Etienne de Lusignan rapporte à leur sujet:

> Il y Il y avait plusieurs Eglises Cathédrales parce qu'elle (Nicosie) était habitée de diverses nations qui avaient leurs prêtres et évêques ... Les deux excellentes par dessus les autres, à savoir sainte Sophie des Latins et Chrussotheistrie qui signifie autant que avocate, toute d'or ou précieuse...Celle des Arméniens s'appelle sainte Croix, celle des

---

1 *Chronique d'Amadi* dans *Chroniques d'Amadi et de Strambaldi*, ed. René de Mas Latrie 1 (Paris, 1891) ; Florio Bustron, *Chronique de l'île de Chypre,* ed. René de Mas Latrie, Collection de documents inédits sur l'histoire de France : Mélanges Historiques 5 (Paris, 1886) ; G. Loredano, *Historie de re Lusignani, publicate da Henrico Giblet Cavalier* (Bologne, 1467) ; *Histoire des rois de Chypre de la maison de Lusignan,* traduit de l'italien du Chevalier Henri de Gibelet Cypriote, 2 vol. (Paris, 1732) ; Etienne de Lusignan, *Description de toute l'île de Cypre* (Paris, 1580) ; Guillaume de Machaut, *La prise d'Alexandrie, ou Chronique du roi Pierre de Lusignan*, publ. par Louis de Mas Latrie, Publications de la Société de l'Orient Latin, Série Historique 1 (Genève, 1877) ; Leontius Macheras, *Chronique de Chypre*, trad. par E. Miller et C. Sathas, Publication de l'Ecole des Langues Orientales Vivantes 11.3 (Paris, 1882) ; Diomedes Strambaldi, *Cronica del Regno di Cypro,* pub. par R. de Mas Latrie, *Chroniques d'Amadi et de Strambaldi* 2 (Paris, 1893).

2 "Les Arméniens y ont aussi une fort belle église qui du temps des Chrétiens latins était un couvent de Chartreuses, comme en témoignent divers tombeaux de pierre, enrichis de figures en relief de ces Religieuses qu'on y voit encore:" O. Dapper, *Description exacte des îles de l'Archipel et de quelques autres adjacentes, traduite du flamand* (Amsterdam, 1703), p. 32 ; Richard Pococke, *A Description of the East and Some Other Countries* (Londres, 1747), 2 :210 ; Claude D. Cobham, *Excerpta Cypria. Materials for a History of Cyprus (*Cambridge, 1908) ; Gilles Grivaud, *Excerpta Cypria Nova 1. Voyageurs occidentaux à Chypre au XVe siècle,* Centre National de la Recherche — Sources et Etudes de l'Histoire de Chypre 15 (Nicosie, 1990).

3 Louis de Mas Latrie, *Histoire de l'île de Chypre sous le règne des princes de la Maison de Lusignan,* 3 vol. (Paris, 1853–61) ; idem, *Nouvelles preuves de l'Histoire de Chypre sous le règne des princes de la Maison de Lusignan* 4 (Paris, 1897) ; John Hackett, *History of the Orthodox Church of Cyprus* (Londres, 1901), pp. 327, 329, 361, 360, 361, 369, mentionne 250 églises de toutes confessions ; George Jeffery, *A Description of the Historic Monuments of Cyprus,* (rééd. Londres, 1983), pp. 30, 31.

> Coptes saint Antoine, et ainsi des autres. Il y avait encore l'Eglise des Templiers et des Chevaliers de saint Jean l'Hospitalier, l'Eglise du champ saint ou du Cimetière commun, lequel est dédié à même fin qu'à Paris, l'Eglise des saints Innocents, celle de saint Dominique, saint François, saint Augustin des Carmes, des moines de saint Benoît, de saint Bernard, des Chartreux, des Religieux saint Julien qui portent une petite croix d'argent toujours en la main et sont habillés de bleu, des Religieux de saint Jacques qui sont de l'ordre des Prémontrés et autres églises latines et grecques. En outre plusieurs monastères de Religieuses : à savoir de sainte Anne, de l'ordre de saint Benoît dite Eglise saint Théodore, de saint Bernard, de sainte Claire, de Notre-Dame de Sur, de la Cave et autres. Il s'y trouvait davantage plusieurs églises des Grecs et Religions, celles des hommes étaient dites André, Bibe, Serge-Flatre, Manchane et saint Macédone et celle des femmes se nommaient Ienechie, Pandes, Faneromene, Palluriotisse et beaucoup d'autres… Elle avait aussi un château au petit marché que les Templiers ont détruit et abattu, auquel lieu on a édifié l'Eglise sainte Claire, appelée Castelliotissa c'est à dire Chastillonnette… (Les Vénitiens) abatirent bien octante Eglises, tant des Latins, Grecs que autres nations et entre autres les monastères saint Dominique, saint Jean de Monfort, auquel demeuraient les Religieux de saint Bernard, puis après ceux de l'ordre de saint François qui sont de l'observance. Outre plus trois monastères grecs : et celui de Manchane et deux de Religieuses.[4]

La transformation de la plupart des églises latines en mosquées au moment de la conquête de l'île par les Ottomans n'a pas toujours permis de conserver les bâtiments en l'état, voire la mémoire des lieux. Ces bouleversements ont parfois entraîné des confusions, à tout le moins des ambiguïtés sur l'origine exacte d'églises latines ou byzantines, de mosquées édifiées sur l'emplacement d'anciennes églises (par exemple la mosquée Arab Achmet ou la mosquée des Oranges).[5]

Aussi, les bâtiments ecclésiastiques médiévaux — ou les parties de bâtiments— qui subsistent de nos jours[6] représentent des témoignages très importants à la fois sur le plan topographique, archéologique et historique.

Nicosie conserve en ses murs deux églises gothiques, parties d'ensembles monastiques, à l'attribution incertaine : l'église Sainte-Catherine (mosquée Haydar Pasha)[7] et l'église Notre-Dame de Tyr dite "Eglise des Arméniens."[8]

---

4 Etienne de Lusignan, *Description*, pp. 8, 31 ; Gilles Grivaud, "Nicosie remodelée (1567). Contribution à la topographie de la ville médiévale," *Epetiris* 19 (1992), 281–306.

5 Jeffery, *A Description*, pp. 55–57.

6 Camille Enlart, *L'art gothique et la Renaissance en Chypre*, 2 vol. (Paris, 1899) ; Jeffery, *A Description*, passim ; R. Gunnis, *Historic Cyprus, A Guide to its Towns and Villages, Monasteries and Castles* (rééd. Nicosie, sans date), passim.

7 Jeffery, *A Description*, pp. 90–95 ; Gunnis, *Historic Cyprus*, pp. 59–60.

8 Enlart, *L'art gothique* 1:142–50 ; Jeffery, *A Description*, pp. 50–55 ; Gunnis, *Historic Cyprus*, pp. 40–42 ; Monique Richard-Rivoire, "Les monuments francs de Chypre. L'architecture religieuse," *Historia tis Kyprou*, E' (Nicosie, 1996), pp. 1415–54.

L'église Notre-Dame de Tyr a échappé, sinon à la mise à sac de 1570,[9] du moins à sa transformation en mosquée. Devenue un temps entrepôt de sel, elle fut ensuite dévolue à la communauté arménienne de Nicosie par les conquérants ottomans. Ceux-ci, par ce geste, auraient remercié les Arméniens de les avoir soutenus durant le siège de Nicosie contre les Vénitiens. Mais rien ne vient confirmer cette affirmation.[10] L'église, dénommée alors Sourb Asdt Wadzadzin (église de la Mère de Dieu) est restée en la possession des Arméniens jusqu'aux troubles intercommunautaires de 1963. Elle a ensuite été occupée par l'armée turque jusqu'en 1998.

Louis de Mas Latrie et Camille Enlart ont visité cette église lors de leur voyage en Chypre et l'ont identifiée comme étant le sanctuaire du monastère de Notre-Dame de Tyr.[11]

L'origine de cette abbaye remonte au début des Etats Latins d'Orient.[12] L'abbaye Notre Dame la Grande de Jérusalem fut transférée une première fois à Tyr après la prise de Jérusalem, et une seconde fois en Chypre après la perte définitive de la Terre sainte.[13] Elle s'établit à Nicosie et porta les noms de Notre-Dame-la-Grande et de Notre-Dame de Sur.[14] Amadi, en 1308, nous confirme le nom de ce monastère où : ".. morite Madame Margarita de Lusignan, princessa di Antiocha,.... dame de Sur et di Thoron... fu sepulta in la città di Nicosia ne l'abatia della Nostra Donna Mazore de Hierusalem, che si chiama in Cypro Nostra Dama de Sur..." Plus loin parlant de cette abbaye, il mentionne : "...Madame Sur Fimia, che era monache de la Nostra Donna Mazore de Hierusalem che si dice in Cypro Nostra Dame de Sur."[15]

A la date de 1310, Amadi décrit ainsi ce couvent : "In questa città di Nicosia haveva un monasterio de grande honestà et bontà."[16]

---

9 Etienne de Lusignan, *Description*, p. 262 : en 1570 ".. le sac dura trois jours, profanant les églises, dépouillant les autels, brûlant les saintes images, ouvrant les sépultures..."

10 Gilles Grivaud, "Les minorités chrétiennes orientales aux époques médiévale et moderne," Communication au Symposium, *Migrations, Territoires, Identité*, Lyon 15/18 octobre 1997, à paraître.

11 Enlart, *L'art gothique* 1:150 ; Louis de Mas Latrie, "Monuments français de l'île de Chypre," *Magasin Pittoresque* 15 (mai 1947), 229–233 ; idem, *L'Ile de Chypre. Sa situation présente et ses souvenirs du Moyen Age (*Paris, 1979), pp. 349–61.

12 Amadi, p. 28 : Baudouin Ier se séparant de sa femme "..la fece monaca in una religion nova ... et si chiamo la abbadia de la Nostra Donna de Hierusalem et poi si chiamo Nostra Donna de Sur la Mazor.."

13 Mas Latrie, *L'Ile de Chypre*, p. 349, note 2. Ce fut le cas d'autres ordres religieux, cf. Mas Latrie, *Nouvelles preuves* 4, p. 588, n.1.

14 Amadi, p. 271.

15 Amadi, p. 276.

16 Amadi, p. 359.

La même année, l'abbaye subit le contrecoup de l'assassinat du Prince de Tyr, usurpateur de Henri II, car on pense y avoir vu le meurtrier d'Amaury de Lusignan ; elle est alors dénommée "Abbaye de saint Lazare."[17]

Il est cependant permis de se demander si L. de Mas Latrie et C. Enlart ne se sont pas mépris sur cette abbaye de Notre-Dame de Tyr. En fait on peut légitimement penser, comme le croit Jean Richard, qu'il y a eu de leur part confusion entre Notre-Dame de Tyr et un autre couvent nicosiate, l'abbaye de Notre-Dame de Tortose encore en place de nos jours.[18]

Les chroniqueurs ne sont guère explicites sur l'abbaye Notre-Dame de Tortose. Etienne de Lusignan ne la mentionne pas. Amadi la signale à la date de 1308 :

> Il primo di de Zugno, di de Pentecoste, hanno mutato habito le monache carpitane de Antiocha, per mandato della corte di Roma ; il che hanno procurato et obtenuto per mezo de fra Bartholomio de Pavia del Ordine de Predicatori, et de narassarea biancha che portavano con un traverso negro, con zapperoni in la testa, hanno posto un sorbelizo negro et vesta negra et furon chiamati, dallora inanzi, le monache della Nostra Donna di Tortoza et non più carpitane. Et questo, per la immagine della Nostra Donna che fo portata da Tortosa, per le procuration di Soura Escive de Bolion, che fo abbadessa in ditto monastero, per la qual figura vegnivano molte helemosime in ditta chiesa, et il papa haveva concesso assai indulgentie a tutti quelli che porgevano hellemosina a ditte monache et che li facesse bene.[19]

Nicosie possédait donc bien en 1308 deux abbayes, respectivement dénommées Notre-Dame de Tyr (ou Notre-Dame Majeure) et Notre-Dame de Tortose.

En 1369, Strambaldi relate les altercations entre le roi Pierre Ier et le vicomte de Nicosie Henri de Gibelet. L'on sait que pour se venger du refus du vicomte de donner ses lévriers à son fils aîné, le roi voulut obliger Marie de Gibelet, fille du vicomte, à épouser un manant. La jeune femme, veuve de Guy de Verny "ando al monasterio de Santa Chiara, per restar finchè cessasse l'odio del re, per haver inteso che la voleva maridar, et de li uscite et ando à Tartusa, et si nascose…"[20]

On peut ainsi s'interroger sur un possible glissement sémantique de Tortosa vers Tartusa et de là vers *certosa*. Relatant les mêmes faits, Leontius Makhairas nous dit que Marie de Gibelet : "alla se cacher au couvent de Tartusa… Ayant appris qu'elle était à Tartusa, il (le roi) la fit prendre de force dans le monastère..."[21]

Certes, il existait à Nicosie une Chartreuse que Florio Bustron évoque lors des terribles inondations de 1330 ; on alla en procession : "et statuti il arcivescovo che ogni anno dovessino tute le nationi c'habitano in Nicosia far una processione

---

[17] Après l'assassinat du prince de Tyr, on rechercha le meurtrier, Simon de Montolif dans : "una abbatia che era li apresso chiamato San Lazaro.." Cf. Amadi, p. 349; Bustron, p. 131.

[18] Jean Richard, "Les comptes du collecteur de la Chambre Apostolique dans le royaume de Chypre (1357–1363)," *Epetiris*, 13–16.1 (1984–87), 39, 47.

[19] Amadi, p. 292.

[20] Strambaldi, p. 105.

[21] Makhairas, p. 149.

solenne… et andar al monasterio della certoza."[22] C. Enlart évoque la possibilité d'une confusion entre *certoza* et Tortosa ; cela est possible, mais rien n'indique qu'il s'agisse dans ce cas de Notre-Dame de Tyr.[23]

En revanche, ces deux abbayes ont pu voir passer dans leurs murs jusqu'en 1570 des ordres religieux différents, avant de devenir l'une ou l'autre "l'Eglise des Arméniens."

Nonobstant cette hypothèse, le fait que l'église des Arméniens renfermait en son sol un grand nombre de pierres tumulaires[24] semblerait confirmer qu'il y a eu une erreur d'identification. Parmi ces pierres figurent les deux tombes plates d'abbesses "de Notre-Dame de Tortose" et d'un clerc "asis de Notre-Dame de Tortose." (Les épitaphes sont reproduites dans la transcription donnée par le Major Tankerville J. Chamberlayne).[25]

N° 181

ICI. GIT. SEUR. SEBILE .D. CONSET. SOUPIRIOURE. D'NRT. DAME. D. TOURTOSE. Q'. TR EPASA. A. M. CCC.XVIII.A. XXIII. IORS.D. MARS.Q DES .AIT LARME.AMEN.

N° 198

ICI. GIT. SEVRES [?CIV']D' SU…..[SOUP'] RIOUR D' LABAIE.D' NTR. DAM.D' TOURTOUZ'.Q' TSPASSA [A] XV. IOURS. D' IUN [IET] D'[M..] CC.. XXII. D X.QU [E.DIEUS.AIT] LARM. AMEN.

N° 208

ICI. GIT.S GUILLM. GAVA F ASIS II D'NRE DAM. D. TORTOUZE. Q' TSPASSA. A. XIX .IORS DAVLL LAN D MCCCXLIII.D X. DIEU.AIT LARME.

On imagine mal des supérieures d'un célèbre couvent de Nicosie être ensevelies dans l'église d'un autre monastère, d'autant plus que l'abbaye de Notre Dame de Tortose jouissait d'un grand renom si l'on en juge par la qualité des personnes laïques ayant souhaité y être ensevelies.

---

[22] Bustron, p. 254 ; les autres chroniqueurs évoquent la procession, sans indiquer la ou les églises, cf. Makhairas, p. 39 ; Amadi, p. 404.

[23] Bernard Sagredo, dans son rapport au Sénat de Venise, parle de l'abbaye de Santa Marie delle Suore, dont on a pensé, sans preuve, qu'il s'agissait de Notre Dame de Tyr, cf. Mas Latrie, *Histoire* 3:543 ; Enlart, *L'art gothique* 1: 22 ; Jeffery, *A Description*, p. 50.

[24] Tankerville J. Chamberlayne, *Lacrimae Nicossienses. Recueil d'inscriptions funéraires, la plupart françaises, existant encore dans l'île de Chypre* 1 (Paris, 1894) ; cf. Mas Latrie, *L'Ile de Chypre*, pp. 349–61 .

[25] Mas Latrie, *L'Ile de Chypre*, p. 360 ; Chamberlayne, *Lacrimae Nicossienses*, n° 181, 51, pl. XI ; n° 198, 62, pl. XIII ; n° 208, 63, pl., XIV ; Dapper, *Description exacte*, p. 32, mentionne : "le tombeau… d'une abbesse qui est représentée avec une croix à la main, dont le bord est gravé tout autour en caractère françois."

Enfin, sous le porche nord de l'église se trouve le tombeau d'une abbesse, Echive de Dampierre, qui porte le titre d'*abbesse de la Croix d'Antioche*, remontant ainsi probablement à l'origine même de l'abbaye.

Tout ceci plaide en faveur d'une nouvelle identification de ce monastère et il est probable que l'église de Notre-Dame de Tyr (ou la Chartreuse) doit être dénommée l'église de Notre-Dame de Tortose.

Que reste-t-il de nos jours de cette abbaye du XIVe siècle ?[26]

L'enclos de ce monastère, dont les bâtiments conventuels ont en grande majorité disparu, se situe dans le quartier dit "Karamanzathe,"[27] secteur habité par les Arméniens, qui ont longtemps gardé la porte de Paphos.

On accède aujourd'hui dans la cour de cette ancienne abbaye par trois ouvertures. Sur la façade occidentale de la clôture, le portail est encore fort élégant en dépit de diverses couches d'enduit et peinture qui n'ont pas réussi à l'enlaidir (*figure 1*). Il n'est plus dans sa facture originelle, ayant subi de déplorables remaniements (ou reconstructions tardives) : son tympan a disparu, remplacé par une grille que l'on aura jugée d'un meilleur effet décoratif. Il subsiste un linteau sur lequel avait été gravée une inscription, totalement effacée depuis. Ce portail se compose d'une voussure en tiers point qui n'est pas sans évoquer le portail-est de la cathédrale-(mosquée) Sainte-Sophie. Il repose de chaque côté sur un pilastre et deux colonnes dont les chapiteaux forment une frise à décor de feuillage et crochets. Une corniche relie la voussure aux chapiteaux et colonnes encadrant le portail.

Fig. 1: Portail occidental de l'abbaye Notre-Dame de Tortose.

[26] La description qui suit montre les constructions dans leur état contemporain.
[27] Jeffery, *A Description*, p. 51.

A quelques mètres de ce portail, sur sa droite, se trouve une porte plus petite dont le jambage est orné sur la partie supérieure d'une gracieuse sculpture, et on remarque un reste de chapiteau sur le jambage droit.

La façade sud de l'abbaye (*figure 2*), bordée par une rue très étroite, puis par un terrain vague, paraît très complexe. Elle a été modifiée car elle présente plusieurs coups de sabre. Une partie du mur de clôture est ornée d'une corniche (une construction parasite s'appuie sur quelques mètres à cette façade). Trois portes (dont deux ont été bouchées – on remarque au-dessus de l'une d'elle un arc de cercle) donnaient accès à la cour. La troisième porte, assez délicate, présente un jambage à colonnettes, orné d'une sculpture gracieuse et un linteau curieux, probablement ajouté ou transformé par la communauté arménienne. La façade longeant le terrain vague comporte une porte bouchée et sept fenêtres grillagées ; ce mur a été dérasé. Il semble que sur toute la façade sud il y ait eu une surélévation du terrain.

Fig. 2: Façade sud de l'abbaye.

La façade est comprend de petites habitations en pisé, très dégradées, prenant peut-être appui sur le mur de clôture.[28]

Côté nord plus rien n'indique l'ancien enclos ; de là on peut observer, et encore mal en raison de constructions qui l'obstruent, la façade nord de l'église, en particulier les fenêtres invisibles de l'intérieur (*figures 3 et 4*). On peut aussi remarquer combien la toiture est endommagée par de nombreux trous (les tuiles rouges du toit étant, elles aussi, dues à la restauration du début du siècle, les églises latines de Chypre ayant une couverture en terrasse).

Dans la cour de l'abbaye, seule l'église et son portique retiennent l'attention. Il est assez difficile d'examiner l'église à partir de la cour car, sauf au sud, les murs extérieurs ne sont guère visibles. Le chevet est inaccessible ; on constate

[28] Jouxtant cette façade est se trouve une magnifique demeure, en partie vénitienne, en partie ottomane, elle aussi prête à s'effondrer à la moindre secousse sismique.

Fig. 3 et 4: Fenêtres de la face nord.

cependant que le bâtiment est épaulé par huit contreforts. Au dessus de la façade occidentale, on remarque le départ d'un escalier.

L'église a conservé globalement sa structure originelle, en dépit de nombreuses vicissitudes, dont les travaux de rénovation successifs ne sont pas les moindres. Dès la fin du XIXe siècle, on avait construit un clocher sur la face nord, lequel pesait sur le mur de façon dangereuse; en 1945, ce clocher menaçait de s'effondrer, ce qui aurait fortement endommagé le mur nord.[29] La rénovation absolument désastreuse de 1904 intervint avant que l'édifice ne fût classé "Monument Historique, n° 22 du district de Nicosie" selon la loi de 1935/1945.

La dernière phase de travaux a concerné le pavement. En novembre 1960, la communauté demandait au Département des Antiquités que soient enlevées les pierres tumulaires couvrant le sol, pour les remplacer par un carrelage de ciment.[30]

Le portail occidental de l'église, dont C. Enlart disait qu'il semblait remonté dans une façade plus récente, ce qui n'est pas impossible compte tenu des questions soulevées par la travée occidentale, a été remanié. En particulier les beaux vantaux qu'il avait admirés furent sacrifiés en 1904, lorsqu'on les remplaça par une porte moderne.[31] Le tympan et le linteau ont aussi été démolis pour laisser la place à une grille, identique à celle du portail d'entrée de l'abbaye. Seule subsiste la voussure en tiers point avec tore, gorge et baguette. Les voussures sont reçues par deux pilastres et une colonne, les tailloirs sont peu développés. Les chapiteaux s'ornent de feuillage, encore que là aussi l'épais badigeon grisâtre dont

[29] Archives du Département des Antiquités, 2/22, Armenian Church: "The whole belfry is learning to north and the wall on which it stands has started to split away from the adjoining vaulting, as can be seen inside the church." La réparation s'est effectuée sous la supervision du Département des Antiquités.

[30] Ibid.: "There are a number of tomb-stones to be removed also." Elles seront remplacées par des "mosaïcs cement tiles."

[31] Enlart, *L'art gothique* 1:149–5O.

on les a recouverts ne facilite pas l'observation. Deux fenêtres ont été percées de chaque côté du portail, garnies d'une grille ouvragée.

Le portail sud a lui aussi été modifié depuis le passage de C. Enlart qui le décrivait comme analogue au portail occidental. Il avait été bouché au temps où C. Enlart l'avait examiné et une fenêtre rectangulaire a été percée depuis. Ce portail se compose d'une voussure en larmier, le tympan a été restauré. Les chapiteaux des pieds-droits conservent quelques sculptures à deux rangs de feuillage (*figure 5*).

Fig. 5: Portail sud de l'église.

Le portail nord n'existe plus, il a été remplacé par une ouverture "moderne."

L'intérieur de l'église abbatiale se compose d'une seule nef formée de trois travées et d'un cœur polygonal (*figure 6*). La première et la seconde travée sont à voûtes d'ogives, la travée occidentale est terminée par une voûte en berceau, assez basse.[32] L'ensemble apparaît comme relativement peu élevé (comme dans les autres églises latines chypriotes, il n'y a pas de triforium). Les proportions sont extrêmement harmonieuses et confèrent à l'ensemble beaucoup d'élégance et de douceur.

Le chœur est surmonté d'une voûte d'ogive à six quartiers ; la clef de voûte, fort simple et dont on ne retrouve pas d'autre exemple en Chypre, comprend trois

32 Cette travée en berceau remplace, sans doute, une travée effondrée. Chamberlayne a remarqué que toutes les dalles de cette travée étaient brisées. Sous cette travée se situe le gynécée, refait en 1945.

Fig. 6: Intérieur de l'église : le chœur.

Fig. 7: Clef de voûte du chœur.

moulures concentriques (*figure 7*). Il ne semble pas qu'il y ait eu un chœur des religieuses. A gauche et à droite du chœur se trouvent une niche crédence et un lavabo.

Dans le chœur et les deux premières travées, les arcs des voûtes sont formés par un tore dégagé par des cavets. Les supports des voûtes sont composés de groupes de trois colonnettes et un cordon continu relie les tailloirs des colonnettes. Les chapiteaux des groupes de colonnes, à demi cachés par la couche de plâtre, représentent des bouquets de feuillages dont certains rappellent les chapiteaux du porche (*figure 8*).

Fig. 8: Détail de chapiteau.

Seuls le chœur et les deux premières travées étaient, au début de ce siècle, garnies de fenêtres.[33] Elles prenaient appui sur le cordon reliant les colonnes ; elles ont fort malencontreusement été bouchées durant les travaux de 1904 (à l'exception, sans doute de la fenêtre sud de la deuxième travée). Il subsiste une demi-fenêtre dans le chœur et ce qui furent les remplages dans les deux premières travées.

Dans le chœur, les lunettes des voûtes étant très étroites, un meneau central divisait les fenêtres à lancette couronné d'un cercle que devait orner un quatre-feuilles.

Dans la première travée, au sud, se trouve une fenêtre identique à celle du chœur.

Les fenêtres les plus belles se trouvaient dans les deux premières travées, mais au nord. Dans la première travée, la fenêtre est divisée en trois formes. De l'extérieur on peut encore admirer les remplages trilobés surmontés d'un quatre-feuilles et le petit motif décoratif terminant le meneau (feuillage et petite tête humaine que l'on retrouve si souvent dans la sculpture chypriote). Dans la travée suivante, la fenêtre occupait toute la travée. Elle était divisée en quatre formes dont trois cercles encadrant des quatre-feuilles formaient des remplages.

Le sol n'est donc plus d'origine. A la fin du XIXe siècle, T. J. Chamberlayne avait relevé dans cette église 49 dalles tumulaires, l'enfeu de l'abbesse E. de Dampierre et un fragment de sarcophage encastré dans l'autel.[34] Ces pierres tombales concernaient 15 religieuses, 4 prêtres, 26 laïcs (19 femmes, 7 hommes). L'épitaphe des autres défunts étant illisible, il n'a pu identifier les personnes.

Religieuses exceptées, les femmes ont été plus nombreuses que les hommes à désirer reposer auprès de cette abbaye, ce qui semble normal puisqu'il s'agissait d'un monastère féminin.

L'épitaphe la plus ancienne qu'ait pu lire T. J. Chamberlayne remonterait à 1312, la plus récente serait de 1382. Mais ces dates ne peuvent qu'être indicatives, puisque toutes les épitaphes n'ont pu être relevées. En revanche, on note avec intérêt 11 dalles gravées en l'année 1348 dont 8 pour le seul mois d'avril, au moment où la grande peste fit son apparition dans l'île à partir du port de Famagouste.[35] Sur ces 11 personnes décédées, 5 sont des religieuses de l'abbaye, confirmant le fait que les communautés favorisaient une rapide progression des épidémies.[36]

---

[33] La façade occidentale portait-elle une rosace à l'origine ? Cette façade telle qu'elle se présente aujourd'hui est trop basse pour permettre d'y percer une fenêtre haute.

[34] Chamberlayne, *Lacrimae Nicossienses*, n° 181, 51, pl. XI ; n° 198, 62, pl., XIII ; n° 208, 63, pl. XIV ; n° 225, 105, pl. XIX ; Brunehilde Imhaus, "Tombeaux et fragments funéraires médiévaux de l'île de Chypre", *Report of the Department of the Antiquities of Cyprus* (1998), 225–31, pl. 28/31.

[35] Loredano, *Historie de re Lusignani*, 2:55.

[36] Françoise Hildesheimer, *Fléaux et Société de la grande peste au choléra, XIVe–XIXe siècles* (Paris, 1993).

Presque toutes ces dalles funéraires enlevées lors de la malencontreuse rénovation de 1960/61 semblent avoir disparu mais peut-être les retrouvera-t-on un jour. Quelques-unes ont été récupérées. Il ne reste plus à Notre-Dame de Tortose (car, s'il y a quelque gêne à débaptiser une église, il convient de lui rendre ce qui fut vraisemblablement sa première dénomination) que trois dalles tumulaires latines et trois arméniennes relevées contre le mur nord de l'église, sous le porche.

Ce double porche en ogive prend appui sur la façade extérieure nord ; il servait, à l'époque où L. de Mas Latrie a vu l'édifice, à l'entrée des hommes. Il est probable qu'une partie du cloître ait été récupérée dans ce portique. L. de Mas Latrie voyait sur les chapiteaux une croix de Jérusalem sculptée (la couche de plâtre ne facilite pas l'examen des chapiteaux) ; tout au plus remarque-t-on une clef de voûte sculptée d'une croix (de Jérusalem ?) plutôt gauche. La partie extérieure du porche n'est pas couverte et donne une impression d'inachevé. Ce porche est totalement croulant, le tremblement de terre de 1996 l'a fortement déstabilisé et les dégradations s'amplifient de mois en mois.

Or ce porche renferme l'enfeu, à tout le moins le tombeau de l'abbesse Echive de Dampierre[37] et c'est, pour la période médiévale, le seul tombeau entier qui soit parvenu jusqu'à nous. Ce tombeau repose devant une arcature en tiers point, à fronton meublé d'un trèfle à rosace centrale et de deux écoinçons de feuillage disposé en triangle (ici aussi l'épaisse couche de badigeon ne met pas en valeur les sculptures). Un larmier en pointe de diamant, à gorge avec fleurette termine le pignon ; le fleuron a disparu.

La gorge des pieds droits et de la voussure est remplie d'une suite de feuillages allongés et polylobés, profondément creusés dans le sillon de la gorge.

Les pieds droits ont deux arcatures superposées ; aux deux extrémités se trouvent deux petites niches qui, selon C. Enlart, remonteraient à la période vénitienne et, au moment où il a vu cet enfeu, elles portaient une série de petites croix, mais le badigeon les a recouvertes, sauf une sur la niche supérieure gauche.

Deux niches assez profondes encadrent le tout ; s'agissait-il d'éléments décoratifs ou avaient-elles une fonction ?

L'arcature à la hauteur des pieds droits supporte une sorte de socle en maçonnerie orné d'une moulure. Au pied de cette arcature se trouve le tombeau de l'abbesse Echive de Dampierre. Sur la tranche sont gravées l'épitaphe et l'effigie de l'abbesse.

Ce tombeau (210 × 41 × 54) en marbre blanc à grain fin, très altéré,[38] a dû être placé là tardivement. Il devait à l'origine se trouver dans l'église, peut-être était-ce un tombeau surélevé car les armes de l'abbesse, deux bars adossés, sont gravées sur les extrémités ?

---

[37] Chamberlayne, *Lacrimae Nicossienses*, n° 226, 109, pl. XIX ; Enlart, *L'art gothique* 2: 492–93.

[38] Analyse pétrographique effectuée par le géologue M. Morisseau, que je remercie.

La tête de l'abbesse repose sur un riche coussin, sa crosse est tournée vers l'extérieur, sa main droite bénit. T.J. Chamberlayne voyait à gauche quatre petites croix.

La lecture est très difficile car beaucoup de lettres sont très effacées :

> ICI . GIT. LA.TS. NOBLE. DAM'. MADAM'. SEUR. ESCHVE. D'.D'ANPIERE. DIGN'.ABAESSE. D'.LA .CROIS. DANTIOCHE. E .D'.NTR .DAM' D TR. [Q'] TREPASSA. D [E.CE.] CIECLE. EN LAN.DE. M.CCC .XXXX.DE. X. AXX. IORS. DE. DELIER. Q' DIEU. AIT. LARME. DELE. AMEN

Au-dessus de la tête, T.J. Chamberlayne voyait gravé ce verset du Nouveau Testament :

> ET. VENERT. FESTINTES. Z .IVENEROT. MARIA. E. IOZEP. INFANTEM. POZITU. IN. PREZEPIO.

Lorsque le porche s'écroulera, il emportera avec lui le seul exemple de tombeau médiéval latin de Chypre. L'intérieur de cette église abbatiale, malgré les multiples et déplorables rénovations, a conservé en grande partie sa structure primitive, mais des travaux de consolidation et de restauration sont à entreprendre d'extrême urgence. En effet, l'effondrement d'une bonne partie de sa toiture et le manque d'entretien depuis près d'un demi-siècle ne la met plus vraiment hors d'eau et les plaques d'humidité surgissent de toutes parts.

Si des mesures conservatoires ne sont pas prises rapidement, l'église de l'abbaye de Notre-Dame de Tortose se détériorera dans les années à venir. Il y a deux décennies de cela, un grand archéologue chypriote écrivait : "Urgence à Chypre pour ses monuments." Il y a une urgence quant aux monuments gothiques de Chypre. Au-delà des clivages politiques et des divergences d'opinions, la conservation du patrimoine est un devoir impérieux, à la fois pour les édifices eux-mêmes et pour les générations futures.

The Case for Sigouri as a Mint-Place in Fifteenth-Century Cyprus

D. M. Metcalf

Until Famagusta passed into Genoese hands the fourteenth-century kings of Cyprus had minted coins there as well as in Nicosia. The shares taken by the two mints were very roughly equal. It seems that there may also have been a third, minor mint, working perhaps only intermittently, and accounting for no more than about five per cent of the total output of coinage.[1] What was the situation between 1374 and 1464? It is well known that within that 90–year period the Genoese authorities struck their own denari with the legends DVX IANVEN and CIVIT.FAMAG, but that they did not strike larger denominations of silver gros. What is perhaps not so clearly appreciated is how relatively scarce the Famagustan denari were, in comparison with the equivalent low-value coins of James I and Janus, with which they mingled in circulation. In hoards they account for only about one per cent of the total. The currency of Genoese Famagusta consisted, it is safe to say, very largely of Cypriot cartzie and Cypriot gros grands. The local issues were of very marginal importance in the money economy, even in the city of Famagusta itself.

Is it conceivable that the kings of Cyprus could have continued to mint coins in Famagusta? It appears to be constitutionally out of the question: a constitutional and practical impossibility after the treaty of February 1383, which transferred full sovereignty, by default, to Genoa. Yet such coin hoards as are known from fifteenth-century Cyprus make it clear that the island continued to be supplied by a controlled currency, from which foreign coins were in principle excluded. In the fourteenth century the foreign merchants arriving at Famagusta were obliged to sell their Italian or Spanish silver coins to the mint, where the bullion was converted into the official silver gros of Cyprus. The example of the Catalan merchant Ioan Benet, who is seen selling his silver coins to the *comprador per la secha* in Famagusta in 1343, gives us a concrete idea of the scale on which this recycling of silver stocks occurred, year in and year out.[2] In the fifteenth century, even though the commercial prosperity of the island declined, merchants continued to arrive, with foreign silver in their purses; and the hoards demonstrate that they continued to have it reminted into Cypriot coinage. Famagusta held a theoretical monopoly as the only permitted port of access (although after 1383 the

---

[1] D. Michael Metcalf, *The Silver Coinage of Cyprus, 1285–1382 = Corpus of Lusignan Coinage*, ed. D. Michael Metcalf and A. G. Pitsillides, vol. 2 (Nicosia, 1996), pp. 3–6.

[2] Josep Plana i Borras, “The Accounts of Joan Benet's Trading Venture from Barcelona to Famagusta: 1343,” *Epetiris tou Kentrou Epistemonikon Ereunon* 19 (1992), 105–68.

kings of Cyprus had little to lose by ignoring this provision of the treaty). Whereabouts was the foreign silver converted into royal coinage of Cyprus? Were the foreign merchants obliged to carry their silver to the mint of Nicosia? Were there other mint-towns? Perhaps Limassol (which will have gained relative advantage after 1383), or Paphos, or Larnaca, or even Kyrenia? What is clear is that merchants who entered Cyprus through Famagusta in order to go outside the Genoese enclave and to trade with those parts of the island under royal control, needed Cypriot currency.

In default of documentary sources naming the mint-place or places, we can only approach the problem empirically, namely through a study of the coins themselves. Stylistic analysis of the gros grands and gros petits of the fourteenth century allows us to divide them convincingly between Nicosia and Famagusta: if, among the gros of the fifteenth-century kings, we find a comparable stylistic diversity, can we adopt a similar explanation, and interpret the numismatic evidence of style in terms of more than one mint? The rival explanation, always, is that the stylistic varieties are successive (at a single mint) rather than concurrent. That explanation will certainly apply, in part, to the nine different types (i.e. designs) of gros of John II, whose reign lasted for 26 years. But the dilemma is acute as regards the coinage of King Louis. He became king of Cyprus by his marriage with Charlotte in October 1459. In 1460 James usurped the kingdom, and by the beginning of 1461 the effective authority of Louis and Charlotte was restricted to the castle of Kyrenia. It seems therefore that the great majority if not all of the coins in the name of Louis can only have been minted during a period of about a year, from October 1459 to late 1460. Yet there are five distinct types of gros in his name (Stewart Types A–E), the several types consistently using three quite different styles of lettering, associated with different ways of spelling the king's name (LUDOUICUS, LODUUICUS, both with reversed Us, and LVDOVICVS).[3] Die-engravers do not normally make frequent radical changes in their conventions of spelling names and their alphabet of letter forms. They tend to be craftsmen of settled habit. There is a strong *prima-facie* case for thinking that the three styles belong to at least two different mint-places. But where were those places? The changed political circumstances might have resulted in the transfer of the second-ranking mint to, let us say, Limassol; and there is unfortunately no way in which the evidence of style can help us to locate its place of origin in this case. Louis's coins strongly hint that there was more than one mint-place, but they are, in the end, ambivalent about Famagusta.

The well-known collector John Slocum, who prepared a useful check list of the coin types of Lusignan Cyprus in *c.*1980, for private circulation among his friends, put forward the suggestion that the letters S, G which appear in the field or background to left and right of the figure of the king on Louis's (plentiful) Type C might stand for (Banco di) San Giorgio (Fig. 1). Field marks consisting of symbols or letters (but normally only single letters) are common enough on the

---

3 Work in progress for vol. 3 of the *Corpus of Lusignan Coinage*.

coins from the reign of Hugh III onwards. There is presumably a general explanation for most or all of them. No doubt they had some administrative usefulness. In the fourteenth century (it has been suggested, from clues supplied by Pegolotti), they were added to the coins produced during periods when the mint was farmed.[4] Slocum did not address the problem that he had raised, of the seeming constitutional impossibility of Louis striking coins in Genoese Famagusta. The only ways out from the dilemma that suggest themselves are (1) that the bank farmed the Nicosia mint (which seems very improbable) or (2) that S, G does not, after all, stand for San Giorgio.

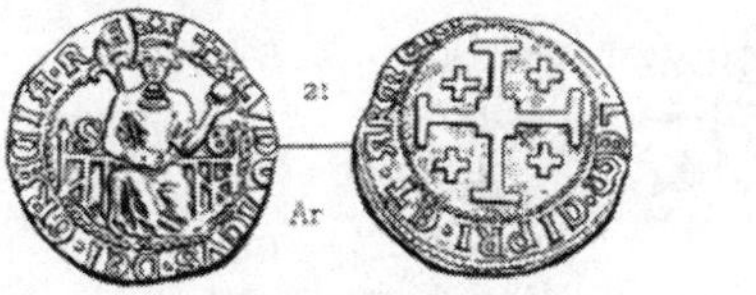

Fig. 1

Charlotte's coins, which again she was in a position to strike during only a short period, are of a single type, with (unusually) a crowned shield as their main design, instead of an image of the queen enthroned. There are, however, two varieties, of which the very scarce one has ornamental tendrils added to left and right of the shield. In the Stavrokonnou hoard there were four specimens, against 37 of the normal kind, without tendrils. There is no doubt whatever in the writer's judgement that the use of tendrils was deliberately intended to recall to mind the two varieties, similarly distinguished, which are found among the gros of the usurper Amaury. In his case, reasons have been offered for thinking that the variety with tendrils belongs to the Famagusta mint.[5] Here is evidence that seems to connect the scarce variety of Charlotte's coins not just with a second mint, but specifically with Famagusta; again in head-on conflict with the constitutional possibilities.

We turn next to the early part of the fifteenth century, and to the billon cartzie of James I and Janus. These normally read IACVS (or IANVS) ROI DE around the lion of Cyprus, and on the other side of the coin IERVZALEM E CH around a cross. There is, however, a small proportion of coins on which the legends are transposed, so that the royal name is on the cross side (Fig. 2). This transposition of legends reminds one of a similar practice in the thirteenth century, when it was used as an indication of a royal minority or of a contested claim, e.g. on coins of Henry I's minority.[6] Ugly and badly struck as the cartzie are, there is no way that the transposition of their legends was done haphazardly or by mere whim of the

4 Metcalf, *The Silver Coinage*, pp. 33–38.

5 Ibid., pp. 8–9.

6 P. Pavlou, "A New Denier from the Minority of Henry I of Cyprus (1218–1253)," *Numismatic Circular* 96 (1988), 6–8; D. Michael Metcalf, *The White Bezants and Deniers of Cyprus, 1192–1285 =Corpus of Lusignan Coinage*, vol. 1 (Nicosia, 1998), pp. 5–8.

die-cutters. It was significant; and what more obvious significance, in light of earlier practice, than the continuing claim of the kings of Cyprus to the lost city of Famagusta?

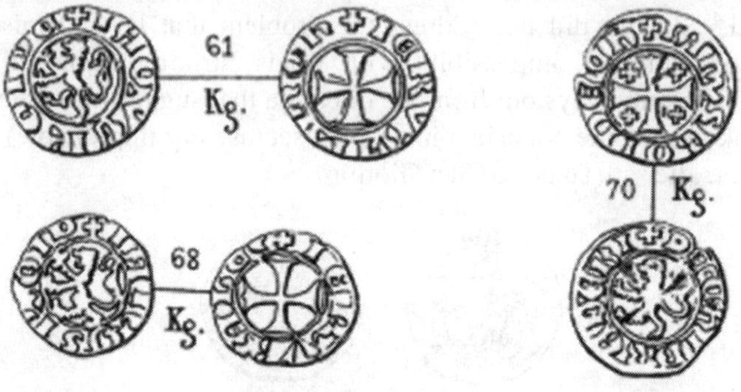

Fig. 2

Add to that, that some of the scarce transposed varieties have as their design, instead of a cross, the cross and crosslets of Jerusalem. Famagusta was, of course, symbolically substituted for the lost kingdom of Jerusalem in the coronation ceremonies of the Lusignan dynasty. One may add that the cross-crosslets was used as the hall-mark on silver plate assayed at the Famagusta assay office, while the lion of Cyprus was used as the hall-mark at the Nicosia office.[7] This seems to offer the clearest possible hint that the cartzie in question are deliberately distinguished as stating a claim upon Famagusta; and yet it is constitutionally impossible that they were minted there.

There is one particular variety of cartzie from the early fifteenth century (or even the end of the fourteenth?), which is anonymous. Its legends are variable, but they usually read S DE IERVZALEM on one side, and S DE CHIPRE on the other (or sometimes S DE IERVZALEM on both sides). S DE CHIPRE, the second half of the protocol, is normally associated with the lion, and S DE IERVZALEM with the Jerusalem cross-crosslets. The meaning of the abbreviation S has been debated inconclusively. Dolley wrote about the type, in 1953, suggesting a dating to the time of Janus;[8] Slocum followed him. It is to be noted that the anonymous coins are of relatively neat manufacture, and that the tip of the lion's tail regularly curls outwards, making an S-shape (Fig. 3), whereas on all the other varieties of cartzie of James I and Janus the tip of the tail regularly curls inwards.

We will now perform a standard procedure used by numismatists in the numerical analysis of hoards. Cartzie of James I and Janus and of the anonymous

---

7 Seen on spoons formerly in the possession of the late Professor J. R. Stewart, and described by him in his book on the coinage of medieval Cyprus (publication expected).

8 R. H. Michael Dolley, "A Presumed Hoard of Lusignan Deniers from Cyprus," *Numismatic Chronicle* 6.13 (1953), 158–61.

Fig. 3

type were present in large numbers in the Famagusta hoard of 196l (324 specimens),[9] in the nearby(?) Lapathos hoard also of 1961, probably part of the same discovery (162 specimens),[10] and also in the Monagri hoard of 1960 (603 specimens).[11] There were smaller numbers in the hoard which Dolley published in 1953 (55 specimens). If we summarize the contents of these various hoards in percentage form, separating out the varieties with transposed legends, this is what we see:

		Lion obv.	Cross obv.
Famagusta hoard	James	35	–
	Janus	52	4
	Anonymous		9
(?)Lapathos hoard	James	36	–
	Janus	54	1.2
	Anonymous		9
Monagri hoard	James	36	–
	Janus	49	1.8
	Anonymous		13
Dolley hoard	James	84	–
	Janus	0	11
	Anonymous		5

Although Monagri (*terminus post quem* 1460) lies far to the west of Famagusta, in the southern Troodos region, the proportions of the main categories of cartzie

[9] Cyprus Museum 1961/VI–15/2. The writer is indebted to the authorities of the Cyprus Museum for permission to examine the coins.

[10] Lapathos is about 15 miles NW of Famagusta. Cyprus Museum 1961/XII–20/2. Again, acknowledgements to the museum authorities.

[11] A. Seltman, "The Monagri hoard," *Dumbarton Oaks Papers* 28 (1974), 346–49. Good illustrations of the various types of cartzie.

are strikingly similar. The contrast offered by the Dolley parcel should cause any numismatist to raise his eyebrows. Its date of deposit is ostensibly early in the reign of Janus, after the issue of his transposed varieties had begun, but before any of the standard issue had had a chance to reach the (unknown) place of concealment of this hoard. That goes a considerable way to indicate that the transposed varieties are from a different mint-place. Moreover, the comparison will surely suggest that the anonymous type, which by the same argument can be no later than a date very early in Janus's issues, would fit convincingly into the empty space in the right-hand column for the reign of James I. That suggestion finds ready support in the better quality of the dies, the slightly better standard of manufacture, and the detail of the lion's tail.

Once again, then, we are confronted with what seems exceptionally strong evidence for an attribution to Famagusta. The moment has come to square the circle. The Genoese held not only the city of Famagusta, but also the land for two leagues around. Beyond the frontier, about 10 miles west of Famagusta, in the plain on the way to Nicosia, James I built a castle, from 1391, which the Greeks called Sigouri, and the Genoese Castelfranco, where the road branched towards Limassol or Kerynia.[12] Nothing can be seen of the castle today. The last of its remains were plundered by the British in the late nineteenth century. It probably had a faubourg: one MS of the travels of the Russian monk Zosima, in 1421, says that the fourth (largest) town of Cyprus is Sirouri.[13] (Another MS substitutes the reading Famagusta, but Sigouri deserves consideration as the *lectio difficilior*). Another traveller's account, of 1518, describes Sigouri as "un gros villaige ou il y a ung grot chasteau."[14] It was here, one ventures to suggest, that the kings of Cyprus struck the coins which they were no longer able to strike in Famagusta itself. Sigouri was a substitute for the lost city. Here, merchants who had disembarked at Famagusta could have their foreign money reminted.

There is no simple way to verify the hypothesis that has been presented here. We are fortunate to have relevant hoards from Famagusta and its area, but the very similar composition of the Monagri hoard shows that, if there were indeed two mints as described, their products became very thoroughly mingled in circulation. The same was true in the fourteenth century. Patient work on the metrology of the types may help to clarify the position. Meanwhile, the Sigouri attribution makes sense of aspects of the coins' style and the designs of the scarce types, without requiring us to suppose that Lusignan coins were minted on Genoese territory.

---

[12] Camille Enlart, *L'art gothique et la Renaissance en Chypre* (Paris, 1899), 2:658–59, gives the fullest details, with a plan of the castle.

[13] Gilles Grivaud, *Excerpta Cypria Nova*, 1: *Voyageurs occidentaux à Chypre au XVème siècle* (Nicosia, 1990), pp.50–51.

[14] Claude D. Cobham, *Excerpta Cypria* (Cambridge, 1908).

Les Génois à Limassol au milieu du XVe siècle

Catherine Otten-Froux

Si la possession de Famagouste par les Génois est un épisode bien connu de l'histoire de Chypre au Moyen Age, en revanche on connaît mal leur prise de contrôle du château de Limassol au milieu du XVe siècle. Les principales chroniques sont muettes sur ce sujet; Machairas ne cite qu'une attaque génoise sur Limassol après l'offensive de Janus contre Famagouste ; Florio Bustron est encore plus évasif sur la date, et la Chronique d'Amadi la situe en 1408. Lors de l'attaque des Sarrasins en 1424, seul un bailli vénitien est mentionné, Alfonso Santa Maria.[1] Un certain nombre de documents conservés à l'*Archivio di Stato* de Gênes permettent de combler cette lacune. Plusieurs documents officiels (délibérations des Protecteurs de l'office de Saint Georges et lettre de ceux-ci au roi de Chypre en 1456) y font référence; les comptes de la trésorerie de Famagouste, la *Massaria*, indiquent les sommes dépensées pour le maintien de la garnison ainsi que la composition de cette dernière pour les années 1456–60; et surtout il existe un texte de statut datant de 1455 qui fixe les obligations du capitaine de ce château, texte que nous éditons en appendice.

L'historique de l'affaire

Les Génois ont fréquenté Limassol dès le XIIIe siècle; par le privilège de 1218 renouvelé en 1232, ils y ont obtenu un terrain.[2] Principal port de l'île au XIIIe siècle — c'est là que débarquent Saint Louis et les croisés qui l'accompagnent — Limassol est bien vite délaissé au profit de Famagouste, dont l'activité économique s'accroît considérablement après la chute d'Acre pour devenir la

[1] Leontios Makhairas, *Recital concerning the Sweet Land of Cyprus entitled 'Chronicle'*, ed. et trad. Richard M. Dawkins (Oxford, 1932), §635, pp. 620–21; ibid., §652, pp. 632–33; Florio Bustron, *Chronique de l'île de Chypre,* ed. René de Mas Latrie, Collection de documents inédits sur l'histoire de France: Mélanges historiques 5 (Paris, 1886), pp. 355–56; *Chronique d'Amadi*, ed. René de Mas Latrie (Paris, 1891), pp. 398–500. Voir aussi la chronique éditée par Gilles Grivaud dans ce même volume. Sur l'histoire de Chypre, on consultera George Hill, *A History of Cyprus*, 3 (Cambridge, 1948, reimpr. 1972); *Ιστορία τηζ Κύπρου* , ed. Théodore Papadopoullos, 4, *Mesaionikon Basileion, enetocratia*, 2 vols. (Nicosie 1995–96), et particulièrement les chapitres 5 de Peter W. Edbury, "Οι τελευταίοι Λουζινιανοι (1432–1489)," pp. 177–258 et 6 de Michel Balard, "Οι Γεουάτεζ στο μεσαιωνικό βασίλειο τηζ Κύπρου," pp. 259–332.

[2] Louis de Mas Latrie, *Histoire de l'île de Chypre sous le règne des princes de la maison de Lusignan*, 2 (Paris, 1852) p. 39 pour le diplôme de 1218, et pp. 51–55 pour le diplôme de 1232; une nouvelle édition est en cours de publication: pour nos diplômes voir *I Libri Iurium della Repubblica di Genova,*1/2, ed. D. Puncuh, *Fonti per la Storia della Liguria* 4 (Gênes, 1996), doc. 348 pour le traité de 1218 et doc. 351 pour celui de 1232; voir R. Lefévre, "Le basi giuridiche dell'organizzazione genovese in Cipro, sec. XIII–XV," *Rivista di Storia del Diritto italiano* 11 (1938), 23–56.

grande plaque tournante du commerce international entre Orient et Occident au XIVe siècle.[3] Limassol s'assoupit, les contrats commerciaux ne la citent plus guère ; et lorsque les navires occidentaux abordent ailleurs qu'à Famagouste, c'est à Salines pour charger du sel, ou bien dans différentes localités de la côte sud de Chypre, parfois assez proches, pour charger le sucre des possessions des Hospitalliers ou de la famille Cornaro, ou du blé pour le ravitaillement de Famagouste. L'occupation de Famagouste par les Génois dès 1374 et l'interdiction que ces derniers ont imposée au roi d'utiliser un autre port que Famagouste, ont eu des conséquences sur l'activité du port de Limassol en lui réservant une activité locale de cabotage.[4] Les galées vénitiennes qui fréquentaient d'abord Famagouste ne touchent plus Chypre que brièvement, à partir du dernier tiers du XIVe siècle ; elles font une brève escale à Paphos et Limassol, et continuent leur route sur Beyrouth. Ce n'est qu'à partir de 1445 qu'une galée fait régulièrement escale dans différents ports de Chypre, 25 jours à Paphos, deux jours à Episkopi, 4 jours à Limassol pour charger le sucre et 8 jours à Larnaca ou Famagouste.[5] Par ailleurs, la ville est soumise au cours des XIVe et

[3] David Jacoby, "The Rise of a New Emporium in the Eastern Mediterranean : Famagusta in the Late Thirteenth Century," *Μελέται και Ψπομήατα* 1 (1984), 143–79 ; Michel Balard, "L'activité commerciale en Chypre dans les années 1300," dans *Crusade and Settlement*, ed. Peter W. Edbury (Cardiff, 1985), pp. 251–63 ; Michel Balard, "Les Vénitiens en Chypre dans les années 1300," *Byzantinische Forschungen* 12 (1987), 588–603 ; Svetlana Bliznjuk, "Die Venezianer auf Zypern im 13. und in der ersten Hälfte des 14. Jahrhunderts," *Byzantinische Zeitschrift* 84–85 (1991–92), 441–51 ; eadem, "Die Geographie der Handelsbeziehungen Zyperns im XIII.–XIV. Jahrhundert," *Byzantiaka* 12 (1992), 229–45 ; eadem, "Genovesi e Piemontesi a Cipro dal XIII all'inizio del XIVsecolo," dans *Dai feudi monferrini e dal Piemonte ai Nuovi Mondi oltre gli Oceani. Atti del Congresso Internazionale (Alessandria 1990)*, ed. Laura Balletto (Alessandria, 1993), pp. 83–137 ; Peter W. Edbury, "Famagusta in 1300," dans *Cyprus and the Crusades,* ed. Nicholas Coureas – Jonathan Riley-Smith (Nicosie, 1995), pp. 337–53 ; Nicholas Coureas, "Lusignan Cyprus and Lesser Armenia, 1195–1375," *Επετηρίζ του Κέντρου Επιατημονίκον Ερευνών* (ci-après *EKEE*) 21 (1995), 33–71. idem, "Provençal Trade with Cyprus in the Thirteenth and Fourteenth Centuries," *EKEE* 22 (1996), 69–92 ; Catherine Otten-Froux, "Les relations économiques entre Chypre et le royaume arménien de Cilicie d'après les actes notariés (1270–1320)," *L'Arménie et Byzance* (Paris, 1996), pp.157–79 ; Nicholas Coureas, "Profits and Piracy : Commerce between Cyprus and Catalonia from 1291 to 1420," *EKEE* 23 (1997), 27–55 ; Laura Balletto, "Presenze catalane nell'isola di Cipro al tempo di Giacomo II d'Aragona," *Corona d'Aragona e Mediterraneo = Strategie d'espansione, migrazioni e commerci nell'età di Giacomo II*, éd. M. E. Cadeddu, Medioevo, Saggi e Rassegne 20 (Cagliari, 1995), pp. 39–9 ; *Ιστορία τηζ Κύπρου*, ed. Papadopoullos, particulièrement ch. 6 et 9.

[4] Sur les Génois à Famagouste, voir ch. 6 de *Ιστορία τηζ Κύπρου* , ed. Papadopoullos ; Benjamin Arbel, "Traffici marittimi e sviluppo urbano a Cipro (secoli XIII–XVI)," dans *Città portuali del Mediterraneo*, ed. Ennio Poleggi (Gênes, 1989) pp. 89–94 ; Ruthi Gertwagen, "Maritime Activity concerning the Ports and Harbours of Cyprus from the late 12th to the 16th Centuries (1191–1571)," dans *Cyprus and the Crusades*, ed. Coureas – Riley-Smith, pp. 511–38.

[5] Doris Stöckly, *Le système de l'Incanto des galées du marché à Venise (fin XIIIe–milieu XVe siècle)*, The Medieval Mediterranean 5 (Leiden, 1995) ; eadem, "Le film de la navigation vénitienne vers Chypre (fin 13e–milieu 15e)," *EKEE* 23 (1997), 57–74.

XVe siècles à de multiples attaques des Génois et des Mamelouks, ce qui précipite son déclin et la ruine des bâtiments, si l'on en croit les voyageurs et pèlerins comme le seigneur d'Anglure ou Steffan von Gumpenberg.[6] L'évêque Pierre de Manatiis, nommé à ce siège le 4 juillet 1457, se plaint de la pauvreté du lieu qu'il abandonne bientôt en 1459.[7]

Cependant, le roi y maintient un bailli, les Génois un représentant. En 1440, le capitaine de Famagouste écrit au représentant du roi à Limassol, Andrea Goneme, *baiulo regio in Limisso*, l'avertissant de l'autorisation accordée à différents Vénitiens d'exporter du miel.[8] En 1441, c'est Antonio de Milan qui est bailli du roi à Limassol.[9] Où résidait-il ? Le château encore existant aujourd'hui l'abritait-il ?[10] Parallèlement les Génois entretiennent un consul, ce qui semblerait indiquer l'existence d'une petite communauté génoise sur place ; Domenicho Falamonicha, consul des Génois à Limassol, est cité dans un document du 30 décembre 1438.[11]

Il faut attendre les années 1450 pour constater une présence militaire génoise dans le château. Le document le plus ancien qui fait allusion à une occupation par les Génois du château de Limassol est de la fin 1453.[12] En l'absence de document officiel, on ignore tout des circonstances précises qui ont amené Gênes à décider l'occupation de cette forteresse, ainsi que la date exacte de l'opération. Le 22 août 1452, le gouvernement de Gênes rappelle au roi de Chypre les bonnes relations entretenues avec ses prédécesseurs et évoque la possibilité d'employer les armes s'il ne paie pas ses dettes.[13] L'année précédente, le 9 mai 1451, un droit de représailles avait déjà été accordé à Michele et Christoforo Grilli contre le roi de Chypre, qui ne les avait pas remboursés.[14] Des notes dans les marges d'un

---

[6] Claude D. Cobham, *Excerpta Cypria* (Cambridge, 1908), p. 28 ; *Excerpta Cypria Nova*, 1, *Voyageurs occidentaux à Chypre au XVe siècle*, ed. Gilles Grivaud (Nicosie, 1990) p. 66.

[7] Giuseppe dalla Santa, "Alcuni documenti per la storia della chiesa di Limisso in Cipro durante la seconda metà del sec. XV," *Nuovo Archivio Veneto 16 (1898), 151-87 ;* Weyprecht Rudt de Collenberg, "Le royaume et l'église latine de Chypre et la papauté de 1417 à 1471," *EKEE* 13–16.1 (1984–87), 98–99.

[8] Archivio di Stato di Genova (A.S.G.), *San Giorgio* (*S.G.*), sala 34, 590/1292, fol. 9r, document du 10 février 1440 ; fol., 22r, doc. du 2 avril 1440 ; fol. 23v, doc. du 7 avril 1440, fol. 25r, doc. du 12 avril 1440 ; Doris Stöckly, "Commerce et rivalité à Chypre. Le transport du sucre par les Vénitiens dans les années 1440, d'après quelques documents génois," dans *Oriente e Occidente tra Medioevo ed età moderna*, ed. Laura Balletto (Acqui Terme, 1997), 2:1133–44.

[9] A.S.G., *S.G.*, 590/1292, fols. 158r, 159v.

[10] Sur le château de Limassol, voir Camille Enlart, *L'art gothique et la Renaissance en Chypre* 2 (Paris, 1899), pp. 673–83 ; George Jeffery, *A Descripton of the Historic Monuments of Cyprus* (Nicosie, 1918, réimpr. Londres, 1983) pp. 368–69 ; Gianni Perbellini, "Le fortificazioni di Cipro dal X al XVI secolo," *Castellum* 17 (1973), 7–58.

[11] Nicolae Iorga, "Notes et extraits pour servir à l'histoire des croisades au XVe siècle," *Revue de l'Orient latin* 4 (1896), 110 ; à la note 2 à la même page, Iorga signale qu'en 1447 Jean de Milan était consul des Génois dans ce même lieu.

[12] Voir plus loin note 16.

[13] Iorga, "Notes et extraits," *Revue de l'Orient latin* 8 (1900), 91.

[14] A.S.G., *Archivio Segreto*, *Diversorum*, filze 3039.

manuscrit grec provenant de Chypre, publiées par J. Darrouzès, indiquent l'arrivée dans les eaux chypriotes, à la date du 2 mai 1452, d'un navire génois ayant pour capitaine un certain Marsefico ; ce navire portait le capitaine de Famagouste ainsi que Daniel Lomeli et Giacomo Zenderioum ; l'auteur de la note raconte qu'après avoir échoué à s'emparer des châteaux de Paphos, Daniel Lomellini réussit à prendre par ruse le château de Limassol, mal gardé, et à y faire flotter le drapeau génois.[15] S'agit-il de l'expédition qui aboutit à l'occupation du château par les Génois ? Il faudrait pour cela croire à une erreur de nom, car tous les documents génois concordent pour nommer Damiano Lomellini (et non Daniel) premier capitaine du château. Si cette expédition n'est pas celle qui a abouti à l'occupation durable du château de Limassol, elle a du moins permis aux Génois de constater la faiblesse de la garnison.

Malheureusement nous ne trouvons pas dans les archives de Gênes de trace de délibération décidant de cette action et les registres de la *massaria* de Famagouste entre 1448 et 1455 ont été perdus, ce qui empêche toute vérification. L'occupation du château de Limassol, dont Damiano Lomellini est le premier capitaine, concorde avec une expédition militaire contre le roi de Chypre menée sous la direction de Napoleone Lomellini, nommé par les Protecteurs du *Banco di San Giorgio* en décembre 1451 *commissarius gentium armorum*, et qui part avec une suite de six personnes (un chancelier, un cuisinier, et quatre pages).[16] Mais on ignore s'il s'agit d'une seule et même opération ou bien si Napoleone Lomellini avait d'autres objectifs. Damiano Lomellini participait aux opérations aux côtés de Napoleone, et, en décembre 1453, ses proches demandent pour lui un dédommagement ; il est d'ailleurs désigné comme le responsable de ce succès à Limassol.[17] Avant d'obtenir satisfaction, Damiano doit présenter, le 26 juillet 1455, une autre demande aux Protecteurs du *Banco di San Giorgio* ; quatre commissaires sont alors désignés pour vérifier les affaires de l'*Officio di San Giorgio* ; les ayant entendus, de

---

15 J. Darrouzès, "Notes pour servir à l'histoire de Chypre," *Κυπριακαί Σπουδαί* 23 (1959), 45, repris dans idem, *Littérature et histoire des textes byzantins* (Londres, 1972). Il faut rectifier les noms : Marsefico est certainement Squarzafico, Lomeli est certainement Lomellini, Zenderioum pourrait bien être Centurione, il s'agit de noms génois bien connus à Chypre à cette époque ; Oberto Squarzafico amène Napoleone Lomellini, capitaine de Famagouste, sur un navire en mai 1457 (A.S.G., *S.G., Primi Cancellieri*, busta 88, 686). Voir *Ιστορία τηζ Κύπρου*, 4.1, p. 380.

16 Vito Vitale, "Statuti e ordinamenti sul governo del Banco di San Giorgio a Famagosta," *Atti della Società Ligure di Storia Patria* 64 (1935), p. 431. Sur ce personnage, voir Catherine Otten-Froux, *Une enquête à Chypre au XVe siècle. Le "sindicamentum" de Napoleone Lomellini, capitaine de Famagouste*, (Nicosie, 2000).

17 Le texte de la demande dit : "Cum opera sua et versutia ac animositate castellum ipsum Limiso pervenerit in dominium Magnifici offitii Sancti Georgii..." (Vitale, "Statuti," p. 439). C'est par la réclamation de Damiano Lomellini que l'on connaît l'action de Napoleone Lomellini : "pro bono opere et facinore suo oppidi Limiso et pro his que egit in expeditione contra Serenissimum Dominum Regem Cipri sub ductum nobili Neapolionis Lomellini olim capitanei armorum pro magnifico officio Sancti Georgii" (Vitale, "Statuti," p. 439).

même que Napoleone Lomellini et Antonio de Ingibertis, ancien capitaine, les Protecteurs décident que Damiano Lomellini doit encore avoir 675 ducats *pro toto tempore quo habuit gubernum et custodiam dicte arcis*, et pour la solde d'un ? (mot illisible) et d'un sous-châtelain 35 ducats pour chacun, soit un total de 745 ducats, le ducat étant évalué à 40 sous de bonne monnaie.[18] Les Protecteurs de la Banque de Saint Georges lui octroient finalement en 1459 la *jhagatarie granorum* de Caffa avec l'autorisation de ne pas se rendre sur place en raison de ses charges familiales ou de son âge, mais d'en toucher le revenu.[19]

Si l'on accepte la note du manuscrit grec, la prise du château de Limassol par les Génois serait fortuite, mais dans un contexte de représailles, les Génois cherchant à faire payer au roi ses dettes par tous les moyens.[20] Ce coup de main surprise expliquerait l'absence à Gênes de délibération sur le sujet et la non-intervention immédiate de l'*Officio di San Giorgio* dans l'administration de cette nouvelle prise. En effet, une fois le château occupé, il faut organiser la vie de la garnison, donner un cadre juridique à ce qui semble avoir été improvisé au départ. C'est l'administration de Famagouste qui s'en charge.

Les statuts

A la suite d'une délibération tenue à Famagouste le 4 juillet 1455, un groupe d'hommes a été chargé du soin des affaires du château de Limassol (*cura rerum castri Limissonis*). Ces hommes, qui forment un conseil sont d'une part les quatre membres de l'*Officium Monete,*[21] Antonio Cigalla, Benedetto de Vernatia, Pagano de Marini et Antonio de Coronato, auxquels s'ajoutent l'ancien capitaine de Famagouste Lamba Doria, Nicolo Spinola et Battista de Amico ; les absents sont Antonio de Bardi, malade, et Lazaro Lercari, envoyé en ambassade à Nicosie. Ils se réunissent le 7 juillet 1455 pour rédiger des statuts devant régler

18 A.S.G., *S.G., Diversorum*, 607/2244, f. 62–62v° : "Protectores comperarum Sancti Georgii... audissent virum nobilem Damianum Lomelinum olim prefettum arcis Limosii sive Limisonis insule Cipri, requirentem revideri et examinari raciones suas debitarum sibi peccuniarum pro custodia dicte arcis, licet solidate sint per spectatos viros Lamba de Auria et Bartolomeum de Levanto, capitaneos Famaguste."

19 Amedeo Vigna, "Codice diplomatico delle colonie tauro-liguri," *Atti della Società Ligure di Storia Patria* 6 (1868), 954, doc. 465.

20 La dette du roi se monte alors à 6750 ducats à verser annuellement d'après le traité de 1441 : C. Sperone, *Real Grandezza della Serenissima Repubblica di Genova* (Gênes, 1669), pp.142–49 ; Mas Latrie, *Histoire* 3:28–29. Il s'agit en fait d'un tribut annuel permettant d'effacer la dette des rois de Chypre remontant à l'expédition génoise de 1373 et au traité de 1374. Cet argent revenait jusqu'au début du XVe siècle aux participants de la maone de Chypre, qui avaient à l'origine financé l'expédition armée, puis il revint au *Banco di San Giorgio* lorsque cet organisme eut absorbé la maone : voir Catherine Otten-Froux, "Les relations politico-financières de Gênes avec le royaume des Lusignans (1374–1460)," dans *Coloniser au Moyen Age*, ed. Michel Balard — Alain Ducellier (Paris, 1995), pp. 61–75.

21 L'*Officium Monete* de Famagouste est le bureau qui s'occupe des finances de la ville. Aucune dépense extraordinaire ne peut être faite sans son autorisation ; de ce fait il a connaissance de toute la politique de la colonie génoise.

la conduite du capitaine du château de Limassol. En voici la teneur (voir texte latin en appendice) :

art.1 : Le capitaine devra d'abord verser 1500 ducats en or comme garantie qu'il respectera ces statuts, gardera avec soin le château et se soumettra à la commission de l'*Officio di San Giorgio* ou du capitaine de Famagouste et qu'il ne fuira pas les condamnations qui pourraient lui être faites.

art. 2 : Le capitaine ne pourra pas sortir du château ni de jour ni de nuit sous peine d'une amende de 1500 ducats.

art. 3 : Le capitaine ne permettra pas à plus de quatre hommes de sortir du château et ils devront y rentrer pour dormir sauf dans le cas où il faudrait envoyer quelqu'un à Famagouste. Il pourra aussi envoyer une ou deux personnes pour avoir un conseil sur des affaires touchant au château.

art. 4 : Il ne devra pas laisser entrer d'étranger ni plus de quatre Génois dans le château.

art. 5 : Il devra veiller à ce qu'il y ait dans le château les vivres nécessaires pour 4 mois.

art. 6 : Le capitaine aura 25 soldats, lui compris, qui recevront une solde du capitaine de Famagouste et de l'*Officium Monete*. Pour la nourriture des soudoyers le capitaine de Limassol pourra avoir de la *Massaria* de Famagouste un ducat de Venise par mois pour chaque homme.

art. 7 : Le capitaine aura en plus un page (*regatium*) pour la solde duquel le capitaine aura un ducat par mois et la même somme pour sa nourriture.

art. 8 : Le capitaine devra faire l'inventaire des objets et munitions du château et les consigner à son successeur à la fin de son mandat ; il devra aussi rendre des comptes et restituer le reliquat. (Un tel inventaire n'a pas été conservé pour le château de Limassol, alors qu'il en existe pour le château de Famagouste).

art. 9 : Le capitaine doit avoir deux chevaux, soit un pour le moulin et l'autre pour porter du bois, à ses propres frais. Comme Damiano Lomellini, le capitaine précédent, avait l'habitude d'avoir d'autres chevaux dans le château pour les monter, on accorde au capitaine un demi ducat par mois de l'argent de la *Massaria* pour la nourriture de deux autres chevaux, s'il en a, et rien de plus. Le nouveau capitaine Segurano Ardimento recevra pour sa solde 4 ducats par mois.

Après délibération, le conseil élit à l'unanimité au poste de capitaine du château de Limassol Segurano Ardimento pour la durée d'une année ou moins selon le choix de l'*Officio di San Giorgio* ou du capitainede Famagouste ; si à la fin du mandat l'*Officio* n'élit pas un capitaine, qu'alors soit élu un bourgeois né à Gênes et de bonne réputation. Trois jours plus tard, le 10 juillet, le capitaine de Famagouste et l'*Officium Monete* rassemblés dans une salle près de la chapelle complètent ces mesures. Ils décident que les soldats seront relevés tous les trois mois et seront recrutés parmi les hommes inscrits au *residium* à Famagouste. Cette obligation de service reçoit le nom d'*angaria*, c'est-à-dire corvée. Si quelqu'un inscrit au *residium* ne veut pas servir à Limassol, il devra se faire inscrire par le notaire de la *massaria* dans les huit jours, et si quelqu'un ne peut pas y aller, il devra envoyer un remplaçant à ses frais, autrement il sera tenu pour “cassé” et perdra sa solde ; ceux qui seront ainsi envoyés à Limassol ne pourront avoir un autre salaire que celui qu'ils avaient lorsqu'ils étaient au *residium*, mais leur nourriture sera payée par le capitaine du château.

Le même jour, 10 juillet, Segurano Ardimento élu capitaine du château de Limassol prête serment de bien exercer son office et de faire ce qui lui sera ordonné par l'*Officio di San Giorgio* et le capitaine.

Suit la liste des fidéjusseurs avec la somme qu'ils garantissent. Ils sont tous parmi les membres les plus actifs et riches de la colonie à ce moment.

Le 14 juillet, un dernier amendement est porté aux statuts. Le capitaine, trois des officiers de l'*Officium Monete*, Nicolo Spinola et Lazaro Lercari, décident que le capitaine pourra sortir du château et aller au bord de la mer, mais il ne pourra pas monter sur un navire. Il pourra aussi aller autour du château jusqu'à cinquante ou soixante pas et une fois par mois, le jour qu'il choisira, aller écouter la messe à l'église. Ni Segurano ni ses successeurs capitaines du château ne pourront sortir sans avoir fait faire auparavant une fouille autour du château et alors, le capitaine enverra un châtelain dans le château et un homme sur le château pour la garde.

Ces statuts visent clairement trois domaines: les obligations du capitaine concernant sa fonction, la sécurité, l'organisation de la vie de la garnison. L'accent est mis sur les précautions à prendre pour la sécurité. La garnison est dans une situation de siège, ce qui suppose de veiller aux vivres et munitions ; les contacts avec l'extérieur sont réduits au minimum pour le capitaine comme pour ses hommes. Pour pallier aux inconvenients de l'enfermement, les soldats ne seront en poste que trois mois et la possibilé de refus existe.

Les Génois de Limassol apparaissent dans une dépendance complète vis à vis de Famagouste : les hommes viennent de Famagouste, sont payés par la trésorerie de Famagouste ; le capitaine peut toujours demander conseil au capitaine de Famagouste en envoyant des messagers. Tout semble se régler localement, l'intervention de l'*Officio di San Giorgio* n'est envisagée qu'au cas où ce dernier voudrait nommer un capitaine, aucun financement spécial n'est prévu en provenance de Gênes. De fait, l'administration de Famagouste n'hésite pas à intervenir à Limassol : par exemple en 1457, le notaire Giovanni Battista *de Pelegrinis* va au château de Limassol accompagné d'un homme d'armes pour recueillir des témoignages en faveur de la commune à cause d'une offense faite par les hommes de la galée de Venise en commun avec des hommes des casaux de Kolossi ; cette opération coûte 80 besants 12 carats.[22] Des mentions de dépenses faites pour des voyages à Limassol ne sont pas rares dans les registres de la *massaria* de cette époque. Malheureusement la raison de ces déplacements n'est pas souvent donnée.

Les statuts désignent clairement Segurano Ardimento pour succéder à Damiano Lomellini comme capitaine de Limassol. Mais Segurano ne peut pas se maintenir à ce poste car *l'Officio di San Giorgio* nomme Bartolomeo Porco le 4 juin 1456 pour un an au poste de châtelain, avec le salaire de Segurano. Bartolomeo sera aussi consul si Segurano l'était. On assiste bien ici à une distinction des fonctions

22 A.S.G., *S.G.*, 590/1282 fol. 17. Le haut de la page manque, ce qui empêche de lire la date précise.

militaires, réservées au châtelain, et civiles confiées à un consul.[23] Le capitaine, comme à Famagouste, exerce les deux fonctions. La succession des officiers n'est pas facile à établir: Pietro de Privelio est châtelain pendant un mois, du 18 mai 1457 au 18 juin, puis il passe au poste de consul jusqu'au 1er novembre de la même année. Giacomo Amandolano lui succède comme consul pendant quinze jours, mais il meurt. Puis Battista Tome est lui aussi consul pendant cinq mois.[24] Le registre de la *Massaria* de 1457 enregistre Bartolomeo de Campofregoso *olim Porchus* comme capitaine du château de Limassol, en application de lettres de l'*Officio di San Giorgio*, qui sert à partir du 19 mai 1457 pour 125 besants par mois y compris la charge du consulat; le même est inscrit dans un autre registre pour 100 ducats par an, y compris le consulat, soit 2918 besants 12 carats.[25] Antonio Reibaldo est également capitaine du château de Limassol.[26]

La garnison et son entretien

Les dépenses causées par l'entretien d'une petite garnison sont importantes. Les comptes de la *Massaria* détaillent le salaire du capitaine, celui des hommes et parfois les dépenses pour leur nourriture (*scotum*). La solde à distribuer est portée de Famagouste par une petite équipe comprenant un homme d'armes (*armiger*) et un notaire. Ces dépenses ne sont d'ailleurs pas couvertes par les recettes provenant de Famagouste et le déficit d'une année est reporté sur l'exercice suivant, tel qu'il apparait clairement dans les registres. Prenons l'exemple de la *Massaria* couvrant la période avril 1456 — 6 mai 1457, qui correspond à la deuxième année du capitanat de Bartolomeo de Levanto jusqu'au 7 janvier 1457, date de sa mort, puis des cinq mois de l'exercice de son successeur, élu sur place, Cipriano Vivaldi.[27]

Les dépenses sont ainsi notées à partir du 26 juillet 1456:

– Pour Antonio Reybaldo élu capitaine du château de Limassol par Bartholomeo de Levanto, l'*Officium Monete* et quatre autres personnes, au taux de 100 besants par paga ou encore de 4 ducats par mois, soit 480 besants pour son salaire du 1er août 1456 au 18 mai 1457 soit 9 mois et 18 jours.

– Pour la nourriture des soudoyers 3.022 besants pour la période du 1er août 1456 au 18 mai 1457.

---

23 Vitale, "Statuti," p. 443.

24 A.S.G., *S.G.*, 590/1282, fol. 299v.

25 Ibid., fol. 292v et 590/1283, fol. 289v. Bartolomeo de Campofregoso *olim Porchus* est le même que Bartolomeo Porco.

26 A.S.G., *S.G.*, 590/1282, fol. 10v.

27 Les comptes de l'exercice de 1456 — mai 1457 sont conservés en deux exemplaires, rédigés par deux personnes différentes, l'un mieux écrit que l'autre, mais ayant exactement la même pagination. Les différents cahiers contenant ces comptes sont répartis sur plusieurs registres, parfois sans succession chronologique. On ne s'étonnera donc pas de trouver des cotes différentes pour le même exercice budgétaire, je me suis reportée à l'exemplaire le plus accessible, le plus lisible.

– Pour l'entretien de deux chevaux, pendant 9 mois et 18 jours, 118 besants 18 carats.

– Enfin 175 besants sont dépensés pour le notaire Antonio Foglieta, le vicaire, le scribe, les *armigeri* et certaines autres personnes envoyées en mission, le tout noté dans 11 billets de paiement.[28]

A cela il faut ajouter les soldes, qui se montent pour l'ensemble de l'exercice budgétaire, à 5.168 besants.[29] Le total des dépenses se monterait donc à 8.963 besants, sans tenir compte du matériel. En septembre 1459, le total des dépenses pour le château de Limassol calculées depuis juin 1458, se monte à 12.092 besants.[30]

Le poste "château de Limassol" reporté dans le bilan final à la fin du registre, de 1456–57 est en déficit de 38.863 besants, somme reportée sur le registre de l'exercice suivant.[31]

Il est également possible de connaître la composition de la garnison, le nom des soldats et le montant de leur solde grâce aux registres registres de la *Massaria.*[32] On constate d'après la liste des noms une grande variété d'origine de ces soldats ; beaucoup portent des noms italiens, mais peu de grands noms de Gênes. On remarque la présence d'un cuisinier, Filipono de Noviles, d'un barbier, Manuel de Albenga, d'un specialiste des armes à feu Agostino de Plebe, sarbatanerius, d'un tambour, Agostino de Briga. Les soldes versées varient considérablement dc 100 besants par *paga* pour le châtelain et le sous-châtelain, 75 pour le barbier, 60 pour le *sarbatanerius*, 50 pour le tambour, à 12 pour une servante. Les autres

[28] A.S.G., *S.G.*, 590/1279, fol. CCLı = 100r et A.S.G., *S.G.*, 590/1282, fol.Xv.

[29] A.S.G., *S.G.*, 590/1280, fol. 133r.

[30] A.S.G., *S.G.*, 590/1283, fol.318r.

[31] A.S.G., *S.G.*, 590/1279, fol.CCLXXVv = 118v. (La pagination en chiffres romains est originale, celle en chiffres arabes est moderne et correspond à la réalité de la pagination du registre ; les deux ne correspondent pas à cause du mélange des cahiers à l'intérieur des registres).

[32] Voici à titre d'exemple la liste de ces hommes tirée du même registre de la *Massaria* de 1456–1457 : Francesco Reibaldo (le frère d'Antonio, alors capitaine du château de Limassol) châtelain élu à la place de Nicolo Ivardo, Manuele de Albenga, Pietro de Augustino, barbier, Michele de Camogli, Giovanni Ricio de Péra, Tommasino de Diana, Azar de Caffa, Perino Babo, Antonio Grafiono, Perino Manicha, Perino Grillo, Giovanni Palavicini, Giuliano de Urbano, Damiano Burlo, Antonio de Gavi, Bartolomeo de Fuce Nova, Giacomo de Pedemonte, Valentino *Armoynus*, Filipono de Noviles, cuisinier, Giorgio Reybaldo, Ambrogio, Giuliano de *Celis*, Lazarino *Sesterius,* Maria, servante au chateau, Simonino de Spedia, Giovanni de *Sancto Laurencio*, Giovanni de Alamania, Giovanni de Cucurno, sous-châtelain, Nicolo Ivardo, châtelain, cassé le 6 septembre car il est mort, Agostino de la Briga, Antonio de Goano, Giovanni de Gavi, cassé le 15 avril 1457 car il est mort, à sa place Antonio de Mondevili, Cristoforo Batelono, Giovanni Caroa, Giovanni Andrea de Solario, élu chatelain du château de Limassol, "cassé" le 8 février sur ordre du capitaine, car il est parti à Famagouste à cause de son infirmité, Antonio Ferrario, Lorenzo de Camogli, Francesco Ricio, barbier, Domenico *Senescafillus*, serviteur de Francesco Ricio, Agostino de Briga , tambour, Benedetto de Insula, Agostino de Plebe, *sarbatanerius,* Giorgio Mittera, Antonio de Mondevilli (A.S.G.. *S.G.*, 590/1279, fol. CCLV–CCLVII).

reçoivent 25 besants par *paga* pour 4 d'entre eux, 9 reçoivent entre 30 et 37 besants, 7 entre 40 et 45 besants, 9 reçoivent 50 besants par *paga*.[33] A titre de comparaison, la garnison du château de Famagouste, en juin 1461, se montait à 32 hommes avec à leur tête un sous-châtelain (*sub castellanus*). Un registre conservé à l'*Archivio di Stato* de Gênes et qui porte le titre *Manuale in quo anotatus <est> pagarum que dantur in Famagusta per magnificum Officium Sancti Georgii, tempore capitaneatus magnifici et generosi domini Iohannis de Parma, capitanei dicte civitatis,* fournit la liste de ces hommes ainsi que le montant de leur solde mensuelle : le premier cité, Antonio de Coxola touche 20 besants, les deux suivants Giorgio et Giovanni de Mytilène chacun 14 besants, les dix suivants chacun 12 besants, les dix-neuf autres 10 besants ; le sous-châtelain pour sa part touche 50 besants. Le total enregistré est de 358 besants, pour les mois de juin, juillet août, septembre, octobre, novembre et décembre 1461, janvier, février, mars, mai 1462 et janvier 1463.[34] En extrapolant ces chiffres, on constate donc que le total des dépenses de la solde des hommes stationnés au château de Famagouste pour une année entière se monte donc 4.296 besants. Il apparaît que les hommes en poste au château de Limassol sont légèrement mieux payés que ceux de Famagouste ; c'est peut-être une prime à l'éloignement ou au danger plus grand.

A Limassol aussi la mort frappe ; on le constate en lisant les listes des soldats. Certains sentant leur dernière heure approcher ont voulu faire leur testament, mais il n'y avait pas de notaire sur place ; ainsi Giovanni de Cucurno, Michele de Figali de Camogli et maître Manuel de Albenga, barbier, nomment Antonio Reibaldo leur fidécommissaire. Ce dernier, une fois revenu à Famagouste, se présente devant le notaire Antonio Foglieta avec des témoins pour faire reconnaître qu'il est bien fidécommissaire. On retrouve dans ces actes, rédigés les 29 et 30 mars 1457 le nom de soldats cités par ailleurs : Damiano Burlo de Finario, Segurano Ardimento, Franco Cibo et feu maître Manuele Ascherio, barbier, Bartolomeo de Fucenova, Simone de Spedia son serviteur, Pietro de Augustino, Giovanni Ricio de Péra, Francesco Reibaldo, Antonio de Gavi, Battista de Toirano, Pietro Manicha, Pietro Grillo, maître Anso, *bombarderius*, Giacomo de Pedemonte.[35] Giovanni de Gavi a laissé ses biens à Antonio Reibaldo, ce que ce dernier veut prouver en produisant des témoins : Pietro de Augustino de Bisane, Damiano Burlo, maître Francesco Ricio, barbier ; Battista de Thoma a également été témoin.[36] Le 22 avril 1457, Antonio Reibaldo vendait aux enchères, dans le château de Limassol, les biens de feu Giovanni de Gavi ; le nom des acheteurs ainsi que le prix obtenu par chaque objet, sont également notés : il s'agit de vêtements, de tissus et de chaussures, d'armes dont deux arbalètes.[37]

---

[33] La *paga* représente un salaire ou une solde de deux mois.

[34] A.S.G., *S.G.*, sala 34, 590/1284, fol. 224.

[35] A.S.G., *Notai*, 843, actes 192, 193, 194.

[36] Laura Balletto, *Piemontesi del Quattrocento nel Vicino Oriente* (Alessandria, 1992), acte 22, pp. 138–39.

[37] Balletto, *Piemontesi*, acte 23, p. 140.

Jusqu'à quand l'occupation génoise s'est-elle maintenue ? Il est certain que le roi a tout fait pour récupérer cette forteresse. Le règlement de cette question est d'ailleurs certainement l'un des objets de l'ambassade d'Ugo Podocataro à Gênes. Dans une lettre aux Protecteurs du *Banco di San Giorgio* le capitaine de Famagouste Bartolomeo de Levanto insiste sur la nécessité de garder le château malgré les frais importants qu'il occasionne.[38] La question est évoquée dans une lettre du 12 avril 1456, répondant à deux missives du roi Jean II aux Protecteurs du *Banco di San Giorgio*, envoyées le 25 août et le 4 novembre de l'année précédente. Les Protecteurs s'efforcent de persuader le roi qu'ils gardent le château pour mieux protéger l'île, qu'ils ont déjà dépensé beaucoup d'argent pour sa défense, que les accusations d'atteinte à la majesté royale mise en avant par le roi sont fausses et que d'ailleurs le roi devrait se soucier de rembourser ses dettes.[39] On ignore comment la question fut règlée et quand les Génois quittèrent leur position à Limassol. Dans le dernier registre de la *Massaria* conservé, celui de 1460–61, une solde est toujours versée aux hommes du château de Limassol.[40]

Source de dépenses pour les Génois, synonyme de perte de prestige pour le roi, l'occupation du château de Limassol par la République de Gênes semble bien ne pas avoir fait l'objet d'un plan bien préparé et cristallise les rancoeurs. Cet épisode

---

38 A.S.G., *Primi Cancellieri*, busta 88, doc. 284–85.

39 "Scribit preterea Maiestas Vestra quemadmodum pro impetranda restitutione castri Nymosii Excellentia Vestra supra vires annitens, satisfactiones et cautiones prestititit Bartholomeo capitaneo illorum trium milium aureorum ac preterea liberaliter ei concessit facultatem extrahendi triticum pro munitione Famaguste, quo circa respondemus nobis gratam fuisse extractam ipsam granorum nostris à Maiestate Vestra concessam, cumque salus Famaguste etiam maxime pertineat ad statum celsitudinis vestre, oramus ex animo Excellentiam Vestram sempercumque necessitas exiget, eiusmodi extractam tritici nostris liberaliter concedat. Quod autem ad ipsum castrum Nymosii attinet, nos in custodia ipsius arcis iam erogavimus ingentes pecuniarum summas, et quamquam Maiestas Vestra nobis obliciat quod ut verbis vestris utamur, velle videmur succum et omnem substantiam illius regni elicere, audacter affirmamus nos anxios propter multa pericula que statui Maiestatis Vestre annis superioribus imminere videbamus, multa expensarum onera tolerasse pro salute ac defensione illius regni ac status Maiestatis Vestre super quibus, si maiestas vestra debitas consyderationes habuerit, confidimus prudentia Vestra probe intelliget, eiusmodi obiectiones et calumnias indebite nobis inferri. Et quoniam ea que hactenus super retentione ipsius arcis acta sunt, queque decetero in ea materia fieri deceat, longioribus racionibus declarare et sinceritatem animi nostri Maiestati Vestre aperire volumus, eas commissiones et mandata dabimus novo capitaneo Famaguste iam pridem designato, et statim istuc profecturo ex quibus confidimus Celsitudini Vestre ita satisfiet, quod palam Excellentia Vestra intelliget, nos nihil unquam in ea re cogitasse, quod ledere posset statum Celsitudinis Vestre. Interim tamen indignissimum esset quod Sublimitas Vestra quemadmodum scribit civium nostrorum satisfactiones retardaret, quibus cum tanto iam tempore peccunie sue retente fuerint, iniquissimum est Maiestas Vestra eorum solutiones ob eiusmodi causam ultra differat, presertim cum ut diximus nec unquam cogitaverimus nec etiam nunc quicquam cogitemus super dicte arcis negocio, quod damnum aut periculum Celsitudini Vestre afferre possit. Immo ingentes pecuniarum sumas erogavimus pro salute status Excellencie Vestre, cui manifesta pericula impendere videbamus." A.S.G., *S.G., Litterarum*, 607/2319, fol. 264.

40 A.S.G., *S.G.*, 590/1286, fol. 402–26.

est une des péripéties des relations agitées entre Gênes et les rois de Chypre; survenu dans une époque particulièrement difficile, en raison de la prépondérance des musulmans, Ottomans et Mameluks, et des difficultés économiques à Famagouste quelques années avant le retour de la ville sous la souveraineté royale, il n'aura pas eu de conséquence à long terme.

Appendice : Statuts de Limassol

(Archivio di Stato di Genova, *San Giorgio, Primi Cancellieri*, busta 88, 291–294)

Le texte est écrit sur trois feuillets à l'origine pliés dans le sens de la longueur, faisant partie d'une filza. Ils sont en bon état de conservation, malgré un trou au centre de chacun des demi feuillets, destiné à laisser passer la ficelle qui les attachait. L'écriture est soignée, c'est une minuscule notariale du XVe siècle, mais le texte latin n'est pas exempt de fautes de grammaire ou d'étourderie dans l'utilisation des abréviations. Le scribe n'a pas laissé son nom.

Au dos du dernier feuillet, écrit d'une autre main dans le sens longitudinal: Copia deliberacionis circha custodiam et gubernum castri Limisonis.

[291]
+ MCCCCLV, dieVII iullii

Convocatis infrascriptis civibus et burgensibus Famaguste per magnifficum dominum capitaneum quorum nomina sunt hec :

Antonius Cigalla,
Benedictus de Vernatia, officium monete
Paganus de Marinis,
Antonius de Coronato,
dominus Lamba de Auria, Nicolaus Spinula, Batista de Amico, absentibus tantummodo Antonio de Bardis egrotante et Lazaro Lerchario misso Nicoxiam pro ambasatore; et qui predicti sunt illi qui habent curam rerum castri Limissonis vigore deliberationis super inde facte, die IIIIa presentis, habentes de infrascriptis plenam baliam vigore dicte deliberacionis, volentes providere de guberno dicti castri, ut de cetero intelligatur melius santius[a]) expensa ipsius castri et ut melius custodiatur castrum illud omnibus meliori modo, iure, via et forma quibus melius potuerunt, deliberaverunt et decreverunt in omnibus et per omnia prout infra continetur.

Decernentes et mandantes ea observari debere per capitaneum elligendum dicto castro sub modis, penis et condicionibus infrascriptis,

Primum quidem statuerunt quod capitaneus eligendus teneatur satisdare magnifico domino capitaneo et officio monete stipulatibus et recipientibus nomine et vice magniffici officii Sancti Georgii de ducatis mille quingentis boni auri et iusti ponderis de / observando et adimplendo infrascripta, videlicet

[a] *Sic pour* sanius ?

quod bene et dilligenter custodiet dictum castrum et quod parebit mandatis preffacti magniffici officii et dicti domini capitanei, et quod eum in fine temporis sui eum consignabit dicto officio sive dicto magnifico domino capitaneo, et propterea stabit omni condemnacioni fiende contra eum, casu quo ipse capitaneus dicti castri non observaret predicta et infrascripta et qui fideiubsores pro dictis ducatis MD debeant approbari per magniffícum dominum capitaneum et officium monete.

Item, statuerunt quod dictus capitaneus per totum tempus officii sui non possit quovis modo de die vel de nocte exhire de ipso castro, imo in eo semper stare, sub pena ducatorum mille quingentorum boni auri et iusti ponderis.

Item, quod dictus capitaneus non possit premittere[b]) exhire ex ipso castro ultra homines quatuor, qui IIIIor teneantur reddire in ipsum castrum ad dormiendum, salvo quod si casus esset ex quo opporteret mittere aliquem Famagustam pro rebus arduis, quod eum possit mittere et etiam pro habenda aliqua advisacione in circonstantiis dicti castri possit mittere unum vel duos predictos, non obstantibus habito respectu ad qualitatem negotii et non aliter.

Item quod dictus capitaneus nulo pacto audeat vel prezumat premitti[c]) intrare in dictum castrum aliquem forensem nec etiam Ianuenses ultra quatuor habito respectu // [292] semper ad qualitates ipsorum hominum Ianuensium, sub simili pena.

Item quod dictus capitaneus teneatur et obligatus sit tenere castrum predictum munitum victualibus neccessariis saltim pro mensibus quatuor.

Item deliberaverunt dari predicto capitaneo sotios viginti quinque, capitaneo predicto computato, qui sint stipendiati, et salariati esse debeant a capitaneo Famaguste et officio monete, et quos dictus capitaneus et officium acordare debeat ; pro scoto quorum stipendiariorum dictus capitaneus habeat et habere possit a massaria Famaguste ducatum unum venetum singulo mense et non ultra.

Et tamen capitaneus ipse habeat ultra predictos regatium unum pro quo dictus capitaneus habeat ex stipendio ducatum unum singulo mense solvendum dicto regatio pro scoto alium ducatum ut supra.

Item quod dictus capitaneus teneatur et obligatus sit recipere per inventarium res et munitiones dicti castri, in fine temporis consignare eas successori suo et reddere rationem et reliquatus restitucionem.

Item, quod dictus capitaneus teneatur et debeat habere equos duos, videlicet unum pro molino et alium pro portandis lignis suis propriis expensis ; et quia Damianus Lomellinus, precessor capitaneus, est solitus habere alios equos in ipso castro pro equitando, deliberaverunt quod pro scoto aliorum duorum equorum, si ipsos habet,[d]) ipse capitaneus / solvatur eidem de peccunia massarie ducatum medium singulo mense et non ultra pro dictis duobus equis. Et dicto Segurano capitaneo dari et solvi debeant pro suo stipendio ducatos

[b] *Sic pour* permittere
[c] *Sic pour* permitti
[d] habet *corrigé d'un autre mot*

quatuor singulo mense.

Ceterum, habito coloquio et matura deliberacione inter se ipsos domino capitaneo elligendo et deliberato capitaneatum predictum venire et tangere civi Ianue et non burgensi in isto principio confixi de fama et virtute nobilis Segurani Ardimenti unaminiter et concorditer elligerunt in capitaneum dictum Seguranum pro anno uno proxime futuro et minori tempore in ellectione magnifici officii Sancti Georgii sive ipsius domini capitanei qui tunc erit et finito tempore si officium predictum non elligeret capitaneum tunc eligatur burgensis unus qui sit cum effectu oriundus et natus in Ianua et bone fame et qualitatis et non aliter.

\+ Die X iullii

Magnifficus dominus capitaneus et venerandum officium monete congregati in salla prope capellam, considerantes utille fore quod decetero ad castrum Limissonis transmuttantur tot homines de tribus in tribus mensibus vicisitudine ex hominibus de ressidio Famaguste, tum propter expensas tum etiam pro meliori custodia unanimiter et concorditer deliberaverunt quod de cetero mittantur ad custodiam dicti // [293] castri tot homines de ressidio quot videbuntur ipsis domino capitaneo et officio monete, de tribus in tribus mensibus vicisitudine. Et si quis nollet hanc angariam habere, debeat se scribi fecisse per notarium massarie infra dies octo, et si quis non posset illuc ire, debeat alium loco sui mittere et suis expensis aliter intelligatur eum ab hodie in antea esse cassum et amisisse stipendium suum, nec possint ipsi talles qui mittentur habere alium stipendium quam eum quod habent vel habebunt eo tempore ex dicto ressidio salvo quod eis per capitaneum dicti castri fiat scotum.

\+ Die X iullii

Seguranus Ardimentus, ellectus capitaneus castri Limissonis, volens facere que tenetur et debet, promissit mihi notario infrascripto stipulanti et recipienti nomine et vice magniffici officii Sancti Georgii et preffacti magnifici domini capitanei Famaguste, de bene et legaliter exercendo officium sui capitaneatus et omnino parere mandatis dicti officii et dicti domini capitanei et facere ea que sibi in mandatis dabuntur omni exceptione remota. Sub[e]) ipoteca et obligacione omnium bonorum ipsius Seguranus, etc. Et pro eo de predictis et eius precibus mandato intercesserunt et fideiubserunt / infrascripti pro infrascriptarum peccuniarum quantitatibus, sub ipoteca et obligacione bonorum suorum et cuiuslibet eorum ; renunciantes iuri de principali et omni allii iuri.

Quorum nomina et quantitates peccuniarum sunt hec :

dominus Lamba de Auria pro ducatis ducentis sive	d° CC
Antonius Cigalla pro totidem,	d° CC
Ciprianus de Vivaldis pro totidem,	d° CC

e *Suit* pena *cancellé*

Marchus Gabriel pro ducatis centum, d° C
Antoniotus de Frevante pro totidem, d° C
Nicolaus Spinula pro totidem, d° C
Iohannes Ciconia pro totidem, d° C
Benedictus de Vernacia pro totidem, d° C
Lucas Frugonus pro totidem, d° C
Ieronimus Fatinanti pro totidem, d° C
Lazarus Lercharius pro totidem, d° C
Paulus de Gravano pro totidem, d° C

Sunt in soma ducati mille quingenti sive ducati MD in observacione deliberacionis super inde facte, approbati per dictum dominum capitaneum et officium monete.

+ Die XIIII iullii

Magnificus dominus capitaneus, Antonius Cigalla, Paganus de Marinis, Benedictus de Vernatia, tres ex officio monete, Nicolaus Spinula et Lazarus Lercharius, habentes curam castri Limissonis, scientes hoc anno, die VII iullii presentis fecisse deliberationem et dedisse gubernum dicto castro et inter // [294] alia statuisse quod capitaneus nullo pacto[f]) presumere posset exhire castrum ipsum, sub pena ducatorum MD et habentis de premissis certam noticiam et motti alliis melioribus respectibus, omni modo, iure, via et forma quibus melius potuerunt, decreverunt et deliberaverunt non obstente ipsa deliberacione quod dictus capitaneus possit exhire et ire usque ad littus maris non tamen possit ascendere aliquod navigium seu vax navigabille.

Item possit ire circum castrum per patios quinquaginta usque in sexaginta et semel in mense, ea die quo sibi elligerit, possit ire ad audiendum missam ad ecclexiam.

Hoc tamen intellecto et declarato quod dictus Seguranus et sui successores nullo pacto exhire possit nisi prius mittat ad faciendum cercham circum castrum, et tunc dimittere castellanum in ipso castro ac hominem unum supra castrum ad custodiam et non aliter nec alio modo, sub pena in ipsa delibaracione contenta affirmantes alia quecumque contenta in dicta delibaracione.

---

f Sic

Au service de la Sérénissime : Donato d'Aprile et la donation du royaume de Chypre à Venise par le roi Jacques II

Benjamin Arbel

La donation *inter vivos* du royaume de Chypre, qui aurait été faite par le roi Jacques II en faveur de Venise par suite de ses fiançailles avec Catherine Corner, a été brièvement traitée par plusieurs historiens de notre siècle. Agostino Battestella, dans une note publiée en 1921, a été le premier à s'occuper de cette affaire, publiant la pétition de Nicolò d'Aprile (ou de Aprile), fils aîné de Donato, qui avait été présentée au Conseil des Dix en 1523.[1] Nicolò, membre du groupe important des *cittadini originarii*,[2] occupait à vie le poste de notaire à la cour d'appel des *Auditori vecchi*. Il voulait transmettre son office à son fils Francesco, et était même prêt à verser 400 ducats à cet effet. Mais l'essentiel de sa pétition consiste dans le récit des exploits de feu son père, Donato d'Aprile, dont les mérites auraient dû convaincre le Conseil des Dix pour accueillir sa demande.

Donato d'Aprile, selon la pétition du fils, avait été chancelier du roi de Chypre, Jacques II de Lusignan (1464–73), et c'est en cette qualité qu'il aurait agi, aux côtés d'Andrea Corner (frère de Marco et oncle de Catherine Corner), pour persuader le jeune roi d'épouser Catherine Corner. Mais surtout il aurait par la suite convaincu le roi, également avec Andrea Corner, de signer un acte de donation *inter vivos,* par lequel il aurait désigné la République de Venise comme héritière de son royaume dans le cas où il n'aurait pas d'enfants légitimes issus du futur mariage avec son épouse vénitienne. Un peu plus tard, craignant que le roi eût des arrière-pensées sur ces engagements, Donato, selon le même document, aurait abandonné son poste de chancelier, ainsi que ses propriétés chypriotes, pour apporter à Venise le précieux document signé par le roi, afin de le déposer au Conseil des Dix.

Au début il avait semblé que cette présentation des exploits du père de Nicolò avait atteint son but, puisqu'une proposition d'approuver sa pétition, bien qu'en augmentant le versement pécuniaire à 500 ducats, avait été introduite durant le vote. Mais, malheureusement pour Nicolò, cette proposition n'obtint pas la

[1] Agostino Battistella, "Un nuovo documento sull'acquisto di Cipro da parte della Repubblica di Venezia," *Atti del Reale Istituto Veneto di Scienze, Lettere ed Arti* 80/2 (1920–21), 303–19.

[2] Sur les *cittadini originarii*, voir Andrea Zannini, *Burocrazia e burocrati a Venezia in età moderna : i cittadini originari (sec. XVI–XVIII)* (Venise, 1993).

majorité nécessaire : seuls 12 conseillers lui furent favorables, tandis que 17 votèrent contre. La demande de Nicolò fut donc repoussée.

Dans son analyse de ce document, Battistella a exprimé sa conviction que l'histoire de la donation du royaume de Chypre, comprenant l'intervention de Donato d'Aprile, ne pouvait pas être une invention infondée de la part du fils du feu chancelier, bien que le document qui aurait été signé par Jacques II n'ait jamais été retrouvé, ni cité par la suite, lorsque Venise avait besoin de justifier sa mainmise sur le royaume insulaire. Selon Battistella, si les Dix avaient été convaincus qu'il s'agissait d'un mensonge, ceci les aurait poussés à rejeter la demande tout de suite, en punissant Nicolò, au lieu de la soumettre à un vote. De plus, le fait que la proposition d'accueillir la demande ait obtenu 12 voix des votants reflète aussi, selon lui, une certaine conviction que l'exposé de Nicolò avait un fondement réel. En ce qui concerne l'absence de mention d'un tel acte dans la documentation officielle de la République, Battistella a proposé une interprétation selon laquelle cet acte aurait été traité comme un document secret, dont la publication aurait été considérée contraire aux intérêts vénitiens, puisqu'elle pouvait créer des complications diplomatiques que Venise n'était pas prête à affronter.[3]

Quelques années après la publication de ce document par Battistella, Giovanna Magnante, dans son importante étude sur l'acquisition de Chypre par Venise,[4] a exprimé ses doutes quant au bien-fondé de l'histoire contenue dans la pétition présentée par Nicolò d'Aprile en 1523 rapportant les activités de son père plus d'un demi-siècle auparavant. Les doutes de Magnante étaient liés surtout au fait que ce prétendu acte de donation n'a pas laissé de traces ni dans les chroniques contemporaines, ni dans les registres du Conseil des Dix ou du Sénat de Venise, soit à l'époque à laquelle ces événements auraient dû avoir lieu, soit par la suite, surtout quand Venise aurait eu besoin de justifier ses prétentions sur Chypre. Tout ceci l'amène à conclure que, ou bien l'acte de donation n'a jamais existé, ou bien il était lié à une légende impossible à confirmer. Selon Magnante, même si un acte de ce genre avait été rédigé, il n'aurait pas eu une valeur juridique, autrement il serait difficile de comprendre la raison pour laquelle les Dix ont refusé de récompenser celui qui avait servi la République si fidèlement, en repoussant la demande présentée par son fils. Magnante affirme, en conclusion, que la question reste obscure, pour ne pas dire insoluble. Et de toute façon, en ce qui concerne les événements postérieurs traités dans son étude, Magnante pense que même si un tel acte avait existé, il aurait perdu successivement sa validité par le testament politique du roi Jacques II.[5]

Revenant sur ces problèmes une vingtaine d'années plus tard, George Hill a résumé cette petite discussion historiographique dans une note au chapitre

---

[3] Ibid., p. 310.

[4] Giovanna Magnante, "L'acquisto dell'isola di Cipro da parte della Repubblica di Venezia," *Archivio Veneto* 5 (1929), 78–133 ; ibid., 6 (1929), 1–82.

[5] Ibid., pp. 105–08 de la deuxième partie.

consacré au règne de Jacques II, dans sa monumentale *History of Cyprus*. Selon Hill, qui tend à croire au bien-fondé de cette histoire, les événements postérieurs à la donation — l'adoption de Catherine Corner comme fille de Saint Marc et la cession du royaume à Venise par la reine Catherine — ont simplement rendu inutile son utilisation par la République.[6]

Enfin, Donato d'Aprile est mentionné dans plusieurs publications de Jean Richard. En ce qui concerne la donation du royaume à Venise, une question qui, selon lui "reste controversée," Richard a choisi de renvoyer ses lecteurs au petit resumé de Hill.[7] C'est plutôt le titre de chancelier, porté par Donato d'Aprile dans plusieurs documents chypriotes et vénitiens, qui a suscité l'intérêt de Richard, qui distingue entre la fonction de "chancelier du roi," ou "secrétaire du roi," remplie par Donato d'Aprile, et deux autres types de "chanceliers" officiels : ceux qui appartenaient au personnel de la chancellerie et provenaient normalement des familles chypriotes et, d'autre part, le chancelier et le vice-chancelier du royaume, grands officiers de la couronne.[8]

En effet, vérifier la position de Donato d'Aprile, citoyen de Venise, auprès du roi de Chypre est une condition élémentaire pour éclaircir l'affaire de la donation. Donato est effectivement mentionné dans les documents chypriotes et vénitiens, soit en guise de chancelier du bayle vénitien à Chypre en 1465[9] soit, quelques années plus tard, comme "chancelier du roi."[10] Il a effectivement rempli cette fonction à l'époque où le roi Jacques avait conclu son mariage avec Catherine Corner. D'un autre côté, pour tout ce qui concerne l'acte de donation, nous n'avions jusqu'à ce jour que le témoignage plutôt tardif du fils de Donato. Ce témoignage est maintenant confirmé par un document inédit, très similaire à celui publié par Battistella, mais appartenant au protagoniste, Donato d'Aprile en personne.

Le document en question, publié ici en appendice pour la première fois, est une pétition présentée par Donato d'Aprile au Conseil des Dix le 15 décembre 1496. C'est un document d'un intérêt considérable, non seulement pour l'affaire traitée ici, mais également en ce qui concerne l'histoire des *cittadini originarii*, car Aprile nous offre un tableau relativement détaillé des activités de ses ancêtres, ainsi que de sa propre carrière au service de la République. Au moment de présenter sa pétition il sert comme notaire au tribunal des *Auditori vecchi*. Sa demande

---

[6] George Hill, *A History of Cyprus* 3 (Cambridge, 1948), p. 632, n. 4.

[7] *Le livre des remembrances de la secrète du royaume de Chypre (1468–1469)*, publié par Jean Richard avec la collaboration de Théodore Papadopoullos (Nicosie, 1983), p. 151, No.11, note 2.

[8] Jean Richard, *Chypre sous les Lusignan. Documents chypriotes des archives du Vatican* (Paris, 1962), p. 135, note 2.

[9] Jean Richard, "Une famille de 'Vénitiens blancs' dans le royaume de Chypre au milieu du XVe siècle : les Audeth et la seigneurie du Marethasse," *Rivista di studi bizantini e slavi* 1 (1981), 126 [13 mai 1465].

[10] Louis de Mas Latrie, *Histoire de l'île de Chypre sous le règne des princes de la maison de Lusignan* 3 (Paris, 1855), p. 181, et le même dans A. Predelli, *I libri commemoriali. Regesti* (Venise, 1876–1914), vol. V, No. 129 (11 novembre 1467) ; Jean Richard, *Le livre des remembrances*, No. 11 [20 mars 1468].

consiste pratiquement en une requête pour associer son fils ainé, Nicolò, au même office, en lui concédant la possibilité de lui succéder dans cette fonction après sa propre mort.

Pour consolider sa requête, Donato mentionne les activités de son arrière-grand-père, Octavian d'Aprile, célèbre capitaine (*patron*) d'une nef armée "qui avait capturé la nef Pinchignona";[11] de son grand-père, Donato d'Aprile, qui était jusqu'à sa mort amiral de l'arsenal de Venise ; et de son père, Christophoro, lui aussi capitaine de nef qui, se trouvant dans la mer Noire, avait récuperé La Tana des mains des Tatars. Il mentionne aussi ses ancêtres maternels : son grand-père, Mateo di Andronizi, *scrivan* à l'office des *Consoli dei mercanti*, et les fils et neveux de ce dernier "qui ont agi et sont morts au service de votre Seigneurie." En outre, Donato n'oublie pas de mentionner le fait d'être parent par alliance de quelques familles patriciennes.

Mais très clairement, l'argument principal apporté par Aprile pour appuyer sa demande concerne ses propres activités au service de la Sérénissime. La même histoire, déjà rencontrée dans la pétition du fils, se trouve effectivement, 27 années auparavant et ceci mot à mot, dans celle du père. Lui et Andrea Corner avaient donc persuadé Jacques II d'épouser Catherine Corner. Et ensuite, toujours en collaboration avec Andrea Corner, il avait conduit le roi à signer l'acte de donation de son royaume en faveur de Venise, s'il mourait sans descendant légitime issu de son mariage avec la fille de Marco Corner, un acte composé et transcrit par Donato d'Aprile en personne. Donato affirmait dans sa pétition que l'acte se trouvait encore parmi les documents du Conseil des Dix, et que c'est grâce à cet acte que la République pouvait défendre universellement (*cum tuto el mondo*) sa domination sur le royaume chypriote.

Toujours selon Donato, il avait quitté Chypre quand il lui était apparu que le roi avait des arrière-pensées relatives à son engagement de mariage avec Catherine Corner. Donato précise qu'il avait écrit au roi plusieurs fois à ce propos, l'encourageant à respecter son engagement en concluant le mariage. Deux patriciens vénitiens, Vidal Lando et Marco Corner (le père de la reine) auraient pu témoigner de cette correspondance s'ils avaient encore été vivants. Ces lettres, selon la pétition, auraient été conservées par Marco Corner. Un autre patricien, Francesco Foscarini de San Lorenzo — celui-ci toujours vivant —, aurait peut-être pu témoigner, ayant vu les lettres en question, ainsi que les réponses du roi Jacques. Donato lui-même ne disposait que d'une lettre autographe, adressée à lui par Jacques II quand Donato était encore son chancelier. Cette lettre, qu'il déposa entre les mains des Dix, est également publiée ici en appendice pour la première fois.

Le reste de la pétition de Donato contient une description assez intéressante de ses activités au service de la République après son retour de Chypre. Il était

---

[11] Sur la capture, en 1379, de ce bateau (appelé *Bichignona*), voir Benjamin Z. Kedar, *Merchants in Crisis: Genoese and Venetian Men of Affairs and the Fourteenth-Century Depression* (New Haven et Londres, 1976), pp. 77-78.

chancelier à Crema, auprès du gouverneur Bertuzi (Bertuccio) Soranzo, au moment de la mort du duc de Milan, Galeazzo Maria Sforza.[12] C'est lui qui avait été envoyé pour conduire les pourparlers avec la duchesse et avec le gouverneur de l'Etat de Milan. Ensuite il avait servi à Udine, auprès du gouverneur Thomà Lippomano.[13] Là-bas, il avait pu résoudre une longue querelle impliquant le comte de Gorizia et le gouverneur du *contado*. Il avait aussi été envoyé par le Conseil des Dix en mission secrète, quand on pensait que le comte de Gorizia était en train de mourir. A Padoue il avait servi auprès de Nicolò Mocenigo pendant la guerre de Ferrare (mai 1482– août 1484) et au cours de cette mission il avait pu réaliser une grande épargne.[14] Il avait accompagné, par ailleurs, le gouverneur dans ses visites sur les champs de bataille aux alentours de Rovigo. Il avait servi par la suite auprès du gouverneur Domenego Trevisan à Brescia, où il avait pu mettre fin à la querelle entre les habitants de Crema et ceux de Caravaggio.[15] Finalement il avait servi auprès du gouverneur Thomà Mocenigo à Trevise, d'où il avait été appelé par le conseil des Dix à Frioul en vue des pourparlers avec le comte de Gorizia.[16]

Après avoir rempli tant de fonctions au service de la République hors de Venise, il avait été nommé notaire au tribunal des *Auditori vecchi* dans la métropole. Père de sept fils, et ayant aussi sous sa tutelle des neveux et des nièces, il se sentait vieux et en mauvaise santé. Sa demande était simple : il voulait être assisté dans son office par son fils aîné Nicolò, déjà instruit et expérimenté, et voulait que ce dernier lui succédât. De cette manière, le fils et ses frères pourraient continuer la tradition familiale, servant fidèlement la Sérénissime République.

Une semaine après sa présentation, la pétition de Donato fut portée devant le Conseil des Dix pour le vote. Les Dix étaient obligés de prendre en considération une loi, prise deux ans auparavant par le même Conseil. Cette loi aurait dû mettre fin à ce qu'elle décrit comme un véritable fléau quotidien — l'habitude de beaucoup de Vénitiens de s'adresser aux Chefs du Conseil des Dix en demandant d'être nommés à vie, ou pour une période déterminée, à des offices de notariat et autres fonctions publiques, ou bien de prolonger à vie la durée des nominations semblables normalement limitées à quatre ans, ceci en récompense de services rendus à la République, et contrairement à la règle en vigueur. Le Conseil avait

---

12 Bertuccio Soranzo était *podestà e capitano* à Crema en 1476–77 : *Relazioni dei rettori veneti in terraferma*, ed. A. Tagliaferri 13 (Milan, 1979), p. liii. Sur l'assassinat de Galeazzo Maria Sforza, survenu le 26 décembre 1476, voir N. Valeri, *L'Italia nell'età dei principati, dal 1343 al 1516* (Milan, 1969), pp. 465–69.

13 Thomà Lippomano était *luogotenente* à Udine en 1486–87 : *Relazioni* 1 (Milan, 1973), p. lix.

14 Nicolò Mocenigo était *podestà* à Padoue en 1484 : *Relazioni* 4 (Milan, 1975), p. xlix.

15 Domenego Trevisan était *podestà* à Brescia en 1491–1492 : *Relazioni* 11 (Milan, 1978), p. li.

16 Thomà Mocenigo était *podestà e capitano* à Trevise en 1494–1495 : *Relazioni* 3 (Milan, 1975), p. liv.

décidé de mettre fin à ce phénomène fastidieux en fixant des peines considérables à ceux qui proposeraient une démarche de ce genre, obligeant le notaire du Conseil des Dix à rappeler cette loi à ses membres à chaque fois qu'un procédé pareil serait à l'ordre du jour. Cependant, selon la tradition vénitienne, la loi avait aussi autorisé les membres du Conseil à concéder des offices de ce genre à des personnes qui seraient considérées dignes d'une telle récompense, pourvu que la décision soit prise à une majorité comprenant deux tiers des votants.[17]

Il paraît qu'au moment où la pétition de Donato de Aprile avait été apportée devant les membres du Conseil des Dix, le notaire du Conseil avait rempli son obligation, en rappelant aux membres que la demande ne pouvait être confirmée par une simple majorité de votants, car une petite note dans les marges de la délibération rappelle la loi adoptée le 20 septembre 1494. Les résultats du vote reflètent sans aucun doute la conviction des membres du Conseil que Donato d'Aprile était vraiment digne d'un traitement exceptionnel, puisque la proposition de confirmer sa demande fut entérinée à une majorité encore plus grande que celle établie par la loi de 1494 : elle fut prise à l'unanimité (14 voix affirmatives, aucune contraire ou abstentionniste !).[18]

Quelle est donc la signification de ces nouvelles preuves ?
Rappelons que, soit Battistella soit Magnante ont fondé leurs différents jugements de la question sur le comportement du Conseil des Dix face à la requête de Nicolò d'Aprile. Dans le cas de Donato d'Aprile il n'est même pas possible d'apporter deux interprétations différentes, puisque sa demande fut confirmée à l'unanimité, malgré la loi interdisant des procédés pareils, excepté des cas exceptionnels. Celui de Donato était évidemment considéré comme exceptionnel.

Le contenu de la pétition de Donato d'Aprile renforce clairement la thèse de Battistella : l'acte de donation avait en fait été rédigé quelques temps après le mariage par procuration entre le roi Jacques II et Catherine Corner, quand Donato était encore chancelier du roi, c'est à dire en 1468 ou bien très peu de temps après cette date. Dans ces circonstances, le fait même que le fils aîné de Donato fût lui aussi notaire au tribunal des *Auditori vecchi* peut servir pour preuve de l'authenticité de l'histoire. Curieusement, des parties entières de la pétition de Nicolò reprennent mot à mot la pétition du père, présentée 27 ans auparavant. Nicolò repète même des données personnelles contenues dans la pétition de son père, en prétendant être lui-même père de sept fils (ce qui, naturellement, aurait pu se répéter dans deux générations successives).

Les affirmations de Magnante et de Battistella, selon lesquelles l'acte de donation n'a jamais été utilisé par Venise pour défendre sa mainmise sur le

---

[17] Pour cette décision, voir ASV, *Consiglio dei Dieci*, Misti, reg. 26, f. 144 (c. 115), 20 sept. 1494.

[18] ASV, *Consiglio dei Dieci*, Misti, reg. 27, f. 108 (c. 66), 22 décembre 1496. Le texte de cette décision est aussi rapporté ici en appendice.

royaume insulaire, me semblent trop catégoriques. Même sans avoir aucune preuve à cet égard, on ne peut pas exclure que l'acte avait été utilisé d'une certaine façon par la diplomatie vénitienne. Magnante affirme aussi que l'acte aurait perdu sa valeur juridique par le testament du roi, mais rappelons que le testament lui-même n'a pas été utilisé par Venise, et ceci pour des raisons évidentes.[19]

De toute façon, l'existence de l'acte de donation est aussi significative d'un autre point de vue. Le roi Jacques II, rappelons-le, avait arraché à sa soeur la couronne chypriote avec l'aide de soldats mamelouks, massacrant ensuite ces mêmes soldats musulmans sans payer aucun prix politique au sultan, son suzerain.[20] Successivement, ce jeune roi lutta contre les difficultés que lui imposa Fortune par des subterfuges qui lui permettraient de se maintenir au pouvoir. Entr'autres, il était prêt, paraît-il, à prendre des engagements qu'il n'avait peut-être pas l'intention de tenir. Machiavel n'avait pas encore écrit *Le Prince* quand Jacques II était mort en 1473, mais la vie de ce prince levantin évoque souvent les fameux chapitres de l'écrivain florentin.

Appendice

I. Pétition de Donato d'Aprile présentée au Conseil des Dix le 15 décembre 1496

[*verso*] : Supplicatio circumspecti Donati de Aprili scribe et notarii officii auditorum veterum.

[*recto*] :

Essendo sempre stato de costume di questo Illustrissimo et Excellentissimo Conseglio di Dieci di usar gran liberalità et gratitudine verso tuti quelli che se hanno adoperato in honor et commodo di questo glorioso stato, prendo ardir io Donado d'Aprile, vostro originario et fidelissimo citadin venetian, nodaro ali auditori vechi in vita, atrovandomi cargo de fameglia cum ben sette fioli et altre neze et nepoti, di ricorrer ancor mi a la clementia et gratissima munificentia de Vostra Celsitudine, et breviter commemorar certe mie fedel opere et in remuneration dimandar una picol gratia a la vostra Signoria, laqual a mi serà amplissima e grande.

Lasso adonque star i meriti di mei antecessori che son stati assai, et de ser Octavian d'April, mio besavo famosissimo, patron de nave a suo tempi che si trovò patron de la nave armada che prese la nave Pinchignona ; et de ser Donado d'April, mio avo, che per suo meriti morite vostro armiraglio al'arsena ; et de mio padre che za cum una sua nave patron al Mar Mazor recuperò la Tana da man de Tartari. Lasso etiam i meriti de parenti da parte de madre et de mio avo ser Mateo di Andronizi, scrivan ai Consoli de Merchadanti ; et dei fioli et nepoti assai, exercitati et morti in servitio de vostra Signoria. Lasso l'utrinque l'esser aparenta' cum vostri zentilhomeni, venirò a quello ho facto mi.

---

[19] Benjamin Arbel, " Royal Family in Republican Venice : The Cypriot Legacy of the *Corner della Regina*," *Studi Veneziani*, n.s. 15 (1988), 131-52.

[20] Sur ces événements, voir Hill, *History of Cyprus* 3:553–92.

Io adonque, invitato dai mei, son quello che atrovandomi in Cypri cancellier del Re Zacho, et in grande amor de sua Maestà, me adoperai cum la Magnificentia de messer Andrea Corner in indur la Maestà sua a contrazer el matrimonio seguito cum Ca Corner. Deinde son quello che, ad certo apto proposito cum dicto Magnifico misser Andrea, mi adoperai indur la sua Maestà a far un instrumento de donation inter vivos a Vostra Sublimità, per el qual dicto Re Zacho commemora molti benefici recevuti da Vostra Serenità et molti debiti havea a quella, ali qualli non havendo havuto el modo de satisfar, per dimostrar a tuto el mondo el suo bon voler et animo grato, vol che occorando el caso che l'havesse a manchar senza legitimo herede de Madonna Catherina Corner suo sposa, et non ancor transducta, lo instituisse la Vostra Signoria herede de tuto quel suo regno de Cypri, et fagene libera donation inter vivos. Elqual instrumento, sottoscripto de man de sua Maestà, et bolato de la sua bolla pendente, et per mi, come dico, scripto et composto.

Et attrovandosi dicto instrumento nele scripture de questo Excellentissimo Consiglio di Dieci, facilo veder le Vostre Signorie. Cum loqual instrumento, apresso le altre suo rason, se ha possuto e pol la Vostra Signoria honestarsi cum tuto el mondo de la signoria de quel isola de Cypri.

Dapoi essendomi partito de Cypri, per lo meglio perchè el Re se era alquanto ingrossato de dicto matrimonio, più volte scrissi a sua Maestà cum efficacissime rason non si volesse lassar infrisar, ma volesse per el suo meglio dar execution et compimento al matrimonio. Et hebini resposta da sua Maestà cum la bona execution, come se vivesseno i magnifici messer Marco Corner et Vidal Lando, me ne fariano ampla testimonianza. Ma son certo chel Magnifico messer Francesco Foscarini da San Lorenzo se ne aricordi et vedesse de dicte mie lettere et de le resposte de dicto Re Zacho. Qual tute me retene dicto quondam messer Marco. Una che a caso trovai fra mie scripture de man de dicto Re Zacho ho dato in man de messer Zan Iacomo, nodaro de questo Excellentissimo Conseglio per fede in parte... [*dechiré*].

Quanto commemoro, son stato da poi cancellier a Crema cum el quondam messer Bertuzi Soranzo, cum el qual teni si facto modo mediante in ...[*dechiré*] el suo valor, et qualche mia dexterità cum la pena, che cum tuti quei commessari ducheschi circumvicini de Cremona, Lodi et Caravazo, che prima vicinavano assai sdegnatamente, tene suo [*sic*] Magnificentia summa benevolentia et familiarità. Et inteso dela morte del quondam Ducha Galeazo, subito quella nocte cavalcai a Milan de ordene de dicto Magnifico mio Rector, et fui cum la Illustrissima Duchessa et cum messer Cecho, che governava quel stato, a offerirli la Serenità Vostra, come per lettere de dicto mio Rector et mie de quel tempo de apparer et di rasonamenti havuti cum dicto messer Cecho. Et invero se la Serenità Vostra alhora havesse voluto, tuta Ieradada de gratia sarebbe stata soa. Fui etiam a Udene cum el Magnifico misser Thomà Lipomano, quale mediante el suo valor, soprazonta qualche dexterità cum la penna, hebbe summa benevolentia cum el conte de Goritia et messer Virgilio, governador del contado, che per do anni avanti eran stati in gran desdegno per certi carri toltoli per contrabando, quali non havevan voluti mai acceptar in dredo. Et tandem tuto amorevolmente acceptò, et fu ad vota conzata quella mastelata. Intanto che divulgato una volta chel conte moriva, io incognito, de ordene de questo Excellentissimo Conseglio, cavalcai a Goritia, et fui cum messer Verzilio, quale se redusse a tal termine, che sel conte alhora moriva Goritia a man salva e senza contrasto seria stata de vostra Serenità. Laqual terra è forte et oltramodo a proposito de questo vostro felicissimo stato.

Fui etiam a Padoa cum el Magnifico messer Nicolò Mocenigo, al tempo de la guerra de Ferrara. Nel qual officio, havendo tal ordene da sua Magnificentia, invero sparagnai et megliorai quella vostra signoria cum la solicitudine mia de molti centinara et migliara de ducati. Et più volte a più bisogni cavalcai in campo et a Ruigo cum suo [*sic*] Magnificentia et dove occoreva.

Son etiam stato a Bressa cum el Magnifico messer Domenego Trivisan el cavalier, et cum sua Magnificentia fui al componer dele differentie fra Cremasci et Caravazeschi, dove se hebe da far per cerca do mexi. Et più volte per quella rason cavalcai a Millan et Pavia et durai dele fatiche assai. Et tandem lo instrumento nascete del componer de dicte differentie fu de mia mano, como per quello tunc mandato ala Illustrissima Signoria Vostra, et un altro al Duca de Milan de apparer.

Item de proximo, atrovandomi a Treviso cum el Magnifico messer Thomà Mocenigo, la settemana dovevemo finir el Rezimento, fui chiamato per questo Excellentissimo Conseglio che proximamente è mudato et commessome che lassata ognaltra mia facenda andasse a Udene e Goritia per esser a parlamento cum messer Virgilio per le cosse de Goritia. Non guardai ad alcun mio disconzo et interesse, che non fo picolo sotto el finir del Rezimento, et allegramente andai a servir, per far quel è debitor cadaun bon citadin far per la patria, et che sempre farò et lasserò in memoria et in precepto a mie fioli debano cum ogni fede et diligentia far.

Ma vedendomi pur inclinar a la vechieza et esser mal sano et cargo de fameglia, per subvention de quella reverenter et humiliter supplico che per questo excellentissimo conseglio mi sia concesso, che apresso de mi possi far l'officio mio ai Auditori Nicolò mio fiol, qual za ne è instructissimo et pratico. Et nostrum decedente vel vacante alter solus restet et remaneat in offitio predicto, come son mi al presente, aziò habi cason lui Nicolò et li altri fradelli immitar le evestigie di suo antecessori, et alegramente servir et adoperarsi, cum speranza de non esser abandonati de la clementissima et gratissima Signoria Vostra, a la gratia de laqual humiliter et devote tuti se ricommandamo.

(ASV, *Consiglio dei Dieci*, *Misti*, filza 10, N° 263)

II. Lettre autographe du roi Jacques II à son chancelier, Donato d'Aprile, envoyée de Famagouste en 1472

Hiesus

Charissimo nostro quaro e ben amato servitor Donao nostro quanziglier. La vostra letera avemo recevuto, la quale avemo inteso, et avemo visto li avisi [redati ?], liquali sono tali como a fare un figlio verso alo padre, per loquale mai da voi altro aspetavamo. Avisamove como noi senpre pensavamo que voi vegnerias con lo conte de Zafa, e como avemo visto lo contrario avemo avuto gran despiaser per questo.

Donao figlo ve pregamo que per nostra complasensia alo presente fa que vegnati con la nostra Rezina alo vostro servicio, prometandove in la fede nostra Reale que noi vi faremo bene asai più de quelo avevas prima de noi, in forma que con honor vostro apreso de noi podes vivere. E questo volimo que per nostra complasensia non abia fallo, como samo certi voi farite.

Ancora fa que dovati fede e credensa alo conte de Zafa e Quarpaso de quelo ve dirà de parte nostra como la nostra persona propria.

Scritavi de viazo in la nostra cità de Famagosta. MCCCCLXXII.

Rex Jacobus Cipri confermo.

(ASV, *Consiglio dei Dieci*, *Misti*, filza 10, No 263–A).

III. Décision du Conseil des Dix du 22 décembre 1496 confirmant la demande présentée par Donato d'Aprile

Die XXII decembris [1496]

Dignus est fidelissimus civis noster Donatus de Aprili alter ex notariis offitii nostri auditorum nostrorum veterum, qui ob merita sua apud hoc consilium planius etiam contenta in supplicatione sua modo lecta exaudiatur super eo quod humiliter petit.

Ea propter, vadit pars, quod auctoritate huius consilii eidem Donato concedatur quod Nicolaus filius suus maior natu, qui ut videtur et intelligitur est jam etatis adulte et bene instructus et praticus omnium rerum illius officii, possit una cum ipso Donato patre facere et exercere officium notariatus dicti officii ; sic quod uno ipsorum decedente, alter restare habeat in officio ipso, sicut ipse Donatus est ad presens.

Nota quos ante ballotationem partis fuit lecta pars 20 septembris 1494.

De parte : 14

De non : 0

Non sinceri : 0

(ASV, *Consiglio dei Dieci*, *Misti*, reg. 27, f. 108, c. 66)